# Le Nord-Ouest américain

Lac dans les montagnes San Juan, Colorado.
J. Mattil/age fotostock



**Les régions du guide :**
*(voir la carte à l'intérieur de la couverture ci-contre)*

# Sommaire

# DÉCOUVRIR LE NORD-OUEST AMÉRICAIN

**POUR CHAQUE SITE, RETROUVEZ NOS ADRESSES**

## 1 DENVER ET LES ROCHEUSES DU COLORADO



## 2 SALT LAKE CITY ET SA RÉGION



## 3 YELLOWSTONE ET GRAND TETON NATIONAL PARKS



## 4 RÉGION DE GLACIER NATIONAL PARK



## 5 RÉGION DES BLACK HILLS



## 6 OREGON



## 7 WASHINGTON



## 8 ALASKA

# Nos incontournables

Visitez le **Denver Art Museum**★★★ et ses riches collections d'art amérindien et de l'Ouest américain *(p. 144)*.

Découvrez l'impressionnant site archéologique de **Mesa Verde**★★★ *(p. 197)*.

# Une sélection de nos plus beaux sites étoilés.

Promenez-vous entre les étals du foisonnant **Pike Place Market**★★★ de **Seattle**★★★ *(p. 439)*.

Empruntez la **Trail Ridge Road**★★★, dans le **parc national des Rocheuses**★★★ *(p. 177)*.

Admirez les merveilles naturelles du **parc national de Yellowstone**★★★ *(p. 240)*.

Sillonnez la luxuriante forêt tempérée humide de l'**Olympic National Park★★★** *(p. 477)*.

Évadez-vous en bateau sur **Jenny Lake★★★** dans le **parc national de Grand Teton★★★** *(p. 261)* !

Arpentez la **Going-to-the-Sun-Road**★★★ dans le **parc national de Glacier**★★★ *(p. 305)*.

Découvrez **Portland**★★, ville *arty*, gourmande et anticonformiste *(p. 370)*.

Partez en croisière admirer blocs de glace et faune du **parc national de Glacier Bay**★★★, en Alaska *(p. 514)*.

***Crédits photographiques :***
*page 4 : R. HeebZweifel/John Warburton-Lee/Photononstop (haut) ; D. Ikenberry/Art Directors & Trips Photo/age fotostock (bas)*
*Page 5 : M. Hipple/Fogstock LLC - RM/age fotostock (haut gauche) ; P. Ducept/hemis.fr (haut droit) ;*
*N. Clarke/Robert Harding Picture Library/age fotostock (bas)*
*page 6 : G. Vaughn/Pacific Stock/age fotostock (haut) ; J. Langley/age fotostock (bas)*
*Page 7 : Aurora/hemis.fr (haut gauche) ; R. Cummins/Robert Harding Picture Library/age fotostock (haut droit) ;*
*S. K Awazahura - R/Alaska Stock Images/age fotostock (bas)*

# ORGANISER SON VOYAGE

Denali National Park, Mont McKinley depuis la George Parks Highway.
*J.-F. Hagenmuller/hemis.fr*

# Suggestions d'itinéraires

| 3 SEMAINES | LA GRANDE TRAVERSÉE, DES ROCHEUSES AU PACIFIQUE |
|---|---|
| Programme | **Jours 1 et 2** : Denver. **Jour 3** : Boulder, Fort Collins. **Jour 4** : Rocky Mountain National Park (Estes Park, Grand Lake). **Jour 5** : Steamboat Springs. **Jour 6** : Dinosaur National Monument, Vernal. **Jour 7** : Salt Lake City. **Jour 8** : Grand Lac Salé, Logan, Bear Lake, Jackson. **Jour 9** : Grand Teton National Park. **Jours 10, 11 et 12** : Yellowstone National Park. **Jour 13** : Bozeman, Butte, Deer Lodge, Missoula. **Jour 14** : Flathead Lake, Kalispell, Whitefish. **Jours 15 et 16** : Glacier National Park. **Jour 17** : Silver Valley, Cœur d'Alene, Spokane. **Jour 18** : Walla Walla, Pendleton. **Jour 19** : Columbia River Gorge, Mount Hood. **Jours 20 et 21** : Portland. |
| Conseils | Ce circuit, complet mais dense, peut être raccourci en supprimant la vallée de la Flathead et le parc de Glacier (jours 14, 15, 16) et en allant directement de Denver à Estes Park par la Peak to Peak Highway. Il peut à l'inverse être rallongé en incluant, depuis le parc national de Glacier, une incursion à Waterton, au Canada. Gardez à l'esprit que les distances sont énormes et, en raison des limitations de vitesse, soyez prudent en estimant vos temps de trajet avant de les entreprendre.<br>Réservez le plus tôt possible votre hébergement dans le parc de Yellowstone ou, à défaut, faites étape à West Yellowstone et Gardiner. |
| **3 SEMAINES** | **GEYSERS ET GLACIERS, AU CŒUR DES PARCS NATIONAUX** |
| Programme | **Jour 1** : Seattle. **Jours 2 et 3** : Olympic National Park (Port Angeles et Hoh Rain Forest). **Jour 4** : Mount Rainer National Park. **Jour 5** : Mount St Helens National Volcanic Monument, Portland. **Jour 6** : Portland. **Jour 7** : Mount Hood, Bend. **Jour 8** : Cascade Lakes National Scenic Byway, Newberry National Volcanic Monument. **Jour 9** : Crater Lake National Park. **Jour 10** : John Day Fossil Beds National Monument. **Jour 11** : Pendleton. **Jour 12** : Cœur d'Alene. **Jour 13** : Kalispell, Whitefish. **Jour 14** : Glacier National Park par la Going-to-the-Sun Road. **Jour 15** : Browing, Great Falls. **Jour 16** : Gate of the Mountains, Helena. **Jour 17** : Butte, Bozeman, Yellowstone National Park. **Jours 18 et 19** : Yellowstone National Park. **Jour 20** : Grand Teton National Park. **Jour 21** : Jackson. |
| Conseils | Un vol international de retour par Jackson vous fera gagner du temps. Attention, la Going-to-the-Sun Road du parc de Glacier est accessible uniquement en été.<br>N'hésitez pas à supprimer quelques étapes afin de disposer de plus de temps libre pour profiter sur place des activités de plein air : randonnée, rafting, balades à cheval ou en VTT. |
| **16 JOURS** | **LE WILD WEST, SUR LES TRACES DES CHERCHEURS D'OR ET DES PIONNIERS** |
| Programme | **Jours 1 et 2** : Denver. **Jour 3** : Cheyenne, Laramie. **Jour 4** : Scottsbluff, Wind Cave National Park, Black Hills (Custer State Park, Crazy Horse Memorial, Mount Rushmore National Monument). **Jour 5** : Rapid City, Badlands National Park. **Jour 6** : Sturgis, Spearfish, Deadwood. **Jour 7** : Devils Tower National Monument, Cody. **Jours 8, 9, 10** : Yellowstone National Park. **Jours 11 et 12** : Grand Teton National Park. **Jour 13** : Jackson. **Jour 14** : Bear Lake, Logan. **Jour 15** : Bear River Migratory Refuge, Antelope Island. **Jour 16** : Salt Lake City. |
| Conseils | En été, les grands rodéos des Frontier Days de Cheyenne attirent les foules. Le rodéo est aussi à l'honneur à Cody tous les soirs.<br>Une longue route vous attend entre Deadwood et Cody, partez tôt.<br>Pensez à réserver à l'avance vos hébergements à Yellowstone National Park et Jackson.<br>Profitez des deux jours à Grand Teton National Park pour faire une randonnée.<br>Jour 3 : extension possible de deux jours dans le Rocky Mountain National Park. |

| 10 JOURS | FLOCONS ET CANYONS, LE BEST OF DU COLORADO |
|---|---|
| **Programme** | **Jour 1** : Denver. **Jour 2** : Idaho Springs, Georgetown, Glenwood Springs, Aspen. **Jour 3** : Maroon Bells, Grand Junction. **Jour 4** : Colorado National Monument, Black Canyon of the Gunnison. **Jour 5** : Ouray, Silverton, Durango. **Jours 6 et 7** : Dolores, Cortez, Mesa Verde National Park. **Jour 8** : Great Sand Dunes National Park, Royal Gorge Bridge and Park, Colorado Springs. **Jour 9** : Pikes Peak, Manitou Springs. **Jour 10** : Cripple Creek et retour à Denver. |
| **Conseils** | En hiver, les stations de ski de Breckenridge, Steamboat Springs, Vail ou Aspen font la joie des skieurs avec leur neige « poudre de champagne » et leurs champs de bosses. Bonheur en prime : on ne se bouscule pas sur les pistes comme en Europe. Choisissez votre ambiance : chic et people à Aspen, autrichienne et sportive à Vail, western et sauvage à Breckenridge, familiale et nature à Steamboat Springs.<br>Prenez le train à vapeur de Durango à Silverton.<br>Extension possible de deux ou trois jours au Rocky Mountain National Park. |
| **11 JOURS** | **AU FIL DE L'OCÉAN : DUNES, BALEINES, SURF ET FALAISES** |
| **Programme** | **Jours 1 et 2** : Seattle. **Jour 2** : Port Townsend, Port Angeles, Hurricane Ridge. **Jour 3** : Hoh Rain Forest. **Jour 4** : Astoria, Cannon Beach, Seaside. **Jours 5 et 6** : Portland. **Jour 7** : vallée de la Willamette (McMinnville et la région des vignobles, Salem, Albany), Newport. **Jour 8** : Yachats, Sea Lion Caves, Oregon Dunes National Recreation Area, Coos Bay. **Jour 9** : Crater Lake National Park. **Jour 10** : Ashland, Grants Pass, Oregon Caves National Monument. **Jour 10** : retour par San Francisco, en Californie *(voir le Guide Vert Sud-Ouest américain).* |
| **Conseils** | Si vous avez plus de temps, vous pouvez, depuis Seattle, faire une extension de deux jours dans les charmantes San Juan Islands, encore peu connues. Goûtez les vins de l'Oregon (en particulier les excellents pinots noirs) dans la vallée de la Willamette. Portland, écolo et branchée, réserve de belles surprises aux gastronomes et aux noctambules. À Newport, une sortie en mer vous permettra d'observer les baleines. À Grants Pass, réservez une descente en rafting sur la Rogue River. |
| **15 JOURS** | **OREGON-WASHINGTON : L'APPEL DES FORÊTS** |
| **Programme** | **Jours 1 et 2** : Portland. **Jour 3** : Mount Hood, Hood River. **Jour 4** : Columbia River Gorge, Pendleton. **Jour 5** : Hells Canyon National Recreation Area, Baker City. **Jour 6** : John Day Fossil Beds National Monument. **Jour 7** : Bend. **Jour 8** : Crater Lake National Park. **Jour 9** : Grants Pass, Coos Bay. **Jour 10** : Oregon Dunes National Recreation Area, Newport. **Jour 11** : Astoria. **Jour 12** : Mount Rainier National Park. **Jour 13** : Tacoma. **Jours 14 et 15** : Seattle. |
| **Conseils** | Hood River constitue un site unique pour pratiquer le kitesurf et la planche à voile, tandis que les gorges de la Columbia invitent au rafting. Bend offre également un large choix d'activités sportives. À Pendleton, ne manquez pas la ville souterraine, témoin des mystères de l'Ouest. Enfin, vous pouvez, depuis Seattle, poursuivre votre périple par les San Juan Islands puis les North Cascades... ou bien rejoindre l'Alaska ! |
| **8 JOURS** | **UTAH-IDAHO-WYOMING EXPRESS** |
| **Programme** | **Jour 1** : Salt Lake City. **Jour 2** : Antelope Island, Brigham City, Twin Falls. **Jour 3** : Craters of the Moon National Park, Idaho Falls, West Yellowstone. **Jours 4 et 5** : Yellowstone National Park (Old Faithfull, Mammoth Hot Springs, Lake et Grand Canyon). **Jour 6** : Grand Teton National Park, Jackson. **Jour 7** : Flaming Gorge National Recreation Area, Vernal. **Jour 8** : Dinosaur National Park, retour Salt Lake City. |
| **Conseils** | Vous pouvez poursuivre ensuite votre périple au sud, vers Moab, Arches, Bryce Canyon, le lac Powel, Monument Valley et Grand Canyon, et rentrer par Las Vegas *(voir le Guide Vert Sud-Ouest américain).* |

# Types de séjour

| EXPLORER LES MYTHES DE L'OUEST | |
|---|---|
| **Partager la vie des cow-boys dans un ranch, assister à un rodéo** | Colorado Springs (p. 160), Cheyenne (p. 170), Steamboat Springs (p. 179), Maroon Bells (p. 184), Durango (p. 191), Yellowstone National Park (p. 240), Grand Teton National Park (p. 258), Jackson (p. 265), Cody (p. 278), Whitefish (p. 317), Pendleton (p. 424), Fossil (p. 426). |
| **À la rencontre des loups, ours, bisons et autres animaux sauvages** | Rocky Mountain National Park (p. 177), Antelope Island State Park (p. 229), Bear River Migratory Refuge (p. 231), Yellowstone National Park (p. 240), Grand Teton National Park (p. 258), Bighorn Canyon National Recreation Area (p. 281), West Yellowstone (p. 285), Boise (p. 294), Glacier National Park (p. 304), Waterton Lakes National Park (p. 310), National Bison Range (p. 319), Upper Missouri River Breaks National Monument (p. 327), Missoula (p. 331), Custer State Park (p. 346), Upper Klamath National Wildlife Refuge (p. 402), Florence (p. 411), Hart Mountain National Antelope Refuge (p. 421), San Juan Islands (p. 468), Long Beach Peninsula (p. 478), Northwest Trek Wildlife Park (p. 485), Anchorage (p. 518). |
| **Les villes fantômes et anciens bastions de la ruée vers l'or** | Cripple Creek (p. 167), Idaho Springs (p. 180), Georgetown (p. 180), Breckenridge (p. 181), Leadville (p. 182), Durango (p. 191), Silverton (p. 192), Ouray (p. 192), Telluride (p. 193), Virginia et Nevada Cities (p. 286), Helena (p. 323), Butte (p. 329), Deer Lodge (p. 330), Anaconda (p. 330), Phillipsburg (p. 331), Garnet (p. 331), Wallace (p. 335), Murray (p. 336), Rapid City (p. 342), Deadwood (p. 348), Lead (p. 350), Skagway (p. 514). |
| **Culture indienne** | Dolores (p. 193), Cortez (p. 194), Mesa Verde National Park (p. 197), Bighorn Canyon (p. 281), Little Bighorn Battlefield National Monument (p. 281), Blackfeet Indian Reservation (p. 309), Flathead Indian Reservation (p. 318), Browning (p. 309), Crazy Horse Memorial et Black Hills (p. 345), Spearfish (p. 350), Pine Ridge Indian Reservation (p. 354), Warm Springs Indian Reservation (p. 420), Nez Perce National Historical Park (p. 424), Pendleton (p. 424), Ketchikan (p. 506). À visiter surtout en été, lorsque se tiennent les plus grands *pow-wows* et rodéos. |
| **En Harley-Davidson** | Ne ratez pas le grand rassemblement de Sturgis (p. 347), en août. Parcourez les États du Nord-Ouest en liberté, dormez dans des motels au fil de la route. |
| **Les bastions de la culture alternative** | Portland (p. 370), Seattle (p. 432), Boulder (p. 149).<br>Consacrez plusieurs jours à chacune de ces villes pour vous imprégner du style de vie des habitants. |
| **La pureté des grands espaces** | Rocky Mountain National Park (p. 177), Maroon Bells (p. 184), Colorado National Monument (p. 188), Dinosaur National Monument (p. 189), Yellowstone National Park (p. 240), Grand Teton National Park (p. 258), Beartooth Highway (p. 288), Sawtooth National Recreation Area (p. 297), Glacier National Park (p. 304), Bob Marshall Wilderness Complex (p. 310), Waterton Lakes National Park (p. 310), Upper Missouri River Breaks National Monument (p. 327), Theodore Roosevelt National Park (p. 357), Hells Canyon National Recreation Area (p. 422), North Cascades National Park (p. 485) et tous les parcs nationaux de l'Alaska. |

# TYPES DE SÉJOUR

| NATURE ET AVENTURE | |
|---|---|
| **Surf, kitesurf et windsurf** | Hood River (p. 383), Cannon Beach (p. 409), Seaside (p. 416), Oregon Dunes National Recreation Area (surf des sables) (p. 412). |
| **Ski** | Colorado : Steamboat Springs (p. 179), Breckenridge (p. 181), Vail (p. 182), Aspen (p. 183), Snowmass (p. 184), Telluride (p. 193). Utah : Snowbird (p. 219), Alta (p. 220), Park City (p. 229), Deer Valley (p. 229), Snowbasin Resort (p. 230). Wyoming : Teton Village (p. 269), Grand Targhee Resort (p. 269). Idaho : Sun Valley (p. 296). Oregon : Mount Hood (p. 382), Mount Bachelor (p. 418). |
| **Randonnée** | Rocky Mountain National Park (p. 177), Vail (p. 182), Beaver Creek (p. 183), Logan (p. 231), Yellowstone National Park (p. 240), Grand Teton National Park (p. 258), Jackson (p. 265), Craters of the Moon National Monument (p. 298), Sawtooth National Recreation Area (p. 297), Glacier National Park (p. 304), Bob Marshall Wilderness Complex (p. 310), Badlands National Park (p. 352), Mount Hood (p. 382), Ecola State Park (p. 409), Bend (p. 418), Olympic National Park (p. 477), Mount Rainier National Park (p. 483). |
| **Pêche à la mouche** | Logan (p. 231), Yellowstone National Park (p. 240), Grand Teton National Park (p. 258), Jackson (p. 265), Missoula (p. 331), Helena (p. 323), Bend (p. 418). |
| **Sources chaudes** | Manitou Springs (p. 166), Steamboat Springs (p. 179), Glenwood Springs (p. 183), Hot Springs Pool (p. 183), Durango (p. 191), Ouray (p. 192), Heber Valley (p. 232), Yellowstone National Park (pas de baignade) (p. 240), Hot Springs State Park (p. 281). |
| **SÉJOUR CULTUREL ET URBAIN** | |
| **Musées et architecture** | Denver (p. 138), Salt Lake City (p. 210), Jackson (p. 265), Cody (p. 278), Boise (p. 294), Great Falls (p. 324), Portland (p. 370), Seattle (p. 432), Tacoma (p. 462), Juneau (p. 513), Anchorage (p. 518), Fairbanks (p. 535). |
| **Patrimoine archéologique et sites historiques du vieil Ouest** | Golden (p. 148), Fort Collins (p. 152), Colorado Springs (p. 160), Laramie (p. 174), Georgetown (p. 180), Cortez (p. 194), Mesa Verde National Park (p. 197), Salt Lake City (p. 210), Park City (p. 229), Brigham City (p. 230), Great Falls (p. 324), Fort Benton (p. 326), Helena (p. 323), Deer Lodge (p. 330), Bannack State Park (p. 332), Deadwood (p. 348), Lewis and Clark National Historic Trail (p. 325), Fort Abraham Lincoln State Park (p. 360), Portland (p. 370), Fort Vancouver National Site (p. 482), Oregon City (p. 384), Salem (p. 397), Jacksonville (p. 401), Astoria (p. 407), Seattle (p. 432), Sitka (p. 510). |
| **Restaurants et virées nocturnes** | Portland (p. 370), Seattle (p. 432), Denver (p. 138). |

| SITES OU ACTIVITÉS À FAIRE EN FAMILLE | |
|---|---|
| **Merveilles de la nature** | Pikes Peak (p. 166),<br>Great Sand Dunes National Park and Preserve (p. 168),<br>Rocky Mountain National Park (p. 177), Maroon Bells (p. 184), Colorado National Monument (p. 188),<br>Black Canyon of the Guninson (p. 189),<br>Bonneville Salt Flats (p. 221),<br>Yellowstone National Park (p. 240),<br>Grand Teton National Park (p. 258), Twin Falls (p. 293), Bruneau Dunes State Park (p. 294),<br>Craters of the Moon National Monument (p. 298),<br>Glacier National Park (p. 304),<br>Devils Tower National Monument (p. 350), Badlands (p. 352), Columbia River Gorge Scenic Area (p. 383),<br>Crater Lake National Park (p. 399),<br>Oregon Dunes National Recreation Area (p. 412),<br>Olympic National Park (p. 477),<br>Mount St Helens National Volcanic Monument (p. 483), Mount Rainier National Park (p. 483),<br>San Juan Islands (p. 468),<br>parcs nationaux et glaciers d'Alaska (p. 501). |
| **Culture indienne, Far West et séjour sportif** | Cheyenne (p. 170), Vail (p. 182), Aspen (p. 183),<br>Durango (p. 191), Mesa Verde National Park (p. 197), Sundance Resort (p. 228), Park City (p. 229), Logan (p. 231), Flaming Gorge National Recreation Area (p. 235),<br>Jackson (p. 265), Cody (p. 278), Little Bighorn Battlefield National Monument (p. 281), West Yellowstone (p. 285), Big Sky Resort (p. 287), Whitefish (p. 317), Mount Rushmore National Memorial (p. 345), Bend (p. 418), Winthrop (p. 486), Leavenworth (p. 488). |
| **Zoos, aquariums, musées, trains et autres attractions ludiques** | Denver (p. 138), Fort Collins (p. 152), Colorado Springs (p. 152),<br>Pikes Peak (p. 166), Cripple Creek (p. 167),<br>Georgetown (p. 180), Breckenridge (p. 181), Durango (p. 191), Salt Lake City (p. 210), Ogden (p. 230), Heber Valley (p. 228), Jackson (p. 265), Boise (p. 294), Great Falls (p. 324),<br>Wall Drug (p. 354), Portland (p. 370), McMinnville (p. 396), Salem (p. 397), Newport (p. 410), Seattle (p. 432). |
| **Sur les traces des dinosaures** | Florissant Fossil Beds National Monument (p. 167),<br>Dinosaur National Monument (p. 189), Salt Lake City (p. 210), Vernal (p. 234), Provo/Lehi (p. 226), Ogden (p. 230),<br>Price (p. 234), Bozeman (p. 287), Rapid City (p. 342),<br>Bismarck (p. 360), John Day Fossil Beds National Monument (p. 421). |

# Aller dans le Nord-Ouest américain

**Nom** : États-Unis d'Amérique.
**États** : le Nord-Ouest américain traité dans ce guide recouvre tout ou une partie des États suivants : Alaska (AK), Colorado (CO), Dakota du Nord (ND), Dakota du Sud (SD), Idaho (ID), Montana (MT), Nebraska (NE), Oregon (OR), Utah (UT), Washington (WA), Wyoming (WY).
**Villes principales** : Denver (CO), Portland (OR), Salt Lake City (UT), Seattle (WA).
**Superficie** : le Nord-Ouest couvre 3 591 000 km$^2$ en incluant l'Alaska, soit plus du tiers des États-Unis.
**Population** : 22 millions d'hab., soit 7 % de la population du pays.
**Langue** : anglais
**Monnaie** : dollar ($)
1 € = 1,14 $ (février 2015)

## En avion

Plusieurs compagnies internationales desservent les villes du Nord-Ouest américain, mais seules Delta et Air France assurent des vols directs au départ de Roissy-Charles-de-Gaulle.
Le vol direct de Paris-CDG à Seattle ou Salt Lake City dure 11h. Comptez entre 12h30 et 17h30 avec une escale, ou de 17h à 20h avec deux escales. Il n'y a pas de vol direct pour Portland et Denver. En raison du décalage horaire, on arrive aux États-Unis dans l'après-midi ou le soir du jour de départ, mais on atterrit le matin, à J+1, au retour vers l'Europe.

### LIGNES RÉGULIÈRES

Les prix varient beaucoup suivant les périodes et les compagnies mais, en règle générale, les vols avec escale sont plus économiques que les vols directs. Comptez en moyenne entre 750 et 1200 € l'aller-retour. Les tarifs grimpent beaucoup durant les vacances d'été.
**Air France** – ✆ 36 54 (0,34 €/mn) - www.airfrance.fr. Dessert, en partenariat avec Delta, la plupart des villes de l'Ouest américain. Un vol direct cinq fois par semaine pour Seattle et Salt Lake City.
**American Airlines**– ✆ 0 825 880 881 (0,15 €/mn) - www.americanairlines.fr. En partenariat avec British Airways, la compagnie propose des vols pour Seattle, Denver, Salt Lake City et Portland, avec escale à Philadelphie, Charlotte, Minneapolis ou ailleurs.
**Air Canada** – ✆ 0 821 980 999 (0,15 €/mn) - www.aircanada.com. Vols pour les grandes villes du Nord-Ouest américain, avec correspondance à Toronto, Montréal ou Vancouver.
**British Airways** – ✆ 0 825 825 400 (0,15 €/mn) - www.britishairways.com. Vols pour Denver et Seattle avec escale à Londres.
**Delta** – ✆ 0 892 702 609 (0,34 €/mn) - www.delta.com. En partenariat avec Air France, vols directs pour Salt Lake City et Seattle. Prévoyez une escale pour Portland et Denver, voire deux si vous désirez rejoindre Jackson, Missoula, Boise ou Spokane.
**Icelandair**– ✆ 01 44 51 60 51 - www.icelandair.fr. Au départ de

Paris-CDG, Genève ou Bruxelles, la compagnie islandaise propose des vols rapides (12h à 12h30) et à des prix très compétitifs pour Seattle et Denver, grâce à une correspondance éclair (1h) à Reykjavik. En mai 2015, elle a inauguré en outre une liaison vers Portland. Possibilité d'effectuer une escale *(stopover)* de 7 jours en Islande sans surcoût. Franchise bagage intéressante (2 fois 23 kg) en classe économique.

**Lufthansa** – ✆ 0 892 231 690 (0,34 €/mn) - www.lufthansa.com. En partenariat avec United et Air Canada, la compagnie allemande opère des vols vers Denver, Portland ou Seattle, avec escale à Francfort ou New York.

**United Airlines** – ✆ 01 71 23 03 35 - www.united.com. Née de la fusion d'United et de Continental, la compagnie dessert, au départ de Paris, de nombreuses villes américaines, dont Denver, Seattle, Salt Lake City, Portland. Pas de vols directs : escales à Chicago, San Francisco ou ailleurs sur le territoire américain.

### LIGNES LOW COST

À l'heure actuelle, seules deux compagnies *low cost* desservent la côte ouest, à des prix très attrayants (de 500 à 800 $ AR), mais l'offre devrait croître avec l'arrivée prévue sur le créneau d'autres compagnies à bas coût comme Ryanair et la filiale de Lufthansa, Wings Intercontinental.

**XL Airways** – ✆ 0 892 692 123 (0,34 €/mn) - www.xl.com. De juin à août, la compagnie française relie 3 fois par semaine Paris-CDG à San Francisco en vol direct.

**Norwegian** – ✆ 00 47 2149 00 15 - www.norwegian.com. La compagnie scandinave relie Paris-Orly à Los Angeles et San Francisco (Oakland) 1 à 4 fois par semaine *via* Oslo ou Copenhague.

### CENTRALES DE RÉSERVATION

Vous obtiendrez les meilleurs prix en passant par les centrales de réservation en ligne qui proposent des tarifs intéressants sur les vols secs, des occasions de dernière minute ou des packages avion + hôtels. Pratique, les sites **www.kayak.fr**, **www.liligo.fr** ou **www.voyagermoinscher.fr** fonctionnent comme des moteurs de recherche, faisant jouer les différents prestataires : www.airportail.com ; www.bourse-des-vols.com ; www.ebookers.fr ; www.easyvols.fr ; www.expedia.fr ; www.govoyages.com ; www.lastminute.com ; www.opodo.fr ; www.voyages-sncf.com.

Simple et efficace, **Google Flight Search** (www.google.fr/flights) permet de visualiser immédiatement les prix et durées des vols des compagnies aériennes. L'outil a l'avantage aussi de comparer les prix des billets en fonction des dates du voyage.

Les comparateurs ne recensent pas toutes les compagnies, aussi est-il conseillé d'en faire tourner plusieurs lors de votre recherche et de consulter également les tarifs directement sur les sites des compagnies aériennes.

Attention, les prix d'appel n'incluent pas toujours la totalité des frais (taxes d'aéroport, frais de dossier, bagages en soute).

### AÉROPORTS

Les départs de Paris se font de **Roissy-Charles-de-Gaulle**.

Pour visiter le Nord-Ouest américain, vous avez le choix entre plusieurs aéroports : Denver (DEN, Colorado), Salt Lake City (SLC, Utah), Portland (DPX, Oregon) et Seattle (SEA, Washington).

Ceux de Jackson Hole (JAC, Wyoming), Missoula (MSO, Montana), Spokane (GEG,

Washington) et Fargo (FAR, Dakota du Nord), accessibles après une ou deux escales, sont une option si votre temps de séjour est limité.
En Alaska, les principaux aéroports sont Anchorage (ANC), Fairbanks (FAI) et Juneau (JNU).
Si vous souhaitez longer la côte ouest, San Francisco (SFO) en Californie peut aussi constituer un point de départ ou d'arrivée.

### BAGAGES

Attention, si vous faites une **première escale** sur le territoire américain pour prendre une correspondance, vous devrez passer la douane et l'immigration, retirer vos bagages, passer au contrôle et les faire réenregistrer pour le vol intérieur. Les formalités de police peuvent être longues en raison de l'affluence dans les grands aéroports. Pour ne pas risquer de rater votre avion, assurez-vous de disposer d'une durée d'escale d'au moins 2h. Au retour, en revanche, vous pourrez enregistrer vos bagages jusqu'au terminus de votre trajet.

### SÉCURITÉ AÉRIENNE

Les mesures de sécurité pour les vols au départ ou en direction des États-Unis sont très strictes. Les liquides, aérosols, gels, pâtes et crèmes sont interdits en cabine, sauf en petite quantité (tubes et flacons de moins de 100 ml) et s'ils sont placés dans un seul sac plastique transparent fermable et de moins d'1 litre.
Les aliments pour bébé, les médicaments liquides (à condition de présenter une ordonnance) et les liquides achetés en *duty-free* (à condition d'être emballés dans un sac scellé, avec le ticket de caisse visible) échappent à cette interdiction.
Les appareils électroniques déchargés ne sont plus admis en cabine et doivent être placés dans les bagages de soute pour ne pas risquer leur confiscation.
Les bagages enregistrés en soute sont contrôlés par la Transport Security Administration (TSA) en charge de la sécurité, qui peut les ouvrir si elle l'estime nécessaire. Si vous verrouillez vos valises, utilisez de préférence une fermeture ou un cadenas agréés TSA, sans quoi ils risquent d'être fracturés.
Il est conseillé d'arriver à l'aéroport avec beaucoup d'avance (2h30 à 3h) pour passer les contrôles et être certain de ne pas manquer son vol.
Lors du passage de l'immigration, à votre arrivée aux États-Unis, vos empreintes et un cliché de votre visage seront pris et vous devrez répondre aux questions d'un fonctionnaire très rigoureux. Faites-le sérieusement, même si certaines questions peuvent paraître saugrenues. Souriez, restez zen et répondez avec courtoisie.
*Voir aussi « Douanes » (p. 22) et « Formalités » (p. 22).*

### PASS AÉRIENS

Si vous envisagez d'effectuer plusieurs vols à l'intérieur du pays, l'acquisition d'un *pass* aérien peut se révéler avantageuse.
Celui-ci s'achète avant le départ et oblige à effectuer le vol transatlantique avec l'une des compagnies membres de l'alliance qui le commercialise.
Chaque groupe de compagnies possède son propre *pass* :
United et Air Canada, membres de Star Alliance (www.staralliance.com) vendent le **North American Pass** ;
American Airlines, membre de One Word (www.oneworld.com) vend le **Visit North America** ;
Air France et Delta, membres de Skyteam (www.skyteam.com) proposent le **Go USA and Canada**.

# Avant de partir

## Le bon moment pour partir

### CARACTÉRISTIQUES CLIMATIQUES

À l'ouest de la chaîne des Cascades, le **Nord-Ouest pacifique** connaît des hivers très humides. Le vent souffle fort, mais la couverture de nuages persistante conserve des températures douces (4 à 10 °C). Les étés sont en général ensoleillés et assez plaisants, mais les vagues de chaleur peuvent atteindre 32 °C. L'intérieur des terres est plus froid et plus sec en hiver, plus chaud, voire désertique, en été.
Dans les **États des Rocheuses**, le climat est plus continental. La neige tombe généralement en abondance l'hiver, et les températures varient du grand froid à une certaine douceur selon l'altitude et le déplacement des masses d'air. L'été, les températures avoisinent 32 °C en journée, tandis que les nuits sont fraîches, avec des températures entre 4 °C et 10 °C. Orages et grêle sont courants pendant les mois d'été.
Dans les **plaines du Centre et du Sud**, l'hiver montre plusieurs visages : périodes douces et agréables, entrecoupées d'un froid intense apportant la neige et le gel. De même, l'été est imprévisible, avec souvent de violents orages et des vents puissants. Les températures sont en revanche toujours élevées (entre 32 et 38 °C).
Dans les **Grandes Plaines du Nord**, les hivers sont froids et secs, les masses d'air polaire entretiennent une vaste couverture neigeuse et des températures inférieures à zéro. Ces conditions extrêmes sont parfois adoucies par le chinook, un vent doux. La chaleur de l'été peut provoquer de violents orages, de la grêle, des vents forts.

### PRÉVISIONS MÉTÉO

Outre les informations dispensées à la télévision par la chaîne météo, vous trouverez des prévisions à dix jours sur le site **www.weather.com** ou **www.cnn.com/weather**.

## Adresses utiles

### OFFICES DE TOURISME

Il n'existe pas d'office du tourisme des États-Unis, mais vous pouvez vous renseigner auprès du **Visit USA Committee**, qui dépend de l'ambassade américaine. Des informations détaillées et des brochures téléchargeables figurent sur leur site.
Rens. : ✆ 0 899 70 24 70 (1,35 €/appel + 0,34 €/mn) - www.office-tourisme-usa.com.
Vous pouvez également obtenir des informations par téléphone ou par Internet auprès des représentations françaises des offices de tourisme des États :
**Colorado** – ✆ 01 44 77 88 05 - colorado@ecltd.com - www.colorado.com.
**Oregon** – www.traveloregon.fr et facebook.com/TravelOregonFrance.
**Utah** – www.visitutah.com et facebook.com/TourismeUtah.
**Washington** – ✆ 01 44 77 88 05 - seattle-washington@ecltd.com - www.seattle-tourisme.fr.
**États du Dakota, Montana et Wyoming** – www.wildwestusa.com.

**États du Dakota, Montana, Oregon, Utah et Wyoming** – ✆ 09 53 22 16 75 - herve@duxin.com.

*Pour les offices de tourisme dans le Nord-Ouest américain, voir p. 36.*

## REPRÉSENTATIONS DIPLOMATIQUES AMÉRICAINES

**France** – Ambassade - 2 av. Gabriel - 75008 Paris - ✆ 01 43 12 22 22 - http://france.usembassy.gov ; service des visas - 4 av. Gabriel ✆ 0 810 26 46 26 (0,06 €/mn). Il existe des consulats à Bordeaux, Lyon, Marseille, Nice, Rennes, Strasbourg et Toulouse, mais ils ne sont pas autorisés à fournir des visas (ils ne fournissent qu'une assistance aux citoyens américains).
**Belgique** – Ambassade : 27 bd du Régent - 1000 Bruxelles - ✆ 02 811 40 00 - http://french.belgium.usembassy.gov.
**Suisse** – Ambassade : Sulgeneckstrasse 19 - 3007 Berne - ✆ 031 357 70 11 - http://bern.usembassy.gov.
**Canada** – Ambassade : 490 Sussex Drive - Ottawa, Ontario K1N 1G8 - ✆ 613 688 5335 - http://canada.usembassy.gov. Il existe par ailleurs des consulats à Calgary, Halifax, Montreal, Ottawa, Quebec City, Toronto, Vancouver et Winnipeg.

*Pour les représentations diplomatiques dans le Nord-Ouest américain, voir p. 38.*

## VOYAGISTES

Pour les circuits et les séjours thématiques, les voyagistes ont des offres souvent intéressantes.
La plupart ont dans leurs brochures des propositions sur la Californie et le Sud-Ouest américain, mais très peu ciblent (encore) le Nord-Ouest.
**Amplitudes** – 60 r. Ste-Anne - 75002 Paris - ✆ 01 42 86 84 98 - www.amplitudes.com. Une agence à Toulouse. Itinéraires individuels et voyage sur mesure en voiture, à moto ou en train dans l'Ouest indien, en Alaska ou sur la côte pacifique. Ski au Colorado.
**Comptoir des voyages** – 2-18 r. St-Victor - 75005 Paris - ✆ 01 85 08 23 53 - www.comptoir.fr. Agences à Lyon, Marseille et Toulouse. Un large choix de circuits itinérants et autotours originaux dans l'Oregon, l'Utah, à Yellowstone, en Alaska, etc.
**Directours** – 90 av. des Champs-Élysées - 75008 Paris - ✆ 01 45 62 62 62 - www.directours.com. Agences à Lyon et Toulouse. Circuits autour de Seattle et en Oregon.
**Look Voyages** – ✆ 01 45 15 31 70 - www.look-voyages.fr. Nombreuses agences en France.
**Nouvelles Frontières** – ✆ 0 825 000 747 (0,15 €/mn) - www.nouvelles-frontieres.fr. Nombreuses agences en France.
**Sensation du monde** – 138 r. des Renouillères - 93285 St-Denis Cedex - ✆ 01 40 10 50 00 - www.sensationsdumonde.com. L'un des rares généralistes à proposer des circuits en autotour sur le Nord-Ouest américain. Prix compétitifs.
**Thomas Cook** – ✆ 0 826 826 777 (0,35 €/mn) - www.thomascook.fr. Nombreuses agences en France. Édite une brochure spéciale USA.
**Visiteurs** – 43 r. de la Chaussée d'Antin - 75009 Paris - ✆ 0 892 165 665 (0,34 €/mn) - www.visiteurs.fr.

### Spécialistes des États-Unis

**Amérigo** – 12 r. de Villever - 60300 Senlis - ✆ 03 44 53 04 58 - www.amerigo.fr. Circuits accompagnés dans les Rocheuses et sur la côte ouest et voyages individuels sur mesure.
**Back Roads** – 14 pl. Denfert-Rochereau - 75014 Paris - ✆ 01 43 22 65 65 - www.backroads.fr. L'un des meilleurs spécialistes des États-Unis : voyages organisés, circuits en voiture, 4 x 4 ou camping-car, séjours sportifs (VTT, rafting), croisière en Alaska, etc.

**Le Cercle des vacances** – 4 r. Gomboust - 75001 Paris - ✆ 01 40 15 15 05 - www.usavacances.com. Élaborés par de bons connaisseurs de la destination, de nombreux circuits accompagnés ou autotours dans le Nord-Ouest (Oregon, Montana, Utah, Washington, Wyoming).

**Compagnie des États-Unis et du Canada** – 5 av. de l'Opéra - 75001 Paris - ✆ 01 55 35 05 05 - www.compagniesdumonde.com. Circuits individuels ou sur mesure, à thème ou insolites (Harley-Davidson, trekking, western), sur la côte ouest et en Alaska.

**La Maison des États-Unis** – 3 r. Cassette - 75006 Paris - ✆ 01 53 63 13 43 - www.maisondesetatsunis.com. Voyages organisés ou sur mesure, tourisme d'affaires, vols secs à tarifs avantageux.

**Jet Set-Equinoxiales** – 41-45 r. Galilée - 75016 Paris - ✆ 01 53 67 13 00 et 01 77 48 81 00 - www.jetset-voyages.fr et www.equinoxiales.fr. Le continent américain sous toutes les formes : séjours accompagnés, à la carte, en voiture, croisières, séjours golf, ski, équitation…

**Vacances fabuleuses** – 54-56 av. Bosquet - 75007 Paris - ✆ 01 55 87 82 08 - www.vacancesfabuleuses.fr. La marque du groupe Kuoni spécialisée dans les voyages aux États-Unis et au Canada. Circuits notamment dans les Rocheuses et à Yellowstone.

**Voyageurs du Monde** – 55 r. Ste-Anne - 75002 Paris - ✆ 01 42 86 16 00 - www.vdm.com. 13 agences en région et une à Bruxelles. Voyages et circuits culturels en individuel soigneusement organisés. Circuits itinérants dans l'Ouest (Idaho, Oregon, Montana, Utah, Washington, Wyoming) et séjour dans un ranch.

**USA Travel** – 75 bd Louis Schmidt - 1040 Bruxelles - ✆ 02 734 97 00 - www.usatravel.be. Ce spécialiste des États-Unis et du Canada propose des circuits accompagnés ou sur mesure dans les Rocheuses et le Nord-Ouest, à moto ou en *motorhome*, du rafting, de la randonnée, des séjours en ranch.

## Voyages aventure

**All Ways on Wheels** – 231 chemin des Clops, BP 4000 - 84410 Bedoin - ✆ 04 90 12 86 80 - www.allwaysonwheels.com. Spécialiste du voyage à moto aux États-Unis, l'agence propose des circuits guidés et des formules en liberté à travers l'Ouest américain, notamment à travers le parc de Yellowstone et celui de Glacier.

**Allibert Trekking** – 37 bd Beaumarchais - 75003 Paris - ✆ 01 44 59 35 35 - www.allibert-trekking.com. Très beaux circuits de trekking ou de découverte des déserts de l'Ouest, des grands parcs ou des terres indiennes.

**Aventuria** – 213 bd Raspail - 75014 Paris - ✆ 0 825 000 747 - www.aventuria.com. 10 agences en région. Offres de vols avec ou sans voiture et camping-car, vers les Rocheuses et les grands parcs nationaux, séjour en ranch.

**Terres d'Aventure** – 30 r. St-Augustin - 75002 Paris - ✆ 0 825 700 825 (0,15 €/mn) - www.terdav.com. 11 agences en province, une à Bruxelles et une à Genève. Randonnées et circuits accompagnés en Alaska, dans les Rocheuses et les grands parcs nationaux de l'Ouest.

**TrekAmerica** – Depuis la France, contactez le bureau international en Angleterre : ✆ (44) 208 682 8920 - www.trekamerica.com. Site américain proposant une palette de circuits de 7 à 25 jours plutôt bon marché. Groupe : 13 pers. max. Circuits sur la côte californienne ou dans les parcs nationaux, hébergement motel ou camping.

**West Forever** – 4 imp. Joffre, ZA Holtzheim - 67202 Wolfisheim -

✆ 03 88 68 89 00 - www.westforever.com (accueil clientèle sur RV). Des passionnés organisent des circuits à moto, en particulier en Harley-Davidson, à travers l'Ouest américain.

### LIBRAIRIES SPÉCIALISÉES

**France** – **W.H. Smith** - 248 r. de Rivoli - 75001 Paris - ✆ 01 44 77 88 99 - www.whsmith.fr.
Bibliothèque américaine : **The American Library in Paris** - 10 r. du Gén.-Camou - 75007 Paris - ✆ 01 53 59 12 60 - www.americanlibraryinparis.org.
**Belgique** – **Sterling Books** - Wolvengracht / r. du Fossé-aux-Loups 38 - 1000 Bruxelles - ✆ 02 223 62 23 - www.sterlingbooks.be.
**Suisse** – **OffTheShelf** - 15 bd Georges-Favon - 1204 Genève - ✆ 22 311 10 90 - www.offtheshelf.ch.

### SITES INTERNET

#### Cartes et plans

**www.viamichelin.fr** et **www.mapquest.fr** : services de cartographie et de calcul d'itinéraires mondiaux.

#### Sites généralistes

**www.diplomatie.gouv.fr/fr/conseils-aux-voyageurs** : fiches pays, formalités, santé, sécurité.
**www.office-tourisme-usa.com** : site officiel du Visit USA Committee (en français).
**www.visitusa.org** : site institutionnel (en anglais).
**www.virtualtourist.com** : pour visualiser le lieu où vous allez, interroger la météo et trouver des tuyaux pratiques (en anglais).
**www.tripadvisor.com** publie des avis de voyageurs sur les hôtels et restaurants, d'une fiabilité aléatoire.
**www.about.com/travel** : listes d'hébergements, d'activités, de sites, de liens et surtout des cartes que l'on peut télécharger (en anglais).
**www.citysearch.com** : recense les propositions d'hébergement, restauration et loisirs des principales villes des États-Unis (en anglais).
**www.yellowpages.com** : pages jaunes (en anglais).

#### Sites spécialisés

**www.nps.gov** : décline tous les sites des parcs nationaux.
**www.nativeweb.org** : traite de tout ce qui touche aux intérêts des Indiens, journaux, associations, manifestations culturelles…
**www.rmi-realamerica.com** : fournit des informations touristiques sur les États du Montana, Wyoming, Dakota du Nord et du Sud.
**www.americansouthwest.net** : présente textes et photos sur l'Ouest américain, dont l'Oregon, l'Utah, le Colorado et le Wyoming.
**www.roadtrippin.fr**, **www.parcs.net**, **www.america-dreamz.com**, **www.arizona-dream.com** et **www.ouestusa.fr** sont des guides de voyage sur l'Ouest américain et les parcs nationaux, incluant des forums et informations pratiques.

### TOURISME ET HANDICAP

La loi américaine impose que tous les services accueillant le public disposent de modes d'accès compatibles avec les principaux handicaps. Musées, hôtels, restaurants sont tous, au moins partiellement, accessibles en fauteuil roulant. Les bus sont parfaitement équipés et le chauffeur vous aidera à la simple vue du fauteuil.
Les personnes à mobilité réduite trouveront des informations utiles sur les sites suivants : www.access-able.com ; www.miusa.org ; www.disabledtravelers.com.

# Formalités

## PIÈCES D'IDENTITÉ ET VISA

Dans tous les cas, vérifiez vos pièces d'identité **AVANT de réserver votre voyage** : si elles ne sont pas conformes ou vous imposent l'obtention d'un visa, il vous faudra prévoir de longs délais, incluant un rendez-vous en personne aux services de l'ambassade des États-Unis à Paris.

### Passeport

Pour entrer aux États-Unis sans visa, il faut, y compris pour les enfants, posséder un passeport **biométrique** ou **électronique** en cours de validité, ou un passeport **à lecture optique** en cours de validité délivré avant le 26 octobre 2005. À défaut, l'obtention d'un visa ou d'un nouveau passeport sera obligatoire.

Sur les passeports biométriques (délivrés depuis 2009) ou électroniques (délivrés depuis 2006), la photo d'identité numérisée est reproduite deux fois sur la même page et un symbole (cercle dans un rectangle) figure sur la couverture.

En cas de doute, renseignez-vous auprès de votre préfecture, sur le site de l'ambassade des États-Unis (http://french.france.usembassy.gov) ou par téléphone auprès du consulat américain (☏ 0 810 26 46 26).

Les enfants, quel que soit leur âge, doivent être munis d'un passeport individuel : les autorités américaines ne reconnaissent pas l'inscription des enfants sur le passeport des parents.

### Visa

Il n'est pas exigé pour les Français, Belges, Luxembourgeois et Suisses pour les voyages touristiques, d'affaires ou de transit inférieurs à 90 jours. Il l'est pour les séjours temporaires d'étude ou d'activité professionnelle sur place.

Les voyageurs dispensés de visa doivent néanmoins disposer d'un billet d'avion ou de croisière aller-retour et remplir sur Internet, au moins 72h avant le départ (mais mieux vaut s'y prendre plus à l'avance), une **demande d'autorisation électronique de voyage** (**Esta**). Pour cela, connectez-vous sur le site https://esta.cbp.dhs.gov. et remplissez le formulaire en ligne. L'autorisation, valable deux ans et pour des entrées multiples, coûte 14 $, payables en ligne par carte de crédit. La réponse est donnée sur le site presque immédiatement ou au bout de quelques heures. Une fois l'autorisation accordée, il est recommandé (mais pas obligatoire) de l'imprimer pour en conserver la référence. En cas de refus, il faudra solliciter un visa auprès du consulat.

Les Canadiens, sauf exceptions, n'ont pas besoin de visa ni de remplir une demande Esta.

À l'aéroport aux États-Unis, tous les voyageurs, avec visa ou non, sont soumis à la prise de leurs empreintes digitales et à la numérisation de leur photographie. Une preuve de solvabilité (carte de crédit, traveller chèques) peut être demandée.

**Bon à savoir** – Si vous arrivez aux États-Unis par la route (*via* le Canada ou le Mexique), l'Esta n'est pas exigée. Vous devrez remplir un formulaire I-94 et payer un droit de 6 $.

## DOUANES

Produits alimentaires et plantes sont interdits d'entrée, de même que les armes et les munitions. Certains médicaments (notamment les narcotiques) sont interdits au passage de la douane. Si vous suivez un traitement, munissez-vous de l'ordonnance, traduite en anglais, avant le départ.

La législation autorise l'**importation** de 1 l d'alcool par personne de plus de 21 ans,

200 cigarettes ou 50 cigares, ainsi que tout cadeau ne dépassant pas une valeur de 100 $. Pour connaître en détail cette réglementation, interrogez votre transporteur aérien et **Infos Douane Service** – ✆ 0 811 20 44 44 (coût d'un appel local) - www.douane.gouv.fr.

### ASSURANCES

Il est vivement conseillé de souscrire une assurance voyage avec assistance et rapatriement, car les frais médicaux aux États-Unis sont beaucoup plus onéreux qu'en Europe, et la Sécurité sociale rembourse rarement (uniquement les soins urgents et imprévus) et très peu.

Les voyagistes proposent en général une assurance complète couvrant le remboursement en cas d'annulation, les frais de soin et de rapatriement, ainsi qu'un remboursement forfaitaire en cas de vol ou de détérioration de vos bagages.

Renseignez-vous également auprès de votre banque, car la plupart des contrats de cartes bancaires incluent une assurance médicale pour les séjours à l'étranger de moins de 90 jours (remboursement des frais avec franchise). Les cartes **Visa Premier** et **Gold MasterCard** offrent en outre un plafond de remboursement plus élevé et une franchise plus faible ou nulle. Avant de partir, prenez soin de noter le numéro d'assistance à composer en cas d'urgence *(voir p. 32)*.

Les grosses compagnies mutuelles disposent aussi de ce service.

Sinon, vous pouvez vous adresser à titre individuel aux grandes compagnies spécialisées :

**AVA** – 25 r. de Maubeuge - 75009 Paris - ✆ 01 53 20 44 20 - www.ava.fr.

**AVI International** – 106-108 r. La Boétie - 75008 Paris - ✆ 01 44 63 51 00 - www.avi-international.com.

**Axa Assistance** – Le Carat - 6 r. André-Gide - 92321 Châtillon - ✆ 01 55 92 40 00 - www.axa-assistance.fr.

**Europ Assistance** – 1 prom. de la Bonnette - 92230 Gennevilliers - ✆ 01 41 85 93 65 (24h/24) - www.europ-assistance.fr.

**Mondial Assistance** – 54 r. de Londres - 75008 Paris - ✆ 01 53 05 86 00 - www.mondial-assistance.fr.

*Pour les services médicaux dans le Nord-Ouest américain, voir p. 39.*

## Téléphoner aux États-Unis

Pour appeler vers les États-Unis depuis l'étranger, composez le 00 + 1 + numéro à 10 chiffres de votre correspondant.

*Pour les appels nationaux ou des États-Unis vers l'étranger, voir aussi « Téléphone », p. 41.*

## Budget à prévoir

Les États-Unis sont une destination chère, où les coûts dépendent du cours du dollar. Les prix variant énormément d'un endroit à l'autre et en fonction de votre moyen de transport, il est difficile de fixer des budgets types.

Ceux qui suivent sont établis **en pleine saison**, sur la base de deux personnes partageant une chambre et la location du véhicule. En semaine hors saison et en hiver, les prix des hôtels sont souvent moins élevés *(voir plus loin « Se loger »)*.

*Voir également tableaux p. 24 et 25 et la rubrique « Argent », p. 31.*

## Se loger

### NOTRE SÉLECTION

*Retrouvez notre sélection d'hébergements dans les carnets pratiques, situés à la fin du descriptif de chaque ville ou site de la partie « Découvrir le Nord-Ouest américain ».*

| PRIX INDICATIFS DE BASE DE QUELQUES SERVICES OU ARTICLES | PRIX MOYEN EN $ |
|---|---|
| **Une chambre double dans un motel de grande chaîne** | 80-120 |
| **Un repas simple dans un restaurant de chaîne** | 12-20 |
| **Une location de voiture pour 1 semaine (catégorie économique)** | 180-250 |
| **Une location de camping-car pour 1 semaine (2 pers.)** | 800 |
| **Un gallon d'essence (3,8 litres)** | 3-5 |
| **Un billet d'avion Seattle-Denver (aller simple)** | 200-300 |
| **Un trajet aéroport de Denver/centre-ville en taxi** | 55 |
| **Une carte d'entrée annuelle pour l'ensemble des parcs nationaux (Pass)** | 80 |
| **Une entrée pour chaque parc (national, régional, indien)** | 6-25 |
| **Une demi-journée de balade à cheval dans un ranch** | 85-110 |
| **Une descente de rivière en rafting d'une demi-journée** | 40-60 |
| **Une entrée dans un musée** | 5-15 |
| * Selon le taux de change, le montant en euros est de - 15 à - 20 %. | |

Les variations de prix au sein d'un même établissement sont parfois très importantes. Les prix figurant dans le guide correspondent à une fourchette allant de la chambre standard à la chambre supérieure ou deluxe en haute saison, taxes incluses, mais sans les pourboires (*voir tableau p. 28*).

## LES TYPES D'HÉBERGEMENTS

### Campings

**Bon à savoir** – Prévoyez un duvet chaud, car les nuits sont souvent froides du fait de l'altitude, en particulier à Yellowstone et Grand Teton.

Le camping, notamment en mobil-home, est très populaire dans l'Ouest. C'est vraiment le meilleur moyen d'être au plus près de la nature, d'observer la faune sauvage, et cela permet de limiter les trajets dans les grands parcs.

Les **parcs nationaux** sont équipés de campings bien aménagés (épicerie, eau potable et douches, tables et bancs, emplacements pour faire un feu) et relativement bon marché (de 10 à 25 $ par emplacement). Ailleurs, les campings nationaux des principaux sites classés *(National Monuments, National Recreation Areas, State Parks…)* sont plus rudimentaires et peu coûteux (de 5 à 20 $). Il vaut mieux se ravitailler avant de s'y rendre. Certains campings ne sont d'ailleurs même pas gardés : on dépose son paiement dans une boîte aux lettres à l'entrée.

**Réservez** au moins 3 mois à l'avance, et jusqu'à 6 mois pour les sites les plus célèbres comme Yellowstone, car les places sont très disputées le week-end et en haute saison (mai-septembre), aussi bien pour les tentes que pour les camping-cars (RV). Dans certains parcs, il n'est pas possible de réserver, les places sont distribuées sur le principe du « premier arrivé, premier servi » *(first come, first served)*, et il faut se présenter de très bonne heure en été pour espérer trouver un emplacement.

**Service central de réservation** – (1) 877 444 6777 - www.recreation.gov.

Les **campings privés** pratiquent des prix plus élevés (de 20 à 40 $) et sont souvent mieux équipés (douches chaudes, laverie, électricité, piscine). La plus répandue des chaînes de campings est **KOA** (Kampgrounds of America - ✆ (1) 888 562 0000 - www.koa.com). Comme beaucoup d'autres campings privés, elle propose en outre la possibilité de louer des **bungalows** *(cabins)* d'une capacité de 2 à 6 personnes ; une solution plus confortable, notamment pour les familles, à des prix très compétitifs (40 à 100 $ la nuit). Autres listes de campings sur www.gocampingamerica.com.

Le **camping sauvage** est parfois possible sur le domaine public, mais il doit respecter des consignes strictes. Dans les forêts et parcs d'État ou nationaux, des panneaux signalent la possibilité de faire du **backcountry camping** sur des sites accessibles uniquement à pied (vous ne pouvez apporter que ce que vous portez sur le dos). Dans les parcs nationaux, vous devez retirer un *backcountry permit* au Visitor Center (environ 10 $, parfois gratuit, à retirer sur place). Sur site, il est demandé de ramener vos déchets, de ne faire du feu que si c'est permis et de l'éteindre soigneusement en partant (attention, les *rangers* font des rondes, des incendies ont déjà défiguré plus d'un site…).

## Lodges

Il s'agit d'établissements hôteliers de style rustique situés dans la nature, le plus souvent dans les parcs nationaux. Dotés pour la plupart d'un superbe cachet historique, bénéficiant d'un cadre idyllique et offrant des prestations de qualité, ils sont en général gérés par un prestataire privé (comme Xanterra pour les parcs nationaux de Yellowstone, Crater Lake et Glacier). Ils sont relativement chers, hormis pour les bungalows *(cabins)* qui disposent d'un confort plus sommaire que les chambres d'hôtels. La demande de logement à l'intérieur des parcs étant beaucoup plus importante que l'offre, il faut réserver longtemps à l'avance pour obtenir une chambre. La liste des *lodges* figure sur le site de chaque parc national.

## Auberges de jeunesse

Elles sont surtout implantées en zone urbaine. Comptez de 20 à 35 $ par personne la nuit en dortoir et de 60 à 90 $ la chambre double privée (avec salle de bains collective).

Trois d'entre elles (à Portland, Seattle et East Glacier) sont affiliées à la fédération **Hostelling International USA** (www.hiusa.org), les autres sont indépendantes. Vous trouverez leurs coordonnées sur www.hostels.com et www.hostelword.com.

## CALCULEZ VOTRE BUDGET QUOTIDIEN

Le prix à la journée a été calculé **pour une personne**, sur la base d'un séjour pour deux en haute saison.

**Mini budget** avec hébergement en camping ou auberge de jeunesse, repas sur le pouce et transport en bus : env. **120 €**.

**Petit budget** avec hébergement dans un motel bon marché, repas modeste et déplacements en bus ou en train : env. **180 €**.

**Budget moyen** avec hébergement dans un motel confortable, repas dans des restaurants plus raffinés et déplacements en voiture de location : env. **240 €**.

**Petite folie** avec hébergement dans un hôtel de caractère ou un B&B de charme, dîner dans les restaurants gastronomiques, déplacements en voiture de location : env. **300 €**.

### Motels et hôtels

Le **motel**, construit pour le voyageur motorisé, se situe en général en périphérie des villes ou le long des grands axes. Il s'organise sur un ou deux étages autour du parking. Les chambres donnent sur l'extérieur et vous pouvez garer votre véhicule juste devant. L'aspect extérieur du motel est très simple, mais les chambres, très grandes (on peut souvent y loger à quatre), sont généralement confortables. Même la première catégorie dispose du confort de base : une bonne literie, salle de bains ou douche, air conditionné, télévision, téléphone, réfrigérateur. Il est fréquent d'avoir en plus une cafetière, un four à micro-ondes, un sèche-cheveux, une table pour prendre ses repas et même un fer à repasser.

L'**hôtel** est plutôt situé en centre-ville, dans des immeubles plus importants et plus hauts. Le confort dépend de la catégorie de l'établissement. Aux États-Unis, le système de classement par étoiles (introduit à l'origine par Mobil) coexiste avec celui des diamants de l'Association américaine des automobilistes (AAA). Les deux sont assez similaires (notes de 1 à 5).

Le parking et le wifi sont en général inclus dans le prix de la chambre, parfois aussi le petit déjeuner, et les prix sont affichés hors taxe.

**Réservez suffisamment à l'avance**, par téléphone ou Internet, surtout si vous voyagez entre mai et septembre. Il vous faudra toujours donner votre numéro de carte bancaire pour sécuriser la réservation, mais le montant ne sera prélevé qu'à votre arrivée.

**Bon à savoir** – Si vous devez annuler votre séjour, **prévenez impérativement** avant 18h, voire un jour avant, sinon la nuit vous sera débitée. Sachez par ailleurs qu'une carte de crédit est systématiquement exigée à votre arrivée, lors du *check-in*, pour le règlement des extras (minibar, téléphone, restauration), même si vous souhaitez les régler en espèces. Vérifiez bien le montant débité avant de partir.

### Grandes chaînes

Beaucoup de motels et d'hôtels affiliés à de grandes chaînes n'ont guère de caractère et s'alignent au bord des routes, mais ils assurent un confort et un service standard. Réservation centralisée par téléphone (numéro gratuit) ou par Internet. Le web permet d'ailleurs de bénéficier de rabais et d'offres spéciales, notamment dans les catégories supérieures.

Les principales chaînes sont, par ordre de prix croissant :

**Motel 6** – ✆ 1 800 466 8356 - www.motel6.com.

**Red Roof Inn** – ✆ 1 800 733 7663 - www.redroof.com.

**Econo Lodge** – ✆ 1 877 424 6423 - www.econolodge.com.

**Super 8** – ✆ 1 800 454 3213 - www.super8.com.

**Travelodge** – ✆ 1 800 525 4055 - www.travelodge.com.

**Comfort Inn** – ✆ 1 800 267 3837 (en français) - www.comfortinn.com.

**Quality Inn** – ✆ 1 800 267 3837 (en français) - www.qualityinn.com.

**La Quinta** – ✆ 1 800 753 3757 - www.lq.com.

**Ramada** – ✆ 1 800 854 9517 - www.ramada.com.

**Best Western** – ✆ 1 800 780 7234 - www.bestwestern.com. N° Vert depuis la France : ✆ 0 800 904 490.

**Holiday Inn** – www.holidayinn.com. N° Vert depuis la France : ✆ 0 800 911 617.

### Bed & Breakfast et auberges de caractère

Plus raffinés, les B&B et les auberges de caractère *(inns)* se distinguent par leur taille modeste, le charme de leur accueil et de leur décoration. Ils pratiquent en

général des prix élevés, mais on y est traité comme des invités : plantureux petit déjeuner, ou souvent, en fin de journée, un verre de vin et un plateau de fromage, occasion de faire connaissance avec vos hôtes et les autres résidents. Les B&B n'ont cependant pas toujours le caractère convivial de ceux d'Irlande ou de Grande-Bretagne, car ils sont souvent tenus par une gouvernante *(innkeeper)* et les propriétaires n'y résident pas ou ne se mélangent pas aux hôtes. Ils peuvent compter plus de 20 chambres et ressembler à de petits hôtels de luxe. Plusieurs sites Internet répertorient ces établissements : www.selectregistry.com ; www.innkeeping.org ; www.bedandbreakfast.com ; www.bbonline.com.

### Chez l'habitant

Il est possible de louer une chambre chez des particuliers, surtout dans les villes. Des sites repertorient les offres : www.airbnb.com ; www.bedycasa.com ; www.homestaybooking.fr. Autre option, gratuite celle-ci : le **couchsurfing**, qui consiste à dormir sur le canapé du salon ou dans la chambre d'amis chez des particuliers. Un moyen idéal pour les voyageurs en solo de rencontrer des locaux. Consultez les sites www.couchsurfing.org ou www.hospitalityclub.org.

### Guest ranches

À la fin du 19e s., fermes et ranches d'élevage accueillaient des invités citadins ravis de participer aux tâches quotidiennes, ou bien des hôtes payants, qui permettaient de traverser les époques de vaches maigres. La vision romantique du Far West colportée dans l'Est alimente une mystique du cow-boy et de la Prairie qui persiste à ce jour. Le *dude ranch*, comme on appelle bientôt ces ranches d'hôtes, ouvre une fenêtre exceptionnelle sur le mode de vie de l'Ouest. Ceux d'aujourd'hui, plus fréquemment appelés *guest ranches*, vont de la ferme rustique à l'établissement chic. Accueillant un nombre d'hôtes allant de 12 à 125, il peut s'agir de fermes d'élevage faisant participer les clients au rassemblement et au marquage du bétail, de ranchs spécialisés dans la randonnée à cheval, ou tout simplement axés sur la détente. Toutes ces formules promettent accueil chaleureux et repas familiaux. De nombreux hôtes reviennent chaque année pour monter à cheval, profiter de paysages sensationnels et savourer une cuisine familiale. Les sites Internet ouvrent ces vacances « Far West » à un marché mondial attiré par la vie de cow-boy. Parmi les organismes, on relève **The Dude Rancher's Association** (✆ 307 587 2339 - www.duderanch.org) et **Guest Ranches of North America** (✆ 214 912 1100 - www.guestranches.com). Il existe aussi des associations par État, comme www.coloradoranch.com ou www.montanadra.com.

| NOS CATÉGORIES DE PRIX | | |
|---|---|---|
| | **Hébergement** | **Restauration** |
| **Premier prix** | jusqu'à 100 $ | moins de 15 $ |
| **Budget moyen** | de 100 $ à 200 $ | de 15 $ à 30 $ |
| **Pour se faire plaisir** | de 200 $ à 300 $ | de 30 $ à 50 $ |
| **Une folie** | plus de 300 $ | plus de 50 $ |

### LES PRIX DE L'HÉBERGEMENT

C'est sans conteste ce qui vous coûtera le plus cher. Il est cependant très difficile de citer des prix précis, car les tarifs changent quasiment tous les jours, en fonction du remplissage, de la saison, du jour de la semaine, du type de chambre. En règle générale, ceux qui sont indiqués sur le tableau ou les brochures sont les tarifs de base *(rack rate)*, pratiqués lors des réservations. En réservant par téléphone, vous ne pourrez pas obtenir de réelle baisse, mais demandez le **special rate** ou les **special offers**. Mentionnez si vous êtes affilié à l'AAA *(voir p. 46)*, car cela vous donne souvent droit à une réduction Pensez toujours à ajouter les **taxes**, variables selon les endroits (de 7 à 17 %).

Dans un motel basique (1 étoile), il faut compter de 60 à 100 $ pour deux. Pour la gamme intermédiaire (2 étoiles), comptez entre 90 et 130 $ pour deux. Les B&B démarrent à 120 $ pour deux et peuvent dépasser 250 $. Les hôtels des grandes chaînes (3 étoiles) tournent entre 175 et 300 $, alors que le grand luxe (4 étoiles) se monnaye à plus de 300 $.

Sachez que le prix d'une chambre diffère d'environ 10-15 $ selon la taille du lit (ce qui peut représenter une économie certaine) et, dans certains établissements, selon qu'elle soit fumeurs *(smoking)* ou non.

#### Réservations et réductions

**Bon à savoir** – En réservant par Internet sur des sites de discount, vous pouvez économiser de 20 à 70 % du prix, notamment dans les grandes villes.

Plusieurs sites sont spécialisés : www.hotels.com (en anglais) ; www.ratestogo.com (réservation de dernière minute) ; www.booking.com.

Sur place, en arrivant dans les aéroports, offices de tourisme et certains supermarchés, *fast-foods* et stations-service, demandez les livrets de **coupons** *(coupons guides)* qui offrent des réductions sur les nuits de certains hôtels (valables surtout en semaine et hors saison).

## Se restaurer

### NOTRE SÉLECTION

*Retrouvez notre sélection de restaurants dans les carnets pratiques, situés à la fin du descriptif de chaque ville ou site de la partie « Découvrir le Nord-Ouest américain ».*

Les prix figurant dans ce guide correspondent au prix moyen d'un dîner « à l'américaine », constitué le plus souvent d'un seul plat copieux ou d'une salade-repas, et accompagné d'une boisson (hors vin) *(voir tableau p. 28)*.

### LES TYPES D'ÉTABLISSEMENTS

L'appellation « restaurant » désigne des établissements très différents, du simple **snack-bar** (type fast-food) ou de la banale **cafétéria**, aux restaurants de **grandes chaînes** ou aux tables plus raffinées. Certains ne servent que le petit déjeuner et le déjeuner, d'autres se limitent au dîner, certains proposent les trois. Les **bars** et **coffee-shops** (sortes de salons de thé) servent en général des plats simples, mais copieux et bon marché. Enfin, vous trouverez partout des **fast-foods** classiques (type McDonald's, très bon marché aux États-Unis), chinois ou mexicains. À de rares exceptions près, les pizzerias et les restaurants italiens ne sont pas les moins chers.

### LES REPAS

#### Le petit déjeuner

Souvent servi dès 7h du matin et jusqu'à 11h-11h30 (voire toute la journée), le **breakfast** est très copieux et d'un bon rapport qualité-prix (comptez de 5 à 15 $ selon le nombre d'ingrédients). Il comprend le plus souvent des **œufs** au plat *(sunny side up* ou *fried eggs)*, en omelette ou brouillés *(scrambled eggs)*, accompagnés de toasts, de **bacon grillé** ou de **saucisses** et de **pommes de terre** cuites en galettes à la poêle *(hash browns)*. Il est suivi de patisseries diverses, dont les **crêpes** *(pancakes)*, les **gaufres** *(waffles)*, le **pain perdu** *(french toast)*, les **muffins** (gâteaux individuels aux myrtilles, aux pépites de chocolat…), les **doughnuts** (beignets sucrés), les **bagels** (petits pains en forme d'anneau), servis avec du *cream cheese*, etc. On accompagne le tout avec du thé ou du café, en général très léger, et du jus d'orange. Les samedi et dimanche, beaucoup de restaurants proposent le **brunch**.

## Le déjeuner

Le **lunch** est le repas le plus léger de la journée, servi facilement jusqu'après 15h. Comptez de 4 à 9 $ pour un **sandwich**, chaud ou froid, souvent servi avec des frites, une salade ou de la soupe.
Autre solution : la **salade** toute préparée et souvent gargantuesque *(Caesar salad, oriental salad)*, ou celle à composer soi-même dans les *salad bars* (entre 6 et 12 $).
Les **food trucks** constituent une bonne option pour manger sur le pouce : ces camionnettes proposent des menus thématiques très abordables.
La plupart des restaurants et bars proposent un **lunch menu** avec des plats uniques, similaires à ceux du dîner, un peu moins copieux, mais surtout beaucoup moins chers (entre 8 et 15 $).

## Le dîner

Il se prend tôt (17h-19h), sauf dans les grandes villes. C'est traditionnellement le repas le plus copieux de la journée : mêmes plats qu'au déjeuner, mais encore plus généreux et facturés plus cher. Pour les gastronomes, c'est le moment de choisir des restaurants plus raffinés.
La carte se divise en trois grandes sections. Appelées *hors d'œuvre* ou *appetizers*, les entrées sont parfois assez copieuses pour constituer un plat (de 7 à 15 $) ; les plats principaux se nomment *entrees* (de 15 à 30 $). Attention, les desserts sont énormes et très sucrés (de 6 à 15 $).

### LES BOISSONS

Beaucoup de restaurants familiaux ou populaires ne servent pas d'alcool, car ils doivent détenir une **licence** spéciale (*wine license* pour les vins, *full license* pour tous les alcools). Les établissements de qualité proposent souvent une **carte des vins** intéressante où vous retrouverez, selon les endroits, les principaux vins de Californie, d'Oregon et de Washington, mais aussi parfois du Chili et de France. Ils sont chers, mais on peut souvent les commander au verre.
D'une manière générale, à peine assis, on vous sert un verre d'eau du robinet, glacée, que l'on renouvelle tout au long du repas. L'eau minérale est rare et chère, car souvent importée. La plupart des Américains commandent des sodas, une limonade maison ou de l'*iced tea*, un thé sucré ou non *(sweetened, unsweetened)*, toujours glacé. Au cours du repas, on vous proposera un *refill* : acceptez, le second verre est compris dans le prix.
Dans les bars, vous pourrez choisir parmi les nombreuses **bières** nationales (Coors, Budweiser, Michelob…), mexicaines (Corona, Dos Equis…) ou artisanales. Pour une pression, demandez une *draft beer* ou une *beer on tap*.

# Sur place de A à Z

## ACHATS

*Retrouvez notre sélection de boutiques dans les carnets pratiques, situés à la fin du descriptif de chaque ville ou site de la partie « Découvrir le Nord Ouest américain ».*

*Voir aussi la rubrique « Souvenirs », p. 40.*

Les États-Unis sont un paradis pour les amateurs de shopping qui y feront réellement de bonnes affaires. Jeans, sportswear, équipement sportif sont bien moins chers qu'en Europe, de même que les marques de cosmétiques américaines, la maroquinerie, l'optique, l'électronique et les articles pour la maison.

### Où faire de bonnes affaires

**Les discount stores** – Ces immenses solderies vendent à prix cassé des produits de marque d'anciennes collections ou avec des petits défauts.

**Les factory outlets** – Il s'agit de véritables villages, rassemblant les magasins d'usine des grandes marques. Les prix y sont en principe inférieurs d'au moins 30 % par rapport aux magasins classiques. Le site www.premiumoutlets.com permet de les localiser.

### Pointures et tailles

Attention, les vêtements taillent plus grand : si vous avez l'habitude d'acheter des tee-shirts Medium (M) en Europe, vous devrez sans doute prendre la taille Small (S) aux États-Unis.

Méfiez-vous également si vous devez acheter du linge de maison, car les dimensions des lits et des oreillers ne sont pas les mêmes.

*Voir aussi tableau p. 33.*

## ALCOOL

Il faut avoir 21 ans pour acheter ou consommer de l'alcool. On en trouve dans les boutiques spécialisées *(liquor stores)* ou dans les rayons séparés des grandes surfaces et des épiceries.

D'une manière générale, ne transportez pas de bouteilles entamées dans l'habitacle de votre voiture et ne buvez pas ouvertement sur la voie publique (même si certains le font en dissimulant bouteille ou canette dans un sac en papier).

Au volant, le taux d'alcoolémie maximum autorisé est de 0,1 g par litre de sang (contre 0,5 g par litre de sang en France), autant dire presque rien.

## ARGENT

### Monnaie

L'unité monétaire américaine est le **dollar** ($), divisé en 100 cents.

Il existe des billets de 1, 5, 10, 20, 50 et 100 $, ainsi que des pièces de 1 *(penny)*, 5 *(nickel)*, 10 *(dime)*, 25 *(quarter)* et 50 cents *(half dollar)*, voire de 1 $. Toutes les pièces sont de couleur argent, sauf celles de 1 cent (cuivre) et celles de 1 $ (doré).

Attention, tous les billets sont verts et de la même taille et la pièce de 10 cts est plus petite que celle de 5.

### Cartes de crédit

Elles sont presque toujours acceptées et indispensables pour retenir une chambre d'hôtel ou louer une voiture. Le taux de change appliqué est celui du jour de la transaction et une commission est facturée.

Lorsque vous utilisez votre carte de paiement dans un magasin,

on vous demande : debit or credit ? Les cartes étrangères, même si elles ne sont pas à proprement parler des cartes de crédit, sont considérées comme telles. Il vous faut alors signer le reçu et non pas composer votre code secret. En cas de perte de votre carte bancaire :
**Amex** – ✆ +33 (0)1 47 77 72 00.
**Master Card** – ✆ 636 722 7111 (appel gratuit depuis un poste fixe).
**Visa** – ✆ 800 847 2911 (depuis un poste fixe).

## Banques

D'innombrables **distributeurs (ATM)** sont disponibles absolument partout, y compris dans certains magasins, restaurants et *deli*. Vérifiez bien avant de partir le plafond des retraits autorisés par semaine pour ne pas rester bloqué sur place. En cas d'urgence, vous pouvez envoyer ou recevoir de l'argent immédiatement auprès de :
**Western Union** – ✆ 0 800 900 191 (appel gratuit, disponible depuis la France) ou 1 800 325 6000 (depuis les États-Unis) - www.westernunion.com.

Grâce à un partenariat entre la BNP Paribas et la Bank of America, les clients de la banque française ne paient pas de taxes dans les distributeurs de la banque américaine. Sachez aussi que les distributeurs qui se trouvent dans les McDonald's ont l'avantage de prélever une faible commission (0,99 cent contre 3 à 4 $ dans les autres distributeurs).

## Change

Au moment ou nous imprimons ce guide **1 € = 1, 25 $**. La plupart des succursales des banques nationales proposent un service de change, moyennant une commission modérée.

## Chèques de voyage

Un mode de paiement qui tend à devenir obsolète : American Express, par exemple, n'en vend plus depuis 2013. Pas d'avantages particuliers par rapport à la carte bancaire.

### CIGARETTES

La législation concernant le tabac est très stricte. Il est ainsi **strictement interdit de fumer** dans les transports et les lieux publics (y compris les galeries marchandes), dans la plupart des restaurants, bars, clubs, etc.
De surcroît, les cigarettes sont assez chères (les prix varient considérablement d'un État à l'autre et selon les magasins).

### DATE ET HEURE

Aux États-Unis, la **date** s'écrit en mentionnant d'abord le mois, suivi du jour, puis de l'année : le 11 mai 2015 s'écrit 5/11/15.
**L'heure** n'est signalée que de 1 à 12, suivi de AM *(ante meridiem)* pour le matin, de PM *(post meridiem)* pour l'après-midi : 8:00 ou 8 am, c'est avant midi, 8 pm, c'est le soir. Attention, 12:00 ou 12 pm, indique midi, tandis que 12 am désigne minuit.

## Fuseaux horaires

Les États-Unis s'étendent sur **quatre fuseaux horaires**.
Tenez-en compte lors de vos correspondances sur place, si vous ne prenez pas un vol direct.
L'Oregon, l'État de Washington et le nord de l'Idaho observent le **Pacific Standard Time** (PST), l'heure du Pacifique, soit un décalage de -9h avec la France (GMT -8).
Le sud de l'Idaho, le Montana, le Wyoming, l'Utah et le Colorado observent le **Mountain Time** (MT), l'heure des Montagnes, qui présente un décalage de -8h avec la France (GMT -7).
Le Dakota du Nord, le Dakota du Sud et le Nebraska sont au **Central Time** (GMT-6), l'heure des Plaines centrales, soit un décalage de -7h

# TABLEAUX DE CONVERSION

## POIDS ET MESURES

| États-Unis | Europe | |
|---|---|---|
| 1 pound (lb) | 0,45 kilogramme (kg) | *Pour convertir des pounds (livres) en kilogrammes, on multiplie par 0,45. 1 pound = 16 ounces* |
| 1 ounce (oz) | 28,35 grammes (g) | |
| 1 long ton | 1,01 tonne (t) | |
| 1 pint (pt) | 0,47 litre (l) | *Pour convertir des gallons en litres, on multiplie par 3,79* |
| 1 gallon (gal) | 3,79 litres (l) | |
| 1 acre | 0,4 hectare (ha) | *Pour convertir des acres en hectares, on multiplie par 0,4* |
| 1 square mile (mi²) | 2,59 kilomètres carrés (km²) | |
| 1 inch (in) | 2,54 centimètres (cm) | *Pour convertir des inches (pouces) en centimètres, on multiplie par 2,54* |
| 1 foot (ft) | 0,30 mètre (m) | *Pour convertir des feet (pieds) en mètres, on multiplie par 0,3* |
| 1 yard (yd) | 0,91 mètre (m) | *Pour convertir des yards en mètres, on multiplie par 0,91* |
| 1 mile (mi) | 1,6 kilomètre (km) | *Pour convertir des miles en kilomètres, on multiplie par 1,6* |

## VÊTEMENTS

| Femmes | États-Unis | Europe |
|---|---|---|
| Chaussures | 4 | 35 |
| | 5 | 36 |
| | 6 | 37 |
| | 7 | 38 |
| | 8 | 39 |
| | 9 | 40 |
| | 10 | 41 |
| Robes | 6 | 36 |
| | 8 | 38 |
| | 10 | 40 |
| | 12 | 42 |
| | 14 | 44 |
| | 16 | 46 |
| Chemisier et pulls | 6 | 36 |
| | 8 | 38 |
| | 10 | 40 |
| | 12 | 42 |
| | 14 | 44 |
| | 16 | 46 |

LES TAILLES ONT TENDANCE À VARIER SELON LES FABRICANTS.

LES ÉQUIVALENCES SONT DONNÉES À TITRE INDICATIF.

| Hommes | États-Unis | Europe |
|---|---|---|
| Chaussures | 7 ½ | 40 |
| | 8 ½ | 41 |
| | 9 ½ | 42 |
| | 10 ½ | 43 |
| | 11 ½ | 44 |
| | 12 ½ | 45 |
| | 13 ½ | 46 |
| Costumes | 36 | 46 |
| | 38 | 48 |
| | 40 | 50 |
| | 42 | 52 |
| | 44 | 54 |
| | 46 | 56 |
| Chemises | 14 ½ | 37 |
| | 15 | 38 |
| | 15 ½ | 39 |
| | 15 ¾ | 40 |
| | 16 | 41 |
| | 16 ½ | 42 |

## VITESSE

| MPH | 10 | 20 | 30 | 40 | 50 | 60 | 70 | 80 | 90 |
|---|---|---|---|---|---|---|---|---|---|
| KMH | 16 | 32 | 48 | 64 | 80 | 96 | 112 | 128 | 144 |

## TEMPÉRATURE

| Fahrenheit (°F) | 32° | 41° | 50° | 59° | 68° | 77° | 86° | 104° | 140° | 176° | 212° |
|---|---|---|---|---|---|---|---|---|---|---|---|
| Celcius (°C) | 0° | 5° | 10° | 15° | 20° | 25° | 30° | 40° | 60° | 80° | 100° |

*Pour convertir les Fahrenheit en Celsius, retrancher 32 °F, multiplier par 5 et diviser par 9.*
*Pour convertir les Celsius en Fahrenheit, multiplier les °C par 9, diviser par 5 et ajouter 32.*

avec la France. Attention, la frange ouest de ces trois États suit l'heure des Montagnes.

L'Alaska possède son propre fuseau horaire, l'**Alaska Standard Time** (GMT-9)

Quand il est midi à Paris, il est 3h du matin à Portland ou Seattle, et 4h du matin à Salt Lake City ou Denver.

**Bon à savoir** – L'**horaire d'été** (on avance de 1h), ou *Daylight Saving Time,* s'applique du deuxième dimanche de mars au premier dimanche de novembre, soit avec un léger décalage par rapport à l'Europe (qui change d'heure le dernier dimanche de mars et le dernier dimanche d'octobre). Attention aux risques de confusion si vous voyagez durant ces périodes.

## DROGUE

La consommation et la possession d'une quantité limitée de cannabis est désormais autorisée pour les plus de 21 ans dans le Colorado, l'Oregon, l'État de Washington et l'Alaska. Ailleurs, elle est passible d'une amende.

La possession de drogues dures ou de stupéfiants est très sévèrement punie (longues peines de prison). Si vous suivez un traitement médical à base de tranquillisants ou de narcotiques, gardez votre ordonnance sur vous (si possible avec la traduction).

## EAU POTABLE

L'eau du robinet ne présente aucun risque. L'eau minérale est assez chère. Si vous comptez utiliser l'eau de source lors de vos randonnées, achetez des pastilles désinfectantes. Attention, dans les déserts, certains parcs n'ont pas d'eau courante.

## ÉLECTRICITÉ

Aux États-Unis, le courant est en **110 volts** et les prises sont à fiches plates. Certains appareils de voyage peuvent basculer du 220 V au 110 V (vérifiez avant de partir). Emportez un **adaptateur** ou achetez-en un sur place (on les trouve en grande surface). Motels et hôtels fournissent parfois sèche-cheveux et fer à repasser.

## HORAIRES D'OUVERTURE

**Administrations**, **banques** et **bureaux de poste** ouvrent généralement du lundi au vendredi de 9h à 17h, parfois le samedi matin (hors administrations publiques).

Les **commerces** ferment plus tard : 18h en moyenne, sauf les grands centres commerciaux qui restent ouverts jusqu'à 20h-21h, et les petites épiceries (23h ou plus). Le dimanche, beaucoup sont ouverts de 13h-14h à 17h-18h.

Beaucoup de **restaurants** populaires ou familiaux ouvrent dès 7h. Ils servent sans interruption jusqu'à la fermeture, proposant selon l'heure trois cartes différentes : le petit-déjeuner (jusqu'à 11h-11h30), le *lunch* (12h-16h) et le dîner (17h-21h/22h). Les Américains dînant tôt, il est parfois impossible de manger après 20h-20h30 dans les petites villes.

L'appellation *early bird* désigne le dîner servi entre 17h et 18h30-19h. Il est généralement bon marché et constitue une très bonne affaire, car les menus du soir sont chers.

Dans les grandes villes ou le long des autoroutes, des snacks restent ouverts tard dans la nuit, voire jusqu'au petit matin.

## INTERNET

Les cybercafés ont presque disparu depuis que le wifi existe. Les voyageurs auront peu de problèmes à rester connectés.

La plupart des hôtels et motels offrent l'**accès wifi** gratuit dans les chambres, qui disposent également souvent de prises Ethernet.

Beaucoup d'hôtels disposent en outre d'un *business center* avec des

ordinateurs où surfer gratuitement, tandis que les B&B ont souvent un poste accessible aux clients.
L'accès Internet est également gratuit (avec ou sans mot de passe) pour les clients dans les restaurants, les bars, les cafés, les *fast-foods* et dans certains lieux publics.
Les bibliothèques municipales *(library)* mettent à disposition des ordinateurs avec un accès Internet gratuit (mais un temps de consultation limité, de 15 à 60mn) contre une pièce d'identité.

## JOURS FÉRIÉS ET VACANCES

**New Year's Day** (Jour de l'An) – 1er janvier.
**Martin Luther King's Birthday** – 3e lundi de janvier.
**Presidents Day** – 3e lundi de février, en l'honneur des présidents Lincoln et Washington.
**Memorial Day** – Dernier lundi de mai, jour du souvenir à la mémoire des victimes de guerre.
**Independence Day** – 4 juillet, fête nationale des États-Unis.
**Labor Day** – 1er lundi de septembre, fête du Travail.
**Columbus Day** – 2e lundi d'octobre, jour où Christophe Colomb a « découvert » l'Amérique.
**Veterans Day** – 11 novembre, à la mémoire des vétérans de la Première Guerre mondiale.
**Thanksgiving** – 4e jeudi de novembre, jour d'action de grâces.
**Christmas Day** (Noël) – 25 décembre.

### Vacances scolaires

Les dates des vacances scolaires diffèrent selon les États et les comtés, mais suivent globalement les périodes suivantes :
**Vacances d'été** – de fin mai (Memorial Day) jusqu'à début septembre (Labor Day).
**Vacances d'automne** – autour de Thanskgiving, la dernière semaine de novembre.
**Vacances de Noël** – un peu avant Noël jusqu'à quelques jours après le 1er janvier.
**Vacances de printemps** – une semaine autour de Pâques.

## MÉDIAS

### Presse

Le **Seattle Time** est le quotidien de référence de Seattle et de l'État de Washington, à l'instar de **The Oregonian** pour l'Oregon et de **The Denver Post** au Colorado.
Au niveau national, les deux quotidiens les plus appréciés sont le **Washington Post** et le **New York Times**. Les plus célèbres hebdomadaires sont **Time** et **Newsweek**.
Le plus lu des journaux populaires américains est **USA Today**.
Les journaux français *(Le Monde, Le Figaro)* et internationaux sont distribués dans les grandes villes et les stations touristiques.

## MUSÉES, MONUMENTS ET SITES

**Musées** – Dans les grandes villes, beaucoup de musées n'ouvrent qu'à 11h et ferment vers 17h, et proposent une nocturne dans la semaine (en général le jeudi).
Pour les tarifs, comptez de 5 à 15 $ ; il existe des réductions pour les enfants, les seniors et les étudiants.
Dans les grandes villes, des **Welcome Cards** associent musées ou monuments aux transports en commun à des prix en général très intéressants.
**Parcs nationaux** – Les heures d'ouverture et de fermeture des barrières d'accès sont souvent alignées sur celles du lever et du coucher du soleil. Il arrive que les *Visitor Centers* observent des horaires plus réduits (9h-17h ou 18h). Comptez 10 à 25 $ par véhicule. Le billet est valable pendant 7 jours.
**Bon à savoir** – Le **National Parks Pass** (80 $) permet un accès illimité aux parcs nationaux durant

1 an, pour votre véhicule et ses passagers. On l'achète au guichet du premier parc visité. Attention toutefois, il n'inclut pas les parcs d'État *(State Parks)*.

### OFFICES DE TOURISME

Dans ce guide, les offices de tourisme sont indiqués, sur les cartes, par le symbole i.
Chaque État possède un organisme supervisant le tourisme *(voir ci-dessous)*. Sur place, les bureaux s'occupant du développement touristique sont référencés dans l'annuaire sous la dénomination **Visitor Center**, **Chamber of Commerce** ou **Convention and Visitor's Bureau**.

**Alaska Travel Industry Association** – 2600 Cordova St. (Suite 201) - Anchorage AK - ✆ 99503 907 929 2200 - www.travelalaska.com.

**Colorado Tourism Office** – 1625 Broadway (Suite 2700) - Denver, CO 80202 - ✆ 303 892 3840 - www.colorado.com.

**North Dakota Tourism Division** – 400 E. Broadway (Suite 50) - Bismarck ND 58501 - ✆ 800 435 5663 - www.ndtourism.com.

**South Dakota Department of Tourism** – 711 E. Wells Ave. - Pierre SD 57501-5070 - ✆ 605 773 3301 - www.travelsd.com.

**Idaho Travel Council, Administrative Office** – Idaho Department of Commerce - 700 W. State St. - Boise ID 83720-0093 - ✆ 208 334 2470 - www.visitid.org.

**Travel Montana** – 1424 9th Ave. - Helena MT 59620 - ✆ 406 444 2654 - www.visitmt.com.

**Nebraska Tourism Office** – Department of Economic Development, P.O. Box 98907 - Lincoln NE 68509-8907 - ✆ 402 471 3796 - www.visitnebraska.org.

**Oregon Economic Development Department** – Tourism Division - 775 Summer St. N.E. - Salem OR 97301 - ✆ 800 547 7842 - www.traveloregon.com.

**Utah Travel Council** – Council Hall/Capitol Hill, 300 N. State St. - Salt Lake City UT 84114 - ✆ 801 538 1030 - www.utah.com.

**Washington State Tourism** – Department of Community, Trade and Economic Development, P.O. Box 42500 - Olympia WA 98504-2500 - ✆ 360 586 2088 - www.tourism.wa.gov.

**Wyoming Division of Tourism** – I-25 & College Drive - Cheyenne WY 82002 - ✆ 307 777 7777 - www.wyomingtourism.org.

### PHOTOGRAPHIE

On trouve des cartes mémoires pour appareil numérique dans la plupart des grands magasins et drugstores.
Demandez toujours la permission avant de photographier des gens.
Pour les portraits ou les clichés de maisons privées, demandez la permission (on vous demandera parfois de l'argent) et n'insistez pas en cas de refus.
Sur certains territoires indiens, les photos et les films sont interdits, ou soumis à l'achat d'un permis. Les photos ne sont en général pas tolérées durant les cérémonies sacrées (renseignez-vous avant). Dans tous les cas, ne passez pas devant les participants et respectez ce qui est pour eux une manifestation rituelle.

### POSTE

Le courrier met de 6 à 15 jours pour parvenir en Europe, en fonction de la ville d'envoi.
Les **timbres** sont vendus uniquement dans les bureaux de poste. Comptez 1,15 $ pour une carte postale ou pour une lettre de moins de 28 g. Service postal américain USPS (US Postal Service), www.usps.com.

### Poste restante

Pour recevoir votre courrier en poste restante, faites indiquer : M. Dupont - c/o General Delivery - adresse du bureau de poste correspondant avec son code postal - USA. Pour avoir les coordonnées exactes et le code, renseignez-vous sur place, car tous les bureaux ne font pas office de poste restante. Pour retirer votre courrier, vous devrez présenter une pièce d'identité. Attention, les bureaux ne conservent pas le courrier plus de 10 jours, sauf si votre correspondant écrit lisiblement en haut de l'enveloppe « Hold for Arrival ».

### Envois express et colis

Les services postaux sont lents et chers, et les tarifs varient en fonction des assurances, de la rapidité et, bien sûr, du poids.

**Lettres express** – De 5 à 9 $ pour une livraison entre 4 et 6 jours, 17 $ entre 3 et 5 jours.

**Colis vers l'Europe** – Par train et bateau (30-45 j.), vous paierez de 23,25 à 50 $ pour un colis de 2 à 9 kg. Vous pouvez envoyer un paquet pesant jusqu'à 30 kg. Pour un envoi par avion (7-10 j.), comptez de 20 à 73 $. Pour envoyer des livres ou magazines *(printed matter)*, demandez le **M-bag**, beaucoup plus économique.

Les bureaux des **transporteurs rapides**, comme DHL (www.dhl.com), UPS (www.ups.com) ou FedEx (www.fedex.com), sont très répandus.

**Bon à savoir** – Si vous ne voulez pas payer de taxes à la réception du colis, précisez qu'il s'agit d'effets personnels ou d'un cadeau sans valeur marchande. Pour les envois précieux, faites-vous assister par le commerçant qui vous vend l'objet.

## POURBOIRE

Le pourboire *(tip)* est **incontournable**, car il fait partie de la rémunération des employés, dont le salaire de base est bas.

Dans les **hôtels**, il convient de laisser entre 3 et 5 $ par nuit pour la femme de ménage, posés sur une table, et environ 5 $ pour le porteur (1 à 2 $ par valise). On laisse aussi 1 à 2 $ pour les voituriers.

Dans les **restaurants** et les **bars**, il convient de laisser entre 15 et 20 % du montant de l'addition hors taxe. Il arrive que le pourboire soit déjà inclus dans l'addition, après le total et sous la dénomination *gratuity* accompagnée d'un pourcentage. Rien de vous empêche de rajouter quelque chose mais lisez bien les notes que l'on vous présente !

Si vous payez par carte bancaire, le bordereau comporte une case spéciale pour le pourboire. Vous devez y inscrire le montant du pourboire que vous laissez et faire l'addition totale avant de signer. Quoi que vous laissiez, remplissez à la main la case « total » pour éviter des indélicatesses après votre départ…

Lors d'une **excursion**, la norme est de laisser au guide ou au chauffeur entre 5 et 10 $ par jour et par personne.

## PRÉVENTION DES RISQUES

Le site français du ministère français des Affaires étrangères liste les risques par régions. Consultez le site www.diplomatie.gouv.fr, rubrique « Conseils aux voyageurs ».

### Tremblement de terre

En cas de tremblement de terre : ne pas chercher à quitter le bâtiment mais s'éloigner des baies vitrées, s'abriter sous une table solide ou dans l'encadrement d'une porte. À l'extérieur, trouver un endroit loin des arbres, poteaux électriques, murs ou bâtiments. Si vous êtes dans un véhicule, arrêtez-vous au bord de la route, loin des ponts, et attendez la fin des secousses à l'intérieur.

### Orages et tornades

En été, des fronts orageux se forment très souvent dans toutes les Grandes Plaines. Ils peuvent évoluer ou disparaître tout aussi rapidement. On assiste parfois à des orages violents, accompagnés de grêle et d'éclairs menaçants. Les gros orages produisent parfois des tornades, colonnes d'air en rotation rapide reliant les nuages d'orage au sol, dans lesquelles les vents peuvent atteindre 400 km/h.

**Consignes de sécurité en cas d'orage** – Si vous êtes à l'extérieur, abritez-vous et restez à distance des arbres et objets métalliques.
Si vous êtes dans un véhicule, restez à l'intérieur jusqu'à la fin de l'orage.
Évitez d'être dans l'eau, ou près de l'eau. Si vous êtes en bateau, rejoignez le rivage le plus proche.
N'utilisez pas les appareils électriques, en particulier le téléphone.

**Consignes de sécurité en cas de tornade** – Si vous êtes à l'intérieur, rendez-vous aux abris spécialement prévus (en général un sous-sol ou une cage d'escalier). Sinon, choisissez une pièce intérieure sans fenêtre, par exemple une salle de bains. Éloignez-vous des fenêtres.
N'essayez pas de fuir la tornade en voiture. Sortez du véhicule et allongez-vous au fond d'un fossé ou dans une cuvette du sol.

## REPRÉSENTATIONS DIPLOMATIQUES

Toutes les ambassades nationales sont regroupées à Washington DC, mais localement des consulats sont ouverts dans les grandes villes.

## SANTÉ

Bien qu'il n'y ait pas de problème sanitaire particulier aux États-Unis, il est impératif de prendre une assurance avant de partir.
*Voir la rubrique « Formalités » dans « Avant de partir », p. 22.*

### Le climat et l'environnement

**La chaleur** – Le **coup de soleil** peut vous prendre par surprise en altitude, au bord de la mer et dans les déserts. Attention aussi au **coup de chaleur** qui peut être très dangereux : il se signale par de violents maux de tête, des vertiges et une difficulté à se mouvoir. Pour l'éviter : **boire de l'eau** (régulièrement, avant d'avoir soif), mettre un chapeau, ne pas boire d'alcool. Si cela vous arrive, installez-vous au frais ou à l'ombre, ventilez-vous, appliquez des linges mouillés et appelez un médecin d'urgence.

**La montagne** – L'altitude demande un temps d'adaptation. Prévoyez-le si vous comptez faire du sport ou de la randonnée dans les montagnes Rocheuses, le parc national de Yellowstone ou celui de Glacier. Sinon, le risque est de ressentir une grande fatigue, un essoufflement, des maux de tête ou des nausées et de violentes courbatures après l'effort. **Buvez beaucoup d'eau** et évitez l'alcool. Rassurez-vous, on ressent rarement des troubles sérieux en dessous de 3 500 m.

**Morsures ou piqûres** – Les déserts de l'Ouest sont fréquentés par serpents, araignées et scorpions. Portez des **chaussures fermées** et soyez vigilant lors de vos promenades. En cas de morsure, ne tentez pas de sucer le venin ou d'inciser la blessure, mais rendez-vous au plus vite chez un médecin qui vous administrera un **antivenin**.
Le virus *West Nile* sévit dans le Colorado, mais a tendance à se répandre dans d'autres États. Les infections sont généralement bénignes et le meilleur moyen de les prévenir est de se protéger des moustiques, vecteurs de la maladie.

### Trousse à pharmacie

Si vous suivez un traitement, emportez vos médicaments, avec l'ordonnance du médecin, originale et traduite. Une trousse de base comporte un désinfectant ou un antiseptique (Bétadine), un antidiarrhéique (Imodium) et un antiseptique intestinal (Ercéfuryl, Intétrix), des comprimés de sel pour éviter la déshydratation, un antihistaminique (contre le rhume, les allergies, le mal des transports et les piqûres d'insectes), des pansements, bandages et sparadraps, des pastilles pour purifier l'eau (Micropur) si vous randonnez dans les parcs, une crème solaire et une autre pour traiter les coups de soleil ou les brûlures superficielles (Biafine), un baume cicatrisant pour les lèvres. Une crème anti-inflammatoire et un antimycosique peuvent être utiles.

### Services médicaux

Faites-vous préciser par votre assurance santé complémentaire la marche à suivre en cas de maladie ou d'accident, et quels sont les formulaires éventuels à remplir. Envisagez toutes les éventualités (radios, dentiste, hospitalisation, maladie…).

En cas de besoin, appelez les urgences ou rendez-vous à l'hôpital le plus proche, mais sachez que les services d'urgences constituent une solution très onéreuse. S'il n'y a pas d'urgence vitale, allez dans un **walk-ins welcome** (cabinet médical acceptant les patients sans rendez-vous), dans une **walk-in clinic** ou une **medical clinic** : il vous en coûtera au minimum 150 $ sans le traitement.

### Pharmacies

Les médicaments sont vendus dans les **drugstores** et **pharmacies**.

La plupart des magasins d'alimentation et des supermarchés ont aussi un rayon petite pharmacie.

### Urgences

Composez le **911**, où que vous soyez.

## SAVOIR-VIVRE

Les Américains font la **queue** dans le calme et l'ordre : il est impensable d'essayer de doubler.

Les emplacements de **parking** réservés aux personnes à mobilité réduite sont exclusivement destinés à cet usage. Ne vous y garez pas, ne serait-ce que le temps d'un bref arrêt : c'est très mal vu et vous risquez une forte amende.

Les **piétons** sont rois : laissez-les passer systématiquement si vous en croisez, même s'il n'y a pas de feux de signalisation.

Dans la plupart des **restaurants**, il ne faut pas vous présenter à une table, mais attendre qu'une hôtesse vous installe. *Wait to be seated* est généralement indiqué sur un panneau à l'entrée de la salle.

Le **patriotisme** étant très répandu chez les Américains, évitez de toucher à leur réputation de liberté, de justice et de bonté, et ne contestez pas la politique étrangère du pays.

Ne vous aventurez pas sur les thèmes de l'**avortement**, de la **peine de mort** ou du **port d'armes**, très sensibles, sauf si vous êtes sûr de partager les mêmes opinions que vos interlocuteurs.

La **religion** est un autre sujet très important. L'adhésion à une secte est parfaitement acceptée et il est malvenu de critiquer la religiosité ambiante ou tout simplement la notion de foi.

En revanche, ne soyez pas surpris si l'on vous pose des questions sur votre métier et si l'on tente de mesurer votre **niveau de vie** : le travail est la valeur fondamentale des Américains, de même que la réussite sociale.

## SÉCURITÉ

Avec un minimum de précautions, vous ne connaîtrez pas de soucis. Dans les grandes villes, évitez les quartiers centraux à la nuit tombée

et le dimanche, et si vous y logez, prenez un taxi pour regagner votre hôtel tard le soir. Globalement les principales villes du Nord-Ouest sont sûres. Seul désagrément possible : la mendicité agressive pratiquée par certains sans-abri *(homeless)* la nuit.
Méfiez-vous quand même du **vol à la tire**, à proximité des distributeurs de billets. N'exhibez pas un matériel photo ou vidéo luxueux et des bijoux de prix.
Ne laissez pas d'objets de valeur dans votre voiture ni dans votre chambre d'hôtel (déposez-les dans le coffre à la réception).
Ne gardez dans vos poches ou votre sac qu'un minimum de monnaie. Gardez le reste, vos cartes de crédit et vos papiers, dans une poche spéciale, sous vos vêtements. En cas d'agression, cédez ce que vous avez dans vos poches.

## SOUVENIRS

**Bon à savoir** – N'oubliez pas que les prix indiqués sont **hors taxes** (ajoutez de 0 à 16 % selon les États). Si vous prévoyez de faire des achats importants (électronique, matériel photo ou vidéo par exemple), faites-les plutôt dans un État où les taxes sont faibles, voire nulles.
L'Alaska, l'Oregon et le Montana n'imposent aucune taxe sur les achats.
La taxe d'État monte à 5,5 % dans le Wyoming, à 6 % dans l'Utah et l'Idaho, à 7 % dans le Colorado, à 9 % dans l'État de Washington.
Vérifiez toujours que la garantie du produit acheté est internationale. Attention, à votre retour en France, si le montant de votre achat dépasse 430 €, vous devrez acquitter la TVA (20 %).

### Alimentation

Pensez aux **condiments**, *barbecue sauces* et préparations à base de *chile*. Ramenez du **jerky**, viande de bœuf séchée des cow-boys (pratique pour les randonnées).

### Artisanat et bijoux

L'artisanat américain est connu pour le travail du **bois** et du **cuir** (ceintures, sacs…) et les **patchworks**, du chemin de table au jeté de lit en passant par la tenture murale (de 150 à plus de 1 000 $).
Pour les amoureux des **pierres**, **fossiles** et **perles**, vous trouverez des magasins spécialisés en bordure de route, à proximité des canyons. Quant aux **objets anciens** ou **vintage**, vous en trouverez dans de nombreux magasins d'antiquités.

### Confection

Les **grandes marques américaines** à la mode en Europe (Ralph Lauren, Tommy Hillfiger, Calvin Klein, Levi's…) sont nettement moins chères, mais les styles sont parfois différents, adaptés aux goûts américains.
Les **chaussures de sport** sont aussi une bonne affaire (Nike, New Balance). Enfin, les **bottes de cow-boy** et le **Stetson** sont inévitables dans tout l'Ouest.
*Voir aussi la rubrique « Pointures et tailles », p. 33.*

### Musique et électronique

L'électronique (appareils photo numériques, lecteurs MP3, ordinateurs…) et la musique (CD) sont moins chers aux États-Unis. L'occasion de découvrir des titres ou des groupes introuvables en France. Assurez-vous toutefois que le matériel électronique soit compatible avec votre équipement (tension et fréquence sont différentes), et que les DVD pourront être lus de retour chez vous (les États-Unis sont en zone 1, l'Europe en zone 2).

## SPORTS ET LOISIRS

### Rafting

Sport mythique des grands rapides de l'Ouest, il se pratique de façon strictement réglementée, sur

de gros canots pneumatiques de 6 à 12 passagers. Les rapides sont classés de I à VI, par ordre de difficulté croissante.
Les grands sites le long des fleuves ou rivières Colorado, Yampa, Rogue, Snake, Yellowstone, White Salmon, Flathead et Columbia regorgent d'organismes proposant des sorties pour tous les niveaux (de 80 à 120 $/pers. la journée).
Pour les débutants, le **tubing**, un radeau ressemblant à une grosse chambre à air, offre des sensations dans un rapide de classe I !

### Randonnées pédestres

Les **parcs nationaux** et **d'État**, les forêts et les bases de loisirs *(recreation areas)* sont sillonnés de nombreux sentiers bien aménagés. Certains sont même goudronnés et accessibles aux handicapés. D'autres ne sont ouverts que si vous avez retiré un **permis** *(voir pages pratiques correspondantes)*.
Les circuits sont cartographiés et très bien balisés. Dans les parcs nationaux, un plan très détaillé est remis à l'entrée. Demandez les **fiches de randonnée** et les consignes particulières à l'entrée ou au *Visitor Center*.
Pour vous repérer le long des sentiers, vous verrez de petits panneaux marron avec le logo du randonneur et le nom du sentier *(trail)*.
Pour les grandes randonnées, surveillez la météo (pluies et crues au printemps, orages en été, blizzard en hiver). Dans tous les cas, emportez une casquette, des lunettes de soleil, beaucoup d'eau, un en-cas voire un pique-nique (les points de ravitaillement sont surtout à l'entrée des parcs) et un vêtement chaud (fraîcheur en matinée et en fin de journée, vents fréquents, froid en altitude).

### Ski

Le Colorado et l'Utah comptent quelques stations mythiques, fréquentées par les fans de ce sport, notamment Vail, Aspen et Alta. Il est également possible de skier sur les pentes du mont Hood, en Oregon.

### Et aussi...

Les amateurs de kitesurf, de surf sur sable et de surf se rendront directement sur la côte de l'Oregon, qui regorge de spots. Les véliplanchistes choisiront, eux, la Hood River, aux environs de Portland. Quant à ceux qui apprécient le kayak de mer, rendez-vous directement aux San Juan Islands.

## TAXES

À l'exception des aliments non préparés et de l'essence, la plupart des biens ou services sont soumis à des taxes. Comme elles varient beaucoup d'un État à l'autre, les prix sont toujours indiqués hors taxes (y compris dans ce guide).
À une première taxe d'État s'ajoutent les taxes locales, variables selon les comtés (voire les villes), et/ou une taxe de tourisme dont le montant varie aussi selon les lieux. La taxe hôtelière et la taxe prélevée dans les restaurants ou sur les voitures de location sont également variables. L'ensemble majore la facture de 10 à 15 %. Tenez-en compte en faisant vos achats et vos réservations, et n'hésitez pas à vous faire préciser le prix *including tax*.

## TÉLÉPHONE

### Renseignements

Pour une aide téléphonique, faites le 0 de n'importe quelle cabine et vous aurez un opérateur qui vous passera le numéro souhaité. Vous pouvez aussi consulter le ✆ 411 (numéro local), 555 1212 (numéro interurbain), (1) 800 874 4000, poste 324 (numéro international).

### Appels locaux et nationaux

Les numéros américains sont composés d'un indicatif régional à 3 chiffres, suivi du numéro de votre

correspondant à 7 chiffres.
Pour les appels locaux (même indicatif régional), ne composez que les 7 chiffres si vous appelez d'une ligne fixe, mais ajoutez l'indicatif si vous utilisez un portable.
Pour appeler une autre région (indicatif régional différent), composez le 1 + l'indicatif régional + le numéro du correspondant.

## Appels internationaux

Appels depuis les États-Unis :
– vers la France : 011 + 33 + le n° du correspondant (sans le 0 initial) ;
– vers la Belgique : 011 + 32 + n° de la zone sans le 0 + n° du correspondant ;
– vers la Suisse : 011 + 41 + n° de la zone sans le 0 + n° du correspondant ;
– vers le Canada : 011 + 1 + n° de la province + n° du correspondant.

## Numéros gratuits et spéciaux

Les numéros commençant par 800, 877, 888, 866… sont gratuits (*toll free*, toujours indiqué), et souvent utilisés par les compagnies aériennes, les hôtels, B&B et loueurs de voitures. Ils fonctionnent aussi depuis la France mais sont alors payants. Il faut alors remplacer le 800 par 880, le 888 par 881, et le 877 par 882.
Si vous devez appeler un numéro de ce type, faites-le précéder du 1 si vous appelez d'une ligne fixe (mais pas si vous utilisez un portable.
Les numéros spéciaux se présentent souvent avec des noms ou des mots (exemple : 1-800 5 FRANCE) pour une mémorisation plus facile ; il suffit de repérer sur les touches du téléphone à quels numéros correspondent les lettres.

## Comment appeler

**Hôtel** – Évitez de téléphoner à l'étranger depuis votre chambre, sauf si vous utilisez une carte prépayée, car les tarifs sont le plus souvent prohibitifs. Pour obtenir la ligne vers l'extérieur, on compose en général le 9. Le coût de l'appel sera comptabilisé sur votre facture. Si vous laissez sonner plus de cinq fois, la communication vous sera facturée même si personne ne répond.
**Cabines téléphoniques** – Elles fonctionnent avec des pièces de 5, 10 et 25 cents qui défilent très vite et sont très peu commodes pour les appels internationaux. Elles ne rendent ni la monnaie ni les pièces non utilisées. En revanche, on peut les utiliser avec une carte prépayée.
**Cartes téléphoniques prépayées** *(prepaid phonecards)* – Elles s'achètent dans les supermarchés, les épiceries, les gares routières, les stations-service, les bureaux de poste et chez les marchands de journaux. Comptez de 5 à 20 $ pour l'international. Composez le Numéro Vert (1-800), le code à 16 chiffres fourni avec la carte, puis le numéro de votre correspondant. On vous indiquera alors de combien de minutes vous pouvez bénéficier.
**Téléphone portable français** – Les téléphones portables doivent être tri-bandes ou quadri-bandes et non bi-bandes pour fonctionner aux États-Unis. L'option internationale de l'abonnement doit être activée. Pensez en revanche à désactiver l'option « données à l'étranger » dans « réseau cellulaire », ainsi que la 3G ou la 4G (utilisez le wifi sur place pour l'Internet mobile), sinon votre facture risque d'exploser. N'oubliez pas non plus de personnaliser le code d'accès à votre boîte vocale avant votre départ pour pouvoir ensuite écouter vos messages.
Pour appeler vers la France, vous pouvez utiliser le signe + au lieu du 011. La communication vers la France est chère : en moyenne 2,30 €/mn et 1,50 € pour la réception d'un appel. Mieux vaut garder le contact par SMS (env. 0,30 €).

**Téléphone portable prépayé** *(prepaid cell phone)* – Pratique pour les séjours prolongés. Tous les magasins de téléphonie en proposent. Vous achetez l'appareil et un temps de communication (premier prix env. 30 $), que vous alimentez ensuite par des cartes à code achetées dans les mêmes lieux que les cartes téléphoniques. Attention : appels sortants comme entrants sont facturés.

Une autre solution consiste à acheter sur place une **carte SIM** qu'on utilisera sur son propre portable, à condition que celui-ci soit débloqué. Un numéro local et un crédit prépayé vous sont alors attribués. On trouve des cartes SIM dans les boutiques de téléphonie, parfois même à l'aéroport d'arrivée. Les recharges de crédit s'achètent ensuite dans les supermarchés, drugstores et stations-service.

**Téléphone sur Internet** – Plusieurs applications permettent de téléphoner à partir d'un ordinateur, d'une tablette ou d'un téléphone portable en passant par le wifi. Le logiciel **Skype** permet d'appeler ses correspondants gratuitement (avec l'image) s'ils sont connectés ou à un coût réduit sur leur téléphone. L'application **Viber** permet de communiquer sans frais avec ceux qui l'utilisent également.

## TEMPÉRATURES

La température est donnée en degrés Fahrenheit, système très différent de celui des degrés centigrades (ou Celsius) : le 0 °C correspond à 32 °F, et l'eau bout à 212 °F. Pour convertir les degrés Fahrenheit en degrés Celsius, on soustrait 32 à la température donnée, puis on multiplie par 5 et divise par 9.

Inversement, pour passer des degrés Celsius aux degrés Fahrenheit, on multiplie la température d'origine par 9, puis on divise par 5 et enfin on ajoute 32.

Si vous voulez régler la climatisation de votre chambre à environ 22 °C, mettez-la sur 72 ° F.

*Voir aussi tableau p. 33.*

## TRANSPORTS

### Avion

Si vous disposez d'un temps limité, n'hésitez pas à prendre l'avion pour couvrir les longues distances. Avec ses dizaines de compagnies aériennes, ses centaines d'aéroports et ses milliers de vols quotidiens, le réseau national est très étendu.

Voici les principales compagnies desservant le Nord-Ouest :

**Alaska Airlines** – ✆ 800 252 7522 - www.alaskaair.com.

**American Airlines** – ✆ 800 433 7300 - www.aa.com.

**Delta Air Lines** – ✆ 800 221 1212 - www.delta.com.

**Frontier Airlines** – ✆ 800 432 1359 - www.frontierairlines.com.

**JetBlue Airways** – ✆ 800 538 2583 - www.jetblue.com.

**Southwest Airlines** – ✆ 800 435 9792 - www.southwest.com.

**Spirit Airlines** – ✆ 801 401 2220 - www.spirit.com.

**United Airlines** – ✆ 800 864 8331 - www.united.com.

**Virgin America** – ✆ 877 359 8474 - www.virginamerica.com.

### Bus

La première compagnie d'autocars des États-Unis, **Greyhound** (✆ 800 231 2222 - www.greyhound.com) relie presque toutes les villes et petites communes. Ses bus assez confortables permettent de couvrir de grandes distances, même de nuit. De manière générale, le prix du transport est moins élevé que par les autres moyens. Sachez cependant que le bus dessert assez mal les parcs nationaux et les régions isolées. On le privilégiera avant tout pour les grands axes et les liaisons intervilles. Il est recommandé de réserver. Pensez qu'il faut arriver à la gare environ 1h avant le départ.

Les cartes **Ameripass** et **International Ameripass** offrent le trajet illimité sur 7, 10, 15, 30, 45 ou 60 jours, avec des étapes en chemin. On peut acheter l'Ameripass dans n'importe quelle gare Greyhound ; International Ameripass est distribuée par les agences de voyages internationales. On peut aussi se les procurer *via* le site Internet Greyhound.

### Train

Le **réseau Amtrak** (✆ 800 872 7245 - www.amtrak.com) offre une alternative reposante aux voyageurs qui disposent de temps. La réservation permet d'obtenir les services désirés et des tarifs réduits. Elle est obligatoire pour certains trains. Il est interdit de fumer sur tous les trains Amtrak. On peut choisir entre première classe, classe économique, ou voitures à baies panoramiques.

La formule **Explore America** permet de voyager jusqu'à 45 jours dans tout le pays (limitée à trois étapes). Le **North America Rail Pass** relie le réseau Amtrak au système canadien VIARail (30 jours sans limitation d'étapes, à se procurer avant le départ auprès d'un voyagiste). Le **USA RailPass**, réservé aux étrangers, à l'exclusion des Canadiens, permet de voyager à volonté à tarif réduit dans des zones définies (cartes pour 15 et 30 jours, à se procurer auprès d'un voyagiste).

Parmi les itinéraires les plus intéressants assurés par Amtrak dans le Nord-Ouest, le **California Zephyr** relie Chicago à San Francisco en passant par Denver et Salt Lake City ; le **Coast Starlight** va de Los Angeles à Seattle en passant par San Francisco et Portland et, enfin, l'**Empire Builder** relie Chicago à Seattle et Portland en passant par Glacier National Park.

L'**Alaska Railroad** (✆ 907 265 2494 ou 800 544 0552 - www.alaskarailroad.com) relie Seward, Anchorage, le parc national Denali et Fairbanks.

## UNITÉS DE MESURE

Le système décimal n'a pas cours aux États-Unis, où les unités de mesure sont très différentes.

*Voir tableau p. 33.*

## VOITURE

### Permis de conduire

Le permis national datant de plus d'un an est suffisant pour conduire (jusqu'à 3 mois de séjour). Le permis international n'est pas obligatoire. Idem pour le permis moto.

### Location de voiture

Pour louer un véhicule le conducteur doit avoir au moins 21 ans et les agences de location exigent une carte de crédit (type Visa ou Mastercard) en garantie.

Les principales compagnies de location sont présentes dans la plupart des grandes villes et aéroports de la région, mais vous avez tout intérêt à réserver à l'avance par Internet pour comparer les prix et obtenir le meilleur tarif.

**Alamo** – ✆ 888 233 8749 - www.alamo.com.

**Avis** – ✆ 800 633 3469 - www.avis.com.

**Budget** – ✆ 800 218 7992 - www.budget.com.

**Dollar** – ✆ 800 800 4000 - www.dollar.com.

**Enterprise** – ✆ 800 261 7331 - www.enterprise.com.

**Hertz** – ✆ 800 654 3131 - www.hertz.com.

**National** – ✆ 877 222 9058 - www.nationalcar.com.

**Thrifty** – ✆ 888 400 8877 - www.thrifty.com.

Le mieux est de passer par un courtier comme **www.rentalcars.com**, **www.autoescape.com**, **www.ebooker.fr**, **www.expedia.com** ou **www.holidayautos.fr**.

Réservez de préférence un véhicule de bonne catégorie (*compact*, *midsize* ou *standard*, plutôt que *mini* ou *économy*), car vous passerez un temps considérable dans le véhicule et vos bagages prendront de la place.

Il est possible de louer un véhicule dans un État et de le rendre dans un autre, mais il vous sera demandé un supplément pour les **frais d'abandon** *(drop off)*.

Les formules de location incluent le plus souvent un kilométrage illimité, en revanche renseignez-vous bien sur les **assurances** qui sont incluses dans le prix. L'assurance au tiers de base, *Liability Insurance* (**LI**), n'offre pas une couverture suffisante et doit être complétée par une autre nommée *Supplemental Liability Insurance* (**SLI**) ou *Liability Insurance Supplement* (**LIS**), voire *Extended Protection* (**EP**). Vous pourrez souscrire en option une assurance collision sans franchise (*Collision Damage Waiver*, **CDW**) ou avec franchise (*Loss Damage Waiver*, **LDW**), qui couvre les frais de réparation en cas d'accident ou de vol, une assurance déjà incluse si vous payez avec une carte Mastercard Gold ou Visa Premier.

Lors de la prise en main, vérifiez que le manuel de la voiture est dans la boîte à gants et faites-vous expliquer comment **bloquer la vitesse** (très utile pour les longues distances sur autoroute ou dans les réserves indiennes où les contrôles de vitesse sont draconiens). Vérifiez toujours l'état des **pneus** et contrôlez leur **pression** pendant votre séjour afin d'éviter qu'ils n'éclatent (on voit de nombreux débris le long des routes).

Attention aussi dans les régions enneigées, la plupart des loueurs interdisent la pose de chaînes sur leurs voitures. En montagne, certains véhicules sont toutefois loués avec des pneus neige adaptés.

## Conduite

Les voitures sont presque toutes équipées d'une **boîte de vitesses automatique** : D *(drive)* pour avancer, R *(reverse)* pour la marche arrière, P pour parking, N *(neutral)* pour point mort et L ou M pour les vitesses basses (1re ou 2e) en montagne.

## Code de la route

Attention aux limitations de vitesse (différentes selon les États). Sur la plupart des autoroutes *(interstates)*, la vitesse maximale autorisée est de 70 miles/h (110 km/h). En l'absence de signalisation autre, elle est généralement de 55 ou 65 miles/h (90 ou 105 km/h) sur route, de 25 à 35 miles/h (40 à 55 km/h) en ville, et de 15 miles/h (24 km/h) à l'approche des écoles (à respecter scrupuleusement). Il est interdit de doubler un bus scolaire dont les feux clignotent.

Il est permis de **tourner à droite** lorsque le feu est rouge, en faisant attention aux voitures arrivant de la gauche et qu'aucun panneau n'indique le contraire. En ville, un couloir est souvent dessiné au centre de la chaussée : il est réservé aux voitures qui désirent quitter le trafic pour tourner à gauche. Enfin, sur les voies rapides à proximité des villes, la voie de gauche marquée d'un losange est réservée au **covoiturage**.

Vous pouvez être soumis à des contrôles « volants » ou à des barrages routiers. Ils servent à contrôler la vitesse mais aussi à repérer les chauffeurs ivres et les auteurs d'autres délits… Ayez toujours vos papiers à portée de main.

## Essence

Moins chère qu'en France, elle est vendue par **gallon** (3,8 l). Les prix varient beaucoup d'un État à l'autre, et entre les villes et la campagne. Excepté pour les grosses voitures, le **regular unleaded** suffit. Beaucoup de stations fonctionnent avec la carte de crédit et des automates 24h/24. Sinon, observez les autres : soit vous vous servez et allez payer ensuite, soit vous payez avant de vous servir, soit vous attendez le pompiste. Les pourboires n'ont pas cours dans les stations-service.

## Avantages club

Pour un séjour de trois mois, il est sage d'adhérer sur place à l'**American Automobile Association (AAA)** (✆ 800 222 4357 - www.aaa.com). L'adhésion coûte entre 50 et 95 $ selon les États. Elle donne droit à un dépannage d'urgence, des itinéraires personnalisés sous forme de livrets (à commander à l'avance), ainsi qu'à d'importantes réductions dans les hôtels. Les membres de l'Automobile Club de France, de la Fédération française des Automobiles Clubs, du Camping Club de France ou de la Fédération française de sport automobile ont droit à tous les services de l'AAA en montrant leur carte française. Dans tous les cas, il faut téléphoner au numéro de l'AAA pour que le dépannage soit gratuit.

## Se diriger

**En ville** – Aux intersections, les panneaux indiquant les rues que vous croisez sont suspendus aux feux face à vous, de l'autre côté du croisement. Vous ne voyez donc pas le nom de l'axe sur lequel vous roulez.

**Sur la route** – Les distances sont données en miles (1 mile = 1,6 km). Pour repérer votre destination, ne vous contentez pas du nom de la ville, mais faites attention au **numéro de la route** et à la **direction** *(north, south, east, west)*. Les grandes **intersections** sont appelées *junctions* et sont en général signalées à l'avance : on vous annonce la jonction avec la route que vous traversez (Jct-70 annonce que vous croisez la Route 70). Les routes précédées de la lettre I (I-25, I-40), pour *interstate highways*, sont de grandes **autoroutes fédérales**. Les impaires (I-25) sont orientées globalement du nord au sud. Les paires (I-40) vont d'est en ouest. Celles qui comportent 3 chiffres ceinturent des grandes villes. Les autres routes : code US (US-50) pour les **routes fédérales**, code de l'État suivi de chiffres pour les **routes d'État**. Les petites **routes secondaires** sont des *country roads* (entretenues par le comté) ou *township roads* (entretenues par une municipalité) ou, dans les réserves, des *Indian reservation roads*.

# Mémo

## Agenda

Ici sont sélectionnés une partie des événements qui animent le Nord-Ouest durant l'année. *Bien d'autres sont listés dans les rubriques « Nos adresses à... » de la partie Découvrir.*

### JANVIER

**Park City (UT)** – Festival de cinéma Sundance.
**Seattle (WA)** – Salon international nautique de Seattle.
**Denver (CO)** – Foire nationale aux bestiaux et rodéo.

### FÉVRIER

**Jackson (WY)** – Cowboy Ski Challenge.
**Steamboat Springs (CO)** – Carnaval d'hiver.
**Whitefish (MT)** – Carnaval d'hiver.
**Anchorage (AK)** – Rendez-vous des fourrures.
**Helena (MT)** – Course de chiens de traîneau « Race to the Sky ».
**Newport (OR)** – Fête du vin et des produits de la mer.
**Seattle (WA)** – Fat Tuesday (Mardi gras de Seattle).
**Ashland (OR)** – Shakespeare Festival (fin fév. à fin oct.).

### MARS

**D'Anchorage à Nome (AK)** – Course de chiens de traîneau Iditarod.
**Great Falls (MT)** – Enchères C.M. Russell : art authentique de l'Ouest.
**Tous les États** – Saint-Patrick (17 mars).
**Denver (CO)** – *Pow-wow* de mars.

### AVRIL

**Jackson Hole (WY)** – Pole, Pedal, Paddle Triathlon (javelot, vélo, kayak).
**Missoula (MT)** – International Wildlife Film Festival.

### MAI

**Wenatchee (WA)** – Fête des pommiers en fleur.
**Seattle (WA)** – Fête folklorique du Nord-Ouest (Northwest Folklife Festival).
**Seattle (WA)** – Festival international de cinéma de Seattle.
**Tous les États** – Memorial Day (dernier lundi de mai).

### JUIN

**Portland (OR)** – Fête des roses.
**Grandes villes** – Festivals afro-américains de juin.
**Cannon Beach (OR)** – Concours de châteaux de sable *(sandcastle)*.
**Fairbanks (AK)** – Célébrations du solstice d'été.
**Hardin (MT)** – Commémoration de Little Bighorn.
**Denver (CO)** – Fête internationale des musiciens de rue.
**Great Falls (MT)** – Festival Lewis et Clark.
**Boise (ID)** – Fête de la rivière Boise.
**Salt Lake City (UT)** – Utah Pride Festival.

### JUIN-AOÛT

**Spearfish (SD)** – Représentation de la Passion des Black Hills.
**Medora (ND)** – Musicales de Medora.
**Boise (ID)** – Idaho Shakespeare Festival.
**Aspen (CO)** – Festival de musique.
**Cody (WY)** – Rodéo nocturne.
**Jacksonville (OR)** – Britt Festivals.
**Cedar City (UT)** – Festival Shakespeare en Utah.
**Eugene (OR)** – Oregon Bach Festival.

#### JUILLET

**Central City (CO)** – Opéra de Central City.
**Denver (CO)** – Festival des arts de Cherry Creek.
**Pinedale (WY)** – Rendez-vous de Green River.
**Tous les États** – Fête de l'Indépendance (4 Juillet).
**Mt Rushmore (SD)** – Feu d'artifice de l'Indépendance.
**Manitou Springs (CO)** – Ascension internationale de Pike's Peak.
**Albany (OR)** – Carnaval et Championnat du monde des bûcherons.
**Browning (MT)** – Fête des Indiens d'Amérique du Nord.
**Lander (WY)** – Festival international des alpinistes.
**Cheyenne (WY)** – Fêtes de la Frontière et rodéo de Cheyenne.
**Fairbanks (AK)** – Golden Days et Olympiades eskimo-indiennes.
**Deadwood (SD)** – Commémoration de 1876 (fête de la ville).
**Helena (MT)** – Stampede de la dernière chance (rodéo).
**Portland (OR)** – Fête des brasseurs de l'Oregon.
**Eugene (OR)** – Oregon Country Fair.
**Golden (CO)** - Buffalo Bill Days.
**Utah** – Fête des pionniers (24 Juillet). Days of '47 Parade & Rodeo à Salt Lake City.

#### JUILLET-AOÛT

**Boulder (CO)** – Festival de musique du Colorado.
**Logan (UT)** – Festival de l'Ouest américain.
**Jackson (WY)** – Festival de musique de Grand Teton.

#### AOÛT

**Sturgis (SD)** – Rallye et courses de Sturgis.
**Bigfork (MT)** – Festival des arts.
**Park City (UT)** – Festival des arts de Park City.
**Salinas (CA)** – Festival Steinbeck.
**Red Lodge (MT)** – Fête des nations.
**Tous les États** – Foires d'État (de mi-août à mi-octobre).
**Seattle (WA)** – Decibel Festival.
**Eugene (OR)** – Oregon Festival of American Music.
**Hardin (MT)** – Pow -wow de la Crow Fair à Little Bighorn.

#### SEPTEMBRE

**Tous les États**– Labor Day (1er lundi de sept.).
**Denver (CO)** – A Taste of Colorado. Great American Beer Festival.
**Seattle (WA)** – Bumbershoot Festival.
**Provo (UT)** – Festival latino-americain.
**Bismarck (ND)** – United Tribes International Pow-wow.
**Pendleton (OR)** – Rassemblement du bétail de Pendleton.
**Port Townsend (WA)** – Fête des voiliers en bois. Festival de cinéma.
**Jackson (WY)** – Festival d'automne des arts de Jackson Hole.
**Portland (OR)** – MusicfestNW.

#### OCTOBRE

**Sitka (AK)** – Fête de l'Alaska.
**Tous les États**– Halloween (31 oct.).

#### NOVEMBRE

**Denver (CO)** – Festival du film.
**Tous les États**– Thanksgiving (4e jeudi de nov.).

#### DÉCEMBRE

**Partout** – Célébrations de Noël.
**Portland (OR)** – Fête des lumières à la Grotte.

## Bibliographie

#### HISTOIRE ET SOCIÉTÉ

DAVIS William, *La Conquête de l'Ouest*, Solar, 1993.
DISTER Alain, *La Beat Generation*, Découvertes Gallimard, 1997, 2004.
JACQUIN Philippe, *Go West*, Flammarion, 2004. Cinq siècles de

conquête de l'Ouest, entre mythes et réalités. *Vers l'Ouest : Un nouveau monde*, Découvertes Gallimard, 2006.
MAYER Frank, *Tueurs de bisons*, Libretto, 2013. Témoignage sur l'effarant carnage de 15 millions de bêtes dans les Grandes Plaines entre 1870 et 1880.
PERRIOT Françoise, *Sur les routes de l'Ouest : sur les traces de l'expédition Lewis et Clark,* Le Pré aux Clercs, 2004.

### À propos des Indiens

BROWN Dee, *Enterre mon cœur à Wounded Knee*, Albin Michel, 2009. Récit de la conquête de l'Ouest et des massacres vus du côté indien.
HIRSCHFELDER Arlène, *Histoire des Indiens d'Amérique du Nord*, Larousse, 2001.
MCLUHAN Teri, *Pieds nus sur la terre sacrée*, Denoël, 1976, 2001. Textes du patrimoine écrit et oral des Indiens, illustrés de photos d'Edward Curtis.
NOËL Michel et CHAUMELY Jean, *Arts traditionnels des Amérindiens*, Éd. Hurtubise HMH, 2001.
WELCH James, *C'est un beau jour pour mourir : l'Amérique de Custer contre les Indiens des Plaines, 1865-1890*, Albin Michel, 2000. Récit historique poignant, qui se dévore comme un roman.
Le documentaire *Terres indiennes* (2008), coffret 3 DVD, Arte Vidéo, retrace l'histoire des Indiens d'Amérique.

## BEAUX LIVRES, PAYSAGES

AMEUR Farid, *Héros et légendes du Far West*, Éd. François Bourin, 2012.
BÉROUJON Pascal et GERGAUD Sophie, *L'Ouest américain*, coll. Grands Voyageurs, Éd. du Chêne, 2014.
COLL., *Villes fantômes de l'Ouest américain*, Éd. Epa, 2013.
COURTADE Éric, *États-Unis - Les Derniers Mondes sauvages II*, coll. Grandeur Nature, Éd. A. Barthélemy, 2006. Balade photographique dans les parcs nationaux américains.
CROCHET Philippe, *Ouest américain, terre mythique,* Éd. Palantines 2014.
GUÉGUÉNIAT Jean-Yves et VINCENTI Serge, *L'Ouest américain grandeur nature*, Éd. Georama, 2006.
HYDE John, *Alaska, l'aventure sauvage*, Éd. Palantines 2014.
THOMAS Alain, *L'Ouest américain, le livre d'Or des parcs et du voyage*, 2 tomes, Éd. Alain Thomas, 2014.

## LITTÉRATURE GÉNÉRALE

### Romans

BASS Rick, *Winter*, Folio, 2010. L'hiver au fin fond du Montana.
BRAUTIGAN Richard, *La Pêche à la truite en Amérique*, 10/18, 2004. Un livre culte de la Beat Generation.
CARLSON Ron, *Cinq ciels*, Gallmeister, 2012. Intrigue dans les Rocheuses de l'Idaho.
FANTE John, *Bandini* (1938), *Demande à la poussière* (1939), *Rêves de Bunker Hill* (1982), 10/18. Cycle autobiographique de ce fils d'émigrés italiens né dans le Colorado en 1909.
FROMM Pete, *Indian Creek*, Gallmeister, 2006. Mémoire d'un hiver au cœur des Rocheuses par un *nature writter* de Missoula, ancien ranger du parc de Grand Teton.
GALVIN James, *Prairie*, Albin Michel, 2001. Les terres âpres et sauvages des Rocheuses du Colorado.
GINSBERG Allen, *Howl*, Bourgois, 2005. Texte poétique emblématique de la Beat Generation et de sa critique virulente du rêve américain.
HARRISON Jim, *Entre chien et loup*, 10/18, 1994 ; *Une odyssée américaine*, J'ai Lu, 2010 ; *Dalva*, 10/18, 1999 ; *La Route du retour*, 10/18, 2001.
KESEY Ken, *Et quelquefois j'ai comme une grande idée,* Monsieur Toussaint Louverture, 2013. Les tribulations d'une famille de bûcherons de

l'Oregon, par l'auteur du célèbre *Vol au-dessus d'un nid de coucou*.
KEROUAC Jack, *Sur la route* (1957), *Les Clochards célestes* (1963), *Big Sur* (1966), Folio Gallimard.
LONDON Jack, *L'Appel de la forêt* (1903), Livre de Poche, 2014. Inspiré par son expérience de chercheur d'or au Klondike.
MACLEAN Norman, *La Rivière du sixième jour*, Rivages, 1997. L'art de la pêche à la mouche au Montana.
MCGUANE Thomas, *La Source chaude* (1994), *Rien que du ciel bleu* (1994), *L'homme qui avait perdu son nom* (1990), *Sur les jantes* (2012) tous édités chez C. Bourgois.
O'BRIEN Dan, *L'Agent indien*, Points Poche, 2010. Roman historique dans le pays sioux des Black Hills, au Dakota du Sud.
ROBBINS Tom, *Comme la grenouille sur son nénuphar* (2009), *Même les cow-girls ont du vague à l'âme* (2010) et *Une bien étrange attraction*, tous publiés chez Gallmeister.
SAVAGE Thomas, *Le Pouvoir du chien*, 10/18, 2004. Haine fratricide entre cow-boys sous le soleil du Montana.
STEINBECK John, *Rue de la Sardine* (1947), *Les Raisins de la colère* (1947), *Des souris et des hommes* (1955), *Tortilla Flat* (1961), Folio Gallimard.
WELCH James, *Comme des ombres sur la terre*, Albin Michel, 2010. Sans doute l'un des meilleurs romans sur le sombre destin des Amérindiens des Grandes Plaines.
WELLER Lance, *Wilderness*, Gallmeister, 2013. Grande fresque avec en toile de fond la côte sauvage du Pacifique Nord-Ouest.

### Nouvelles

BOYLE T. C., *25 histoires d'amour*, Livre de Poche, 2002 ; *25 histoires de mort*, Livre de Poche, 2004. Humour grinçant et réalisme décapant pour un portrait de l'Amérique au vitriol.
CARVER Raymond, *Les Vitamines du bonheur*, Livre de Poche, 1985. Récits amers de la vie américaine. *Tais-toi, je t'en prie*, Bibliothèque cosmopolite Stock, 1987.
HARRISON Jim, *Légendes d'automne*, 10/18, 2010. Trois nouvelles, un incontournable de la littérature américaine d'aujourd'hui.
JOHNSON Craig, *Little Bird* (2009), *L'Indien blanc* (2011), chez Gallmeister. Les aventures du shériff Longmire dans un comté imaginaire du Wyoming.
JOHNSON Dorothy Marie, *Contrée indienne*, Gallmeister, 2013. Les mythes et légendes du Far West.
PROULX Annie, *Les Pieds dans la boue*, Rivages 2001 ; *Nouvelles histoires du Wyoming*, Grasset 2007.
UDALL Brady, *Lâchons les chiens*, 10/18, 1998. Morceaux de vie ordinaire en Arizona et Utah.

### Policiers

BURKE James Lee, *Bitterroot*, Payot et Rivages, 2007. Racisme et violence dans le Montana.
CRUMLEY James, *La Danse de l'ours* (1999), *Fausse Piste* (2006), Folio. Le privé alcoolique Milo Milodragovitch enquête dans le Montana.
CHANDLER Raymond, *Le Grand Sommeil* (1939), *Fais pas ta rosière !* (1949), *Adieu ma jolie* (1940), Folio.
HUGO Richard, *La Mort et la Belle Vie*, 10/18, 1999.

### Récits de voyage ou d'aventure

BRYSON Bill, *Motel Blues*, Payot, 1995, 2003. Traversée de l'Amérique profonde décrite sur un ton humoristique et doux-amer.

### Littérature indienne

ALEXIE Sherman, *Phoenix, Arizona*, 10/18, 2001 ; *Dix petits Indiens*, Albin Michel, 2004. Nouvelles tendres et drôles, par un Indien vivant à Seattle.
HILLERMAN Tony, *Le Vent sombre* (1986), *Là où dansent les morts* (1986), *La Voie de l'ennemi* (1990), *Porteurs-de-peau* (1990), *Coyote attend* (1991), Rivages Noir. On suit

les détectives navajos Joe Leaphorn et Jim Chee à travers les réserves indiennes.
MOMADAY Scott, *La Maison de l'aube*, Folio Gallimard, 1993. Entre sacré et profane, toute l'ambiguïté du monde indien. Prix Pulitzer 1969. Du même auteur, *L'Enfant des temps oubliés*, Folio, 1998. Un roman aux descriptions superbes.
TREUER David, *Little*, 10/18, 1998. La bouleversante histoire d'une poignée d'Indiens marginaux dans le froid du nord des États-Unis. *Comme un frère*, 10/18, 2004. Balade désenchantée dans les tribus indiennes.

# Discographie

### GRUNGE

Les deux groupes emblématiques de ce courant musical né à Seattle sont Nirvana et Pearl Jam. Les amateurs écouteront aussi Soundgarden et Alice in Chains.
NIRVANA, *Nevermind* (1991), *In Utero* (1993), *MTV Unplugged in New York* (1994), DGC Records.
PEARL JAM, *Vs.* (1993), *Ten* (1991), *Vitalogy* (1994), Epic.

### SCÈNE DE PORTLAND

Sans étiquette, la scène de Portland est foisonnante et brasse plusieurs styles.
Popularisée par Gossip et marquée par des figures emblématiques, comme The Shins, The Decemberists, Elliot Smith, Yacht ou Pink Martini, elle mérite une découverte approfondie.

### MUSIQUE INDIENNE

ALLEN Michael et STRAMP Barry, *Coyote Oldman* (1989).
MIRABAL Robert, *Land* (1995), *Song Carrier* (1995), *Native Suite* (1996), *Taos Tales* (1999). Arrangements de flûte riches et innovants.
NAKAI Carlos, *Desert Dance* (1990), *Migration* (1992), *Mythic Dreamer* (1998). Flûtiste navajo-ute.
SHENANDOAH Joanne, *Orenda* (1998). Chants rituels.

# Filmographie

*La Chevauchée fantastique* (1939), *Le Massacre de Fort Apache* (1948) ou *La Prisonnière du désert* (1956) de John Ford, *La Captive aux yeux clairs* (1952) de Howard Hawks, *La Rivière sans retour* (1954) d'Otto Preminger, *Sur la piste de l'Oregon* (1956) de William Beaudine, *Il était une fois dans l'Ouest* (1968) de Sergio Leone, *Bullitt* (1968) de Peter Yates, *Easy Rider* (1969) de Dennis Hopper, *Butch Cassidy et le Kid* (1969) de George Roy Hill, *Little Big Man* (1970) et *Missouri Breaks* (1976) d'Arthur Penn, *Jeremiah Johnson* (1972) de Sydney Pollack, *Rencontres du troisième type* (1977) de Steven Spielberg, *Pale Rider* (1985) de Clint Eastwood, *Danse avec les loups* (1990) de Kevin Costner, *Thelma et Louise* (1991) de Ridley Scott, *Et au milieu coule une rivière* (1992) et *L'Homme qui murmurait à l'oreille des chevaux* (1998) de Robert Redford, *Cliffhanger* (1993) de Renny Harlin, *Nuits blanches à Seattle* (1993) de Nora Ephron, *Le Pic de Dante* (1997) de Roger Donaldson, *Wild Wild West* (1999) de Barry Sonnenfeld, *Open Range* (2003) de Kevin Costner, *Elephant* (2003) de Gus Van Sant, *Le Secret de Brokeback Mountain* (2006) de Ang Lee, *3h10 to Yuma* (2007) de James Mangold, *Into the Wild* (2007) de Sean Penn, *Appaloosa* (2008) de Ed Harris, *Twilight* (2008) de Catherine Hardwicke, *Bataille à Seattle* de Stuart Townsend (2008), *La Route* (2009) de John Hillcoat.
Les fans de séries ne manqueront pas *Portlandia*, qui met en scène de façon hilarante le quotidien des habitants *écolo-hipsters* de Portland.

# COMPRENDRE LE NORD-OUEST AMÉRICAIN

Wyoming, Willow Creek Ranch.
*F. Barbagallo/ hemis.fr*

# Le Nord-Ouest aujourd'hui

**Mythe fondateur de la nation américaine, l'expédition de Lewis et Clark (1804-1806), qui traversa les Rocheuses jusqu'à la côte de l'Oregon, marqua le départ de la conquête de l'Ouest. Dans son sillage s'ouvrit l'une des plus grandes migrations de l'histoire humaine. Érigée en « destinée manifeste » du peuple américain, cette colonisation a enfanté une vision romancée de l'Ouest, pays de cocagne où l'or coule à flot, terre promise où s'incarnent les rêves de bonheur et de liberté, contrée sauvage et rude où se forge le tempérament héroïque américain. Arpenter le Nord-Ouest de nos jours, des Grandes Plaines et des Rocheuses à la côte pacifique, permet de revivre l'aventure des pionniers et des trappeurs, de se fondre dans l'immensité des grands espaces, sur les terres légendaires des cow-boys et des Indiens. Chemin faisant, on y découvre une modernité pleine de paradoxes, à la fois rustique et high-tech, où le dynamisme de villes vertes et post industrielles préfigure le visage futur de l'Amérique.**

## UNE NATURE GRAND FORMAT

Les voyageurs en quête de nature authentique ne seront pas déçus. Ici, les clichés sont vrais : espaces grandioses, panoramas immenses, les paysages du Nord-Ouest sont frappés au coin de la démesure. Sous le *Big Sky* qui étire ses troupeaux de nuages à l'infini, les plaines semblent aussi vastes que des océans, les forêts humides se peuplent de géants barbus couverts de longues mousses, les pics enneigés et les glaciers se reflètent dans des lacs couleur émeraude, les rivières dessinent des arabesques et des gouffres vertigineux. Le paysage vous étreint, vous imprègne. On tombe amoureux du ciel immense, du chant des torrents glacés, de la lumière qui rebondit sur les cimes des pins, du vent qui apporte la pluie drue, de l'odeur de l'armoise et du genévrier, des éclats du grès rouge et de la lave noire, de toutes ces sensations grisantes qu'exhale une nature indomptée. Au fil d'un *road trip* sur des centaines de miles, la diversité des paysages est stupéfiante, la richesse géologique incroyable : canyons et volcans, plateaux rocailleux et steppes, geysers et glaciers, monts alpins et déserts salés, dunes, prairies et forêts d'une beauté à couper le souffle. Pas étonnant que le Nord-Ouest recèle une telle quantité de parcs naturels, sanctuaires d'une faune sauvage remarquable : loups, grizzlis, bisons, antilopes et élans, mustangs et appaloosas, phoques et baleines, aigles et colibris.

## DU MYTHE À LA RÉALITÉ

L'ombre des pionniers et des chercheurs d'or plane encore sur certaines bourgades perdues du Montana, du Colorado ou de l'Oregon, anciennes villes-

Cow-boys dans l'Oregon.
*Arco/K. Wothe/Arco Images/age fotostock*

champignons de la ruée vers l'or. Le Nord-Ouest n'a pas rompu avec la culture western, restée vivante dans les nombreux ranches et les spectacles de rodéos, où se rassemble une population locale avec chapeaux Stetson, chemises à carreaux, jeans et santiags, fière d'être américaine, chantant l'hymne national la main sur le cœur. Mais le romantisme du cavalier solitaire a cédé la place à des fermiers sédentaires roulant en pick-up. Pas de souffle épique non plus dans ces villes proprettes de l'intérieur, à l'entrée desquelles des rangées d'enseignes commerciales, de *fast-foods* et de motels, dressent un paysage urbain générique partout répété. Quant aux réserves indiennes, c'est un brise-cœur de les traverser, tellement le chômage et l'alcoolisme y font des ravages.

## ÉCOLOS ET ÉPICURIENS

S'il cultive parfois la nostalgie d'un âge d'or glorieux, le Nord-Ouest s'ouvre aussi aux nouvelles tendances. En avance sur certains sujets de société et sur la défense de l'environnement, l'Ouest rural prend sa revanche sur l'Est industrialisé. Les États du Colorado et de Washington, suivis par l'Alaska et l'Oregon, viennent par exemple de légaliser la consommation de marijuana, jugeant que ce commerce peut rapporter gros en taxes. À Denver, Portland, Seattle, Salt Lake City, Boise, Eugene et Tacoma, prospère le genre *hipster* qui roule à vélo, mange local et bio et raffole des sports *outdoor*. Il est vrai que l'on peut aller skier la journée et assister à un opéra, un concert rock ou un vernissage le soir. Truffées de verdure, ces métropoles privilégient le développement durable et l'innovation. Des *start-up* et entreprises dynamiques y ont leur siège, comme Microsoft, Amazon, Starbucks et Nike. À l'opposé du consumérisme et de l'individualisme qui prévalent en Californie, on y pratique volontiers l'entraide et le recyclage. Tournées vers le Pacifique, championnes du bon-vivre et de l'initiative, ces villes pourraient devenir le modèle de l'Amérique de demain.

# Système politique

**La Constitution des États-Unis, inchangée depuis plus de deux siècles, est la plus ancienne du monde. La volonté de rompre avec un pouvoir colonial a certainement prévalu lors de la création des institutions et influença l'esprit que les pères fondateurs donnèrent à cette république du Nouveau Monde. La jeune puissance joua pourtant très vite à son tour la carte de l'expansionnisme, s'attachant à conquérir les grands espaces de l'Ouest. Elle acquit rapidement un statut de superpuissance, symbolisant le dynamisme et la réussite, avant d'être ébranlée par les attentats de 2001 et la dernière crise économique mondiale. En 2009, Barack Obama est le premier Afro-Américain à accéder à la magistrature suprême ; un premier mandat marqué par l'adoption d'une réforme de la couverture santé très controversée et, en 2011, par la mort de Ben Laden.**

## Le gouvernement fédéral…

La naissance des États-Unis d'Amérique repose sur la déclaration d'indépendance du **4 juillet 1776**, par laquelle les treize colonies de l'Est s'affranchirent du pouvoir colonial anglais. Soucieux de réguler les échanges économiques, les treize États nouvellement créés se réunirent dix ans plus tard à Philadelphie pour rédiger la **Constitution de 1787**, qui créa un État fédéral et en définit les instances communes.

La Constitution américaine établit la séparation des pouvoirs et l'égalité entre les États au sein du corps législatif. Le Congrès comprend en effet deux assemblées : la **Chambre des représentants** se compose de 435 membres, renouvelés tous les deux ans, et représentant les États proportionnellement au nombre d'habitants ; le **Sénat**, renouvelé par tiers tous les deux ans, est constitué de deux sénateurs par État, élus pour six ans. Si le texte de la Constitution reste inchangé, il est prévu que des amendements puissent y être ajoutés, afin de préciser certains points et régler définitivement des questions laissées en suspens. En 1791, les dix premiers amendements, ou *Bill of Rights*, précisèrent les droits individuels et ceux des États, par opposition à ceux du gouvernement fédéral. Le pouvoir exécutif est confié au **président** et à son vice-président, élus pour quatre ans selon un système de collège électoral (les citoyens votent pour une liste d'électeurs, qui soutient un candidat et procède elle-même à un vote plusieurs semaines après l'élection générale). Le président est conseillé par **14 secrétaires d'État**, responsables des différents ministères. Le pouvoir judiciaire est confié à la **Cour suprême**, la plus haute instance du pays, composée de neuf juges nommés à vie par le président, après accord du Sénat. Elle remplit tout à la fois le rôle de Conseil constitutionnel, de Conseil d'État et de Cour de cassation.

**LE BIPARTISME**
Dès l'origine, les deux grands partis qui dominent la vie politique américaine se sont différenciés par leur interprétation des textes constitutionnels. Pour les républicains, le pouvoir fédéral ne doit en aucun cas empiéter sur les prérogatives des États. Ils préconisent la libre entreprise, qui doit conduire à une moindre dépendance des citoyens envers l'État fédéral. À l'inverse, les démocrates sont plus interventionnistes : l'importance d'une politique économique et sociale à l'initiative du pouvoir fédéral fait partie de leurs revendications traditionnelles.

## … et celui des États

Si le gouvernement fédéral exerce son autorité dans les affaires étrangères (défense et diplomatie), dans les échanges commerciaux internationaux et en partie dans la justice, chacun des **50 États** dispose par ailleurs de son propre gouvernement, en charge de l'enseignement, de la politique sociale, des équipements, de la police et de la justice. Ceci explique que tous les États n'adoptent pas les mêmes réglementations, ni la même position face à la peine de mort, au port d'armes, à l'avortement, au mariage homosexuel ou à d'autres grands sujets de société sur lesquels les citoyens de chaque État peuvent être consultés par référendum. Un **gouverneur**, élu pour deux ou quatre ans, est désigné comme chef de l'exécutif, tandis que le pouvoir législatif est assuré par **deux assemblées**.

### LE RATTACHEMENT TARDIF DU NORD-OUEST

À l'époque où la Constitution fut rédigée, le pays se composait uniquement des États de la côte est. Certains n'ayant aucune frontière commune avec les terres de l'Ouest, il fut prévu, pour éviter tout conflit, que les nouveaux espaces conquis reviendraient à l'État fédéral. La Constitution précisait par ailleurs que tout territoire regroupant 60 000 habitants pourrait postuler pour rejoindre l'Union, et obtiendrait les mêmes droits et les mêmes devoirs que les autres. Les importantes migrations générées par l'ouverture de la piste de l'Oregon dès 1841 permirent à la population de cet État de croître rapidement, jusqu'à dépasser le seuil nécessaire. En 1859, l'Oregon fut ainsi le 33e État à entrer dans l'Union, précédant de plusieurs années tous les autres États du Nord-Ouest : le Colorado (1876), les Dakota du Nord et du Sud, le Montana et le Washington (1889), l'Idaho et le Wyoming (1890), l'Utah (1896) et, enfin, l'Alaska (1959).

### RÉPUBLICAINS ET DÉMOCRATES

En règle générale, les États du Nord-Ouest situés à l'intérieur des terres – Idaho, Montana, Wyoming, Utah, Dakota du Nord et du Sud –, qui sont des régions agricoles, faiblement peuplées et influencées par les organisations religieuses, sont plutôt conservateurs et votent républicain. À l'exception toutefois du Colorado, plus modéré, qui a voté pour Barack Obama en 2008. Le Montana est par ailleurs gouverné par un démocrate. Les États de la côte pacifique, Oregon et Washington, plus urbanisés, sont plus progressistes et votent en majorité démocrate.

# Population

**Plutôt que le terme de « melting pot », celui de « salade bowl » (salade composée) caractérise bien le Nord-Ouest, où les groupes ethniques se mélangent peu. Dans les Rocheuses et les Hautes Plaines, la population, en majorité blanche et d'origine anglo-saxonne, vit à l'écart des tribus indiennes cantonnées dans leurs réserves. La mosaïque démographique est plus bigarrée dans les grandes villes de la côte pacifique, vers lesquelles convergent les flux migratoires en provenance d'Asie, du Pacifique et de l'Amérique latine. Il n'est pas question d'assimilation ni de mixité, le communautarisme est ici très fort, même si les différences culturelles et les modes de vie, standardisés par la consommation de masse, tendent à se fondre dans le moule de l'« american way of life ».**

## Une démographie dynamique

La population globale américaine est estimée en 2014 à plus de 317 millions d'habitants, avec une croissance démographique d'environ 1 % par an. Mais cette progression est beaucoup plus élevée dans l'Ouest, qui compte des minorités à la croissance forte (comme les Asiatiques et les Hispaniques sur le littoral nord-ouest pacifique ou les Mexicains dans l'Utah et le Colorado) et une population plus jeune que celle du Nord-Est et du Middle West, dont une part croissante des habitants tend à migrer vers l'Ouest.

Stimulée par une économie dynamique, la croissance démographique a été soutenue au cours de la dernière décennie dans les États des Rocheuses et du Nord-Ouest Pacifique : 24 % dans l'Utah, 21 % dans l'Idaho, 17 % au Colorado, 14 % dans le Washington, 14 % en Alaska et 12 % dans l'Oregon. En revanche, les régions rurales du Dakota du Nord et du Sud, de l'est du Montana et du Nebraska enregistrent une stagnation ou un déclin.

### UNE RÉPARTITION INÉGALE

Le contraste est saisissant entre les fortes densités du littoral du Nord-Ouest Pacifique, où se concentre la majorité de la population, et le grand vide des terres intérieures, hormis autour de quelques oasis urbaines. La densité est ainsi de 32 habitants par km$^2$ dans le Washington, contre 3,5 dans le Dakota du Nord, 2,4 dans le Montana et 1,9 dans le Wyoming. Les faibles densités des régions rurales s'expliquent à la fois par leur caractère agricole et par les contraintes naturelles (aridité du climat au sud-ouest, enneigement en Alaska, relief des montagnes Rocheuses) qui ont freiné le peuplement. À l'inverse, le développement de la façade pacifique a conduit à la formation de la grande conurbation du Puget Sound, autour de Seattle et Tacoma (3,6 millions d'hab.) et, plus au sud, de Portland-Vancouver (2,3 millions d'hab.). Dans les terres, le dynamisme repose sur quelques agglomérations comme Denver-Aurora-Boulder (3 millions d'hab.) et Salt Lake City-Odgen (1,7 million d'hab.). On y compte sinon un faible nombre de villes moyennes comme Colorado Springs, Boise, Spokane et Anchorage en Alaska.

# Les communautés d'immigrants

Explorateurs et missionnaires espagnols venus du sud par le Mexique, trappeurs ou colons anglais, français, allemands cherchant fortune dans l'Ouest, travailleurs chinois fuyant les incertitudes de leur pays, esclaves noirs affranchis constituèrent au fil du temps une mosaïque d'immigrants d'une grande diversité, remplaçant les tribus indiennes peu à peu mises à l'écart. Mais aujourd'hui les communautés se mélangent peu et se replient sur elles-mêmes dans des quartiers clairement délimités qui s'apparentent parfois à des ghettos.

## DES COMMUNAUTÉS BIEN ÉTABLIES

### Les Anglo-Américains

Les premiers immigrants d'origine anglo-saxonne (Anglais, Écossais et Irlandais) sont devenus américains à la déclaration de l'Indépendance. Ils ont rapidement été suivis par d'autres Européens, moins nombreux – Français, Allemands, Scandinaves – fuyant la pauvreté de leur pays d'origine ou la persécution religieuse ou politique. Tous sont arrivés progressivement dans l'Ouest avec les caravanes de pionniers pour posséder enfin des terres ou chercher de l'or. Entreprenants, ils ont souvent posé les fondements de l'économie locale. Sûrs d'eux, ils ont aussi imposé leurs idées, religieuses ou sociales, et pris les rênes du pouvoir politique. Ils constituent la frange la plus riche de la société américaine, même si la pauvreté les touche de plus en plus.

Ils sont les plus nombreux (de 70 % dans le Colorado à 88 % dans le Montana et le Dakota du Nord, contre 64 % au niveau national) et constituent un groupe relativement homogène sur les plans religieux, socio-culturel et politique.

### Les Afro-Américains

« Importés » de force depuis l'Afrique, ils sont arrivés comme esclaves dans les plantations de coton des États du Sud. Malgré la guerre de Sécession, l'abolition de l'esclavage et le droit de vote théorique à partir de 1870, ils firent l'objet d'une ségrégation sans pitié et rejoignirent progressivement les grandes villes industrialisées du Nord-Est.

Des Afro-Américains s'installèrent dans le Nord-Ouest dès la première moitié du 19ᵉ s., le plus souvent comme esclaves au service des pionniers blancs, plus rarement comme trappeurs, chercheurs d'or ou fermiers libres. Si l'esclavage fut interdit au nord du 36ᵉ parallèle à partir de 1821, il restait pratiqué au sud, notamment dans l'Utah. L'Oregon était certes un État libre, mais une loi d'exclusion de 1844 y décourageait l'installation des Noirs. Au lendemain de la guerre civile, des petits groupes d'anciens esclaves migrèrent vers l'ouest dans l'espoir d'une vie meilleure. Certains s'engagèrent dans l'armée américaine, formant des régiments surnommés « Buffalo Soldiers » par les Indiens des Plaines pendant les guerres indiennes. D'autres devinrent cow-boys dans les ranches ou mineurs, charpentiers et agriculteurs. Mais les vagues migratoires restèrent modestes, si bien qu'aujourd'hui les Afro-Américains ne composent qu'un très faible pourcentage de la population du Nord-Ouest (de 0,4 % dans le Montana à 4 % dans le Colorado). Comme dans le reste du pays, les améliorations apportées par le mouvement des droits civiques, puis par la politique de discrimination positive *(affirmative action)* ont porté leurs fruits. Depuis les années 1960, le nombre de Noirs appartenant à la classe moyenne a été multiplié par quatre et le nombre de Noirs pauvres a diminué de moitié. Mais 25 % des Afro-Américains vivent encore sous le seuil de pauvreté, contre 8 % des Blancs, et la ségrégation géographique reste une réalité, beaucoup de Noirs vivant dans des ghettos où la délinquance flambe.

### Les Asiatiques

Les **Chinois** constituent une communauté très originale. Ils se sont surtout regroupés dans la région de Seattle, dans le Washington, où les Asiatiques composent 17 % de la population, et à Portland, dans l'Oregon.
Les premiers migrants furent des travailleurs pauvres qui, fuyant la misère, arrivèrent dans les années 1840 pour servir de main-d'œuvre dans les mines d'or et pour la construction de la partie occidentale des chemins de fer transcontinentaux, dans des conditions souvent effroyables. Leur présence suscita une forte hostilité au sein de la population blanche, qui voyait d'un mauvais œil cette concurrence à bas coût, et entraîna le vote de mesures discriminatoires, ainsi que d'une loi suspendant leur immigration (Chinese Exclusion Act, 1882) qui ne fut abrogée qu'en 1943.
Une immigration plus récente, après 1965, apporta des cadres, médecins, scientifiques et techniciens qualifiés venus de Chine, de Corée, du Viêtnam, du Cambodge, des Philippines et du sous-continent indien.
Les **Japonais** ont quant à eux formé dès le 19e s. une communauté dynamique, mais elle aussi souvent en butte au racisme. Après l'attaque de Pearl Harbor (1941), tous les Japonais des États-Unis, même ceux qui avaient pris la nationalité américaine, furent internés dans des camps (puis libérés après la guerre), ce qui a beaucoup freiné leur intégration.
Très attachés à leurs traditions, les Asiatiques se regroupent en quartiers très typés, les *Chinatown*, où la langue et les boutiques restituent l'ambiance des villes d'Extrême-Orient. Le respect des valeurs familiales, la solidarité et un solide sens du commerce leur fournissent une protection contre l'extrême pauvreté.

### Les Hispaniques

Avant de devenir américains, en 1848, les États du Sud-Ouest ont longtemps été colonisés par les Espagnols, puis rattachés au Mexique. Aujourd'hui encore, on trouve d'importantes communautés de Latino-Américains, essentiellement d'origine mexicaine, au Colorado (21 % de la population), dans l'Utah (13 %), mais aussi plus au nord dans l'Oregon (11,7 %), ainsi que le Washington et l'Idaho (11,2 %).
Au niveau national, avec près de 45 millions d'individus, la population hispanique dépasse maintenant la population noire (40 millions) et représente 15 % de la population américaine.
Les statistiques tablent sur une croissance continue de cette communauté dans les années à venir. Cela n'est pas sans inquiéter la frange conservatrice de la communauté blanche, car les Hispaniques, animés d'un esprit très communautaire, se soucient peu de la culture dominante et sont très attachés à leur langue et à leurs traditions, qu'ils continuent de pratiquer dans les quartiers où ils se regroupent.

Le vélo, un art de vivre à Portland.
L. Decoudin/MICHELIN

## Les Indiens

Au nombre de 2,5 millions, les *Native Americans* vivent aujourd'hui en majeure partie à l'ouest du Mississippi. La plupart d'entre eux ont adopté le costume et les usages américains, beaucoup ont contracté des mariages interethniques et se sont installés dans les zones urbaines, mais une fraction très visible de cette population vit toujours dans des **réserves**, notamment dans le Montana, dans l'État de Washington et dans le Dakota du Sud, sur les terres le plus souvent ingrates où, depuis le 19e s., le gouvernement américain les a relégués. La majorité de ces terres appartient aux tribus qui, depuis 1975, les administrent selon leurs propres lois, sauf prérogatives fédérales, mais les gouvernements tribaux restent très dépendants des fonds fédéraux.

Voyager dans les terres rouges, c'est partir à la découverte de cultures, de langues, de croyances et de traditions que les infamies et la politique d'acculturation du passé n'ont pas totalement réussi à faire disparaître. Et comment ne pas constater cette contradiction qui tenaille les tribus indiennes d'aujourd'hui ? Les Indiens sont en effet tiraillés entre les tentations et, surtout, les excès de l'*american way of life*, et la conviction qu'ils doivent perpétuer leurs valeurs et retrouver la dignité de leurs ancêtres. Les mentalités évoluent, mais les Indiens restent confrontés à d'importants défis.

### VERS UN LENT RENOUVEAU

Les Indiens ne représentent aujourd'hui que 0,8 % de la population totale des États-Unis (proportion qui atteint 15 % en Alaska, 9 % dans le Dakota du Sud et 6,5 % dans le Montana). Malgré les progrès, leur espérance de vie moyenne ne dépasse pas 50 ans. Environ 40 % d'entre eux vivent dans l'une des 300 réserves reconnues par le gouvernement, où l'on dénombre 562 tribus. Bénéficiant d'un statut souverain, ces réserves sont gouvernées de façon indépendante par les autorités tribales, possèdent leur police et tentent de créer leur propre économie, basée sur le tourisme (parcs, complexes hôteliers, services), les jeux (les réserves sont autorisées à ouvrir des casinos) et les ressources minières. Malheureusement, le chômage (flirtant souvent avec les 50 %), le niveau insuffisant de l'éducation (seuls 2,1 % poursuivent des études supérieures contre 7,6 % pour l'ensemble de la population), l'alcoolisme et la drogue maintiennent beaucoup de villages dans un état de dénuement proche de la misère, avec son cortège de suicides, de frustrations et de violences.

Pourtant, l'échec de leur intégration dans les villes et le renouveau des traditions parmi les nouvelles générations sont à l'origine d'un **retour des jeunes vers les réserves**. La rénovation du système scolaire pour les enfants indiens, la promotion de l'art et de la littérature (l'enseignement des langues ancestrales leur est peu à peu proposé) et la mode de la culture indienne (malgré ses dérives factices ou pseudo-ésotériques) ont contribué à la renaissance du patrimoine autochtone et à une approche plus respectueuse des rites et de la philosophie de vie des Indiens. Des cérémonies traditionnelles ont encore lieu, et chaque année de grands rassemblements intertribus, les pow-wows, leur permettent de montrer leurs costumes et de présenter leurs danses.

Chaque année, lors du solstice d'été (fin juin), se déroule la **danse du Soleil** : durant plusieurs jours, de nombreuses tribus indiennes des Plaines et des Rocheuses (Arapahos, Crows, Gros Ventre, Utes, Shoshones, Assiniboines, Blackfeet), se livrent à de mystérieuses cérémonies pour saluer l'apparition du nouveau cycle astral et perpétuer les cycles de la vie. Traditionnellement, un mât était érigé, décoré d'objets symboliques comme des plumes d'aigles ou un pénis de bison. Les jeunes guerriers dansaient autour, attachés par des cordes reliées à des crochets qui leur percaient la poitrine jusqu'à ce qu'ils s'en libèrent en s'arrachant des lambeaux de chair. Jugée barbare par les Blancs, la danse fut interdite dans les années 1880, puis réautorisée en 1934. Cette cérémonie sacrée, accompagnée de la cérémonie de la hutte à sudation, est très pratiquée chez les Lakotas d'aujourd'hui.

## LES TRIBUS INDIENNES DU NORD-OUEST

### Alaska

Il n'existe qu'une seule réserve en Alaska, Annette Island, qui abrite la tribu **Tshimshian**. Les autres Indiens d'Alaska vivent dans des corporations régionales ou municipales, qui correspondent aux réserves des autres États. Habitués au grand froid de l'Arctique, les **Inuits**, **Yupiks** et **Aléoutes** ont appris à survivre sur la banquise et dans la toundra. S'ils n'habitent plus dans des igloos ou des huttes, profitent du confort moderne et se déplacent désormais à motoneige, ils continuent à pratiquer la chasse à la baleine et aux phoques et conservent un bel artisanat d'objets sculptés dans l'ivoire de morse et l'os de baleine. Dans la taïga subarctique, plus au sud, vivaient les **Crees**, une grande nation de chasseurs-pêcheurs nomades qui se déplaçaient sur la neige avec des raquettes et des traîneaux à chiens. Bisons et caribous, dont ils suivaient les déplacements des troupeaux, leur fournissaient viande et peaux.

### Nord-Ouest Pacifique

La côte nord-ouest du Pacifique était occupée par différentes tribus de pêcheurs (saumon) et chasseurs-cueilleurs : Tillamooks, Chinooks, Kwakiutls, Nootkas, Haidas, Salishs. Souvent en guerre les unes contre les autres, elles étaient organisées en chefferies et divisées en classes sociales (nobles, gens du commun et guerriers). Les nobles érigeaient des mâts-totems richement sculptés et peints pour honorer leurs lignées et organisaient des **potlatchs**, festivités somptueuses et ostentatoires qui permettaient de tisser des liens de réciprocité.

## Plateau de la Columbia et Rocheuses

Beaucoup de tribus indiennes nomadisaient sur le Plateau, le long du fleuve Columbia et de ses affluents, qui leur fournissaient du poisson en abondance.

Les **Salishs**, les **Pend-d'Oreilles** (ou Kalispels) et les **Kootenais** se sont unis à la tribu des **Têtes-Plates** pour former une confédération, dans une réserve du Montana appelée Flathead.

Jadis nombreux, les **Nez-Percés** (Nimiipuus) étaient des guerriers redoutés, dotés d'arcs puissants et de chevaux appaloosas rapides qu'ils élevaient et utilisaient comme monnaie d'échange avec les tribus alliées (Walla Wallas, Spokane, Cœur-d'Alène, Têtes-Plates, Pend-d'Oreilles et Kootenais). Durant l'automne, ils partaient chasser dans les plaines. Leur vaste territoire était à cheval entre l'Idaho, l'Oregon et le Washington. Ils se trouvent désormais regroupés dans une réserve dans l'ouest de l'Idaho.

Leurs ennemis d'autrefois, les **Blackfeet** (Pikunis) au nord, vivaient de la chasse au bison entre Canada et États-Unis. Ils occupent aujourd'hui une réserve d'une superficie de plus de 6 000 km² dans le nord-est du Montana.

## Grand Bassin

Les régions du Grand Bassin étaient principalement peuplées par les **Shoshones**. Nomades, ils vivaient à l'origine de la cueillette et de la chasse au bison et habitaient des huttes sommaires, les *wickiups*. Ceux du Nord et de l'Est trouvaient facilement du gibier, ceux du Sud profitaient des plantes nourricières des vallées, tandis que ceux de l'Ouest, région la plus aride, fouillaient la terre à l'aide d'un bâton pour débusquer racines et tubercules. Aujourd'hui, comme les autres Indiens, ces tribus vivent dans de modestes maisons, le plus souvent préfabriquées, assemblées en villages pauvres.

Parmi ces autres tribus, les **Païutes** (un peu moins de 10 000) évoluent entre les Rocheuses, la Sierra Nevada et le plateau du Colorado. Ils sont réputés pour leur vannerie traditionnelle.

Anciens habitants des montagnes, les **Utes** (environ 7 000), qui appartiennent au même groupe linguistique, ont valu son nom à l'Utah. Ils se déplaçaient en bandes de chasseurs et se livraient à des raids sur les tribus voisines, Comanches et Cheyennes. Aujourd'hui rassemblés dans les réserves de l'ouest du Colorado et du sud de l'Utah, les Utes célèbrent toujours les impressionnantes *Bear Dance* (danse de l'Ours) et *Sun Dance* (danse du Soleil).

## Sud-Ouest

Les steppes arides, canyons et plateaux du sud du Colorado sont les terres sacrées des plus anciennes cultures indiennes.

Les **Anasazis**, cueilleurs et cultivateurs, bâtirent d'incroyables villages en pierre et brique de terre nichés dans les vertigineuses murailles de roc de Mesa Verde. Ils se dispersèrent mystérieusement vers le 14ᵉ s., dans le Nouveau-Mexique et l'Arizona, où vivent leurs descendants, les **Pueblos**. Évangélisés très tôt par les missionnaires catholiques, les Pueblos occupent des maisons en adobe et sont réputés pour leur vannerie, leur poterie et leurs bijoux. Parmi eux, les **Zunis** et les **Hopis** occupent une place à part, en raison de la complexité de leurs rites et de leur artisanat particulier (fétiches de pierre, *kachinas*, bijoux opulents et très élaborés).

## Grandes Plaines

Pays des bisons, les Grandes Plaines abritaient les terrains de chasse des tribus nomades Lakotas, Arapahos, Crows, Cheyennes et Dakotas. Vivant principalement en petits groupes épars, elles se retrouvaient au printemps et en été pour la cérémonie de la danse du Soleil et les grandes chasses communes.

Les terres fertiles situées près des fleuves et rivières étaient occupées par des tribus sédentaires – Mandans, Hidatsas, Arikaras, Otos, Wichitas –, groupées en villages et pratiquant l'agriculture (maïs, haricots, courges).

Le terme **Sioux** désignent trois groupes apparentés : les **Lakotas** qui occupaient les piémonts des Rocheuses, les **Nakotas** vivant dans le centre des Grandes Plaines et les **Dakotas**, implantés plus à l'est. Alliés aux Arapahos et, souvent, aux Sioux Lakotas, les **Cheyennes** avaient pour ennemis les **Crows**. Leur territoire s'étendait du sud du Colorado aux Black Hills dans le Dakota du Sud. Il reste aujourd'hui un petit groupe cheyenne au sud, près de la Platte River, et un autre au nord, dans une réserve du sud-est du Montana, voisine de celle des Crows. Les Lakotas vivent dans les réserves du Dakota du Sud. En 2007, des Lakotas ont décidé de proclamer une république indépendante (non reconnue) autour du Dakota du Sud.

### LE RED POWER

Vers la fin des années 1960, parallèlement aux luttes d'émancipation menées par les Noirs, un changement s'opéra dans les mentalités des Indiens, qui n'acceptaient plus d'être considérés comme une minorité silencieuse et soumise, ignorée du reste de la société ou traitée avec paternalisme, parquée dans des réserves défavorisées, gérées par des autorités blanches brutales et corrompues. En 1968, des Indiens de Minneapolis révoltés par les injustices dont ils étaient victimes fondèrent l'**American Indian Mouvement** (AIM), qui visait à lutter pour la défense des valeurs tribales, le respect des traités signés et des droits civils. En 1969, des Sioux, accompagnés d'autres tribus, occupèrent durant deux ans l'île d'Alcatraz, à San Francisco. En 1973, suite au lynchage d'un Indien par des Blancs dans la réserve lakota de Pine Ridge (Dakota du Sud), un groupe de 200 militants armés occupèrent le petit village de Wounded Knee, théâtre du massacre de Sioux par l'armée en 1890. Des centaines de policiers, des militaires et des agents du FBI furent mobilisés pour les déloger. En 1978, l'AIM, soutenu par des célébrités telles que Marlon Brando, Robert Redford et Bob Dylan, organisa une longue marche de San Francisco à Washington, en souvenir de la déportation de cinq tribus – Cherokees, Séminoles, Creeks, Choctaws et Chicachas – sur la Piste des Larmes. Aujourd'hui, des associations indiennes continuent de se mobiliser pour défendre leurs droits : restitution des terres sacrées des Black Hills dans le Dakota du Sud, préservation de la nature dans les réserves convoitées par les industries des mines et du pétrole dans le Montana ou l'Utah, protection des bisons de Yellowstone au Wyoming.

# Économie

**La conquête de l'Ouest au 19e s. a joué un rôle majeur dans la croissance économique américaine, la formation de son système capitaliste et son idéologie du « laisser faire ». L'expansion le long de la Frontière a modelé l'esprit américain et les fondamentaux de son tempérament : individualisme, matérialisme, attachement à la libre entreprise et à la propriété privée, goût du défi, mobilité, confiance dans le libre échange et méfiance envers l'État centralisateur. Resté profondément agricole, le Nord-Ouest américain n'en demeure pas moins très dynamique sur le plan économique. Il contribue à la prospérité nationale grâce à la richesse de ses ressources naturelles, mais aussi à travers ses industries de pointe et un agrobusiness très développé.**

Durement frappés par la crise de 2008 et fortement endettés, les États-Unis émergent à peine de leur plus grave récession depuis la Seconde Guerre mondiale.
Le Nord-Ouest n'a pas échappé à la débâcle, qui a frappé de plein fouet son industrie et fait bondir les chiffres du chômage. Mais la première économie mondiale redécolle. Elle reste compétitive, continue à innover et à attirer les capitaux. Grâce à ses puissantes multinationales, elle domine le marché mondial, dont elle capte l'essentiel des richesses à son profit.
Comparé à la Californie et à la côte est, le Nord-Ouest des États-Unis n'est pas un poids lourd de l'économie nationale, mais il est loin d'être arriéré. Les gratte-ciel de Seattle et Denver traduisent la puissance d'entreprises bien implantées dans l'aéronautique, l'informatique, l'énergie, la banque et la finance. Vivifié par l'essor du commerce vers l'Asie et le Pacifique, le Nord-Ouest est même plutôt riche, si l'on compare le PIB par habitant des 50 États américains : l'Alaska, grâce à ses ressources en pétrole, figure au 2e rang et le Dakota du Nord, grâce au gaz de schiste, au 3e rang. Le Wyoming se classe 5e, l'Oregon 9e, le Washington 10e et le Colorado 15e.
La maîtrise de l'espace, qui fut l'une des difficultés majeures dans la mise en valeur des vastes territoires du Nord-Ouest, est aujourd'hui accomplie grâce à un dense réseau de transports routiers, ferroviaires et aériens. Mais cette mise en valeur s'est accompagnée de nombreux gaspillages. L'abondance des ressources, la mentalité pionnière et le laisser-faire ont induit une approche consommatrice de l'espace qui ne s'est guère souciée de son saccage, d'où des problèmes d'érosion et de pollution des sols récurrents aujourd'hui.

## Ressources naturelles

C'est l'abondance des ressources naturelles gratuites – fourrures, minéraux, combustibles fossiles, herbages, sols fertiles, forêts et zones de pêche –, qui a attiré les premiers aventuriers vers l'Ouest.
À l'exception des fourrures, ces ressources constituent toujours une part non négligeable de

l'économie de l'Ouest. Les sociétés privées qui exploitent le bois, la mine et les pâturages bénéficient toujours de contrats avantageux pour la concession de domaines publics, sous le contrôle du Service des forêts ou du BLM, bureau de gestion foncière.

## LES MUTATIONS AGRICOLES

Longtemps handicapée par l'aridité qui prévaut à l'ouest du 100e méridien, l'agriculture s'est surtout développée dans les vallées fluviales de la côte pacifique et des Rocheuses, notamment celles de la Columbia, de la Willamette et du Haut Missouri. Dans les Grandes Plaines, l'exploitation de la nappe phréatique et les techniques d'irrigation par aspersion circulaire ont permis l'essor d'une agriculture intensive autour du blé, des légumes, du lin et du tournesol.
L'État de Washington est connu pour ses pommes et sa vigne, l'Oregon pour ses prunes, noisettes, oignons et fruits rouges, l'Idaho est un grand producteur de pommes de terre (un tiers de la production nationale), mais aussi de betteraves sucrières, haricots, lentilles, orge et blé, tandis que le Colorado, le Montana, le Nebraska et les deux Dakotas fournissent blé, maïs et soja.
La **pêche** et l'**exploitation forestière** sont très présentes sur la façade nord-ouest pacifique (Alaska inclus), où la coupe de bois génère près de la moitié des revenus du secteur.
L'**élevage extensif** *(ranching)*, dont les cow-boys furent longtemps le symbole, reste largement pratiqué dans les États des Rocheuses et des Grandes Plaines, au sein de vastes ranches clôturés, dont les surfaces dépassent souvent 1 000 ou 2 000 ha (jusqu'à 50 000 ha pour le plus grand ranch du Montana) et qui peuvent compter des milliers de têtes de bétail. La filière s'est modernisée, associant des régions spécialisées dans la reproduction (Rocheuses) à d'autres qui pratiquent l'engraissement (Grandes Plaines) ou la production laitière (Oregon).
L'agriculture est aujourd'hui fortement intégrée dans le système capitaliste et industriel, sous la houlette de grandes firmes agro-alimentaires qui pilotent de vastes exploitations gérées comme des entreprises et utilisant des techniques scientifiques pointues.

## FILONS SOUTERRAINS

Un siècle et demi après la ruée vers l'or, l'**extraction minière** se porte toujours bien dans le Nord-Ouest américain (Alaska, Utah, Colorado, Idaho, Dakota du Sud, Washington et Montana), dont provient une grande part de la production américaine d'or (2e rang mondial), d'argent et de cuivre. L'extraction a été améliorée par l'exploitation de nouveaux gisements à ciel ouvert. Ceci au prix d'une forte dégradation de l'environnement, avec de gigantesques excavations qui mutilent les montagnes, comme la mine de Bingham Canyon, près de Salt Lake City, visible à l'œil nu de l'espace. Des gisements de plomb, zinc, titane et uranium sont également exploités dans les Rocheuses.
Le **pétrole** d'Alaska contribue à 25 % de la production américaine d'hydrocarbures. Celle-ci est stimulée également par les vastes réserves de gaz et de pétrole de schiste qui gisent dans le bassin de Bakken, à cheval sur le Dakota du Nord et le Montana, dans le Colorado et dans l'Utah.
Redevenue rentable, l'exploitation de la **houille** se développe dans l'*Overthrust Belt* (Wyoming, Idaho, Utah), qui fournit près de 45 % de la production nationale de charbon.

Mine de potasse dans l'Utah.
*P. Ducept/hemis.fr*

En matière d'énergie, il faut citer enfin la production d'**hydroélectricité**, grâce aux nombreux barrages (Colorado, Columbia).

## Une économie diversifiée

Les villes en pleine expansion de la côte pacifique ont été les premières à s'éloigner des économies liées aux matières premières et à l'agriculture. Au 20ᵉ s., industries et services se sont peu à peu déplacés vers d'autres villes de l'Ouest.
Des centres bancaires régionaux comme Denver sont nés au 19ᵉ s. de la mine et du ravitaillement du chemin de fer, tandis que Salt Lake City a grandi autour du raffinage pétrolier, du textile, de la mine et de la métallurgie.
Aujourd'hui, des métropoles comme Denver et Seattle prospèrent grâce à une économie diversifiée, où dominent les industries de pointe et le secteur tertiaire. Outre son port par où transite le trafic vers l'Asie et l'Alaska, Seattle a profité de la création des usines **Boeing** à la fin de la Première Guerre mondiale, dans le sillage desquelles s'est épanouie la filière aéronautique. Boeing reste le premier employeur dans l'État de Washington, malgré la décision de l'entreprise, en 2001, de transférer son siège social à Chicago. L'autre manne pour Seattle fut l'installation, en 1979, de la société **Microsoft**, qui a attiré de nombreuses entreprises du logiciel (Nintendo) et du commerce électronique (Amazon). Dynamique, Seattle a vu aussi naître la chaîne des cafés **Starbucks** et celle des magasins de vêtements, bijoux et cosmétiques, **Nordstrom**. Portland, de son côté, abrite le siège de **Nike**, n° 1 des chaussures de sport aux États-Unis.
Aujourd'hui, la nouvelle économie high-tech (informatique, telecoms, électronique, matériel médical, pharmacie) fleurit dans la région du Puget Sound. Elle a trouvé aussi d'autres bastions régionaux solides à Portland, Boise (Idaho) et Denver, dans des technopoles situées près des universités où opèrent des PME innovantes.

# Religions

**Dieu est partout aux États-Unis, dans le « God Bless America » de l'hymne national, dans la « Nation under God » du serment d'allégeance au drapeau, ou encore le « In God we trust » sur les billets de banque. L'une des originalités de la société américaine est sa religiosité intense, même si elle semble plus libérée et sécularisée en 2013 qu'il y a 25 ans. La Bible est une référence militante. Les Américains ont besoin d'elle pour organiser leur vie sociale et trouver l'harmonie avec l'ordre divin. Entouré de ses ministres, un président des États-Unis est capable de prier avant une séance de travail. On peut trouver dans chaque chambre d'hôtel une Bible, ou dans certains secteurs de l'Ouest américain, le Livre de Mormon. Il suffit d'écouter les discours politiques de tous bords pour mesurer la place de la foi et des bons sentiments dans la vie collective, d'allumer la télévision ou la radio pour tomber sur l'une des multiples chaînes évangéliques, où des pasteurs haranguent une audience subjuguée.**

## Croyants ou laïcs ?

En tant qu'avant-garde d'un monde meilleur, les Américains se doivent d'être des missionnaires. Déjà, Alexis de Tocqueville, dans son voyage en Amérique (1835-1840) avait noté que, dès le début, « la politique et la religion se trouvèrent d'accord, et depuis elles n'ont point cessé de l'être ». Aux États-Unis, « être citoyen et **croyant** est un plus et un gage de valeur morale », analyse Sébastien Fath, chercheur au CNRS. Dans ce pays d'immigration, les Églises sont un lieu de socialisation et d'**intégration**. Elles ont joué un rôle clé dans le projet de peuplement. Peut-être à cause de cette forte pression des néochrétiens, les **Américains agnostiques**, **athées** ou **sans religion** (environ 15 %, mais en progression régulière) se rassemblent en lobby pour s'assurer que la séparation de l'Église et de l'État soit bien appliquée. Car les États-Unis sont malgré tout un pays laïc, où la séparation de l'Église et de l'État est inscrite dans la Constitution, au même titre que la liberté religieuse, garantie par le premier amendement.

Si la religion est omniprésente aux États-Unis, la pratique religieuse varie d'un État à l'autre. La côte pacifique et le Colorado comptent ainsi un pourcentage plus élevé de non-pratiquants que dans le reste du pays, tandis que l'Utah mormon et le Sud (surnommé la « Bible Belt ») manifestent une forte religiosité.

## Le protestantisme

### AUX ORIGINES, LE PURITANISME

Au 17e s., les premiers colons calvinistes fuirent la répression religieuse en Europe. À bord du *Mayflower*, venus d'Angleterre et de Hollande, les célèbres **Pères Pèlerins** (Pilgrims Fathers) voguèrent vers le Nouveau Monde, avec le projet de créer une nation en alliance avec Dieu. Rejoints par d'autres dissidents protestants, ils décidèrent de créer « une véritable société puritaine qui forcerait la régénération de la métropole », relève Isabelle Richet, auteur de *La Religion aux États-Unis* (Que sais-je ?). Un nouveau migrant s'illustra, **John Winthrop** (1588-1649), et son discours « La cité sur la colline » enflamma les foules. C'était le début de la **tradition messianique** américaine. Elle ne cessera pas et continue aujourd'hui d'influencer la politique de dirigeants américains.

Le protestantisme et les églises dérivées forment la **première grande famille religieuse** (52 %), celle qui a conditionné les fondements de la société américaine. Cette branche réformatrice et rigoriste du protestantisme faisait partie de l'Église presbytérienne, qui prône des paroisses autonomes plutôt qu'un clergé nommé par un pouvoir central. Ils considéraient l'Amérique comme leur Terre promise, leur « **Nouvelle Jérusalem** », et pensaient être le peuple élu de Dieu, en opposition avec les Indiens, race maudite, vouée au culte de Satan. Pour eux, l'Église est au centre de la vie sociale, ses règles font office de loi civile et une morale stricte est le fondement de la société. Le travail acharné est une vertu, et le succès économique la preuve du soutien divin (si l'on échoue, c'est qu'on l'a mérité). Cette conception explique toute l'évolution des mentalités, notamment l'importance attachée à la **réussite matérielle** et aux **valeurs morales** (même si on se contente hypocritement des apparences).

### LES BAPTISTES

Parmi les autres branches protestantes très répandues, et dont l'essor est caractéristique de la vie religieuse américaine, les plus nombreux sont les baptistes, pour qui le **baptême par immersion**, réservé aux adultes, suit une profession de foi ostentatoire : parmi les baptistes célèbres, les présidents Carter et Clinton, mais aussi Martin Luther King, Rockefeller ou Britney Spears…

### LE COURANT ÉVANGÉLISTE

Le protestantisme évangélique regroupe environ 70 millions de personnes, en majorité dans les États du Sud.

L'évangélique croit que la Bible est la parole de Dieu et que tout le monde a besoin d'entendre « la Bonne Nouvelle ». Né au début du 18ᵉ s. d'une scission au sein des Églises protestantes, le mouvement regroupe trois branches, le **pentecôtisme**, le **fondamentalisme** et le **néoévangélisme**, davantage orienté vers un dialogue œcuménique. Un de ses leaders actuels les plus charismatiques,

### UNE TRADITION DE PROSÉLYTISME

La multiplication des prêcheurs de rue et des manuels spirituels en tout genre souligne cette évolution. Partout, des groupes d'influence se constituent pour intervenir sur la vie politique. Dans certaines prisons, on cherche à réhabiliter les détenus par la conversion intensive, sept jours sur sept. Il n'est pas rare de voir un détenu porter un bracelet aux couleurs arc-en-ciel sur lequel sont inscrites les initiales WWJD (What Would Jesus Do). « Que ferait Jésus à ma place », se dit-il. À la fin de chaque session, les prisonniers, quelle que soit leur religion, se lèvent, se prennent la main, ferment les yeux et prient. Chrétiens ou musulmans. Qu'importe !

**Rick Warren**, n'hésite pas à afficher l'objectif : préparer le second avènement du Christ sur la Terre. Le courant évangéliste prospère dans les quartiers pauvres des grandes villes. D'ailleurs, il existe des évangélistes de gauche qui n'ont pas forcément le désir de convertir l'Amérique et de révolutionner la planète.

## Le catholicisme

Beaucoup moins nombreux (26 %) que les protestants, les immigrés catholiques (Irlandais surtout à l'origine) cherchaient avant tout à échapper à la misère et venaient de milieux défavorisés. La sauvegarde de leur foi et de leurs valeurs n'était pas en cause : ils se battaient pour leur survie et pour faire fortune. Les protestants les ont longtemps regardés de haut, les assimilant aux classes sociales inférieures.
En règle générale, le catholicisme américain diffère de celui de l'Europe par sa plus grande implication sociale, caritative et politique. Dans les communautés noires, il se rapproche du pentecôtisme et de ses offices exubérants et spectaculaires.

## Les religions asiatiques

Les communautés asiatiques sont restées profondément attachées à leurs croyances. **Bouddhistes** ou **taoïstes**, les Chinois sont les plus fidèles aux traditions ancestrales. Malgré l'engouement des Occidentaux pour les religions orientales, ils ont su rester à l'écart des dérives sectaires et des courants ésotériques.
Le respect des anciens et des valeurs familiales, ainsi que la solidarité entre les générations forment le ciment de ces communautés qui célèbrent toutes les fêtes traditionnelles.

## Les mormons

Bien que ne se réclamant d'aucune des grandes Églises, les mormons donnent un exemple original de la façon dont de nouvelles religions ou sectes ont pu apparaître et se développer à la faveur de la colonisation. Fondée à New York en 1830, l'**Église de Jésus-Christ des saints des derniers jours** s'appuie sur une « révélation » de Dieu à un certain **Joseph Smith**. Une belle journée de printemps 1820, le jeune homme, fils d'un modeste fermier, résolut de se retirer dans un bois proche, le Bosquet sacré, pour découvrir dans le ciel « une colonne de lumière plus brillante que le soleil descendre peu à peu jusqu'à tomber sur lui ». Un nouveau « Prophète » était né. Ses adeptes allaient porter le nom de « Saints », nom donné aux enfants de Dieu aux premiers temps du christianisme.
**Le Livre de Mormon** qui en résulta définit les croyances du groupe comme complément de la Bible et base d'une religion nouvelle.
Convaincus d'être les pionniers du royaume divin sur Terre, en particulier aux États-Unis, les mormons devaient être des missionnaires et répandre leur croyance par des prédications.
Leur **polygamie** (prétendant à cet égard s'inspirer de l'Ancien Testament) leur valut bien des oppositions au cœur d'une société protestante par ailleurs très « moralement correcte » ! Faute d'un public réceptif, fuyant la société « impie » de la côte est, les pionniers mormons prirent donc la route de l'Ouest, déterminés à y installer le Royaume de Dieu. C'est au bord du Grand Lac Salé, dans le nord de l'Utah, qu'ils s'établirent finalement, jetant les fondations de ce qui deviendra **Salt Lake City**, qui demeure encore aujourd'hui leur capitale mondiale. De là, ils partirent coloniser les déserts

environnants, où fleurirent les noms bibliques (Zion, Moab, Ephraïm…) et où ils imposèrent leurs valeurs morales intransigeantes et leur sens de la famille. Outre la propagation de leurs croyances, ils s'attachent à réussir matériellement et forment l'une des communautés les plus riches de l'Ouest. L'**Utah** est devenu leur État (62,4 % des habitants, dont près de 60 % sont très actifs).

Depuis des dizaines d'années, les mormons créent une **base généalogique** gigantesque dans les profondeurs des Granite Mountains, à proximité de Salt Lake City, dans laquelle ils enregistrent toutes les archives d'Europe et inventorient un nombre considérable de noms. Depuis 1958, il est en effet possible de recevoir un baptême *post mortem* pour ne pas être injustement privé de tout espoir d'accéder aux béatitudes éternelles.

Ce qui frappe le visiteur de l'Utah, c'est le nombre important de petites exploitations agricoles maîtrisant un **réseau d'irrigation** pour produire des céréales et arbres fruitiers, malgré la sécheresse environnante.

Actuellement, cette Église compte près de quatre millions de fidèles à travers le monde, la grande majorité aux États-Unis.

## Des hippies aux nouvelles sectes

Fuir le conformisme bourgeois : le credo de Kerouac et de ses amis a inspiré les hippies héritiers des beatniks. Un style de vie en rupture avec celui de leurs parents et une approche des relations humaines. La contestation ne s'arrêta pas à la politique ou à la création littéraire et artistique, mais toucha aussi la religion. Toute une génération était en quête de nouvelles valeurs, rejetant le matérialisme ambiant, les luttes de pouvoir et les traditions des générations précédentes. Un grand nombre de mouvements associatifs ou sectaires naquirent à cette époque.

### UN RENOUVEAU EXOTIQUE

L'une des caractéristiques de ce courant est l'adhésion à des valeurs et à des cultures lointaines, vues comme une alternative au conformisme chrétien. De là sont nées les sectes **néohindouistes** (Krishna, Méditation transcendentale), **néobouddhistes**, **néomusulmanes**, voire de curieux mélanges, comme la secte messianique coréenne de Moon. Tous ces mouvements ont en commun une volonté de retour à la vie communautaire, un éveil de la conscience, et souvent le charisme d'un gourou.

Dans un autre registre, moins exotique, l'**Église de scientologie** prend une place considérable, faisant des émules parmi les élites, surtout à Hollywood (Tom Cruise en est un des piliers), où une avenue porte même le nom de son fondateur, L. R. Hubbard. Grâce à la puissance de la pensée et à son pouvoir sur le corps, l'adepte doit surmonter tous ses problèmes et parvenir à un état supérieur. Livres, séances de travail sur soi et instruments pseudo-scientifiques sont ainsi vendus à prix d'or.

### LE NEW AGE

Sous cette appellation sont regroupés un grand nombre de mouvements plus ou moins ésotériques, extrêmement populaires dans l'Ouest américain, partout où les anciens hippies se sont installés.

Selon eux, l'humanité entre dans l'ère du Verseau, qui doit s'accompagner d'un retour de l'amour, de la libération des esprits et d'un éveil des consciences…

Il s'agit de trouver en soi « l'**énergie**

**cosmique** », grâce à diverses techniques comme l'astrologie, le chamanisme ou le spiritisme.
On cherche à revivre ses vies antérieures, à retrouver l'harmonie avec la nature, à se guérir naturellement. De nombreux centres de retraite spirituelle, de méditation ou de médecine douce canalisent la manne commerciale des milliers de convaincus.
Pour certains, la route américaine peut se lire comme une route intérieure, le « **chemin qui mène vers soi** ».

# Les rites indiens

Bien que leur quotidien ait été profondément influencé par les rites sacrés, on ne peut pas parler de religion pour désigner l'ensemble des croyances des Indiens. La notion même de religion ne correspond à aucun mot dans beaucoup de langues indiennes. Ils ne possèdent pas de clergé ni de structures religieuses proprement dites. Les villages pueblos possédaient bien des lieux de réunion sacrés, les *kivas*, les tribus avaient recours aux offices des chamans, sortes de médecins dotés de pouvoirs surnaturels, mais l'ensemble des croyances repose sur une culture orale, transmise par les anciens de la tribu, qui sont souvent chargés de l'éducation des jeunes enfants. Les cérémonies sont des célébrations collectives qui évoquent les grands mythes fondateurs, différents d'une tribu à l'autre. Ces rites rassemblent et unissent les participants dans un esprit de communion avec la nature.

## LES MYTHES FONDATEURS

Il existe un grand nombre de légendes pour expliquer la création du monde, mais la plupart des tribus indiennes croient en des mythes similaires.
Les récits épiques sont longs et compliqués, mais on y retrouve l'idée d'émergence à partir d'un monde sombre et souterrain grâce à l'aide des esprits bienveillants de la Mère Nature.
Selon les **Navajos**, Premier Homme et Première Femme sont nés du maïs. Ils aidèrent le « Premier Peuple » à traverser une succession de mondes souterrains obscurs et hostiles, peuplés de monstres et jalonnés de nombreuses épreuves, avant de trouver l'entrée de ce monde-ci, à travers un roseau qui menait au centre de l'univers (les Navajos le situent entre quatre sommets du plateau du Colorado). Premier Homme et Première Femme créèrent alors la lune et les étoiles pour les éclairer, mais le malicieux Coyote les dispersa dans le ciel. À ce moment-là naquit Femme Changeante, aussi identifiée à la Mère Nature avec ses saisons, qui épousa le Soleil et l'Eau pour donner naissance aux Dieux Jumeaux de la Guerre. Tous font partie du panthéon des Navajos, avec les esprits des animaux et des plantes, mais c'est Femme Changeante qui décida enfin de créer les humains à partir de morceaux de sa propre peau.
Chez les **Pueblos**, le mythe de l'émergence est plus simple. Les hommes, créés par la volonté de Femme qui Pense, ont dû également traverser de sombres mondes souterrains avant d'accéder à la vie et à la lumière. Pour ce faire, ils ont reçu l'assistance des plantes, des oiseaux et des animaux, qui ont construit une pyramide pour qu'un pic-vert puisse percer un trou au centre du monde, le *sipapu* (symboliquement représenté dans les *kivas*). À leur sortie, le monde était froid et humide, jusqu'à ce que le Soleil, père des Dieux Jumeaux, vînt le réchauffer. Les humains errèrent ensuite jusqu'à la Maison Blanche, lieu mythique

où les divinités, les *kachinas*, leur enseignèrent le nécessaire à la survie. À sa naissance, chaque humain reçoit une âme et un esprit gardien et, lorsqu'il meurt, ces deux entités regagnent le *sipapu* pour rejoindre les mondes souterrains.
Chez les **Lakotas** des Grandes Plaines, une figure féminine, la Femme Bison Blanc, tient un rôle central dans les mythes. Elle leur transmit la pipe sacrée et leur enseigna les cérémonies religieuses comme la danse du Soleil. Mais l'univers dans son ensemble est régi par un esprit supérieur, Wakan Tanka, le Grand Mystère.
Pour les **Crows**, la terre, les animaux et les hommes furent créés par un sage appelé Vieil Homme Coyotte.

## LES CYCLES DE LA VIE

La plupart des rites indiens reposent sur leur rapport à la nature. Ils célèbrent le **cycle des saisons**, les récoltes, la pluie ou la fécondité. On y fait appel aux **esprits de la nature**, aux forces des éléments, aux animaux ou aux plantes qui composent le panthéon des divinités indiennes, qui ont aidé les hommes à émerger du néant et peuvent leur apporter abondance et force. D'autres rites ont un lien avec les étapes de la vie, assurent la guérison, préparent à la chasse ou au combat…
Les sites sacrés, comme la Devils Tower du Wyoming ou les montagnes Big Horn du Montana, revêtent une importance particulière, car on y vient pour entrer en communion avec l'esprit du lieu, pour recevoir des visions ou pour être initié. La mort n'est pas crainte par les Indiens, qui voient l'au-delà comme un monde neutre et qui l'acceptent totalement comme une partie de l'**équilibre de la nature**.

## UNE PHILOSOPHIE

Pour les Indiens, le principe fondamental est celui de l'**harmonie**, qui exige d'être à tout moment en accord avec soi-même, les autres et l'univers, animaux, plantes et éléments. Tout conflit ou problème vient d'une rupture de cette harmonie et il suffit de rétablir l'**équilibre** pour que le problème soit résolu. C'est ainsi que l'on traite les divergences : les notions de **consensus** et de respect de la différence sont essentielles.
Les Indiens n'envisagent pas de convaincre ou de convertir celui qui est différent. La notion de décision à la majorité leur est étrangère, de même que le concept de propriété. Cela explique l'accueil favorable et patient réservé aux premiers missionnaires chrétiens et leur incapacité initiale à revendiquer une terre qu'ils ne pensaient pas pouvoir posséder.
C'est ce souci de respect et d'harmonie qui a engendré le mélange des fêtes chrétiennes et des danses sacrées, pour Noël ou pour les jours des saints patrons des villages.
D'autres groupes ont intégré encore plus étroitement les rites anciens à la pratique chrétienne, comme les adeptes de la **Native American Church**, qui utilisent le peyotl (cactus hallucinogène dont la consommation rituelle fut instituée par les Aztèques) comme un sacrement lors des cérémonies.

# Vie quotidienne

**Les gens qui quittent leur pays pour tenter leur chance aux États-Unis sont généralement des optimistes capables de travailler dur pour assurer l'avenir de leur progéniture. Vont-ils rester aussi entreprenants et inventifs face à la crise économique actuelle ? C'est une nécessité car il n'y a pas ici d'État Providence, et les Américains comptent surtout sur eux-mêmes, sur leur légendaire mobilité, pour repartir sur de nouvelles bases. La « vitalité » américaine se tourne désormais vers l'intérêt social, la responsabilité face aux dégradations de l'environnement, vers l'urgence d'une politique de santé et d'éducation. Il faudra plus qu'une récession économique pour briser le rêve de tous ceux qui sont venus dans cet Ouest américain pour avoir une vie meilleure.**

## Au quotidien

### À LA MAISON

Les villes étant très étendues, l'habitat américain s'organise très différemment du nôtre. Les immeubles des centres-villes regroupent principalement des bureaux et, à l'exception des très grandes villes, peu d'appartements. Les familles préfèrent vivre à la périphérie, où les quartiers populaires alignent des rangées de petits bungalows modestes, tandis que les banlieues chic sont parsemées d'énormes demeures à l'architecture ostentatoire.
La plupart des maisons sont construites en bois, ce qui est beaucoup plus rapide et moins cher qu'en pierre. En règle générale, les pièces sont spacieuses et très claires. Jusqu'à l'éclatement de la crise des *subprimes* en 2008, le marché des petites maisons préfabriquées était florissant.
Le marché de l'immobilier s'est effondré, laissant des milliers d'Américains sans toit et entraînant une crise financière mondiale. Dans certaines villes, les communautés de logement à titre expérimental partagent les valeurs montantes de l'entraide et de l'écologie.

### AU TRAVAIL

Changer de poste ou de carrière au cours d'une vie n'est pas du tout ressenti comme un problème ou un échec. Les emplois étant beaucoup moins protégés qu'en France et le chômage moins important, les Américains sont professionnellement plus mobiles et prêts à se remettre en cause pour améliorer leurs conditions de vie. Le travail est cependant la seule garantie contre beaucoup des inégalités de la société américaine. Les grandes entreprises offrent par exemple des assurances santé à des prix abordables (elles sont hors de prix autrement) ou des plans épargne pour la retraite (ce qui peut être dramatique lorsque l'entreprise fait faillite). Les horaires sont très lourds et les employés sont jugés aux résultats et au rendement. En raison des bas salaires et du nombre de postes à temps partiel, il n'est pas rare pour les plus modestes de cumuler deux emplois.

En camping-car dans la péninsule de Kenai, en Alaska.
*Alaska Stock Images/age fotostock*

## L'EMPLOI DES SENIORS

Selon les statistiques fédérales, les 65 ans et plus compteront en 2016 pour 6,1 % des actifs, contre 3,6 % à peine en 2006. Budget serré, vie trop chère, désir de contacts humains, de plus en plus de retraités décident de vivre avec leurs enfants. La moitié d'entre eux souhaite trouver une activité pour pouvoir aider les autres.

## SUR LA ROUTE DES VACANCES

Les Américains prennent très **peu de vacances**, car la plupart des entreprises accordent peu de congés payés. Comme ce sont souvent des congés sans solde, les vacances sont courtes et concentrées autour des grands week-ends fériés. Les **parcs d'attractions** sont populaires auprès des familles, de même que les pique-niques et barbecues en plein air. Très fréquentés aussi, les **parcs nationaux** attirent les visiteurs épris de grands espaces et de nature, mais souvent agglutinés sur les sentiers principaux et les aires aménagées. Les **retraités**, à l'inverse, ont beaucoup de temps, et beaucoup de ceux qui ont pu se ménager une confortable retraite choisissent le **camping-car** pour arpenter le pays, durant parfois des mois. Ils sont très nombreux en hiver dans les régions ensoleillées du sud des États-Unis.

Prendre la route reste parfois une démarche romantique, une façon de se mesurer à l'immensité de ce pays. Il reste des utopistes pour reprendre le thème du **voyage**, conçu comme un élargissement de la conscience. La « **route** » est toujours une promesse de liberté pour les Américains. L'Ouest rappelle la piste des pionniers. Pur produit de la civilisation actuelle, le citoyen américain garde une âme nomade et la nostalgie d'une vie naturelle et primitive.

Le voyageur peut imaginer les caravanes de chariots qui taillaient leur route au-delà des Rocheuses. Il peut songer au chef sioux Sitting Bull : « Mon peuple souhaite vivre libre comme l'air. Je n'ai rien vu de ce qu'un homme blanc possède, maisons, chemins de fer ou vêtements, qui égale le droit de se déplacer en rase campagne et de vivre selon notre mode de vie. »

### AU RESTAURANT

Il y a deux catégories bien distinctes de restaurants. Les premiers valorisent gastronomie et art de vivre. Ils offrent une cuisine qui n'est pas toujours très fine, mais souvent inventive. L'atmosphère y va de l'élégance branchée des intellectuels citadins à la convivialité bruyante des bons vivants des petites villes perdues. Les plus nombreux sont toutefois les restaurants familiaux ou populaires et les grands bars, à l'ambiance chaleureuse. On y vient pour manger beaucoup et pour un prix modeste. À l'intérieur des terres, là où les distractions sont rares, c'est une occasion de sortie ; on y écoute de la musique, on assiste parfois à un karaoké pittoresque, et on y pratique même des danses oubliées ailleurs, telles que quadrille ou polka…

### LES LOISIRS

Les loisirs occupent une place de choix, mais diffèrent selon les moyens financiers des familles.
Les écoles accordent une très large place au **sport**, et des performances hors du commun peuvent offrir à un jeune, même pauvre, un passeport pour l'université, dont les équipes sportives grandissent le prestige. Parmi les sports les plus populaires, le basket, le football américain et le base-ball sont des institutions et les équipes fonctionnent comme de véritables entreprises.
La **télévision** fait partie intégrante du quotidien, et les enfants la regardent durant des heures, puisque l'école termine tôt dans la journée. La qualité déplorable des programmes, reposant exclusivement sur des films violents ou insipides et des *reality shows*, finit par poser de graves problèmes d'éducation, dans un contexte où les familles vivent de façon de plus en plus éclatée. Néanmoins, depuis quelques années, certaines chaînes cablées (HBO et Showtime en tête) proposent d'excellentes **séries** prisées dans le monde entier : *Homeland, Broadwalk Empire, Breaking Bad, Mad Men*, etc.
De la même manière, à l'exception des grands **journaux** de qualité *(New York Times, Washington Post, Los Angeles Times)*, la plupart des quotidiens lus par le grand public développent surtout les faits divers sordides et les thèmes les plus superficiels de la politique intérieure, à l'exclusion des informations internationales ou des problèmes de société.

## Le long chemin de l'éducation

Les problèmes d'éducation soulignent toutes les ambiguïtés de l'Amérique. Devant l'école, les inégalités deviennent encore plus criantes.
La dérive de l'enseignement et la ségrégation par l'argent condamnent les enfants issus des minorités ou des couches pauvres à ne pas faire mieux que leurs parents. Pourtant, « l'ascenseur social » fonctionne. Peu de pays permettent à un tel degré la réussite rapide, l'esprit d'entreprise et l'absence d'inhibitions. Mais cela ne doit pas cacher que ceux qui réussissent le font au bout d'une compétition acharnée. Dans certaines familles d'immigration récente, on hérite de ce fameux rêve américain.
Sans doute plus motivées que d'autres, elles investiront tout, leur vie et leurs économies pour donner un avenir correct à leurs enfants.

### LE CURSUS

Les enfants commencent l'école à 5 ans et effectuent une première année de *Preschool*, équivalente à

notre système d'école maternelle. Ensuite, l'écolier intègre l'*elementary school* (école primaire) où il restera six ans, du *1st grade* au *6th grade*.
Il entre ensuite dans une *junior high school* pour les *7th* et *8th grades* (de 12 à 14 ans, l'équivalent du collège en France), suivie de la *high school* (lycée) où il étudiera durant quatre ans pour obtenir le *general education diploma* (genre de baccalauréat), à la fin du *12th grade*.
Les **études supérieures** sont encore plus spécialisées. Le cursus est décomposé en quatre ans de *college*, suivis de deux ou quatre ans d'*university*.
Le diplôme de *Junior College* peut demander à l'étudiant un à cinq ans selon qu'il devra ou non cumuler ses études avec un travail rémunéré. La plupart des étudiants occupent d'ailleurs un emploi et contractent de lourds emprunts auprès des banques. Après ce premier niveau, l'étudiant est un *junior graduate*. Il peut poursuivre son cursus universitaire.
Les quatre ans de *college* mènent au stade du *senior graduate* (niveau bac + 4) qui lui donne le *bachelor's degree*, diplôme décerné à l'issue de ce cycle. Un deuxième cycle mène au *master's degree* (bac + 6), et enfin un troisième cycle au *doctorate* (bac + 8). Les quatre premières années sont consacrées aux matières les plus générales, littéraires ou scientifiques. La spécialisation (droit, médecine, commerce…) se fait à partir du niveau du *master's* et du *doctorate*.

## PRIVÉ OU PUBLIC

Tout le système américain repose sur ce choix qui souligne le rôle prépondérant de l'argent. Dans le principe, les programmes éducatifs sont censés être similaires, mais dans la pratique, les écoles publiques rassemblent une majorité d'enfants issus des classes moyennes et défavorisées. La violence et l'insécurité y sont de plus en plus un problème, comme le montrent régulièrement de sinistres faits divers de fusillades mortelles. Le niveau d'éducation y a tellement baissé depuis la dernière décennie (graves difficultés de lecture, absence totale de culture générale, manque de motivation des élèves) qu'il est devenu un enjeu politique majeur et requiert des investissements financiers énormes que le gouvernement hésite à engager.
L'enseignement privé fonctionne grâce aux frais d'inscription payés par les familles (entre 3 000 et 7 000 $ par an) et aux différentes subventions (églises, sponsors privés, legs de mécènes). Les écoles catholiques sont souvent les plus abordables, suivies par celles des autres Églises. En haut de l'échelle se trouvent celles qui sont gérées par de prestigieuses fondations, à l'image de l'université Stanford.
Comme pour le primaire et le secondaire, les **universités** sont publiques ou privées, mais les études y sont toujours payantes (même dans le public, le coût moyen des frais annuels de scolarité est de 5 500 $ ; dans le privé, les prix montent beaucoup plus haut, au-delà de 21 000 $). Seul le *junior college* se contente d'un modeste 2 000 $ annuels…

## LA VIE SUR LE CAMPUS

En rejoignant l'université, l'étudiant est fortement encouragé à vivre dans une résidence du campus (souvent obligatoire jusqu'à 21 ans) où il sera accueilli par les étudiants des années supérieures. L'année commence par de grandes réjouissances, de la soirée *ice cream* au barbecue géant, en passant par la soirée dansante, le match amical ou la messe d'accueil.
Les nouveaux sont présentés en procession devant les anciens, le président et le corps professoral.

La **vie associative** est très intense, sportive, intellectuelle ou caritative, d'autant que les différentes Églises sont très présentes. Garçons et filles résident dans des étages séparés, à deux ou quatre par chambre, les studios étant réservés aux plus anciens. L'une des particularités de cette vie estudiantine est celle des **confréries** (*fraternities* pour les garçons, *sororities* pour les filles), sociétés quasi secrètes, aux rites pittoresques et mystérieux, qui se constituent suivant des critères variés et forment la base de réseaux d'amitié et de soutien qui perdurent bien après l'entrée dans la vie professionnelle.

## Les aléas du féminisme

Comme pour beaucoup de sujets de société, la place de la femme révèle encore les paradoxes de l'Amérique. À côté de femmes émancipées, indépendantes et engagées, on trouve la femme au foyer, encore pétrie des codes moraux du protestantisme strict ou du catholicisme latin.

### UN FÉMINISME ENGAGÉ

Bien que des courants féministes aient déjà agité l'Europe, c'est aux États-Unis qu'a eu lieu la révolution néoféministe, dès les années 1960, avec le **Women's Rights Movement**, puis en 1968 avec le radical **Women's Liberation Movement** *(Women's Lib)*.
L'Amérique blanche lutta très tôt contre les inégalités entre les sexes et inventa le terme de « sexisme » pour suggérer un parallèle avec le racisme.
Au début des années 1970 naquit un important courant éditorial, s'inspirant de l'essai de Simone de Beauvoir, *Le Deuxième Sexe*, considéré aux États-Unis comme la bible des féministes, et mettant en avant la littérature écrite par et pour des femmes (Germaine Greer, Kate Millett…). Une presse engagée et radicale se fit le porte-parole de ce féminisme américain qui était violemment revendicatif.
On parlait d'oppression, d'exploitation et de libération. Dans un climat conflictuel, on critiquait le système patriarcal à la base de la société américaine.
Celle-ci a gardé de ces années d'antagonisme une propension à voir le **conflit** et l'exploitation partout. Le nombre de cas de plaintes, parfois cocasses, pour harcèlement sexuel, les multiples procédures ou règlements qui ordonnent la vie professionnelle ou sociale font parfois du quotidien un parcours du combattant. Nombre d'éditorialistes stigmatisent régulièrement le **désarroi** de l'homme américain devant ce nouveau rapport de force.

Football américain.
*Crackphotos/age fotostock*

**ENTRE PURITANISME ET OBSESSION**

Une large frange de la population reste profondément marquée par l'acquis protestant hérité du puritanisme fondateur de l'Amérique *(voir p. 70)*. Ce sont tous ceux qui passent leur temps à pointer les « péchés » des autres. Il suffit, pour s'en convaincre, de suivre n'importe quelle campagne politique pour savoir que la vie sexuelle non conventionnelle ou les entorses à la **morale** disqualifient plus d'un candidat. Qui a oublié le rocambolesque scandale de la liaison du président Clinton avec Monica Lewinsky ?
Les dérapages existent. Il y a quelques années, un fait divers sordide défrayait la chronique. Un jeune garçon de 11 ans était emprisonné, témoignage « visuel » des voisins à l'appui, pour attouchement sur sa petite sœur : il n'avait fait que la mettre sur le pot.

**LES MODÈLES TRIBAUX**

Bien des tribus indiennes, en revanche, fonctionnent depuis l'origine suivant un modèle radicalement différent. La vie primitive, surtout pour ceux qui s'organisaient en bandes, était précaire et instable. Tandis que l'homme partait de longues semaines chasser ou se livrer à des raids, les femmes veillaient sur le cercle familial et géraient les problèmes. Des femmes se consacraient à la médecine *(medicine woman)* ou même devenaient chamans.
La **filiation** est fréquemment matrilinéaire (les ascendantes déterminent la lignée) et la demeure familiale est celle de la mère (lorsque les filles se marient, elles restent vivre chez leur mère avec leur époux), ce qui rend parfois la position des hommes difficile et explique qu'ils apprécient le secret et la compagnie des autres hommes pour certains rites (bains de sueur chez les Navajos, *kivas* chez les Pueblos) ou, plus prosaïquement, pour boire ensemble.
Certaines tribus, comme les Hopis, admettaient même l'adultère des femmes, bien que, par ailleurs, celles-ci soient souvent frappées d'ostracisme au moment de leurs menstruations.
Après la conquête de l'Ouest et la déportation des tribus, les femmes ont souvent assuré la survie du groupe, tandis que beaucoup d'hommes sombraient dans l'alcoolisme ou la drogue. Elles occupent aujourd'hui de nombreux postes à **responsabilités** dans les instances tribales, s'engagent en politique et s'investissent dans l'éducation et l'économie, conscientes de leur rôle pour la préservation des traditions et de la culture de la tribu.

# Visages du rêve américain

## UNE VIE SAINE ET NATURELLE

La société américaine encourage le culte de la beauté et de la santé. Culturistes musclés s'exerçant dans les salles ou en plein air, starlettes bronzées patientant devant les studios de Hollywood, mères de famille inconditionnelles de produits bio, de vitaminothérapie et d'aromathérapie : la règle est d'aimer son corps, de le cultiver et de le préserver jusqu'à un âge avancé. Officines de chirurgie, de massages, gommages et autres savoir-faire lipophages se disputent les faveurs des belles… et des beaux.

Le **culte du corps** et de l'éternelle jeunesse est certainement l'une des caractéristiques de la « Sun Belt » américaine, les États du Sud au climat ensoleillé, où un grand nombre de retraités viennent passer une vieillesse qu'ils espèrent heureuse et saine. Le contraste avec la proportion inquiétante des jeunes obèses dans la population est souvent frappant.

Nettement moins narcissiques sont les passionnés d'**écologie** et d'énergies alternatives de Californie, de la côte nord-ouest pacifique et des Rocheuses, qui pensent toute leur vie en fonction du respect de la nature. Demeures exubérantes et originales pensées pour la lumière (systèmes ingénieux de parois coulissantes, immenses baies vitrées, plafonds transparents…) ou orientées en fonction des courants magnétiques pour que ceux-ci n'interfèrent pas sur la santé, maisons utilisant les produits de récupération (vieux bois, bouteilles vides, canettes, pneus) ou préconisant les énergies renouvelables (solaires, éoliennes), architectures intégrées au paysage, matériaux naturels et biodégradables : ces habitations vont-elles rester exceptionnelles ou annoncent-elles un nouveau mode de consommation ?

## LA SANTÉ

La raison pour laquelle des millions d'Américains choisissent un emploi plutôt qu'un autre est souvent liée au type d'assurance-maladie offerte par l'entreprise. Aux États-Unis, les problèmes de santé ont contribué à 62,1 % des banqueroutes individuelles. Actuellement, près de 50 millions d'Américains sont dénués de **couverture maladie**, alors que les dépenses de santé sont passées de 5 % du PIB en 1960 à près de 20 % en 2011, l'un des taux les plus élevés du monde. L'**obésité** qui touche un tiers de la population représente plus de 9 % des dépenses de santé. Maîtriser les coûts sanitaires est un enjeu national et le défi du président Obama dans un contexte de déficit abyssal.

## LA QUESTION DES ARMES À FEU

Parmi les libertés individuelles fondamentales que chérissent les Américains figure celle de posséder des armes à feu pour assurer sa protection, inscrite dans le 2e amendement de la Constitution. En face, la loi et la police tentent d'assurer le contrôle, mais la culture des armes à feu est profondément ancrée dans les mentalités depuis l'époque de la conquête de l'Ouest. Environ 300 millions d'armes circulent dans le pays, provoquant près de 30 000 morts par an. S'il n'y a pas plus de criminalité aux États-Unis que dans la plupart des pays industrialisés, le taux d'homicides par armes à feu y est en revanche 20 fois plus important. Régulièrement, des fusillades de masse viennent endeuiller la nation. Beaucoup de voix s'élèvent alors pour réclamer un contrôle plus strict des armes, auquel

Le quartier branché de Belltown, à Seattle.
*L. Decoudin/MICHELIN*

une majorité d'Américains serait désormais favorable. Mais le lobby de la National Rifle Association, qui défend le libre commerce des armes, exerce une forte influence sur les élus politiques pour s'opposer à tout changement.

## L'année en fête

La diversité des cultures a donné naissance à une kyrielle de fêtes colorées : défilés costumés, surréalistes au milieu des gratte-ciel, fiestas bruyantes au parfum de maïs frit, ou danses effrénées au son des tambours indiens…

### LE SACRÉ…

Célébré le 4e jeudi de novembre, **Thanksgiving** (action de grâces) demeure la tradition la plus symbolique, observée par la plupart des Américains. C'est une fête paisible et très familiale qui remercie Dieu pour la première récolte des immigrants puritains. On célèbre cette occasion autour d'un repas traditionnel et de l'inévitable dinde.

Beaucoup plus spectaculaire et nettement moins religieux, **Noël** est célébré par une profusion de lumières et de nombreux concours de la maison la mieux illuminée. Rues, monuments et boutiques prennent alors une allure féerique.

De nombreuses fiestas animent par ailleurs la communauté latino, comme la **Fiesta de Santa Fe** ou les célébrations en l'honneur des saints locaux, mais la plus importante demeure **Cinco de Mayo** (5 mai), en souvenir de la victoire des Mexicains sur les Français en 1862.

### … ET LE PROFANE

Hormis les fêtes religieuses, qui sont les moins nombreuses, l'année est jalonnée d'autres grands rendez-vous festifs dont l'origine tient aux différentes communautés, à l'histoire ou aux traditions.

La **Saint-Valentin** (14 février) est ici la fête de l'amour en général. Vous serez surpris par l'ampleur du phénomène : on trouve des cartes pour tous les membres de sa famille, pour ses amis, ses collègues, voire son chien ou son chat (!), et on considère comme une tragédie de ne pas en recevoir soi-même plusieurs à cette occasion.

La **Saint-Patrick** (17 mars) est la grande fête des Irlandais, célébrée là où ils sont les plus nombreux, à grand renfort de bière, de casquettes aux couleurs irlandaises – vert et blanc.

**Memorial Day**, le dernier lundi de mai, est l'occasion de rendre hommage à tous les morts pour le pays.

**Independance Day** (4 juillet) est la fête nationale et commémore la proclamation de la déclaration d'indépendance en 1776 : elle est l'occasion de défilés et de feux d'artifice.

D'origine celtique et introduite aux États-Unis par les Irlandais, **Halloween** (31 octobre) est devenue une immense fête commerciale. Difficile d'échapper aux costumes orange et noir. Dans les quartiers résidentiels, les enfants sortent déguisés le soir et sonnent aux portes en disant « *Trick or treat* » (farce ou surprise). S'ils ne reçoivent pas de bonbons, ils vous font une farce.

Le **Nouvel An chinois** se fête fin janvier-début février dans toutes les communautés chinoises des États-Unis. Foires et spectacles durent une semaine, mais le clou en est la parade finale et son dragon géant.

## SPECTACLES DE RODÉOS

Typiques de l'Ouest profond, notamment du Colorado et du Wyoming, le **rodéo** et la **musique country** sont les symboles de la vie du Far West et des cow-boys. Très conviviaux et populaires, ces festivals s'accompagnent de gigantesques barbecues fréquentés par les ranchers isolés qui viennent y voir les chevaux et s'offrir un ou deux jours de bon temps.

## POW-WOWS ET FÊTES INDIENNES

L'année des Indiens est rythmée par des fêtes religieuses et sacrées souvent interdites au public. Les **pow wows** sont en revanche de grands rassemblements entre tribus, à l'occasion desquels sont organisés des concours de costumes ou de beauté et des démonstrations de **danses rituelles**. Le mot, qui vient de l'algondin *pauwau* (le chaman), désignait à l'origine une cérémonie religieuse ou les célébrations d'une victoire guerrière pratiquées par les Indiens des Plaines. Mais c'est surtout dans les réserves indiennes, au début du 19e s., que sont apparus les *pow-wows* modernes, qui permettaient de maintenir la tradition des danses autochtones et de préserver l'artisanat des vêtements et du perlage.

Fêtes intertribales, les *pow-wows* se déroulent parfois en salle. Ceux en plein air accueillent des tipis installés en cercle. Au milieu se dresse une piste où se déroulent les danses. Le moment le plus important des célébrations est la *Grand Entry*, durant laquelle défilent, au son des tambours et des chants, hommes, femmes et enfants dans leurs plus beaux costumes, suivis par les vétérans militaires et les porteurs de drapeaux.

# Gastronomie

**Dans les grandes villes, la diversité culturelle de l'Ouest américain garantit une palette de cuisines très différentes. Chaque communauté garde ses spécialités et vous pourrez manger mexicain, indien, chinois, japonais, coréen, thaï, italien ou basque… Les chefs doués sont nombreux, qui accommodent avec talent les produits de la mer pêchés dans l'océan Pacifique, les fruits et légumes des petits producteurs locaux, la viande de bœuf, de porc ou de bison issus des ranches des Rocheuses et des Grandes Plaines. Dans les petites bourgades, attendez-vous en revanche à une alimentation décevante et trop riche. Si vous ne supportez plus l'idée de manger encore un hamburger, vous pouvez vous rabattre sur les salades, qui sont souvent énormes et suffisent à un repas.**

## La cuisine

### LES CLASSIQUES AMÉRICAINS

Certains plats sont des incontournables. Le **hamburger** en est un. Faites-en au moins l'expérience, dans un restaurant et non dans un *fast-food*. Dans les menus, vous le trouverez souvent à la rubrique sandwichs et serez agréablement surpris de sa préparation. La viande y est copieuse et de qualité.
Le *fried chicken* (poulet frit) est une autre recette typique, héritée des États du Sud, de même que le *cajun chicken* (poulet cajun), une recette épicée et très parfumée.
Côté grillades, surtout dans les régions d'élevage (Colorado, Wyoming, Dakotas et Montana), le **bœuf** est à l'honneur. Attention, la découpe est différente de celle pratiquée en France. Pour le steak, préférez le *prime rib* ou le *T-bone steak* (issus de la côte de bœuf). Demandez-le *rare* (saignant), *medium* (à point) ou *well done* (cuit).
Bien plus légères sont les **salades**, qui comportent souvent du poulet ou des fruits de mer, une large variété de crudités, voire de fruits frais, et un choix de sauces *(dressings)* toutes un peu sucrées. La plus proche de celle que nous connaissons est l'*italian dressing*, le *french dressing* étant assaisonné de ketchup. Le *blue cheese* ou *Roquefort dressing* contient du fromage bleu, le *ranch dressing* de la crème aigre.
Les **desserts** sont toujours très sucrés, gâteaux très riches à la crème, au chocolat, aux cacahuètes, glaces énormes… Parmi les spécialités plus familiales, goûtez le *pecan pie* (sorte de tarte à la noix de pécan) ou le *carrot cake*, un délicieux gâteau où le sucre, le girofle et la cannelle s'allient au goût de la carotte. Bien sûr, les Américains croient que leur *apple pie* est la meilleure du monde. Elle se déguste parfois avec du fromage cheddar ou « à la mode », c'est-à-dire avec une boule de glace.

### UNE NOURRITURE HISTORIQUE

On doit à l'agriculture amérindienne la tomate, le haricot, la courge, les piments et le maïs, tous cultivés à l'origine au Mexique, mais largement présents dans tout le Sud-Ouest à l'arrivée des premiers

Européens. Ceux-ci adoptent aussi figues de Barbarie, graines de tournesol, baies sauvages, champignons, pignons, gibier et poisson. Viande séchée des chasseurs des Plaines et *carne seco* des fermiers du Sud-Ouest sont les ancêtres des en-cas populaires à la viande séchée *(jerky)* d'aujourd'hui.

Arrivés en masse, les prospecteurs américains des ruées vers l'or et l'argent se contentèrent d'abord du gibier local. Puis leur goût pour les aliments en conserve et le pain entraîna le développement d'un système de transports. Tandis que des estomacs désespérément créatifs inventaient des curiosités comme le *hangtown fry* (omelette de poitrine fumée et d'huîtres de conserve), les immigrants importèrent des recettes sans prétention comme les *cornish pasties*, les ragoûts à la française ou à l'irlandaise, ou le *chop suey* chinois.

L'épopée des cow-boys a associé la viande de bœuf à l'Ouest, bien que les meneurs de troupeaux préféraient sans doute les haricots, ragoûts et abats aux steaks durs et filandreux proposés sur la piste du bétail : c'est l'engraissement dans les parcs à bestiaux, au bout de la piste, qui donnait à cette viande la tendreté et le goût qui ont fait la réputation des exceptionnels steaks et barbecues américains. Le barbecue est devenu incontournable dans l'Ouest, la spécialité de chaque ranch ou complexe touristique, et un prétexte sympathique pour se retrouver entre amis le week-end.

## GASTRONOMIE DU NORD-OUEST

La surexploitation des mers menace les réserves, mais les pêcheries commerciales de la côte pacifique sont réputées pour le crabe dormeur *(dungeness)* et le flétan *(halibut)*, les coquillages et le saumon, l'Alaska pour le saumon et le crabe royal.

Les fermes de l'Ouest sont des leaders mondiaux pour le développement de cultures nouvelles. Les champs de blé, fermes maraîchères et ranches d'élevage les plus productifs du monde se trouvent ici. L'État de Washington est réputé pour ses pommes, l'Idaho pour la pomme de terre, l'Oregon pour les agrumes et les cultures maraîchères.

Pour autant, les habitants de l'Ouest ont longtemps été réputés pour leur amour de la viande rouge et des frites. Dans les années 1960, on assista à des développements intéressants. Le plus important fut l'apparition d'une nouvelle cuisine qui mise sur d'excellents produits de saison, une préparation légère, une présentation inventive.

Le chef de Portland **James Beard** (1903-1985), auteur de nombreux ouvrages culinaires, fut à cet égard un pionnier qui influença des générations de chefs en leur transmettant le goût d'une cuisine saine et simple, valorisant les produits frais natifs du Nord-Ouest Pacifique (saumon, crustacés, gibier, champignons, plantes et baies sauvage, *kale*). Les restaurants autour de Pike Place Market, à Seattle, les bonnes tables de Portland et d'Alaska mettent à l'honneur cette cuisine régionale. Parmi les recettes typiques figurent le saumon sauvage grillé servi sur une planche de cèdre et la *clam chowder*, chaudrée (soupe) onctueuse de palourdes aux pommes de terre et légumes, épaissie avec du lait.

Dans les Rocheuses, l'essentiel de la gastronomie tourne autour des bons steaks et d'une cuisine Tex-Mex assez épicée. La truite *(trout)* est souvent au menu, mais il s'agit d'une truite d'élevage et non des truites arc-en-ciel, *cutthroat* ou fario pêchées à la mouche dans les rivières et aussitôt relâchées. Le gibier est aussi très populaire (bison, wapiti, élan), mais là encore la viande provient d'élevages, ce qui n'enlève rien à sa qualité gustative. On déguste aussi parfois lors des festivals de rodéos des « rognons blancs » *(Rocky Mountain oysters)*, testicules de taureaux ou de bisons châtrés trempées dans de la farine et frites. Hérités des pionniers, des *chuckwagons* (chariots bâchés) servent parfois de décor à des dîners pour touristes, accompagnés de musique et spectacle cow-boys.

Dans les grandes villes, les *lodges* des parcs nationaux et les stations de ski, une gastronomie sophistiquée et variée vise à satisfaire les palais exigeants d'une clientèle plus fortunée.

Avec un franc succès, les villes du Nord-Ouest inventent une cuisine fusionnant gastronomie asiatique et française avec d'autres traditions et d'autres ingrédients, pour créer de nouvelles saveurs. Par ailleurs, l'**agriculture biologique** gagne du terrain. Les rayons et les marchés bio *(organic)* se multiplient, poussés par une mode déjà bien ancrée dans les grandes villes. Les prix restent chers mais la tendance est forte, qui vise à mettre moins de matière grasse dans les menus des restaurants et plus de légumes du cru. Depuis une dizaine d'années, on assiste aussi à l'essor du mouvement **Slow Food**, qui privilégie les produits frais et locaux, de qualité, et cultivés de manière responsable.

Enfin, dernière tendance à la mode dans les grandes villes : les **food trucks**, ces camions installés au coin des rues qui proposent toutes sortes de plats sur le pouce, des *tacos*, *burgers* et *wraps* aux recettes caribéennes ou indonésiennes. À Portland, on trouve aussi des *food carts*, cantines mobiles qui servent des plats de diverses origines, comme les frites belges, les *bulgogis* coréens, des hot-dogs à la japonaise et la poutine québecoise.

## Les boissons

La demande de **vins** raffinés a encouragé l'expansion des vignes dans le Nord-Ouest Pacifique et, dans une moindre mesure, dans les Rocheuses. Bien que l'Oregon et le Washington comptent désormais d'excellents crus, la plupart des Américains boivent peu de vin à table, d'abord parce qu'il reste cher et réservé à une élite, mais aussi parce qu'il ne fait pas partie de la culture gastronomique populaire. Les bons restaurants proposent toujours une carte des vins, mais, en matière d'alcool, la **bière** est le choix le plus répandu. Le goût pour la bière de qualité a favorisé ces dernières décennies le développement de nombreuses brasseries dans tout l'Ouest, où les « microbrasseries », pubs et autres fabricants de bières artisanales sont devenus du dernier chic.

Le Colorado, plus grand producteur des États-Unis, impressionne en particulier par la quantité et la qualité des bières, tout comme l'Oregon. La qualité d'une bière se juge comme le vin à la robe, au goût, au nez, mais aussi à la consistance de la mousse *(head)*. Tout cela est affaire d'ingrédients de base : le houblon, l'orge, l'avoine, le blé parfois (pour une bière d'été), et, bien sûr, l'eau.

Dans les réserves indiennes, où l'alcoolisme fait des ravages, il est interdit et impossible de boire de l'alcool. En Utah, beaucoup de restaurants tenus par des mormons n'en servent pas non plus. En réalité, la boisson nationale, même avec un bon repas, reste l'inévitable **Coca-Cola** ! En outre, on vous proposera souvent de l'**iced tea**, qui est bien ce que son nom indique, un thé banal, froid et servi sur une pile de glaçons.

Quant au café, il est très allongé et manque souvent de goût. Pour boire un bon expresso, rabattez-vous sur les chaînes spécialisées.

# Géographie

**Des rivages du Pacifique aux glaciers du nord du Montana et de l'Alaska, des vastes étendues désertiques de l'Utah aux gorges vertigineuses du plateau du Colorado et aux crêtes escarpées des montagnes Rocheuses, le Nord-Ouest américain renferme une extraordinaire variété de merveilles naturelles. Les éléments se sont combinés pour façonner, ici des dunes et des lacs volcaniques, là de profonds canyons, chefs-d'œuvre démesurés, d'une éblouissante beauté.**

## Un peu de géologie

Durant l'ère secondaire (– 250 à – 65 millions d'années), à l'époque des dinosaures, les sédiments laissés par le recul des mers s'ajoutent aux alluvions déposées par les cours d'eau pour former les grandes plaines centrales.

C'est au cours du Crétacé que le continent nord-américain, maintenant séparé de l'Europe par l'océan Atlantique, entre en collision avec la plaque Pacifique, qui s'enfonce sous la plaque continentale. Ce phénomène est à l'origine des grandes chaînes de montagnes de l'Ouest. Au début de l'ère tertiaire (– 65 à – 5 millions d'années), les mouvements des plaques donnent naissance aux Rocheuses *(Rocky Mountains)*, à la chaîne des Cascades, aux chaînes d'Alaska, ainsi qu'au Grand Bassin *(Great Basin)*, une vaste dépression où alternent des chaînes montagneuses parallèles.

À la suite de ces bouleversements violents se forment des fossés d'effondrement, et des phénomènes volcaniques, encore présents de nos jours, affectent plusieurs secteurs : mont Rainier, Alaska, parc national de Yellowstone, plateaux de basalte et de lave de l'Oregon.

À cette même époque, l'ensemble du plateau du Colorado est surélevé à quelque 3 200 m au-dessus du niveau de la mer.

Au début du Quaternaire, lors des grandes glaciations, le nord du territoire se recouvre de glaces. En se retirant, la calotte glaciaire laisse apparaître un relief raboté, avec d'innombrables lacs, des collines morainiques aux formes douces, des cirques et des vallées. Les cours d'eau creusent dans les montagnes des gorges impressionnantes (Grand Canyon du Colorado, vallées de la Columbia et de la Snake River). Aux périodes glaciaires succède une phase sèche, responsable de la désertification de l'Ouest. Le Grand Lac Salé de l'Utah est ainsi l'héritier du lac Bonneville postglaciaire dix fois plus étendu, qui se déversait dans la Snake.

## Les paysages du Nord-Ouest

Formé d'une mosaïque de paysages, le Nord-Ouest comprend schématiquement trois grands ensembles : la côte pacifique et la chaîne des Cascades à l'ouest, les hauts plateaux et dépressions arides au centre et, enfin, les montagnes Rocheuses et les Grandes Plaines à l'est.

## LA CÔTE NORD-OUEST PACIFIQUE

Les **Coast Ranges**, chaînes côtières abruptes de l'Oregon et de l'État de Washington, plongent sur une côte déchiquetée. Ces montagnes sédimentaires sont dans l'ensemble peu élevées et culminent, dans l'Oregon, au Thompson Peak (2 744 m) . Elles sont échancrées d'estuaires comme le Puget Sound et entaillées de quelques dépressions telle la vallée de la Willamette. Étés doux et hivers frais et humides encouragent une végétation exubérante de sapins Douglas, épicéas, pruches, tuyas, sapins du Canada et autres conifères géants. Interrompues seulement par la rivière **Columbia** et le **détroit de Juan de Fuca** entre l'État de Washington et Canada, elles sont arrosées par des torrents rapides. La pente ouest de la **péninsule Olympique** reçoit près de 4 000 mm de pluies par an, qui alimentent la forêt luxuriante des canyons dominés par le **mont Olympique** (2 427 m). En suivant la côte vers le Sud, les précipitations diminuent pour descendre à 1 500 mm par an sur la frontière californienne. À l'est de la péninsule, le détroit de Juan de Fuca s'ouvre sur le havre du **Puget Sound**, aux innombrables îles ; sur son rivage est s'étend **Seattle**, première agglomération de la région. Les terres basses fertiles, très peuplées, qui s'étirent vers le sud entre Coast Ranges et Cascades, entourent la ville de Portland et, plus bas, la riche **vallée de la Willamette**.

## LES CASCADES

Cette barrière de pics volcaniques qui s'étire sur près de 1 000 km du Canada au **pic Lassen** en Californie n'est coupée que par la Columbia, la plus grande rivière de l'Ouest, passage naturel entre le plateau de la Columbia aride et les terres agricoles de l'Ouest. Elle élève une vingtaine de sommets volcaniques assez isolés, formant un alignement de dômes majestueux, dont beaucoup sont coiffés de glaciers étincelants. Les plus hauts sont le **mont Rainier** (4 392 m) dans l'État de Washington, et le **mont Shasta** (4 316 m) en Californie. Hivers enneigés et étés doux, souvent arrosés d'averses, ont recouvert les pentes de riches forêts d'arbres à feuilles persistantes, une manne pour l'exploitation forestière et le tourisme. Les volcans sont éteints, mais les scientifiques enregistrent des signes d'activité qui pourraient aller crescendo jusqu'à une éruption violente, comme celles du Lassen en 1915 et du mont St Helens en 1980. Il y a moins de 8 000 ans, simple battement de cils au regard du temps géologique, l'explosion de l'énorme mont Mazama a laissé dans l'Oregon un cratère béant, que pluie et fonte des neiges ont empli pour créer **Crater Lake**.

## LES PLATEAUX VOLCANIQUES

À l'est des Cascades, barrière des pluies, d'immenses plateaux de lave s'étendent à 600-900 m d'altitude. Le **plateau de la Columbia** couvre presque tout l'est de l'État de Washington et une partie de l'Oregon et de l'Idaho. Le plateau de lave **Modoc** occupe la partie nord-est de la Californie et une partie de l'Oregon. Entre les deux s'élèvent plusieurs petites chaînes, dont les Wallowas, qui forment la paroi occidentale du gigantesque Hells Canyon, creusé à 2 500 m de profondeur par la rivière Snake. En amont, la **plaine de la Snake**, dans l'Idaho et le nord du Nevada, forme un troisième grand plateau qui doit son origine non pas aux Cascades, mais à des groupes de volcans et cônes de scories situés au sud des Rocheuses de l'Idaho. Le plateau de la Columbia et la plaine de la Snake se sont révélés extrêmement fertiles une fois irrigués à partir des deux rivières. L'angle sud-est de l'État de Washington, appelé Palouse, produit du blé en abondance.

## LE GRAND BASSIN

Entre Sierra Nevada, à l'ouest, et Rocheuses, à l'est, le Grand Bassin forme un désert d'altitude couvert d'armoises, aride et brûlant en été, froid la nuit, glacé en hiver.
Il est traversé de plusieurs chaînes parallèles qui suivent des lignes de faille, atteignant parfois 4 000 m, creusées de vallées appelées « grabens ». Les escarpements de 1 500 m à 1 800 m sont courants. Aucune des rivières qui coulent dans le Grand Bassin ne parvient à la mer : elles s'évaporent ou disparaissent dans des lacs ou cuvettes marécageuses. Le **Grand Lac Salé**, en Utah, est un vestige du lac préhistorique de Bonneville, qui couvrait autrefois plus de 50 000 km². D'autres lacs salés étaient autrefois des mers créées par la pluie. Pendant 150 ans, dans cette région riche en minerais, mais pauvre en eau, des villes minières sont brusquement apparues pour décliner aussi rapidement. Excepté pour des agglomérations situées au pied de montagnes bien arrosées, **Reno** à l'ouest, **Salt Lake City** à l'est, la densité démographique est ici la plus basse de tous les États-Unis (hors Alaska) pour des régions de taille comparable.

## LE PLATEAU DU COLORADO

Avec une altitude moyenne de 1 500 m, le plateau le plus élevé du pays occupe 340 000 km² répartis entre Utah, Colorado, Nouveau-Mexique et Arizona. Des chaînes de montagnes dispersées s'y dressent jusqu'à 3 300 m, mais les marques les plus remarquables du relief sont les innombrables canyons, creusés parfois sur plus de 1 000 m, dans des couches de roches très anciennes, par le fleuve **Colorado** et ses affluents. Plus de 25 parcs nationaux et sites classés, dont **Grand Canyon**, **Zion**, **Bryce Canyon** et **Canyonlands**, y montrent arches et ponts naturels, pinacles érodés, gorges impressionnantes sculptées par l'eau et le vent, dans toutes les couleurs de l'arc-en-ciel. Le climat semi-aride et l'absence de sols fertiles ont fait naître une végétation caractéristique d'armoises, genévriers et pins parasols. On voit encore les vestiges d'anciens villages de falaise anasazis à **Mesa Verde** au Colorado. Le terrain accidenté a découragé jusqu'à la fin du 19e s. l'exploration de la région par les Américains. Mais aujourd'hui, le tourisme et les loisirs ont fait de ces merveilleux paysages l'atout commercial majeur de la région.

## LES MONTAGNES ROCHEUSES

Du Mexique au Canada, cet immense ensemble montagneux comprend des dizaines de massifs secondaires, entrecoupés de bassins, plaines et plateaux d'altitude. D'anciennes villes minières devenues stations touristiques modernes se nichent dans de larges vallées. Ressource importante en bois, produits miniers, pâturages et loisirs, les Rocheuses sont une réserve d'eau vitale pour l'économie. La plupart des grandes rivières de l'Ouest américain (Snake, Columbia, Yellowstone, Missouri, Colorado, Rio Grande, Arkansas et Platte) y trouvent leur origine, coulant vers le Pacifique ou l'Atlantique de part et d'autre du **Continental Divide**, la ligne de partage des eaux. Rempart sud des Rocheuses canadiennes, les montagnes vertigineuses et stratifiées du **Glacier National Park**, dans le Montana, sont typiques des Rocheuses du Nord. Les Rocheuses médianes du sud du Montana, comme celles du Wyoming avec les Tetons, s'élèvent au-dessus de vastes plaines ou de plateaux couverts de forêts. Au sud, les Rocheuses du Colorado montrent des dizaines de sommets dépassant 4 200 m. Elles perdent en altitude et s'arrondissent au Nouveau-Mexique, avec une végétation plus aride.

### LES GRANDES PLAINES

Formées par les sédiments arrachés aux pentes est des Rocheuses, les Grandes Plaines s'étendent sur 1 500 km jusqu'au Mississippi. À l'ouest, leur premier tiers se compose de hautes plaines semi-arides, dont l'herbe courte s'est révélée idéale pour le bison et le bétail. L'irrigation à partir des eaux souterraines a permis une exploitation plus diversifiée. À l'est du 100e méridien, les sols plus fertiles et les pluies plus généreuses ont permis le développement de hautes herbes et, aujourd'hui, d'une agriculture prospère. Certaines régions sont si plates que l'on peut distinguer la courbure de la Terre à l'horizon, mais les reliefs doucement ondulés sont plus courants. Les **Black Hills** et les **Badlands** du Dakota du Sud et le **Hill Country** du Texas rompent la monotonie du paysage. Violents orages et tornades sont fréquents en été. Des blizzards glacés frappent la région en hiver.

### ALASKA

Le plus vaste État des États-Unis couvre 1 500 000 km$^2$ de forêts, de montagnes, de glaciers et de toundra. C'est une énorme péninsule, bordée au sud par l'océan Pacifique, au nord par l'océan Arctique et à l'ouest par la mer de Béring. Sa partie nord est marquée par la **chaîne de Brooks**, qui sépare la toundra riche en pétrole des plaines intérieures. Le fleuve **Yukon** coule en son milieu, au pied de l'Alaska Range et du plus haut sommet d'Amérique du Nord, le **mont McKinley** (6 193 m). Les chaînes côtières du Sud s'éparpillent vers l'ouest pour former le chapelet volcanique des **îles Aléoutiennes**, et créent à l'est l'arc du **Panhandle** (queue de la poêle), un archipel entaillé de fjords qui protège le passage intérieur des

### ATTENTION OÙ VOUS METTEZ LES PIEDS…

En marchant dans les déserts du plateau du Colorado, vous remarquerez la croûte grisâtre et noueuse qui recouvre le sable sur près de 75 % de sa surface. Ne cédez pas à la tentation de la réduire en poussière ou de marcher dessus : il s'agit de la croûte cryptobiotique, un système naturel et vivant, essentiel à la vie dans le désert. Si vous aviez un microscope, vous verriez que les grains de sable sont agglutinés grâce à de longs filaments, ceux de la cyanobactérie. Cette bactérie capture le nitrogène de l'air pour fertiliser les plantes et produit de longs filaments retenant les minéraux essentiels à la vie végétale et constituant un filet très dense qui solidarise les grains de sable et les microlichens, et prévient l'érosion. Dès qu'il pleut, les filaments se gonflent, jusqu'à dix fois leur taille, et stockent l'eau indispensable pour les mois secs. Mais cet équilibre est fragile. Pour construire une telle croûte, il faut jusqu'à 250 ans ! Un pas hors des sentiers marqués peut ainsi ruiner des décennies de patient travail de la nature…

grosses vagues du golfe d'Alaska. En hiver, l'intérieur des terres est très froid et sec, mais on peut avoir des températures élevées en été, apportant des nuées d'insectes, qui attirent à leur tour des multitudes d'oiseaux migrateurs. La région du Panhandle est humide et fraîche toute l'année.

## Préserver les richesses naturelles

Tant qu'il y avait de nouveaux espaces à conquérir, les richesses semblaient illimitées, mais quand le territoire américain prit sa forme définitive, certaines voix s'élevèrent pour rappeler que les ressources n'étaient pas inépuisables.

### UNE FAUNE MENACÉE

Au cours du 19e s., les colons sont à l'origine de l'extinction ou de la quasi-disparition de nombreuses espèces tels le castor, le loup des grandes plaines, l'ours de Californie, la loutre de mer ou le puma. L'abattage du **bison** des Grandes Plaines reste le plus impressionnant puisqu'il s'est fait à l'échelle industrielle dans les années 1870-1880, avec le massacre de dizaines de millions de têtes. Réduit à quelques centaines d'individus, le bison n'a survécu que dans quelques élevages et, à l'état sauvage, dans les parcs nationaux de Yellowstone (Wyoming) et de Wind Cave (Dakota du Sud). Grâce à des programmes de conservation, la population des **grizzlis** est remontée à 1 200 spécimens, répartis pour la plupart dans le Greater Yellowstone et les Rocheuses, et à environ 40 000 individus en Alaska. Réintroduit dans les années 1990, le **loup gris** compte des meutes désormais solides dans les Rocheuses et à Yellowstone. Mammifères typiques du Nord-Ouest, les **wapitis** (grand cervidé de la famille des élans), **mouflons** *(bighorn)* et **antilopes** à cornes *(pronghorns)* sont désormais bien préservés dans les parcs des Rocheuses et de la côte pacifique.

### LES PREMIERS ESPACES PROTÉGÉS

La vallée de Yosemite et le bosquet de Mariposa Big Tree furent les premiers, en 1864, à faire l'objet d'un décret visant à la préservation d'espaces sauvages. Le premier parc national, administré par le pouvoir fédéral, fut créé en 1872 : il abrite les geysers et les sources d'eau chaude de Yellowstone (Wyoming). Ainsi, près de 90 000 ha devinrent interdits à la colonisation et à l'exploitation. **John Muir**, un naturaliste d'origine écossaise qui parcourut la Sierra Nevada, joua un rôle primordial pour la sauvegarde de l'environnement et

Maisons de pêcheurs, dans le sud-ouest de l'Alaska.
S. Dickerson/Alaska Stock Images/age fotostock

parvint à sensibiliser l'opinion et le gouvernement fédéral grâce à ses écrits. À sa demande, le président Theodore Roosevelt en personne vint découvrir ces merveilles de l'Ouest, au début du 20e s.

## UNE VOLONTÉ FÉDÉRALE

Le nombre d'espaces protégés ne cessant d'augmenter, leur administration aboutit, en 1916, à la création d'un organisme central : le **National Park Service** (NPS), placé sous l'égide du ministère de l'Intérieur. Il régit aujourd'hui 58 *National Parks* (parcs nationaux) et un peu moins de 400 *National Monuments* (monuments nationaux), *National Historic Sites* (sites historiques), *Memorial National Parks* (mémoriaux), *National Lakes and Seashores* (lacs et bords de mer) ou *National Recreation Areas* (bases de loisirs)... En 2009, ces sites protégés couvraient 35 millions d'hectares et accueillaient 300 millions de visiteurs par an.

### Les National Parks

Premiers à avoir vu le jour, ils sont établis par un vote du Congrès, irrévocable, et visent à protéger des formations naturelles extraordinaires, des ressources forestières ou minières, ou des sites historiques d'exception (villages indiens, missions, bâtiments).

### Les National Monuments

L'Antiquities Act, voté en 1906 par le Congrès, autorise le président des États-Unis à créer des *National Monuments* sur des terres contrôlées par l'État fédéral. Dernier en date, le Great Staircase Escalante National Monument (Utah) a été créé en 1996 par le président Bill Clinton, préservant ainsi 687 990 ha d'espaces sauvages pour les générations futures. Ce statut peut être révoqué, mais les plus importants acquièrent par la suite le statut de parc national.

### Autres Parcs

Outre les *National Parks* ou *National Forests* administrés au niveau fédéral, le Nord-Ouest des États-Unis compte également des *State Parks* (parcs d'État) ou *State Forests* qui sont définis et dirigés par chaque État. Tous s'attachent à la protection de la nature et à l'agrément des visiteurs. Les *State Parks* rencontrent souvent des difficultés financières. Des débats ont régulièrement lieu sur l'avenir de nombre d'entre eux.

### Gardiens de lieux d'exception

On les reconnaît à leur chapeau beige à bords plats. Ce sont les **rangers**, hommes et femmes, des Indiens dans certains secteurs. Ils sont des gardiens, mais aussi des guides passionnés pour faire découvrir les fragilités de ces écosystèmes.

# Histoire

**Lorsque naissent les États-Unis, par la Déclaration d'indépendance du 4 juillet 1776, les terres situées à l'ouest du Mississippi n'en font pas encore partie et restent alors largement inconnues. Des tribus indiennes nomades ou sédentaires occupent de façon dispersée les vastes territoires des Grandes Plaine et des Rocheuses, des déserts de l'Arizona et de la côte pacifique. L'achat de la Louisiane française à Napoléon, en 1803, incite à l'exploration de ces nouvelles possessions. Dans le sillage des trappeurs et coureurs des bois français et des missionnaires espagnols, soldats et colons américains partent progressivement à la conquête de l'Ouest, dépouillant au passage les Indiens de leurs terres ancestrales. La Frontière, cette ligne de partage mouvante entre la civilisation et le monde sauvage, ne cesse de reculer jusqu'à sa fermeture officielle, en 1890. La conquête est alors terminée, mais l'idéal qu'incarne l'Ouest lui survit et continue à faire rêver l'Amérique tout entière.**

## Les migrations préhistoriques

Partout sur le continent américain, on trouve dans les sites archéologiques de nombreuses indications sur les origines des Amérindiens, mais pas suffisamment pour déterminer de façon certaine l'époque où ils sont arrivés au Nouveau Monde, et le chemin qu'ils ont suivi. Pour la plupart des experts, les ancêtres des Amérindiens seraient venus du nord-est de l'Asie en empruntant un passage émergé dans le **détroit de Béring**, au Pléistocène, quand les glaciers continentaux retenaient une masse suffisante d'eau pour faire baisser le niveau des océans. Trouvant la côte bloquée par la banquise, ils seraient descendus vers le sud par un couloir libre de glaces qui se serait ouvert au Canada pendant une période de réchauffement. Une nouvelle et intéressante théorie soutient que certains d'entre eux auraient pu venir de Sibérie dans des **canots en cuir**, contournant la banquise d'Alaska pour se diriger rapidement vers le sud et s'installer dans les zones côtières tempérées ; les générations suivantes auraient essaimé dans le pays.

Apparemment, les émigrants préhistoriques seraient venus au cours de **quatre périodes migratoires** différentes ; la première il y a au moins 30 000 ans. Ces **Paléo-Indiens** découvrent une terre abondamment peuplée de mammouths, chameaux, bisons géants, mastodontes, chevaux préhistoriques et autre gros gibier. On ne sait pas s'ils se sont éteints ou s'ils ont été absorbés par les vagues de population plus tardives, mais sur la base de leurs rares vestiges, ils étaient de race différente des Amérindiens contemporains. La datation au carbone 14 du plus ancien corps humain complet découvert en Amérique du Nord, la **momie de Spirit Cave**, une grotte du centre du Nevada, lui donne environ 9 400 ans ; apparemment, il n'aurait pas de descendants directs. Vieux de 9 300 ans, l'**homme de Kennewick**, squelette trouvé dans une tombe près du fleuve Columbia dans l'État de Washington, aurait des traits plus proches des peuples d'Asie du Sud-Est ou de Polynésie que des Amérindiens actuels. Des pointes de flèches paléo-indiennes en silex ont été retrouvées, notamment à Folsom et Clovis au Nouveau-Mexique.

Les ancêtres de la plupart des Amérindiens actuels arrivent au cours de la **seconde migration**, qui débute il y a environ 15 000 ans. Descendants de peuples du nord de l'Asie, eux aussi chassent le gros gibier, quoique les plus gros mammifères aient commencé à disparaître il y a environ 10 000 ans, avec le réchauffement du climat. Les générations successives de ces **chasseurs-cueilleurs archaïques** se répandent dans toutes les Amériques, en s'adaptant aux conditions de chaque terre d'accueil. Avec l'augmentation de la population viennent les échanges entre tribus et les conflits autour des ressources.

Jusqu'à la période historique, les migrations à l'intérieur même du continent contraignent des peuples entiers à adapter leur culture à de nouveaux lieux et environnements.

Il y a environ 9 500 ans, une **troisième migration** amène les ancêtres athabasques des Navajos et des Apaches et des peuples de l'intérieur de l'Alaska et du Canada.

Les pères des peuples inuit et aléoute arrivent au cours d'une **quatrième migration**, partie il y a environ 4 500 ans de Sibérie, et gagnent des territoires jusque-là estimés moins hospitaliers, régions glaciales de l'Arctique et îles Aléoutiennes battues par les tempêtes.

## Les nations indiennes de l'Ouest américain

Quand les Européens arrivent dans l'hémisphère occidental à la fin du 15e s., des dizaines de peuples occupent déjà l'Ouest américain. Certains sont des **nomades** chasseurs et cueilleurs. D'autres vivent de façon **sédentaire**, dans des villages. Au Mexique, de grandes cités reliées par des routes commerciales poussent leur influence jusque loin vers le nord. Pensant à tort qu'ils ont découvert les Indes par l'ouest, les premiers Européens nomment ces peuples « Indiens ». Les spécialistes utilisent aujourd'hui le terme « Amérindiens », mais l'appellation « Indiens d'Amérique » reste très usitée, même parmi les représentants des tribus modernes.

Les anthropologues avancent que, des **54 millions d'habitants** des Amériques à l'époque de leur découverte en 1492 par Christophe Colomb, quatre auraient été établis au nord du Mexique. Il y avait au moins **300 langues différentes**.

À l'ouest du Mississippi, les anthropologues en dénombrent **56 familles** ; mais plus de la moitié des Amérindiens appartenaient à l'un des **six groupes linguistiques** dominants. Entre Mexique central et Texas prédominait l'**uto-aztèque**, parlé par les Comanches, Shoshones, Païutes et cultures pueblos du Nouveau-Mexique. Le **sioux** était la langue dominante des Grandes Plaines et de la vallée du Missouri. Les peuples blackfoot, cheyenne et arapaho, qui avaient migré des forêts du Nord-Est vers les plaines du Nord, parlaient l'**algonquin**. Le **salish** dominait sur la côte nord-ouest. On employait l'**athabasque** dans l'ouest du Canada (sauf sur la côte) et dans le centre de l'Alaska, mais aussi chez les Navajos et les Apaches du Sud-Ouest. L'**eskimo-aléoute** était la langue des peuples inuit et aléoute d'Alaska. La Californie était à elle seule une vraie tour de Babel, avec 120 dialectes appartenant à sept familles différentes.

## L'introduction du cheval

Les Européens n'ont que de rares contacts avec les cultures indiennes de l'Ouest jusqu'aux conquêtes espagnoles des 17e et 18e s., mais de nombreuses **migrations** avaient précédé leur venue. Une des plus importantes a été le déplacement d'agriculteurs des terres boisées de l'Est, dont les Mandans, Omahas, Osages, Pawnees et Wichitas, vers les prairies de l'Ouest, entre environ 100 avant J.-C. et 900. Plus tard, la colonisation européenne de la côte est repousse les Lakotas et d'autres peuples vers les Grandes Plaines. De nombreux groupes comme les Mandans reprennent, après avoir émigré, leur vie sédentaire de cultivateurs dans des villages, alors que d'autres tribus l'abandonnent au 17e s., après l'introduction des **chevaux espagnols**, et choisissent la vie nomade à la poursuite des troupeaux de bisons sur les plaines. Le cheval ouvre aussi de nouvelles perspectives, entre autres culturelles, aux Lakotas, Crows, Assiniboines, Cheyennes, Comanches, Blackfeet, Arapahos et autres tribus, qui développent de nouveaux rites religieux ou guerriers, élaborés et rigoureusement codifiés. En été, les tribus des plaines s'enfoncent dans les Rocheuses pour chasser ou commercer avec des tribus vivant plus à l'ouest. Les grands bassins des Rocheuses offrent un campement pour l'hiver.

## L'essor de l'agriculture

Le millénaire qui précède la conquête espagnole apporte dans le Sud-Ouest aride des bouleversements culturels plus profonds encore. Vers 5000 avant J.-C., des peuplades archaïques du Mexique commencent à cultiver maïs, gourdes, piments et avocats ; vers 3500 avant J.-C., courges et haricots. Vers 300 avant J.-C., l'**agriculture** gagne le sud de l'Arizona, où les Hohokams pratiquent l'irrigation pour le maïs. Elle influence les peuples des Rocheuses du Sud et du plateau du Colorado, qui fondent des villages, précurseurs des cultures agricoles mogollon, anasazi et fremont.
Les **Anasazis** se distinguent en bâtissant des habitations de falaise et des villes sophistiquées, entretenant des liens commerciaux avec des groupes aussi éloignés que les Aztèques. Ces derniers abandonnent leurs cités vers 1150, peut-être à cause de la sécheresse ; les archéologues supposent que leurs peuples se transforment pour donner les cultures hopi et pueblo actuelles. Leur domaine est d'abord occupé par des tribus de Shoshones nomades, puis au 14e s. par les ancêtres des Navajos et des Apaches.
Les confins arides et montagneux du **Grand Bassin** abritent des peuplements nomades moins importants. Lorsque les tribus **shoshones** (dont les Païutes et les Utes) remplacent la culture fremont à la fin du 10e s., elles développent un mode de vie nomade, plus adapté au climat à dominante désertique. Leur base alimentaire est le pignon, aliment nourrissant complété de cervidés, petit gibier, lézards, insectes et graines.

## Les peuples du littoral

L'abondance de nourriture dans les micro-habitats de la **côte pacifique** favorise une très grande diversité de cultures, langues et sociétés amérindiennes. À l'aube de la conquête espagnole, on estime la population de la Californie à plus de 300 000 Amérindiens. Présents en abondance, coquillages, gibier, tubercules, graines et glands dispensent de cultiver la terre, sauf chez les tribus de langue yuman du désert du bas Colorado. Les tribus de la côte, parmi lesquelles Ohlones, Chumashs, Yuroks et Pomos, commercent avec celles de l'intérieur, à l'ouest de la Sierra Nevada, Miwoks, Maidus et Yokuts, qui à leur tour pratiquent des échanges vers l'est avec les tribus shoshones du Grand Bassin.

Les nombreux groupes de la **côte nord-ouest**, de la Californie du Nord à l'Alaska, entre autres Chinooks, Tillamooks, Skokomishs et Tlingits, disposent aussi d'abondantes ressources, poisson et coquillages surtout. Ils développent très tôt des techniques de conservation et de stockage des provisions saisonnières. Ils construisent des maisons solides, des canoës, du mobilier, utilisant cèdre, sapin du Canada, épicéa, os et autres matériaux. Ils cultivent des notions subtiles sur la valeur relative des biens matériels et du statut social. L'acquisition des richesses matérielles, et surtout leur redistribution au cours d'une cérémonie appelée **potlatch**, est le premier déterminant du statut social d'un individu.

### Pêcheurs et chasseurs-cueilleurs du Plateau

Les tribus de la haute rivière Columbia et de ses affluents, dont la Snake, viennent de la côte pacifique. Elles s'adaptent au climat plus sec et plus difficile, mais dépendent du **saumon** pour l'essentiel de leur alimentation, complétée par le gibier et les plantes, dont le riche bulbe du camas, de la famille des liliacées. Au 18e s., l'introduction du cheval accroît leur mobilité et leurs contacts commerciaux. Les Nez-Percés, Cayuses et Têtes-Plates sont parmi les groupes les plus importants.

Les tribus amérindiennes ont essaimé partout. Mais leur population a subi jusqu'à 90 % de pertes avec l'arrivée des **maladies** apportées par l'immigration européenne. Ce dépeuplement de régions entières a constitué sans doute la pire pandémie que l'humanité ait jamais connue.

## Premières avancées européennes

En 1521, la conquête de l'Empire aztèque par Hernán Cortés (1485-1547) enrichit considérablement l'Espagne, et lance la **Couronne espagnole** dans la colonisation de vastes territoires du Nouveau Monde. Pour les Européens, le territoire au nord du Mexique central est d'importance secondaire, une zone aride sous-peuplée, de peu d'intérêt, peu de chose en comparaison des civilisations (et des réserves d'or) du centre et du sud des Amériques.

### Les expéditions espagnoles

L'exploration de l'Amérique du Nord par les Espagnols s'appuiera sur des rumeurs concernant la présence d'or, colportées par **Álvar Nuñez Cabeza de Vaca** (vers 1490-1557) et les autres rescapés d'une expédition de Floride qui, ayant fait naufrage en 1528 sur les îles côtières du Texas, reviennent en 1536 au Mexique, épuisés mais évoquant les trésors des fabuleuses Sept Cités de Cibola.

Des expéditions successives s'enfoncent en terre inconnue, notamment celles de **Hernando de Soto** (1496-1542), qui pénètre par l'est en Oklahoma en 1541, et de **Francisco Vásquez de Coronado** (1500-1554). Coronado part du Mexique en 1540 en direction du nord, décimant les tribus pueblos, poussant au nord jusqu'au Grand Canyon et vers l'est peut-être aussi loin que le Kansas, sans pour autant découvrir un nouvel empire aztèque ou inca. En 1542, **Juan Rodríguez Cabrillo** (né au Portugal, mort en 1543 ?) explore pour l'Espagne la côte californienne, et inscrit la baie de San Diego sur les cartes européennes.

Déçue par l'absence apparente d'or, l'Espagne néglige la colonisation du Nouveau-Mexique et de la Californie jusqu'à ce que **Sir Francis Drake** (v. 1540-1596) débarque sur la côte nord de Californie en 1579 et la revendique pour l'Angleterre, incitant les Espagnols à repousser leur frontière vers le Nord. Des premières tentatives de missions échouent, mais des expéditions commerciales réussies encouragent **Juan de Oñate** (v. 1549-1630), avec un groupe de missionnaires, soldats, colons, esclaves noirs et Indiens, à établir en 1598 une fragile colonie à San Juan Pueblo, au nord de l'actuelle Santa Fe.

Pendant tout le 17e s., l'expansion des implantations espagnoles et, avec elles, la conversion forcée des Indiens au catholicisme, progresse avec un succès inégal tout le long de la vallée du Rio Grande. Les colonies survivent en dépit de revers répétés, notamment la désastreuse **révolte des Pueblos** de 1680, quand les Indiens refoulent les Espagnols du Nouveau-Mexique pour plus d'une décennie. Les Espagnols modifient alors leur stratégie, tolérant la poursuite des pratiques religieuses locales ; la culture dominante du Nouveau-Mexique devient un mélange de coutumes espagnoles et pueblos, avec **Santa Fe** comme capitale sociale, culturelle et économique.

### L'aventure française en Amérique

Pendant ce temps, les **Français** parcourent l'Ouest à la recherche d'une autre sorte de trésor : les **fourrures**. Les trappeurs et marchands de fourrures français arrivent tout d'abord par les Grands Lacs et les rivières du Centre, nouant des relations si favorables avec les tribus locales que de nombreux Français épousent des femmes indiennes et adoptent leur mode de vie. L'histoire complète de l'exploration française n'a jamais été écrite, mais on pense que des Français ainsi « naturalisés » ont poussé loin vers l'ouest aux 17e et 18e s. Les enfants de ces couples mixtes deviennent d'excellents guides, traducteurs et trappeurs.

Au 17e s., les Français s'emparent de la clef des Grandes Plaines en établissant des **comptoirs commerciaux** le long du Mississippi, à **St Louis** et autres sites stratégiques. Ils baptisent la région **Louisiane** en hommage à Louis XIV. En 1682, **René Robert Cavelier de La Salle** (1643-1687) descend le fleuve jusqu'à son delta, et revendique pour la France le bassin du Mississippi, avec ses affluents : cet immense territoire s'étend du Canada au golfe du Mexique. Séparant la Floride du Mexique, il suscite chez les Espagnols l'ambition de conquérir le Texas. La **Nouvelle-Orléans** ne sera fondée qu'en 1718.

Au cours du demi-siècle qui suit, les marchands français explorent tous les affluents à l'ouest du Mississippi jusqu'aux Rocheuses, organisant même en 1739 une expédition à Santa Fe. Mais leur colonisation de la Louisiane n'est pas effective. Les tribus des Grandes Plaines continuent leur vie, nullement affectées par leur affiliation théorique à la France. Les peuplements développent un caractère **créole**, dû au métissage des populations française, amérindienne, et d'esclaves noirs africains. Après 1763 surviennent un plus grand nombre d'aventuriers américains, quand le **traité de Paris** termine la **guerre de Sept Ans** (pendant laquelle Français et Indiens affrontent ensemble les Anglais, surtout au Canada). Le traité arrête définitivement la poussée française en Amérique et repousse les frontières des **colonies britanniques** de l'Atlantique au Mississippi. Un an auparavant, la France a cédé le Territoire de Louisiane à l'ouest du Mississippi à l'Espagne, pour éviter qu'il ne tombe aux mains des Britanniques ; mais l'Espagne s'intéresse plus à la colonisation de la **Californie**.

### Les missions californiennes

Négligées pendant plus d'un siècle, les revendications de l'Espagne sur l'Alta California (la Californie actuelle) sont ravivées par la crainte d'incursions étrangères. Avec Alekseï Tchirikov (1703-1748) et le Danois Vitus Behring (1681-1741), les **Russes** commencent à explorer en 1728 les eaux de l'**Alaska**, amenant le long de cette côte chasseurs de fourrures et colonies fortifiées. Les navires anglais s'intéressent aussi au Pacifique : **James Cook** (1728-1779) revendique en 1768 la Colombie-Britannique pour l'Angleterre. Il visite ensuite le nord-ouest du Pacifique, puis en 1778 Hawaii. **George Vancouver** (1757-1798) établit la carte de la côte canadienne entre 1792 et 1794.
Par réaction, une expédition espagnole organisée par le père Junípero Serra (1713-1784) et Gaspar de Portolá (vers 1723-1786) remonte, par terre et par mer, jusqu'au port de San Diego, où Serra fonde le 16 juillet 1769 la première des 21 missions de Californie. La décennie qui suit verra la construction d'un chapelet de missions, *pueblos* (villages) et *presidios* (forts) le long d'une bande côtière allant de San Diego à la baie de San Francisco, avec **Monterey** pour capitale provinciale.
Avec les meilleures intentions du monde, teintées d'un mépris insensé des traditions locales, les Espagnols entreprennent de convertir les Indiens au **catholicisme**. Leur objectif est d'instaurer une civilisation agricole, en contraignant les Amérindiens à travailler sur les domaines des missions, en les regroupant sans souci de langue ni de clan, et en séparant les deux sexes. Au cours de ce calamiteux processus de déracinement culturel, les maladies européennes et les mauvais traitements font périr des milliers d'Indiens.

## L'achat de la Louisiane

Malgré de multiples et coûteuses tentatives des pays d'Europe pour s'approprier des territoires dans l'Ouest, tous (excepté les Britanniques dans l'Ouest canadien) se voient éclipsés au 19e s. par la rapide **expansion des États-Unis**. Aux 17e s. et 18e s., ce chapelet de colonies britanniques, qui devient en **1776** république indépendante, avance inexorablement vers l'ouest, en dépit des conflits avec les Indiens et de la complexité à manœuvrer, aux plans politique et militaire, entre les puissances européennes en présence.
Ce **déplacement vers l'ouest** ouvre aux Américains de nouvelles ressources, terres agricoles et relations commerciales, tout en répondant à la soif d'aventure de beaucoup d'entre eux, ou à leur désir de se libérer de contraintes sociales, religieuses ou politiques.
La théorie du « **destin manifeste** » de l'Amérique, *Manifest Destiny*, légitime le mouvement, le glorifie même. Né à l'époque coloniale, ce concept que les États-Unis sont destinés à repousser leurs frontières jusqu'au Pacifique atteint son zénith au 19e s., quand hommes politiques, journalistes et missionnaires présentent le *Manifest Destiny* non seulement comme un droit

divin, mais un devoir sacré des Américains.
Dès le traité de Paris de 1763, les Américains émigrent au Kentucky, au Tennessee et dans les territoires du Nord-Ouest. Les conflits avec les Indiens sont légion. Les Américains s'inquiètent en 1800 lorsqu'ils apprennent que **Napoléon Ier**, à la tête d'une France en plein essor, a persuadé l'Espagne de lui rendre la Louisiane. Mais après une campagne désastreuse en Haïti, la pénurie de finances pousse Napoléon à vendre la Louisiane aux États-Unis en **1803** pour soutenir sa guerre contre les Anglais. Les négociateurs mandatés par le président **Thomas Jefferson** s'accordent avec l'Empereur sur la somme de **15 millions de dollars**.

### L'expédition Lewis et Clark

Les frontières exactes du Territoire de Louisiane n'étaient pas précises. Poussé tant par la curiosité que par l'intérêt de la nation, Jefferson demande l'accord du Congrès pour qu'une expédition militaire explore la région. Comme fer de lance de l'expédition, il nomme son secrétaire particulier, **Meriwether Lewis** (1774-1809) ; Lewis propose à un ami d'enfance, le militaire de carrière **William Clark** (1770-1838), d'en partager le commandement. Le 14 mai 1804, le Corps of Discovery embarque sur le Missouri avec un groupe d'« hommes de la Frontière » aguerris, pour remonter le fleuve avec mission de promouvoir le commerce avec les Indiens, d'observer la flore et la faune, de cartographier les rivières principales et leurs sources, et de faire un rapport sur les sols, les minéraux et le climat.
Hivernant dans un village mandan, dans l'actuel Dakota du Nord, ils enrôlent comme interprète un trappeur canadien français, Toussaint Charbonneau. **Sacagawea** (vers 1786-1812), l'épouse shoshone de Charbonneau, se révèle un atout infiniment précieux. La présence d'une Indienne indique aux tribus de l'Ouest qu'il ne s'agit pas d'une expédition guerrière. Sacagawea joue un rôle essentiel pour obtenir des chevaux lorsque, coup de théâtre, l'expédition rencontre près de la ligne de partage des eaux une tribu shoshone dont son frère est le chef. Après une pénible descente des Rocheuses, Lewis et Clark rejoignent l'océan Pacifique le 7 novembre 1805. Ils hivernent au Fort Clatsop, à l'embouchure de la Columbia, et retournent à St Louis en septembre 1806, n'ayant perdu qu'un seul homme, terrassé par une appendicite.
L'immense succès de l'expédition de Lewis et Clark laisse dans l'ombre d'autres entreprises financées par le gouvernement dans l'Ouest. Après avoir mené une expédition en 1805-1806 sur le cours supérieur du Mississippi, **Zebulon Pike** (1779-1813) explore ceux de l'Arkansas et de la rivière Rouge, dans la chaîne Front Range du Colorado. Arrêté par des soldats espagnols, il est détenu plusieurs mois au Mexique. Un autre groupe, conduit par le major **Stephen H. Long** (1784-1864), remonte la rivière Platte et revient en coupant à travers les Grandes Plaines. Long baptise cette région « Grand Désert américain ».

## Fourrures, peaux et blanc de baleine

D'autres partent vers l'ouest sans le soutien du gouvernement, en quête d'aventures et de richesses grâce au commerce naissant des fourrures. Ces « **hommes des montagnes** » *(mountain men)* recherchent les peaux de bison, d'ours et de daim, les fourrures de loutre et de renard, et, surtout, les peaux de castor, qui rapportent un bon prix sur les marchés chinois et européens. Parmi eux, **John Colter** (vers 1774-1813) a quitté l'expédition

Lewis et Clark qui refaisait route vers l'est. Il sera le premier à décrire la région de **Yellowstone**. Buveur d'eau militant, brandissant sa Bible, **Jedediah Smith** (1799-1831) ouvre des pistes à travers le Grand Bassin jusqu'en Californie, et vers le nord jusqu'à la Columbia. Parmi d'autres, Kit Carson (1809-1868), Jim Bridger (1804-1881), Jim Beckwourth (vers 1800-1866), Joe Walker (1798-1876), et les frères William et Milton Sublette. Tous ces hommes œuvrent dans l'indépendance et un isolement total, mais la plupart sont officiellement employés par des sociétés commerciales, comme la **Rocky Mountain Fur Company** ou les **Sociétés du Nord-Ouest et de la baie d'Hudson**, basées au Canada. Ils se familiarisent totalement avec l'Ouest, traçant les premières pistes transcontinentales, ou faisant redécouvrir aux voyageurs des pistes indiennes très anciennes. Leur vie solitaire s'interrompt pour le « rendezvous », une tradition annuelle lancée en 1825 pour faciliter le ramassage des fourrures, mais qui sert aussi de prétexte à des festins, des compétitions et la débauche.

### La piste de Santa Fe

Le **Mexique** brise le joug espagnol en 1821, et Santa Fe voit arriver les marchands américains. **William Becknell** (vers 1790-1865) est le premier à se lancer à travers la plaine jusqu'à cet avant-poste du Nouveau-Mexique, ouvrant la piste de Santa Fe. Il empoche de gros bénéfices en échangeant quincaillerie et épicerie contre du bétail. Par la suite, les attaques indiennes obligeront les marchands à regrouper leurs chariots en caravanes et, le soir, à les disposer en cercle pour se défendre.

### Rivalités anglo-américaines

Le commerce des fourrures s'accélère aussi sur le versant pacifique, surtout après que **Robert Gray** (1755-1806), de Nouvelle-Angleterre, ait fait fortune dans un voyage autour du monde, collectant des peaux le long de la côte nord-ouest en 1789 pour les revendre en Chine, avec des marges énormes. On donnera le nom de son bateau, *Columbia*, à la grande rivière du Nord-Ouest.

En 1811, des **comptoirs de commerce** anglais et canadiens sont déjà établis le long de la Columbia lorsqu'un sous-traitant de l'American Fur Company, John Jacob Astor, fonde le comptoir d'**Astoria** près de son embouchure. Fort Astoria tombe sans effusion de sang aux mains des Britanniques pendant la guerre de 1812, mais le traité de Gand le rend bientôt aux Américains.

En 1818, un nouveau traité instaure l'occupation conjointe de la région de l'**Oregon** par les deux pays, et instaure le **49e parallèle** comme frontière nord du Territoire de Louisiane.

Les marchands de Nouvelle-Angleterre se lancent à fond dans le commerce avec la Chine, et les clippers se chargent du transport des peaux russes en provenance d'Alaska à travers le Pacifique, ce qui encourage un temps l'**expansion russe** en Californie du Nord. Les clippers font aussi escale à San Diego, Santa Barbara, Monterey et dans la baie de San Francisco, pour se ravitailler et faire le commerce du suif et du cuir. La côte est découvre le climat idéal de la Californie et l'excellence de ses ports grâce au *best-seller* de Richard Henry Dana *Une voix du gaillard d'avant* (1840). Les Yankees tirent aussi bénéfice du Pacifique avec la **chasse à la baleine**, première source d'huile pour les lampes au milieu du 19e s.

## La question indienne

Les rapports sur les **Grandes Plaines** et les **Rocheuses** qui circulent dans l'Est enseignent que ces régions sont impropres à l'agriculture ou à la « civilisation », mais constituent de bonnes zones tampons face aux attaques hostiles des autres nations. Les conflits sanglants entre Indiens et pionniers continuant de faire rage dans le Middle West et le Sud, certains Américains proposent de **déporter** tous les Indiens dans les territoires lointains à l'ouest du Mississippi, alors habités surtout par des tribus nomades. L'**Indian Removal Act** de 1830 déracine les nations cherokee, chicacha, choctaw, creek et seminole qui habitaient le Sud, les forçant à rejoindre à pied le Territoire indien, dans l'actuel Oklahoma. Ces populations, appelées, amère ironie, « les Cinq Tribus civilisées », parce qu'elles avaient adopté le costume et les méthodes agricoles américains, sont décimées par leur captivité et ce périple infernal, baptisé depuis « **la Piste des Larmes** ».

Plus le 19e s. avance, plus les habitants de la côte est sont en faveur de mesures conciliantes pour l'**assimilation** des Indiens, par la conversion religieuse ou l'éducation, alors que ceux de l'Ouest soutiennent des options qui vont du bannissement dans des **réserves** surveillées à l'**extermination** pure et simple. Cette dichotomie entraîne des volte-face dans la politique indienne du gouvernement américain au 19e s.

L'Est est sensibilisé par l'arrivée en 1831 à St Louis d'une délégation d'Indiens Têtes-Plates en quête d'informations sur le christianisme. Des missionnaires méthodistes et presbytériens partent pour l'Oregon. **Marcus Whitman** (1802-1847) établit une **mission** près de l'actuelle Walla Walla, dans l'État de Washington. Sa femme Narcissa Whitman et son amie Eliza Spaulding sont en 1836 les premières femmes américaines à traverser le continent. Le prêtre jésuite belge **Pierre Jean de Smet** (1801-1873) fonde un chapelet de missions en Idaho et au Montana, gagnant par sa force et son intégrité le respect et la sympathie des peuples Teton, Sioux et Blackfoot. Dans la vallée du Mississippi, l'**église mormone** *des saints du dernier jour*, fondée en 1830, entreprend aussi un travail intensif de conversion des Indiens.

## Le mouvement pionnier

Les trois destinations de l'Ouest qui attirent le plus les premiers pionniers sont toutes revendiquées par des puissances étrangères. La Terre promise des années 1830 est le **Texas**, sous contrôle mexicain. Dans les années 1840, de nouvelles vagues d'émigrants partent pour l'**Oregon**, occupé conjointement, mais de manière dispersée, par la Grande-Bretagne et les États-Unis. D'autres misent sur la **Californie**, avant-poste négligé par le Mexique.

### L'annexion du Texas

Depuis la fin du 18e s., commerçants et colons anglo-américains sont mal vus au Texas. Quand le **Mexique** se sépare de l'Espagne en 1821, il ouvre les frontières du Texas à l'**immigration**, espérant assimiler les nouveaux venus en leur demandant de prendre la nationalité mexicaine et de se convertir au catholicisme. Mais parmi le flot d'Américains qui entre au Texas, personne n'a l'intention de respecter la loi ni la culture mexicaines. Les **Anglo-Texans** se montrent si farouchement indépendants que le Mexique tente de fermer sa frontière moins de dix ans plus tard.

Les tensions politiques donnent lieu à des échauffourées. Le Mexique décide alors d'écraser la rébellion par la force. En 1836, le général **Antonio López de Santa Anna** (1794-1876) conduit 4 000 hommes

Oregon Trail, à North Platte River, Nebraska.
*T. Till/iTravelstock collection/age fotostock*

à San Antonio et massacre un groupe d'insurgés assiégés dans l'ancienne mission d'**Alamo**. Santa Anna marche ensuite vers l'est sur San Jacinto, près de l'actuelle Houston, pour réduire une autre petite armée texane, menée par Sam Houston (1793-1863). Au cri de « Souviens-toi d'Alamo ! », les Texans capturent Santa Anna et gagnent leur **indépendance**. La nouvelle république du Texas élit Sam Houston président.

Affaibli par les dettes, les hostilités indiennes et le conflit avec un Mexique refusant de reconnaître son indépendance, le Texas s'oriente vers le statut d'État sous la direction de son nouveau président. Mais dans la montée de la crise qui aboutira bientôt à la guerre de Sécession, le Congrès ne peut pas se permettre politiquement d'intégrer un nouvel État **esclavagiste** : le Texas reste indépendant jusqu'en **1845**, quand il ne devient plus possible, esclavage ou pas, de refuser le statut d'État à sa population de 142 000 habitants en plein essor, renforcée de milliers d'immigrants du sud des États-Unis et d'Europe. La plupart des Américains reconnaissent pourtant que cette annexion leur mettra le Mexique à dos et conduira à la guerre avec ce pays.

### Le rattachement de l'Oregon

L'acquisition de l'**Oregon** se passe plus en douceur. Les charmes de cette région, son climat tonique, ses sols fertiles, sont abondamment vantés dans l'Est. De nombreux Américains sont doublement motivés à l'idée d'enlever le pays aux Anglais en occupant simplement le terrain. D'Indépendance, au Missouri, guidés par des éclaireurs chevronnés, des convois de **chariots** Conestoga partent vers l'ouest sur l'itinéraire qu'on appellera bientôt la **piste de l'Oregon**. Longue de plus de 3 000 km, elle suit le cours de la Platte pour traverser le Nebraska, franchit les Rocheuses au vaste col de South Pass, entre Fort Laramie et Fort Bridger, puis traverse la plaine de la Snake et les montagnes

Bleues jusqu'à la mission de Whitman à **Walla Walla**. Après un dernier tronçon descendant le cours de la rivière Columbia, les voyageurs éreintés atteignent la luxuriante **vallée de la Willamette**. Les six mois de voyage, semés d'embûches, sont harassants, mais des milliers d'émigrants l'entreprennent de 1841 à 1870, jusqu'à ce que l'achèvement du chemin de fer transcontinental ôte à la piste son utilité.

En 1843, la région de l'Oregon demande protection au Congrès contre les revendications britanniques et les rapines des Indiens. Deux ans plus tard, le président **James Polk** (1795-1849) demande à renégocier l'accord d'occupation conjointe avec la Grande-Bretagne. Un **compromis** est trouvé en instaurant comme frontière le 49e parallèle. En 1847, le massacre de Whitman et de ses compagnons missionnaires par les Indiens suscite à nouveau la demande d'une protection fédérale : en 1848, le **Territoire de l'Oregon** est établi officiellement. Cinq ans plus tard, on en sépare le **Territoire de Washington**. Au nord de la Columbia, centrée autour du Puget Sound, cette région ne jouit pas de la diversité économique des riches fermes de l'Oregon ; sa population survit essentiellement de la fourniture de bois pour San Francisco et les mines californiennes. L'économie ne se consolidera qu'avec l'achèvement dans les années 1870 du Great Northern Railroad.

### Le nouvel eden californien

De plus petits groupes d'émigrants transcontinentaux quittent la piste de l'Oregon près de Fort Bridger pour la **Californie**. Appelés *Californios*, les résidents mexicains de cette région possèdent un grand degré d'autonomie ; le gouvernement mexicain ne s'y intéresse guère, et se contente d'en laisser l'administration aux propriétaires terriens. Les éleveurs des ranches prospèrent grâce à la vente de cuir aux navires de commerce yankees. Monterey et d'autres bourgades accueillent une population croissante de Yankees et d'autres étrangers qui ont déserté leurs navires, adopté la religion catholique et sont devenus citoyens mexicains. Beaucoup épousent les filles de la région et deviennent des leaders de la société californienne. Par exemple, l'aventurier suisse **John Augustus Sutter** (1803-1880), propriétaire de grandes concessions le long de la rivière American dans la vallée de Sacramento,

### LA LÉGENDE DE BUFFALO BILL

William Frederick Cody est né dans l'Iowa en 1846. Ayant perdu son père à l'âge de 11 ans, il subvient courageusement aux besoins de sa mère et de ses sœurs. Après avoir participé à la guerre de Sécession dans les rangs du 7e de cavalerie du Kansas, il est engagé par l'Union Pacific Railway Company où on le surnomme « Buffalo Bill », en raison de son talent particulier à chasser le bison. Il en aurait tué plusieurs milliers ! Il affronte à maintes reprises les Indiens, allant jusqu'à défier leur chef en combat singulier. Bientôt, le récit de ses exploits se répand dans toute l'Amérique. En 1880, les guerres indiennes achevées, il réunit cow-boys et Indiens dans un incroyable spectacle, le « Wild West Show », dont le succès s'affirme dans tous les États-Unis et jusqu'en Europe. Après avoir connu la fortune, malheureusement dilapidée par des spéculations hasardeuses, il meurt en 1917, à l'âge de 71 ans. Il repose dans une tombe creusée dans le roc, au-dessus de Denver. *Voir aussi p. 279.*

accueille de nombreux voyageurs et immigrants dans son complexe entouré de murs : en 1844, il héberge le cartographe militaire **John C. Frémont** (1813-1890) après son épuisante traversée hivernale de la Sierra Nevada. Frémont publie un récit de voyage qui devient la Bible des voyageurs en route vers l'ouest.

## La guerre du Mexique

James Polk remporte les élections de 1845 avec un programme d'expansion par l'annexion du Texas et de l'Oregon. Inévitable après l'annexion du Texas, la **guerre avec le Mexique** éclate, mais Polk est déterminé à obtenir les provinces du Nouveau-Mexique (dont l'Arizona) et d'Alta California, région qui s'étend des Rocheuses au Pacifique, et jusqu'à l'Oregon au nord. Il atteindra ces objectifs au cours de deux extraordinaires années de présidence.

Motivé pour l'obtention de territoires par le concept du *Manifest Destiny*, Polk trouve un prétexte officiel dans une dispute de frontière. Considérant l'annexion du Texas comme une transgression, le Mexique rompt immédiatement les relations avec son voisin. Polk envoie l'armée sur le Rio Grande sous les ordres du général **Zachary Taylor** (1784-1850) ; les Mexicains lancent l'offensive. Les troupes américaines descendent la piste de Santa Fe avec le général **Stephen Kearny** (1794-1848), capturent la ville en juin 1846 et entrent au Mexique. Kearny marche ensuite vers l'ouest avec un détachement jusqu'en Californie, dont il prendra le contrôle après une petite bataille décisive près de Los Angeles, parachevant une opération lancée quelques semaines auparavant.

La capitulation mexicaine en Californie a été orchestrée pour coïncider avec le début de la guerre du Mexique. Quand les États-Unis annexent le Texas en 1845, le Mexique interdit l'immigration américaine en Californie. En mars 1846, on ordonne aux étrangers, dont Frémont et l'éclaireur Kit Carson, tous armés, de quitter les lieux ; par défi, Frémont hisse le drapeau américain sur Gabilan Peak près de Monterey avant de se retirer en Oregon. Il revient trois mois plus tard, et un groupe de colons américains hisse le **Bear Flag** (drapeau à l'ours) au mât de la caserne mexicaine de Sonoma, déclarant la Californie république indépendante. Moins de trois semaines après, l'officier de marine américain John D. Sloat (1781-1867) s'empare de la capitale, Monterey. La Californie devient **territoire américain**. Des escarmouches ont encore lieu dans le Sud jusqu'en janvier 1847, quand l'arrivée de Kearny met fin aux combats.

Pendant ce temps, Polk envoie le général **Winfield Scott** (1786-1866) et son armée au port mexicain de Veracruz, d'où ils marchent sur Mexico. En février 1848, la capitale est prise. C'est la fin de la guerre. Le **traité de Guadalupe Hidalgo** organise la paix, officialisant la mainmise américaine sur un vaste territoire allant du Texas au Pacifique et jusqu'à l'Oregon au nord.

## Les mormons

Les nouveaux territoires pris au Mexique comprennent le **Grand Bassin**, vaste désert montagneux entre Rocheuses et Sierra Nevada. Avant que le Mexique ne cède la région, elle a déjà été proclamée **État de Deseret** par les pionniers d'une secte, qui se nomment eux-mêmes « mormons ou saints du dernier jour ». L'Église de Jésus-Christ des saints du dernier jour est fondée en 1830 à New York par **Joseph Smith** (1805-1844). Son travail fervent de missionnaire attire de nouveaux membres mais crée de nombreux opposants, à cause de ses opinions sur la polygamie, inspirées de l'Ancien Testament, et de sa foi dans le **Livre de Mormon** : cet ouvrage non reconnu, découvert par révélation divine, proclame que Jésus a enseigné en Amérique du Nord après la Résurrection. Le comportement de clan des mormons, leur enthousiasme pour les travaux les plus pénibles, la prospérité qui en découle et leur tendance à éviter les établissements non mormons alimentent les jalousies. Quand la secte se déplace vers l'ouest pour faciliter sa tâche de missionnaire, elle est violemment repoussée de l'Ohio vers le Missouri et l'Illinois, où Smith est assassiné par une foule en armes. **Brigham Young** (1801-1877) reprend alors le rôle de prophète et de chef.

Young emmène ses ouailles dans le Far West, où ils peuvent pratiquer librement leur culte. Leur migration s'achève en 1847 avec l'établissement de leur communauté dans la vallée du Grand Lac Salé. Young dirige la construction de **Salt Lake City** ; il repart vers l'est pour ramener plus d'immigrants mormons, en encourager d'autres en Europe. Il les exhorte à apporter tous les outils, les graines et la ferveur dont ils auront besoin pour établir une nation autonome sur une terre difficile. Dans les décennies qui suivent, ils sont des milliers à entreprendre le voyage à travers les plaines et les Rocheuses, accroissant une population qui reste très soudée. Leurs efforts solidaires et leur système d'irrigation à partir des monts Wasatch font fleurir le désert. Les mormons établissent aussi des forts et des communautés agricoles dans tout l'Utah et de nombreux autres États.

En 1850, le **Territoire de l'Utah** est instauré, mais très vite des frictions apparaissent ; son loyalisme est mis en doute. Les gouverneurs nommés par l'État fédéral se sentent mal accueillis, voire menacés par les théories antigouvernementales de Young. La **polygamie** instituée, et des rumeurs selon lesquelles les mormons auraient encouragé des révoltes indiennes, inquiètent beaucoup l'Est. En 1857, persuadé de l'imminence d'une rébellion, le gouvernement américain envoie 2 500 soldats dans l'Utah pour installer un nouveau gouverneur, et renforcer le respect de l'autorité fédérale. De manière sans doute excessive, Young voit dans cette intrusion un instrument de persécution contre les mormons : il instaure la loi martiale, lève une milice, rappelle les avant-postes mormons éloignés, incendie fort Bridger, fortifie la frontière ouest de l'Utah, et demande même aux mormons de se tenir prêts à brûler leurs propres villages. La tension atteint un sommet avec le massacre d'un groupe de pionniers non mormons par des fanatiques dans le sud de l'Utah. Les deux camps sont au bord du désastre, mais le bon sens prévaut, et les diplomates parviennent à une résolution pacifique du conflit.

## Les ruées vers l'or et l'argent

En 1848, en Californie, quelques semaines avant la paix officielle avec le Mexique, on découvre des paillettes d'or dans le sable à la scierie de John Sutter sur la rivière American. La nouvelle se répand comme une traînée de poudre. L'année suivante, les **Forty-Niners** (ceux de 1849) commencent à affluer par terre et par mer en Californie, en provenance de l'Est américain, d'Europe, d'Australie, d'Asie, du Mexique et d'Amérique latine. Ce n'est pas la première **ruée vers l'or** dans l'histoire de l'Amérique (la Géorgie en a connu une en 1828), mais on n'a jamais rien vu de tel. Quelques semaines suffisent à faire du port de **San Francisco**, village assoupi de 800 âmes, une ruche cosmopolite de 90 000 habitants. Pour janvier 1849 seulement, ce sont 61 navires partis de la côte est qui rejoignent la baie de San Francisco, après avoir doublé le redoutable cap Horn. Passagers et équipages se lancent dans la prospection, et les bateaux abandonnés pourrissent ou sont halés sur le rivage pour servir d'hôtels, d'entrepôts ou de bureaux. En même temps, des milliers de prospecteurs, négociants, prêteurs sur gages, aubergistes, convoyeurs de chariots, prédicateurs, joueurs, prostituées et bandits empruntent la voie terrestre des pistes de l'Oregon, de Californie et de Santa Fe.

### Ruée vers la Californie…

Affublés de noms comme Prêt-à-tout, Gibetville, Plaine-du-Poker et Bar-des Assassins, des **camps de mineurs** surgissent dans les canyons et sur les pentes des collines. La population d'origine européenne de Californie explose, passant de 15 000 en 1848 à presque 100 000 en 1850, année où elle rejoint l'Union comme 31e État. Cette frénésie d'activité s'essouffle vers la fin des années 1850, avec l'épuisement de l'or en surface. Les prospecteurs individuels laissent la place aux **sociétés minières**, disposant des capitaux de leurs actionnaires pour exploiter les gisements par extraction hydraulique, dragage ou creusement de galeries. Des milliers de chasseurs de fortune rentrent chez eux ou cherchent un nouveau travail en Californie : l'offre est en augmentation dans les ranches, les fermes, la construction et les manufactures.

La ruée vers l'or californienne est l'archétype d'une série de ruées minières qui marquent l'Ouest pendant les soixante années suivantes. Des endroits reculés sont soudain peuplés de camps ou de villes de bric et de broc. Les mineurs assoiffés d'or établissent des gouvernements locaux pour protéger leurs concessions et leurs droits, levant parfois une milice locale pour combattre les contrevenants les plus violents.

La découverte de minerai au **Colorado** et au **Nevada** déclenche de nouvelles ruées au moment même où l'or californien commence à se tarir.

### … et les Rocheuses

En 1858, les chercheurs d'or de Pikes Peak tombent sur un filon.

Dès l'hiver, les spéculateurs implantent la ville voisine de **Denver**. Au printemps 1859, c'est la ruée. On découvre de nouveaux filons plus haut dans les Rocheuses. Le *Rocky Mountain News*, premier journal de Denver, est publié en avril. Un atelier de la **Monnaie** américaine s'installe l'année suivante. Les accrochages avec les **Indiens** se multiplient ; on instaure des réserves plus loin dans les plaines, et on rassemble les Indiens au cours de campagnes, qui vont dégénérer en véritables guerres indiennes. Comme en Californie, les grosses entreprises minières prennent le relais dans le Colorado, surtout après la découverte d'**argent**. Les prospecteurs individuels repartent vers d'autres filons, l'**Idaho** en 1860, le **Montana** en 1862.

### La fortune de Virginia City

En 1859, la découverte du Comstock Lode, immense filon d'argent du **Nevada**, entraîne une forme de ruée très différente. Au départ, ce sont 10 000 prospecteurs pleins d'espoir qui déferlent dans le désert pour attaquer le flanc de la montagne. Sur les nombreuses concessions qui émaillent le filon enfoui, douze portent leurs fruits. Mais l'extraction est difficile et nécessite des capitaux et une technologie sophistiquée. Les spéculateurs californiens achètent les actions des mines les plus riches. Les marchands, fermiers et sociétés de transport de San Francisco s'enrichissent avec la fourniture de matériel, de ravitaillement et d'hommes pour la ville en pleine expansion de **Virginia City**. Les nouveaux millionnaires de San Francisco bâtissent des manoirs sur Nob Hill, tandis que sur le flanc du mont Davidson, Virginia City devient la première ville industrielle à l'ouest du Mississippi, fière de sa vie brillante, de son opéra, de ses églises, saloons, écoles et journaux. Nuit et jour, dans les profondes galeries qui s'étirent sous ses rues, les mineurs gagnent leur salaire en trimant à la lueur des bougies, dans des conditions extrêmes de chaleur et d'humidité.

## L'Ouest et la guerre de Sécession

De manière générale, les habitants de l'Ouest échappent au bain de sang de la **guerre de Sécession**, du moins sur leur territoire. La question de l'**esclavage** touche peu leur économie, et ne déchaîne pas les passions comme dans les États cotonniers du Sud, ni comme chez les nordistes abolitionnistes. Chaque État sera tenu de prendre parti, mais hormis quelques échauffourées, seuls le **Kansas** et le **Texas** seront profondément touchés par la guerre : le Texas parce qu'il se rallie aux confédérés, par sympathie pour ses nombreux immigrants sudistes, le Kansas à cause des désastreuses machinations politiques du Congrès américain.

Dans les années 1820, l'Ouest commence à ressentir des difficultés quand le nombre des États abolitionnistes et esclavagistes est à parité. Pendant les quarante années qui suivent, le Congrès est contraint de retarder l'entrée des nouveaux États de l'Ouest dans l'Union pour que l'**équilibre** soit maintenu, en intégrant un État esclavagiste pour chaque État « libre », ce qui retarde de neuf ans l'entrée du Texas dans l'Union. Quand la guerre éclate, le gouverneur Houston, partisan de la non-intervention, démissionne. Le Texas se prononce à une écrasante majorité pour la cause sudiste.

La politique fédérale tient un rôle peu reluisant quand le Congrès décide de laisser le Kansas prendre position sur l'esclavage par **référendum**. Des partisans des deux bords se rendent en 1855 au Kansas pour influencer la décision, et des violences éclatent ; le territoire acquiert le surnom national de « Kansas sanglant ». Finalement intégré en 1861 dans l'Union comme État abolitionniste, le Kansas demeure sous pression. Une des opérations les plus violentes de la guerre de Sécession a lieu en 1863 quand des attaquants incendient Lawrence, fief des abolitionnistes, causant la mort d'au moins 150 civils.

Aucun des accrochages dans le Far West n'affectera l'issue de la guerre de Sécession. Les Texans combattent vaillamment dans nombre de batailles dans l'Est, mais leur État, qui subit un embargo sévère, ne souffre pas d'invasion. Les confédérés occupent brièvement l'**Arizona**, dont le gouvernement provisoire rejoint en 1861 la Confédération. Une troupe de 1 750 confédérés remonte en 1862 la vallée du Rio Grande dans l'espoir de chasser les unionistes du Nouveau-Mexique, de s'emparer de leur matériel et de prendre le contrôle des ressources d'or et d'argent du Colorado, du Nevada et de Californie. Elle est arrêtée à la bataille de Glorieta Pass, juste à l'est de Santa Fe, et bat en retraite au Texas, laissant l'Ouest aux mains de l'Union.

Les autorités de l'Union au Nouveau-Mexique décident alors de mettre fin aux raids des **Navajos** sur les pueblos et villages de colons. Le colonel **Kit Carson** est choisi pour conduire une expédition punitive. En dépit de sa sympathie naturelle pour la situation des Indiens, il applique les ordres, surprenant les Navajos au canyon de Chelly, détruisant leurs cultures, massacrant leurs moutons et menant les quelque 7 000 survivants dans la **Longue Marche** jusqu'à une réserve fortifiée du Nouveau-Mexique. En 1868, les Navajos sont autorisés à retourner sur leur territoire.

# Relier l'Est et l'Ouest

En 1857, John Butterfield, William G. Fargo & Associates se voient confier le premier service transcontinental de courrier et de passagers par **diligence**. Ils choisissent de suivre, toute l'année, un itinéraire allant de St Louis à Memphis, El Paso, Tucson et Los Angeles, couloir de faible altitude qui évite les neiges des Rocheuses et traverse des territoires acquis en 1853 par le Gadsden Purchase (du nom du diplomate qui a négocié ce traité avec le Mexique). De nouveaux itinéraires s'ouvrent rapidement par la suite.

Un service plus rapide est offert par le **Pony Express**, qui transporte le courrier urgent par des relais au départ de St Joseph (Missouri), jusqu'à Sacramento (Californie), puis par bateau jusqu'à San Francisco. Avalant jour et nuit des étapes de 120 km, changeant de cheval à des relais placés tous les 15-25 km, une équipe de cavaliers peut transporter un sac postal en dix jours. Le délai se raccourcit quand les lignes du **télégraphe** traversent le continent : elles se rejoignent en 1861. Mais la légende du Pony Express survit longtemps après ses dix-huit mois d'existence.

## L'aventure du chemin de fer

Le chemin de fer de la côte est atteint le Mississippi dès 1854. Les premiers rails de la rive occidentale rejoignent St Joseph en 1859 et Kansas City en 1865. Pendant la guerre de Sécession, soucieux d'assurer un afflux permanent d'or californien et d'argent de Comstock, le gouvernement américain encourage le projet d'un chemin de fer transcontinental qui relierait Californie et Nevada à la côte est. Ainsi, le Congrès offre des concessions et des subventions aux sociétés de chemin de fer pour chaque mile de rail posé.

Deux compagnies engagent la construction aux extrémités de la ligne : **Central Pacific** part de Californie vers l'est et **Union Pacific** du Missouri vers l'ouest.

En 1857, l'ingénieur Theodore Judah (1826-1863) conçoit et publie un projet de construction du chemin de fer *via* le Donner Pass dans la Sierra Nevada, tronçon le plus difficile à négocier sur la ligne transcontinentale. Les financiers Collis P. Huntington (1821-1900), Mark Hopkins (1813-1878), Charles Crocker (1822-1888) et Leland Stanford (1824-1893), bientôt surnommés The Big Four, s'intéressent au projet et fondent en 1861 la **Central Pacific**. Les travaux dans les secteurs les plus difficiles de la Sierra s'appuient beaucoup sur les 15 000 **ouvriers chinois** qui posent les rails. L'Union Pacific, qui emploie un grand nombre d'Irlandais, entreprend la traversée des Grandes Plaines sous la direction de l'ingénieur Grenville Dodge (1831-1916). En dépit des résistances indiennes, le relief accueillant permet une avancée plus rapide que dans le Far West. L'aventure sera surnommée « l'enfer sur roues », tant pour le comportement peu civilisé des équipes, que pour la troupe de malfrats qui suit le chantier et les saloons, maisons de passe et de jeu qui fleurissent dans son sillage. Le 10 mai 1869, les deux équipes relient l'Est et l'Ouest en enfonçant un tire-fond en or à **Promontory Point**, Utah.

Le chemin de fer est sans conteste un bel atout pour le pays, mais se révèle à court terme désastreux pour l'économie californienne. L'importation facile des produits manufacturés bon marché de la côte est ruine les fabriques : des milliers d'hommes se retrouvent au chômage. De nombreux propriétaires d'usines embauchent les Chinois du rail, prêts à travailler pour des salaires inférieurs à ceux des Américains : le **sentiment anti-asiatique** atteint des sommets, marqués dans certains endroits par des émeutes et des meurtres.

Mais les sociétés du rail prospèrent, et les membres de leurs directoires acquièrent un grand pouvoir politique et économique. Tirant habilement parti de leurs **vastes concessions**, les compagnies peuvent décider de l'emplacement des villes et des comtés appelés à prospérer. Lignes secondaires et nouveaux itinéraires rentables relient les régions agricoles et minières, ouvrant d'immenses régions à la colonisation.

La **Northern Pacific** facilite l'implantation dans le Territoire du Dakota et le Montana, en reliant le Minnesota en 1883 à Portland en Oregon, et en 1887 à Seattle. La **Southern Pacific** trace une ligne de La Nouvelle-Orléans à Los Angeles et San Francisco.

# L'élevage du bétail

Les Grandes Plaines sont de toute évidence idéales pour l'élevage. Avant l'arrivée des Européens, les troupeaux de **bisons** comptaient au moins 15 millions de têtes, peut-être même 50 millions.

Mais ces animaux sont presque exterminés au cours d'une frénésie de **massacres**, qui atteint des sommets dans les années 1870 : on abat les bisons à partir des trains, ou on les massacre en masse pour leurs peaux. Leur élimination met fin à l'autonomie des Indiens, mais ouvre aussi la prairie au **bétail**.

Les bœufs à longues cornes, les « longhorns » des plaines du Texas, descendent de races montées du Mexique vers le nord à la fin du 17e s. De même, la plupart des techniques d'élevage employées au 19e s. au Texas s'inspirent des méthodes utilisées au Nouveau-Mexique espagnol : le bétail paît en liberté sur de vastes domaines ; chaque année, il est rassemblé au cours de **roundups** par des cavaliers munis de lassos ; il est marqué au fer, puis conduit en troupeaux aux villes de marché.

### L'âge d'or des cow-boys

L'habillement, la selle et le jargon des **cow-boys** anglos viennent pour une bonne part des *vaqueros*.

Après la guerre de Sécession, le prix du bœuf est dix fois plus élevé sur les marchés du Nord que dans les plaines du Sud. Des Texans entreprenants s'organisent pour rassembler le bétail sauvage et le conduire aux gares, pour qu'il soit convoyé aux parcs à bestiaux et abattoirs de Chicago, Omaha et Kansas City, qui expédient la viande dans le Nord-Est. Des équipes de cow-boys marquent le bétail et le conduisent, établissant bientôt de véritables **pistes** aux noms de Chisholm, Goodnight-Loving, Sedalia, Western.

Ces rudes expéditions sont pleines d'embûches. Il faut passer les rivières à gué. Bandits, Indiens hostiles, feux de prairie, maladies et conditions climatiques extrêmes déciment les aventuriers.

Après des semaines en selle, les cow-boys retrouvent avec

enthousiasme le moindre semblant de civilisation. L'arrivée d'un troupeau dans une ville terminus, par exemple **Fort Worth** au Texas, **Cheyenne** au Wyoming, **Wichita, Abilene** et **Dodge City** au Kansas, donne lieu à des jours et des nuits de fêtes échevelées et de **bagarres** pour les cow-boys en quête de plaisirs. L'argent facile et l'animation de ces **cowtowns** attirent tenanciers de saloons, prostituées, joueurs et autres canailles prêts à servir ou à plumer les cow-boys. Les **fusillades** sont monnaie courante, donnant naissance à une nouvelle race d'hommes de loi parfois difficiles à distinguer des tueurs à gages. Certains noms viennent alimenter la légende de l'Ouest : **Wyatt Earp** (1848-1929), William Barclay « Bat » Masterson (1853-1921), James Butler « Wild Bill » Hickok (1837-1876).

Beaucoup des premiers éleveurs du Texas, dont Jesse Chisholm (1805-1868), John Chisum (1824-1884) et Charles Goodnight (1836-1929), font fortune avec ces convois de bétail et installent d'immenses ranches dans la plaine. L'introduction des **barbelés** permet dans les années 1870 d'enclore facilement de vastes espaces dépourvus d'arbres. Certains éleveurs conservent la méthode de la **prairie ouverte** *(open range)* en conduisant leurs bêtes plus au nord dans les plaines du Wyoming, du Montana et des Dakotas ; mais même là, les clôtures commencent dès 1885 à partager les terres en ranches individuels.

L'instauration de l'élevage dans de vastes ranches encourage la formation de groupements pour combattre les **voleurs de bétail**, veiller aux intérêts de la profession et réglementer rassemblements, quarantaines, marquages au fer et bêtes libres non marquées. Cette régulation rassure les riches investisseurs de l'Est et de l'Europe. De puissantes organisations ou de gros éleveurs cherchent parfois à empêcher les colons et les petits ranchers d'obtenir des concessions, et pratiquent l'intimidation avec leurs **milices**. Certains conflits de territoire mènent parfois à de véritables guerres meurtrières enflammant toute une région, comme la guerre du comté de Lincoln en 1878 au Nouveau-Mexique, qui a rendu célèbre William Bonney (1859-1881), dit **Billy the Kid**.

D'autres conflits opposent éleveurs de bovins et de moutons, animaux concurrents en matière de ressources, et incompatibles : les moutons détruisent l'herbe, et les bovins refusent de boire aux points d'eau utilisés par les moutons. Les batailles rangées entre équipes de cow-boys et bergers isolés sont rarement équilibrées. Ironiquement, ce qui fera vaciller, autour de 1900, la domination économique des **barons de l'élevage** sera la découverte de **pétrole** dans les Grandes Plaines. L'industrie pétrolière va révolutionner les économies du Texas et de l'Oklahoma.

## Les guerres indiennes

Tandis que des hordes de mineurs, éleveurs, ouvriers du chemin de fer, soldats et pionniers s'avancent dans les Grandes Plaines et les Rocheuses, envahissant des territoires désignés comme « terres indiennes », le gouvernement fédéral cherche à redessiner les frontières amérindiennes.

On réduit la taille des **réserves** des Cheyennes, Arapahos, Blackfeet, Sioux, Crows et d'autres tribus, et on les installe aussi loin que possible des chemins de fer et des implantations. L'armée entreprend le **déplacement** des tribus dans les réserves.

## Le combat des aigles

Le transfert des tribus de l'Est dans le Territoire indien a été rude, mais les terres de l'est de l'Oklahoma sont fertiles et bien irriguées, et les « Cinq tribus civilisées » peuvent tenter leur chance dans l'agriculture. Mais s'adapter à un nouvel environnement est bien plus difficile pour les tribus nomades des plaines. Même si les nouveaux domaines des réserves avaient été adaptés à la culture par des moyens traditionnels, les Indiens auraient manqué d'outils et de savoir-faire pour les exploiter. Avec la disparition des troupeaux de bisons, et comme les troupes fédérales sont retenues à l'est par la guerre de Sécession, certaines tribus commencent à s'attaquer régulièrement aux colons et aux voyageurs des hautes plaines.

En 1864, une bande de rebelles cheyennes cherche à signer la paix, mais une milice menée par le pasteur méthodiste John Chivington prend leur camp par surprise, tuant plus de 300 hommes, femmes et enfants au cours du **massacre de Sand Creek**. C'est la consternation chez de nombreux pionniers, car la nouvelle du massacre rend naturellement furieux des milliers d'Indiens, du Texas au Montana, entraînant les épisodes les plus sanglants des guerres indiennes. Déjà très perturbés par l'extermination des bisons, les innombrables incursions sur leurs territoires de chasse et le non-respect des traités, les Amérindiens comprennent par ce massacre qu'ils doivent **combattre pour survivre**. De nombreux soulèvements ont lieu au cours des années 1870, dont les plus sanglants en 1874-1875 avec la guerre de la rivière Rouge des Comanches et des Kiowas, menés par **Quanah Parker** (vers 1845-1911) ; et l'odyssée des Nez-Percés, conduits sur 2 000 km pendant quinze semaines par **Chef Joseph** (1840-1904), déterminé à ne pas se laisser enfermer dans une réserve *(voir encadré p. 423)*.

Dans les Grandes Plaines, ce sont les **Sioux** qui opposent la résistance la plus farouche. Voyant la piste Bozeman, vers les mines du Montana, couper le territoire de chasse des Sioux à l'est des monts Big Horn, **Red Cloud** (1822-1909) lance en 1866 une campagne à la tête de sa tribu, obligeant l'armée américaine à se rendre et à abandonner Fort Phil Kearny. Red Cloud obtient aussi des garanties pour la protection de la région sacrée des Black Hills, au Dakota, en échange de la promesse de ne plus jamais entrer en guerre contre les États-Unis. Mais quand des prospecteurs découvrent en 1874 un filon dans les Black Hills, une véritable ruée vers l'or s'ensuit : commandés par **Crazy Horse** (vers 1842-1877) et **Sitting Bull** (1831-1890), les Sioux déterrent la hache de guerre.

## La bataille de Little Bighorn

Les négociations de paix échouent lamentablement. Pourchassés par l'armée, les Sioux et leurs alliés cheyennes font route vers les monts Big Horn à l'ouest, et établissent un campement près de la rivière **Little Bighorn** au Montana. Sans s'assurer du nombre de guerriers présents, le colonel **George Armstrong Custer** (1839-1876) attaque avec les 225 hommes du 7e de cavalerie et 47 soldats sous les ordres d'autres officiers. Ils sont massacrés. Seul un cheval en réchappe, dont on fera un emblème. Le pays est sous le choc. Mais les Indiens ne pourront pas exploiter cette éclatante victoire, car l'hiver les contraint à retourner sur la réserve.

Un autre peuple rebelle, les **Apaches**, ont de tout temps monté des raids contre ses voisins amérindiens, et sème la panique chez les colons espagnols et mexicains. Les attaques se poursuivent dans les années 1850 et 1860 contre les Américains, et s'intensifient pendant la guerre de Sécession. Aidés par leur connaissance du terrain et du climat, les Apaches, avec des chefs comme **Cochise** (1812 ?-1874) et **Geronimo** (1829 ?-1909), échappent pendant des décennies aux campagnes de l'armée en se retirant dans les montagnes.

Dans les années 1880, le mouvement religieux messianique de la **Ghost Dance**, danse des esprits qui trouve son origine chez les Païutes, déferle de la Californie jusqu'aux Dakotas. Ce culte exhorte ses adeptes à danser en cercle, afin de communiquer, comme en transe, avec les ancêtres défunts. Il annonce la résurrection des ancêtres et des vieilles coutumes, le retour du bison et la disparition des Blancs. En 1890, inquiets devant les danses pratiquées dans la réserve de Pine Ridge, dans le Dakota du Sud, des soldats essaient de désarmer les Sioux. Dans la mêlée qui s'ensuit, ils ouvrent le feu et tuent environ 250 hommes, femmes et enfants. Le **massacre de Wounded Knee** sera le dernier épisode majeur des guerres indiennes.

En 1887, le **Dawes Act** cherche à compenser l'échec du système des réserves en attribuant des parcelles individuelles aux Indiens. L'intention est bonne, mais pas le résultat car, dans de nombreux cas, les Indiens revendent leur terrain à des étrangers pour une bouchée de pain. Des pionniers européens font aussi pression sur le gouvernement pour qu'il ouvre à la colonisation les réserves de l'Oklahoma, rendues par les Indiens en réparation de leur soutien aux confédérés pendant la guerre de Sécession. Au cours de plusieurs « **courses au territoire** » organisées par le gouvernement, les compétiteurs avides de terres s'assemblent au bord de chaque nouveau terrain, et s'élancent tous à une heure donnée. En 1893, quand les 2,5 millions d'hectares du Cherokee Outlet sont ouverts, 100 000 émigrants se dispersent à toute allure dans leurs chariots et carrioles. En quelques heures, ils recouvrent chaque nouveau territoire, s'emparant de terres agricoles et de concessions urbaines à Oklahoma City, Norman, Guthrie et autres implantations « sur le papier » qui se matérialisent du jour au lendemain.

## L'acquisition de l'Alaska

Ses forces mobilisées par la colonisation de la Sibérie, craignant la capture imminente de l'Alaska par la marine britannique, et constatant que la population de loutres de mer a été décimée, la **Russie** vend en 1867 ses vastes territoires d'Amérique du Nord au gouvernement américain pour 7,2 millions de dollars. Le secrétaire d'État **William Seward** (1801-1872) négocie l'acquisition ; quelques politiciens et journalistes le tournent en ridicule. Quand, plus tard dans l'année, l'armée prend possession de la « glacière de Seward », les expéditions commencent à explorer l'intérieur et les religieux implantent des missions.

Mais peu de pionniers s'aventurent en Alaska avant 1897-1898, quand on découvre de l'**or** dans un affluent de la rivière **Klondike** dans le Territoire du Yukon, au Canada. Le port de Skagway, première voie vers les filons aurifères, connaît un véritable boom. Quelque 100 000 prospecteurs déchaînés se déversent des bateaux à vapeur en provenance de Seattle et San Francisco, entreprenant un long périple par le col de White Pass

**LE LONG CALVAIRE DES CULTURES INDIENNES**

La mort de Chef Joseph, de la tribu des Nez-Percés, en 1904 *(voir encadré p. 423)*, sonna le glas de la résistance indienne. Au terme de combats héroïques mais désespérés contre les tuniques bleues, Apaches, Navajos, Sioux et Comanches furent contraints les uns après les autres de capituler. Décimée par les guerres, les maladies et les famines, la population indienne était réduite à 250 0000 personnes au début du 20e s. Dépossédés de leurs droits et de leurs terres, les Indiens se retrouvèrent confinés dans des réserves gérées par les fonctionnaires souvent corrompus du Bureau fédéral des affaires indiennes *(Bureau of Indian Affairs)*, et soumis à une politique d'acculturation les obligeant à adopter les coutumes des Blancs. Les langues, les cérémonies religieuses furent interdites et les enfants, enlevés de force à leurs parents, envoyés dans de sinistres pensionnats de la côte est afin de couper tout lien avec leur culture. Beaucoup d'enfants y moururent de maladie ou de chagrin. À partir de 1934, la situation s'améliora néanmoins, avec l'établissement de réserves autonomes gérées par des gouvernements tribaux. Dans les années 1950 et 1960, un programme fédéral fut mené afin de supprimer les réserves et de pousser les Indiens à s'assimilier dans les villes, mais il se solda par un échec et prit fin en 1980. Depuis, beaucoup d'Indiens ont repris le chemin des réserves, où ils tentent de faire renaître leurs cultures et leurs traditions.

sur la piste de Chilkoot. Beaucoup ne sont pas préparés à ces efforts, à l'isolement, ni à la rudesse du climat. Moins de la moitié atteignent les gisements. Les rudes survivants du Klondike, qu'on surnommera **Sourdoughs**, du nom de la levure utilisée pour le pain des campements, découvrent d'autres filons dans les vallées du Yukon et de la Tanana, et à Nome, dans l'extrême Ouest de l'Alaska.

## La protection de l'environnement

La disparition de la Frontière rend évident le fait que les ressources de l'Ouest, autrefois en apparence inépuisables, ne sont pas infinies. C'est l'**eau** qui engendre le conflit le plus long et le plus dur. Chacun reconnaît la sécheresse relative des terres de l'Ouest. Mais les mormons ont démontré que l'irrigation peut compenser le manque de pluie et faire fleurir le désert. Cependant, contrairement à la pluie, torrents et rivières peuvent être propriété privée, et dans une large mesure contrôlés.

**John Wesley Powell** (1834-1902) attire très tôt l'attention sur les dangers et les inégalités de la situation. Ce naturaliste, qui a perdu un bras pendant qu'il commandait une batterie durant la guerre de Sécession, gagne une aura quasi légendaire en menant par deux fois des expéditions en barque sur le parcours accidenté du Colorado, notamment le Grand Canyon, dernière grande région encore inexplorée des États-Unis, hors Alaska. En 1869, sous l'égide de l'institution scientifique Smithsonian, la première expédition de Powell descend en barque les rivières Green et Colorado. Le petit groupe rédige un rapport géologique sur le plateau du Colorado, dans lequel Powell illustre le rôle de l'érosion sur les formations du relief local. Powell joue un rôle majeur dans la fondation du **Geological Survey**, agence américaine qu'il dirigera plus tard. Son respect pour le miracle de l'irrigation se tempère d'avertissements, insistant pour que le domaine public de l'Ouest soit géré rationnellement afin de conserver l'eau et les autres ressources, opinion attaquée avec force par les exploitants de mines, éleveurs et forestiers, farouchement hostiles à toute réglementation par l'État.

Le gouvernement fédéral poursuit au 20e s. les menées visionnaires de Powell, en soutenant de grands projets de mise en valeur, et en construisant **barrages**, **réservoirs**, **canaux** et **systèmes d'irrigation**, qui font de la Central Valley de Californie la région agricole la plus riche du monde. Des grands barrages s'élèvent sur les cours d'eau, Columbia, Snake, Colorado, Missouri, Arkansas et autres rivières de l'Ouest, pour fournir électricité et réserves d'eau pour la consommation courante, l'agriculture et les loisirs. Avec le système d'irrigation des Grandes Plaines, puisant dans les réserves souterraines, et grâce au développement de techniques de culture sèche à la fin du 19e s., les États des plaines deviennent de très gros producteurs de blé et autres céréales.

Mais les programmes de mise en valeur ne tiennent pas toujours compte des avertissements de Powell, laissant s'implanter d'immenses **zones urbaines** sur les terres arides. Au début du 20e s., l'explosion démographique de **Los Angeles**, après le captage de l'eau de la rivière Owens, est suivie plus tard par l'expansion incontrôlée de **Las Vegas** et **Phoenix**, qui débute dans les années 1970.

Les peintures et photographies de Thomas Moran et William Henry Jackson *(voir p. 247)*, qui accompagnent la première description détaillée de la merveilleuse région de **Yellowstone**, provoquent l'intérêt du public, incitant le Congrès à créer en 1872 le premier parc national du monde. En 1890 s'ensuit, grâce aux écrits de **John Muir** (1838-1914), la protection des séquoias géants de Californie et de l'extraordinaire vallée de **Yosemite**. Le mouvement pour la protection de la nature trouve un allié en **Theodore Roosevelt** (1858-1919), président du début du 20e s., qui doit sa santé robuste et de bons souvenirs à sa propre expérience de l'Ouest, dans un ranch du Dakota du Nord. Un Service des forêts a déjà été créé dans les années 1870, mais Roosevelt quadruple le nombre de forêts domaniales, et encourage la création de parcs et monuments nationaux au 20e s.

Le Service des parcs nationaux gère aujourd'hui quelque 330 000 km² de parcs ; 360 000 autres sont protégés par les Services des pêches et de la faune, sous forme de réserves. Le BML, bureau de gestion domaniale, exploite 770 000 km² de forêts et 1 100 000 km² de domaine public à des fins commerciales, de loisirs, et de protection de l'environnement. Ces territoires se trouvent en très grande majorité dans les États de l'Ouest.

## La maturité

Avant sa colonisation, l'Ouest offrait ses vastes espaces aux criminels et individus asociaux fuyant la loi. Célèbres pour leurs attaques de diligences, de trains et de banques, **Jesse James** (1847-1882), les quatre **frères Dalton** (nés entre 1861 et 1871), le gang des « perceurs de murs », Robert Parker, dit **Butch Cassidy** (1866-1909 ?) et Harry Longabaugh, dit **Sundance Kid** (1870-1909 ?), ne sont que quelques-uns des bandits les plus malfaisants de l'Ouest. Mais les villages colons grandissent, et avec eux la demande de lois et d'ordre. Un des premiers devoirs

## DES GUERRIERS INDIENS PATRIOTES

Malgré les humiliations du passé, les Amérindiens n'ont pas hésité à s'engager dans les guerres des Blancs pour défendre leur pays et retrouver leur honneur guerrier. Ainsi durant la Première Guerre mondiale, 12 000 Indiens volontaires s'enrôlèrent, alors qu'ils ne bénéficiaient même pas encore de la citoyenneté américaine, qui ne fut accordée aux Indiens qu'en 1924. Durant la Seconde Guerre mondiale, 40 000 Indiens servirent sur les champs de bataille d'Europe et du Pacifique, dont 25 000 engagés volontaires. Grâce à la spécificité de leur langue, les recrues navajos permirent notamment de mettre en place un code secret de communication qui fut très utile à l'armée américaine durant les deux conflits. Plus de 42 000 Indiens, en grande majorité volontaires, participèrent à la guerre du Viêtnam. Présents durant la guerre du Golfe, nombre de soldats indiens servent encore en Irak.

du **shérif** ou du marshal de la Frontière est d'appliquer la loi contre le **port d'armes** en ville, tâche ingrate et parfois risquée qui contribue puissamment à l'ordre social. Les juges font plus souvent appel au bon sens qu'au code, mais leurs décisions ont du poids et contribuent fortement à la stabilisation.

Avec l'augmentation du pourcentage de **femmes**, les familles de l'Ouest se multiplient, autre facteur de stabilité. Dans la société presque entièrement masculine des camps de mineurs ou de bûcherons, et des *cowtowns*, la boisson et le jeu sont les distractions les plus populaires. Le petit nombre de femmes peut être une des raisons pour lesquelles le mouvement pour le **vote des femmes** a remporté ses premiers succès dans les montagnes Rocheuses : les électeurs masculins pensaient que l'ouverture du suffrage constituerait un élément attractif pour les pionnières.

En 1869, le Territoire du Wyoming est le premier à accorder le droit de vote aux femmes, suivi en 1870 par l'Utah, en 1893 par le Colorado et en 1896 par l'Idaho.

Objet d'anathème durant tout le 19e s., les lois fédérales deviennent une sauvegarde au 20e s. Dans les Grandes Plaines, la **crise de 1929** et la Dépression des années 1930 coïncident avec l'une des plus terribles **sécheresses** de l'histoire. Les récoltes se dessèchent et le vent emporte la couche supérieure du sol. La région prend le nom de **Dust Bowl**, « cuvette à poussière ». Des milliers de fermiers et de ranchers s'endettent, et les faillites lancent près de 400 000 agriculteurs, dont beaucoup de l'Oklahoma, à la recherche de travail en Californie, où ils gagnent le surnom d'Okies. Dans son **New Deal**, le président **Franklin Roosevelt** (1882-1945) engage alors des actions révolutionnaires, avec des programmes audacieux visant à contrôler l'érosion, réglementer la production agricole pour faire monter les prix, organiser la solidarité en cas de sécheresse, et financer d'énormes projets de mise en valeur et d'irrigation. Le **Civilian Conservation Corps** (CCC) emploie des milliers d'hommes dans des travaux publics sur le domaine de l'État. Le gouvernement fédéral et les autorités locales dépensent des fortunes pour l'amélioration des routes, programme qui atteint son sommet dans les années 1970 avec le système des autoroutes **interstates**, et qui facilite l'essor du tourisme dans tout l'Ouest.

### L'expansion économique

La **Seconde Guerre mondiale** précède une période de croissance et de changements sans précédent. Le développement des **chantiers navals** et des industries de guerre amène des milliers de travailleurs d'autres régions des États-Unis dans les villes de la côte pacifique. L'armée et la marine établissent d'immenses **bases d'entraînement** et d'essai de missiles dans les vastes étendues du désert et des plateaux. L'Alaska et Hawaii connaissent un boom grâce à l'afflux de personnel militaire. L'industrie **aérospatiale** s'implante dans le sud de la Californie et à Seattle, apportant des contrats lucratifs pour la défense, des embauches, des emplois de fonctionnaires et des subventions aux universités. La **bombe atomique** est fabriquée le long de la Columbia. L'économie florissante de l'après-guerre entraîne un essor considérable, notamment en **Californie**, qui enlève dans les années 1960 à l'État de New York son premier rang pour le nombre d'habitants. Alimentée par l'**immigration** en provenance d'Asie et d'Amérique latine, la composition démographique des villes de l'Ouest se modifie profondément : Los Angeles et San Francisco deviennent les régions des États-Unis les plus diversifiées au plan ethnique. La croissance apporte son cortège de problèmes, longtemps réservés aux villes de l'Est : rareté du logement, laideur urbaine, criminalité, pauvreté, embouteillages, pollution. Sur le plan politique, les villes de la côte pacifique deviennent les plus **progressistes** d'Amérique. Elles ont aujourd'hui plus de choses en commun avec la côte est qu'avec leur arrière-pays, resté plus conservateur. Mais l'Ouest conserve ses problèmes spécifiques, notamment en matière d'environnement.

La **révolution high-tech** a considérablement enrichi la Californie, les grandes villes du Nord-Ouest et d'autres régions de l'Ouest. Elle a aussi créé une autre tendance, qui pose problème à de nombreux habitants, sensibles aux questions d'environnement : au lieu d'être contraints géographiquement par le marché du travail, les « télé-travailleurs » peuvent habiter où bon leur semble. Beaucoup de paysages splendides, notamment près des parcs nationaux, deviennent autant de lotissements très recherchés. Les ranchers trouvent de plus en plus rentable de fractionner leur domaine plutôt que de le cultiver. Les nouvelles implantations empiètent de plus en plus sur le territoire de la **faune sauvage**. Elles fragilisent aussi les immenses espaces qui depuis l'aube des temps font de l'Ouest un monde différent de l'Est américain.

# Dates clés

## Avant l'arrivée des Européens

- **vers 30 000 av. J.-C.** – Des Paléo-Indiens commencent à arriver en Amérique du Nord, sans doute par un passage du détroit de Béring.
- **vers 300 av. J.-C.** – L'agriculture irriguée fait son apparition.
- **vers 1150** – Abandon des habitations de falaise anasazis.

## L'époque coloniale

- **1492** – Christophe Colomb découvre le Nouveau Monde.
- **1521** – Hernán Cortés vainc les Aztèques et revendique le Mexique pour l'Espagne.
- **1542** – Juan Cabrillo explore la côte californienne.
- **1579** – Francis Drake débarque en Californie et la revendique pour l'Angleterre.
- **1682** – Robert Cavelier de La Salle descend le Mississippi, revendiquant le fleuve et son bassin ouest pour la France.
- **1718** – Les Français établissent La Nouvelle-Orléans, les Espagnols San Antonio.
- **1728** – Le Danois Vitus Behring explore la côte de l'Alaska pour le compte de la Russie.
- **1763** – Le traité de Paris repousse la frontière de la colonie britannique à l'ouest du Mississippi.
- **1768** – James Cook revendique la côte du Canada pour la Grande-Bretagne.

## De l'indépendance à l'entrée de l'Ouest dans l'Union

- **1776** – Fondation de San Francisco.
- **1784** – La Russie établit des implantations à Kodiak et Sitka, en Alaska.
- **1792-1794** – George Vancouver cartographie la côte pacifique de San Diego à l'Alaska, suscitant les revendications opposées de la Grande-Bretagne et des États-Unis sur la région de l'Oregon.
- **1803** – Les États-Unis achètent la Louisiane à la France pour 15 millions de dollars.
- **1804-1806** – Lewis et Clark remontent le Missouri, traversent les Rocheuses et descendent la rivière Columbia jusqu'à l'océan Pacifique.
- **1811** – Des marchands de fourrures fondent Astoria à l'embouchure de la Columbia.
- **1818** – Traité avec la Grande-Bretagne fixant la frontière nord des États-Unis.
- **1821** – Le Mexique proclame son indépendance.
- **1824** – Création du Bureau des affaires indiennes.
- **1830** – Déportation de 60 000 Indiens du Sud-Est, dont les Cherokees, vers les territoires indiens (l'actuel Oklahoma).
- **1842** – Les premiers pionniers quittent le Missouri par la piste de l'Oregon.
- **1846** – Les États-Unis achètent à l'Angleterre le Territoire de l'Oregon au sud du 49e parallèle.
- **1847** – Brigham Young conduit les mormons jusqu'aux rives du Grand Lac Salé.
- **1848** – Découverte d'or en Californie.
- **1859** – Découverte d'or au Colorado, et d'un filon d'argent au Nevada.
- **1860-1861** – Épopée du Pony Express.
- **1861-1865** – Guerre de Sécession.
- **1861** – Achèvement de la première ligne télégraphique transcontinentale.

- **1866** – Menés par Red Cloud, les Sioux chassent l'armée de Fort Phil Kearny au Wyoming.
Première piste du bétail avec la Goodnight-Loving Trail.
- **1867** – Les États-Unis achètent l'Alaska à la Russie pour 7,2 millions de dollars.
- **1869** – Achèvement dans l'Utah du chemin de fer transcontinental. Le Wyoming accorde le droit de vote aux femmes.
- **1872** – Yellowstone devient le premier parc national du monde.
- **1876** – Les Sioux et les Cheyennes anéantissent Custer et ses troupes à la bataille de Little Big Horn.
- **1877** – Chef Joseph et ses guerriers nez-percés sont capturés après une retraite de 2 000 km.
- **1878** – Billy the Kid entame sa brève carrière de hors-la-loi en abattant un shérif.
- **1883** – « Buffalo Bill » Cody commence son Wild West Show.
- **1887** – Le Dawes Act attribue le territoire des réserves à des propriétaires individuels indiens.
- **1888** –Le Dakota du Nord, le Dakota du Sud, le Montana et Washington deviennent des États.
- **1890** – Massacre de Wounded Knee.
- **1896** – L'Utah entre dans l'Union. Début de la ruée vers l'or au Klondike, qui amène des prospecteurs en Alaska.

**L'histoire moderne**

- **1906** – San Francisco est dévastée par un grand tremblement de terre suivi d'un incendie.
- **1916** – La Boeing Aircraft Co. est fondée à Seattle.
- **1924** – La citoyenneté américaine est accordée aux Amérindiens.
- **1927-1941** – Gutzon Borglum sculpte le mont Rushmore.
- **1941** – Les Japonais attaquent Pearl Harbor. Les États-Unis entrent dans la Seconde Guerre mondiale.
- **1959** – L'Alaska et Hawaii deviennent le 49e et le 50e États.
- **1963** – Le président John Kennedy est assassiné à Dallas.
- **1971** – L'Alaska Native Land Claims Settlement Act distribue 1 milliard de dollars et 18 millions d'hectares de terres aux tribus locales.
- **1973** – Insurrection indienne à Wounded Knee (Dakota du Sud).
- **1975** – Bill Gates et Paul Allen fondent Microsoft à Albuquerque, Nouveau-Mexique. Quatre ans plus tard, ils s'installent dans la banlieue de Seattle.
- **1980** – L'éruption du mont St Helens, dans l'État de Washington, fait 57 morts.
- **1981** – Ronald Reagan est élu président des États-Unis.
- **1988** – Gigantesque incendie au parc national de Yellowstone. Un cinquième du parc est détruit.
- **1989** – Le pétrolier *Exxon Valdez* déverse 35 000 tonnes de pétrole dans le Prince William Sound en Alaska.
- **1990** – Début de la guerre du Golfe.
- **2001** – Attentat contre le World Trade Center de New York.
- **2003** – Les États-Unis déclarent la guerre à l'Irak.
- **2004** – George W. Bush est réélu.
- **2008** – La crise des *subprimes* provoque une crise financière mondiale. Le démocrate Barack Obama, premier métis élu à la présidence des États-Unis.
- **2009** – Décès de Ted Kennedy. Obama reçoit le prix Nobel de la paix ; il lance la réforme de la santé.
- **2011** – Les forces spéciales américaines tuent Oussama Ben Laden au Pakistan.
- **2012** – Réélection de Barack Obama à la présidence des États-Unis.
- **2014** – Victoire des républicains aux élections de mi-mandat.

# Arts

**Dès le début de la conquête, les paysages grandioses de l'Ouest américain deviennent un sujet de prédilection pour les peintres qui accompagnent les expéditions et les chantiers des chemins de fer. Leurs témoignages font prendre conscience aux décideurs de la côte est des richesses naturelles de ces nouveaux territoires. Bientôt, la photographie vient contribuer à son tour à la construction d'un Ouest édénique. Promouvant une vison sublimée de la nature, l'art de l'Ouest se veut le révélateur de la face immense et sauvage de l'Amérique. À travers lui s'exprime la grandeur d'une nation. Le paysage, dans son aspect monumental, fournit à l'art américain un équivalent à la profondeur culturelle de l'art européen.**

## LES PEINTRES DE L'OUEST

Méconnue, peu exposée hormis par de rares institutions comme le musée d'Art de Denver, la peinture de l'Ouest américain du 19e s. est pourtant d'une grande richesse. Témoins de la conquête, les premiers observateurs ne cachent pas leur admiration pour les Amérindiens auxquels ils sont confrontés.

**George Catlin** (1796-1872) participe ainsi à plusieurs expéditions, entre 1832 et 1834, dans le nord du Mississippi et dans le Missouri, et entre en contact avec de nombreuses tribus (Blackfoot, Crow, Cree, Sioux, Cherokee et Mandan) dont il immortalise les chefs avec le réalisme et la majesté des grands portraits d'histoire. Invité à participer aux chasses au bison et à observer des cérémonies sacrées, il consigne tout ce qu'il voit avec un soin d'ethnologue naïf, soucieux de mettre sous les yeux d'un public occidental avide d'exotisme les images des fascinants et effrayants sauvages.

Entrave à la conquête, l'Indien est souvent représenté sous les traits du cruel guerrier peau-rouge, comme chez **Alfred Jacob Miller** (1810-1874). Lorsqu'il ne constituera plus une menace, il reviendra sous une forme romancée sous le pinceau de **John Mix Stanley** (1814-1872), dont les portraits d'Indiens des années 1850 se teintent déjà d'une ambiance crépusculaire.

La nature sauvage et inviolée des Rocheuses marque profondément les esprits des peintres formés à l'école romantique de l'Hudson River, inspirée par William Turner et Caspar David Friedrich. Les cascades, geysers et canyons vertigineux de la vallée de Yellowstone fournissent à **Thomas Moran** (1837-1926) la matière d'une peinture à la fois fidèle et totalement retravaillée en atelier, sur des formats gigantesques. Son travail aidera beaucoup au classement de Yellowstone en parc national en 1872.

Peintre d'origine allemande, **Albert Bierstadt** (1830-1902) participa à plusieurs expéditions dans les Rocheuses. Ses paysages de l'Ouest américain, détaillés, grandioses et parfois écrasants, loin de prétendre à l'exactitude, se situent plutôt dans la lignée de peintres européens

classiques, exaltant le sublime et la présence divine dans la nature.
Au lendemain de la guerre de Sécession, le public américain, traversé par une crise identitaire, tourne désormais son goût vers une peinture plus réaliste et narrative, mettant en scène des acteurs spécifiquement américains. Rompant avec les styles européens, deux peintres issus de l'illustration pour magazines, **Charles Marion Russell** (1864-1926) et **Frederic Remington** (1861-1909), vont ainsi chercher une inspiration spécifiquement nationale en dédiant toute leur carrière au Far West, forgeant sa légende western dans un style aux coloris acides, aux sujets et cadrages déjà presque cinématographiques. Remington, qui accompagna notamment l'expédition du général Miles pour écraser la révolte des Sioux à Wounded Knee en 1890, produira de remarquables sculptures en bronze et des tableaux croquant soldats, cow-boys, fermiers blancs et Indiens, chevaux et troupeaux des plaines avec un immense talent.

## LE LAND-ART, RETOUR AUX SOURCES PAYSAGÈRES

Né dans les années 1960, ce mouvement artistique, qui visait à sortir des espaces conventionnels des musées pour prendre la nature comme modèle, trouva l'essentiel de son inspiration dans les paysages minéraux de l'Ouest américain. Natif de l'État de Washington, **Dennis Oppenheim** (1938-2011) utilisait des éléments naturels comme la glace, le bois, la pierre et l'eau pour inscrire ses œuvres dans le paysage. **Robert Smithson** (1938-1973) est à l'origine de plusieurs réalisations majeures dont *Spiral Jetty*, une jetée de rochers en spirale créée en 1970 sur les rives du Grand Lac Salé (Utah), toujours visible aujourd'hui. Sa compagne **Nancy Holt** (1938-2014) a notamment réalisé des *Sun Tunnels* dans le désert du Grand Bassin de l'Utah qui font intervenir le soleil. **Michael Heizer** (1944) construit des travaux à grande échelle dans les déserts du Nevada et de Californie. Mieux connu du grand public, l'artiste d'origine bulgare **Christo** (1935) réalisa, en 1972 le *Valley Curtain*, un immense rideau couleur orange déployé à Rifle, dans le Colorado, et d'autres installations aussi spectaculaires qu'éphémères en Californie. Réinvestissant le paysage dont ils font à leur tour un monument, ces artistes interrogent le rapport de l'homme moderne avec la nature.

## L'OUEST SOUS L'ŒIL DES PHOTOGRAPHES

Comme dans la peinture, la photographie suivit l'avancée historique de la Frontière, soulignant d'abord l'attitude optimiste de la conquête des contrées vierges, jettant ensuite un regard nostalgique vers le passé. Parmi les documents historiques figurent les travaux de **William Henry Jackson** (1843-1942), qui explora et photographia l'Ouest sauvage pour le compte de l'Union Pacific Railroad. En 1871, il arpenta la région de Yellowstone en compagnie du peintre Thomas Moran. Ses photos firent connaître les paysages des Rocheuses aux Américains, notamment la chaîne des Grand Teton et le geyser Old Faithful de Yellowstone, ainsi que des tribus comme les Utes.
Connu pour ses travaux sur les Indiens, **Edward Sheriff Curtis** (1868-1952) vécut sa jeunesse à l'époque ou s'achevaient les guerres indiennes. Aussi, lorsque ce photographe installé à Seattle lance son grand projet au tournant du siècle, les nations autochtones qu'il veut immortaliser ont été définitivement mises à

terre. S'efforçant de conserver la mémoire de peuples qu'il sait menacés de disparition, Curtis va photographier les Indiens au crépuscule de leur civilisation avec un acharnement et une patience incroyables. Durant près de 30 ans, il mène un travail encyclopédique : 40 000 clichés réalisés, dont 2 000 publiés, couvrant plus de 80 tribus de l'Ouest. Dans ses photos esthétisantes, tirées à l'héliogravure dans un style pictorialiste, Curtis prend à cœur de présenter les tribus indiennes telles qu'il les imaginait avant leur confinement dans les réserves : libres et fières. Une forte nostalgie émane de son travail.
S'éloignant du pictorialisme, **Ansel Adams** (1902-1984) s'attacha à produire des images d'une grande précision sans rien perdre de leur troublant mystère. En noir et blanc, à la chambre grand format, il réalisa des images des territoires sauvages de l'Ouest, en particulier des parcs de Yosemite, de Grand Teton et de Glacier, fascinantes de profondeur et de clarté. On y ressent un vaste souffle d'espace, un grand vent d'immensité.
Durant les années 1930 de la grande Depression, **Dorothea Lange** (1895-1965), engagée dans une commande pour illustrer l'action du gouvernement en faveur des travailleurs agricoles migrants, réalisa un puissant travail documentaire sur le désarroi et la misère des milliers de fermiers blancs du Midwest migrant vers l'Ouest, chassés par la crise.
Après la Seconde Guerre mondiale, de nouvelles conceptions de la beauté et des interrogations portées sur la modernité inspirent une vision nouvelle et sans fard de l'Ouest. Dans ses photographies du Colorado et de l'Oregon, **Robert Adams** (1937) porte un regard lucide sur les dégâts infligés à notre habitat collectif et aux paysages naturels par l'urbanisation galopante, l'industrialisation et la pollution. D'autres comme le plasticien **Edward Ruscha** (1937) et le cinéaste **Dennis Hopper** (1936-2010) questionnent le mythe des grands espaces et de la mobilité en photographiant des autoroutes rectilignes et des stations essence. Plus conceptuels, **David Levinthal** (1949) tourne en dérision les icônes de l'Ouest en mettant en scène des figurines de cow-boys, tandis que **John Pfahl** (1939) présente des paysages alterés, irrémédiablement entachés par la main de l'homme.

## LES ARTS INDIENS

Avant la destruction de leurs cultures par les Blancs, les Indiens ont développé durant des générations des formes artistiques innombrables, sur des supports aussi variés que les rochers (pétroglyphes), le sable (peintures navajos), l'ivoire (Inuits), les peaux d'animaux (Indiens des plaines), les masques et les totems en bois (Nord-Ouest Pacifique), les poteries, la vannerie, les vêtements (perlage), les coiffes de plumes, les bijoux d'argent et de turquoise, les tissages colorés et jusque sur les corps (peintures et tatouages). Chaque tribu avait son style, aisément identifiable. Décoratives ou symboliques, figuratives ou géométriques, ces formes artistiques étaient indissociables des croyances et de l'univers sacré auxquelles elles faisaient référence, ainsi que des cérémonies accompagnées de danse et de musique à l'occasion desquelles elles étaient souvent réalisées.
Il existe encore un riche artisanat indien dans l'Ouest. La création contemporaine se cristallise quant à elle tout spécialement à Santa Fe (Nouveau-Mexique), où l'**Institute of American Indian Arts** forme de nombreux artistes depuis 1961.

# Littérature

**Le héros type de la littérature américaine est en quête perpétuelle : de racines, de liberté, d'absolu, de lui-même, du salut. Éperdu, rebelle et insatisfait, il peuple aussi bien les épopées du Far West que les romans de la Beat Generation. Comme si, après avoir fondu toutes ses cultures, l'Amérique se cherchait un but… Les cultures se métissent, les accents et les tonalités délimitent des territoires, mais cette terre, cette géologie incroyable est à l'origine d'un langage : celui de la pierre et de l'eau, de la sédimentation des sols et des mémoires, de la « granulation du réel », pour reprendre une expression de Cormac Mac Carthy.**

## L'ÉPOPÉE

Avec les histoires à dormir debout et l'humour coloré qui animaient autrefois les rencontres de la Frontière, les habitants de l'Ouest se sont taillé une réputation de conteurs immodérés. Pour cette raison, lorsque John Colter fait une première description des geysers, forêts pétrifiées et cours d'eau sulfureux de Yellowstone, personne ne le croit.

Pour beaucoup d'écrivains du 19e s., l'Ouest parle d'aventure et d'exploration. Dans un premier temps, la littérature de ces contrées est celle des commencements, écrite par les témoins visuels, les explorateurs eux-mêmes et les historiens, à l'image des journaux des explorateurs **Lewis et Clark** (traduits et adaptés en français par Michel Le Bris). Les premiers récits ne sont que les carnets des pionniers, comme le bouleversant journal de **Virginia Reed Murphy** (1834-1921), rescapée de la tragique expédition Donner en 1846, ou les œuvres de **Laura Ingalls Wilder** (1867-1957), telle *La Petite Maison dans la prairie*. D'autres sont des carnets de route beaucoup plus précis, écrits à l'usage des colons : *La Piste de l'Oregon* a été publiée en 1849 par **Francis Parkman** (1823-1893), un Bostonien en quête d'héroïsme. Dans la même veine, les guides de **John Frémont** (1813-1890) et de son épouse, **Jesse** (1824-1902), racontant en détail la découverte de l'Ouest, furent des *best-sellers* de l'époque.

La fin de la conquête de l'Ouest marque le temps de la réflexion et le début d'une réécriture mythifiée de l'histoire, avec **Frederick Jackson Turner** (1861-1932), un historien du Wisconsin qui, dans un ouvrage resté célèbre (*La Frontière*, 1893), attribue la formation de la nation et du caractère américains au peuplement de l'Ouest.

Durant la seconde moitié du 19e s., la ruée vers l'or servit de cadre aux premiers grands romans populaires de **Bret Harte** (1836-1902) et fit naître un genre qui prendra ensuite vie au cinéma, le western. Une abondante littérature de qualité inégale inonda alors les bibliothèques, mélangeant amour et aventure, violence et vertu. À cet égard, *Le Virginien*, d'**Owen Wister** (1860-1938), apparaît comme le précurseur. Au 20e s., on note les romans de **Zane Grey** (1872-1939) (*Les Cavaliers de la sauge violette*, 1912), de **Willa Cather** (1873-1947)

(*Pionniers*, 1913 ; *La Mort et l'Archevêque*, 1927) ou de **Wallace Stegner** (1909-1993) (*Vue cavalière*, 1976). Mais bien sûr, l'archétype du romancier de l'Ouest reste **Jack London** (1876-1916), né à Oakland, auteur aventurier universellement traduit de *L'Appel de la forêt* (1903), de *Croc-Blanc* (1906) et *Martin Eden* (1909). À peu près à la même époque, revues littéraires et journaux de la côte ouest publièrent des récits, nouvelles et chroniques d'auteurs ou de journalistes qui vécurent ou séjournèrent en Californie, comme **Mark Twain** (1835-1910) ou **Ambrose Bierce** (1842-1914). D'autres attirèrent l'attention sur l'environnement, pressentant déjà le besoin de le préserver, comme le célèbre naturaliste **John Muir** (1838-1914), **Mary Austin** (1868-1934), qui défendit la cause des déserts, ou **Edward Abbey** (1927-1989), dont *Désert solitaire* (1968) est devenu le livre culte de générations d'écologistes.

### CONSCIENCE SOCIALE ET TRANCHES DE VIE

La littérature américaine parvint à une maturité nouvelle lorsqu'elle commença à aborder les problèmes humains et sociaux du pays.
**Frank Norris** (1870-1902) s'y attaqua dès la fin du 19e s. avec *Les Rapaces* (1899) ou *La Pieuvre* (1901), dans lesquels il dénonce l'avidité des barons du chemin de fer.
Mais dans l'Ouest, c'est bien sûr **John Steinbeck** (1902-1968), prix Nobel de littérature en 1962, qui porta le mieux les couleurs des fermiers et des ouvriers pauvres, dans *Tortilla Flat* (1935), *Des souris et des hommes* (1937), *Les Raisins de la colère* (1939), qui lui valut le prix Pulitzer, *À l'est d'Éden* (1952)… Même le mythe de l'Ouest perdit de son lustre, comme chez **Arthur Miller** (1915-2005), le dramaturge isolé à Big Sur, dans *Les Désaxés* (1961). Son homonyme **Henry Miller** (1891-1980), aussi célèbre que controversé, pourfendit le puritanisme et l'idéal américain de prospérité matérielle dans sa pièce de théâtre *Mort d'un commis voyageur* (1949).
À l'enracinement tant recherché par les générations précédentes se substitua une quête insatisfaite et rebelle. Entre jazz, alcool et nuits sans sommeil, **Jack Kerouac** (1922-1969) entama en 1949 sa traversée hallucinée des États-Unis sur plus de 5 000 km d'est en ouest (*Sur la route*, 1957). Jack Kerouac et ses amis de la **Beat Generation** (dont **Richard Brautigan**, **Ken Kesey** et **Richard Hugo** pour le Nord-Ouest) posèrent un regard sans concession sur l'*american way of life* et prônèrent le détachement et l'errance.
En marge de ce mouvement, **Charles Bukowski** (1920-1994) dépeignit avec violence la société américaine, le règne de l'argent, la morale hypocrite et la modernité médiocre (*Journal d'un vieux dégueulasse*, 1969). Dans les années 1970 et 1980, de nouveaux auteurs préférèrent mettre en avant de minuscules tranches de vie, à la manière poignante d'un **Raymond Carver** (1938-1988), originaire de l'Oregon, dont les nouvelles minimalistes sont d'une tendresse amère. Dans un genre plus cynique, **T. C. Boyle** (1948) mit en scène des histoires tragicomiques stigmatisant les travers de l'Amérique moderne. Dans les années qui suivirent, le sulfureux **Bret Easton Ellis** (1964), brossa, à la manière des plus grands satiristes mondains, le tableau d'une société blasée et d'une jeunesse dorée et perturbée.
Dans un tout autre registre, plusieurs auteurs féminins de l'État de Washington figurèrent au palmarès des meilleures ventes actuelles, à l'instar de **Debbie Macomber** (1948), dont les romans

à l'eau de rose ont été vendus à plus de 100 millions d'exemplaires dans le monde.

### À L'OMBRE DU POLAR

Publiés dans les années 1920 dans les *pulp magazines*, feuilles de choux populaires et bon marché, les nouvelles mettant en scène détectives durs à cuire, pègre et crimes crapuleux prospérèrent durant la Grande Dépression. Le roman noir américain atteignit la notoriété mondiale avec des écrivains tels que **Dashiell Hammett** (1894-1961) et son *Faucon maltais*, **James Ellroy** (1948) et **Raymond Chandler** (1888-1959) ou **Michael Connelly** (1956). **Jim Harrison** (1937) connut son premier grand succès avec *Légendes d'automne*, adapté au cinéma avec Anthony Hopkins et Brad Pitt. **James Crumley** (1939-2008) donne vie à Milter Chester Milodragovitch, privé qui carbure à l'alcool et aux drogues diverses.

### L'ÉCRITURE DES GRANDS ESPACES

Initié par le poète naturaliste **David Henry Thoreau** (1817-1862), le *nature writing* est un genre littéraire spécifiquement américain, sans équivalent en Europe, qui connut une grande vitalité dans le Nord-Ouest. Le *nature writing* confrontait l'homme à l'immensité du continent américain, à la rudesse de ses climats et de sa faune.
La nature vierge et sauvage y est idéalisée, personnifiée comme une mère bienfaitrice qui permettait de se régénérer, loin d'un monde cynique et désabusé. Des auteurs comme **Michael Blake** (*Danse avec les loups*, 1986), **James Galvin** (*Prairie*, 1992), Edward Abbey, **Pete Fromm** (*Un hiver au cœur des Rocheuses*, 1993), **Dan O'Brien** (*Les Bisons du Cœur-Brisé*, 2001), **Thomas McGuane** (*Rien que du ciel bleu*, 1992), **Lance Weller** (*Wilderness*, 2012) et **Jon Krakauer** (*Into the Wild*, 1996) illustrent aujourd'hui la riche diversité de ce style littéraire. Pays des grands espaces, le Montana est devenu l'épicentre du mouvement, autour de la petite ville de Missoula. À la suite des écrivains Raymond Carver, Richard Brautigan et Richard Hugo, de nombreux grands noms de la littérature américaine y sont passés ou y vivent : Norman Mac Lean, Dorothy Johnson, James Lee Burke, Richard Ford, Thomas McGuane, Rick Bass, William Kittredge, Thomas Savage, Jim Harrison…

### LES ÉCRIVAINS INDIENS

Issus d'une culture orale, les Indiens ne devinrent écrivains que tardivement et souvent avec difficulté, en raison de la barrière de la langue. Dans le Sud-Ouest, le plus célèbre de ces nouveaux auteurs indiens est **Scott Momaday** (1934), né de père kiowa et de mère cherokee, vivant en Arizona, et dont *La Maison de l'aube* obtint le prix Pulitzer en 1969. Il y dépeint les contradictions du monde indien déchiré entre traditions et modernité.
Né dans la réserve indienne des Blackfeet de Browning (Montana), **James Welch** (1940-2003) décrit avec réalisme la vie misérable dans les réserves, la richesse de la culture indienne d'autrefois et les saccages commis par l'avidité des Blancs (*L'hiver dans le sang*, 1974 ; *Comme des ombres sur la terre*, 1986).
Incarnant la jeune génération, **Sherman Alexie** (1966), né dans une réserve près de Seattle, raconte également avec un grand réalisme le dénuement matériel et spirituel des jeunes Amérindiens.
Plus à l'est, dans les Grandes Plaines, **David Treuer** (1972), de la tribu ojibwé, brosse dans *Little* le tableau sans concession des laissés-pour-compte et des marginaux de la communauté indienne.

# Cinéma

**Si le cinéma est né en Europe, c'est à Hollywood qu'il a atteint la démesure. La ville est surtout associée aux films à gros budgets. En Europe, près de 60 % des films vus sont des productions américaines. Difficilement, des cinéastes indépendants travaillent aussi, engagés pour les minorités ou posant, à la demande d'un public cinéphile, un regard critique sur la société. Après les attentats du 11 septembre 2001, Hollywood a été poussé à remettre en cause cette escalade de la violence. La discrétion qui s'ensuivit dans les milieux du cinéma, tout à fait inhabituelle, n'a pas duré, mais des voix s'élèvent pour que plus de retenue tempère la surenchère de l'argent et du sensationnalisme.**

## TERRES DE SPECTACLES

Au 19e s., les exploitants des mines, particulièrement friands de musique lyrique, financent les beaux opéras des villes de province éloignées de tout, avec une telle générosité que des troupes venues de la côte est et d'Europe passent régulièrement par San Francisco, Central City (Colorado) et d'autres régions minières prospères. Au nombre des acteurs célèbres qui font la tournée des camps de mineurs dans l'Ouest figurent **Edwin Booth** (1833-1893), **Helena Modjeska** (1840-1909) et la peu conventionnelle **Sarah Bernhardt** (1844-1923).
La scandaleuse danseuse exotique **Lola Montez** (1818-1861) et son successeur, la comique **Lotta Crabtree** (1847-1924), proposent des spectacles moins intellectuels. Pour ce qui est des distractions sur le thème de l'Ouest, la palme revient à la fin du 19e s. et au début du 20e s. au Wild West Show, délire épique et commercial sur le Far West, qui enchante la côte est et le public européen. La mise en scène, due à **William F. Cody** (1846-1917) alias **Buffalo Bill**, présente des extraits de sa vie d'aventures comme cavalier du Pony Express, chasseur de bisons, éclaireur de l'armée et soldat. Le spectacle montre des batailles célèbres de l'Ouest, des tireurs d'élite, l'attaque d'une diligence par les Indiens et de nombreux numéros de rodéo. Parmi les membres les plus célèbres de la troupe figurent le grand chef **Sitting Bull** *(voir p. 112)*, **Gordon Lillie** (1860-1942) dit **Pawnee Bill**, la tireuse d'élite **Annie Oakley** (1860-1926), et **Buffalo Bill** en personne.

## LE WESTERN

Le western est un film épique racontant des épisodes de la **conquête de l'Ouest** au 19e s. et au début du 20e s. Les personnages sont initialement très manichéens, les bons contre les méchants.
Les héros sont des aventuriers, souvent instables et rebelles, confrontés à des difficultés qu'ils finissent toujours par vaincre en se dépassant. La popularité des premiers films s'explique par l'attachement des Américains à ce pan de leur histoire, par ailleurs très courte, et aux vertus de courage et d'ambition qu'ils permettent d'idéaliser. Au milieu des années

1940, un glissement s'opère et les scénarios deviennent moins simplistes ; on commence à porter un regard plus critique sur les excès de la conquête.
Parmi les grandes figures du western, deux noms viennent aussitôt à l'esprit, ceux de **John Ford** et de **John Wayne**. Le premier est l'un des réalisateurs les plus prolifiques, avec 130 films entre 1917 et 1966. Il est notamment l'auteur de *La Chevauchée fantastique* (1939), *Le Massacre de Fort Apache* (1948) ou *Rio Grande* (1950). Le second, devenu l'acteur préféré du premier, est immanquablement associé à l'image du western (*La Prisonnière du désert*, 1956 ; *L'homme qui tua Liberty Valance*, 1962).
On retrouve dans tous les westerns les grandes étapes de la conquête de l'Ouest, comme l'exploration (*La Captive aux yeux clairs* de **Howard Hawks**, 1952 ; *Rivière sans retour* d'**Otto Preminger**, 1954 ; *Jeremiah Johnson* de **Sidney Pollack**, 1972), l'épopée du chemin de fer (*Le Cheval de fer* de John Ford, 1924), les guerres indiennes (*Le Massacre de Fort Apache* de John Ford, 1948 ; *Little Big Man* d'**Arthur Penn**, 1970), les hauts faits des bandits (*Butch Cassidy et le Kid* de **George Roy Hill**, 1969 ; *Pat Garrett et Billy le Kid* de **Sam Peckinpah**, 1973)…
À partir des années 1960, le western aborde avec recul l'oppression des Indiens ou la réalité sordide de la vie au Far West. Dans son dernier et magnifique western, *Cheyenne Autumn* (1964), John Ford rend hommage aux Indiens maltraités, reconnaissant cette « tache dans notre histoire ». John Wayne, Gary Cooper, Henry Fonda, ou Gregory Peck deviennent des héros du Far West. Mais les années 1960 voient la fin du western, d'autres genres cinématographiques captivent alors davantage le public. **Sergio Leone** donne alors un nouveau souffle au genre avec le western italien, appelé western « spaghetti ». *Il était une fois dans l'Ouest* (1968), avec Charles Bronson et Claudia Cardinale, est considéré comme son chef-d'œuvre. **Clint Eastwood** remit le western à la mode grâce à des films tels que *Pale Rider* (1985) ou *Impitoyable* (1992). Le succès inattendu de *Danse avec les loups* (1990), de **Kevin Costner**, montre peut-être que la vision trop unilatérale du western classique a fait son temps…
Dans les années 2000, quelques réalisateurs s'essaient à nouveau dans le genre. *Open Range* (2003) de Kevin Costner, *3h10 to Yuma* (2007) de James Mangold, *Appaloosa* (2008) d'Ed Harris, *True Grit* (2010) des frères Coen mettent en scène des acteurs célèbres par ailleurs, qui se plongent avec plaisir dans l'univers de l'Ouest américain.

### LA COMÉDIE

À l'opposé du western qui place l'action au cœur d'une vaste épopée, la comédie à l'américaine s'attache aux situations cocasses du quotidien, et stigmatise les mœurs et les défauts de la classe moyenne.
À côté de **Charlie Chaplin** et de son humour corrosif ou du burlesque des **Marx Brothers**, l'Allemand **Ernst Lubitsch** (*Le ciel peut attendre*, 1943) donne à ce genre un style sophistiqué et raffiné que cultiveront par la suite **George Cukor** (*Une étoile est née*, 1954 ; *Le Milliardaire*, 1960), **Frank Capra** (*New York-Miami*, 1934), **Howard Hawks** (*L'Impossible Monsieur Bébé*, 1938), tout en y ajoutant un message social (1940-1950).
La veine comique est exploitée par **Jerry Lewis**, **Blake Edwards** ou **Billy Wilder** (*Sept ans de réflexion*, 1955 ; *Certains l'aiment chaud*, 1959).
Plus récemment, la comédie a développé une approche satirique avec des films comme *La Guerre*

*des Rose* (1989) de **Danny De Vito**, dramatique avec *Thelma et Louise* (1991) de **Ridley Scott**, ou romantique avec *Quand Harry rencontre Sally* (1989) de **Rob Reiner**, *Pretty Woman* (1990) de **Garry Marshall**, *Mary à tout prix* (1998) des **frères Farrelly**.
Dans un autre registre, la comédie musicale est l'une des grandes spécialités du cinéma américain, avec *Un Américain à Paris* (1951) de **Vincente Minnelli**, *Chantons sous la pluie* (1952) de **Gene Kelly** et **Stanley Donen**, *Les hommes préfèrent les blondes* (1953) de Howard Hawks et *Phantom of the Paradise* (1974) de **Brian De Palma**...

### LE FILM NOIR

Ce genre devient populaire avec l'acteur **Humphrey Bogart** (*Le Faucon maltais* de John Houston, 1941 ; *Casablanca* de Michael Curtiz, 1942) et les films d'**Otto Preminger** (*Autopsie d'un meurtre*, 1959), de **Fritz Lang** ou de **Hitchcock** (*Fenêtre sur cour*, 1954*; Sueurs froides*, 1958*; Les Oiseaux*, 1963). Plus récemment, **Martin Scorsese** (*Taxi Driver*, 1976*; À tombeau ouvert*, 1999), **Ridley Scott** *(Blade Runner*, 1982), **Quentin Tarentino** (*Reservoir Dogs*, 1992*; Pulp Fiction*, 1994), **David Fincher** (*Seven*, 1995), les **frères Coen** (*Fargo*, 1996), **David Lynch** (*Sailor et Lula*, 1990*; Mulholland Drive*, 2001) ou **Sam Mendes** (*American Beauty*, 1999) ont su saupoudrer les scénarios d'humour noir et leur donner un rythme proche de la comédie.

### UN CINÉMA PLUS CRITIQUE

Dès les années 1940, des cinéastes comme **Orson Welles** (*Citizen Kane*, 1941) dressent un portrait sans concession d'une certaine Amérique. Après la Seconde Guerre mondiale et le Viêtnam, beaucoup prennent du recul par rapport à l'idéalisme ambiant. Des films engagés et critiques abordent les questions sociales et politiques. Beaucoup sont l'œuvre de cinéastes indépendants, libres des contraintes commerciales des grands studios, tels **Joseph Losey** (*Les Damnés*, 1969) ou **Elia Kazan** (*Un tramway nommé désir*, 1951).
Même des cinéastes voués au grand public, comme **Dennis Hopper** (*Easy Rider*, 1969), **Spike Lee** (*Malcolm X*, 1992), **Steven Spielberg** (*La Couleur pourpre*, 1985), **Francis Ford Coppola** (*Apocalypse Now*, 1979), **Oliver Stone** (*Platoon*, 1986) ou **Michael Cimino** (*Voyage au bout de l'enfer*, 1978 et *La Porte du paradis*, 1980), abordent le racisme et les coulisses de la politique. Plus récemment, le documentaire engagé s'est imposé comme un genre à part entière : la Palme d'or de **Michael Moore** au Festival de Cannes 2004, pour *Fahrenheit 9/11* en est un exemple.
Spécifique au Nord-Ouest américain, le **festival de Sundance** qui se déroule chaque année depuis trente ans à Park City (Utah), s'efforce de promouvoir le cinéma d'auteur indépendant, réalisé hors du circuit hollywoodien (fictions, documentaires, courts-métrages). Sundance doit beaucoup à son président, l'acteur et cinéaste **Robert Redford**, dont les films *Et au milieu coule une rivière* (1992) et *L'homme qui murmurait à l'oreille des chevaux* (1998) magnifient la nature sauvage du Nord-Ouest. De nombreux réalisateurs indépendants ont été révélés par le festival : les frères Coen, Quentin Tarantino, Robert Rodriguez, David O. Russell, Paul Thomas Anderson, Steven Soderbergh, Jim Jarmusch. Parmi les films primés, *Little Miss Sunshine* (2006) de Jonathan Dayton et Valerie Faris, un *road-movie* drolatique et émouvant.
Le Nord-Ouest est aussi le berceau de réalisateurs indépendants comme **Gus Van Sant**, natif de

Portland, qui aborde avec *My Own Private Idaho* (1991) et *Harvey Milk* (2008) des sujets tabous comme l'homosexualité et la toxicomanie.

### LES SUPERPRODUCTIONS HOLLYWOODIENNES

*Ben-Hur* (1959) de **William Wyler** ou *Autant en emporte le vent* (1939) de **Victor Fleming** ont ouvert la voie aux films à grand spectacle, dont certains coûteront si cher (*Cléopâtre* de **Joseph L. Mankiewicz**, 1963), qu'ils menaceront la survie des studios. Dans cette veine immensément populaire, on trouve aussi bien les grandes **fresques historiques** (*Le Parrain* de Francis Ford Coppola, 1971) que les **épopées futuristes** (*La Guerre des étoiles* de **George Lucas**, 1977), la **science-fiction** (*Jurassic Park* de Steven Spielberg, 1993), les **désastres** (*La Tour infernale* de **John Guillermin**, 1974 ; *Titanic* de **James Cameron**, 1997) ou l'**aventure** (*Indiana Jones* de Steven Spielberg, 1984). L'importance croissante du jeune public détermine aussi l'attribution de budgets énormes et un succès à la mesure : *E.T.* (1982) de **Steven Spielberg** ou *Harry Potter à l'école des sorciers* (2001) de **Chris Colombus**. La plupart de ces productions restent de qualité moyenne, pourtant certains auteurs réputés se lancent dans les films grand public, tel **Quentin Tarentino** et sa série des *Kill Bill* (2003, 2004).
Lors de la sortie d'*Avatar* (2009), on évoque le début d'une nouvelle ère au cinéma. Avec ses effets spéciaux innovants et l'utilisation spectaculaire de la 3D, le film de **James Cameron** devient le plus gros succès commercial de tous les temps, battant le record d'entrées de son film *Titanic* (1997).

### LE CINÉMA D'ANIMATION

Les nouvelles technologies bouleversent le cinéma d'animation, qui a connu d'innombrables succès avec les studios **Disney** ou **Tex Avery**. Ces productions quasiment industrielles qui ont fait le tour de la planète ne sauraient faire oublier les indépendants qui sont plus nombreux avec les développements informatiques. Le plus célèbre d'entre eux, **Pixar Animation Studios**, a été racheté par Disney en 2006. Il a accumulé Oscars et récompenses depuis *Toy Story* en 1995. Son dernier film en 3D, *Là-haut* (2009) réussit le tour de force de réjouir adultes et enfants sur un sujet pas forcément drôle puisqu'il s'agit de solitude et de fin de vie.

### LE NORD-OUEST SUR LE PETIT ÉCRAN

Si la Californie est le décor d'innombrables séries télévisées, la télévision américaine s'inspire aussi du Nord-Ouest. *Les Simpsons* (1989), de Matt Groening vivent à Springfield, ville imaginaire proche de Portland, dont le réalisateur est originaire. *Twin Peaks* (1990), de David Lynch, se passe dans une ville inventée de l'État de Washington. *Grey's Anatomy* (depuis 2005) se déroule dans un hôpital fictif de Seattle et *Twilight* (2008-2012) a pour cadre la péninsule Olympique. *Deadwood* (2004-2006) illustre l'ambiance sans foi ni loi d'une cité du Dakota du Sud à l'époque de la ruée vers l'or. *Dynastie* (1981-1989) fut un pastiche de *Dallas* situé à Denver. *Big Love* (2006-2001) mettait en scène les amours polygames des mormons de l'Utah. Depuis 2011, *Portlandia* cartonne aux États-Unis. Cette série hilarante croque la ville de Portland et ses habitants bobos. Depuis 2011 également, la série fantastique *Grimm* est tournée à Portland.

# Musique

**Si les plus importants courants créatifs trouvent leur origine dans l'est et le sud des États-Unis, l'Ouest tient une place à part en raison des nombreux artistes qui s'y sont installés et de l'héritage des Indiens et des premiers colons. Ces derniers avaient emporté avec eux les instruments de musique de la vieille Europe. La musique country est l'aboutissement de ce folklore typiquement blanc américain, qui a évolué dans l'Ouest en style western, dit aussi « cow-boy ».**

Les Amérindiens pratiquaient la musique et la danse dans toutes leurs cérémonies, qu'elles soient à caractère religieux ou social. Les Espagnols, qui ont apporté la guitare dans l'Ouest, utilisaient aussi la musique pour les événements religieux et profanes. Ils initiaient patiemment les néophytes des missions à la pratique des instruments.

Apportée dans l'Ouest par les chants populaires des pionniers et les hymnes des missionnaires, la majeure partie de la musique country et western trouve ses racines dans les îles Britanniques. Violon, harmonica et banjo étaient les instruments préférés dans les caravanes de chariots. Dans les airs populaires de la piste de l'Oregon figuraient *The Arkansas Traveler* et *Sweet Betsy from Pike*. Frappe des pieds, claquement des mains et instructions de danse lancées au public accompagnaient le violon, qui anime gigues, galops et *square dances* dans les fêtes rurales, distrayait le cow-boy sur la route du bétail et le soldat dans sa caserne isolée. Quand le train arriva dans l'Ouest, de nombreux saloons importèrent leur piano.

Le type même de la musique western contemporaine est un mélange très commercial de chansons de cow-boys, descendues elles-mêmes de ballades écossaises, anglaises et irlandaises en passant par les régions rurales du Sud. On en publia des albums au début du 20e s., et ce genre musical se diffusa de plus en plus grâce à la radio et au cinéma, avec des cow-boys chanteurs comme **Roy Rogers** (1911-1998) et **Gene Autry** (1907-1998). Dans les années 1940, influencée par des chanteurs régionaux itinérants, comme **Buck Owens** (1929-2006), la musique de cow-boy intégra des éléments du swing, et récupéra le tempo, les rythmes plus soutenus et les sonorités de guitare qui caractérisent la musique populaire country et western d'aujourd'hui. La radio nationale a émoussé les différences régionales. Mais loin d'être figée, la musique country a engendré des styles et courants très variés : Honky Tonk des années 1940-1950, Nashville Sound des années 1960, Outlaw Country des années 1970, country folk, blues, soul, pop…

L'Ouest apporta une contribution non négligeable à la musique rock. Au début des années 1960, tandis que les Beatles émergeaint en Angleterre, le Sud californien créa son propre genre de musique surf légère, en harmonie avec les

Experience Music Project, Seattle.
*L. Decoudin/MICHELIN*

vagues, les voitures revampées et les « filles sur la plage », dont les Beach Boys étaient les plus célèbres ambassadeurs. À la fin de la décennie, à San Francisco, déjà réputé pour sa tonalité musicale particulière, les mouvements de société trouvèrent un sommet dans le « Summer of Love » de 1967, qui attira de nombreux chanteurs connus, dont **Janis Joplin** (1943-1970), du Texas, et **Jimi Hendrix** (1942-1970), de Seattle. Influencée par un blues plus traditionnel, la musique de **Grateful Dead** (Jerry Garcia), **Jefferson Airplane** (Grace Slick), **Credence Clearwater Revival** (John Fogarty) et d'autres groupes célèbres se caractérisait par de remarquables improvisations de guitare.

Au début des années 1990, Seattle devint le pôle du rock grunge de groupes comme **Nirvana** avec Kurt Cobain, et **Pearl Jam** avec Eddie Vedder, remarqués autant pour leur look que pour leur musique. Créé en 1986, le très influent label SupPop contribua aussi à l'émergence de **Soundgarden** et **Alice in Chains**. Malgré leur succès commercial, la plupart de ces groupes disparurent à la fin des années 1990, hormis Pearl Jam et **Mudhoney**.

La relève vient aujourd'hui de Portland, un foyer de créativité encore peu connu, où explose le rock alternatif. Dans des salles de concerts qui poussent comme des champignons et à travers une profusion de micro-labels indépendants, s'affirment des groupes *underground* aux styles variés comme **Gossip** (mené par la diva lesbienne Beth Ditto), **The Shins**, **The Dandy Warhols** (influencé par The Velvet Underground), **The Decemberists**, **Modest Mouse** (originaire de la région de Seattle), **Floater**, **Yacht** et **Pink Martini**. Hétérogène et puisant son inspiration à des sources multiples (garage, punk hardcore, blues-rock, heavy metal, gospel, hip-hop), la scène de Portland se caractérise par son esprit libertaire et une pop plus optimiste que les tonalités angoissées et nihilistes du grunge.

# DÉCOUVRIR LE NORD-OUEST AMÉRICAIN

Oregon, Haystack Rock, la plage de Cannon Beach.
J.-P. Azam/ hemis.fr

# Denver et les Rocheuses du Colorado 1

Carte Michelin Région n° 585 – Colorado et Wyoming



Denver.
*J. Arnold/hemis.fr*

# DENVER ET LES ROCHEUSES DU COLORADO

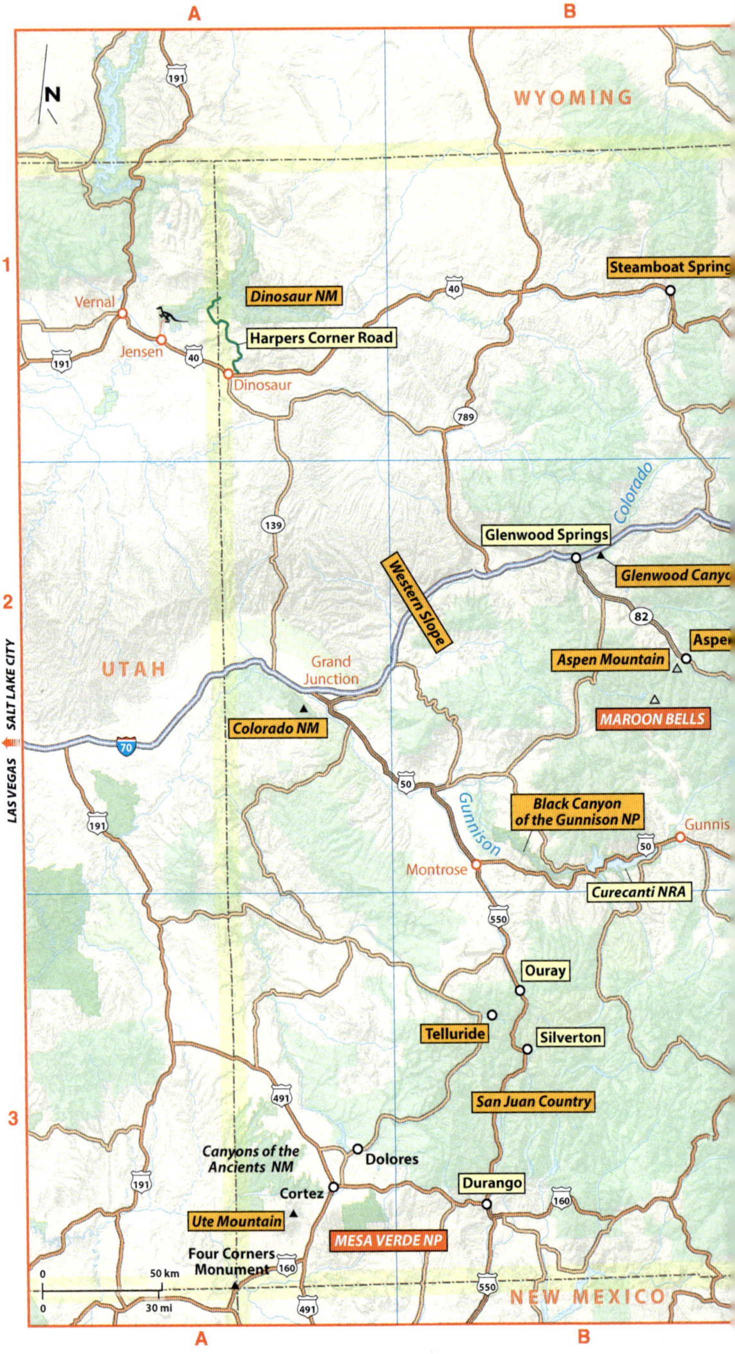

# DENVER ET LES ROCHEUSES DU COLORADO

# Denver

★★★

649 495 habitants (agglomération : 2,5 millions d'hab.)

**Dressant son panorama urbain entre les montagnes Rocheuses à l'ouest et les Grandes Plaines à l'est, la capitale du Colorado combine un riche héritage du vieil Ouest et un réel dynamisme culturel. Située à un mile (1 609 m) d'altitude – d'où son surnom de Mile-High City –, elle attire toute l'année les amateurs de grands espaces, de ski (on dénombre 26 stations à proximité) et de sports de pleine nature. Fondée au cours de la ruée vers l'or, elle fut longtemps une ville frontière à la réputation sulfureuse. C'est d'ailleurs la seule ville du monde qui osa refuser, en 1976, d'accueillir les Jeux olympiques ! Gagnée par une fièvre bâtisseuse lors du boom pétrolier des années 1970-1980, Denver s'est depuis muée en ville verte, riche de 200 parcs, où l'on circule facilement à pied, en bus électrique et à vélo. Californienne par son ensoleillement, son art de vivre et sa tolérance, new-yorkaise par son architecture, ses galeries d'art, ses musées d'avant-garde et ses restaurants bio-chic, la reine des Rocheuses a de quoi séduire.**

## NOS ADRESSES PAGE 153

### S'INFORMER

**Denver Visitor Information Center** – *1600 California St. (angle 16th Street Mall) - ✆ 303 892 1505 - www.denver.org - mai-oct. : lun.-vend. 9h-18h, sam. 9h-17h, dim. 11h-15h ; nov.-avr. : lun.-vend. 9h-17h.* Vous y trouverez la brochure gratuite *Official Visitor's Guide*, qui rassemble des informations détaillées sur les hôtels, restaurants, événements culturels et attractions.

### SE REPÉRER

Carte de région C1-2 (p. 136-137) – *heure des Montagnes.* Comme la majorité des villes de l'Ouest, Denver est construite selon les axes nord-sud et est-ouest. Les rues suivent l'axe nord-sud et les avenues l'axe est-ouest (excepté dans le centre-ville). Les Rocheuses sont toujours visibles à l'ouest. Le centre-ville se concentre autour de la 16th Street, une rue piétonne allant du Civic Center, au sud-est, à la gare (Union Station), au nord-ouest. Il englobe un quartier plus ancien appelé Lower Downtown (LoDo).

### SE GARER

Se garer en ville peut se révéler difficile en semaine, mais vous trouverez de nombreux parkings à des prix très abordables près du Denver Art Museum et à l'ouest de Larimer Square, près la rivière South Platte.

### À NE PAS MANQUER

Le Denver Art Museum.

### ORGANISER SON TEMPS

Deux jours permettent de visiter les principaux points d'intérêt de la ville. Attention, les musées ferment le lundi.

### AVEC LES ENFANTS

History Colorado Center ; Downtown Aquarium ; Children Museum ; Elitch Gardens ; US Mint ; Denver Museum of Nature and Science ; Denver Zoo ; Fort Collins Museum of Discovery.

# Se promener Plan de ville

★ **DOWNTOWN**

Dans les années 1980, le centre-ville de Denver était totalement déserté après 17h. Une mobilisation massive de la population a inversé ce courant. Aujourd'hui, Downtow est habité 24h/24. De vieux quartiers autrefois dangereux ont été restaurés, et de nouveaux quartiers résidentiels se multiplient à l'ouest.

### ★★ LoDo B1

*Entre Larimer St. et Wynkoop St., 20th St. et Speer Blvd - ✆ 303 628 5428 - www.lodo.org.*

En 1965, des défenseurs du patrimoine lancèrent une bataille pour la rénovation de 17 bâtiments des années 1870 à 1890. En 1973, leurs efforts trouvèrent un aboutissement à **Larimer Square★★** *(pâté d'immeubles 1400 - Larimer St. - ✆ 303 534 2367 - www.larimersquare.com)*, avenue piétonnière animée et accueillante qui n'a de place que le nom. Les années 1990 virent un grand déploiement de projets et LoDo (Lower Downtown) devint le quartier le plus actif de Denver. On redonna vie à de nombreux locaux et entrepôts, sous forme d'une soixantaine de restaurants et clubs, d'une quarantaine de boutiques et galeries, et des appartements confortables aux derniers étages.

En 1995, l'ouverture du stade de **Coors Field** *(2001 Blake St. - ✆ 303 292 0200 - http://.colorado.rockies.mlb.com - visite guidée (1h15) en saison : lun.-sam. 10h, 12h (et 14h hors match) ; hors saison : lun., merc., vend. et sam. 10h et 12h - 9 $)*, foyer de l'équipe de base-ball, marqua le sommet de la métamorphose. Il peut accueillir 50 398 spectateurs.

1

### UN PEU D'HISTOIRE

Denver City est née en 1860 de la fusion de deux campements miniers de la ruée vers l'or. La jeune ville accueillit un flot de prospecteurs. Certains arrivaient de l'Est, d'autres revenaient de Californie, où la ruée vers l'or avait eu lieu une dizaine d'années auparavant. Malgré les attaques des Indiens, les incendies, les inondations, des hauts et des bas économiques, des communications sporadiques et une population de passage où abondent escrocs et hors-la-loi, la rude ville de frontière survécut à l'époque des pionniers comme capitale du Territoire du Colorado. Du milieu des années 1870 à celui des années 1890, la découverte de filons d'argent, à Leadville et Aspen notamment, permit à de simples mineurs de s'enrichir considérablement, certains devenant même millionnaires. Florissante, la production nécessita des banques pour financer les entreprises, des commerces pour les équiper, des fonderies pour extraire le métal, et le chemin de fer pour relier les sites de la montagne à Denver et à l'Est. Dès 1890, Denver était une ville élégante de 106 000 habitants, aux rues bordées de beaux hôtels, de magasins, de manufactures, de théâtres et de résidences cossues. On éclaira les rues à l'électricité en 1883 ; les premiers tramways circulèrent cinq ans plus tard. Beaucoup de villes minières furent dévastées par la déroute financière des années 1890 et le passage de l'or à l'argent de la monnaie américaine, mais Denver résista à la tempête économique.

Aujourd'hui, le chemin de fer a pratiquement disparu. Mais les I-70 et I-25 se croisent à Denver et l'ouverture en 1995 de l'un des aéroports internationaux les plus actifs confirme son rôle de carrefour de communications.

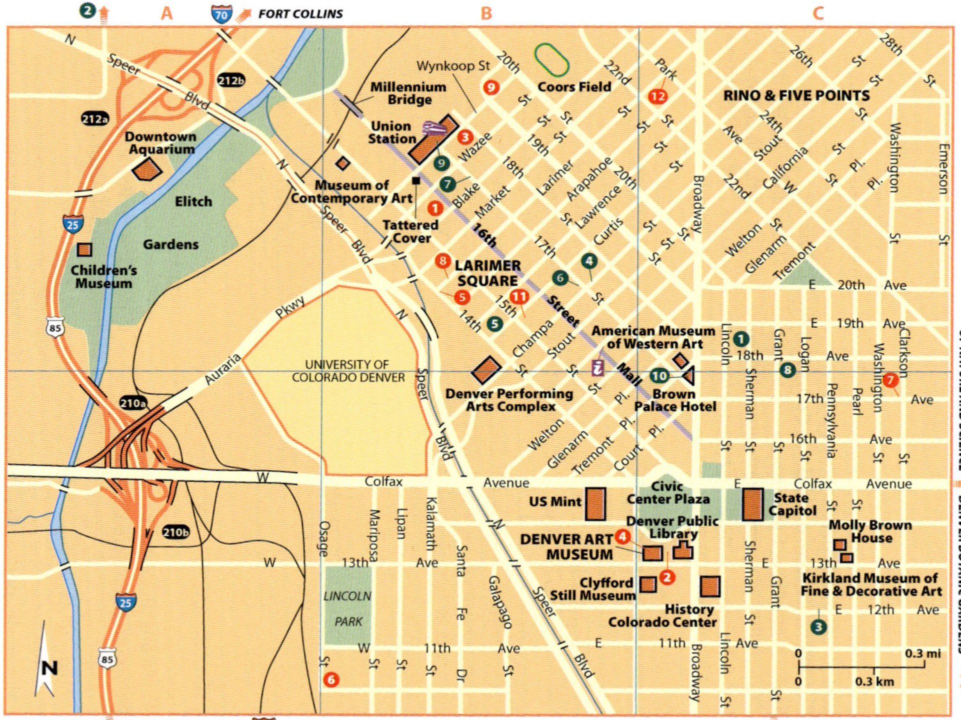


## DENVER

SE LOGER

- Brown Palace Hotel (The) ........ 10
- Capitoll Hill Mansion ........ 3
- Crawford Hotel (The) ........ 9
- Curtis (The) ........ 5
- Hampton Inn & Suites ........ 1
- Marriott Renaissance ........ 6
- Monaco (Hotel) ........ 4
- Oxford Hotel (The) ........ 7
- Residence Inn ........ 2
- Warwick Denver ........ 8

SE RESTAURER

- Beast + Bottle ........ 7
- Buckhorn Exchange ........ 6
- Denver ChopHouse ........ 9
- Mad Greens ........ 2
- Mizuna ........ 10
- Palettes ........ 4
- Rio Grande ........ 1
- Rioja ........ 8
- Sam's No. 3 ........ 11
- Snooze ........ 12
- Tamayo ........ 5
- Wynkoop Brewing Company ........ 3

**FANS DE SPORT**
Denver est l'une des douze villes américaines à entretenir des équipes nationales dans les quatre principaux sports américains : football (les Broncos), base-ball (les Rockies), basket-ball (les Nuggets) et hockey sur glace (les Avalanche).

Larimer Square forme l'extrémité sud du quartier historique, couvrant 26 blocs d'immeubles. Sur sa frange nord, **Union Station** de 1895 *(1701 Wynkoop St. - www.unionstationindenver.com)* reste un monument du style Beaux-Arts. Entièrement rénovée en 2014, la gare est redevenue le carrefour des transports urbains et régionaux et accueille désormais, autour de son grand hall, des commerces, des restaurants et un hôtel de 112 chambres.
En face de la gare, la **Wynkoop Brewing Company** *(1634 18th St. - ✆ 303 297 2700 - www.wynkoop.com)* était, à son ouverture en 1988, la première mini-brasserie de Denver et l'une des premières d'Amérique. Aujourd'hui, le LoDo en compte à lui seul une demi-douzaine.
Abritée dans un bâtiment historique de plusieurs étages, la librairie **Tattered Cover★** *(1628 16th St. - ✆ 303 436 1070 - www.tatteredcover.com)* est l'une des plus prestigieuses librairies indépendantes du pays. Vous y trouverez des espaces réservés à la lecture ainsi qu'un café.
À l'ouest d'Union Station, la 16th Street débouche sur **Millennium Bridge★**, une passerelle piétonne dont les haubans d'acier s'accrochent à un haut mât semblable à celui d'un navire. Le pont relie le centre de Denver à la rivière South Platte. À l'occasion d'événements sportifs ou nationaux, il s'anime à la nuit tombée d'un jeu d'éclairages colorés.

1

### Museum of Contemporary Art B1

*1485 Delgany St. (à l'angle de 15th St.) - ✆ 303 298 7554 - www.mcadenver.org - mar.-vend. 12h-21h, sam.-dim. 10h-17h - 8 $.*
Logé dans un beau bâtiment en verre, le musée présente, à défaut d'une collection permanente, des expositions temporaires d'artistes américains ou étrangers. Le café installé sur le toit de l'édifice permet de jouir d'une vue panoramique sur la ville.

### ★ 16th Street Mall B1-C2

*16th St. (entre Market St. et Broadway).*
Créé en 1982, le Mall s'étire vers le sud-est au départ de la gare routière régionale, jusqu'au Civic Center Plaza et au capitole. Bordé d'arbres, il est émaillé de onze fontaines, entre hautes tours de bureaux, terrasses de cafés, restaurants et boutiques. Des artistes de rue y assurent l'animation. Les seuls véhicules autorisés sont les triporteurs et les navettes électriques gratuites.
Parmi les monuments intéressants, notez la **D & F Tower★** de 1910 *(angle d'Arapahoe St.)*, une réplique de 99 m du campanile de la basilique Saint-Marc à Venise, et le **Kittredge Building** de 1891 *(angle de Glenarm Pl.)*, un beau bâtiment néoroman abritant bureaux et restaurants. À côté du Kittredge Building, le **Paramount Theatre** *(1621 Glenarm Pl. - ✆ 303 623 0106 - www.paramountdenver.com)* (1929, Temple H. Buell) abrite l'un des deux orgues à deux consoles qui fonctionnent aux États-Unis.
Inauguré en 1998, le complexe de commerces, restaurants et cinémas des **Denver Pavilions** *(entre Welton St. et Glenarm Pl. - ✆ 303 260 6000 - www.denverpavilions.com)* demeure l'un des lieux très animés du centre.

### ★ Brown Palace Hotel C2

*321 17th St. (angle de Tremont Pl. et Broadway) - ✆ 303 297 3111 - www.brownpalace.com.*

Cinq présidents des États-Unis, mais aussi les Beatles, sont descendus « au Brown », le plus bel hôtel de Denver (1892, Frank Edbrooke). Ce monument de neuf étages est construit dans le style Renaissance italienne, en granit et grès rouge. À l'intérieur, sous un plafond en vitrail, huit niveaux de balcons en ferronnerie ouvragée dominent l'atrium du hall. L'après-midi, on sert le thé dans le salon, décoré d'onyx blanc du Mexique. Au septième niveau, 26 médaillons montrent des animaux des Rocheuses.

### ★★ American Museum of Western Art C1

*1727 Tremont Place - ✆ 303 293 2000 - www.anschutzcollection.org - lun. et merc. à 10h et 13h30 en visite guidée (durée 1h30 à 2h ; 10$), à 11h45 et 15h en visite libre avec audioguide (5 $) - se présenter 10mn à l'avance - réservation et achat des billets en ligne uniquement - enf. - de 8 ans non admis.*

Propriété du magnat du pétrole et des chemins de fer Philip Anschutz, cette collection d'art privée est d'une exceptionnelle qualité. Elle retrace, à travers 300 tableaux et sculptures, toute la légende du Far West, celui des explorateurs et des pionniers, des chercheurs d'or, coureurs des bois et chasseurs de bisons, des tribus indiennes et des soldats, des trappeurs des montagnes et des cow-boys des Grandes Plaines. Fondé en 2010, le musée occupe une élégante demeure victorienne de 1880, le Navarre Building, qui servait autrefois de maison close. Sur trois étages, les murs sont couverts du sol au plafond de grandes toiles aux lourds cadres dorés, œuvres des plus fameux artistes de l'Ouest américain : Frederic Remington et ses soldats de l'US Cavalry menant la charge, George Catlin et ses cérémonies d'initiation indiennes, Albert Bierstadt et ses paysages dramatiques, William Herbert Dunton et ses cow-boys chevauchant sous l'orage… La présentation met l'accent sur certains courants régionaux, comme l'école romantique de la Hudson River ou celle du Nouveau-Mexique, tout en suivant un ordre chronologique, des premiers artistes témoins de la conquête de l'Ouest au début du 19e s. à la période moderne, qui s'ouvre après l'Armory Show de 1913 à New York, quand l'Amérique découvre l'art abstrait européen.

### Theatre District B1/2

*14th St. (entre Lawrence St. et Champa St.) - www.denvertheatredistrict.com.*

Illuminé de grandes enseignes publicitaires, ce quartier plus commercial que culturel a pour épicentre le **Denver Performing Arts Complex** *(1345 Champa St. - ✆ 720 865 4239 - www.artscomplex.com)*, le second plus grand complexe artistique du pays, inspiré de la Philharmonie de Berlin. Sous son vaste dôme de verre, il regroupe plusieurs salles de spectacle et un auditorium pour l'opéra, les ballets, les concerts symphoniques et le théâtre.

Plus au sud, au croisement de la 14th et de California Street, trône une sculpture monumentale de Lawrence Argent, *I See What You Mean*, un ours bleu géant jetant un œil à travers les vitres du Colorado Convention Center.

## ★★ CIVIC CENTER, GOLDEN TRIANGLE ET CAPITOL HILL

Certains des bâtiments publics les plus importants de Denver entourent **Civic Center Plaza** *(entre Broadway et Bannock St., W. Colfax Ave. et 14th Ave.)*, à la limite sud-est du centre-ville. Cet espace vert ponctué de sculptures s'étend vers l'est, jusqu'au pied des marches du capitole. Dominant le côté ouest, le **City & County Building** (1932), l'hôtel de ville de Denver, décline les thèmes classiques du parc : les colonnes doriques de sa façade concave en granit

encadrent un grand portique aux colonnes corinthiennes. La fine tour centrale abrite le carillon **Speer Memorial Chimes**.
Au sud du Civic Center s'étend le Golden Triangle District, le quartier des musées, surplombé à l'est par la colline du capitole.

### ★ Colorado State Capitol C2

*200 E. Colfax Ave. - ☏ 303 866 2604 - www.colorado.gov - lun.-vend. 7h30-17h - visite guidée ttes les heures de 10h à 15h - gratuit.*
Siège du gouvernement du Colorado, l'imposant capitole qui occupe le sommet de la colline a été construit en vingt-deux ans (1886, Elijah Myers). Édifié en granit, suivant un plan en croix grecque, c'est une réplique en réduction du Capitole des États-Unis. Son dôme doré à la feuille, haut de 83 m, dominait alors le paysage urbain. Le Sénat et la Chambre des représentants se trouvent au deuxième niveau. De la rotonde du troisième niveau part l'escalier (93 marches) menant à la coupole. De là-haut s'ouvre un beau **panorama★** sur la ville.

### ★ Molly Brown House C2

*1340 Pennsylvania St. - ☏ 303 832 4092 - www.mollybrown.org - visite guidée uniquement (45mn), ttes les 30mn - juin-août : lun. 10h-13h30, mar.-sam. 10h-15h30, dim. 12h-15h30 ; sept.-mai : mar.-sam. 10h-15h30, dim. 12h-15h30 - 8 $.*
Rendue célèbre par une comédie musicale (1960) puis un film (1964), « l'insubmersible » Molly Brown renoua avec la célébrité après le succès mondial de *Titanic*, en 1998. La visite guidée de cette maison en grès de 700 m² (1889, William Lang) donne un aperçu de l'époque dorée de Denver, tout en évoquant la vie de cette femme remarquable. En avril 1912, après avoir élevé ses deux enfants et s'être séparée de son mari, Molly Brown embarqua à bord du *Titanic*. Pendant que le navire sombrait, puis à bord du *Carpathia*, elle organisa l'assistance aux rescapés. Molly Brown s'est présentée trois fois aux élections pour le Congrès des États-Unis, dont deux avant que les femmes n'aient obtenu le droit de vote.

1

### ★ Kirkland Museum of Fine & Decorative Art C2

*1311 Pearl St. - ☏ 303 832 8576 - www.kirklandmuseum.org - mar.-dim. 11h-17h - 8 $.*
Natif de l'Ohio, mais ayant vécu l'essentiel de sa carrière à Denver, Vance Kirkland (1904-1981) était un peintre surprenant, qui exécutait ses grandes toiles suspendu par des sangles au plafond, naviguant entre les styles réaliste, surréaliste, pointilliste et expressionniste abstrait, pour finir dans de nébuleuses

#### LA RUÉE SUR L'OR VERT

Depuis janvier 2014, la consommation de cannabis est devenue légale au Colorado (comme dans l'État de Washington). Jusqu'alors, à l'instar de 18 autres États américains, il n'était distribué que par des dispensaires à des fins strictement médicales. À condition d'avoir 21 ans et de ne pas fumer en public, les Coloradiens peuvent désormais acheter jusqu'à une once (28,3 g) de cannabis par jour et cultiver jusqu'à six plants chez eux. Par conséquent, des milliers de touristes affluent de tout le pays pour profiter de cette impunité. Ils font la tournée des florissants *pot shops* de la ville, ces magasins où on cultive et vend du cannabis sous forme d'herbe, de pastilles sucrées, de sodas, de chocolats ou de biscuits. Le chiffre d'affaires de ces boutiques explose, de même que les bénéfices de l'État du Colorado, qui perçoit 25 % de taxes sur les ventes. Ces dernières devraient lui rapporter entre 60 et 90 millions de dollars par an, dont 40 millions seront affectés à la construction d'écoles.

abstractions. Occupant l'ancien atelier de l'artiste, un bâtiment en brique rouge de style Arts & Crafts (1910), le musée est à l'image de son excentrique inspirateur: un capharnaüm où s'entassent mobilier et objets design du 20e s. Les pièces collectées par l'artiste vont de l'Art nouveau au postmodernisme, en passant par l'Art déco, le Bauhaus et le pop-art. Certaines sont signées Frank Lloyd Wright, Frank O. Gehry, Andy Warhol, Eero Saarinen, Jacques-Émile Ruhlmann, Jean Dunand, Philip Johnson et Ludwig Mies van der Rohe. Les salles présentent en parallèle un panorama de l'œuvre de Kirkland, au milieu de centaines de toiles d'autres artistes du Colorado de la même époque. Le musée devrait déménager en 2017 dans un nouveau bâtiment plus spacieux du Triangle d'or, à l'angle de Bannock St. et de West 12th Ave.

### History Colorado Center C2

*1200 Broadway - ✆ 303 447 8679 - www.historycolorado.org - 10h-17h, dim. 12h-17h - 12 $ (-12 ans 8 $).*

Érigé en 2011, ce spacieux bâtiment met en scène l'histoire du Colorado. Entre autres activités, il est possible de contempler une carte de l'État recouvrant le sol, de visiter la reconstitution d'une mine ou de découvrir l'histoire du ski au Colorado. Les enfants adoreront le simulateur de saut à ski et un jeu consistant à faire exploser de la dynamite. L'expo « de A à Z » donne à découvrir un aspect de la ville par lettre.

### ★★★ Denver Art Museum C2

*100 W. 14th Ave. Pkwy (entrée sur la 13th Ave., par le Hamilton Building ou le North Building) - ✆ 720 865 5000 - www.denverartmuseum.org - mar.-dim. 10h-17h (vend. 20h) - fermé lun. - 10 $.*

Ses bâtiments atypiques, signés Giao Ponti et Daniel Libeskind (l'architecte de la reconstruction de « Ground Zero », à New York), constituent déjà une œuvre d'art. Le **North Building★** (Giao Ponti, 1971), composé de deux tours jumelles et recouvert de céramique irisée, s'apparente à une forteresse moderne dominant le Civic Center Plaza. De nombreux trésors y sont présentés sur sept niveaux superposés de galeries totalisant 930 m². Plus récent, le **Hamilton Building★★** (Daniel Libeskind, 2006) évoque une éclaboussure de titane dressée vers le ciel. Son architecture fait écho aux pics acérés des Rockies Mountains. Une passerelle de verre enjambe la 13th Avenue pour relier les deux ailes du musée. Des sculptures de Dan Ostermiller, Claes Oldenburg et Coosje Van Bruggen occupent le parvis extérieur.

**North Building** – Au dernier étage du bâtiment *(niveau 7)*, les collections d'**art de l'Ouest américain★★** du 19e s. incluent des chefs-d'œuvre de Charles M. Russell *(In the Enemy's Country)*, Frederic Remington *(The Cheyenne)* et Charles Deas *(Long Jakes)*. Les collections du 20e s. sont présentées au niveau 2 du Hamilton Building. La section des **arts européens et américains★★** *(niveau 6)* rassemble des paysages et des portraits d'artistes italiens de la Renaissance (Filippino Lippi, Botticelli), de peintres français du 19e s. (Claude Monet, Camille Pissaro, William Bouguereau, Berthe Morisot), ainsi qu'une importante collection d'art britannique (Thomas Gainsborough, John Constable, Joshua Reynolds). Au niveau 5, l'**art d'Asie★** comprend statues hindoues, art bouddhiste, tissus islamiques et peintures japonaises sur rouleaux. Les galeries du niveau 4 exposent les **collections précolombiennes et coloniales espagnoles★★**. Les pièces mayas, aztèques et incas contrastent violemment avec l'esthétique européenne. Dans les **collections amérindiennes★★★** des niveaux 2 et 3, qui forment l'un des ensembles les plus remarquables et les plus complets du pays, on verra notamment le panneau des années 1840 qui ornait la maison d'un chef tlingit du sud-est de l'Alaska, des poupées kachinas

Denver Art Museum.
R. Heebzweifel/John Warburton-Lee/Photononstop



des Indiens Hopis et Zuñis, une figure salish représentant un esprit protecteur, une masse de guerre iroquoise, des années 1850, ainsi que des broderies et poteries cheyennes, le harnachement d'un cheval d'Indien des plaines (fin du 19e s.) et une peinture de sable navajo moderne.

**Hamilton Building** – Les niveaux 3 et 4 sont consacrés à l'**art moderne et contemporain★★**. Les collections, scénographiées avec talent, rassemblent des œuvres européennes (Marcel Duchamp, Henri Matisse, Pablo Picasso, Damien Hirst) et américaines (Georgia O'Keeffe, Andy Warhol, Dan Flavin, Robert Motherwell, Philip Guston, Sean Scully, Bruce Nauman). Deux petites sections sont également dévolues à l'**art africain** et **océanien**. Les niveaux 1 et 2 accueillent par ailleurs les expositions temporaires.

À chaque niveau, des salons de lecture et des ateliers créatifs pour les enfants introduisent des parenthèses conviviales et ludiques au sein du parcours.

## ★★ Clyfford Still Museum C2

*1250 Bannock St. - ✆ 720 354 4880 - https://clyffordstillmuseum.org - 10h-17h (vend. 20h) - fermé lun. - 10 $.*

Ouvert en 2011 suite au don fait par la veuve de l'artiste à la ville de Denver, ce musée rassemble près de 95 % de la production de Clyfford Still (1904-1980), soit 825 toiles et 2 300 œuvres sur papier, exposées par roulement. Chef de file de l'expressionnisme abstrait américain, il vécut pour l'essentiel sur la côte ouest, entre l'État de Washington, l'Alberta canadien et San Francisco. Dans les années 1950, au sommet de sa gloire, il coupa les ponts avec le monde de l'art et se retira dans le Maryland. Le musée permet de découvrir des toiles peu connues de l'artiste, notamment l'œuvre figurative de jeunesse, inspirée par Cézanne et Malevitch, ou les expérimentations picturales menées avec couteau et truelle sur la fin de sa vie. Ses travaux les plus aboutis restent les toiles monumentales des années 1940 à 1960, aux grands aplats de couleurs. Le bâtiment à la façade de béton strié comprend, sur deux étages, neuf salles éclairées par la lumière naturelle, d'une sobriété propice à la contemplation.

### Denver Public Library C2

*10 W. 14th Ave. Pkwy - ✆ 720 865 1111 - http://denverlibrary.org - lun.-mar. 10h-20h, mer.-vend. 10h-18h, sam. 9h-17h, dim. 13h-17h - gratuit.*

Remarquable édifice postmoderne (1995, Michael Graves and Brian Klipp), cette bibliothèque est, avec six niveaux ouverts au public et 75 km d'étagères, la plus grande de l'ouest des États-Unis. Soixante-dix panneaux dus à Edward Ruscha ornent le hall central. La célèbre **Western History Collection** *(accès au 5e étage, consultation sur catalogue)* comprend de précieux et anciens documents, cartes, gravures et photographies ; la collection d'art contient des œuvres de Frederic Remington, Albert Bierstadt et Thomas Moran.

### ★ US Mint B2

*Entrée par Cherokee St. (à l'est du Civic Center Park) - ✆ 303 405 4761 - www.usmint.gov - visite guidée uniquement (45mn), sur réservation (longtemps à l'avance) : lun.-jeu. 8h-15h30 (se présenter 30mn avant) - gratuit. Sacs à dos et sacs à main interdits.*

La Monnaie de Denver, une des quatre du pays, produit la moitié des pièces américaines, et des pièces étrangères. Elle en frappe 10 milliards par an, pour une valeur moyenne de 3,5 millions de dollars par jour. La Monnaie abrite aussi le quart des réserves d'or des États-Unis, parce que Denver, au milieu des terres, est moins vulnérable aux séismes et aux attaques en temps de guerre. L'élégant bâtiment à cinq niveaux, en granit et marbre (1906, James Knox Taylor) s'inspire du palais Medici-Riccardi de Florence. Les galeries montrent pièces et monnaies, matériels de frappe et photographies anciennes. Les visites permettent de voir les ateliers, tandis que le guide décrit le procédé de la frappe, du comptage et de la mise en sac des pièces.

## OUEST DE DOWNTOWN A1

Pendant des décennies, la zone qui borde la South Platte River, à l'ouest du centre-ville, est restée à l'abandon. Aujourd'hui, Denver fait revivre ce quartier et de nouvelles résidences ne cessent de s'y construire. Au-delà du **Millenium Bridge**, des parcs forment une ceinture verte au bord de la rivière et une piste cyclable longe son cours sur 65 km.

**Confluence Park**, à la jonction de la Cherry Creek et de la South Platte, est l'endroit idéal pour se rafraîchir les jours de grande chaleur. Les amateurs de kayak s'y rendent pour profiter des rapides.

### Downtown Aquarium

*Au carrefour de 700 Water St. et 23rd Ave. (I-25, sortie 211) - ✆ 303 561 4450 - www.aquariumrestaurants.com -10h-21h (vend.-sam. 21h30) - 17,99 $ (-11 ans 11,99 $).*

### DENVER ET LA BEAT GENERATION

Denver tient une place importante chez les écrivains de la Beat Generation. Allen Ginsberg y fit de nombreuses escales et l'immortalisa dans son célèbre poème *Howl*. Neal Cassady, flamboyant voyou qui inspira à Jack Kerouac le personnage de Dean Moriarty dans *Sur la Route*, y vécut dans sa jeunesse. Kerouac et lui passaient leurs nuits fiévreuses à arpenter les bouges de Larimer Street et les cabarets de Five Points. Dans son roman, Kerouac évoque à plusieurs reprises l'atmosphère enivrante de la ville, avec « ses vieux clochards titubants et ses cow-boys fourbus ».

L'aquarium et ses dix espaces d'exposition vous feront découvrir plus de 500 espèces différentes vivant dans des milieux divers : désert, forêt tropicale, lagons, fonds marins, etc. Vous aurez le plaisir de toucher du doigt les raies et d'assister à un spectacle de... sirènes !

### Children's Museum

*2121 Children's Museum Dr. (à 500 m de l'aquarium) - ☏ 303 433 7444 - www.mychildsmuseum.org - lun.-vend. 9h-16h (merc. 19h30), w.-end 10h-17h - 9 $.*

Destiné aux enfants de 1 à 8 ans, ce musée leur propose des activités et des jeux variés. Entre l'atelier de peinture, les trains en bois, les jeux de bulles et de boules, la caserne des pompiers, le marché de la ferme ou le lancement de fusées, les enfants ont largement de quoi occuper leur journée. Une extension du musée doit ouvrir fin 2015, incluant une foule de nouvelles animations.

### ★ Elitch Gardens

*2000 Elitch Circle, sur Speer Blvd (I-25, sortie 212A) - ☏ 303 595 4386 - www.elitchgardens.com - mai à oct. : horaires variables - 45,99 $ (enf. 31,99 $) ; tarifs réduits sur Internet.*

Comptant parmi les plus vieux parcs d'attractions du pays, les Elitch Gardens ont été bâtis en 1890, dans la partie nord-ouest de Denver. Ils furent déplacés sur les berges de la Platte River en 1995. Manèges, grande roue et parc aquatique (de fin mai à début septembre) font la joie des petits comme des grands.

1

## ★ CITY PARK Hors plan par C2

City Park a été aménagé en 1881 en s'inspirant des parcs urbains remarquables de Boston, New York, Londres et Paris. De l'extrémité est de ce parc de 125 ha *(entre Colorado Blvd, York St., 17th Ave. et 26th Ave.)*, on a une **vue**★★ spectaculaire sur la ville et les montagnes à l'arrière-plan. Il englobe deux lacs, une roseraie, un parcours de golf, des terrains de sport et des aires de jeux.

### ★★ Denver Museum of Nature and Science

*2001 Colorado Blvd - ☏ 303 370 6000 - www.dmns.org - 9h-17h - 13 $ (-18 ans 8 $).*

Ce musée de quatre étages est l'un des plus vastes du pays, avec une collection de plus de 1,4 million de références. Il comprend 95 dioramas et d'exceptionnelles expositions de fossiles, minéraux et objets à caractère culturel. Il renferme des présentations interactives à l'attention des étudiants, une salle de projection IMAX et un planétarium. Dans la remarquable galerie d'exposition de gemmes, **Coors Mineral Hall**★★, on a reproduit une section de la mine « Sweet Home ». Une salle centrale met en valeur Tom's Baby, la plus grande pépite jamais découverte au Colorado. **Prehistoric Journey**★★ rencontre un succès fou auprès des enfants. Suivant l'évolution de la vie sur 3,5 milliards d'années, ce voyage raconte l'histoire vivante de la Terre, de l'organisme unicellulaire au dinosaure et à l'homme moderne. **Space Odyssey**★ permet d'explorer le cosmos et de fouler le sol martien. Aux deuxième et troisième niveaux, **Dioramas**★ présente la flore et la faune de la région des Rocheuses et celle du monde, avec l'Amérique du Sud et l'Afrique. D'autres expositions rendent hommage aux Amérindiens et à l'ancienne Égypte.

### ★ Denver Zoo

*23rd Ave. (entre Colorado Blvd et York St.) - ☏ 720 337 1400 - www.denverzoo.org - mars-oct. : 9h-17h ; nov.-fév. : 10h-16h - 15 $ (-11 ans 10 $).*

Quelque 3 500 animaux sont à découvrir dans ce zoo de plus de 32 ha, construit autour d'une boucle de 1,5 mile. La visite peut s'effectuer à bord du Pioneer Train, qui fonctionne au gaz naturel. **Tropical Discovery**★★, habitat de forêt tropicale reproduit sous une énorme pyramide de verre, présente de nombreuses espèces d'animaux, parmi lesquelles des nautiles des fonds marins. **Primate Panorama★** abrite des lémuriens nocturnes, des orangs-outangs d'Asie et des gorilles des plaines d'Afrique, une espèce menacée. Un des spectacles les plus appréciés du zoo est l'heure du repas à **Northern Shores**, un habitat arctique peuplé de phoques, d'otaries et loutres.

## À voir aussi Plan de ville

### Rino & Five Points Districts C1

Au nord de Downtown, au-delà du croisement de Broadway et Walnut St., le **River North Art District** *(www.rivernorthart.com)*, surnommé « Rino », est un quartier en plein essor où se retrouvent artistes et créatifs : architectes, designers, peintres, photographes, céramistes, galeristes, etc. Le premier vendredi de chaque mois, les galeries organisent des vernissages et beaucoup d'artistes ouvrent les portes de leurs ateliers. Au nord-est de Downtown, de l'autre côté d'Arapahoe Street, **Five Points** est un ancien quartier noir autrefois surnommé le « Harlem de l'Ouest ». Welton Street était réputée pour ses nombreux clubs de jazz, où se sont produits Billie Holiday, Duke Ellington, Louis Armstrong, Miles Davis et Nat King Cole.

★ **Black American West Museum** – *3091 California St. - ☎ 720 242 7428 - www.blackamericanwestmuseum.org - mar.-sam. 10h-16h (horaires indicatifs, mieux vaut téléphoner avant) - 10 $. Accès : prendre le tram D à l'angle de 16th St. et California St. et descendre à 30th Downing. Le musée est juste en face.* Logé dans une pittoresque maison en bois d'époque victorienne qui fut la demeure de Justina Ford, première femme médecin noire du Colorado, ce petit musée révèle un pan méconnu de l'histoire de l'Ouest, celle des cow-boys noirs, esclaves affranchis qui formaient près d'un tiers des effectifs des gardiens de troupeaux. À l'aide de nombreux objets, photographies et documents, il rend justice à la contribution essentielle des Afro-Américains à la conquête de l'Ouest : serviteurs, cuisiniers, soldats, explorateurs, etc.

### ★ Denver Botanic Gardens Hors plan par C2

*1005 York St. - ☎ 720 865 3500 - www.botanicgardens.org - 9h-21h (dernière entrée 20h) - 15 $ (-15 ans 9 $).*

Ces jardins qui réunissent 42 parcelles à thème offrent une oasis de calme au milieu de la ville. Du début du printemps aux premières gelées, les jardins de roses, lilas, pivoines, iris et hémérocalles attirent oiseaux et papillons. Le jardin de rocailles alpin reconstitue un environnement de haute altitude.

L'immense coupole de verre du **Boettcher Memorial Conservatory★★** abrite des plantes tropicales. Des sentiers serpentent agréablement au travers de ce paradis, dont on a une bonne vue d'ensemble d'une plate-forme suspendue à 12 m de haut sur un banian artificiel.

## À proximité Carte de région

### ★★ Golden C2

*À 15 miles à l'ouest du centre de Denver par l'I-70 (direction Rte 58) ou l'US-6 (direction 19th St.).*

**Visitor Center** – *1010 Washington Ave. - ☎ 303 279 3113 - www.cityofgolden.net - lun.-vend. 9h-17h, sam. 10h-16h.*

La découverte à pied de l'ancienne capitale du territoire commence près de la rivière Clear Creek, dans le centre-ville. La visite comprend **Astor House Museum** *(822 12th St. - ☎ 303 278 3557 - mar.-sam. 10h-16h30,* *dim. 12h-16h30 - 3 $)*, premier hôtel en briques construit à l'ouest du Mississippi (1867) ; le **Golden History Center** *(923 10th St. - ✆ 303 278 3557 - mar.-sam. 10h-16h30, dim. 12h-16h30 - 3 $)*, et le musée de la Courtepointe, **Rocky Mountain Quilt Museum★** *(1213 Washington Ave. - ✆ 303 277 0377 - www.rmqm.org - lun.-sam. 10h-16h, dim. 11h-16h - 6 $)*.

★ **Coors Brewery** – *13th St. et Ford St. - ✆ 303 277 2337 - www.millercoors.com - visite guidée uniquement (1h) : 10h-16h (dim. 12h-16h) - fermé mar. et merc. de sept. à mai - gratuit.* Le plus grand complexe de brasserie du monde a été fondé en 1873 par un immigré, Adolph Coors. La visite suit les étapes de préparation de la bière, qui dure seize semaines : maltage, brassage, fermentation, conditionnement. La brasserie en produit chaque jour plus de 5,5 millions de litres.

★ **Colorado Railroad Museum** – *17155 W. 44th Ave. - ✆ 303 279 4591 - www.coloradorailroadmuseum.org - 9h-17h - 10 $ (-15 ans 5 $).* Le plus grand musée du rail des Rocheuses expose plus de 100 modèles, rappel de ceux qui ont apporté développement et peuplement au Colorado.

## Buffalo Bill Grave & Museum C2

*À 5 miles à l'ouest de Golden.*

*987 1/2 Lookout Mountain Rd (I-70, sortie 256) - ✆ 303 526 0744 - www.buffalobill.org - mai-oct. : 10h-17h ; nov.-avr. : mar.-dim. 9h-16h - 5 $.*

L'inimitable William F. « Buffalo Bill » Cody (1846-1917) est mort à Denver. De sa tombe, au sommet de Lookout Mountain, proche du musée et d'une boutique de souvenirs, on a une belle vue de Front Range.

## ★ Red Rocks Park and Amphitheatre C2

*À Morrison, 15 miles à l'ouest de Denver par la Rte 26 à partir de l'I-70, ou Morrison Rd à partir de la Rte 470.*

*18300 W. Alameda Pkwy - ✆ 720 865 2494 - www.redrocksonline.com - 8h-19h (9h-16h en hiver) - gratuit.*

Dans une vaste cuvette naturelle sculptée entre Ship Rock et Creation Rock, deux formations de grès dominant de 90 m une arête rocheuse, on a installé un magnifique amphithéâtre en plein air de 9 450 places pour accueillir de grands concerts. Le parc de 250 ha offre aussi des sentiers de randonnée et de VTT.

## ★ Mount Evans Scenic Byway C2

*US-103 en partant d'Idaho Springs en direction d'Echo Lake, puis US-5. Comptez 5 miles de la base au sommet.*

*✆ 303 567 3000 - www.fs.usda.gov.*

Cette route panoramique pavée, entretenue par l'US Forest Service, s'élève à 4 300 m. Sur le chemin, le **Dos Chappell Nature Center** vous livrera tous les secrets de la forêt de pins à cônes épineux alentour. Le sommet est l'habitat naturel des marmottes, des chèvres et des mouflons (plus facilement visibles le matin). On y découvre également une **vue panoramique★★** à 360° sur la cordillère du Front Range et le Continental Divide (ligne continentale de partage des eaux).

# ★★ BOULDER C1

*À 29 miles au nord-ouest de Denver par l'US-36.*

*1301 Pearl St. (kiosque) - ✆ 303 442 2911 - www.bouldercoloradousa.com - 10h-20h.*

Cette agréable ville de 103 166 habitants se niche au pied des Flatirons (fers à repasser), abruptes montagnes de roche rouge. Fondée en 1859, Boulder se développa lorsque le nouvel État du Colorado y établit son université. Pionnière de l'urbanisme contrôlé, elle est entourée de 200 km² de parcs et d'espaces de plein air, qui comptent 186 miles de sentiers publics ouverts aux promeneurs, joggeurs, patineurs et cyclistes. Les 30 000 étudiants de l'université du Colorado, dont un millier venus de l'étranger, lui apportent une touche de jeunesse.

**Pearl Street Mall★** *(de $11^{th}$ à $15^{th}$ St.)* est une zone piétonne pavée de briques, bordée de boutiques, de galeries intéressantes et de terrasses de cafés. Remarquez, le long de l'avenue, le **Boulder County Courthouse** *($13^{th}$ St. et Pearl St.)*, construction Art déco de 1933, et l'**Hotel Boulderado★** *(2115 $13^{th}$ St., à l'angle de Spruce St. - ✆ 303 442 4344 - www.boulderado.com)*, édifice italianisant en briques rouges de 1909.

**Boulder Creek Path★★**, un chemin en bord de rivière presque entièrement pavé, traverse sur 16 miles le centre de la ville.

Près du centre-ville, la **Boulder Public Library★** *(1001 Arapahoe Ave. - ✆ 303 441 3100 - www.boulderlibrary.org)* enjambe la rivière.

En face d'un complexe de marchés agricoles saisonniers, **The Boulder Dushanbe Teahouse★★** *(1770 $13^{th}$ St. - ✆ 303 442 4993 - www.boulderteahouse.com)*, bâtiment en céramique polychrome créé et assemblé en 1998 par des artisans du Tadjikistan, a été offert par la ville de Douchanbé, jumelée avec Boulder. Il abrite un restaurant.

### ★ University of Colorado

*Suivez Broadway puis $28^{th}$ St. et University Ave. jusqu'à Baseline Rd - ✆ 303 492 1411 - www.colorado.edu.*

200 bâtiments sont dispersés sur ce campus de 300 ha. Le plus vieux d'entre eux, **Old Main** (1877), est une construction victorienne à tourelles. Les autres sont, pour la plupart, en grès rose, à toits de tuiles rouges, héritage du grand projet d'aménagement du campus par Charles Z. Klauder en 1917, inspiré des villages toscans. Les visiteurs sont les bienvenus à l'**University of Colorado Museum of Natural History** *(Henderson Building, $15^{th}$ St. et Broadway - ✆ 303 492 6892 - http://cumuseum.colorado.edu - 9h-17h, w.-end 10h-16h - 3 $)* et au **Fiske Planetarium and Science Center** *(Regent Dr., au départ de Kittredge Loop Dr. - ✆ 303 492 5001 - https://fiske.colorado.edu - lun.-vend. 9h-16h - gratuit).*

### Chautauqua Park

*Baseline Rd et $9^{th}$ St. (entrée principale pour les véhicules sur $6^{th}$ St.) - ✆ 303 442 3282 - www.chautauqua.com.*

Joyau des parcs de Boulder, il est né du mouvement idéaliste chautauqua pour le développement de retraites estivales dans le but de ressourcer les corps, les esprits et les âmes. Le Chautauqua de Boulder ouvrit en 1898 avec un camp de toile et deux bâtiments encore debout : l'**Auditorium** en bois (devenu, en été, le foyer du Colorado Music Festival) et le **Dining Room** (qui abrite désormais un restaurant).

De nombreux sentiers partent vers les hautes prairies des Flatirons, rejoignant les 13 000 ha des **Boulder Mountain Parks★** *(✆ 303 441 7200 - www.boulder colorado.gov)*. Ceux qui renoncent à randonner sur **Flagstaff Mountain★** peuvent emprunter la route sinueuse au départ de Baseline Road, jusqu'à la corniche panoramique.

### ★ National Center for Atmospheric Research

*1850 Table Mesa Dr. - ✆ 303 497 1000 - www.ncar.ucar.edu - 8h-17h, w.-end 9h-16h - visite guidée lun., mer. et vend. à 12h - gratuit.*

L'extraordinaire Mesa Laboratory (1966) a assuré la réputation internationale de l'architecte I.M. Pei. Il se détache sur l'arrière-plan spectaculaire des Flatirons, s'inspirant des habitations des Indiens anasazis dans les falaises du

Red Rocks Park and Amphitheatre.
*Dinodia/Dinodia Photo/age fotostock*

sud-ouest du Colorado. Le centre comprend plusieurs galeries d'exposition avec des présentations interactives des phénomènes atmosphériques et météorologiques, des instruments météorologiques utilisés, et des dangers qui menacent les avions.

## ★ FORT COLLINS C1

*À 65 miles au nord de Denver par l'I-25.*
*19 Old Town Square - ✆ 970 232 3840 - www.visitftcollins.com - 8h30-17h, w.-end 11h-17h.*
Ancien poste militaire de l'armée américaine, Fort Collins fut édifié dans les années 1860, durant la guerre contre les Indiens, au bord de la rivière Cache-la-Poudre. L'endroit était fréquenté à l'origine par des trappeurs français venus du Canada qui, comme son nom le laisse deviner, cachaient leur poudre le long de la rivière. Des colons européens et des Allemands de la Volga s'y établirent ensuite, cultivant la betterave à sucre et élevant des ovins, les deux anciens piliers de l'économie locale. Aujourd'hui la ville, qui abrite l'université d'État du Colorado, compte 152 061 habitants, dont 25 000 étudiants. Réputée pour sa qualité de vie et sa sécurité, elle conserve un centre historique piéton plein de charme, **Old Town Square★★**, qui a inspiré à Walt Disney la Main Street de ses parcs de loisirs. Il concentre quelques belles façades anciennes de style néo-classique, Renaissance italienne ou Art déco. Des peintures murales jalonnent les rues du centre-ville, animées de nombreuses galeries d'art et terrasses de cafés, restaurants et bars à bières. La bière est d'ailleurs incontournable à Fort Collins, qui ne compte pas moins de treize brasseries artisanales. La ville lui consacre aussi un festival, le **Colorado Brewers Festival**, qui rassemble fin juin une cinquantaine de brasseurs du Colorado. Singulière ironie de l'histoire pour une ville qui, jusqu'en 1969, interdisait la consommation d'alcool !

### New Belgium Brewery

*500 Linden St. - ✆ 970 221 0524 - www.newbelgium.com - mar.-dim. 10h-18h - visite guidée (1h30) ttes les 30mn, de 11h30 à 16h30 (réserv. en ligne) - gratuit, dégustation incluse.*
Fondée en 2001, la plus célèbre brasserie de Fort Collins est aujourd'hui la troisième plus grosse brasserie artisanale des États-Unis. Elle emploie 480 personnes et produit 712 800 barils (834 000 hectolitres) par an. Elle commercialise sept variétés différentes, mais la plus réputée est la Fat Tire, une bière ambrée inspirée des bières belges d'abbaye, connue dans tout le Colorado et bien au-delà. La visite détaille les procédés de fabrication, de brassage et de fermentation, et permet d'observer la chaîne de production, qui débite 740 bouteilles et 310 canettes à la minute. Il y règne une ambiance jeune, écolo et décontractée, digne des *start-up* californiennes.

### ★ Fort Collins Museum of Discovery

*408 Mason Court - ✆ 970 221 6738 - www.fcmod.org - mar.-dim. 10h-17h - 9,50 $ (-12 ans 6 $).*
Spécialement conçu pour les enfants, ce musée de la découverte s'intéresse à Fort Collins et au nord du Colorado sous divers aspects : histoire, économie, culture, nature, sciences et techniques. Il privilégie les activités interactives et attrayantes, permettant notamment aux enfants d'apprendre à jouer de la batterie ou de la guitare et d'enregistrer une improvisation musicale en studio, d'observer des animaux vivants ou empaillés, etc. Le **Digital Dome Theater★** *(7 $)* présente sur un écran à 360° des films traitant de l'espace ou des monstres sous-marins de la préhistoire.

# NOS ADRESSES À DENVER

## ARRIVER/PARTIR

### En avion

**Denver International Airport** (DEN) – *à 23 miles au nord-est de la ville - ✆ 303 342 2000 - www.flydenver.com*. Chapeauté d'une forêt de tipis blancs qui le fait ressembler à un gigantesque camp cheyenne, l'aéroport de Denver est le cinquième plus grand du pays, avec près de 1 700 vols chaque jour vers 160 villes américaines et 180 destinations dans le monde (mais pas de vol direct pour Paris). Une ligne de métro relie les terminaux A, B, C et le terminal central où l'on récupère ses bagages.

Pour rejoindre le centre, vous avez le choix entre plusieurs options : **RTD SkyRide** (bus public) – *✆ 303 299 6000 - www.rtd-denver.com - 3h30-0h - ttes les h. ou ttes les 15mn aux heures de pointe - 1h de trajet - 9/13 $ (faire l'appoint).*

**SuperShuttle** (minibus privé) – *✆ 303 370 1300 - www.supershuttle.com - 4h30-0h - ttes les h. ou ttes les 15mn aux heures de pointe - 45mn de trajet - 22 $.*

En **taxi**, comptez 30mn de trajet et 55 $.

À partir de 2016, la **East Rail Line** desservira Union Station en 35mn.

Plusieurs compagnies privées assurent par ailleurs des navettes vers Boulder, Fort Collins, Aspen, Steamboats Springs et Cheyenne.

### En train

**Amtrak** – *Union Station - 1701 Wynkoop St. - ✆ 800 872 7245 - www.amtrak.com.*

### En bus

**Greyhound** – *1055 19th St. (entre Arapahoe et Curtis Sts.) - ✆ 800 231 2222 - www.greyhound.com.*

## TRANSPORTS

### Transports en commun

Le **Regional Transportation District** (RTD) gère les lignes de bus locales et régionales ainsi qu'une ligne de tramway qui traverse la ville *(✆ 303 299 6000 - www.rtd-denver.com).*

Des distributeurs automatiques permettent d'acheter les billets aux principales stations.

Dans le centre-ville, la navette gratuite **Free Mall Ride** *(5h-1h30)* parcourt la rue piétonne 16th Street. Elle est secondée par deux lignes de bus gratuites, **Free Metro Ride**, qui longent dans chaque sens les 18th St. et 19th St. entre Union Station et Civic Center.

### Taxis

Freedom Cab *(✆ 303 444 4444)* ; Metro Taxi *(✆ 303 333 3333)* ; Yellow Cab *(✆ 303 777 7777).*

### Vélo

**B-cycles** – *8 $ le pass journalier - 30mn d'utilisation gratuite à chaque trajet*. Pratique, ce système de vélos en libre-service compte 84 stations.

Les emplacements sont localisés en rouge sur le plan touristique de la ville.

## HÉBERGEMENT

### Denver

Trouver un hôtel de bonne qualité et pas cher dans le centre est quasi impossible. Notez que les tarifs varient considérablement selon la saison, le confort de la chambre et le taux de remplissage. Pour une adresse bon marché, optez pour l'un des nombreux motels situés à la périphérie de la ville, notamment près de l'aéroport.

1

### BUDGET MOYEN

**Hampton Inn & Suites** C1 – *1845 Sherman St. - 855 271 3622 - http://hamptoninn3.hilton.com - - 148 ch. 159/209 $* . Pas trop mal situé, à quelques minutes de marche du centre, cet hôtel tranquille et bien tenu constitue un choix judicieux. Accueil agréable. Salle de fitness.

**Residence Inn** – *2777 Zuni St.* Hors plan par A1 - *800 1927 1927 - www.marriott.com - - 159 ch. autour de 199 $* . Un peu excentré, près des Elitch Gardens, l'établissement propose néanmoins une navette gratuite. Propre et confortable, il dispose de chambres tranquilles et spacieuses.

**Capitoll Hill Mansion** C2 – *1207 Pennsylvania St. - 800 839 9329 - www.capitolhillmansion.com - 8 ch. 144/219 $* . Dans un quartier calme, ce charmant B&B occupe un manoir en pierre cossu entouré d'un jardin. Les chambes arborent mobilier ancien et tissus fleuris. Certaines disposent d'un balcon, d'une cheminée ou d'un Jacuzzi. Les hôtes, souriants, proposent un savoureux et copieux petit-déjeuner.

**The Curtis** B1 – *1405 Curtis St. - 303 571 0300 - www.thecurtis.com - 336 ch. 144/399 $* . Malgré ses 16 étages, cet imposant hôtel ne manque pas de caractère grâce à sa décoration pop et funkie. Chambres un peu étroites mais dotées d'une excellente literie. Sa situation centrale, sa belle salle de fitness et sa terrasse sur le toit sont appréciables. Le prix des chambres, hélas, fait le Yo-Yo au fil du calendrier.

### POUR SE FAIRE PLAISIR

**Hotel Monaco** B1 – *1717 Champa St. - 303 296 1717 - www.monaco-denver.com - 189 ch. 190/350 $.* Au cœur de Denver, la société Kimpton Group a fait rénover deux bâtiments historiques, dont un édifice Art moderne datant de 1937, afin d'y ouvrir cet hôtel-boutique. Un plafond peint à la main surplombe le hall d'entrée, tandis que les chambres sont meublées avec un luxe extravagant. L'excellent restaurant **Panzano** propose pour sa part de délicieuses spécialités du nord de l'Italie.

**Marriott Renaissance** B1 – *918 17th St. - 303 867 8100 - www.marriott.com - 395 ch. 183/359 $.* Construit en 1915, le magnifique bâtiment de l'ancienne Banque nationale du Colorado abrite désormais un luxueux quatre-étoiles en plein centre-ville. Des colonnes en marbre blanc scandent l'imposant atrium intérieur. Il est décoré de fresques monumentales de l'artiste amérindien Allen Tupper True décrivant la vie dans l'Ouest avant l'arrivée des colons. Les colossales portes blindées de la salle des coffres ouvrent sur une alcôve face au bar. Les chambres sont spacieuses et confortables, le service d'un professionnalisme sans faille. Le restaurant, **Range**, propose une cuisine régionale moderne et raffinée.

**The Oxford Hotel** B1 – *1600 17th St. - 303 628 5400 - www.theoxfordhotel.com - 80 ch. 230/455 $.* Les chambres du plus vieil hôtel de la ville sont décorées de meubles anciens venus de France et d'Angleterre. Derrière sa façade classique de briques rouges, des travaux de restauration minutieux ont révélé des faux-plafonds et des chandeliers d'argent qui avaient été recouverts de peinture. Bâti en 1891, le lieu figure au National Register of Historic Places (liste des monuments nationaux).

**Warwick Denver** C1/2 – *1776 Grant St. - 303 861*

2000 - *www.warwickdenver.com* - 🏊 - *216 ch. 159/299 $*. De grands travaux de rénovation ont été entrepris dans cet élégant hôtel de taille moyenne. L'ameublement y est de très bon goût et l'atrium, le centre de fitness, la piscine sur le toit ainsi que le restaurant en font un hôtel de première classe.

**The Crawford Hotel** B1 – *1701 Wynkoop St. - ✆ 800 228 5838 - www.thecrawfordhotel.com - 112 ch. 224/414 $*. Dernier-né des quatre-étoiles du centre (juillet 2014), cet élégant hôtel-boutique loge dans le bâtiment rénové d'Union Station. Les chambres, décorées avec goût (bois et cuir), bénéficient d'un grand confort (TV à écran plat 46", mini-Ipad). Les chambres « Pullman » au 2e étage évoquent les anciens wagons-lits de luxe. Les « Classic », au 3e étage, arborent de hauts plafonds et de larges baies vitrées. Les anciens combles accueillent enfin les « Loft », mêlant design contemporain, plafonds mansardés et poutres apparentes.

#### UNE FOLIE

**The Brown Palace Hotel** C2 – *321 17th St. - ✆ 303 297 3111 - www.brownpalace.com - 241 ch. à partir de 329 $*. Lorsque les chercheurs d'or se ruèrent dans l'Ouest en 1892, ils avaient pour habitude de faire halte dans cette auberge très distinguée. Les présidents s'y rendent encore pour une poignée de main dans le grand atrium, et les sept étages de balcons carrelés d'onyx mexicain sont surplombés par un imposant dôme de verre teinté. Le thé y est servi tous les après-midi et l'on dégustera un lapin du Colorado ou un agneau de Rosen Ranch au cérémonieux **Palace Arms**, au milieu de nombreux pavillons de bataille européens.

### À proximité

#### PRIX MOYEN

**Hotel Amstrong** – *259 South College Ave. - Fort Collins - ✆ 970 484 3883 - www.thearmstronghotel.com - 45 ch. 110/210 $*. En plein centre, un charmant petit hôtel logé dans un bâtiment en brique de trois étages, construit en 1923 mais rénové en 2014. Il abritait autrefois le Mountain Empire Hotel, un des premiers établissements touristiques de la région. Mobilier en bois de style Art déco et literie épaisse. Excellent accueil. Une étape vraiment conseillée.

#### POUR SE FAIRE PLAISIR

**Hotel Boulderado** – *2115 13th St. - Boulder - ✆ 303 442 4344 - www.boulderado.com - 160 ch. 234/379 $*. Le hall d'entrée lumineux avec son plafond en mosaïque de verre teinté évoque l'élégance victorienne qui caractérise Boulder depuis près d'un siècle. En revanche, c'est bien une cuisine des plus contemporaines qui sera servie au restaurant **Q's**.

### PETIT-DÉJEUNER

**Sam's n° 3** B1 – *1500 Curtis St. - ✆ 303 534 1927 - www.samsno3.com - dès 6h en semaine, 7h le w.-end*. Une des adresses préférées des locaux pour son bar à expresso, son menu généreux au petit-déjeuner et son décor d'inspiration Art déco typique des *diners* américains.

**Snooze** C1 – *2262 Larimer St. - ✆ 303 297 0700 - www.snoozeeatery.com - 6h30-14h30*. On ne sert ici que des petits-déjeuners car c'est, pour ses propriétaires, le repas le plus important de la journée. Le menu offre un large choix, incluant des plats originaux comme les *pancakes* à la confiture et beurre de cacahuètes, le porridge au quinoa ou les œufs Bénédicte au saumon. Forte affluence pour les brunchs du week-end.

## RESTAURATION

### Denver

#### PREMIER PRIX

**Mad Greens** C2 – *1200 Acoma St. (en face du Denver Art Museum) - ✆ 720 496 4158 - www.madgreens.com - 10h-16h (vend. 20h) - plat 6/8 $.* Denver est réputée la ville « la plus mince » d'Amérique et ce restaurant rapide de salades composées, *wraps* et paninis y concourt avec sa cuisine saine, antithèse des burgers habituels.

**Rio Grande** B1 – *1525 Blake St. - ✆ 303 623 5432 - www.riograndemexican.com - plat 9,50/12,95 $.* Porte-étendard d'une petite chaîne de restaurants mexicains née à Fort Collins dans le Colorado, ce café du quartier LoDo sert des plats traditionnels des Grandes plaines. La préparation des mets y est experte. La soupe au piment vert sublime les poivrons grillés du Nouveau-Mexique, les *enchiladas* incorporent épinards et courges pour les végétariens et l'on dégustera bien sûr des « huevos rancheros » en entrée, comme le veut la tradition.

#### BUDGET MOYEN

**Wynkoop Brewing Company** B1 – *1634 18th St. - ✆ 303 297 2700 - www.wynkoop.com - plat 8/19 $.* La plus ancienne microbrasserie de Denver est aménagée dans un entrepôt du centre-ville datant de 1899. On y trouve une salle de billard (22 tables) au deuxième étage et une salle de spectacle au sous-sol. Au menu, le *queso dip* (sauce froide au fromage), le fameux *fish & chips*, la *shepherd's pie* (tourte à la viande) et la célèbre bière locale, la *Rail Yard Ale*.

**Palettes** C2 – *100 W. 14th Ave. Parkway - ✆ 303 534 1455 - www.ktrg.net/palettes - 10h-17h - fermé lun. - plat 11/18 $ ; menu 32 $.* Dernière création de l'estimé chef Kevin Taylor, l'élégant restaurant du Denver Art Museum ouvre sur le parvis du musée, face au Hamilton Building. La carte propose une cuisine américaine contemporaine, fraîche et légère, servie avec une bonne sélection de vins au verre.

**Tamayo** B1 – *1400 Larimer St. - ✆ 720 946 1433 - www.richardsandoval.com - plat 19/28 $.* Difficile de résister à l'envie de franchir le seuil de ce restaurant toujours très animé le soir, avec sa conviviale terrasse sur le toit et son décor avenant aux couleurs ambre et corail. Le menu, inspiré de l'héritage du chef new-yorkais Richard Sandoval, décline des plats mexicains modernes : guacamole à diverses sauces, *tacos*, *cazuelas*, *enchiladas*, *tampiqueñas* de bœuf et *carnitas* de porc, flétan et *mahi-mahi*. À défaut d'y dîner, on peut aussi s'accouder au bar, dont la carte propose de nombreuses margaritas et une sélection de plus de 100 tequilas.

#### POUR SE FAIRE PLAISIR

**Buckhorn Exchange** B2 – *1000 Osage St. - ✆ 303 534 9505 - www.buckhorn.com - fermé sam. midi et dim. midi - plat 11/56 $.* Un lieu historique (1893) que fréquenta Theodore Roosevelt en son temps. Venez vous aussi goûter élans, faisans et serpents à sonnette dans un décor composé de plus de 500 trophées d'animaux et de 125 armes à feu.

**Beast + Bottle** C2 – *719 E. 17th Ave. - ✆ 303 623 3223 - www.beastandbottle.com - dîner seult + brunch les sam. et dim. - fermé lun. - plat 24/29 $.* Située dans Uptown, cette petite table joue la carte de la saine simplicité et du circuit court, « de la ferme à la fourchette ». On y sert une cuisine locale aux accents rustiques, mais à la présentation ultra raffinée. Chaque plat vous sera expliqué dans ses moindres détails, de son origine à sa fabrication. La production des viandes, œufs, légumes, fruits, poissons et fruits de mer est éthique, bio (le plus possible) et responsable. Les vins sont servis au verre, à la demi-carafe ou au litre. Bon choix aussi de bières artisanales.

**Rioja** B1 – *1431 Larimer St. - ✆ 303 820 2282 - www.riojadenver.com - fermé lun. et mar. midi - plat 10,50/32 $*. La chef Jennifer Jasinski, dont la cuisine inventive s'inspire de saveurs méditerranéennes, figure parmi les étoiles montantes de Denver. Décor à la fois simple et de bon goût (long comptoir en cuivre, brique et parquet), cuisine ouverte sur la salle et petite terrasse dans la rue. Au menu, l'agneau du Colorado, le flétan d'Alaska et le saumon à la mode hawaïenne cohabitent avec des plats de pâtes tels les *farfalles* au poulpe et piments d'Espelette et les *tortelloni* à la mousse d'artichaut et à l'essence de truffe. Rançon du succès, la salle affiche souvent complet : pensez à réserver.

**Denver ChopHouse** B1 – *1735 19th St. - ✆ 303 296 0800 - www.denverchophouse.com - plat 12/35 $*. Restaurant-gril classique de l'Ouest, situé dans le quartier LoDo, cet endroit branché et élégant ne sert que du bœuf garanti naturel. À ne pas manquer : les pointes de filet de bœuf braisées à la poêle avec leurs champignons et le steak Delmonico… 500 g à la pesée !

UNE FOLIE

**Mizuna** Hors plan par C2 – *225 E. 7th Ave. - ✆ 303 832 4778 - www.mizunadenver.com - dîner seult - fermé dim. et lun. - plats 28/39 $*. Dans le quartier de Capitoll Hill, l'une des meilleures tables de la ville, au décor intime et chaleureux, propose une cuisine américaine contemporaine aux influences méditerranéennes. Le menu varie chaque mois, mais le foie gras aux poires caramélisées, le homard au beurre blanc, la chaudrée d'huîtres ou les escargots en croûte figurent parmi les classiques. La cuisine ouverte permet d'observer les chefs au travail.

### À proximité

PREMIER PRIX

**Coopersmith's Pub & Brewing** – *5 Old Town Square - Fort Collins - ✆ 970 498 04483 - www.coopersmithspub.com - 11h-23h - plat 8,50/20 $*. On y vient avant tout pour l'animation en salle ou pour observer les passants en terrasse tout en profitant de la fraîcheur d'une bonne bière. Service rapide et prix doux, mais cuisine assez quelconque. Grand choix de salades, *burgers* et sandwichs.

PRIX MOYENS

**Gravity 1020** – *1020 East Lincoln Ave. - Fort Collins - ✆ 970 682 2260 - www.gravity1020.com et www.fortcollinsbrewery.com - fermé dim. soir - plat 10/18 $*. La brasserie Fort Collins abrite un excellent bistrot de cuisine locale, pourvu d'un agréable décor avec vue sur les cuves de fermentation. Les plats peuvent être associés à l'une des nombreuses bières maison. Essayez notamment le « Taster Flight », qui permet de tester sept bières pour 7 $.

POUR SE FAIRE PLAISIR

**The Fort** – *19192 US-8 - Morrison - ✆ 303 697 4771 - www.thefort.com - dîner seult - plat 16/45 $*. Abritée dans une réplique exacte du Bent's Fort, cette véritable institution de Denver se trouve au cœur des fameuses terres de pierres rouges. Le Fort est réputé pour sa cuisine traditionnelle des Grandes Plaines : élans, cailles et, bien sûr, les inimitables huîtres des montagnes Rocheuses, sans oublier une douzaine de plats à la viande de bison. Le patio extérieur offre une vue imprenable sur la cordillère du Front Range.

### BOIRE UN VERRE

**The Infinite Monkey Theorem Winery** – *3200 Larimer St. - ✆ 720 242 7428 - www.theinfinitemonkeytheorem.com - mar.-vend. 17h-22h, sam. 14h-22h, dim. 14h-20h - visite-dégustation (1h) sur réserv. : mar.-sam. à 16h et 18h (25 $).* N'hésitez pas à franchir les portes de cette originale cave à vins, située dans le quartier de Rino, qui produit du vin en canettes et en barils à pression ! Ben Parsons, l'œnologue des lieux, souhaite ainsi démocratiser la culture du vin, le rendre facile à consommer dans les bars, lors des concerts ou d'un pique-nique. Vous pourrez goûter aux différents cépages et assemblages maison (chardonnay, riesling, malbec, muscat, cabernet franc, petite syrah), d'une surprenante qualité. Terrasse en été.

**The Cruise Room** – *1600 17th St. - ✆ 800 228 5838 - 16h30-0h.* Le bar à cocktails de l'Oxford Hotel, inspiré d'un lounge du paquebot *Queen Mary*, reste l'un des plus beaux fleurons Art deco de Denver. Il fut inauguré en 1933, juste après l'abolition de la prohibition. On vient y siroter un excellent martini en se laissant bercer par la musique du jukebox.

**El Chapultepec** – *1962 Market St. - ✆ 303 295 9126 - www.thepeclodo.com - 11h-2h.* Surnommé « The Pec », cet établissement est un pilier de la nuit du quartier de LoDo. Sessions de *live jazz* tous les soirs, billard et chaude ambiance autour du bar. On se croirait plus à New York, Chicago ou à La Nouvelle-Orléans qu'à Denver.

**Falling Rock Tap House** – *1919 Blake St. - ✆ 303 293 8338 - www.fallingrocktaphouse.com - 11h-2h.* Le QG des amateurs de bière, avec 75 références à la pression et 130 en bouteille. Décor sans fioritures : murs en brique crue, sol en parquet brut. Grands écrans pour suivre les matchs sportifs et compte à rebours numérique égrénant les jours jusqu'à la prochaine édition du Great American Beer Festival.

**Green Russell** – *1422 Larimer St. - ✆ 303 893 6505 - www.greenrussell.com - 17h-0h.* Une volée de marches permet d'accéder à ce bar à l'ambiance un peu clandestine des « speakeasy » des années 1920. Un endroit parfait pour un cocktail après le dîner. Essayez le jalisco sour, savoureuse variante de la classique margarita. Musique lounge et DJ le samedi soir.

### ACHATS

**Rockmount** – *1626 Wazee St. - ✆ 303 629 7777 - www.rockmount.com - 8h-18h, sam. 10h-18h, dim. 11h-16h.* LA boutique du *ranchwear*, siège d'une marque créée en 1946 et rendue célèbre grâce à sa *snap button shirt* (chemise à boutons pression), aussi indispensable que le jean au cow-boy. Dans un bâtiment historique de 1909, vous trouverez de quoi vous équiper en chemises iconiques, semblables à celles portées par Eric Clapton, Bruce Springsteen, Elvis Presley ou Bob Dylan. Sans oublier bottes, chapeaux et autres accessoires western.

**REI** – *1416 Platte St. - ✆ 303 756 3100 - www.rei.com - 9h-21h, dim. 10h-19h.* Dans un ancien entrepôt au bord de la rivière South Platte, cette vaste boutique est la référence pour les vêtements et équipements de sports et loisirs d'extérieur. Elle comprend aussi un café avec terrasse et un mur d'escalade pour s'entraîner.

**Cherry Creek Shopping District** – *3000 E. 1st Ave. - ✆ 303 394 2904 - www.shopcherrycreek.com - 10h-21h (dim. 11h-18h).* L'un des plus grands centres commerciaux de l'Ouest américain. À 5mn au sud-est du centre-ville, ce quartier de 16 blocs est entièrement dédié au shopping, avec plus de 160 boutiques, ainsi que de nombreux cafés et restaurants.

## EN SOIRÉE

Liste des événements, spectacles et concerts dans les éditions du vendredi et du dimanche du *Denver Post (www.denverpost.com)* ou dans l'hebdomadaire *Westword (www.westword.com).*

Parmi les immanquables, le **Denver Center for the Performing Arts** *(✆ 303 893 4100 - www.denvercenter.org)*, le **Paramount Theatre** *(✆ 303 623 0106 - www.denverparamount.com)* et, surtout, le spectaculaire **Red Rocks Amphitheatre** *(✆ 720 865 2494 - www.redrocksonline.com).*

Pour les amateurs de jazz, le **Cervantes Masterpiece Ballroom** *(2637 Welton St. - ✆ 303 297 1772 - www.cervantesmasterpiece.com)*, dans le quartier de Five Points, accueille régulièrement de bons concerts.

**The Walnut Room** *(3131 Walnut St. - ✆ 303 292 1700 - www.thewalnutroom.com)* est une petite salle réputée pour ses concerts de rock indie.

## AGENDA

**National Western Stock Show** – *✆ 303 295 3959 - www.nationalwestern.com.* En janvier, la plus grande foire au bétail du pays : exposition-vente de bétail et chevaux, rodéo, défilés, fanfares.

**St Patrick's Day Parade** – À la mi-mars, le plus grand défilé de Denver rassemble plus de 10 000 participants, danseurs et orchestres dans les rues de la ville.

**Denver March Pow-Wow** – *www.denvermarchpowwow.org.* Fin mars, au Denver Coliseum, ce grand *pow-wow* réunit plus de 700 danseurs de 37 tribus indiennes différentes.

**Cinco de Mayo Festival** – Le 5 mai, le traditionnel défilé de la communauté hispanique attire plus de 400 000 spectateurs et s'accompagne de nombreux événements culturels.

**Cherry Creek Arts Festival** – *www.cherryarts.org.* Début juillet, expositions et performances artistiques, démonstrations culinaires.

**Buffalo Bill Days** – *✆ 303 279 3342 - www.buffalobilldays.com.* À Golden, autour du 25 juillet, grande célébration du Far West sauvage, avec défilés, concerts, jeux pour les enfants, etc.

**Great American Beer Festival-** *✆ 303 447 0816 - www.greatamericanbeerfestival.com.* Les brasseurs de Denver et sa région ont leur festival fin septembre ou début octobre au Colorado Convention Center. Le plus grand festival américain du genre réunit aussi toutes les grandes marques du pays et permet de tester des milliers de bières différentes.

Deux fois par an, en janvier et en juillet, se déroule le **Denver Brew Fest** *(www.denverbrewfest.com)* : compétitions de brasseurs, repas à la bière et autres manifestations insolites.

# Colorado Springs

★★

439 886 habitants

**Blottie au pied du vertigineux Pikes Peak, à 1 840 m d'altitude, Colorado Springs jouit de l'un des plus beaux cadres d'Amérique du Nord. Flanquée de deux bases militaires, la Air Force Academy au nord et le Fort Carson au sud, et de nombreuses autres agences liées à la défense nationale, la deuxième plus grande ville du Colorado a visiblement la fibre patriotique. C'est néanmoins une ville agréable à visiter, avec de jolies boutiques et galeries d'art et de nombreuses attractions à proximité.**

NOS ADRESSES PAGE 168

### S'INFORMER

**Colorado Springs Visitor Center** – *515 South Cascade Ave. - ✆ 719 635 7506 ou 800 888 4748 - www.visitcos.com - mai-sept. : 8h-18h ; oct.-avr. : lun.-vend. 8h30-17h.*

### SE REPÉRER

Carte de région C2 (p. 136-137) – *heure des Montagnes.* La deuxième plus grande ville du Colorado, dans le comté d'El Paso, se situe à 70 miles au sud de Denver. L'I-25 traverse la ville du nord au sud. L'Air Force Academy se trouve au nord, le centre-ville au sud.

### À NE PAS MANQUER

Pikes Peak ; Garden of the Gods.

### AVEC LES ENFANTS

US Olympic Complex ; Cheyenne Mountain Zoo ; ProRodeo Hall of Fame and Museum of the American Cowboy ; Pikes Peak Cog Railway ; Caves of the Winds.

## Se promener

Aujourd'hui, le centre-ville de Colorado Springs reflète la vision grandiose de ses fondateurs avec ses larges avenues, son aménagement urbain élégant et ses beaux bâtiments anciens.

Le **Colorado Springs Pioneers Museum** *(215 S. Tejon St. - ✆ 719 385 5990 - www.cspm.org - 10h-17h - fermé dim. et lun. - gratuit)* retrace les débuts de la ville. Dans un remarquable bâtiment Art déco en acier et pierre calcaire (1936, John Gaw Meem) qui rappelle le style pueblo, le **Colorado Springs Fine Arts Center**★ *(30 W. Dale St. - ✆ 719 634 5581 - www.csfineartscenter.org - 10h-17h - 10 $)* abrite, entre autres, des peintures de Georgia O'Keeffe, Charles Russell et John James Audubon.

La visite de la **Van Briggle Art Pottery** *(1024 S. Tejon St. - ✆ 719 633 7729 - www.vanbriggle.com - lun.-sam. 9h-17h - gratuit)* permet de découvrir une manufacture vieille d'un siècle, dont les produits ont été exposés au Louvre et au Metropolitan Museum of Art de New York.

### ★ Old Colorado City

*W. Colorado Ave. et rues transversales, de S. 24th St. à S. 27th St. - ✆ 719-577 4112 - www.shopoldcoloradocity.com.*

Colorado Springs, Pikes Peak Cog Railway *(p. 166)*.
J. West/age fotostock



Avant Colorado Springs, il y avait El Dorado, implantée en 1859, vite renommée Colorado City, et intégrée à Colorado Springs en 1917. Colorado Avenue est bordée de restaurants, d'ateliers d'artistes et de galeries vendant des objets de collection de l'Ouest américain ; beaucoup occupent d'anciens magasins restaurés avec goût. Dans une église de 1890, le **Old Colorado City History Center** *(1 S. 24th St. - ℘ 719 636 1225 - www.occhs.org - mar.-sam. 11h-16h - gratuit)* abrite une exposition de photographies, documents et souvenirs historiques.

## ★ US Olympic Complex

*1750 E. Boulder St. (au niveau d'Union Blvd) - ℘ 719 632 5551 - www.teamusa.org - visite guidée (1h), juin-15 août : tlj 9h-16h30 (dép. ttes les 30mn) ; 15 août-mai : lun.-sam. 9h-16h (dép. ttes les h) - gratuit.*

En 1978, une ancienne base de l'US Air Force a été reconvertie en un gigantesque complexe sportif abritant l'un des trois centres d'entraînement nationaux pour athlètes amateurs. Il accueille plus de 500 entraîneurs et athlètes, spécialistes d'une douzaine de disciplines. Le **Visitors Center** *(1 Olympic Plaza)* présente le palmarès olympique des États-Unis. La visite suit **Olympic Path**, une allée piétonne qui permet d'admirer gymnastes et nageurs à l'entraînement. Le centre international de recherches aquatiques et la clinique de médecine sportive high-tech sont particulièrement intéressants.

## ★ The Broadmoor

*1 Lake Cir. (extrémité ouest de Lake Ave. par l'I-25, sortie 138) - ℘ 719 623 5112 - www.broadmoor.com.*

Le petit casino Broadmoor, bâti en 1891 au pied de Cheyenne Mountain, trouva une nouvelle vie en 1916 quand Spencer Penrose racheta le domaine pour en faire une villégiature de classe internationale. On fit venir des artisans européens pour façonner fresques et céramiques ouvragées, ornements de marbre et autres éléments décoratifs de cet hôtel de style italianisant, recouvert de stuc rose. Aujourd'hui, ce complexe de plus de 700 chambres possède un centre de conférences, un centre de remise en forme, neuf restaurants et salons, des boutiques élégantes, trois golfs 18 trous, quatre piscines, douze

**UN PEU D'HISTOIRE**
Constructeur de la ligne de chemin de fer entre Denver et Rio Grande, promu général au cours de la guerre de Sécession, William Jackson Palmer fonde la ville en 1871 sur la desserte ferroviaire des villes minières de Cripple Creek et Victor. Il l'appelle Springs (sources) pour y attirer les habitants de l'Est habitués à fréquenter les villes d'eaux, alors très à la mode. Les idées ambitieuses du général trouvent un écho chez Spencer Penrose, magnat de l'or et du cuivre, qui fait construire au début du 20e s. la route Pikes Peak Auto Highway, fait du Broadmoor un hôtel de villégiature de classe internationale, et finance de nombreuses institutions culturelles de Colorado Springs, encore actives aujourd'hui. Pendant la guerre froide, « The Springs » devient un centre de la défense aérienne américaine avec le Cheyenne Mountain Operations Center. Beaucoup d'industries de la défense s'y implantent. La ville devient aussi un pôle des organisations protestantes fondamentalistes.

courts de tennis et des écuries. Le pub du 17e s., The Golden Bee, a été importé d'Angleterre. Julie Penrose ouvrit en 1947 le **Carriage House Museum** pour exposer des voitures à cheval anciennes.
Une boucle de 1 mile entoure l'hôtel d'origine et le lac privé du complexe.

### World Figure Skating Museum & Hall of Fame
*20 First St. - ✆ 719 635 5200 - www.worldskatingmuseum.org - mar.-vend. 10h-16h - 5 $ (-12 ans 3 $).*
Au nord du Broadmoor se trouve le musée du patinage sur glace, qui retrace l'histoire de cette discipline du 17e s. à nos jours. Pour prolonger la visite, sachez que des compétitions de patinage et de hockey sont régulièrement organisées à la patinoire **Colorado Springs World Arena** *(3185 Venetucci Blvd, par Circle Dr. - ✆ 719 477 2100).*

### ★ Cheyenne Mountain Zoo
*4250 Cheyenne Mountain Zoo (par l'I-25, sortie 138, à l'ouest du Broadmoor Hotel, puis à droite, suivez le flèchage) - ✆ 719 633 9925 - www.cmzoo.org - mai-sept. : 9h-18h (dernière entrée 16h) ; oct.-avr. : 9h-17h - 17,25 $ (-11 ans 12,25 $).*
Fondé en 1926 par Spencer Penrose, ce zoo de montagne installé sur une pente rocheuse couverte de pins abrite plus de 800 animaux de plus de 200 espèces différentes. En 1998, 29 des 74 naissances enregistrées touchaient des espèces menacées, dont un ours à lunettes et un takin du Sichuan. Parmi d'autres espèces rares, le léopard des neiges, le rhinocéros noir et l'orang-outang de Sumatra. Lancée en 2013, la section **Encounter Africa** abrite éléphants d'Afrique, lions et rhinocéros noirs. Un tramway est proposé en été.
En conduisant prudemment, les visiteurs peuvent traverser le domaine du zoo et monter en serpentant sur 1,5 mile jusqu'au **Will Rogers Shrine of the Sun★** *(✆ 719 578 5367 - www.cmzoo.org)*, un plateau qui domine Colorado Springs de 600 m. La tour en granit de 30 m (1937, Charles E. Thomas) aux allures de château médiéval a été dédiée à l'acteur et philosophe Will Rogers, mort en 1935 dans un accident d'avion. Dans les étages supérieurs sont exposées des photographies retraçant sa vie. Du sommet (94 marches), on jouit d'une admirable **vue★★** vers l'est.

### ★★ Seven Falls
*Extrémité ouest de Cheyenne Blvd (du Broadmoor, suivez Lake Ave. et Mesa Dr.) - ✆ 719 632 0765 - www.sevenfalls.com - juin-août : 8h30-22h ; mai et sept. : 9h-17h ; mars-avr. et oct.-nov. : 9h-16h - 9,25 $.*

La route passe par les Piliers d'Hercule, goulet étroit du South Cheyenne Canyon, pour aboutir à cette impressionnante série de cascades de 55 m de haut. On accède par un ascenseur ou par 185 marches abruptes au nid d'aigle, **Eagle's Nest**, qui surplombe les chutes. Une deuxième volée de 224 marches longe les sept cascades jusqu'au sentier de 0,5 mile qui mène à **Inspiration Point**.

### ★★ Garden of the Gods

*Garden Dr. (au nord de l'US-24) ou Gateway Rd (à l'ouest de 30th St.) - ✆ 719 634 6666 - www.gardenofgods.com - été : 8h-19h ; hiver : 9h-17h - gratuit.*

Dans ce parc urbain de 560 ha, des formations de roche rouge aux silhouettes fantastiques, qui s'élèvent jusqu'à 90 m, composent une vitrine du passé géologique. Des routes et de nombreuses aires de stationnement permettent de se rendre en voiture jusqu'aux formations les plus célèbres (Le Rocher en équilibre, Les Flèches de cathédrale, Le Baiser des chameaux, Les Trois Grâces, La Tour de Babel), qui surgissent, spectaculaires, d'un océan de verdure. La plupart des autres se voient mieux à pied, à bicyclette ou à cheval sur des sentiers de 3 à 5 miles.

À l'est du parc, le **Visitor Center** *(1805 N. 30th St.)* présente l'histoire naturelle locale et un spectacle d'orientation multimédia (12mn). De là partent des visites à pied guidées par un naturaliste *(à 10h et 14h - durée 30mn - gratuit)*.

Au sud du Visitor Center, dans le **Rock Ledge Ranch Historic Site** *(Gateway Rd et 30th St. - ✆ 719 578 6777 - www.rockledgeranch.com - de juin à mi-août : merc.-sam. 10h-17h - 8 $)*, des figurants en costumes d'époque mettent en scène la vie quotidienne d'autrefois dans une ferme, un ranch et un ancien domaine.

Au sud du parc subsite l'ancien comptoir de commerce (1901), le **Garden of the Gods Trading Post** *(324 Beckers Lane - ✆ 719 685 9045 - www.gardenofthegods-tradingpost.com)*. Ce vaste édifice de style pueblo abrite aujourd'hui une galerie d'art et d'artisanat amérindien, une boutique de souvenirs et un restaurant.

### ★ ProRodeo Hall of Fame and Museum of the American Cowboy

*101 Pro Rodeo Dr. (par l'I-25, sortie 147, puis Rockrimmon Blvd) - ✆ 719 528 4764 - www.prorodeohalloffame.com - mai-août : 9h-17h ; sept.-avr. : merc.-dim. 9h-17h - 8 $.*

Deux présentations multimédia retracent l'histoire du rodéo, « le sport américain originel » *(voir p. 172)*, du 19e s. à nos jours. Des plaques et des statues en bronze rendent hommage aux cow-boys les plus célèbres, ainsi qu'aux clowns, hommes de spectacle et techniciens du rodéo. D'autres présentations réunissent costumes et équipements de cow-boys, selles et cordes, et souvenirs personnels.

### ★★ US Air Force Academy

*Academy Dr. West (par l'I-25, sortie 156B-North Gate Blvd) - ✆ 719 333 2025 - www.usafa.af.mil - 8h-18h - gratuit. Attention, une pièce d'identité est exigée à l'entrée.*

À 14 miles au nord du centre-ville, l'unique école militaire de l'Ouest s'étend sur quelque 75 km² au pied de la chaîne du Rampart Range. La visite autoguidée en voiture comprend une présentation de B-52 et deux points de vue panoramiques. Le joyau du site est la **chapelle des Cadets★★★** (1959-1963, Skidmore, Owings & Merrill, d'après un dessin de Walter Netsch). Surmontée de 17 flèches en aluminium de 46 m, cette vertigineuse cathédrale contient plusieurs chapelles, protestante, catholique, juive et œcuménique. Chaque jour en semaine, à 11h35, les 4 000 cadets de l'école défilent en bon ordre pour aller prendre leur repas près de la chapelle. À côté, le **Barry Goldwater Visitor Center★** *(9h-17h)* illustre par des présentations interactives la vie des cadets.

1

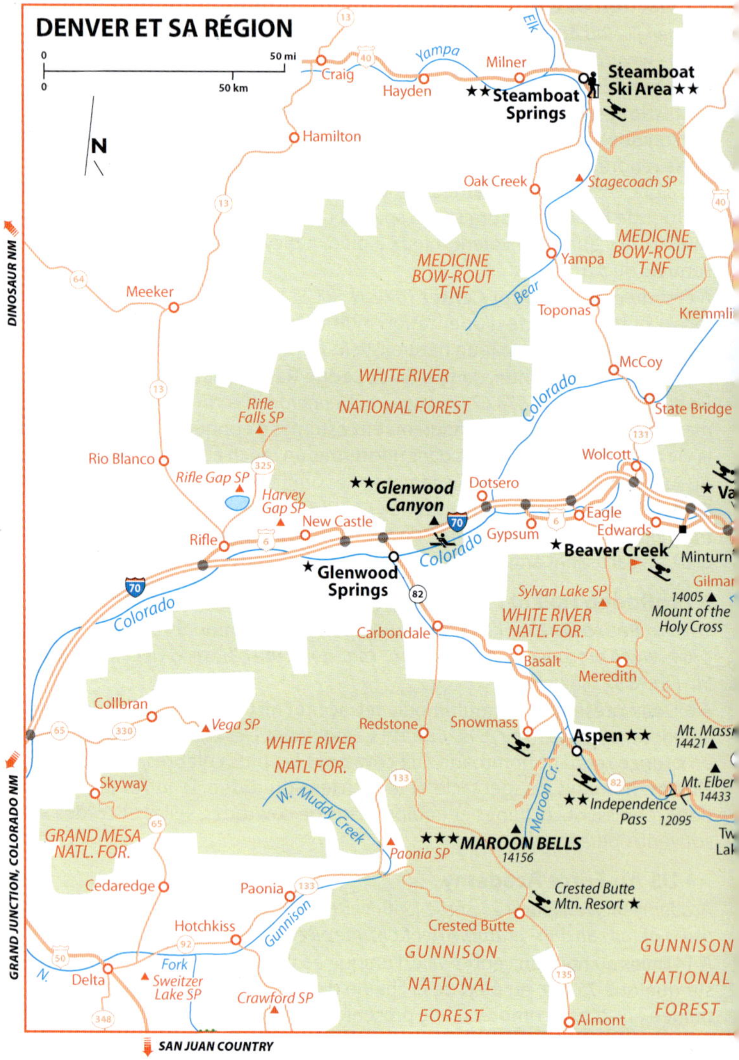
DENVER ET SA RÉGION
0 50 mi
0 50 km
N
DINOSAUR NM
GRAND JUNCTION, COLORADO NM
SAN JUAN COUNTRY
Craig
Hayden
Milner
Yampa
Elk
Steamboat Springs
Steamboat Ski Area
Hamilton
Oak Creek
Stagecoach SP
MEDICINE BOW-ROUT T NF
Yampa
Bear
Toponas
Kremmling
Meeker
McCoy
State Bridge
Colorado
WHITE RIVER NATIONAL FOREST
Rifle Falls SP
Rio Blanco
Rifle Gap SP
Harvey Gap SP
Wolcott
Glenwood Canyon
Dotsero
Eagle
Edwards
New Castle
Rifle
Gypsum
Beaver Creek
Minturn
Glenwood Springs
Gilman
Sylvan Lake SP
14005 Mount of the Holy Cross
WHITE RIVER NATL. FOR.
Carbondale
Basalt
Meredith
Collbran
Vega SP
Redstone
Snowmass
Aspen
Mt. Massive 14421
Skyway
Mt. Elbert 14433
W. Muddy Creek
Maroon Cr.
Independence Pass 12095
GRAND MESA NATL. FOR.
Paonia SP
MAROON BELLS 14156
Cedaredge
Paonia
Crested Butte Mtn. Resort
Hotchkiss
Gunnison
Crested Butte
Fork
Delta
Sweitzer Lake SP
Crawford SP
GUNNISON NATIONAL FOREST
Almont
70
82
6
13
40
64
65
330
325
131
133
135
50
92
348

CHEYENNE
NORTH PLATTE
TOPEKA
TOPEKA
SANTA FE
ROYAL GORGE BRIDGE AND PARK, GREAT SAND DUNES NP
ARAPAHO NWR
Colorado State Forest
Gould
Rand
Fort Collins
Ault
Tundra Trail ★★
Trail Ridge Rd. ★★★
Windsor
Boyd Lake SP
Greeley
Estes Park
Loveland
Kersey
Platte
Milliken
Coyotte Valley Trail
★★★ ROCKY MOUNTAIN NATL. PARK
Bear Lake Road ★
★Grand Lake
Longs Peak 14255
Lyons
Gilcrest
Barbour Ponds SP
Platteville
ARAPAHO NRA
Shadow Mtn. L.
Longmont
South
L. Granby
Dacono
Peak to Peak Hwy.
Prospect Valley
★Brainard Lake
Granby
Colorado
Fraser
ARAPAHO NF
Boulder ★★
Middle Park
Tabernash
Brighton
Fraser
Eldorado Canyon SP
Barr Lake SP
★Nederland
★ Winter Park
Golden Gate Canyon SP
Blue
Central City
DENVER ★★★
Bennett
Berthoud Pass 11315
Black Hawk
Empire
Golden ★★
Buffalo Bill Grave & Museum
Eisenhower Tunnel
Cr.
Idaho Springs
Silverthorne
★Georgetown
Lakewood
Frisco
Loveland Pass ★ 11992
★Red Rocks Park and Amphitheatre
Cherry Creek SP
Keystone Resort ★
Mount Evans Scenic Bwy ★
14264
Chatfield SP
Copper Mtn.
Grant
Roxborough SP
Breckenridge ★
Bailey
Franktown
Fremont Pass 11318
Jefferson
10424 Climax
Castlewood Canyon SP
Alma
Leadville★
Fairplay
Deckers
PIKE NATIONAL FOREST
South Platte
Palmer Lake
Cherry Cr.
Garo
PIKE NATIONAL FOREST
US Air Force Academy ★★
Soinney Mtn. SP
Hartsel
Florissant
Woodland Park
ProRodeo Hall of Fame★
Eleven Mile SP
★★Garden of the Gods
Divide
Florissant Fossil Beds NM
★Manitou Springs
★★Colorado Springs
Arkansas
Buena Vista
Mueller SP
14110
★★★PIKES PEAK
The Broadmoor★
★★Cripple Creek
Victor
Arkansas Headwaters SP
Security-Widefield
★★Seven Falls

## À proximité Carte p. 164-165

### ★★★ Pikes Peak

*À environ 10 miles à l'ouest de Colorado Springs par Cimarron St./Rte 24.*
*800 525 2250 - www.pikes-peak.com.*
Avec ses 4 300 m, Pikes Peak n'est pas le plus haut sommet des États-Unis, ni même du Colorado. Mais c'est le pic le plus impressionnant, sans doute le plus célèbre, en tout état de cause le plus accessible. Il est également connu pour sa course automobile de montagne, le **Pikes Peak International Hill Climb**, qui se tient chaque année en été.
Baptisé en 1806 par le lieutenant Zebulon Pike, explorateur militaire, qui le déclare « invincible », il est tout le contraire. Dès 1891, un chemin de fer, le plus haut du monde à l'époque, en fait l'ascension et Spencer Penrose y construit une route en 1916. Aujourd'hui, les visiteurs montent en train, en voiture ou à pied à **Summit House**, qui abrite un café et un magasin de souvenirs. Il fait souvent froid au sommet et il peut y neiger en toutes saisons. Quand le ciel est dégagé, on profite cependant de **panoramas★★★** incomparables, à l'ouest jusqu'aux Rocheuses enneigées, à l'est à travers la plaine, au nord jusqu'à Denver et au sud jusqu'aux Sangre de Cristo.
**Pikes Peak Cog Railway★★★** – *515 Ruxton Ave. - Manitou Springs - 719 685 5401 - www.cograilway.com - 8h-17h20 (dép. ttes les 80mn de juin à août ; fréquence plus réduite le reste de l'année) - 3h AR, avec 30mn d'arrêt au sommet - 36 $ (-12 ans 19,50 $).* Ce chemin de fer à crémaillère offre l'occasion d'une belle excursion. Au départ de sa gare pittoresque, le train grimpe un dénivelé de 2 000 m en suivant une suite de plans fortement inclinés, offrant des vues constamment changeantes. Parmi les rochers gambadent marmottes et mouflons d'Amérique.
Au sommet, le train rejoint **Pikes Peak Highway★★**, une route à péage qui sinue sur 19 miles au départ de Cascade *(15 miles à l'ouest de Colorado Springs par l'US-24)* ; après 6,8 miles, au **Crystal Reservoir & Visitor Center**, on roule sur des gravillons.
Les randonneurs peuvent quant à eux emprunter le **Barr Trail** *(www.barrtrail.net)*, un sentier ardu de 11,8 miles qui gravit un dénivelé de 2 320 m de Manitou Springs jusqu'au sommet. La société Challenge Unlimited *(719 633 6399 - www.bikithikit.com - mai-oct.)* propose une descente de 20 miles à VTT (munis de bons freins) avec un guide.

### ★ Manitou Springs

*À 4 miles à l'ouest de Colorado Springs par la bretelle de raccordement à l'US-24.*
*354 Manitou Ave. - 719 685 5089 - www.manitousprings.org - lun.-vend. 9h-17h, sam. 9h-16h.*
Bien avant que le général Palmer commence à promouvoir Manitou Springs comme station thermale, Indiens et premiers explorateurs connaissaient les vertus thérapeutiques des sources situées au nord-est de Pikes Peak. On y établit dans les années 1890 des thermes et plusieurs hôtels élégants. Aujourd'hui, galeries et B&B occupent nombre de ces constructions au charme suranné. Des trolleybus découverts proposent des circuits (1h) dans le centre.
★ **Miramont Castle** – *9 Capitol Hill Ave. - 719 685 1011 - www.miramontcastle.org - juin-août : 9h-15h ; sept.-mai : mar.-sam. 10h-16h - 8 $.* Ce grand manoir en grès, construit à la fin du 19e s. par un prêtre français fortuné, ne compte pas moins de 30 pièces décorées dans neuf styles différents.
★ **Cave of the Winds** – *À 2 miles à l'ouest de Manitou Springs par la bretelle de raccordement à l'US-24 (par l'I-25, sortie 141) - 719 685 5444 - www.caveofthewinds.com - juin-août : 9h-21h ; sept.-mai : 10h-17h - 20/30 $ (6-12 ans 12/15 $) - réserv. en*

*ligne conseillée.* En 1880, deux enfants découvrent l'entrée d'une caverne. George Snider, habitant de Manitou, commence l'exploration de ses galeries. Il découvre une chambre de 70 m de long sur 15 de haut, aujourd'hui au centre d'une grotte touristique exploitée par sa famille. On y accède par une route inclinée qui serpente sur 1 mile. Les guides du très fréquenté **Discovery Tour** *(45mn)* expliquent la formation des grottes, en empruntant un sentier bétonné bien éclairé. Le **Lantern Tour** *(90mn)* est mené par un guide en costume qui retrace l'histoire des lieux et les légendes qui y sont attachées.

**Manitou Cliff Dwellings Museum** – *À 5 miles à l'ouest de Manitou Springs par la bretelle de raccordement à l'US-24 - 719 685 5242 - www.cliffdwellingsmuseum.com - mai-sept. : 9h-18h ; mars-avr. et oct.-nov. : 9h-17h ; déc.-fév. : 9h-16h - 9,50 $.* À la fin du 19e s., des archéologues démontèrent, pour les reconstruire ici, quarante pièces d'habitation et tours en maçonnerie des 12e et 13e s. des Indiens anasazis du Phantom Cliff Canyon (région des Four Corners).

En 1896, les Amérindiens ont construit le pueblo voisin pour y résider jusqu'en 1984. Leurs descendants pratiquent toujours leurs danses traditionnelles en été. Deux musées et une grande boutique présentent des objets d'artisanat.

## Florissant Fossil Beds National Monument

*À 35 miles à l'ouest de Colorado Springs par l'US-24.*

*719 748 3253 - www.nps.gov/flfo - été : 8h-18h ; reste de l'année : 9h-17h - 3 $.*

Plus de 50 000 fossiles, un des plus importants groupes de l'Oligocène (il y a 35 millions d'années) ont été sortis du lit schisteux de l'ancien lac Florissant. On y trouve une extraordinaire collection d'insectes et de plantes, représentant quelque 17 000 espèces. Un réseau de 15 miles de sentiers permet de voir d'énormes bases de séquoias pétrifiées par des coulées de boue volcaniques.

1

## ★★ Cripple Creek

*À 44 miles à l'ouest de Colorado Springs par l'US-24 jusqu'à Divide, puis Rte 67 vers le sud.*

*877 858 4653 - www.visitcripplecreek.com.*

En 1890, on découvrit de l'or sur le flanc est du Pikes Peak, à 2 864 m d'altitude. Bientôt s'éleva en ce lieu le plus grand camp de prospecteurs du monde. En dix ans, la population atteignit 25 000 habitants. Aujourd'hui, la ville (1 169 hab.) est fière de ses 16 églises, de ses 73 saloons, et de ses beaux réseaux de tramways et de trains (18 arrivées et départs quotidiens).

À 6 miles au sud, sa voisine, **Victor**, abritait près de 18 000 habitants au tournant du siècle. Aujourd'hui réduite à 1 200 habitants, elle a trouvé un nouveau filon dans l'industrie des casinos.

La mine ferma en 1961 mais l'extraction reprit en 1976, sous le contrôle de la **Cripple Creek & Victor Gold Mining Company**, filiale de l'AngloGold Ashanti, qui exploite de nos jours la mine à ciel ouvert de Cresson, la plus grande mine d'or du Colorado. L'or y est extrait par lixiviation, c'est-à-dire dissous par du cyanure.

**Cripple Creek & Victor Gold Mine Visitor Center** – *371 East Bennett Ave. - Cripple Creek - 719 689 2341 - www.ccvgoldmining.com - été : 10h-17h ; hiver : tlj sf lun. 11h-16h.* Il présente une exposition sur les activités de la mine.

★ **Cripple Creek & Victor Narrow Gauge Railroad** – *À l'extrémité est de Bennett Ave. - Cripple Creek - 719 689 2640 - www.cripplecreekrailroad.com - de mi-mai à mi-oct. : 10h-17h (dép. ttes les 40mn - 45mn de trajet - 12,50 $).* Le train passe devant des mines abandonnées jusqu'à la ville fantôme d'**Anaconda**. La gare renferme le **Cripple Creek District Museum** *( 719 689 2634 - www.cripplecreekmuseum.com - de mi-mai à mi-oct. : 10h-17h - gratuit, donation bienvenue).*

★★ **Mollie Kathleen Gold Mine** – *À 1 mile au nord sur la Rte 67 - ✆ 719 689 2466 - www.goldminetours.com - visite guidée (1h) : 9h-17h (dép. ttes les 30 mn) - 18 $.* Les visiteurs peuvent descendre sur 300 m dans une vraie galerie de mine, guidés par d'anciens mineurs.

### ★★ Royal Gorge Bridge and Park

*À 8 miles à l'ouest de Cañon City et 43 miles au sud-ouest de Colorado Springs par l'US-50.*

*✆ 719 275 7507 - www.royalgorgebridge.com.*

Le Denver & Rio Grande Railroad s'était frayé un chemin en 1877 dans ce gouffre vertigineux de l'Arkansas River. Dominant le fleuve à une hauteur de 291 m, ce pont suspendu long de 387 m, inauguré en 1929, fut jusqu'en 2001 le pont le plus élevé du monde. Le funiculaire qui plonge de la corniche date de 1931 ; le téléphérique qui traverse la gorge, de 1969. Les clubs de raft descendent les rapides depuis des décennies.

En 1999, la ligne **Royal Gorge Route★★** a remis en service des trains de voyageurs dans la gorge, au départ de la gare de Santa Fe à Cañon City *(401 Water St. - ✆ 719 276 4000 - www.royalgorgeroute.com - 1 à 4 dép./j. selon la saison - 2h de trajet - à partir de 39 $).* Le parc de 65 ha établi au bord de la gorge est doté d'une salle de spectacle et d'un chemin de fer miniature.

### ★★ Great Sand Dunes National Park and Preserve

*Rte 150, à 164 miles au sud-ouest de Colorado Springs par l'I-25 et l'US-160.*

*✆ 719 378 6399 - www.nps.gov/grsa - 3 $.*

Les dunes les plus hautes d'Amérique du Nord (230 m) couvrent 100 km² du versant ouest des monts Sangre de Cristo. Formées par le vent pendant des milliers d'années, elles semblent incongrues si loin de tout désert ou océan. Le jeu de la lumière teinte leur sable fin d'or, de rose et de brun.

## NOS ADRESSES À COLORADO SPRINGS

### HÉBERGEMENT

#### BUDGET MOYEN

**The St Mary Inn** – *530 N. Nevada Ave. - ✆ 719 540 2222 - www.thestmarysinn.com - 14 ch. 135/165 $* ☕. Très appréciée des voyageurs, cette maison d'hôte située un peu au nord du centre-ville occupe une demeure victorienne de 1865 décorée avec goût et aux infrastructures bien rénovées. Le couple de propriétaires reçoit avec prévenance et concocte de copieux petits-déjeuners.

**Holden House** – *1102 W. Pikes Peak Ave. - ✆ 719 471 3980 - www.holdenhouse.com - 6 ch. 135/165 $* ☕. Les propriétaires, Sallie et Welling Clark, ont entièrement restauré cette maison victorienne de 1902 pour en faire un charmant et intime B&B, plusieurs fois primé. Les chambres meublées à l'ancienne portent chacune le nom d'une cité minière et disposent d'une large baignoire à remous. Bons petits-déjeuners.

#### POUR SE FAIRE PLAISIR

**Cheyenne Mountain Resort** – *3225 Broadmoor Valley Rd - ✆ 719 538 4000 - www.cheyennemountain.com - 🏊 - 316 ch. 199/271 $.* Les habitants de Denver vont souvent passer le week-end en famille dans cet hôtel à la fois rustique et moderne qui s'étend sur près de 88 ha aux pieds de Cheyenne Mountain. On peut y jouer au golf, au tennis, faire du VTT, nager dans l'une des cinq piscines et faire du kayak ou pêcher sur le lac. Les trois restaurants sauront combler toutes les envies !

UNE FOLIE

**The Broadmoor** – *1 Lake Ave. - ✆ 719 623 5112 - www.broadmoor.com - 754 ch. à partir de 105 $/pers.* Ce qui était à l'origine un casino a été transformé en hôtel en 1918. Niché aux pieds des montagnes Rocheuses, ce somptueux cinq-étoiles a conservé sa façade en stuc et son escalier de marbre en spirale. Son Spa grand luxe, ses trois terrains de golf et ses quatre piscines permettent de s'amuser et de se détendre.

### À proximité

BUDGET MOYEN

**The Cliff House at Pikes Peak** – *306 Cañon Ave. - Manitou Springs - ✆ 719 785 1000 - www.thecliffhouse.com - 54 ch. 155/355 $.* Bâti en 1873 pour servir de station thermale, le Cliff House a été abandonné pendant de nombreuses années avant d'être rénové en 1999. Il a cependant conservé l'aspect de presbytère victorien, des chambres d'hôte au porche en passant par les jardins ouverts. Seuls ont été ajoutés les décorations 20e s. et un excellent restaurant.

## RESTAURATION

PREMIER PRIX

**Pizzeria Rustica** – *2527 W. Colorado Ave. - ✆ 719 632 8121 - www.pizzeriarustica.com - 12h-21h - fermé lun. - pizza 11/14 $.* Sympathique *trattoria* napolitaine où les pizzas sont cuites au feu de bois et la mozzarella faite maison. Bon choix de vins et de bières artisanales. Agréable terrasse sur jardin.

**Uchenna** – *2501 W. Colorado Ave. - ✆ 719 634 5070 - www.uchennaalive.com - fermé lun. - plat 7/14 $.* Une adresse familiale et sans prétention où l'on savoure une piquante cuisine éthiopienne et méditerranéenne. Goûtez l'agneau mariné aux épices.

BUDGET MOYEN

**The Margarita at Pine Creek** – *7350 Pine Creek Rd - ✆ 719 598 8667 - www.margaritaatpinecreek.com - fermé sam. midi et lun. - plats au déjeuner 13 $ - menu au dîner 36/42 $.* Une adresse appréciée des locaux depuis plus de trente ans. Les deux bâtiments en adobe blanc comptent de multiples patios en plein air entourés d'une végétation abondante. Cuisine éclectique élaborée par le chef Eric Viedt, incluant des plats américains, mexicains ou européens, et un large choix de salades composées à midi.

POUR SE FAIRE PLAISIR

**Carlos' Bistro** – *1025 S. 21st St. - ✆ 719 471 2905 - www.carlosbistrocos.com - dîner seult - plat 23/59 $.* Un restaurant élégant sans être guindé, très réputé pour ses poissons et crustacés. Le patron, Carlos, réserve toujours un accueil chaleureux. Excellents vins.

### À proximité

POUR SE FAIRE PLAISIR

**Craftwood Inn** – *404 El Paso Blvd - Manitou Springs - ✆ 719 685 9000 - www.craftwood.com - dîner seult.* Ce restaurant de style Tudor, avec ses poutres apparentes et ses vitres de verre teinté, fut à l'origine un atelier de maître-dinandier. Il devint un restaurant en 1940. On peut y profiter de vues uniques sur le Pikes Peak. On y sert une cuisine rustique typique du Colorado : filets de sanglier ou d'autruche, cerf élaphe grillé ou encore faisan.

# Cheyenne

★

62 448 habitants

**Cheyenne, première ville du Wyoming, fut fondée en 1867 pour les travailleurs du rail, à 10 miles au nord de la frontière du Colorado. Avec la venue du train déferlèrent des milliers d'immigrants : spéculateurs fonciers et escrocs, mais aussi une majorité d'honnêtes marchands et négociants, ainsi que des cow-boys qui mirent en valeur la prairie. Les citoyens formèrent des groupes d'autodéfense et débarrassèrent la ville des hors-la-loi. Cheyenne s'installa alors dans le confort d'une ville de la Frontière, avec des rues bordées de résidences élégantes et une vie mondaine trépidante. Quand le Wyoming rejoignit l'Union en 1890, Cheyenne devint sa capitale. Depuis 1897, entre fin juillet et début août, le plus grand rodéo en plein air du monde, les Cheyenne Frontier Days, donne lieu à plusieurs jours de manifestations, passionnant tout le sud-est du Wyoming. Le reste du temps, Cheyenne demeure très calme.**

NOS ADRESSES PAGE 175

### S'INFORMER

**Visit Cheyenne** – *21 W. 15th St. (à l'angle de Capitol Ave.) - ✆ 800 426 5009 ou 307 778 3133 - www.cheyenne.org - juin-août : lun.-vend. 8h-17h, sam. 9h-17h, dim. 11h-17h ; sept.-mai : lun.-vend. 8h-17h.*

### SE REPÉRER

Carte de région C1 (p. 136-137) – *heure des Montagnes.* Située dans le sud-est du Wyoming, à 1 850 m d'altitude, Cheyenne est à 90 miles au nord de Denver et 46 miles de Fort Collins.

### À NE PAS MANQUER

Les Cheyenne Frontier Day, fin juillet.

### ORGANISER SON TEMPS

Réservez longtemps à l'avance votre hébergement pour les Cheyenne Frontier Days.

### AVEC LES ENFANTS

Cheyenne Frontier Days Old West Museum ; Wyoming Territorial Prison State Historic Site.

## Se promener

La visite à pied ou en trolley du centre historique commence à la gare de 1886, **Union Pacific Depot**, devenue un musée des transports *(121 W. 15th St. - ✆ 307 632 3905 - www.cheyennedepotmuseum.org - mai-sept. : lun.-vend. 9h-18h, sam. 9h-17h, dim. 11h-17h ; oct.-avr. : lun.-sam. 9h-17h, dim. 11h-15h - 8 $).*

### Wyoming State Capitol

*24th St. et Capitol Ave. - ✆ 307 777 7220 - www.wyoming.gov - lun.-vend. 8h30-16h30 - gratuit.*

Le modeste capitole en grès de couleur grise (1890) montre d'élégants ornements, un dôme doré à la feuille et un intérieur lambrissé d'érable et de

Cheyenne Frontier Days Rodeo.
K. Johaentges/Look/age fotostock



merisier. Le plafond en vitrail de la coupole vient d'Angleterre. Au troisième niveau, la Legislative Conference Room s'orne d'un lustre Tiffany d'une demi-tonne, et d'un décor mural de Mike Kopriva illustrant l'histoire du Wyoming.

### Wyoming State Museum

*2301 Central Ave. - ✆ 307 777 7022 - http://wyomuseum.state.wy.us - lun.-sam. 9h-16h30h - gratuit.*

Au sud-est du capitole, les dix galeries du musée exposent l'histoire naturelle et l'histoire des hommes du Wyoming, mettant l'accent, entre autres, sur les dinosaures, les cultures shoshone et arapaho, l'extraction de l'or, de l'uranium et du charbon, la recherche du jade et la tradition des cow-boys.

### Warren ICBM & Heritage Museum

*7405 Marne Loop, Francis E. Warren Air Force Base - ✆ 307 773 2980 - www.warrenmuseum.com - visite sur réserv. : lun.-vend. 8h-16h - gratuit.*

Ancien poste de cavalerie établi en 1867, Warren est aujourd'hui le centre de commande des missiles balistiques intercontinentaux (ICBM). Le bâtiment 210, ancien quartier général du commandant de la base, renferme des présentations historiques sur la vie militaire. Le bâtiment 211 montre deux rampes de lancement de missiles et leurs postes de contrôle au sol, dont l'un, interactif, permet aux visiteurs de « lancer » des missiles et d'observer leur « parcours ».

### ★ Cheyenne Frontier Days Old West Museum

*4610 N. Carey Ave. - Frontier Park - ✆ 307 778 7290 - www.oldwestmuseum.org - 9h-17h - 10 $.*

Les organisateurs des Cheyenne Frontier Days consacrent une des ailes de leur quartier général à l'histoire de cette manifestation, avec une vidéo de 55mn, *Dust and Glory*. Le musée présente aussi une collection de 150 chariots, calèches et attelages anciens, des objets, costumes et documents liés à l'histoire de l'Ouest et à l'univers du rodéo.

## Huit secondes, ou le monde du rodéo

Chaque année, pour la dernière semaine de juillet, les fans de rodéo sont près de 300 000 à assister aux **Cheyenne Frontier Days**, plus grand rodéo professionnel en plein air du monde. Au mois de janvier, ils sont 100 000 de plus à se rendre à Denver pour le **National Western Stock Show and Rodeo**, plus grande foire aux bestiaux et plus grand rodéo couvert du monde. Parades, barbecues, musique country et musique western accompagnent le rodéo, qui fait s'envoler la poussière des arènes.

### UN RITUEL INDISSOCIABLE DE L'OUEST AMÉRICAIN

Dans presque tout l'Ouest, le rodéo est plus populaire que le base-ball, le football ou le golf. Comme leurs aïeux du 19e s., les jeunes employés des ranches confrontent leurs talents dans des rites de passage à l'âge adulte, pour voir qui est le meilleur cavalier, le meilleur lanceur de lasso, le plus habile à maîtriser un bouvillon. Ceux qui réussissent peuvent poursuivre les compétitions régionales, où boucles de ceinture en argent et primes en dollars récompensent les vainqueurs. Ils peuvent gagner juste de quoi se réinscrire au prochain rodéo ; les perdants n'y gagnent généralement que des fractures. Les meilleurs deviennent membres de la Professional Rodeo Cowboys Association, qui supervise un cycle annuel de compétitions, culminant en décembre avec le **National Finals Rodeo de Las Vegas**, au Nevada. Leurs primes peuvent atteindre plusieurs milliers de dollars.

### LA FUREUR DU TAUREAU ET LES RUADES DU BRONCO

Une compétition de rodéo traditionnelle comporte six épreuves principales : chevaucher un taureau, monter un bronco (cheval sauvage) sellé, monter un bronco à cru, terrasser un bouvillon, jouer du lasso et attacher un veau le plus rapidement possible (en individuel et par équipe), et, pour les femmes, la course aux tonneaux. Dans les trois premières, le score tient compte du style du cavalier et du niveau de difficulté. La force et le caractère des animaux peuvent rapporter des points : habileté et courage sont indispensables, mais le tirage au sort joue aussi un rôle. Dans les trois autres épreuves, c'est la vitesse qui prime.

L'épreuve la plus dangereuse est de chevaucher le taureau, comme l'affirme Ty Murray, sept fois champion du monde toutes catégories : « Si c'était pas dangereux, les types ne le feraient sans doute pas, et les gens ne viendraient certainement pas les voir. » Pour se qualifier, les cavaliers doivent rester huit secondes, une éternité, sur le dos d'un taureau d'une tonne, avec pour seule aide une corde attachée autour de la bête. Si le taureau, en sautant, en ruant et en se frottant aux parois de l'arène, réussit à se débarrasser de son cavalier, il peut retourner contre lui ses cornes et ses sabots. Beaucoup de cow-boys ont été gravement blessés, certains tués. Une fois à terre, les cavaliers n'ont plus qu'à espérer que les clowns du rodéo parviendront, au risque de leur vie, à détourner le taureau.

La chevauchée du bronco, dérivée du « débourrage » traditionnel des chevaux sauvages, dure aussi huit secondes. Même principe que l'épreuve du taureau : on relâche le cheval, retenu dans un enclos palissé, avec sur son dos un cavalier qu'il va tenter d'éjecter par des ruades effrénées. Pour rester en place, les cow-boys suivent un mouvement rythmé de balancier. Ceux qui montent à cru n'ont qu'une rêne simple pour se tenir. Ceux qui ont une selle ont une grosse corde et des étriers pour s'agripper aux flancs du bronco. Lorsque les huit secondes sont passées, les cow-boys s'échappent sur un autre cheval monté par un « ramasseur », le *pickup man*.

La lutte avec le bouvillon, appelée aussi **bulldogging**, a été inventée au début du 20e s. par un célèbre cow-boy noir, Bill Pickett. Un *hazer* (meneur de bœufs) à cheval oblige le bouvillon à courir en ligne droite ; le *dogger* saute de son cheval sur le dos de la bête de 350 kg, s'empare de ses cornes et la fait chuter, tête et membres du même côté, souvent en moins de sept secondes.

La meilleure épreuve pour tester un cow-boy est sans doute le **roping**, savoir-faire encore utilisé dans les ranches pour marquer le jeune bétail. Les chevaux suivent un entraînement spécial. Dans l'épreuve par équipes, deux cavaliers prennent un bouvillon au lasso, l'un par ses cornes, et l'autre, par ses pattes de derrière. Dans l'épreuve individuelle, le cow-boy se jette au bas de son cheval pour attacher trois des pattes du veau qu'il a attrapé. La bête, qui pèse entre 120 et 150 kg, a six secondes pour se libérer ; une fois ce temps écoulé, on la relâche rapidement.

La course aux tonneaux, **barrel racing**, seule épreuve féminine, demande vitesse et agilité. Les cavalières suivent un parcours en feuille de trèfle autour de trois tonneaux espacés de 30 m.

## LES CHEYENNE FRONTIER DAYS

*9 jours fin juillet - ✆ 307 778 7222 - www.cfdrodeo.com.*

Le plus grand rodéo en extérieur du monde, couplé à un défilé et un carnaval, le « Daddy of 'em All » (« père de tous les rodéos ») a débuté en 1897. Attirant tous les habitants du sud-est du Wyoming, il réunit chaque année quelque 300 000 spectateurs qui viennent assister aux rodéos et aux concerts, faire un tour à cheval ou visiter la foire.

Laramie.
E. Riddell/First Light/age fotostock

## À proximité Carte de région

### Laramie C1

*À 51 miles à l'ouest de Cheyenne par l'I-80 ou la Rte 210.*

**Laramie Area Visitor Center** – *210 E. Custer St. - 800 445-5303 - www.visitlaramie.org.*

Si, comme pour Cheyenne, la création de la ville est étroitement liée à l'arrivée du chemin de fer, Laramie a suivi un parcours différent, avec l'établissement en 1886 de l'université du Wyoming. Aujourd'hui, au moins la moitié des 31 800 habitants de Laramie sont étudiants, professeurs ou employés de l'université.

**Laramie Plains Museum** – *603 E. Ivinson St. - 307 742 4448 - www.laramiemuseum.org - visite guidée (1h) : mar.-sam. 13h-16h - 10 $.* Situé à la sortie du campus, un manoir de 1892 a été transformé en musée dans lequel on se retrouve plongé au début du 20e s. : vêtements, mobilier, objets, etc.

**University of Wyoming** – *1000 E. University Ave. - 307 766 1121 - www.uwyo.edu.* La plupart des bâtiments qui entourent le quadrilatère du campus sont en pierre calcaire. Signalé par un tyrannosaure grandeur nature en cuivre, le **Geological Museum** *(S.H. Knight Building - 307 766 2646 - lun.-sam. 10h-16h - gratuit)* abrite un squelette complet de brontosaure, des spécimens de jade et d'uranium, et des carottes provenant de forages pétroliers. Le **University of Wyoming Art Museum** *(2111 Willett Dr. - 307 766 6622 - lun.-sam. 10h-17h - gratuit)* est dédié à l'art de l'Ouest américain, avec des œuvres de Catlin, Remington et Moran ; il partage le futuriste Centennial Complex d'Antoine Predock avec l'**American Heritage Center**, un centre d'archives et de recherche.

★ **Wyoming Territorial Prison State Historic Site** – *975 Snowy Range Rd (par l'I-80) - 307 745 3733 - www.wyomingterritorialprison.com - mai-oct. : 8h-19h - 5 $.* Pour conserver l'héritage de l'Ouest, ce parc d'histoire vivante entoure l'ancienne prison territoriale du Wyoming, qui servit de 1872 à 1901. La visite guidée comprend les cellules, où ont été incarcérés des hors-la-loi comme Butch Cassidy. Frontier Town rassemble des bâtiments anciens reconstruits ici, animés par des figurants en costume du 19e s. montrant les activités quotidiennes et artisanales de l'époque. L'un d'entre eux abrite le **National US Marshals Museum** ; un autre, une salle de dîner-spectacle.

### ★★ Fort Laramie National Historic Site hors plan par C1

*À 113 miles au nord de Cheyenne par l'I-25, l'US-26 et la Rte 160.*
*307 837 2221 - www.nps.gov/fola - de l'aube au crépuscule - 3 $.*
Comptoir entouré de palissades établi en 1834 pour les marchands de fourrures près de la rivière North Platte, cet avant-poste de la piste de l'Oregon accueillit en 1849 une garnison de l'armée. Fort Laramie ouvrit la voie au Pony Express, au télégraphe transcontinental et aux routes des diligences. D'ici ont été lancées de grandes campagnes contre les tribus indiennes hostiles, jusqu'en 1890. La moitié des 22 bâtiments qui ont survécu ont été restaurés et meublés, reprenant leur aspect du 19e s. L'intendance de 1884 est aujourd'hui occupée par le Visitor Center et un **musée** présentant des photographies anciennes et autres objets, dont une maquette du fort à son époque glorieuse.

## NOS ADRESSES À CHEYENNE

### HÉBERGEMENT

#### BUDGET MOYEN

**The Historic Plains Hotel** – *1600 Central Ave. - 307 638 3311 - www.theplainshotel.com - 130 ch. 83/130 $.* Inauguré en 1911, ce grand hôtel très central a conservé son décor d'époque, quand barons du bétail et *tycoons* du pétrole arpentaient ses salons de marbre richement décorés. Les chambres rénovées offrent un bon confort à prix raisonnable, mais mieux vaut éviter les plus anciennes, un peu délabrées et mal insonorisées.

**Nagle Warren Mansion** – *222 E. 17th St. - 307 637 3333 - www.naglewarrenmansion.com - 12 ch. 163/167 $.* Cette maison d'hôte de trois étages est située à quelques minutes du centre-ville. Bâtie en 1888, elle a conservé de nombreux éléments d'origine : parquets, plafonds en cuir ciselé ou encore cheminée en marbre. Chaque chambre possède son décor. Copieux petit-déjeuner.

### RESTAURATION

#### PREMIER PRIX

**The Egg & I** – *2300 Carey Ave. - 307 632 5577 - www.theeggandirestaurants.com - lun.-vend. 6h-14h, w.-end 7h-14h30 - fermé lun. - plat 7/14 $.* Pour un petit-déjeuner ou un déjeuner. Les plats sont bons et copieux, le service sympathique et rapide. À midi, la carte décline un choix de salades et sandwichs variés.

#### BUDGET MOYEN

**Poor Richard's** – *2233 E. Lincolnway (à l'angle de Converse Ave.) - 307 635 5114 - www.poorrichardscheyenne.com - fermé dim. - plat 11/25 $.* Sans doute l'une des meilleures tables de la ville, dans un cadre agréable quoique assez désuet. Les ingrédients sont frais et la carte décline un choix appétissant de pâtes, poissons, viandes et salades.

# Les Rocheuses

**High Rockies**

★★

**S'étendant sur plus de 50 000 km², traversée de routes qui gravissent des cols vertigineux et s'enfoncent profondément dans les vallées, les montagnes Rocheuses offrent à tout instant un véritable spectacle pour les yeux. L'intrépide voyageur y est récompensé de ses efforts par la richesse de la flore et de la faune, les vestiges de l'ère minière et la possibilité d'y pratiquer des loisirs comme nulle part ailleurs.**

NOS ADRESSES PAGE 185

### S'INFORMER

*800 265 6723 - www.colorado.com.*

### SE REPÉRER

Carte de région BC1 (p. 136-137) et carte p. 164-165 – *heure des Montagnes.*

Les Rocheuses ou High Rockies désignent la partie la plus montagneuse du Colorado, située à l'ouest de Denver. Le terme de Front Range s'applique au flanc le plus à l'est des Rocheuses. À l'ouest du Continental Divide (ligne continentale de partage des eaux), la région est nommée la Western Slope.

### À NE PAS MANQUER

Trail Ridge Road, au sein du parc national des montagnes Rocheuses.

### ORGANISER SON TEMPS

Prévoyez deux jours pour le Rocky Mountain National Park si vous voulez faire un peu de randonnée.

### AVEC LES ENFANTS

Glenwood Caverns et Hot Springs Pool à Glenwood Springs.

## Découvrir Carte de région

### ★★ DE DENVER À STEAMBOAT SPRINGS

#### Black Hawk et Central City C1

*À 38 miles à l'ouest de Denver par l'I-70 ou par Golden et l'US-6.*

**Visitors Center** – *103 Eureka St. (au nord de Main St.) - Central City - 303 582 3345 - www.centralcitycolorado.us - 10h-17h.*

Fondées en 1859 suite à la découverte de filons d'or, ces deux villes séparées par un peu plus d'un kilomètre, sises aux pieds des collines, restèrent longtemps abandonnées. Grâce à la légalisation, en 1991, des paris limités et à l'ouverture d'une cinquantaine de casinos, elles ont aujourd'hui retrouvé toute leur vitalité. L'endroit où Gregory Gulch découvrit son filon marque l'entrée de Central City, constituée de quelques rues en pente raide et de trottoirs étroits. Suite au terrible incendie de 1874, qui dévasta la ville, la brique a été adoptée comme matériau principal et l'on peut encore voir aujourd'hui les solides bâtiments de style victorien bâtis à l'époque. Parmi ceux-ci, le **Central City Opera**★ *(124 Eureka St. - 303 292 6500 - www.centralcityopera.org)*, bâti en 1878, qui propose une saison de six semaines de spectacles en été depuis 1932.

## ★★ Peak to Peak Highway C1

*Circuit de 55 miles de Black Hawk à Estes Park par les Rtes 119, 72 & 7 – Comptez 1h30.*

Cette route pittoresque serpente à travers des forêts de pins qui laissent, au gré des ouvertures, découvrir de saisissantes vues de la montagne. Au niveau de la petite ville de **Nederland**, une ancienne ville d'équipements miniers, la Route 119 tourne vers l'est en direction de Boulder. Continuez vers le nord sur la Route 72. Après avoir parcouru 13,6 miles, tournez à gauche en direction de **Brainard Lake★**, lac niché au creux des sommets enneigés d'Indian Peaks Wilderness.

*Rejoignez la Rte 72, poursuivez en direction du nord sur 9 miles puis tournez à gauche pour prendre la Rte 7 en direction d'Estes Park.*

## Estes Park C1

*Au carrefour de l'US-34, l'US-36 et la Rte 7.*

**Visitor Center** – *500 Big Thompson Ave. - ☎ 970 577 9900 - www.visitestespark.com - 9h-17h.*

Estes Park est une petite localité très touristique située en bordure du Rocky Mountain National Park, à l'est. Un **tramway aérien★** *(420 E. Riverside Dr. - ☎ 970 586 3675 - www.estestram.com)* s'élève à plus de 2 700 m et offre des vues imprenables sur les sommets adjacents.

Aux portes de la ville, admirez la blanche façade du **Stanley Hotel** *(voir carnet pratique)* un bâtiment historique datant de 1909.

*Empruntez l'US-36 depuis le sud d'Estes Park pour rejoindre l'entrée principale du parc national et celle de Beaver Meadows Visitor Center.*

## ★★★ Rocky Mountain National Park C1

*US-34 & US-36 - ☎ 970 586 1206 - www.nps.gov/romo - ouvert toute l'année, mais accès parfois difficile jusqu'en juin en raison de la neige : se renseigner sur l'état des routes et des sentiers de randonnée - 20 $ par véhicule.*

Ce magnifique parc de plus de 1 000 km² offre des paysages sauvages composés de montagnes escarpées, de vallées couvertes de givre, de petits lacs et d'une immense toundra alpine occupant près d'un tiers du parc. Plus d'une centaine de montagnes dépassent 3 200 m, la plus élevée étant le pic de Longs, à 3 444 m. Celui-ci se distingue par son sommet aplati qui domine la partie sud-est du parc. Les montagnes au nord-ouest du pic sont appelées les Never Summer Mountains et forment une véritable forteresse alpine où la neige est présente toute l'année.

Le **Beaver Meadows Visitor Center** *(sur l'US-36, à 3 miles d'Estes Park - ☎ 970 586 1206 - juin-août : 8h-20h ; sept.-mai : 8h-17h)* fournit des cartes du parc et propose des promenades guidées et des conférences. De là part la **Bear Lake Road★** (10 miles), qui conduit au sud jusqu'aux points de départ de plusieurs sentiers de randonnée.

## ★★★ Trail Ridge Road C1

*Circuit de 48 miles d'Estes Park à Grand Lake par l'US-34 – Comptez 2h30. Ouvert de fin mai à octobre selon les conditions météorologiques.*

La route pavée la plus élevée d'Amérique du Nord quitte les forêts de conifères et de trembles pour rapidement débuter son ascension et culminer à 3 713 m au milieu d'une toundra désertique offrant des panoramas saisissants. Elle est jalonnée de plusieurs aires d'observation, parmi lesquelles **Many Parks Curve★★** et **Forest Canyon Overlook★★**. À **Rock Cut★★**, un sentier d'interprétation, le **Tundra Trail** *(0,5 mile)*, dévoile la géologie, la flore et la faune de

1

cet environnement sauvage. Aussi court que facile d'accès, il peut se révéler épuisant pour ceux qui n'ont pas l'habitude de marcher à une telle altitude.

Parvenue à son point le plus élevé, la route descend en courbe vers **Gore Range Overlook★** et **Alpine Visitor Center**, traversant le Continental Divide au col de Milner (3 279 m). Attention aux panneaux qui avertissent les visiteurs qu'il ne faut pas marcher sur la fragile toundra.

Environ 5 miles avant Grand Lake, **Coyotte Valley Trail** constitue un sentier facile et agréable *(boucle de 1 mile)* au bord de la source du Colorado, face à une prairie où il n'est pas rare d'apercevoir des élans et caribous en fin de journée.

### ★ Grand Lake C1

*Rte 278 en quittant l'US-34.*

*970 627 3402 - http://grandlakechamber.com.*

Cette petite ville située à l'entrée ouest du parc est constituée de constructions en rondins et de passages en bois typiques de l'Ouest d'antan. Elle tire son nom de son grand lac glaciaire (1,9 km de long pour 1,6 km de large et près de 122 m de profondeur) que nourrit le fleuve Colorado. Des balades sur le lac sont possibles au départ de la **marina** *(970 627 9273 - www.glmarina.com)* : en bateau *(à 10h30, 12h et 14h - durée 1h - 20 $)*, en pédalo ou kayak *(25 $/h)*.

Au sud de Grand Lake, deux barrages obstruent le fleuve pour former le **Shadow Mountain Lake** et le grand **Lake Granby**.

### Middle Park C1

*Vallée du fleuve Fraser, US-40 au sud de Granby - 970 726 4221 - www.playwinterpark.com.*

De nombreux troupeaux viennent paître dans cette large vallée, si bien protégée par les montagnes alentour qu'elle est le lieu le plus froid de la zone continentale des États-Unis.

Le **Cozens Ranch Museum** *(US-40 au sud de Fraser - 970 726 5488 - www.grandcountyhistory.org - merc.-sam. 10h-16h - 5 $)* vous fera découvrir outils et artefacts de pionniers et d'Utes au sein d'un ranch, d'une halte de diligence et d'un bureau de poste de 1870. **Winter Park★** *(US-40 - 970 726 4221 - www.playwinterpark.com)* est connu pour ses parcours de VTT et ses pistes de ski répartis sur deux montagnes.

La route traverse le Continental Divide à 3 467 m, au **Berthoud Pass**.

#### UN PEU D'HISTOIRE

Les Utes ont dominé la région du 17e au 19e s., même si Cheyennes et Arapahos chassaient également sur ces terres. Après l'acquisition par les États-Unis du territoire, Zebulon Pike partit à la découverte de ses rivières et de ses vallées en 1806, le major Stephen Long s'aventura en amont de la South Platte et dans les vallées de l'Arkansas en 1820, tandis que John C. Frémont explora la rivière Colorado en 1842. Mais il faudra attendre la promesse de découvrir de riches gisements de minerais pour que les premiers habitants permanents s'y installent. Si la guerre de Sécession freina la ruée vers l'or débutée en 1859, la découverte d'argent créa, elle, de nouvelles attentes. Les montagnes étaient considérées comme si redoutables que la ligne de chemin de fer transcontinentale fut tracée à travers le Wyoming voisin, en 1869. Des lignes de chemin de fer à voie étroite commencèrent à desservir les camps miniers dans les années 1870. Une fois les ressources épuisées, certaines implantations se transformèrent en villes-fantômes. D'autres tinrent bon. Central City, Georgetown, Breckenridge, Leadville, Aspen, Crested Butte et Telluride font partie des survivantes.

## ★★ Steamboat Springs B1

*À 156 miles au nord-ouest de Denver par l'I-70 (sortie 157), puis l'US-40.*
*125 Anglers Dr. (sur l'US-40, en face des McDonald et Wendy) - 970 879 0880 - www.steamboat-chamber.com - 8h-17h (dim. 10h-17h) - fermé w.-end hors saison.*

Vraie ville de l'Ouest (12 100 habitants) dans la vallée de la Yampa, Steamboat a su préserver son identité. Si elle se targue d'avoir produit 80 champions olympiques de sports d'hiver, elle conserve aussi de nombreux ranches en activité. Chaque été, des rodéos sont organisés en ville à la **Brent Romick Rodeo Arena** *(501 Howelsen Pkwy, sur la rive sud de la Yampa - 970 879 1818 - www.steamboatprorodeo.com - vend. et sam. à 19h30 - durée 2h - 20 $).*

La vallée abrite de nombreuses sources thermales. Situé en plein centre, **Old Town Hot Springs** *(angle Lincoln Ave. et 3rd St., à côté de la poste - 970 879 1828 - www.oldtownhotsprings.org - lun. vend. 5h30-22h, sam. 7h-21h, dim. 8h-21h - 16/22 $)* est un complexe aquatique incluant bains chauds, cascades, toboggans et bassins ludiques. Plus loin, à l'est de la ville, le **Strawberry Park Hot Springs** *(44200 County Rd #36 - 970 879 0342 - www.strawberryhotsprings.com - dim.-jeu. 10h-22h, vend.-sam. 10-12h - 12/15 $)* permet de profiter de bains à 38 °C en plein air, où le port du maillot n'est plus obligatoire à la nuit tombée. Des navettes depuis le centre sont assurées par Sweet Pea Tours *(970 879 5820 - 8 navettes par jour - 40 $ AR avec l'entrée des bains).*

Le **Steamboat Art Museum** *(801 Lincoln Ave. - 970 870 1755 - www.steamboatartmuseum.org - mar.-sam. 11h-18h - gratuit)*, installé dans le bâtiment en brique de l'ancienne First National Bank, expose des peintres et photographes régionaux. Le premier vendredi du mois, la quinzaine de galeries d'art situées le long de Lincoln Avenue organise un vernissage commun, le **First Friday Artwalk** *(17h-20h).*

**F.M. Light & Sons★** *(830 Lincoln Ave. - 970 879 1822 - www.fmlight.com - 8h30-19h)* vend des vêtements de l'Ouest dans la même boutique depuis 1905.

Le **Centre d'Arts Eleanor Bliss** *(1001 13th St. - 970 879 9008 - www.steamboatarts.org - 10h-17h, w.-end 12h-16h)*, situé dans un dépôt de trains rénové, présente des expositions, parfois aussi des concerts et spectacles.

Le **Tread of Pioneers Museum** *(800 Oak St. - 970 879 2214 - www.treadofpioneers.org - mar.-sam. 11h-17h - 5 $)*, logé dans une maison style Queen Anne bâtie en 1908, vous fera découvrir l'histoire de la vallée, des Indiens Ute, des trappeurs et pionniers de jadis jusqu'aux champions de ski d'aujourd'hui.

Le **Yampa River Trail★** s'inscrit au cœur d'un réseau de sentiers entourant la ville. Long de 6 miles, ce sentier pavé se parcourt agréablement à vélo *(location chez Steamboat Ski & Bike - 442 Lincoln Ave. - 970 879 9144 - www.steamboatskiandbike.com - 12 $ les 3h)*. En chemin, faites une halte au **Yampa River Botanic Park** *(1000 Pamela Lane - 970 846 5172 - www.yampariverbotanicpark.org - mai-oct. : de l'aube au crépuscule - gratuit)*, qui rassemble une grande variété de fleurs, d'arbres et de plantes autour de ses étangs.

La rivière Yampa elle-même se prête bien au **rafting** au printemps *(Bucking Rainbow Outfitters - 730 Lincoln Ave. - 970 879 8747 - www.buckingrainbow.com - 43 $ la 1/2 j.)*. Durant les chaleurs estivales, on y fait du **tubing**, activité qui consiste à se laisser glisser au fil de l'eau sur des bouées *(Backdoor Sports - 841 Yampa St. - 970 879 6249 - www.backdoorsports.com - 18 $ la descente d'env. 1h).*

**Fish Creek Falls** *(à 3 miles au nord-est du centre-ville par Oak St.)* est une belle chute d'eau de 86 m de haut, à laquelle on accède par un petit sentier.

Réputé pour sa poudreuse ultra-légère, dite « au champagne », **Steamboat Ski Area★★** *(US-40, à 3 miles au sud de la ville - 970 879 6111 - www.*

*steamboat.com)* possède 18 remontées mécaniques et un dénivelé de 1 120 m. Son téléphérique fonctionne aussi l'été et permet de faire des randonnées ou du VTT.

## ★ DE DENVER À ASPEN

L'Interstate 70 est l'axe est-ouest principal du Colorado. Entre Denver et Glenwood Springs, c'est l'une des routes les plus pittoresques d'Amérique du Nord. Les premiers colons à s'installer ici firent fortune grâce à l'or, l'argent et aux autres minerais de la région. Aujourd'hui, l'or a la blancheur des pistes de ski et les reflets verts des terrains de golf.

### Idaho Springs C2

*À 32 miles à l'ouest de Denver par l'I-70 (sortie 241).*
**Heritage Visitor Center** – *2060 Miner St. - 303 567 4660. - http://visitidahospringscolorado.com - juin-août : 8h-18h, sept.-mai : 9h-17h.*
Des bâtiments commerciaux du 19e s. jalonnent la rue principale de cette ancienne ville minière de 1 685 habitants.
**Argo Gold Mine & Mill** – *2350 Riverside Dr. - 303 567 2421 - www.historicargotours.com - juin-août : 9h-16h30 ; sept.-mai : horaires variables, se rens. - 16 $, 6-12 ans 8 $.* Cette usine de traitement du minerai est ouverte en visite libre et permet de s'essayer à l'orpaillage.
★ **Phoenix Gold Mine** – *À droite sur Stanley Rd, à gauche sur Trail Creek Rd - 303 567 0422 - www.phoenixmine.com - été : 10h-18h ; reste de l'année : horaires variables - 10 $.* Ici, un mineur à la retraite vous fera visiter les sous-sols de la mine.
*Revenez sur l'I-70 et poursuivez sur 14 miles vers l'ouest.*

### ★ Georgetown C2

*À 13 miles à l'ouest d'Idaho Springs par l'I-70 (sortie 228).*
**Visitor Information** - *303 569 2555 - www.georgetowncolorado.com.*
Le centre historique de Georgetown, qui connut un âge d'or durant les années 1880 grâce aux mines d'argent, a été totalement préservé.
Abritant désormais un musée, l'**Hotel de Paris** *(409 6th St. - 303 569 2311 - www.hoteldeparismuseum.org - juin-août : 10h-17h ; sept.-mai : w.-end 10h-17h - 5 $)* fut bâti en 1875 par un immigrant français.
La **Hamill House** *(305 Argentine St. - 303 569 2840 - juin-août : 10h-17h ; sept.-mai : w.-end 12h-16h - gratuit)*, bâtie en 1879, révèle le luxe dans lequel vécurent les barons des mines d'argent.
En vous rendant au dépôt de train historique de la ville, vous pourrez vous procurer des billets pour un voyage d'une heure à bord du **Georgetown Loop Railroad★★** *(Silver Plume Depot - 888 456 6777 - www.georgetownlooprr.com - réserv. conseillée - à partir de 25,95 $).* La voie s'étend sur 4,5 miles entre Georgetown et Silver Plume, une autre ville minière du 19e s., et comporte une boucle à 360° sur un pont élevé qui traverse Clear Creek.
*Poursuivez sur 23 miles à l'ouest en empruntant l'I-70.*
L'autoroute monte progressivement jusqu'au **Eisenhower Tunnel**, percé sous le Continental Divide à 3 261 m d'altitude. Grâce à ce tunnel, le plus élevé d'Amérique du Nord, les véhicules peuvent s'épargner le **Loveland Pass★** (3 655 m).
Prenez la sortie 216 et empruntez l'US-6 afin de profiter de vues imprenables sur les vallées, les montagnes et les neiges éternelles. Vous trouverez sur votre route la station de ski **Arapahoe Basin Ski Area** *( 970 468 0718 - www.arapahoebasin.com)*, qui demeure ouverte plus longtemps que toutes les autres

Yampa River.
L. Ditto/Danita Delimont Agency/age fotostock



stations des Rocheuses *(jusqu'au 4 juillet)*. L'autoroute passe également par la station de **Keystone Resort** *(✆ 970 496 2316 - www.keystoneresort.com)* avant de rejoindre l'I-70 à **Silverthorne**.

*Reprenez l'I-70 vers l'ouest et suivez-là sur 5 miles avant d'emprunter la sortie 203. Prenez en direction du sud et suivez la Rte 9 sur 9 miles.*

Sur votre gauche, le **Dillon Reservoir** est niché au creux des montagnes. La Route 9 traverse la ville pittoresque de Frisco et suit le cours de la Blue River. La cordillère du Tenmile Range, avec ses sommets numérotés de 1 à 10 en partant du nord, s'inscrit en toile de fond.

## ★ Breckenridge C2

*Sur la Rte 9, à 87 miles à l'ouest de Denver.*

*203 S. Main St. - ✆ 877 864 0868 - www.gobreck.com - 10h-18h.*

Cette ville de 4 648 habitants, qui est aussi une station de ski, fut fondée en 1859 par des chercheurs d'or. La rue principale est bordée de restaurants et de boutiques, adoptant pour la plupart le style de l'Ouest d'antan. La **Summit Historical Society** *(✆ 970 468 2207 - www.summithistorical.org)* propose promenades à pied et visites du quartier minier. La **Country Boy Mine★** *(542 French Gulch Rd - ✆ 970 453 4405 - www.countryboymine.com - visite guidée (1h) - juin-août : 10h-16h (dép. ttes les h.) ; sept.-mai : lun.-vend. à 11h, 12h et 13h - 25,95 $)* propose visite et séance d'orpaillage.

Parmi les sites historiques, on trouve la **Barney Ford House** *(Washington & Main St.)*, qui appartenait à un esclave libéré devenu homme d'affaires au 19e s. L'église **Father Dyer United Methodist Church** *(Wellington & Briar Rose St. - ✆ 970 453 2250)* est consacrée à un prêtre qui, tout en répandant la parole de Dieu, portait le courrier aux camps de mineurs les plus reculés.

Une piste cyclable qui longe la Blue River se transforme en gigantesque piste de ski de fond durant l'hiver. Des remonte-pentes sont aménagés sur trois montagnes (Pic 8, 9 et 10), tandis que l'on peut pratiquer le ski hors piste sur le Pic 7.

*Revenez sur l'I-70 et poursuivez vers l'ouest sur 16 miles jusqu'à la sortie 195. Prenez la Rte 91 vers le sud.*

Passé la station de **Copper Mountain Resort** *(✆ 866 841 2481 - www.coppercolorado.com)*, la Route 91 traverse le **Fremont Pass** (3 949 m) et passe près de l'ancienne mine à ciel ouvert de American Climax Molybendum Mine, avant de descendre en direction de Leadville.

## ★ Leadville C2

*US-24 et Rte 91, à 102 miles à l'ouest de Denver.*

**Leadville Chamber of Commerce** – *809 Harrison Ave. - ✆ 719 486 3900 - www.leadvilleusa.com.* On peut s'y procurer des billets pour la présentation multimédia de l'histoire de la ville.

Située à 3 094 m d'altitude, Leadville fut un temps la capitale de l'argent du Colorado. En 1880, sa population atteignait 24 000 habitants ; aujourd'hui, elle n'est plus que de 2 580. La rue principale a su conserver ses boutiques de style victorien. L'opéra **Tabor Opera House★** *(308 Harrison Ave. - ✆ 719 486 4809 - www.taboroperahouse.net)* fut construit en 1879.

Le **National Mining Hall of Fame and Museum★** *(120 W. 9th St. - ✆ 719 486 1229 - www.mininghalloffame.org - 9h-17h - 9 $)* vous fera découvrir une réplique de mine de roche dure. On peut également visiter les vestiges de la **Matchless Mine** du millionaire Horace Tabor *(7th St., à 1 mile à l'est du centre-ville - ✆ 719 486 1239 - www.matchlessmine.com)*.

L'écloserie du **Leadville National Fish Hatchery★** *(Rte 300, à 5,6 miles au sud-ouest de la ville - ✆719 486 0189 - 7h-15h30 - gratuit)*, construite en 1889, élève dans ses réservoirs des millions de truites destinées à être lâchées dans le fleuve Colorado et ses affluents. Juste derrière, aux pieds du **Mount Massive** (4 395 m), se trouve le point de départ de pistes de randonnée. Au sud s'élève la crête la plus élevée de l'État avec le Mount Elbert, qui culmine à 4 399 m.

La Route 82, à 13 miles au sud de Leadville, fait la jonction entre l'US-24 et l'I-70 (au niveau de Glenwood Springs) et traverse **Independence Pass★★** (3 686 m) en offrant, à chaque virage en épingle, de magnifiques vues. De mi-octobre à fin mai, la neige recouvre habituellement les 38 miles qui séparent **Twin Lakes** *(à 6 miles de l'US-24)* d'Aspen.

*En quittant Leadville, prenez l'US-24 en direction du nord sur 33 miles jusqu'à l'I-70.*

Le site de **Camp Hale**, une base d'entraînement pour la 10e division de montagne durant la Seconde Guerre mondiale, transformée en station de ski et d'alpinisme, est située près du **Tenessee Pass** (3 177 m). En redescendant du col, l'US-24 longe l'Eagle River et traverse une vallée dominée par le Mount of the Holy Cross (mont de la Sainte-Croix). L'US-24 rejoint l'I-70 près de Minturn, une ville devenue aujourd'hui une banlieue de Vail.

*Reprenez l'I-70 vers l'est sur 5 miles pour rejoindre Vail.*

## ★ Vail C2

*À 97,5 miles à l'ouest de Denver.*

*✆ 970 477 4029 - www.visitvailvalley.com.*

Vail, qui fut l'une des premières stations de ski d'Amérique du Nord, a été fondée en 1963 par des vétérans de la Seconde Guerre mondiale ayant appartenu à la 10e division de montagne. Située aux pieds de la **Vail Mountain★★** *(www.vail.com)*, elle possède la plus grande zone skiable sur une seule montagne aux États-Unis, avec un dénivelé de plus de 1 000 m. Les rues piétonnes de la ville sont quant à elle bordées de chalets, de boutiques et de restaurants chic.

**Colorado Ski & Snowboard Museum** – *231 S. Frontage Rd - ✆ 970 476 1876 - www.skimuseum.net - mai-oct. : 10h-18h ; nov.-avr. : 10h-19h30 - gratuit)* retrace l'histoire du ski et du surf des neiges dans l'État et commémore les soldats à ski qui s'entraînèrent jadis à Camp Hale.

★ **Vail Nature Center★** – *601 Vail Valley Dr. - ✆ 970 479 2291 - www.vailrec.com.* Il propose aux amoureux de la nature promenades, randonnées guidées et visites à ski durant toute l'année.

★ **Betty Ford Alpine Gardens** – *530 S. Frontage Rd - ✆ 970 476 0103 - www.bettyfordalpinegardens.org - de l'aube au crépuscule - gratuit.* Ces jardins vous feront découvrir 1 500 espèces de fleurs annuelles et de vivaces.

★ **Adventure Ridge★** – C'est le lieu idéal pour pratiquer les sports d'hiver. En été, la télécabine Gondola One (Vail Village) et la télécabine Eagle Bahn Gondola (Lionshead Base) offrent des vues imprenables sur la montagne.

*Au départ de Vail, parcourez 10 miles vers l'ouest en empruntant l'I-70.*

## ★ Beaver Creek B2

*Sur l'I-70, prenez la sortie 167 à Avon et empruntez Village Rd sur 3 miles en direction du sud - ✆ 970 496 4900 - www.beavercreek.com.*

Cette station dédiée au ski et au golf fut créée par les opérateurs de la station de Vail en 1980. Les pistes de ski, où ont eu lieu des courses de championnats mondiaux, fait la jonction entre deux lotissements, Arrowhead et Bachelor Gulch. Le **Vilar Performing Arts Center★** (*✆ 970 845 8497 - www.vilarpac.org*) propose concerts de musique classique et populaire.

*Reprenez l'I-70 vers l'ouest sur 49,7 miles.*

## ★★ Glenwood Canyon B2

*Sur l'I-70, entre les sorties 133 et 116.*

Toute l'histoire géologique du Colorado peut se lire sur les murs de sédiments de cette spectaculaire gorge de près de 18 miles. Les roches les plus anciennes se formèrent il y a 570 millions d'années, durant l'ère précambrienne. Les formations les plus récentes, à 457 m au-dessus de la rivière, sont faites de grès riche en fer. Cette portion de l'I-70, achevée en 1992, fut bâtie en porte-à-faux sur des murs de granite et traverse une série de petits tunnels afin de ne pas nuire au paysage. Une piste pavée pour les cyclistes et les coureurs traverse le Glenwood Canyon de part en part. Celle-ci permet d'accéder à des aires dédiées au rafting et au sentier du **Hanging Lake Trail★★**, qui, sur 1 mile, s'élève de 304 m pour atteindre un splendide lac.

## ★ Glenwood Springs B2

*À 160,3 miles à l'ouest de Denver. Prenez la sortie 116 de l'I-70 et suivez la Rte 82.*

**Glenwood Springs Visitor Information Center** – *802 Grand Ave. - ✆ 970 945 6589 - www.glenwoodchamber.com.*

Cette ville de 9 837 habitants est située à l'endroit où Roaring Fork rencontre le fleuve Colorado, sous le canyon de Glenwood.

★★ **Hot Springs Pool** – *401 N. River St. - ✆ 970 945 6571 - www.hotspringspool.com.* Elle se vante d'être la plus grande station thermale naturellement chauffée du monde.

★★ **Glenwood Caverns et Historic Fairy Caves** – *5100 Two Rivers Plaza Rd - ✆ 970 945 4228 - www.glenwoodcaverns.com - été : 9h-21h ; hiver : 10h-17h - 20 $.* La visite guidée (1h) vous fera découvrir les portions éclairées des grottes.

*Empruntez la Rte 82 en direction du sud-est sur 42 miles jusqu'à Aspen.*

## ★★ Aspen B2

*À 199,5 miles au sud-est de Denver.*

**Visitor Center** – *425 Rio Grande Place - ✆ 970 925 1940 - www.aspenchamber.org - lun.-vend. 8h30-17h.*

1

Avec pas moins de quatre stations de ski sur moins de 12,5 miles, Aspen (6 728 habitants) possède les pistes de ski parmi les mieux équipées d'Amérique du Nord, fréquentées par nombre de célébrités. La société Aspen Skiing Company et l'Aspen Institute for Humanistic Studies (Institut d'Aspen pour les sciences humaines), tout deux fondés à la fin des années 1940, ont permis de redonner vie à l'ancienne ville minière. La transformation d'Aspen en une station de ski de renommée mondiale est devenue un modèle pour les autres communautés des Rocheuses.

Célèbre pour ses boutiques et ses restaurants chic, le centre-ville se concentre autour d'une rue piétonne. Jerome B. Wheeler, dirigeant de Macy à New York, vint à Aspen durant les années prospères et, en 1888 puis en 1889, y bâtit trois monuments historiques encore présents aujourd'hui : le très élaboré **Wheeler Opera House**★ *(320 E. Hyman Ave. - ☏ 970 920 5770 - www.wheeleroperahouse.com)* propose films et spectacles ; l'**Hotel Jerome**★ *(330 Main St. - ☏ 970 920 1000)* a été restauré et rénové avec luxe *(voir carnet d'adresses)* ; le **Wheeler-Stallard House**★ *(620 W. Bleeker St. - ☏ 970 925 3721 - www.aspenhistorysociety.com)*, lieu d'exposition de style victorien, sert de musée à la Société historique d'Aspen.

Le **Aspen Art Museum**★ *(637 East Hyman Ave. - ☏ 970 925 805 - www.aspenartmuseum.org - mar.-dim. 10h-20h - gratuit)* propose des expositions d'œuvres variées, réalisées pour la plupart par des artistes locaux.

Le **Centre des études environnementales d'Aspen** *(100 Puppy Smith St. - ☏ 970 925 5756 - www.aspennature.org - été : lun.-sam. 9h-17h)* est situé sur le lac Hallam, un sanctuaire pour la faune et la flore.

L'école et le **festival de musique d'Aspen** *(225 Music School Rd - ☏ 970 925 3254 - www.aspenmusicfestival.com)* propose durant l'été des concerts où figurent régulièrement des musiciens de renommée internationale.

### ★★ Aspen Mountain B2

*☏ 970 923 1227 - www.aspensnowmass.com.*

Les montagnes d'Aspen se dressent directement derrière la ville. Leurs pentes attirent parmi les meilleurs skieurs au monde.

La télécabine **Silver Queen Gondola**★★, en fonction durant l'été, vous emmènera à 3 417 m pour profiter de vues magnifiques.

Deux autres stations se trouvent au nord-ouest de la ville, **Aspen Highlands** *(Maroon Creek Rd via Rte 82)* et **Buttermilk Mountain** *(Rte 82)*, cette dernière étant plutôt réservée aux novices. Plus loin encore, la station de **Snowmass**★ *(Brush Creek Rd via Rte 82)* offre l'un des meilleurs domaines skiables de la région, avec 88 pistes et un dénivelé de 1 343 m.

### ★★★ Maroon Bells B2

*À 13 miles au sud-ouest d'Aspen, dans la réserve naturelle de Maroon Bells-Snowmass Wilderness.*

Le calme **Maroon Lake**★★, qui offre une vue saisissante, est sans aucun doute le lac le plus photographié du Colorado.

Durant l'été et les week-ends, les véhicules privés n'ont pas le droit de circuler sur la Maroon Creek Road, longue de 10 miles. Des navettes sont cependant mises à disposition au centre de transit de Rubey Park *(Durant Ave., entre S. Galena St. et S. Mill St.)*.

Le ranch **T-Lazy-7 Ranch** *(Maroon Creek Rd - ☏ 970 925 4614 - www.tlazy7.com)* propose des sorties à motoneige l'hiver et des balades à cheval l'été.

## NOS ADRESSES DANS LES ROCHEUSES

### HÉBERGEMENT

#### PREMIER PRIX

**Rabbit Ears Motel** – *201 Lincoln Ave. - Steamboat Springs - ✆ 970 879 1150 - www.rabbitearsmotel.com - 65 ch. 99/159 $.* Difficile de rater le souriant lapin rose aux longues oreilles qui sert d'enseigne à cet établissement à l'entrée de la ville. Réparties dans trois bâtiments, les chambres moquettées sont équipées du cable, du wifi, d'un refrigérateur et d'un micro-ondes.

#### BUDGET MOYEN

**The Maxwell Inn** – *553 W. Elkhorn Ave. - Estes Park - ✆ 970 586 2833 - www.themaxwellinn.com - 17 ch. 120/150 $.* À 10mn à pied du centre-ville, à l'orée du Rocky Mountain National Park, cet hôtel familial assez charmant propose de petites chambres propres et bien équipées. Jolie terrasse avec Jaccuzi.

**The Gateway Inn** – *200 W. Portal Rd - Grand Lake - ✆ 970 627 2400 - www.gatewayinn.com - 32 ch. 120/160 $.* Pas très engageant de l'extérieur, l'hôtel se révèle en réalité agréable et sympathique, avec son décor rustique de rondins de bois, sa grande cheminée et ses multiples trophées d'animaux. Chambres spacieuses avec vue sur le lac et les montagnes.

**Hot Sulphur Springs Resort** – *5609 County Rd 20 - Hot Sulphur Springs- ✆ 970 725 3306 - http://hotsulphursprings.com - 17 ch. 108/168 $.* Les chambres, agréables et confortables, sont agrémentées de meubles rustiques en bois de pin. Mais ce n'est pas ce qui attire les vacanciers dans ce lieu historique. Sept sources naturelles alimentent en effet d'une eau minérale chaude et non filtrée les 21 bassins et bains, ainsi que la piscine de cette station thermale (en été uniquement).

#### POUR SE FAIRE PLAISIR

**The Stanley Hotel** – *333 Wonderview Ave. - Estes Park - ✆ 970 586 3371 - www.stanleyhotel.com - 140 ch. 199/344 $.* Souffrant, F. O. Stanley vint chercher dans cette vallée de l'oxygène et ne la quitta plus jamais. Son hôtel de style géorgien aurait inspiré à l'écrivain Stephen King son roman *The Shining*. On prétend d'ailleurs que l'hôtel est hanté… Ce qui n'a pas empêché à une pléiade de célébrités d'y séjourner. Cheminées à double foyer et escaliers ornent le hall, tandis que les serliennes ouvrent sur de magnifiques paysages. Le petit-déjeuner est servi dans l'hôtel-boutique, le **Lodge** (40 chambres) adjacent au Stanley.

**The Steamboat Grand** – *2300 Mt Werner Circle - Steamboat Springs - ✆ 970 871 5500 - http://steamboatgrand.com - 🏊 - 328 ch. 187/355 $.* Un immense quatre-étoiles situé au pied des pistes de ski. Les chambres sont dotées d'une télévision à écran plat 32" et de lits avec matelas à plateau-coussin. Spa et salle de fitness. Navettes pour le centre-ville.

#### UNE FOLIE

**Sonnenalp Resort** – *20 Vail Rd - Vail - ✆ 970 476 5656 - www.sonnenalp.com - 🏊 - 127 ch. 470/580 $.* Unique représentant en Amérique du Nord d'un style bavarois renommé, le Sonnenalp propose essentiellement de grandes suites avec plafonds en stuc et poutres apparentes, dans lequelles un bon feu de cheminée rappelle l'ambiance d'un chalet alpin. Un Spa ainsi qu'un bar à oxygène font la joie des résidents.

1

**The Home Ranch** – *54880 County Rd 129 (Elk River Rd) - Clark (à 18,6 miles au nord de Steamboat Springs) - ✆ 970 879 1780 - www.homeranch.com - 6 ch., 8 chalets à partir de 450 $/nuit en pension complète. Séjour 7 nuits min. en été, 2 nuits min. en hiver.* En pleine nature sauvage, dans la vallée de la rivière Elk, retrouvez l'authentique accueil de l'Ouest : 100 chevaux, pêche à la mouche, élégants chalets privés avec loft où crépitent des cuisinières à bois et, enfin, plats pour gourmets tels que cailles farcies ou flétan d'Alaska. Durant l'hiver, ce ranch de luxe affilié à la chaîne des Relais & Châteaux se transforme en paradis du ski de fond

**Hotel Jerome** – *330 E. Main St. - Aspen - ✆ 970 920 1000 - www.hoteljerome.aubergeresorts.com - 94 ch. à partir de 405 $.* Il y a plus d'un siècle, les riches exploitants des mines d'argent de la région se réunissaient au bar de l'hôtel pour y célébrer la découverte de nouveaux filons autour de véritables festins. L'élite d'Aspen se retrouve encore aujourd'hui au sein de ce bâtiment historique de trois étages. Récemment rénové, l'hôtel propose des chambres luxueuses avec rideaux en cachemire, mobilier en cuir typique de l'Ouest et pièces d'art local. Dirigé par le chef Rob Zacke, le **Prospect Restaurant** propose aussi bien des plats copieux que plus légers *(18/35 $).*

**The Lodge at Vail** – *174 E. Gore Creek Dr. - Vail - ✆ 970 429 5044 - www.lodgeatvail.com - - 165 ch. à partir de 179 $ (hors saison).* Le Tyrol rencontre les Rocheuses en ce lieu opulent à moins de 30 m des télésièges de Vail. De larges escaliers mènent à des chambres décorées de bois poli et de fauteuils en cuir et chacune possède son balcon privé. Goûtez au bœuf primeur vieilli chez **Elway's** et dégustez un bon petit-déjeuner au **Cucina Rustica**. Deux piscines, six cuves thermales et deux Spa sont à disposition.

## RESTAURATION

### BUDGET MOYEN

**The Other Side** – *1900 Moraine Ave. - Estes Park- ✆ 970 586 2171 - www.theothersideofestes.com - 7h-21h - plat 9/29 $.* Loin de l'agitation du centre-ville, une salle lumineuse et calme, au bord d'un étang où barbottent des canards. La carte décline un choix de salades, *burgers*, sandwichs, truite arc-en-ciel et viandes grillées. Les plats sont plutôt copieux et bien cuisinés.

**Buffalo Restaurant & Bar** – *1617 Miner St. - Idaho Springs - ✆ 303 567 2729 - www.buffalorestaurant.com - 11h-22h - plat 8,50/35 $.* Ouvert depuis plus de cent ans, ce saloon historique et apprécié servait de la viande de bison bien avant que cela ne devienne à la mode. Elle est encore servie aujourd'hui, en hamburger, ragoût, faux-filet, côtes, *fajita*, avec des pâtes, et bien plus…

**Sagebrush BBQ & Grill** – *1101 Grand Ave. - Grand Lake - ✆ 970 627 1404 - www.sagebrushbbq.com - 7h-22h - plat 9,50/26 $.* L'ancienne prison municipale constitue désormais un lieu de rendez-vous convivial où les convives savourent steaks, travers de porc et saucisses grillées, *burgers*, *tacos*, salades et pâtes, servis généreusement.

### POUR SE FAIRE PLAISIR

**Aurum Food & Wine** – *811 Yampa St. - Steamboat Springs - ✆ 970 879 9500 - www.aurumsteamboat.com - 11h-23h - plat 18/38 $.* C'est un plaisir d'y dîner sur la terrasse au bord de la rivière Yampa. La cuisine de saison, typiquement contemporaine, surprend par la subtilité de ses arômes et textures. La carte des vins associe des crus régionaux avec une sélection de bourgognes et vins italiens.

**The Laundry** – *127 11th St. - Steamboat Springs - ✆ 970 870 0681 - www.thelaundryrestaurant.com - 16h30-23h - plat 25/29 $.* Un endroit convivial et *trendy*, dans le bâtiment en brique d'une ancienne laverie. On y déguste, en salle ou au comptoir, une cuisine inventive sous forme de petites assiettes à partager.

**Hearthstone Restaurant** – *130 S. Ridge St. - Breckenridge - ✆ 970 453 1148 - www.hearthstonerestaurant.biz - dîner seult - plat 28/42$.* C'est au sein d'une maison victorienne de la fin du 19e s., à un pâté de maisons de Main Avenue, que s'établit ce restaurant de cuisine régionale à l'ambiance chaleureuse. La baie vitrée à l'étage offre une vue imprenable des montagnes alentour. On y sert de généreuses portions de gibier, de steak ou encore de fruits de mer, et la carte des vins ne comporte que des crus primés.

### UNE FOLIE

**Sweet Basil** – *193 E. Gore Creek Dr. - Vail - ✆ 970 476 0125 - www.sweetbasilvail.com - plat 30/46 $.* Ici, la carte est entièrement revisitée à chaque saison. Ce qui ne change pas, c'est que ce restaurant raffiné et créatif ne désemplit jamais. Parmi les mets, on trouvera de la truite arc-en-ciel au beurre avec ses truffes noires, de l'onglet de bœuf avec son hachis de pommes de terre à l'ail et un plat végétarien. Le bar à vins du rez-de-chaussée est très prisé.

**Krabloonik** – *4250 Divide Rd - Snowmass Village (à 8 miles à l'ouest d'Aspen) - ✆ 970 923 3953 - www.krabloonik.com - fermé de mai à mi-déc. - 285/340 $ la balade en traîneau à chiens et le repas.* La combinaison d'un bon restaurant et d'un chenil de chiens de traîneau est sans aucun doute ce qui fait de Krabloonik un lieu unique en son genre. Durant l'hiver, les chiens emmènent les amateurs de traîneau à travers le parc de Maroon Bells Wilderness. On se restaure au retour d'une soupe de champignons sauvages, de bœuf, de poisson ou encore de gibier fumé sur place.

**Mirabelle at Beaver Creek** – *55 Village Rd - Avon - ✆ 970 949 7728 - www.mirabelle1.com - dîner seult - fermé dim. - plat 30/44 $, menu 75 $.* Daniel Joly, qui vit avec sa famille à l'étage de cette ancienne ferme (1898), est un grand chef belge émigré aux États-Unis. Un service impeccable fait honneur à une cuisine contemporaine aux accents français, relevée par des plats tels que le filet d'élan, l'agneau du Colorado ou la sole meunière.

## AGENDA

**Carnaval d'hiver** – À Steamboat Springs, début fév. Défilé, feu d'artifice, compétitions sportives.

**Cowboys' Roundup Days** – À Steamboat Springs, les 1-4 juil. Rodéos, défilé de bétail dans les rues, concerts, feu d'artifice et soirée dansante.

**Longs Peak Scottish Irish Highland Festival** – *www.scotfest.com.* À Estes Park, début sept. Le plus grand festival celtique d'Amérique du Nord. Défilé, concerts, compétitions sportives, musique folklorique.

**Aspen Music Festival** – *www.aspenmusicfestival.com.* À Aspen, de fin juin à mi-août. Plus de 350 événements de musique classique durant huit semaines.

1

# Western Slope

★★

**Seule grande ville de cette vaste zone semi-désertique, Grand Junction, dont la population avoisine 60 000 habitants, est située au confluent du fleuve Colorado et de la rivière Gunnison. Ces cours d'eau fournissent l'élément vital nécessaire à l'élevage de ranch et à l'agriculture locale, qui produit pêches, pommes, poires et compte de nombreux vignobles. Avec ses canyons, ses pitons aux formes étranges et ses couleurs spectaculaires, le Colorado National Monument compte parmi les plus beaux paysages américains. Des défilés sculptés par l'érosion tout aussi vertigineux vous attendent au Black Canyon de la rivière Gunnison, au sud-est, ainsi que dans le Dinosaur National Monument, site paléontologique riche en fossiles de dinosaures, situé plus au nord, à la lisière de l'Utah.**

**NOS ADRESSES PAGE 190**

### S'INFORMER

**Colorado West Tourism Council** – *970 245 5428 - www.coloradowest.org.*
**Grand Junction Visitor Center** – *740 Horizon Dr. - 970 256 4060 - www.visitgrandjunction.com - 9h-18h (17h en hiver).*

### SE REPÉRER

Carte de région AB1-2 (p. 136-137) – *heure des Montagnes.* Le fleuve Colorado reçoit les eaux de la Gunnison River à Grand Junction, située à 247 miles au sud-ouest de Denver.

### ORGANISER SON TEMPS

Comptez une journée pour chacun des parcs nationaux de Colorado, Dinosaur et Black Canyon, séparés par de longues distances.

### AVEC LES ENFANTS

Cross Orchards Historic Site ; Dinosaur National Monument.

## Découvrir Carte de région

### ★ Cross Orchards Historic Site A2

*À Grand Junction.*
*3073 F Rd - 970 434 9814 ou 970 242 0971 - www.visitgrandjunction.com - mar.-sam. 9h-16h - 5 $.*

Les vestiges d'une ferme du début du 20e s., qui fut l'un des plus grands vergers de l'État, sont conservés ici. Les animateurs du lieu, costumés, vous feront découvrir l'art de la forge et d'autres métiers de l'époque. Il est possible de visiter la baraque-dortoir et l'atelier d'empotage. En saison, on peut faire une promenade en chariot à foin, presser du cidre et bien plus.

### ★★ Colorado National Monument A2

*À 12 miles à l'ouest de Grand Junction, par l'I-70 (sortie 19 à Fruita) et la Rte 340.*
*970 858 3617 - www.nps.gov/colm - 10 $ par véhicule. Le Visitor Center (8h-18h) est situé près du Saddlehorn Campground.*

Cette zone sauvage de 82,8 km², qui s'élève à plus de 610 m au-dessus du fleuve Colorado, sur le bord nord du plateau d'Uncompahgre, se compose de canyons et tours de roche, et abrite mouflons et aigles royaux.

La **Rim Rock Drive★★★** *(23 miles)* serpente entre des formations de roche rouge telles que le Kissing Couple, la Devils Kitchen et Window Rock. Nombre d'entre elles sont composées de grès vieux de 1,7 milliard d'années, ce qui les place parmi les roches les plus anciennes de la planète.

### ★★ Dinosaur National Monument A1

*À Dinosaur, 107 miles au nord de Grand Junction. Parking gratuit côté Colorado, 10 $ par véhicule côté Utah.*

**Canyon Visitor Center** *(Colorado) – Sur l'US-40, 2 miles à l'est de Dinosaur, à l'entrée de Harpers Corner Rd - 970 374 3000 - www.nps.gov/dino - mai-sept. : 9h-17h.*

**Quarry Visitor Center** *(Utah) – à 6,8 miles au nord de Jensen, à l'entrée de Club Creek Rd - 435 781 7700 - www.nps.gov/dino - été : 8h-18h ; hiver : 9h-17h.*

Côté Colorado, **Harpers Corner Road★**, une route touristique de 31 miles, mène à **Harpers Corner**, à 2 324 m d'altitude. De là, un sentier de randonnée *(2 miles AR, 1h, facile)* parcourt une crête au milieu des pins et des genévriers et mène à un magnifique **point de vue★★** sur les méandres du canyon, au confluent des rivières Yampa et Green.

Une autre piste de 13 miles, accessible uniquement en 4x4, permet d'accéder à **Echo Park★**, où l'on découvre l'impressionnant Steamboat Rock qui surplombe la rivière Green.

Pour voir les fossiles de dinosaures, vous devrez vous rendre à Jensen, en Utah, en empruntant l'US-40 sur 20 miles en direction de l'ouest, puis en prenant la Route 149 sur 6,8 miles en direction du nord. Parvenu au **Quarry Visitor Center**, des navettes gratuites *(mai-sept. : 9h30-17h, ttes les 15mn)* vous emmènent au **Quarry Exhibit Hall★★**. Cette structure en verre abrite la Carnegie Dinosaur Quarry, vaste paroi rocheuse enfermant plus de 1 500 os de dinosaures fossilisés. Le Visitor Center et le Quarry Exhibit Hall présentent une exposition sur les recherches paléontologiques menées dans la région et sur la vie terrestre au temps du Jurassique, ainsi que de nombreux fossiles. On peut notamment y toucher le fémur d'un diplodocus vieux de 149 millions d'années.

3 miles à l'est du Visitor Center, vous parvenez au **Split Mountain Canyon**, point d'arrivée des descentes en raft sur la Green River (au départ d'Echo Park). Environ 3,7 miles plus loin, la Cub Creek Road se transforme en piste. Sur une paroi rocheuse à gauche, on découvre d'anciens **pétroglyphes★** gravés par les Fremont, Indiens troglodytes qui vivaient ici entre 700 et 1300. Au bout de la piste, face à deux canyons, se trouve l'ancien emplacement du ranch de Jossie Bassett, une femme de caractère qui fut la complice du gang de hors-la-loi de Butch Cassidy et de Sundance Kid.

### ★★ Black Canyon of the Gunnison National Park B2

*Sur la Rte 347, à 5 miles à l'est de Montrose et 57,7 miles à l'ouest de Gunnison - 15 $ par véhicule.*

**South Rim Visitor Center** *– à 2 miles après l'entrée du parc, sur la rive sud - 970 249 1914 - www.nps.gov/blca - été : 8h-18h ; reste de l'année : 8h-16h.*

S'il n'est ni le plus profond ni le plus étroit des canyons de l'Ouest, ce gouffre n'en possède pas moins une apparence très spectaculaire. La rivière Gunnison, qui coule en direction de l'ouest, a creusé dans les roches précambriennes de gneiss et de schiste ce canyon de 52,8 km de longueur, 823 m de profondeur et 304 m de largeur. On trouve douze **aires d'observation★★** sur la route de 6,8 miles qui longe le bord sud du canyon.

Aussi incroyable que cela puisse paraître, une ligne de chemin de fer a un jour traversé cet abîme. Conçue pour transporter récoltes et minerais, cette ligne à voie étroite, qui reliait Gunnison à Montrose, fut abandonnée en 1949. Une petite portion de la voie ferrée, plusieurs voitures et la locomotive 278 sont exposées à **Cimarron** *(21 miles à l'est de Monrose sur l'US-50)*.

### ★ Curecanti National Recreation Area B2

*Sur l'US-50, entre Montrose et Gunnison - gratuit.*

**Elk Creek Visitor Center** - *à 16 miles à l'ouest de Gunnison - 970 641 2337 - www.nps.gov/cure - été : 8h-18h ; hiver : lun.-vend. 8h-16h.*

Une série de trois lacs de barrage sur la rivière Gunnison forme le cœur de ce paradis de loisirs pour amateurs de sports nautiques. Le plus en amont est le **Blue Mesa Lake**, le plus grand lac du Colorado, long de 20 miles. Il abrite le plus grand élevage lacustre de truites et de saumons rouges du pays. Les deux autres lacs sont **Morrow Point Lake**, enclos dans la partie supérieure de Black Canyon, et **Crystal Lake**. Des excursions en bateau sur Morrow Point Lake, dirigées par les *rangers*, partent deux fois par jour en été du ponton de Pine Creek, dans la partie supérieure de Black Canyon *(juin-début sept. : tlj sf mar. à 10h et 12h30 - réserv. requises auprès du Visitor Center - 16 $)*.

## NOS ADRESSES À GRAND JUNCTION

### HÉBERGEMENT

#### PREMIER PRIX

**El Palomino Motel** – *2400 North Ave. - 970 242 1826 - www.elpalominomotel.com - - 20 ch. 60/70 $* . Accueil chaleureux dans ce petit motel central, sympathique et bon marché, à l'ambiance familiale. Chambres nickel et bien équipées.

#### BUDGET MOYEN

**The Chateau at Two Rivers Winery** – *2087 Broadway (Rte 340) - 970 255 1471 - www.tworiverswinery.com - 10 ch. 130 $* . Au sein d'un domaine viticole, à l'orée du Colorado National Monument, ce B&B arbore un décor d'inspiration française. Les larges chambres disposent d'un beau mobilier, de luxueuses salles de bains et d'une vue superbe. Dégustation de vins incluse.

**Hampton Inn** – *205 Main St. - 970 243 3222 - http://hamptoninn3.hilton.com - - 80 ch. 120/140 $* . Cet établissement sans surprise a pour intérêt d'être situé dans le centre-ville, près des commerces et restaurants. Chambres avec réfrigérateur et micro-ondes. Salle de fitness.

### RESTAURATION

#### BUDGET MOYEN

**Bin 707 Foodbar** – *225 N. 5th St. - 970 243 4543 - www.bin707.com - 10h-22h - plat 16/29 $.* Souvent bondé, ce restaurant de cuisine américaine moderne tenu par le chef Josh Niernberg jouit d'une excellente réputation. Filet d'agneau du Colorado, saumon de Skuna Bay, boudin blanc et magret de canard figurent à la carte. Et pour les accompagner, un choix d'excellents vins de la région.

### ACTIVITÉS

#### Rafting

**Dinosaur River Expeditions** – *550 East Mean St. - Vernal (Utah) - 800 345 7238 - www.dinoadv.com.* Descente sur les rapides des rivières Green et Yampa.

# San Juan Country

★★

**La partie sud-ouest du Colorado est une région essentiellement montagneuse dominée par les pentes abruptes et les précipices des monts San Juan, la plus jeune chaîne de montagnes des Rocheuses. Celle-ci englobe plus de 8 000 km² de forêts, parc nationaux et aires naturelles, ponctués de rivières pittoresques et de lacs. Quatorze pics dépassent 4 200 m. Aux altitudes plus basses, l'élevage des ranches demeure l'activité principale. Nées de la ruée vers l'or, les villes de la région ont gardé l'empreinte de l'authentique et profond Far West.**

NOS ADRESSES PAGE 194



**S'INFORMER**
**Southwest Colorado Travel Region** – *✆ 800 933 4340 - www.swcolotravel.org.*

**SE REPÉRER**
Carte de région AB3 (p. 136-137) – *heure des Montagnes.* La Route 550, de Montrose au nord à Durango au sud, passe par Ouray et Silverton. La Route 160 relie Durango, à l'est, et Cortez, à l'ouest.

**ORGANISER SON TEMPS**
Comptez 2 jours pour effectuer un circuit en boucle entre Durango, Silverton, Telluride et Cortez.

**AVEC LES ENFANTS**
Le train à vapeur entre Durango et Silverton.

## Découvrir Carte de région

### ★ Durango B3

*Au carrefour de l'US-160 et de l'US-550, à 434,5 miles au sud de Grand Junction.*
**Durango Area Tourism Office** – *802 Main Ave. - ✆ 970 247 3500 - www.durango.org - 9h-18h.*
Située sur les rives de la rivière Animas, la ville bénéficie de sources minérales naturellement chaudes, jaillissant à plus de 45 °C. Mais c'est l'or et l'argent des montagnes San Juan qui sont à l'origine de sa fondation, avec la création, en 1880, d'une voie de chemin de fer pour acheminer les précieux métaux depuis les mines d'altitude. L'économie des environs reposa longtemps sur ces dernières et l'élevage des ranches, puis, à partir des années 1960, sur le tourisme (ski, rafting, pêche, randonnée).
Aujourd'hui, la ville (17 557 hab.) est l'une des plus attrayantes de la région, avec ses bars et restaurants à l'ambiance conviviale.
Le centre historique s'étend autour de **Main Avenue★**. Commencez au *Train Depot*, la gare d'où part le vieux train à vapeur. Procurez-vous le dépliant *« Walking Tour »* et longez Main Street pour admirer ses immeubles d'époque en brique et à frontons, dont beaucoup furent jadis des saloons fréquentés par les fortes têtes du comté. Ne manquez pas le **Strater Hotel★** *(699 Main St. - ✆ 970 247 4431 - www.strater.com)*, la première banque de la région, et son **Diamond Belle Saloon★**, avec serveuses en porte-jarretelles…

★★★ **Durango & Silverton Narrow Gauge Railroad** – *479 Main Ave. - ✆ 970 247 2733 - www.durangotrain.com - de mi-mai à mi-oct. : dép. à 8h et 8h45 (et 9h30 de juin à déb. août), retour à 17h15 et 18h (et 18h30 de juin à déb. août) ; en hiver (nov.-avr.), le train va uniquement jusqu'à Cascade Canyon : dép. à 10h - été : 85/189 $ AR (selon la classe) ; hiver : 59/99 $ AR (selon la classe). Comptez la journée.* Opérationnel depuis juillet 1882, ce train à vapeur emprunte une voie ferrée dont les rails, très rapprochés *(narrow gauge)*, sont espacés de 0,91 m, contre 1,42 m pour les rails standard. La voie traverse 116,5 miles spectaculaires de canyons, de torrents et de versants boisés jusqu'à la petite ville minière de Silverton, où une étape de 2h15 est prévue avant le retour.
*Quittez Durango vers le nord par l'US-550.*

## ★ Silverton B3

*À 125,5 miles au nord de Durango par l'US-550.*

**Silverton Area Chamber of Commerce** – *414 Greene St. - ✆ 970 387 5654 - www.silvertoncolorado.com.*

Si vous rêvez de l'Amérique des pionniers, une virée à Silverton (littéralement « tonne d'argent ») – 629 hab. ; alt. 2 795 m – s'impose, malgré les trop nombreux touristes. Vous trouverez le long des deux rues de terre battue tout ce qui faisait les petites villes de l'Ouest : façades victoriennes colorées et saloons à frontons.

Au nord de la ville, l'US-550 traverse une contrée ponctuée de mines à l'abandon. Les précipices qui bordent cette « Million Dollar Highway », profonds de centaines de mètres, sont tapissés de roches acérées.

## ★ Ouray B3

*À 64,3 miles au nord de Silverton par l'US-550.*

**Ouray Visitors Center** – *1230 Main St. (près de la Hot Springs Pool) - ✆ 970 325 4746 - www.ouraycolorado.com - 9h-18h, dim. 10h-16h.*

Sept pâtés de maisons forment le **Main Street Historic District** de cette « Suisse de l'Amérique », fondée par des mineurs en 1876 et située dans un canyon abrupt. Des vapeurs s'élèvent au-dessus des sources d'eau chaude de l'**Ouray Hot Springs Pool** *(1230 Main St., sur l'US-550, au nord d'Ouray - ✆ 970 325 7073 - 10h-22h en été - 12 $)*, dont la chaleur peut atteindre jusqu'à 40 °C. Au sud de la ville, dans la gorge de Uncompahgre, les chutes de **Box Cañon Falls** *(Rte 361 - ✆ 970 325 7080 - mai et de sept. à mi-oct. : 9h-17h ; juin-août :*

### UN PEU D'HISTOIRE

L'implantation humaine dans les hauteurs des monts San Juan est caractérisée par les villes minières historiques du 19e s. Mais bien avant l'arrivée des Blancs, les Anasazis étaient déjà présents. Entre l'an 600 et 1300, ils bâtirent de nombreuses villes sur les mesas riches en pignons et en sauge. Abandonnées depuis des siècles, les plus belles constructions à flanc de falaise se trouvent au sein du parc Mesa Verde National Park. Bien plus tard, les pionniers en quête d'or et d'argent découvrirent les monts San Juan. En 1880, une ligne de chemin de fer fut établie pour transporter minerais et provisions. Une portion de celle-ci existe encore aujourd'hui et est connue sous le nom de Durango & Silverton Narrow Gauge Railroad. L'autoroute « Million Dollar Highway », percée aux explosifs à travers les montagnes, a pour fonction de relier des sites très reculés aux villes de services que sont Durango et Cortez, dont les rues principales, bordées de demeures victoriennes, sont le fruit direct des richesses des mines.

Telluride.
N. Eisele-Hein/imageBROKER/age fotostock



*8h-20h - 4 $)*, hautes de 86 m, se transforment l'hiver en **Ouray Ice Park** *(www.ourayicepark.com)*. Durant l'été, Ouray est le lieu idéal pour des excursions en Jeep.

## ★★ Telluride B3

*Sur la Rte 145, à 128,5 miles d'Ouray et 288 miles de Durango.*

**Telluride Visitor Center** – *700 W. Colorado Ave. - 888 605 2578 - www.visittelluride.com - 9h-17h.*

Le vieux quartier de **National Historic District**, bâti en 1878 et niché dans un abrupt et glacial canyon en cul-de-sac, est relié à l'ultra-moderne **Mountain Village** par une télécabine dernier cri. Les riches filons d'or et d'argent ont fait de Telluride une ville du Far West pleine d'animation. La richesse de la ville n'avait pas échappé à Butch Cassidy : il débuta sa carrière de hors-la-loi en dévalisant la banque de la ville. Neuf ans plus tard, l'homme politique américain William Jennings Bryan y donna son fameux discours de « la Croix d'or » (en défense de l'étalon-or), aux pieds du **New Sheridan Hotel** *(231 W. Colorado Ave. - voir carnet pratique)*.

À l'extrémité est du canyon se trouvent les chutes d'eau les plus hautes de tout le Colorado : **Bridal Veil Falls★**, hautes de 111 m.

La très prisée station de ski **Telluride Ski Resort★** *(970 728 6900 - www.tellurideskiresort.com)* est celle qui offre les plus grands défis à ses visiteurs. Sa dénivellation de 1 073 m (culminant à 3 738 m) est accessible du centre-ville ou de Mountain Village.

## Dolores A3

*Au croisement des Rtes 145 et 184, à 167 miles de Telluride et 116 miles de Durango.*

**Dolores Chamber of Commerce** – *201 Railroad Ave. - 970 882 4018 - www.doloreschamber.com - mai-oct. : 9h-16h ; nov.-avr. : 12h-16h.*

Cette petite ville possède une gare historique et une machine hybride entre le train et le bus, le **Galloping Goose** *(Rte 145 - 970 882 7082)*, qui jadis transportait des passagers tout en déneigeant les voies.

À 8 miles à l'ouest se trouve le **Anasazi Heritage Center★★** *(27501 Hwy 184 - ✆ 970 882 5600 - www.co.blm.gov/ahc - mars-oct. : 9h-5h ; nov.-fév. : 10h-16h - 3 $).* Ce musée permet de découvrir la culture des Anasazis (appelés aussi *Ancient Pueblo people*) à travers la région des Four Corners. Il sert également de point de rendez-vous pour visiter les **Canyons of the Ancients National Monument** *(Rte 491, à 24 miles à l'ouest de Pleasant View - www.co.blm.gov/canm),* un vaste territoire de canyons et de vestiges archéologiques qui n'a connu pratiquement aucun développement.

### Cortez A3

▶ *Au croisement de l'US-160 et de la Rte 145, à 29 miles au sud de Dolores et 119 miles à l'ouest de Durango.*

**Colorado Visitor Center** – *928 E. Main St. - ✆ 970 565 4048 - www.cityofcortez.com - 8h-18h (17h en hiver).*

Ville agraire de 8 568 habitants, Cortez possède un quartier historique autour de sa rue principale. La ville en elle-même n'a rien de particulier. Elle concentre le long d'une large avenue toute une ribambelle d'hôtels, de restaurants et de boutiques pratiques pour une étape d'un soir. À sa périphérie se tiennent quelques magasins d'antiquités richement pourvus, qui raviront les amoureux des brocantes et de l'Amérique d'autrefois.

### ★★ Ute Mountain Tribal Park A3

▶ *À 51,5 miles au sud-ouest de Cortez par l'US-160.*

*✆ 970 565 3751 - www.utemountaintribalpark.info - visite guidée seult - avr.-oct. : tlj sf dim. - réserv. conseillée - 29 $ la demi-journée, 48 $ la journée.* Ce parc tribal permet d'observer des habitations à flanc de falaise, des pétroglyphes et des milliers de vestiges de poterie. Les visites, menées par un guide ute, commencent au **Visitor Center and Museum** *(au croisement de l'US-160 et de l'US-491).*

Le **Four Corners Monument** *(sur l'US-160, à 98 miles au sud de Cortez)* est le seul endroit où quatre États se rencontrent : Colorado, Nouveau-Mexique, Arizona et Utah.

## NOS ADRESSES DANS SAN JUAN COUNTRY

#### HÉBERGEMENT

#### Cortez

**PREMIER PRIX**

**Aneth Lodge** – *645 E. Main St. - ✆ 970 565 3453 - www.anethlodge.com - 30 ch. 58/62 $.* Un motel simple, bien situé, près du *city market* et de plusieurs restaurants. Télé, micro-ondes, réfrigérateur et wifi gratuit. Accueil sympathique.

**Super 8 Motel** – *505 E. Main St. - ✆ 970 565 8888 - www.super8.com - 58 ch. 70/85 $.* Adresse à la fois centrale et située sur la Rte 160 menant à Mesa Verde.

#### Durango

**PREMIER PRIX**

**Blue Spruce Campground & Cabins** – *1875 County Rd 500 - Vallecito Lake - ✆ 970 884 2641 - www.bluesprucervpark.com - 120 empl. à partir de 33 $.* À 64,3 miles de Durango (sortie nord vers Vallecito Lake), à la lisière de la forêt de San Juan et à proximité du lac, ce terrain bien ombragé offre une atmosphère bon enfant (leçons de danse, gospel et barbecues). Épicerie, laverie. Bungalows rustiques à louer en été *(à partir de 93 $).*

BUDGET MOYEN

**Econo Lodge** – *2002 Main Ave. - ✆ 970 247 4242 ou 866 291 4990 - www.econolodgedurango.com - 43 ch. 138/175 $.* Une bonne chaîne avec des chambres relativement confortables et un bon accueil.

**Leland House & Rochester Hotel** – *726 E. 2nd Ave. - ✆ 970 385 1920 - www.rochesterhotel.com - 24 ch. 169/250 $ ☕.* Ce B&B de charme occupe deux belles maisons anciennes à la décoration raffinée. Certaines chambres disposent d'une kitchenette. Petit-déjeuner très copieux.

**Strater Hotel** – *699 Main Ave. - ✆ 970 247 4431 - www.strater.com - 93 ch. 150/200 $.* Ce palace de briques rouges rehaussées de moulures blanches possède un petit accent du Far West. Son fabuleux mobilier est composé d'antiquités victoriennes en bois de noyer et l'hôtel est encore embelli par ses rampes en laiton et ses sofas brochés. Certaines chambres sont équipées de lit à baldaquin et décorées de papiers peints luxueux.

## Silverton

PREMIER PRIX

**Blair Street Hostel** – *1025 Blair St. - ✆ 970 387 5599 - www.blairstreethostel.com - 1 dortoir (8 pers.) et 6 ch. (2-5 pers.) à partir de 18 $ par pers.* Une sympathique maison qui fonctionne comme une auberge de jeunesse. Salle de bains commune, laverie, coin cuisine. Confort basique. Dispose de trois chambres doubles *(52/64 $).*

BUDGET MOYEN

**Grand Imperial Hotel** – *1219 Greene St. - ✆ 970 387 5527 ou 800 341 3340 - www.grandimperialhotel.com - 40 ch. à partir de 79 $.* Cet hôtel victorien historique (1882) demeure confortable et jouit de belles vues sur les montagnes. Le restaurant *(juin-août : 7h-23h ; sept.-mai : 16h-22h - fermé nov. et avr. - moins de 15 $)* permet de déjeuner au son du piano, comme au temps de la conquête de l'Ouest.

## Telluride

POUR SE FAIRE PLAISIR

**New Sheridan Hotel** – *231 W. Colorado Ave. - ✆ 970 728 4351 - www.newsheridan.com - 26 ch. 148/278 $.* Si vous étiez venu il y a cent ans, vous auriez en effet vu un « nouveau » Sheridan. Aujourd'hui, cette auberge entièrement restaurée, au cœur de la ville, incarne l'élégance moderne. Les chambres possèdent des sofas et certaines sont décorées de photographies de Telluride à sa naissance. Des peignoirs sont fournis. Le bar historique et le restaurant gourmet **Chop House** *(plat 29/39 $)* sont des lieux de rendez-vous pour les habitants.

# RESTAURATION

## Cortez

PREMIER PRIX

**Mr. Happy's** – *125 E. Main St. - Cortez - ✆ 970 565-9869 - www.mrhappysbbg.wordpress.com.* À la fois bar, gril et boulangerie, Mr Happy's, très prisé, sert petits-déjeuners, déjeuners et dîners. Hamburgers, sandwichs et *wraps* côtoient steaks, *fish & chips* (poisson frit et frites) et un pain de viande maison.

## Durango

BUDGET MOYEN

**Jean-Pierre's** – *601 Main Ave. - ✆ 970 247 7700 - www.jeanpierrebakery.com - lun.-dim. 7h-22h - bar à vins jusqu'à 22h l'été,*

1

*21h le reste de l'année - plat 15/30 $.* Un beau lieu mêlant brique et bois créé par un sympathique Français. Dans la grande salle, on sert œufs pochés, quiches, crêpes, salades et, bien sûr, des croissants. Côté bar à vins, un grand zinc, un piano et une ambiance détendue le soir. Vin au verre et bouteilles (servies avec une assiette de fromages).

**The Palace Restaurant** – *505 Main Ave. - ✆ 970 247-2018 - www.palacedurango.com - 11h-22h - fermé dim. - plat 18/32 $.* Abrité dans un bâtiment de style beaux-arts, cet établissement est à la fois un excellent restaurant et une taverne. Son menu va du steak-frites au poulet en passant par les boulettes de pâte.

**Ken & Sue's** – *636 Main Ave. - ✆ 970 385 1810 - www.kenandsues.com - fermé sam. et dim. midis - plat 10/23 $.* Cuisine américaine éclectique, inspirée des traditions asiatiques, savoureuse et bien présentée. Joli patio. L'accueil est charmant, mais mieux vaut réserver car c'est souvent complet.

**Cyprus Cafe** – *725 E. 2nd Ave. - ✆ 970 385 6884 - www.cypruscafe.com - 11h30-21h - fermé dim. - plat 10/32 $.* Cuisine méditerranéenne aux saveurs originales servie dans un cadre agréable en bois peint design, ou sur une adorable terrasse (concerts de jazz lun.-merc. soirs en été).

**Bar D Chuckwagon** – *8080 Country Rd 250 - ✆ 970 247 5753 (réserv. obligatoire) - www.bardchuckwagon.com - dîner seult - juin-août - repas 24/34 $.* Servi à 19h30 pétantes, le dîner de cow-boys avec show musical est un incontournable de l'Ouest. Ambiance « Amérique profonde », mais chaleureuse et conviviale.

## Silverton

**PREMIER PRIX**

**Handlebars** – *13th St. (à l'arrière d'une boutique de cadeaux de la rue principale) - ✆ 970 387 5395 - www.handlebarssilverton.com - mai-oct. : tlj 10h30-21h - plat 10/25 $.* Atmosphère western, décor de saloon tout en bois, plats copieux et bon marché.

### ACTIVITÉS

**Rafting** – La rivière Animas, qui descend des montagnes en passant par Silverton et Durango, permet de faire du rafting, selon la saison et le niveau de la rivière.

**Outlaw Tours** *(555 Main Ave. - Durango - ✆ 970 259 1800 - www.outlawtours.com)* propose des sorties de 2h *(29 $)* ou à la journée complète *(70 $, déjeuner inclus).*

**VTT – Mountain Bike Specialists** *(949 Main Ave. - Durango - ✆ 970 247 4066 - www.mountainbikespecialists.com)* loue des VTT et organise des sorties (1 à 3 jours). Plusieurs circuits possibles dans les environs, sur des routes parfois bien ardues (24/96 km), ou sur des pistes de montagne (différents niveaux de difficulté) entre Durango et Silverton.

**Rodéo** – Les rodéos sont une institution dans le Colorado. À Durango, ils se disputent de juin à août à 19h30, au **Plata County Fairground**, à l'angle de Main Ave. et de 25th St. Renseignements au *✆ 719 593 8840 et sur www.prorodeo.com.*

# Mesa Verde National Park

★★★

**Un plateau sillonné de profonds canyons boisés, des ruines étonnantes cachées au creux de falaises abruptes et une civilisation disparue : il n'en faut pas plus pour charmer le visiteur. Et si les Anasazis conservent tout leur mystère, on n'en repart pas moins impressionné par leurs villages troglodytiques et leur adaptation à l'environnement. Une vraie leçon d'écologie avant l'heure !**

NOS ADRESSES PAGE 204

1

### S'INFORMER

**Mesa Verde Visitor and Research Center** – *À gauche à l'entrée du parc - 970 529 4465 - www.nps.gov/meve - juin-août : 7h30-19h ; avr.-mai et sept.-oct. : 8h-17h ; nov.-mars : 8h30-16h30. Le parc est quant à lui ouvert de l'aube au crépuscule - entrée parc : 10 $/véhicule (15 $ en été).*

**Bon à savoir** – Vous devrez obligatoirement faire halte ici pour acheter les billets des visites guidées *(4 $/pers.)* de Cliff Palace, Balcony House et Long House. Les tickets sont aussi en vente au Visitor Center de Cortez jusqu'à 2 jours à l'avance. Lors des fortes affluences d'été, le choix est parfois limité à une seule visite par jour entre Cliff Palace et Balcony House.

### SE REPÉRER

Carte de région AB3 (p. 136-137) – *heure des Montagnes*. L'entrée du parc se trouve sur l'US-160, à 25,5 miles à l'est de Cortez et 93,5 miles à l'ouest de Durango. Il couvre une superficie de 211 km² et culmine à 2 569 m d'altitude.

### À NE PAS MANQUER

Il faut visiter au moins l'un des trois villages troglodytiques : Cliff Palace, Balcony House ou Long House.

### ORGANISER SON TEMPS

Difficile de visiter le parc en une seule journée : dans ce cas, concentrez-vous sur Chapin Mesa, la zone la plus riche. Une demi-journée supplémentaire est nécessaire pour Wetherhill Mesa. Comptez déjà 45mn de route de l'entrée du parc aux premières ruines de Square Tower House.

## Découvrir Plan de site

C'est par une route magnifique, mais étroite et abrupte, que l'on accède au site de Mesa Verde. La montagne, recouverte d'arbres, de pins et de yucas, présente des panoramas sur les plaines alentour (prenez le temps de vous arrêter aux aires de stationnement prévues à cet effet).

Malheureusement, un terrible incendie a détruit une partie de la forêt en 2008, donnant au paysage un air de désolation poignant. Le feu heureusement s'est arrêté bien avant les sites.

À environ 38,5 miles de l'entrée, au niveau du site de Far View, le parc se divise en deux mesas principales : **Chapin Mesa**, qui se dresse entre Soda Canyon et Spruce Canyon, porte les plus beaux vestiges. Bien équipée et accessible toute l'année, elle est très fréquentée en été. **Wetherill Mesa**, plus isolée et plus sauvage, possède aussi de belles ruines, mais n'est ouverte qu'en été.

## ★★★ CHAPIN MESA

*Comptez au moins une demi-journée pour cette partie du parc et une journée avec les visites de Balcony House et Cliff Palace.*
Souvent négligé des visiteurs, le site de **Far View**, à l'entrée de la mesa, conserve les ruines de villages d'anciens Pueblos qui vivaient ici entre 900 et 1200. Un petit sentier *(boucle de 1,9 mile)* serpente entre les tours et les *kivas* (pièce circulaire et enterrée, utilisée pour des rituels religieux).

### ★★ Chapin Mesa Museum

*À 51,5 miles de l'entrée du parc - d'avr. à mi-oct. : 8h-18h30 ; de mi à fin oct. : 8h-17h ; nov.-déc. et mars : 9h-17h ; janv.-fév. : 9h-16h30 - gratuit.*
Un petit musée qu'il est intéressant de visiter avant de continuer, car il explique, à partir de nombreux vestiges archéologiques et des panneaux explicatifs, tout ce qui vous sera utile pour comprendre les ruines et les coutumes des anciens habitants.

### ★★★ Spruce Tree House

*Accès par le sentier situé à l'arrière du musée (1,6 mile, env. 30mn) - visite libre de début mars à début nov. ; visite guidée seult. de début nov. à début mars (3 dép./j.) - gratuit.*
En contrebas du musée, Spruce Tree House, le troisième village par la taille, est le seul qui soit ouvert toute l'année. On l'aborde par le bas. Bâti en pierres dans une alcôve de 66 m de large et 27 m de profondeur, il comprenait 114 pièces et 8 *kivas*, qui pouvaient accueillir une centaine d'Indiens. Si les pièces paraissent minuscules, c'est que les Indiens vivaient surtout dehors ; ils ne percevaient pas la nature comme un milieu hostile, mais plutôt comme leur mère nourricière. Ils ne s'abritaient que pour dormir. Les hommes de cette époque mesuraient à peine plus de 1,60 m et les femmes 1,50 m, d'où la taille réduite des pièces et des passages.
Dans ces villages, la gestion des déchets était un détail d'importance : une partie était jetée par-dessus la balustrade sur le talus en contrebas, l'autre était stockée au fond de la caverne. Ces dépotoirs servaient aussi à enterrer les morts, surtout en hiver, quand le sol gelé était beaucoup plus difficile à creuser. Ils sont aujourd'hui une véritable source d'information pour les archéologues qui y découvrent des fragments d'objets de la vie quotidienne, des déchets alimentaires, des restes de tissus, des ossements…

### ★★ Petroglyph Point Trail

*Sentier de 6,2 miles – Comptez 1h30. Restez sur les traces, car par endroits, la végétation abrite du sumac vénéneux.*
En continuant le chemin qui passe devant Spruce Tree House, vous rejoignez cet agréable sentier qui longe le canyon à flanc de montagne, à l'ombre de

#### LE GOÛTER DU COW-BOY

Ne manquez pas de goûter au *jerky*, une spécialité héritée de l'époque de la conquête de l'Ouest. Ces étroites lamelles de viande marinée et lentement séchée au soleil constituaient déjà les principales conserves de viande de bison des Indiens. On en trouve sous cellophane dans toutes les épiceries et, dans les villages, des bocaux alignés sur les comptoirs proposent au détail ces longues barres caoutchouteuses et salées. Idéal pour compléter une salade, pour le pique-nique ou le petit creux…

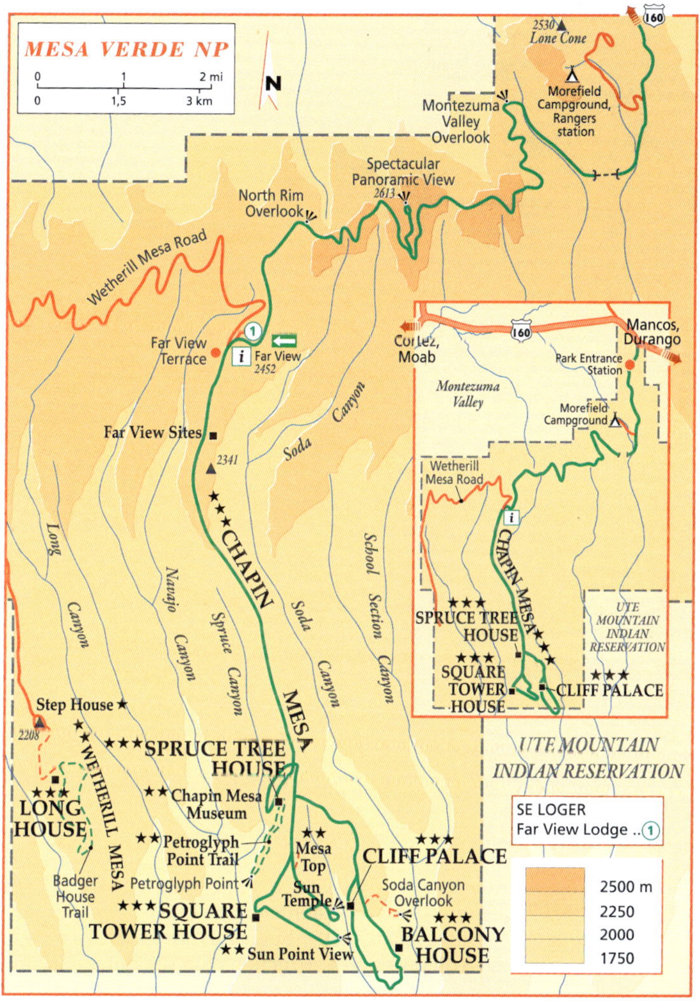


1

grands arbres, chênes ou pins pignons. On débouche au pied d'un rocher portant des **pétroglyphes★**. Ils ne sont pas nombreux, mais on reconnaît des mains, des personnages, des animaux…

Après de belles vues sur Navajo Canyon, le sentier remonte sur la mesa où la végétation est plus basse et plus éparse (genévriers, cactus et yuccas). La promenade en terrain plat rejoint le village de Spruce Tree House par le haut.

### ★★★ Cliff Palace

*Visite guidée seult (1h) - avr. et oct. : 9h-17h (dép. ttes les h.) ; mai-sept. : 9h-18h (dép. ttes les 30mn) ; de fin mai à début sept., visite suppl. au couchant (entre 18h30 et 19h15) du dim. au jeu. - fermé de nov. à mars - 4 $ ; billet en vente au Visitor Center. Pensez à réserver au moins la veille en été.*

Ce « palais de la falaise » est le plus grand et le plus photographié des villages troglodytiques. Il est parfaitement visible du belvédère, mais on ne le visite qu'accompagné d'un *ranger.*

Avec 150 pièces et 23 *kivas*, ce village construit vers 1200 est le plus vaste de Mesa Verde : il a dû héberger plus de 150 personnes. Remarquez le superbe travail de maçonnerie, les tours de défense et les espaces de stockage le long de la partie supérieure de la fissure. En quittant le village *(sous la première échelle)*, on aperçoit des encoches taillées dans la falaise : elles servaient d'escalier aux Indiens pour rejoindre la partie haute de la mesa. Imaginez les corvées de ravitaillement dans ces conditions !

### ★★★ Balcony House

*Visite guidée seult (1h) - de mi-avr. à mi-oct. : 9h-17h (dép. ttes les 30mn de juin à août, dép. ttes les h. en avr.-mai. et sept.-oct. - fermé de mi-oct. à mi-avr. - 4 $ ; billet en vente au Visitor Center. Pensez à réserver au moins la veille en été. La visite exige de grimper une échelle de 10 m et de passer dans un tunnel à quatre pattes sur 80 cm.*

Ce hameau troglodytique est moins important que le précédent, mais encore plus spectaculaire. Si on l'atteint aujourd'hui par une échelle, les Indiens y pénétraient en empruntant un tunnel, puis en grimpant le long d'encoches dans la roche. Ses quelque 40 pièces n'abritaient qu'une cinquantaine de personnes, qui vivaient suspendues à 180 m au-dessus du canyon. Là encore, on mesure les défis qu'a dû poser la construction d'un site qui fut occupé moins d'un siècle.

La cour nord, bordée par un parapet, devait servir à garder les jeunes enfants en sécurité, tandis que la cour sud, avec ses *kivas*, accueillait les autres activités du clan (le toit des *kivas* formait une partie de la cour). Le village possède deux sources d'eau qui évitaient la corvée de ravitaillement.

#### UN PARC TRÈS PARTICULIER

Au sud-est du plateau du Colorado, Mesa Verde est l'un des rares parcs nationaux retraçant l'histoire de ceux que l'on a longtemps appelés les **Anasazis**. Ce nom, prononcé d'une certaine manière, veut dire « ennemi ancien » en langue navajo. Les descendants de ces vieilles tribus préfèrent parler d'ancêtres des Indiens Pueblos. Malgré l'importance des ruines et des objets découverts, beaucoup de questions demeurent sans réponse sur l'évolution de cette civilisation.

Cliff Palace à Mesa Verde N. P.
*D. Ikenberry/Art Directors & Trips Photo/age fotostock*

### ★★ Mesa Top

*Accès par une route en boucle de 16 miles.*

Moins impressionnantes que les ruines précédentes, celles de Mesa Top permettent de comprendre l'évolution de l'habitat depuis les *basketmakers* jusqu'aux Pueblos. On y voit plusieurs vestiges de huttes enterrées *(pithouses)* et un ravissant petit village, **Square Tower House★★★**, que l'on domine depuis un belvédère. Niché dans sa fissure, il ressemble à une maquette d'argile… Vous passez ensuite quelques beaux points de vue sur les canyons, tel **Sun Point View★★**. 1

**Sun Temple** est un étrange édifice au plan géométrique mystérieux. On le pense dédié à un culte élaboré, mais il n'a sans doute jamais été achevé…

## ★★ WETHERILL MESA

*Circuit de 25,7 miles depuis le carrefour de Far View Area – Comptez 2 à 3h de visite. La route est ouverte de 9h à 16h15, de fin mai à début sept. Le tram qui dessert le site (circuit de 45mn au dép. du parking - gratuit) est réservé en priorité aux détenteurs d'un billet pour visiter Long House.*

Isolée à l'ouest, cette mesa est nettement plus sauvage que ses voisines. La route est sinueuse et pentue, et les **panoramas★★** sont splendides. Deux villages pueblos sont ouverts au public, **Step House★** *(de fin mai à début sept. : 10h-16h - sentier en boucle de 2 miles - comptez 1h - gratuit)* et **Long House★★★** *(de fin mai à début sept. - visite guidée seult : 10h-16h, dép. ttes les h., durée 1h30 - dép. à l'arrêt du tram - 4 $, billet en vente au Visitor Center)*, qui est le deuxième village troglodytique en taille après Cliff Palace. Une visite passionnante et assez sportive, où vous grimpez sur trois échelles à l'intérieur du site.

Desservi par le tram au départ et à l'arrivée, un petit sentier *(5,6 miles, 1h)*, le **Badger House Trail**, permet de découvrir les ruines de maisons construites au sommet de la mesa.

# Le mystère de Mesa Verde

## UN MONUMENT GÉOLOGIQUE

### Le creusement des canyons

Il y a 100 millions d'années, la région était couverte par la mer et connaissait un climat semblable à celui du golfe du Mexique. 40 millions d'années après, la mer disparut et l'ensemble du plateau du Colorado commença à s'élever. Il y a 1 million d'années, **Mesa Verde** était donc une vaste montagne tabulaire, légèrement inclinée vers le sud, que la pluie abondante, les cours d'eau, les glaciers et la fonte des neiges allaient creuser progressivement pour former les actuels canyons.

### Des alcôves étonnantes

La constitution des **crevasses horizontales** s'explique par la composition hétéroclite des falaises. L'eau s'infiltre facilement dans la couche supérieure de grès qui est perméable, mais lorsqu'elle rencontre la couche sous-jacente de schiste imperméable, elle s'étale et stagne. En hiver, elle gèle, se dilate et fend la pierre, occasionnant des fissures qui s'agrandissent avec les années. Ces dernières ont été ingénieusement mises à profit par les hommes.

## UN PEUPLEMENT PROGRESSIF

### Des fabricants de paniers…

Le peuplement de Mesa Verde remonte aux environs de 550, quand des groupes de nomades se sédentarisèrent sur la mesa et dans les fissures des falaises. On désigne par le nom de **« basketmakers »** (fabricants de paniers) les indigènes de cette époque, qui remplacèrent peu à peu la cueillette par l'agriculture. Ils vivaient dans des huttes rudimentaires à demi enterrées, ne connaissaient ni la poterie ni les métaux, mais excellaient dans la fabrication de délicates vanneries qui servaient à tout, y compris à transporter l'eau (on les imperméabilisait avec de la poix) ou à faire la cuisine (on faisait bouillir l'eau avec des pierres brûlantes sorties du feu).

### … aux Pueblos

Avec le temps, ils cessèrent d'enterrer leurs huttes et commencèrent à construire de simples cabanes de piquets recouvertes de boue séchée. À partir de cette époque, on les appelle les **Pueblos** (mot espagnol signifiant « village », utilisé aussi pour désigner les indigènes eux-mêmes). Vers l'an 1000, ils maîtrisaient bien la construction de petites maisons de pierre, comptant plusieurs niveaux et de nombreuses pièces. Ils apprirent la poterie et leur art du panier déclina. Les techniques agricoles progressaient et une portion de plus en plus importante du plateau y était consacrée. Durant deux siècles, les villages prospérèrent au sommet des falaises, à proximité des cultures. L'ensemble du plateau de Mesa Verde comptait alors plusieurs milliers d'habitants.

### Les bâtisseurs de palais

Un changement brutal s'opéra vers 1200. Les villages du plateau furent désertés et reconstruits systématiquement à l'abri des anfractuosités des falaises, jusque-là utilisées pour entreposer les denrées. Alors que le 12e s. avait connu réchauffement climatique, abondance et croissance démographique, le 13e s. fut celui du refroidissement brutal et de la raréfaction des ressources alimentaires, engendrant insécurité et violence. Chaque communauté surpeuplée devait lutter pour sa survie et la protection de ses réserves. Le repli vers les alcôves des falaises permettait de se défendre plus facilement et de se protéger des intempéries. Cela n'empêcha pas les Pueblos d'apporter un soin extrême à leurs nouveaux villages. En observant ces nids d'aigle perchés, on s'émerveille à l'idée des incroyables corvées de transport des matériaux et de ravitaillement...

## LE MYSTÈRE DE SON ABANDON

Difficile d'imaginer que tant d'efforts ne servirent que quelques dizaines d'années ! Ce fut pourtant le cas : deux générations tout au plus profitèrent des nouveaux villages qui furent à nouveau brutalement et définitivement désertés avant 1300. Archéologues et anthropologues divergent sur les raisons précises de cet exode massif et soudain.

### Un phénomène général

En réalité, à cette époque-là, il ne resta plus un Indien Pueblo dans toute la région des « Four Corners » (une bonne partie du plateau du Colorado). De Mesa Verde jusqu'à Phoenix, la plupart des villages furent abandonnés, souvent brutalement détruits ou brûlés. Beaucoup d'Indiens moururent, peut-être de la famine ou des combats entre communautés voisines. La violence endémique, les rigueurs climatiques et l'épuisement des sols découragèrent les survivants. Ils émigrèrent vers le sud et la vallée du Rio Grande, au Nouveau-Mexique, s'intégrant aux tribus locales. Les Indiens actuels les plus proches des anciens Pueblos sont les **Hopis** en Arizona, les **Zunis** et les **Pueblos** au Nouveau-Mexique.

## L'HÉRITAGE DES PUEBLOS

### Les cérémonies

**Kiva** est un mot hopi signifiant « pièce cérémonielle ». Les villages de Mesa Verde en conservent plusieurs. Circulaires et creusées dans le sol, elles servaient aux cérémonies rituelles, mais les Indiens y tenaient aussi leurs réunions et les utilisaient parfois pour le tissage. Des piliers soutenaient un toit de rondins recouverts de boue séchée. Les rebords et les niches accueillaient les objets rituels et les poteries. On y accédait au moyen d'une échelle par un trou dans le toit qui tenait aussi lieu de cheminée. Sur le sol, notez un petit trou, entre le mur et le foyer : c'est le *sipapu*, symbole de l'entrée dans l'autre monde et lieu d'où sont sortis tous les hommes de la tribu.

### Le bonheur par les plantes

Les Indiens se fient à la générosité de la nature. Presque toutes les plantes et graines leur sont utiles. Les pignons de pin sont grillés et mangés, la résine sert à réparer les poteries ou à imperméabiliser les paniers, le lichen des rochers, réduit en poudre, calme les douleurs bucco-dentaires. Le *mormon tea* soigne les maladies vénériennes, les infections rénales, la toux et les maux d'estomac. On l'utilise aussi pour tanner les peaux. L'écorce de genévrier sert pour les toitures, pour bourrer les oreillers et, réduite en fine charpie, elle tient lieu de couche pour les nourrissons. Les feuilles donnent, elles, une belle teinte verte à la laine. Les racines du yucca se transforment en savon, tandis que les tiges se font cordes, vanneries, tapis ou sandales...

## NOS ADRESSES DANS LE MESA VERDE NATIONAL PARK

### HÉBERGEMENT

Si vous ne campez pas, il peut être pratique de dormir à Mancos, Cortez ou Durango. Mieux vaut réserver entre juin et septembre.

#### Dans le parc

**PREMIER PRIX**

**Morefield Campground** – *À 10,3 miles de l'entrée du parc - ✆ 800 449 2288 - www.visitmesaverde.com - ouvert de début mai à début oct. - 435 empl. 28/40 $.* Un très beau site bien équipé, où vivent des daims et des cerfs, et d'où partent plusieurs sentiers de randonnée. Station-service, épicerie, cafétéria, douches et laverie. Réservation conseillée et il faut arriver très tôt pour les camping-cars. La station des *rangers* est toute proche ; on peut notamment y acheter les tickets des visites guidées de 17h à 20h (règlement en espèces uniquement).

**BUDGET MOYEN**

**Far View Lodge** – *1 Navaro Rd (à 38,6 miles après l'entrée du parc - ✆ 970 529 4422 - de mi-avr. à mi-oct. - 150 ch. 105/185 $.* Hôtel décoré dans un style western, situé dans un cadre superbe. Chaque chambre possède un balcon avec vue. Les moins chères sont pleines de courants d'air désagréables dès qu'il fait frais… Les Kivas, entièrement rénovées, sont plus luxueuses et mieux équipées, mais de taille similaire. Le restaurant **Metate Room** *(tlj 17h-21h30 - 9/32 $)* bénéficie aussi d'une belle vue et propose une excellente cuisine inspirée des traditions indiennes locales.

#### Mancos

Situé à 21 miles de l'entrée du parc, vous y trouverez plusieurs motels et un sympathique bar-restaurant, le *Millwood Junction*, où l'on sert de bonnes viandes.

**PREMIER PRIX**

**Mesa Verde RV Park Campground** – *34979 Rte 160 (à 5mn de l'entrée du parc) - ✆ 970 565 3517 ou 800 972 6620 - www.mesaverdecamping.com - ouvert d'avr. à oct. - 70 empl. 25/50 $.* Minimarket (vente de glaces), douches, laverie, piscine, Jacuzzi et minigolf. Propose aussi des chambres individuelles confortables avec salle de bains dans des petits chalets en bois avec table et espace barbecue dehors (50 $). Possibilité de randonnées à cheval.

### RESTAURATION

#### Dans le parc

**PREMIER PRIX**

**Far View Terrace Café** – *Far View Area (à l'opposé du Far View Lodge) - ✆ 602 331 5210 - de début mai à début oct. : 7h-20h - plat 10/15 $.* On a le choix entre un buffet de salades et des plats légers (*tacos*, sandwichs, omelettes et *burgers*), dans un décor assez impersonnel.

**Spruce Tree Terrace Café** – *à côté du Chapin Mesa Museum - ✆ 970 529 4465 - 10h-17h.* Agréable terrasse en plein air pour une cuisine très basique de salades, *tacos*, pizzas, *burgers* et sandwichs. Propose aussi des pique-niques à emporter.

Pétroglyphes dans Mesa Verde National Park.
*A. Leiva/age fotostock*

# Salt Lake City et sa région 2

Carte Michelin Région n° 585 – Utah



Vue sur les monts Wasatch.

*D. Schultz/Mint RF/Photononstop*

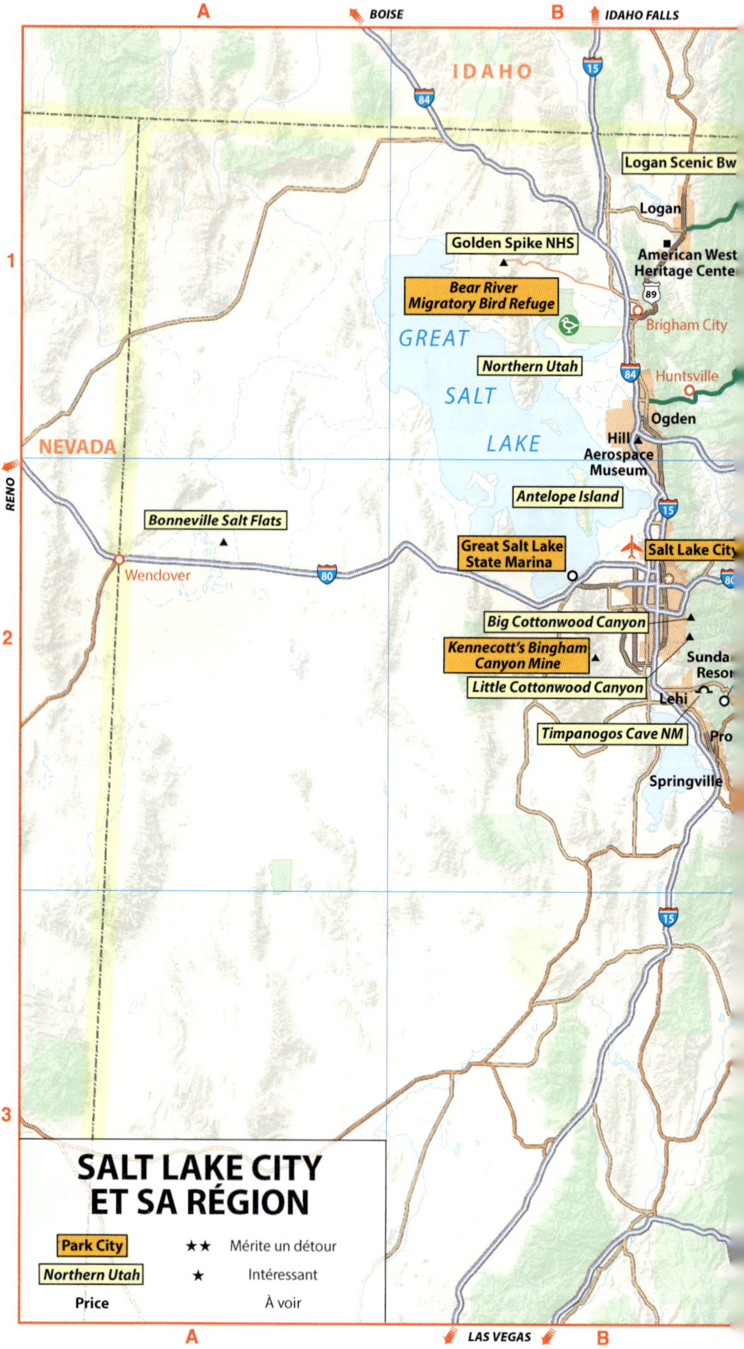
A
BOISE
B
IDAHO FALLS
IDAHO
Logan Scenic Bw
Logan
Golden Spike NHS
American West
Heritage Cente
Bear River
Migratory Bird Refuge
Brigham City
GREAT
SALT
LAKE
Northern Utah
Huntsville
Ogden
Hill
Aerospace
Museum
NEVADA
RENO
Antelope Island
Bonneville Salt Flats
Wendover
Great Salt Lake
State Marina
Salt Lake City
Big Cottonwood Canyon
Kennecott's Bingham
Canyon Mine
Little Cottonwood Canyon
Sunda
Resor
Lehi
Timpanogos Cave NM
Pro
Springville
1
2
3
SALT LAKE CITY
ET SA RÉGION
Park City
★★ Mérite un détour
Northern Utah
★ Intéressant
Price
À voir
A
LAS VEGAS
B

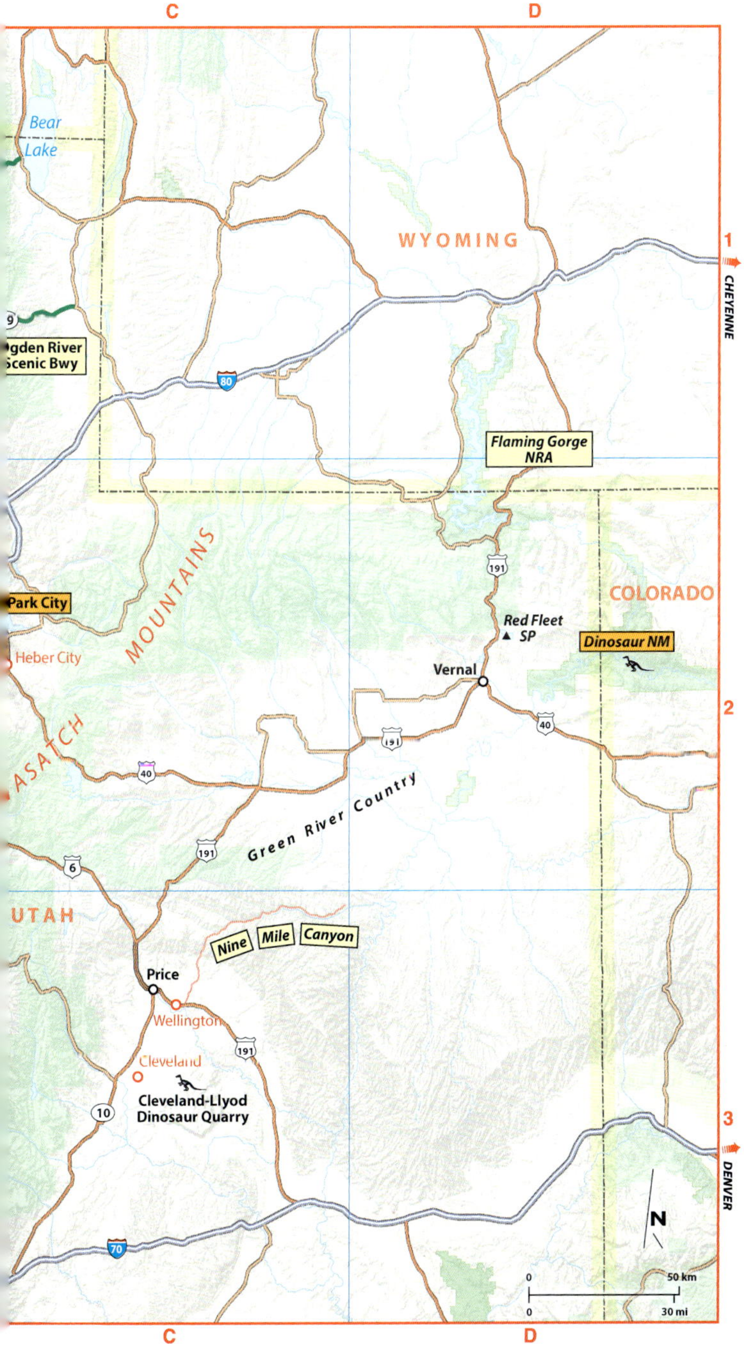
C
D
Bear
Lake
WYOMING
1
CHEYENNE
gden River
Scenic Bwy
80
Flaming Gorge
NRA
191
MOUNTAINS
COLORADO
Park City
Red Fleet
SP
Dinosaur NM
Heber City
Vernal
2
40
191
ASATCH
40
Green River Country
191
6
UTAH
Nine
Mile
Canyon
Price
Wellington
191
Cleveland
Cleveland-Llyod
Dinosaur Quarry
10
3
DENVER
N
70
0
50 km
0
30 mi
C
D

# Salt Lake City

★★

191 180 habitants

**Dans son site spectaculaire, entre les âpres reliefs des monts Wasatch et les étendues désertiques du Grand Lac Salé, Salt Lake City est unique. Fondée dans les années 1840 par les mormons qui fuyaient les persécutions religieuses de l'Est et du Middle West, elle est devenue la capitale mondiale de leur Église, caractéristique qui domine encore la vie sociale et politique de l'Utah, et dépasse les limites de l'État. Mais à rebours de l'image de ville austère et conservatrice, qui lui colle à la peau, Salt Lake City a su aussi faire place à la diversité ethnique, religieuse et culturelle. La scène gay y est très active et la vie nocturne animée dans les clubs de jazz ou de hip-hop. Des distilleries y produisent du whisky, du gin et de la vodka, tandis que des marques de bières locales s'amusent à tourner en dérision le fondamentalisme mormon et sa polygamie. Les Jeux olympiques d'hiver de 2002 ont également beaucoup changé la réputation de Salt Lake City, devenue une terre d'élection pour la pratique des sports de plein air, en particulier le golf et le ski.**

NOS ADRESSES PAGE 221

### S'INFORMER

**Visitor Information Center** – *Salt Palace Convention Center - 90 S. West Temple St. - ✆ 801 534 4900 - www.visitsaltlake.com - 9h-19h (dim. et lun. 9h-17h). Guichet d'accueil à l'aéroport (9h-21h).*

**Office de tourisme de l'Utah** – *300 N. State St. - ✆ 800 200 1160 - www.visitutah.com - lun.-vend. 8h-17h, w.-end 10h-17h.*

### SE REPÉRER

Carte de région AB2 (p. 208-209) – *heure des Montagnes*. Étendue et aérée, la ville affiche d'immenses perspectives. S'étirant à perte de vue, les artères en damier mesurent toutes 44 m de large, soit la distance jadis nécessaire à un chariot attelé de quatre bœufs pour faire demi-tour. De grands pâtés de maisons de 4 ha (soit 200 m de côté) partent de Temple Square. Les noms de rue et les adresses indiquent leur position par rapport à ce point central. Ainsi, 201 E. 300 South Street signifie « deux blocs de maisons à l'est et trois au sud de Temple Square ».

### SE GARER

Temple Square ne possède pas de parking et les deux heures de stationnement autorisées (horodateur) dans les rues adjacentes ne suffiront pas. Il est conseillé d'utiliser le stationnement souterrain.

### À NE PAS MANQUER

Temple Square.

### ORGANISER SON TEMPS

Une journée suffit pour visiter les principaux sites de la ville.

### AVEC LES ENFANTS

Le musée The Leonardo ; La volière Tracy Aviary ; This Is The Place Heritage Park ; Utah's Hogle Zoo ; Great Salt Lake State Marina.

Salt Lake City et les Wasatch Mountains.
J. Pulsipher/imageBROKER/age fotostock

# Se promener Plan de ville



## ★★ Temple Square AB1

*50 W. North Temple St. (entre North Temple St., South Temple St., West Temple St. et State St.) - ✆ 801 240 1706 - www.visittemplesquare.com - 9h-21h (dernière entrée 20h) - visite guidée gratuite.*

Ces quatre hectares forment le cœur du centre-ville de Salt Lake City et le lieu saint des mormons du monde entier. On y trouve le temple aux six flèches, le tabernacle au dôme argenté, le splendide Assembly Hall et plusieurs statues et monuments dignes d'intérêt. Deux par deux, sobrement vêtus, en jupe et chemisette blanche pour les filles, pantalon sombre, chemise et cravate pour les garçons, de jeunes missionnaires mormons venus du monde entier expliquent en trente langues les articles de leur foi, en accompagnant gratuitement les **visites**★★ qui partent, à quelques minutes d'intervalle, des deux centres d'information situés au nord et au sud du complexe.

Seuls les mormons baptisés ont le droit de pénétrer dans le **Salt Lake Temple**★ (ou dans tout autre temple mormon). Mais les présentations audiovisuelles des centres d'information et la maquette exposée dans celui situé au sud illustrent ses grands points d'intérêt. Les fondations de grès rouge ont été établies entre 1853 et 1855, mais la dernière pierre n'a été mise en place qu'en 1892. Les murs de granit de cet édifice étonnant ont 2,75 m d'épaisseur à leur base pour 2 m à leur sommet. Sur la flèche de 64 m, la statue de l'ange Moroni jouant de la trompette par Cyrus E. Dallin est en cuivre doré à 22 carats.

La construction du **Salt Lake Tabernacle**★, le plus ancien bâtiment de Temple Square, a duré trois ans et s'est achevée en 1867. Il peut accueillir 6 000 personnes. Ses **orgues**★★ remarquables (11 623 tuyaux et presque 10 m de haut), accompagnent le Chœur mormon du **Tabernacle**★★ de réputation internationale, qui donne tous les dimanches à 9h30 un concert gratuit radiotélévisé, et répète en public le jeudi de 19h30 à 21h30. Des récitals d'orgue sont donnés chaque jour *(lun.-sam. 12h, dim. 14h)*. L'acoustique y est d'une qualité rare.

## L'étrange religion mormone

Le 24 juillet 1847, Salt Lake City est fondée par 148 pionniers mormons conduits par **Brigham Young**. Un groupe de 143 hommes, 3 femmes et 2 enfants, premiers Américains non indiens à s'installer définitivement dans la vallée, entreprennent sur le champ de labourer et ensemencer la terre, et de tracer le plan d'une ville. L'année suivante, de nouveaux émigrants les rejoignent. La première récolte est d'abord compromise par une gelée tardive, puis par la sécheresse. Et au moment de moissonner, c'est la catastrophe : une nuée de criquets s'abat sur les champs. C'est alors qu'une volée de mouettes, fondant sur les insectes, sauve la production des pionniers et leur permet de survivre à l'hiver. La mouette deviendra l'oiseau emblème de l'Utah.

En 1848, par le traité de Guadalupe Hidalgo, le Mexique cède la vallée du Lac Salé aux États-Unis ; en 1850 naît le Territoire de l'Utah, avec Brigham Young pour premier gouverneur. Les mormons appellent leur patrie l'État de Deseret : dans le *Livre de Mormon*, leur ouvrage sacré, l'abeille Deseret est louée pour sa diligence. Ils choisiront la ruche pour symbole de leur État. Semblables à celles des abeilles, l'ardeur au travail et la solidarité des mormons, ainsi que leur méthode d'irrigation intensive, ont permis leur succès.

### UN GROUPE RELIGIEUX LONGTEMPS RESTÉ EN MARGE

La pose d'un tire-fond en or à Promontory Point, à 130 km au nord-ouest de Salt Lake City, marque en 1869 l'achèvement de la première ligne ferroviaire transcontinentale, et la fin de l'isolement de l'Utah. Pendant la Première Guerre mondiale, des centaines de mines de cuivre, d'argent, d'or et de plomb sont ouvertes dans les montagnes à l'est et à l'ouest de Salt Lake City. Les riches hôtels particuliers des propriétaires de mines offrent alors un contraste saisissant avec les modestes maisons des mormons.

Les premiers mormons pratiquaient la polygamie. De ce fait, le Congrès américain a longtemps hésité à accorder à l'Utah le statut d'État. C'est seulement lorsque l'Église mormone renonce à la polygamie que l'Utah est admis au sein de l'Union américaine : en 1896, il devient le 45e État, avec pour capitale Salt Lake City.

### LA FOI DES MORMONS

L'Église de Jésus-Christ des saints des derniers jours, nom officiel de l'Église mormone, se fonde sur une révélation. En 1823, alors que le jeune **Joseph Smith** (1805-1844) prie à genoux dans un bois près de sa ferme familiale de Palmyra, dans l'État de New York, Dieu et Jésus apparaissent devant lui. Ils lui disent qu'à travers lui l'Église originelle de Jésus sera restaurée sur Terre. Quelque temps après, l'ange Moroni apparaît à Smith, et lui révèle l'endroit où sont enterrées des tablettes de métal portant des inscriptions sacrées d'une civilisation ancienne. Smith traduit et publie en 1829 ce texte, sous le nom de *Livre de Mormon*. Difficile de résumer le contenu de cet imposant ouvrage. Pour simplifier, les tribus perdues d'Israël seraient allées en Amérique et seraient les ancêtres des Indiens. Le Christ ressuscité serait apparu au peuple d'Amérique pour l'enjoindre de fonder Sion, la nouvelle Jérusalem.

Sur la base de ce texte, Smith fonde la nouvelle Église à New York en 1830. Mais les persécutions l'obligent à fuir vers l'ouest avec ses coreligionnaires : d'abord en Ohio, puis au Missouri et en Illinois, où Smith et son frère Hyrum sont abattus par une foule en armes. En 1846 et 1847, son successeur, Brigham

Young (1801-1877) dirige l'exode plus à l'ouest, tel un Moïse américain. Il fonde Salt Lake City, où les mormons s'installent et prospèrent.

Les mormons ont pour textes sacrés la Bible, le *Livre de Mormon*, un certain nombre de révélations faites à Smith, et celles que Dieu offre continuellement aux prophètes de l'Église – Young, bien sûr, mais aussi les dirigeants contemporains. Pour eux, Dieu est un être réel, un mortel, qui a vécu et est mort sous la forme humaine, pour ressusciter et devenir une intelligence spirituelle. Son fils Jésus a été le seul homme parfait ; son autre fils, le Saint-Esprit, est un esprit désincarné qui, un jour, habitera un corps mortel. L'Évangile existe depuis l'origine des temps, bien avant la venue de Jésus sur la Terre.

Le baptême obligatoire par immersion symbolise l'acceptation de la mort et de la résurrection du Christ. Les ancêtres défunts peuvent, grâce à un baptême par procuration, reconnaître la foi mormone et trouver accès à la vie éternelle. L'accent mis par les mormons sur la recherche généalogique vient de leur désir de procurer la vie éternelle à tous leurs ancêtres. Tous les jeunes gens sont appelés à exercer pendant deux ans une activité missionnaire, ouverte aussi aux femmes, car les mormons souhaitent partager la bonne parole avec toute l'humanité.

## UNE HYGIÈNE DE VIE TRÈS STRICTE

La famille est l'unité fondamentale de la société, temporelle aussi bien que spirituelle. Le mariage unit les époux « pour l'éternité » et non « jusqu'à ce que la mort les sépare ». Les enfants sont aussi unis à leurs parents pour toujours. Les rôles de l'homme et de la femme sont clairement définis. Il est proclamé : « Les pères doivent assurer la subsistance et la protection de leur famille. Les mères sont essentiellement responsables de l'éducation des enfants. » Bien que l'Église mormone ait renoncé dans les années 1890 à autoriser la polygamie, la pratique clandestine du mariage multiple se poursuit.

L'Église attache une grande importance à l'assistance aux pauvres et aux victimes de catastrophes naturelles, aux États-Unis comme à l'étranger. Les mormons sont invités à se passer de deux repas par mois pour faire une « offrande de jeûne » aux démunis. Ils versent aussi 10 % de leurs revenus pour la construction d'églises, la formation, le service des missions et d'autres programmes religieux.

Les membres de l'Église suivent un code de conduite strict, s'abstenant de tout alcool, tabac, stupéfiant, café, thé et acte sexuel hors mariage. Opposés à l'avortement et au mariage homosexuel, les mormons font preuve d'un fort conservatisme social et, hormis à Salt Lake City, votent en grande majorité républicain. Jusqu'en 1978, les mormons refusaient aux Noirs la possibilité d'être ordonnés prêtres et le nombre d'Afro-Américains parmi eux est encore très faible.

## UNE ÉGLISE HIÉRARCHISÉE ET PROSPÈRE

L'Église mormone est dirigée par une hiérarchie administrative et spirituelle précise. Le président de l'Église est « choisi par Dieu » à la mort (ou l'incapacité) de son prédécesseur. Un quorum de douze « apôtres » l'assiste, ainsi que ses deux conseillers, dans les décisions et l'administration de l'Église. Les congrégations locales sont dirigées par des laïcs.

Quatrième plus grande confession chrétienne des États-Unis (6,6 millions de membres), l'Église mormone revendique plus de 15 millions de fidèles dans le monde et continue de faire de nouveaux adeptes à une vitesse stupéfiante. Propriétaires de nombreux terrains, immeubles et ranches aux États-Unis, elle disposerait d'un patrimoine estimé à plus de 35 milliards de dollars.

| SE LOGER | | SE RESTAURER | |
|---|---|---|---|
| Amstrong Mansion B&B | 2 | Copper Onion (The) | 11 |
| Carlton Hotel | 1 | Log Haven Restaurant | 12 |
| Grand America Hotel (The) | 6 | Market Street Grill | 9 |
| Inn on the Hill | 4 | Pago | 10 |
| Monaco Hotel | 5 | Red Iguana | 7 |
| Peery Hotel | 3 | Rio Grande Café | 8 |
| | | Valter's Osteria | 13 |

Sur le même site, dans **Assembly Hall★** (1880), cathédrale miniature d'inspiration gothique, se donnent des conférences et concerts gratuits.

Tout près, le monument **Miracle of the Gulls** (1913, Mahonri Young) célèbre les mouettes qui ont sauvé la première récolte des pionniers. La cloche de bronze **Nauvoo Temple Bell** (355 kg), transportée en chariot bâché depuis l'Illinois en 1846-1847, égrène les heures sur la place.

À l'angle sud-est de Temple Square, le **Brigham Young Monument** (1897) rend hommage au père fondateur de Salt Lake City.

### Church Office Building A1

*50 E. North Temple St. - ✆ 801 240 1000 - www.lds.org - lun.-vend. 9h-17h (16h30 d'oct. à avr.).*

De beaux jardins en esplanade entourent les 28 étages du plus grand immeuble de la ville, siège de l'Église de Jésus-Christ des saints du dernier jour. Au 26e étage, un observatoire offre de superbes **vues★★** sur l'agglomération, notamment une vue plongeante sur le Centre de conférence de l'Église *(angle* *nord-ouest de Main St. et N. Temple St.)*, complexe spectaculaire comprenant un auditorium de 21 000 places, une salle de 900 places et un jardin suspendu. À l'ouest de Temple Square se dressent deux grandes institutions :

### ★ Church History Museum A1

*45 N. West Temple St. - ✆ 801 240 3310 (message enregistré) - http://history.lds.org - lun.-vend. 9h-21h, w.-end et j. fériés 10h-17h - gratuit.*

Il faut voir ce musée très bien présenté, logé dans un bâtiment d'architecture contemporaine, qui fait mieux comprendre l'Église mormone, son évolution et sa doctrine spirituelle. Des expositions pédagogiques interactives retracent sa genèse : la révélation de l'ange Moroni, qui l'a fait naître dans le nord de l'État de New York, l'exode vers l'ouest, l'expansion moderne. Il y a également d'intéressantes salles d'art mormon et amérindien des 19e et 20e s., et des portraits des dirigeants de l'Église. Un film d'introduction et l'évocation du passé par les guides en costume d'époque complètent la visite audioguidée.

### ★ Family History Library A1

*35 N. West Temple St. - ✆ 866 406 1830 - www.familysearch.org - lun. 8h-17h, mar.-sam. 8h-21h - gratuit (hors frais de photocopies).*

Affairés à rebaptiser les morts, les fidèles de l'Église des saints des derniers jours ont collecté les données de millions de fiches et de registres d'état-civil à travers le monde. Leur immense bibliothèque généalogique (Family History Library) attire une foule importante de visiteurs désireux d'explorer leurs racines familiales.

Les plus importantes archives généalogiques du monde, sur microfilms, microfiches et support papier, permettent au public de faire gratuitement des recherches, assisté par le personnel. Un film de présentation *(10mn)* explique comment procéder : il faut d'abord chercher dans le catalogue numérique les références des microfilms et microfiches des ancêtres sur lesquels vous voulez des renseignements.

Muni de ces références, vous pourrez alors demander les documents archivés, consultables en général sous 24h maximum. Pensez à débuter votre recherche au préalable sur le site Internet de la bibliothèque. Établie en 1894, cette bibliothèque de recherches généalogiques a essaimé dans 65 pays, créant plus de 3 400 centres d'histoire familiale. Le Family Search Center *(voir Joseph Smith Memoial Building ci-dessous)* propose une initiation à la généalogie.

De l'autre côté de Main Street, à l'est de Temple Square, se trouve un autre ensemble de bâtiments de l'Église :

### ★ Joseph Smith Memorial Building B1

*15 E. South Temple St. - ✆ 801 539 3130 - www.templesquarehospitality.com - lun.-vend. 9h-21h, sam. 9h-17h.*

L'ancien hôtel Utah (1911), à l'intérieur luxueux de style néo-Renaissance, a été restauré par l'Église mormone en 1987 pour servir de centre communautaire. Son élégante entrée conserve le plafond en verrière, les colonnes de marbre et l'escalier d'honneur d'origine. Dans une des salles, on projette le film *« Joseph Smith : Prophet of the Restoration » (70mn)* qui dresse un portrait du fondateur de l'Église mormone. Deux restaurants accueillent les visiteurs au 10e étage, d'où s'offre une belle vue sur la ville.

Le **Family Search Center** *(✆ 801 240 4085 - www.familysearch.org - gratuit)*, situé au sous-sol de l'immeuble, aide les visiteurs dans leurs recherches généalogiques grâce à 200 ordinateurs et une base de données de centaines de millions de noms « d'ancêtres ». Pour des recherches plus détaillées, mieux vaut néanmoins se rendre à la Family History Library *(voir plus haut)*.

### ★ The Beehive House B1

*67 E. South Temple St. - ✆ 801 240 2671 -www.lds.org/locations/historic-beehive-house - visite guidée seult (30mn) : 9h-21h (dép. ttes les 10mn) - gratuit.*

Demeure officielle de 1854 à 1877 du président de l'Église mormone Brigham Young et de sa nombreuse famille, cet édifice classé National Historic Landmark a été parfaitement restauré et montre du mobilier d'époque. Des visites guidées font traverser salles familiales, chambres, cuisine et bureau de cette maison à étage au style colonial caractéristique de la Nouvelle-Angleterre. Elle doit son nom de « ruche » au symbole de l'État, rappelé dans la décoration.

Elle est reliée par un couloir avec **Lion House**, maison à pignons de 1856 *(63 E. South Temple St. - pas de visite)* qui faisait partie de la résidence d'origine. Son nom vient du lion de pierre sculpté sur le porche. Sa vingtaine de chambres à l'étage servaient à héberger les nombreuses épouses et les enfants de Brigham Young. L'intérieur de la maison ne se visite pas, mais le public peut accéder au restaurant situé au rez-de-chaussée.

À l'angle sud-ouest de Beehive House, **Eagle Gate** (1859), arche qui marquait autrefois l'entrée de la propriété de Young, est surmontée d'un aigle de 6 m d'envergure pesant près de 3 t, symbole de force, de patriotisme et d'intégrité.

Le minuscule **Mormon Pioneer Memorial Cemetery** *(140 E. First Ave., un bloc d'immeuble à l'est)* abrite les tombes de Young et de sa famille.

### ★ Utah State Capitol B1

*350 N. State St. - ✆ 801 538 1800 - www.utahstatecapitol.utah.gov - lun.-vend. 7h-20h, w.-end 8h-18h - visite guidée (45mn) : lun.-vend. 9h-16h (dép. ttes les h) - gratuit.*

Achevé en 1915 (Richard Kletting) pour un coût de 2,74 millions de dollars, ce bel exemple du style néo-Renaissance, orné de colonnes corinthiennes et d'un dôme en cuivre, s'inspire du capitole de Washington. À 50 m au-dessus du foyer, l'intérieur de la coupole est décoré de mouettes et de scènes historiques.

En face, au 300 North Street, le **Council Hall** *(✆ 801 538 1030)*, hôtel de ville édifié au milieu des années 1860, a été démonté brique par brique et transporté ici, sur Capitol Hill, en 1963. Il abrite l'Office du tourisme de l'Utah.

### Pioneer Memorial Museum B1

*300 N. Main St. - ✆ 801 532 6479 - www.dupinternational.org - lun.-sam. 9h-17h (merc. 20h) - gratuit.*

En face du capitole, direction ouest, ce musée éclectique rassemble sur quatre étages et dans son annexe une foule de souvenirs évoquant la vie des pionniers. Une grande diversité d'objets sacrés et confessionnels rappelle les années 1849-1867. Le musée est administré par les Filles des Pionniers de l'Utah.

## À voir aussi Plan de ville

Dans le centre-ville, deux musées présentent à l'occasion d'intéressantes expositions temporaires :

### Utah Museum of Contemporary Art A2

*20 South West Temple - ✆ 801 328 4201 - www.utahmoca.org - mar.-sam. 11h-18h (vend. 21h) - donation suggérée 5 $.*

Ce musée est dédié à l'art contemporain sous toutes ses formes : vidéos, photos, installations, etc.

### The Leonardo B2

*209 E. 500 South - ✆ 801 531 9800 - www.theleonardo.org - 10h-17h (jeu.-sam. 20h).*

Ce musée moderne et hybride associe art, sciences et techniques dans une présentation interactive et ludique destinée aux enfants.

Kennecott's Bingham Canyon Mine *(voir p. 220).*
SuperStock/age fotostock

## ★ City Creek Canyon Hors plan par B1

*À l'ouest du capitole, suivez Canyon Rd vers le nord à travers Memory Grove Park, puis dans son prolongement City Creek Canyon Rd. Après 1,5 mile environ, garez votre voiture près de la rivière et prenez le sentier à droite (panneau « Bonneville Shoreline Trail ») – Comptez 1h de marche AR. Route d'accès réservée aux cyclistes les jours pairs en été.*

La rivière City Creek prend sa source à une quinzaine de kilomètres au nord de Salt Lake City. Elle servait de source principale d'eau potable à la ville jusqu'en 1882. Desservis par une route à sens unique, les abords du canyon sont restés vierges de toute construction.

La promenade, facile, à faire de préférence tôt le matin ou avant le coucher du soleil, permet de plonger en pleine nature à deux pas du centre-ville. Le sentier (non balisé mais bien tracé) monte jusqu'au sommet d'une colline, d'où se découvre une **vue★★** remarquable sur la vallée de Salt Lake City avec, au loin, le Grand Lac Salé et Antelope Island à l'ouest, la chaîne des monts Wasatch à l'est.

## ★ University of Utah Hors plan par B2

*Presidents Circle et University St. (à 2 miles à l'est du centre-ville par 200 South) - ✆ 801 581 7200 - www.utah.edu.*

Établi dans les années 1850 pour accueillir l'University of Deseret, ce campus de 600 ha est le plus ancien de l'Utah. Il a abrité le village olympique des athlètes des Jeux olympiques d'hiver de 2002 ; les cérémonies d'ouverture et de clôture des Jeux ont eu lieu dans son stade, Rice-Eccles.

**★★ Natural History Museum of Utah-Rio Tinto Center** – *301 Wakara Way - ✆ 801 581 4303 - http://nhmu.utah.edu/ - 10h-17h (merc. 21h) - 13 $ (-24 ans 11 $).*

Lové au pied des monts Wasatch, ce musée (2011, Ennead Architects) séduit d'abord par son architecture étonnante, comme taillée dans la paroi des collines. Ses terrasses en dents de scie, ses passerelles et renfoncements et sa surface extérieure recouverte de plaques de cuivre et de verre réfléchissant évoquent les canyons et les arches aux multiples strates rocheuses des paysages de l'Utah.

**LE GRAND BASSIN**

Le Grand Lac Salé constitue la frontière nord-est du Grand Bassin des États-Unis, région à l'intérieur des terres de près de 518 000 km² à partir de laquelle aucun cours d'eau n'atteint la mer. Elle est caractérisée par des centaines de petites chaînes de montagnes telles que la chaîne des monts Wasatch. Celles-ci accumulent la neige durant l'hiver et la déversent dans les vallées lors de la fonte. La moitié de l'Utah, une partie du sud de l'Oregon et la quasi-totalité du Nevada sont comprises dans le Grand Bassin, qui compte également le quatrième plus grand désert du pays, avec sa plante typique, l'armoise, et son animal, l'antilocapre.

Conçu dans un souci écologique, le bâtiment tire l'essentiel de son énergie des panneaux solaires installés sur le toit. À travers une collection de plus d'1,2 million d'objets, le musée se donne pour mission d'éclairer le visiteur sur le monde naturel (et spécialement celui de l'Utah), son histoire immémoriale et la place que l'homme y occupe par la recherche scientifique, la sensibilisation et l'éducation. Un vaste atrium central, appelé le « canyon », sépare les ailes nord et sud. Au milieu se dresse une saisissante vitrine peuplée d'un cortège de papillons, coquillages, fossiles et artefacts amérindiens.

Les 4 000 m² d'exposition fournissent une foule d'informations sur la géologie, la flore et la faune de l'Utah, dans une démarche interactive qui fait la part belle aux expériences sensorielles et aux manipulations ludiques. Mention spéciale pour la galerie des dinosaures **Past Word** où, dans une mise en scène digne de *Jurassic Park,* sont exposés des squelettes de grands reptiles de l'ère secondaire. On peut observer les chercheurs du laboratoire de paléontologie au travail derrière des vitres. Remarquables également, les collections ethnologiques des étages supérieurs, consacrées aux tribus amérindiennes de l'Utah (Ute, Païute, Goshute, Shoshone et Navajo).

De grandes baies vitrées à chaque niveau et une terrasse au dernier étage permettent enfin de profiter du panorama sur Salt Lake City, le Grand Lac Salé et les sommets enneigés des monts Oquirrh.

★ **Utah Museum of Fine Arts** – *410 S. Campus Center Dr. (1725 East) - ✆ 801 581 7332 - http://umfa.utah.edu - mar.-vend. 10h-17h (merc. 20h), sam.-dim. 11h-17h - 9 $.* Un beau bâtiment de quatre étages, aux sols en granit et acajou, accueille le seul musée généraliste d'art de l'Utah. Éclectique, la vaste collection permanente de 17 000 pièces expose aux deux premiers niveaux des peintures et objets d'art décoratif du monde entier. Près de l'entrée sont disposés les objets d'art ancien et ethnique et les sculptures, ainsi que des salles destinées à la formation. On découvre au deuxième niveau une collection plus fournie d'art européen et américain du 17e au 19e s., avec des artistes comme Bruegel, Solimena, Gainsborough, Rousseau, Stuart, Corot et Cole ; et une exposition d'art asiatique, avec des pièces chinoises vieilles de 5 000 ans.

★ **Red Butte Garden** – *300 Wakara Way, par Foothill Dr. - ✆ 801 585 0556 - www.redbuttegarden.org.* Sur une colline semi-aride dominant l'université, ce parc de 60 ha englobe un canyon alimenté en eau par la fonte des neiges. Les jardins soignés alternent avec les fleurs sauvages, les arbustes et 1 500 espèces d'arbres.

### ★ This Is The Place Heritage Park Hors plan par B2

*2601 Sunnyside Ave. (à l'est de Foothill Dr.) - ✆ 801 582 1847 - www.thisistheplace.org - lun.-sam. 9h-17h, dim. 10h-17h - 11 $ (-11 ans 8 $).*

En 1847, quand Brigham Young et ses pionniers franchirent les monts Wasatch et redescendirent Emigration Canyon, Young aurait dit, en

contemplant la vallée de Salt Lake : « Voici l'endroit. » Lors du centenaire de cet événement, pour commémorer le difficile exode des pionniers depuis l'Illinois, **This Is The Place Monument** a été érigé sur la piste Mormon Pioneer National Historic Trail, longue de 1 300 miles.
En été, on découvre dans **Heritage Village**★★ le mode de vie des pionniers mormons des années 1847-1869. Dans une trentaine de maisons, magasins, fermes, écoles et églises reconstruits à l'identique, les villageois montrent comment fabriquer les *quilts* (courtepointes en patchwork), les bougies et les briques d'adobe, filer et teindre la laine, préparer les repas et s'occuper des animaux domestiques. Un petit train et des calèches font le tour du village. Nombreux jeux et animations pour les enfants.

### Utah's Hogle Zoo Hors plan par B2

*2600 Sunnyside Ave. (à l'est de Foothill Dr.) - ✆ 801 582 1631 - www.hoglezoo.org - mars-oct. : 9h-18h30 (dernière entrée 17h) ; nov.-fév. : 9h-17h (dernière entrée 16h) - 14,95 $ (3-12 ans 10,95 $).*
Plus de 1 000 animaux, de la région ou exotiques, sont présentés dans ce petit zoo. Les enfants adorent le chemin de fer miniature.

### ★ Tracy Aviary Hors plan par B2

*Liberty Park - 589 E. 1300 South St. - ✆ 801 596 8500 - www.tracyaviary.org - 9h-17h - 14,95 $ (-12 ans 10,95 $).*
Créé en 1938, ce parc ornithologique public est l'un des plus anciens d'Amérique. Près de 500 oiseaux de 150 espèces différentes y vivent, dont de nombreux spécimens exotiques et 21 espèces menacées ou en voie de disparition. Des expositions sont organisées de mai à septembre.

2

## À proximité Carte de région

### ★ Big Cottonwood Canyon B2

*Rte 190, s'étendant sur 15 miles à l'est à partir de l'I-215 (sortie 6).*
S'enfonçant dans les monts Wasatch depuis le sud-est de Salt Lake City, ce canyon au décor impressionnant est marqué par d'anciennes concessions minières. À son extrémité, deux stations de ski très fréquentées montent à plus de 3 000 m. Sur les pentes bien enneigées, le village de **Solitude** est en pleine expansion *(à 28 miles du centre de Salt Lake City - ✆ 801 534 1400 - www.skisolitude.com)*.
À 2 miles, la paisible station familiale de **Brighton** *(à 30 miles du centre de Salt Lake City - ✆ 801 532 4731 - www.brightonresort.com)* attire les amateurs de snowboard.

### ★ Little Cottonwood Canyon B2

*Rte 210, s'étendant sur 14 miles au sud et à l'est à partir de l'I-215 (sortie 6).*
Les principaux atouts de cette gorge creusée au sud-est de Salt Lake Valley, plus courte et étroite que Big Cottonwood Canyon, sont deux stations de ski de classe internationale. La plus proche de Salt Lake City, **Snowbird**★ *(à 25 miles du centre de Salt Lake City - ✆ 801 933 2222 - www.snowbird.com)*, surpasse les autres stations des Wasatch : haut des pistes à 3 350 m, dénivelé de 990 m. Le téléphérique qui mène au sommet 125 passagers en 8mn apporte une petite touche européenne.
Quelques kilomètres plus loin, **Alta**★★ *(à 27 miles du centre de Salt Lake City - ✆ 801 359 1078 - www.alta.com)*, ouverte en 1938, est la station de ski la plus fréquentée de l'Ouest après Sun Valley, dans l'Idaho.

Bonneville Salt Flats.
Ch. Heeb/hemis.fr

Réputée pour son ambiance décontractée à l'ancienne et son enneigement (12,50 m par an), Alta refuse fermement d'installer des remontées mécaniques à grande capacité ou grande vitesse et d'autoriser le snowboard ; les tarifs journaliers des remontées mécaniques y sont moins élevés que dans les autres grandes stations.
À la bibliothèque municipale, l'**Alta Historical Society** *(801 742 3522 - www.altahistory.org)* gère une exposition permanente sur le boom des mines d'argent entre 1864 et 1878.

### ★★ Kennecott's Bingham Canyon Mine B2

*À 4,5 miles au sud-ouest de l'intersection des Rte 48 et 111, près de Copperton, et 29 miles du centre de Salt Lake City par Rte 48, à l'ouest de l'I-15 (sortie 3011).*
*801 204 2005 - www.kennecott.com - avr.-oct. : 8h-19h - 5 $.*
La plus grande mine à ciel ouvert du monde fait plus de 4 km de diamètre et près de 1 220 m de profondeur : c'est l'un des deux ouvrages de l'homme visibles depuis l'espace, l'autre étant la muraille de Chine. Depuis 1906, début de l'exploitation, on a extrait 6 milliards de tonnes de matériaux de ce qui était une montagne.
La mine de Bingham Canyon a généré plus de richesse que les ruées vers l'or de Californie, de Comstock Lode et du Klondike réunies : 18 millions de t de minerai de cuivre, 320 000 t de molybdène, 5 400 t d'argent, 620 t d'or. La Kennecott Utah Copper Corporation présente son histoire et celle de la mine dans le **Visitor Center★** installé à l'est du gouffre.
On y explique comment se font, à partir du minerai, la concentration, la fusion et le raffinage du cuivre. La terrasse d'observation offre la meilleure vue sur la mine.

### ★★ Great Salt Lake State Marina B2

*À 10,5 miles à l'ouest de Salt Lake City, sur l' I-80 (sortie 104).*
*801 250 1898 - www.stateparks.utah.gov.*
Une marina et une plage donnent accès au plus grand lac américain à l'ouest du Mississippi, le Grand Lac Salé. Sa taille fluctue beaucoup selon le volume des

précipitations. Sa superficie moyenne est de 4 400 km$^2$, sa profondeur moyenne de 4 m. Le lac actuel est un vestige d'un lac glaciaire préhistorique dix fois plus grand, le lac Bonneville, qui s'étendait sur toute la partie occidentale de l'Utah, sur l'Idaho et le Nevada. L'eau s'échappe du lac uniquement par évaporation, si bien que les sels s'accumulent au fil du temps. Seule la mer Morte a un taux de salinité plus élevé. Pour cette raison, il n'existe pas de poissons dans le lac. Le seul animal aquatique qui puisse y survivre est l'artémie, un minuscule crustacé dont les œufs sont pêchés en hiver pour être expédiés en Asie, où ils servent à alimenter les crevettes d'élevage et les poissons tropicaux. Sur les îles comme sur les rives abondent près de 257 espèces d'oiseaux aquatiques.

### ★ Bonneville Salt Flats A2

*À Wendover (NV), 120 miles à l'ouest de Salt Lake City, sur l'I-80.*
*Visite guidée organisée par l'Intermountain Guide Services à Wendover (☎ 877 882 4386 - www.intermountainguidenevada.com).*
Vestiges du temps où le Grand Lac Salé faisait partie du vaste lac Bonneville, ces paysages connus du monde entier sont uniques en Amérique du Nord. Cette plaine de 260 km$^2$ couverte de sel (dont l'épaisseur peut atteindre presque 2 m à certains endroits), provient de l'évaporation de l'ancien lac Bonneville survenue après la dernière glaciation. En hiver, une fine couche d'eau recouvre la plaine alors que l'évaporation est moindre que les apports des précipitations. L'eau s'évapore au printemps et en été, tandis que le vent lisse une surface plane qui devient dure comme le roc, empêchant toute croissance végétale.

## NOS ADRESSES À SALT LAKE CITY

2

### ARRIVER/PARTIR

#### En avion

**Salt Lake City International Airport** – *À 6,8 miles à l'ouest du centre-ville - ☎ 801 575 2400 - www.slcairport.com.* Salt Lake City est desservie depuis Paris par un vol direct quotidien opéré par la compagnie Delta, qui a sa plate-forme ici, d'où elle assure près de 700 vols nationaux et internationaux par jour. C'est l'aéroport international le plus proche du parc de Yellowstone (5h de voiture). Kiosque d'information, bureau de change, DAB, location de voitures. Pour rejoindre le centre-ville, le plus simple est le métro sur rail dit **TRAX** *(ttes les 15/20 mn, 15 mn de trajet, 2,5 $).*
En **taxi**, comptez 20/25 $.

#### En train

**Amtrak** – *340 S. 600 West - ☎ 800 872 7245 - www.amtrak.com.* Liaison quotidienne vers Denver (15h), Chicago (34h), Reno (10h) et San Francisco (Emeryville, 18h) avec le célèbre California Zephyr.

#### En bus

**Greyhound** – *300 S. 600 West (près de la gare ferroviaire) - ☎ 801 355 9579 - www.greyhound.com.* Bus pour Denver, Reno, Steamboat Springs, Las Vegas, Boise.

### TRANSPORTS

On se déplace facilement à pied dans le centre-ville, malgré des distances assez étendues (les pâtés de maisons font le double de la taille habituelle des villes américaines).

#### Transports en commun

Pour rejoindre le quartier de l'université, empruntez le **métro sur rail TRAX** *(2,5 $ le billet, valable 2h30).* Bus et TRAX sont gratuits dans le centre-ville.

### En bus

**Us Bus** – *départ du 90 S. West Temple (en face du Visitor Center).* ✆ *801 548 2248 - www.usbusutah.com - 31 $ (pass valable tte la journée).* Ce bus touristique à toit ouvert fait le tour de la ville en 90mn et 19 étapes.

### Vélo

**Green Bike** – *www.greenbikeslc.org - 5 $ le pass journalier - 30mn d'utilisation gratuite à chaque trajet.* Un système de vélos en libre-service émaille les artères du centre-ville.

## HÉBERGEMENT

### Salt Lake City

#### PREMIER PRIX

**Carlton Hotel** B2 – *140 E. South Temple -* ✆ *800 633 3500 - 35 ch. 80/100 $* ☕. Les chambres, un brin défraîchies et sans aucune vue, n'ont rien de renversant, mais ce petit hôtel familial a l'avantage d'être en plein centre, en face de Temple Square, et de pratiquer des tarifs raisonnables. Coin cuisine et micro-ondes dans les chambres. Accueil agréable.

#### BUDGET MOYEN

**Amstrong Mansion B&B** Hors plan par B1 – *667 E. 100 South -* ✆ *801 531 1333 - www.armstrongmansion.com - 13 ch. 99/249 $.* Construite en 1893 par un ancien maire de la ville, cette opulente demeure en brique de style victorien arbore un décor assez chargé entre lits à baldaquin, armoires vitrées, rideaux fleuris, tableaux, bibelots, dentelles et moquette épaisse. Une adresse très romantique selon les critères américains. Salles de bains princières avec bain à remous, logé dans une tourelle pour la chambre « February Interlude ».

**Peery Hotel** A2 – *110 W. 300 South -* ✆ *801 521 4300 - www.peeryhotel.com - 73 ch. 98/159 $. Non fumeur.* Un grand escalier classique constitue la partie centrale de cet hôtel de 1910 au style Prairie School, que viennent émailler des motifs néo-classiques. Du riche hall d'entrée au cuir capitonné et au bois de noyer qui décorent les chambres, partout, une touche européenne se dégage, d'une sobre élégance.

**Inn on the Hill** B1 – *225 North State St. -* ✆ *801 328 1466 - www. inn-on-the-hill.com - 13 ch. 150/189 $* ☕. Dans le quartier verdoyant du capitole, au milieu d'un jardin, cette maison d'hôte occupe une demeure cossue de 1906 aux airs de manoir anglais. L'intérieur, méticuleusement restauré, affiche un style néo-Renaissance avec vitraux Tiffany et tapis orientaux, salle de billard, salon avec cheminée et boiseries. Accueil chaleureux. Petit-déjeuner délicieux.

#### POUR SE FAIRE PLAISIR

**Hotel Monaco** AB2 – *15 W. 200 South -* ✆ *801 595 0000 - www.monaco-saltlakecity.com - 225 ch. 139/379 $.* Propriété du groupe Kimpton, qui vient de le rénover avec faste, cet hôtel-boutique occupe une ancienne banque d'époque Art déco, à la façade de brique ornée de corniches. Les chambres, spacieuses et veloutées, disposent d'une literie rebondie et surdimensionnée, avec une avalanche d'oreillers et des peignoirs douillets au motif zèbre. Personnel souriant et efficace. Les animaux de compagnie sont les bienvenus mais, si vous avez laissé le vôtre à la maison, vous pouvez demander un poisson rouge pour vous tenir compagnie. Salle de fitness, apéritif gratuit, prêt de bicyclettes.

Le grand chef Nathan Powers dirige la cuisine du **Bambara** *(plat 29/44 $)*, l'un des meilleurs restaurants de la ville.

UNE FOLIE

**The Grand America Hotel** Hors plan par B2 – *555 S. Main St. - ✆ 801 258 6000 - www. grandamerica.com - 775 ch. à partir de 294 $*. Earl Holding, dont l'empire hôtelier s'étend jusqu'à la station de Sun Valley dans l'Idaho, n'a pas lésiné lorsqu'il a créé ce joyau en vue des Jeux olympiques de 2002. Avec 24 étages de granit blanc, des jardins intérieurs, son mobilier de merisier français, ses tapis en laine anglaise, ses marbres et ses chandeliers italiens, l'hôtel ne s'épargne aucun luxe.

## À proximité

POUR SE FAIRE PLAISIR

**Alta Lodge** – *Rte 210 - Alta - ✆ 801 742 3500 - www.altalodge. com - 57 ch. à partir de 350 $ en demi-pension (min. 4 nuits)*. Une vue panoramique, une atmosphère conviviale et détendue, des lits moelleux dans des chambres cosy (mais dépourvues de télévision) font le charme de l'Alta Lodge. Ouvert à la fin des années 1930 par la compagnie de chemins de fer Denver and Rio Grande Railroad, c'est une véritable institution pour les skieurs. Les habitués y viennent pour son restaurant familial dont les vastes fenêtres donnent sur la chaîne des monts Wasatch.

**RESTAURATION**

## Salt Lake City

PREMIER PRIX

**Red Iguana** Hors plan par A1 – *736 W. North Temple St. - ✆ 801 322 1489 - www. rediguana. com - plat 8/16 $*. La cuisine mexicaine régionale est depuis toujours la spécialité de la famille Cardenas, qui tient ce restaurant emblématique de la ville. *Carne asada Tampiqueña, pollo a la Moreliana* et *enchiladas Lago Salado* combinent chorizo, pommes de terre et sauce pour *enchilada*.

**Rio Grande Café** Hors plan par A2 – *270 S. Rio Grande St. (244 West) - ✆ 801 364 3302 - fermé dim. midi - plat 7/13 $*. Les habitués de cette table mexicaine abritée dans l'ancien dépôt de trains clament qu'un inoffensif fantôme hante les lieux : la Dame Violette *(the Purple Lady)*. Au menu : *tacos, burritos, enchiladas* au maïs bleu et *tamales* au piment vert.

BUDGET MOYEN

**Market Street Grill** A2 – *48 W. Market St. - ✆ 801 322 4668 - www. marketstreetgrill.com - plat 12/60 $*. Aucun autre endroit dans l'Utah ne fait griller autant de crustacés chaque soir que ce restaurant de poissons et crustacés et son bar à huîtres : plus de 130 kg ! Jusqu'à 250 convives peuvent s'attabler sous les palmiers artificiels de ce restaurant très animé abrité dans un bâtiment de style new-yorkais datant de 1906. Le poisson frais est livré tous les jours : thon ahi, flétan d'Alaska et bar du Chili, entre autres.

**Pago** Hors plan par B2 – *878 S. 900 East - ✆ 801 532 0777 - www.pagoslc.com - plat 12/38 $*. Agréable endroit pour savourer, dans un décor écolo-chic (murs de brique et tables en bois), une cuisine américaine contemporaine raffinée. Le patron est un sommelier passionné qui déniche des vins originaux produits par de petits viticulteurs dans le monde entier. Il les associe à des mets goûteux et artistiquement présentés, à base de produits frais issus de fermes locales. Choisissez de préférence plusieurs petites assiettes pour varier les plaisirs.

**The Copper Onion** B2 – *111 E. Broadway - ✆ 801 355 3282 - www.thecopperonion.com - plat 12/32 $.* Passé par New York et Barcelone, le chef Ryan Lowder dirige depuis 2010 cette table au cadre stylé et à la réputation bien établie, élaborant une cuisine américaine moderne aux influences méditerranéennes. Au menu, boulettes de ricotta au citron, champignons sautés, cassoulet de canard, pâtes maison, panse de porc braisé aux choux de Bruxelles, flétan d'Alaska et, en dessert, tarte au citron meringuée ou sorbet à l'ambroisie.

#### POUR SE FAIRE PLAISIR

**Log Haven Restaurant** Hors plan par B2 – *6451 E. Canyon Rd (à 4 miles à l'est de S. Wasatch Blvd) - ✆ 801 272 8255 - www.log-haven.com - dîner seult - plat 25/40 $.* Bâtie en 1920 avec des rondins de l'Oregon transportés en carriole, cette « cabane » est nichée aux pieds des monts Wasatch. La chaleur y est toute rustique et la nourriture gourmande avec, entre autres, le steak de bison saisi et la truite arc-en-ciel de l'Utah à la poêle avec ses pâtes soba.

**Valter's Osteria** A2 – *173 W. Broadway - ✆ 801 521 4563 - www.valtersosteria.com - lun.-sam. 17h30-22h - plat 24/38 $.* Homme chaleureux et enjoué, originaire de Monte San Savino, en Italie, Valter Nassi officie en maestro de l'accueil. Sourires, poignées de mains et accolades généreuses sont délivrés à chaque convive comme s'il s'agissait d'un invité de marque. La salle, à la fois chic et rustique, évoque une ferme toscane. Des *antipasti* aux *dolce*, en passant par le carpaccio de thon rouge et les gnocchi aux truffes, la cuisine de Valter, inspirée par les bons petits plats de sa « mama », est divine. Service attentif et raffiné, parfois un rien guindé. Les pâtes sont faites maison le matin même, tout comme le pain et les glaces. Les recettes varient au gré des saisons et des produits disponibles. Réservation impérative.

### ACHATS

**City Creek Center** – *50 S. Main St. - ✆ 801 521 2012 - www.shopcitycreekcenter.com - 10h-21h.* Afin de revitaliser le centre-ville, l'Église mormone a investi plus de 1,5 milliard de dollars pour construire ce gigantesque centre commercial situé à deux pas de Temple Square. Rolex, Tiffany, Porsche Design, Apple, Microsoft, librairies, cafés, restaurants : on trouve de tout dans ce complexe rutilant, abrité sous un toit de verre retractable et agrémenté du murmure d'un ruisseau et de fontaines.

**The Gateway** – *400 W. 100 South - ✆ 801 456 2000 - www. shopthegateway.com - 10h-21h, dim. 12h-18h.* Autour de l'ancienne gare de l'Union Pacific, cet autre centre commercial, à ciel ouvert, rassemble 125 boutiques, 23 cafés et restaurants, un cinéma Imax, un planétarium, une salle de concerts et un musée pour les enfants.

### BOIRE UN VERRE

Pour connaitre l'agenda de la vie culturelle et nocturne, consultez le journal gratuit *City Weekly (www.cityweekly.net).*

**Bar X** – *4155 E. 200 South - ✆ 801 355 2287 - www. barXsaltlake.com.* Une institution à Salt Lake City depuis l'abolition de la prohibition, en 1933. Ce bar est apprécié pour ses bières et ses nombreux cocktails. L'intérieur exsude volontairement un air un peu sombre et fané de « speakeasy » des années 1920. Ambiance cool, terrasse sur rue, concerts de jazz les soirs de week-end.

**Red Rock Brewery** – *254 S. 200 West* - *801 521 7446* - *www.redrockbrewing.com*. Tenu par un maître-brasseur allemand, ce pub au comptoir immense offre une sélection incomparable de bières artisanales.

**The Beerhive Pub** – *2128 S. Main St.* - *801 364 4268*. L'endroit attire une clientèle bigarrée, des bandes de *hipsters* aux jeunes mamans s'étant échappées pour une « soirée filles », ou encore aux salariés en costume venus trinquer entre collègues lors des *happy hours*. Belle sélection de bières, servies sur un bar de glace pour les maintenir à bonne température.

**The Red Door** – *57W. 200 South* - *801 363 6030* - *www.behindthereddoor.com*. Une fresque murale de Che Guevara, des murs rouges et un éclairage tamisé signent le décor de ce bar plutôt intime, parfait pour siroter martini, gin et *mojitos* dans une atmosphère élégante, sur une musique *acid-jazz* ou *lounge*. Animation DJ le w.-end.

## AGENDA

**Living Traditions Festival** – *801 596 5000* - *www.livingtraditionsfestival.com*. À la mi-mai, sur Washington Square, expositions d'artisanat, stands culinaires et concerts sur le thème des traditions ethniques et folkloriques.

**Utah Pride Festival** – *801 539 8800* - *www.utahpridecenter.org*. Début juin, durant trois jours, le grand rendez-vous de la communauté gay et lesbienne : défilé musical et dansant, festival de cinéma, spectacles.

**Utah Arts Festival** – *801 322 2428* - *www.uaf.org*. Fin juin, durant quatre jours, sur Library Square et Washington Square. Grande manifestation d'arts pluridisciplinaires réunissant plus de 200 artistes, avec de nombreux spectacles et concerts, et des dégustations culinaires.

**International Jazz Festival** – *801 277 9115* - *www.slcjazzfestival.org*. Début juillet, un week-end de concerts gratuits en différents lieux de la ville.

**Pioneer Day** – *801 250 3890* - *www.daysof47.com*. Autour du 24 juillet, commémoration de la fondation de la ville par les pionniers mormons le 24 juillet 1847. Défilé de chars et majorettes, rodéos, *pow-wow* indien, concerts, spectacles et animations.

# Nord de l'Utah

**Northern Utah**

★

**Le voyageur qui arrive par l'ouest dans la région du Grand Lac Salé voit s'élever la chaîne des Wasatch, qui dessine un arrière-plan saisissant. Muraille de plus de 2 000 m de hauteur aux pics dépassant 3 300 m, elle se dresse à l'est de Salt Lake City et court sur 149 miles, de Logan, au nord, à Nephi, au sud. Autrefois obstacle à l'exploration, elle a été franchie à la fin du 19e s. par les prospecteurs d'argent. C'est aujourd'hui pour le pays un des plus riches gisements d'or blanc, cette poudreuse sur laquelle les amateurs du monde entier glissent avec délices. Les plaques minéralogiques de l'Utah vont même jusqu'à vanter « The Greatest Snow on Earth ». À seulement 31,5 miles à l'est de Salt Lake City, Park City, la première agglomération de la région, a été un des grands centres des Jeux olympiques d'hiver de 2002. La population de l'Utah occupe la région du Wasatch Front, au sud et au nord de Salt Lake City, le long de la face ouest et à l'extrémité nord de la chaîne. Elle s'est également implantée à Provo, à 44,5 miles au sud, siège de la Brigham Young University, ainsi qu'à Ogden, à 34,5 miles au nord.**

## NOS ADRESSES PAGE 232

### SE REPÉRER

Carte de région B1-2 (p. 208-209) – *heure des Montagnes*. Le terme Northern Utah désigne le ruban de villes qui s'étire le long des monts Wasatch, de Logan au nord à Provo au sud, en passant par Park City.

### À NE PAS MANQUER

La rue principale de Park City ; la Logan Canyon Scenic Byway.

### AVEC LES ENFANTS

Le North American Museum of Ancient Life, à Lehi ; Heber Valley Historic Railroad ; Utah Olympic Park ; Antelope Island State Park ; Hill Aerospace Museum ; le Salomon Center, à Ogden ; George S. Eccles Dinosaur Park ; Bear River Migratory Bird Refuge ; l'American West Heritage Center, à Wellsville.

## Découvrir Carte de région

**Provo** B2

*Au croisement de l'US-89 et de l'US-189 par l'I-15 (sortie 268).*

**Visitor Center** – *220 W. Center St. - ☎ 801 851 2100 - www.utahvalley.com - lun.-vend. 9h-17h.*

À mi-chemin sur la rive est d'Utah Lake, Provo est, avec 116 288 habitants, la troisième ville de l'Utah. C'est le siège de la Brigham Young University, dominée par une colline où se dressent le **Provo Mormon Temple** à la flèche dorée *(N. Temple Dr. par N. 900 East)* et le palais de justice, **Utah County Courthouse** *(Center St. et University Ave.)*, construit dans les années 1920 en blocs calcaires.

★ **Brigham Young University** – *Campus Dr. par E. 1230 North - ☎ 801 422 4636 - www.byu.edu.* Le centre d'enseignement mormon établi en 1877 par Brigham Young est aujourd'hui l'une des plus grandes universités privées des États-Unis.

Bisons dans Antelope Island State Park.
*T. Steinhardt/Author's Image/Photononstop*



Son campus de 256 ha abrite de beaux musées (*lun.-sam. 10h-18h - gratuit*). Le **Museum of Art** (*☏ 801 422 8287*) s'intéresse aux beaux-arts et arts décoratifs du 19ᵉ s. en Amérique et en Europe. Il possède une extraordinaire collection d'instruments de musique primitifs. Le **Museum of Paleontology★** (*☏ 801 422 3680*) expose l'un des plus beaux groupes de dinosaures du Jurassique du monde. Le **Monte L. Bean Life Science Museum** (*☏ 801 422 3680*) présente l'histoire naturelle. Le **Museum of Peoples and Cultures** (*☏ 801 422 0020*) collectionne les objets artisanaux indiens du Sud-Ouest, mexicains et mayas.

## ★ Springville Museum of Art B2

*À Springville, à 6 miles au sud de Provo.*

*126 E. 400 South - ☏ 801 489 2727 - www.smofa.org - mar.-sam. 10h-17h (merc. 21h), dim. 15h-18h - gratuit.*

Sans doute le meilleur musée d'art spécifique à l'Utah, cette petite institution présente dans 29 galeries des œuvres de peintres, de sculpteurs et de graveurs à partir de 1862.

## North American Museum of Ancient Life B2

*À Lehi (I-15, sortie 287)*

*Thanksgiving Point Resort, 3003 N. Thanksgiving Way - ☏ 801 768 2300 - www.thanksgivingpoint.com - lun.-sam. 10h-20h - 15 $.*

Soixante squelettes complets de dinosaures, des présentations interactives et une salle de projection à écran géant animent cet équipement éducatif. Le musée fait partie d'un village à thème, avec des implantations résidentielles, des jardins botaniques, une ferme pour les enfants, des boutiques, des salles de spectacle et un terrain de golf.

## ★ Timpanogos Cave National Monument B2

*À American Fork, sur la Rte 92, 9 miles à l'est de l'I-15 (sortie 287).*

*☏ 801 756 5239 - www.nps.gov/tica - de mi-mai à fin sept. : 7h-17h30 (dernière entrée 16h45) - 8 $ (-15 ans 6 $).*

**Bon à savoir** – Le week-end, il est recommandé d'acheter son ticket à l'avance.
Trois salles souterraines naturelles, reliées par des couloirs aménagés par l'homme dans le calcaire, attendent le visiteur sous le versant nord de Mount Timpanogos. On y accède à 325 m au-dessus du Visitor Center, en fond de canyon, au bout de 1,5 mile de pente raide. Les magnifiques formations colorées de stalactites, de stalagmites et d'hélictites s'accroissent inexorablement. Il règne toute l'année une température de 6 °C dans les grottes.

### Sundance Resort B2

*À Sundance, sur la Rte 92, 15 miles au nord de Provo par l'US-189.*
*801 223 6000 - www.sundanceresort.com.*
Le célèbre acteur et metteur en scène Robert Redford a acheté ce centre de loisirs en 1969 et lui a donné le nom du personnage (né en Utah) qu'il incarnait dans le film Butch Cassidy et le [Sundance] Kid. Cette paisible station familiale est appréciée pour sa triple vocation : loisirs, arts, environnement. En hiver, un petit domaine skiable (trois remontées mécaniques) couvre le flanc de Mount Timpanogos (3 581 m). En été, Sundance offre des randonnées à pied et à cheval, et une salle de concert en plein air.

### ★ Heber Valley Historic Railroad C2

*À Heber City, 18 miles au sud-est de Park City.*
*450 S. 600 West St. - 435 654 5601 - www.hebervalleyrr.org - horaires et prix variables selon la saison et la formule choisie : se rens. à l'avance.*
Tirés par une locomotive à vapeur de 1907, des wagons d'époque restaurés emmènent les passagers en excursion autour du réservoir de Deer Creek jusqu'à Vivian Park, dans le canyon de Provo.

### SKIER EN UTAH

L'industrie du ski en Utah se targue de posséder « la meilleure poudreuse du monde ». Légère et toujours présente, celle-ci pourrait aussi bien être labellisée comme la plus accessible. En effet, pas moins de onze stations de ski se trouvent à moins d'une heure de route de l'aéroport de Salt Lake City, une proximité et une concentration que l'on ne retrouve nulle part ailleurs. Nombreux sont les visiteurs qui prennent une chambre d'hôtel en ville et choisissent au jour le jour la station qui leur fait envie, au gré des conditions climatiques. En moyenne, les précipitations de neige sur l'année atteignent de 7,6 à 15 m à l'est de la ville. Le manteau neigeux dépasse souvent 1,5 m dès janvier. Le climat et les caractéristiques atmosphériques justifient la réputation de poudreuse légère de la neige locale : les climatologues ont en effet démontré que c'est la combinaison des vents, de l'humidité et de l'altitude qui donne aux flocons de neige de l'Utah leur spécificité. Parmi d'autres éléments, les orages à l'ouest font remonter l'humidité du Grand Lac Salé vers les monts Wasatch *via* les canyons à l'est de Salt Lake City. Un autre élément caractérise le ski dans l'Utah : deux des plus grosses stations de la région, Alta et Deer Valley, prohibent l'usage du snowboard. Un seul autre endroit en Amérique du Nord est réservé aux skieurs et plusieurs autres stations sont revenues sur cette interdiction. Alta et Deer Valley sont bien décidées à demeurer réservées aux skieurs et, avec les onze stations de la région, les surfeurs ne manquent pas d'espace. Ni de neige. *Consultez www.skiutah.com pour plus d'informations concernant le ski ou le surf des neiges dans l'Utah.*

### ★★ Park City C2

*Rte 224, à 5 miles au sud de l'I-80 (sortie 145).*

**Visitor Center** – *1794 Olympic Parkway - ✆ 435 658 9616 - www.visitparkcity.com - 9h-18h. En ville : Park City Museum - 528 Main Street - ✆ 435 649 7457 - lun.-sam. 10h-19h, dim. 12h-18h.*

À la fin du 19e s., cette région minière était l'une des plus riches d'Amérique ; elle a produit de l'argent pour plus de 400 millions de dollars. Park City a été fondée en 1872 par des mineurs et des hommes d'affaires. Avec près de 10 000 habitants à son apogée, elle entretenait théâtres et lieux culturels, mais aussi saloons, dancings et maisons closes. Un incendie l'a détruite aux trois-quarts en 1898, mais de nombreux bâtiments des années 1880 ont survécu. Ils forment une partie du quartier classé **Main Street National Historic District**★★ où les visiteurs trouveront aussi galerles d'art, boutiques et restaurants. Installé dans l'ancienne prison, le **Park City Museum** *(528 Main St. - ✆ 435 649 7457 - www.parkcityhistory.org - lun.-sam. 10h-19h, dim. 12h-18h - 10 $)* est le point de départ de la visite historique.

Depuis les années 1960, Park City s'est transformée en station touristique ouverte toute l'année et son nombre d'habitants (7 962) approche celui de son âge d'or. Le calendrier artistique est marqué, fin janvier, par le **Sundance Film Festival**★★ *(✆ 435 658 3456 - www. sundance.org/festival)*. Les meilleurs cinéastes indépendants du monde présentent en avant-première leurs œuvres les plus récentes lors du festival, organisé depuis 1986 par Robert Redford à Park City.

Trois grandes stations de ski sont accessibles par des navettes en bus depuis Main Street. La plus proche, **Park City Mountain Resort**★ *(Lowell Ave. - ✆ 435 649 8111 - www.pcski.com)* est à vocation familiale. À 1 mile à l'est, l'élégante **Deer Valley Resort**★ *(Deer Valley Dr. - ✆ 435 649 1000 - www.deervalley.com)* affiche son succès. À 3 miles au nord de la Route 224, **The Canyons**★ *(The Canyons Dr. - ✆ 435 649 5400 - www.canyonsresort.com)*, plus recente, continue de se développer. Ces trois stations de taille comparable offrent ensemble des pistes desservies par 44 remontées mécaniques, couvrant au total 2 800 m de dénivelé.

★ **Utah Olympic Park** – *Bear Hollow Dr. (donnant sur la Rte 224) - ✆ 435 658 4200 - www.utaholympiclegacy.com - 10h-18h en été - pass journalier : 65 $.*
Situé près de The Canyons, ce centre permanent d'entraînement des équipes nationales américaines est équipé de six tremplins de saut de 18 à 120 m, de quatre tremplins de ski acrobatique, et d'une piste de bobsleigh et de luge de 1335 m. Le public peut assister à l'entraînement et aux compétitions, descendre pour le plaisir la piste de bobsleigh ou s'offrir une leçon de saut à ski (2h). En été, on peut y faire de l'escalade, du bobsleigh et des descentes en tyrolienne.

### ★ Antelope Island State Park B2

*À 40 miles au nord-ouest de Salt Lake City par l'I-15 (sortie 332 vers Syracuse), puis suivez les indications sur 6,8 miles par la Rte 108.*

*Parc : 7h-22h - 10 $ ; Visitor Center : 4528 W. 1700 South - Syracuse (à l'entrée de l'île après la digue, à gauche, en haut de la butte) - ✆ 801 773 2941 - www.stateparks.utah.gov - 9h-20h.*

**Bon à savoir** – Attention à la chaleur, parfois écrasante en été, et aux insectes : munissez-vous d'eau, d'un chapeau et d'un répulsif antimoustique.
Une longue chaussée surélevée traverse la frange bourbeuse du Grand Lac Salé jusqu'à la plus grande île du lac, une réserve de flore et de faune de 110 km² (24 km de long sur 7 km de large). De nombreux sentiers invitent à

la promenade à pied, à bicyclette ou à cheval. Une carte des itinéraires de randonnée est disponible au **Visitor Center**, qui présente une exposition sur la nature et la géologie de l'île. Une courte marche de 0,5 mile grimpe notamment au **Buffalo Point**, une éminence située à 1 459 m d'altitude, d'où s'offre une vue panoramique sur l'île et le Grand Lac salé.

Couverte d'une végétation aride d'herbes rases et de buissons, Antelope Island est peuplée d'oiseaux de montagne, d'oiseaux aquatiques, d'antilopes, mouflons, cerfs à queue noire, coyotes, lynx, et de 600 bisons descendant d'un troupeau de la fin du 19e s. Un rassemblement de la harde est organisé à l'automne. On croise souvent ces bisons sur la rive est de l'île, en direction du **Fielding Garr Ranch**, situé au bout de la route au sud-est. Construit en 1848 en adobe, c'est la plus vieille maison bâtie par des colons en Utah encore intacte. On y visite les enclos, écuries, hangars agricoles et la maison meublée à l'ancienne. Le ranch propose des balades à cheval *(801 774 8200)*.

### Hill Aerospace Museum B1

*À Hill Air Force Base, sur l'I-15 (sortie 338).*

*7961 Wardleigh Rd - 801 777 6818 - www.hill.af.mil/library/museum - mar.-dim. 9h-16h30 - gratuit.*

Cette grande collection d'avions militaires anciens des États-Unis rassemble, entre autres, plus de 90 bombardiers, avions-cargos et hélicoptères, ainsi que moteurs, missiles, bombes et armements divers, et toutes sortes de souvenirs de l'armée de l'air.

### Ogden B1

*Sur l'US-89, à l'est de l'I-15 (sortie 344).*

**Visitor Center** – *2438 Washington Blvd - 801 778 6250 - www.visitogden.com - lun.-vend. 9h-17h, sam. 9h-16h.*

Ancienne ville du chemin de fer, Ogden (84 249 habitants) préserve son passé, avec ses bâtiments restaurés tout le long de **25th Street**.

**Union State Railroad Museum** – *2501 Wall Ave. - 801 393 9890 - www.theunionstation.org - lun.-sam. 10h-17h - 5 $.* Le musée de l'ancienne gare rappelle ses jours de gloire avec une exposition d'objets anciens et une salle de maquettes de trains. Ogden propose aussi des musées d'automobiles, d'armes à feu et des cow-boys de l'Ouest.

★ **Salomon Center** – *2261 Kiesel Ave. - 801 399 4653 - www.salomoncenter.com - lun.-sam. 11h-21h.* Il offre un mur d'escalade, des pistes de bowling, une salle de gym et une soufflerie qui vous fera vous envoler !

### ★ Ogden River Scenic Byway B1

*Rte 39 vers l'est, entre Ogden et Huntsville.*

Cette route pittoresque de 62 miles remonte le canyon de la rivière Ogden, dépasse le réservoir de Pineview, puis traverse les Wasatch. En quittant la ville d'Ogden, elle contourne le **George S. Eccles Dinosaur Park** *(1544 E. Park Blvd - 801 393 3466 - www.dinosaurpark.org - été : lun.-sam. 10h-20h, dim. 10h-18h - 7 $)*, qui expose dans un cadre naturel réaliste 98 animaux préhistoriques : tyrannosaure, ptérodactyle…

À 17 miles à l'est d'Ogden, un embranchement part du lac de barrage vers le sud et monte à **Snowbasin Resort** *(Rte 226 - Huntsville - 801 620 1000 - www.snowbasin.com)*, qui a accueilli la descente et le super-G des Jeux olympiques.

À environ 11 miles au nord, **Powder Mountain** *(Rte 158 - Eden - 801 745 3772 - www.powdermountain.com)* est une station de ski plus modeste.

### ★ Golden Spike National Historic Site B1

*À Brigham City, par les Rte 13 et 83 ; à 32 miles à l'ouest de l'I-15 (sortie 368). 435 471 2209 - www.nps.gov/gosp - 9h-17h - 7 $.*

Le site commémore la première liaison ferroviaire transcontinentale. Un tire-fond en or marque l'endroit où, le 10 mai 1869, les lignes de la Central Pacific et de l'Union Pacific se sont rejointes. Cela fait longtemps que les trains empruntent une autre voie pour traverser le désert du Grand Lac Salé. Mais les répliques en état de marche des deux **locomotives à vapeur** de 1869 permettent, de mai à octobre, la reconstitution de la cérémonie, avec des figurants en costumes d'époque. Le Visitor Center, ouvert toute l'année, rassemble des objets évoquant le chemin de fer et des photographies historiques.

### ★★ Bear River Migratory Bird Refuge B1

*À Brigham City, à environ 15 miles à l'ouest de l'I-15 (sortie 363). Visitor Center : 2155 W. Forest St. - 435 734 6422 - www.fws.gov - lun.-vend. 8h-17h, sam. 10h-16h - visite guidée (3h) le sam. à 10h ; réserv. au 435 734 6457.*

Classé réserve ornithologique depuis 1928, le delta marécageux de la Bear River abrite plusieurs millions d'oiseaux migrateurs de plus de 200 espèces : phalarope, avocette, pélican blanc et échasse d'Amérique, barge marbrée, pluvier, bécasseau d'Alaska, cygne siffleur, ibis à face blanche, goéland de Californie, grèbe à cou noir… sans compter les multiples espèces de canards et d'oies. C'est dans ces marais que furent inventés, dans les années 1940, les premiers bateaux plats à hélices utilisés aujourd'hui en Floride et en Louisiane. Le Visitor Center présente une exposition sur la vie sauvage des marais. De là part un sentier d'interprétation de 0,5 mile.

En poursuivant la Forest Street sur 12 miles, vous parvenez au départ d'un **autotour**★★ accessible de l'aube au crépuscule *(boucle de 12 miles - comptez au moins 2h - à faire de préférence le matin ou le soir)*. Les oiseaux sont partout sur l'eau ou dans les roseaux, voletant et piaillant allègrement.

2

### Logan B1

*À 82 miles au nord de Salt Lake City par l'I-15 (sortie 362), puis l'US-89.*

**Visitor Center** – *199 N. Main St. - 800 882 4433 - www.explorelogan.com - lun.-vend. 9h-17h.*

Fondée en 1859 par des pionniers mormons dans la vallée agricole de Cache, cette ville de 49 000 habitants étire ses rues en damier autour d'un imposant **temple mormon** aux allures de château mauresque, perché sur une colline. Son **tabernacle**, sur Main Street, accueille en été des concerts et des récitals dans le cadre du Utah Festival Opera & Musical Theatre *(www.utahfestival.org)*. La rue principale est bordée d'une série de maisons en brique de style victorien. Le campus de l'université d'État de l'Utah occupe la partie est de la ville, qui compte une forte population étudiante.

### American West Heritage Center B1

*À Wellsville, 6 miles au sud de Logan. 4025 South US-89 - 435 245 6050 - www.awhc.org - juin-août : mar.-sam. 9h-16h - 5 $.*

Ce musée en plein air s'organise autour d'une ancienne ferme où des figurants costumés mettent en scène la vie des pionniers dans un village frontière de l'Ouest américain au 19e s. Le public est invité à participer à des jeux et à des activités comme la traite des vaches, l'orpaillage, etc. Pour les enfants, balade en calèche ou poney et rencontre avec les animaux de la ferme. La partie intérieure du musée présente le mode de vie des anciens trappeurs des montagnes et des Indiens Shoshones.

### ★ Logan Canyon Scenic Byway BC1

▶ *US-89 vers le nord-est, sur 40 miles de Logan à Bear Lake.*

Dès la sortie de Logan, la route s'enfonce dans ce canyon sinueux, encaissé entre les montagnes de Wellsville et celles de la Bear River. Elle traverse l'épaisse forêt de Wasatch-Cache où d'impressionnantes parois rocheuses affleurent entre les sapins. L'endroit est propice à l'escalade, au VTT, au canoë-kayak et à la pêche à la mouche sur la Logan River. Les multiples randonnées possibles sont détaillées dans une brochure du Visitor Center de Logan. On peut suivre le **River Nature Trail** qui longe la rivière sur 3,7 miles ou, en suivant un embranchement de 7 miles à l'ouest, monter jusqu'au **Tony Grove Lake**, lac glaciaire aux rives tapissées de fleurs sauvages de juin à août. Après 30 miles, la Route 89 s'élargit et monte jusqu'au **Bear Lake Overlook★★**, d'où se découvre une superbe vue sur les eaux turquoise de ce grand lac à cheval entre l'Utah et l'Idaho.

## NOS ADRESSES DANS LE NORD DE L'UTAH

### HÉBERGEMENT

#### Logan et ses environs

**BUDGET MOYEN**

**Holiday Inn Express and Suites** – *2235 N. Main St. - Logan - ✆ 435 752 3444 - www.hiexpress.com/logan-ut - 75 ch. 142/173 $* . À la sortie nord-est de la ville, sur la Route 89, un hôtel accueillant et bien tenu, aux chambres spacieuses, calmes et confortables, équipées d'un coin cuisine. Piscine intérieure et salle de fitness.

**Beaver Creek Lodge** – *11808 US-89 - Garden City - ✆ 800 946 4485 - www.beavercreeklodge.com - 11 ch. 119/149 $* . Dans le Logan Canyon, à 25 miles de Logan et 13 miles de Bear Lake, ce chalet rustique et isolé au bord des montagnes abrite des chambres propres et confortables, avec des baignoires à remous. On y vient faire des balades à cheval l'été ou en motoneige l'hiver.

#### Park City et ses environs

**BUDGET MOYEN**

**Homestead Resort** – *700 N. Homestead Dr. - Midway - ✆ 435 654 1102 - www.homesteadresort.com - 152 ch. 107/149 $*. C'est un fermier suisse qui fit la découverte, il y a plus d'un siècle, de « marmites d'eau minérale chaude » dans la Heber Valley et le nombre de visiteurs s'y rendant dès lors acheva de le convaincre de faire du lieu une station thermale. On peut y louer appartements ou cottages dans un décor Nouvelle-Angleterre ou style sud-ouest. La plongée sous-marine y est pratiquée toute l'année et l'on pourra faire un tour en traîneau tiré par des chevaux.

**Old Town Guesthouse** – *1011 Empire Ave. - Park City - ✆ 435 649 2642 - www.oldtownguesthouse.com - 4 ch. 129/189 $* . À une courte distance des pistes de Park City, ce petit hôtel se révèle très pratique pour organiser une visite à ski de l'arrière-pays. On y pratique aussi randonnée, pêche à la mouche et excursions en raquettes. Un copieux petit-déjeuner montagnard, d'épais peignoirs dans les chambres, Jacuzzi, filmothèque et en-cas l'après-midi sont au rendez-vous. Chacune des chambres possède sa propre salle de bains, mais deux d'entre elles se partagent une grande salle de douche.

**POUR SE FAIRE PLAISIR**

**Goldener Hirsch Inn** – *7570 Royal St. E. (Stewart St.) - Park City - ✆ 435 649 7770 - www.goldenerhirschinn.com - 20 ch.*

*169/419 $, suites 244/664 $*. Situé non loin de Silver Lake, dans la station de ski de Deer Valley Resort, à Park City, ce chalet de style autrichien possède un mobilier peint à la main. Linge de Frette, somptueux édredons et salles de bains luxueuses achèvent de parfaire l'ambiance. La majorité des suites possède balcon et cheminée. Situé à 2 438 m d'altitude, on peut s'y rendre à ski et y profiter de Jacuzzis en intérieur comme en extérieur.

UNE FOLIE

**Stein Eriksen Lodge** – *7700 Stein Way, Deer Valley Resort - Park City - ✆ 435 649 3700 - www.steinlodge.com - 180 ch. à partir de 225 $*. Les skieurs sont prêts à payer le prix fort pour profiter du décor alpin, du service de premier rang et des privilèges de cet hôtel accessible à ski, nommé le « Stein » en référence au champion norvégien des Jeux olympiques de 1952. Le restaurant **The Glitretind** *(plat 30/39 $)* sert une cuisine moderne tout au long de l'année.

## RESTAURATION

### Logan

BUDGET MOYEN

**Elements Restaurant** – *35 E. 640 South - Logan - ✆ 435 750 5171 - www.theelementsrestaurant.com - fermé dim. - plat 8/29 $*. Appréciable pour sa terrasse au bord de la rivière, cette table moderne propose un large choix de salades, pizzas, pâtes, viandes grillées et poissons à la présentation soignée.

### Ogden

BUDGET MOYEN

**Tona** – *210 25th St. - Ogden - ✆ 801 622 8662 - www.tonarestaurant.com - fermé dim. et lun. - plat 12,50/20 $*. Réputé pour l'excellente qualité de ses sushis, ce restaurant japonais cuisine également des *teriyakis*, *yakitoris*, *gyozas*, *tempuras* et d'autres plats asiatiques appétissants.

### Park City et ses environs

BUDGET MOYEN

**Snake Creek Grill** – *650 W. 100 South - Heber City - ✆ 435 654 2133 - www.snakecreekgrill.com - dîner seult - fermé lun.-mar. - plat 14/26 $*. Les habitants de Park City disent que le meilleur restaurant de la ville est en vérité à des kilomètres, à Heber Old Town, ancien village ferroviaire aujourd'hui abandonné. Son propriétaire, le grand chef Barbara Hill, y prépare de l'onglet à la sauce aux champignons sauvages, des hamburgers de bison et de la truite en croûte de maïs. Meubles anciens, objets pittoresques et un plancher de bois créent une chaleureuse ambiance d'auberge de voyage.

POUR SE FAIRE PLAISIR

**Chimayo** – *368 Main St. - Park City - ✆ 435 649 6222 - www.chimayorestaurant.com - dîner seult - plat 32/50 $*. Dans une belle salle du plus pur style colonial espagnol sont servis des plats régionaux du Sud-Ouest aux accents français : brochettes d'élan marinées dans le café, steak de flanc de bison avec ses champignons sautés au porto.

**350 Main** – *350 Main St. - Park City - ✆ 435 649 3140 - www.350main.com - dîner seult - plat 27/42 $*. Natif de la Caroline du Sud, le chef Carl Fiessinger propose dans ce restaurant de cuisine contemporaine un menu éclectique du sud des États-Unis : poulet frit, poitrine de porc fumée ou encore homard et gruau de maïs donnent une idée de la variété de la carte. Le restaurant occupe un ancien saloon dans le Golden Rule Building, un bâtiment de 1910.

# Green River Country

**Éloigné des agglomérations et des grandes routes, le nord-est de l'Utah s'est développé dans un relatif isolement, de part et d'autre des imposants monts Uinta et le long de la Green et de ses affluents. Les touristes y viennent surtout pour les sports nautiques et pour la recherche d'os de dinosaures, dans des sites de fouilles parmi les plus riches du monde. Routards et alpinistes se mesurent au Kings Peak (4 123 m), point culminant de l'Utah, et à d'autres cimes de plus de 3 600 m. Au cœur de cette région s'étend la réserve indienne uinta et ouray.**

NOS ADRESSES PAGE 235

**SE REPÉRER**

Carte de région C3/D1-2 (p. 208-209) – *heure des Montagnes.* Les monts Uinta sont une chaîne de montagnes sur l'axe est-ouest.

**À NE PAS MANQUER**

Dinosaur National Monument *(voir p. 189).*

**AVEC LES ENFANTS**

Utah State University Eastern Prehistoric Museum ; Dinosaur Garden, au Utah Field House of Natural History State Park Museum.

## Découvrir Carte de région

### Price C3

*Au croisement de l'US-6, de l'US-191 et de la Rte 10, à 118 miles au sud-est de Salt Lake City.*

Ville minière de la fin du 19e s., Price a connu un grand essor avec l'arrivée du chemin de fer dans les années 1880, et continue de produire d'importantes quantités de charbon et autres minerais.

**Utah State University Eastern Prehistoric Museum** – *155 E. Main St. - ✆ 435 613 5060 - www.usueastern.edu/museum - lun.-sam. 9h-17h - 6 $.* Il expose plusieurs squelettes de dinosaures, mais aussi un ensemble remarquable de figurines en argile crue réalisées au 12e s. par les Indiens Fremont. Les conservateurs du musée renseignent sur la visite audioguidée de la carrière **Cleveland-Lloyd Dinosaur Quarry★** *(BLM 216 Rd, à 11 miles à l'est de Cleveland et 30 miles au sud-est de Price par les Rte 10 et 155 - ✆ 435 636 3600 - www.blm.gov/ut)*, où ont été mis au jour les ossements d'au moins 70 espèces d'animaux préhistoriques, distribués par la suite dans les musées du monde entier.

Près de **Nine Mile Canyon Road★** *(à 60 miles de Wellington par l'US-6/191 en direction de Myton, puis l'US-40/191)*, une petite route de l'arrière-pays qui débute à 7 miles à l'est de Price, on peut voir un grand nombre d'anciens pétroglyphes et pictogrammes indiens.

### Vernal D2

*Au croisement de l'US-40 et de la Rte 191, à 176 miles à l'est de Salt Lake City.*

Entrée ouest du **Dinosaur National Monument★★** *(voir p. 189)* et porte sud de la **Flaming Gorge National Recreation Area** *(voir page suivante)*, Vernal se trouve dans une région d'un grand intérêt géologique. La ville connaît un important boom grâce à l'exploitation de gisements pétroliers.

★ **Utah Field House of Natural History State Park Museum** – *496 E. Main St. - ✆ 435 789 3799 - www.stateparks.utah.gov - 9h-17h - fermé le dim.*

*d'oct. à mars - 6 $ (-12 ans 3 $).* Ce musée reconstitue des écosystèmes préhistoriques, peuplés de 18 répliques grandeur nature de dinosaures. Films, maquettes, dioramas et fossiles mettent en scène les animaux du Jurassique et du Cénozoïque et présentent les recherches paléontologiques et géologiques menées dans la région. À l'extérieur, le **Dinosaur garden** (jardin des dinosaures) présente une reproduction de tyrannosaure de 6 m de haut, ainsi que 16 espèces préhistoriques.

### Red Fleet State Park D2

*Sur l'US-91, à 12 miles au nord de Vernal.*
*435 789 4432 - www.stateparks.utah.gov - 6h-22h en été - 7 $.*
De nombreux dinosaures peuplaient la région de Vernal voici 200 millions d'années. Leurs empreintes sont restées gravées dans le sol rocheux de ce parc qui s'étend autour d'un lac de barrage de 300 ha. Un sentier d'1,5 mile conduit au site, mais il est plus agréable de louer un kayak ou un pédalo et de traverser le lac pour s'y rendre. La balade est aussi récompensée par la vision des belles gorges de grès rouge qui bordent le lac. Le parc comprend une aire de pique-nique, de camping et de baignade.

### ★ Flaming Gorge National Recreation Area D1-2

*US-191 et Rte 44, à 43 miles au nord de Vernal.*
*435 789 1181 - www.fs.fed.us/r4.*
À cheval sur la frontière entre l'Utah et le Wyoming, cette zone de loisirs entoure un lac de retenue long de 90 miles, remontant des canyons pittoresques taillés dans les monts Uinta par la Green. Plusieurs marinas permettent de pratiquer le canotage et d'autres sports nautiques. À 427 m au-dessus de Red Canyon, le **Red Canyon Visitor Center and Overlook**★★ *(Rte 44 - 435 676 2676)* offre une vue aérienne du lac. La visite guidée du barrage-voûte de 153 m part du **Flaming Gorge Dam Visitor Center** *(US-191, Dutch John - 435 885 3135 - www.usbr.gov).*

2

## NOS ADRESSES DANS GREEN RIVER COUNTRY

### HÉBERGEMENT

#### BUDGET MOYEN

**Marriott Springhill Suites** – *1205 W. US-40 - Vernal - 800 322 3770 - www.marriott.com/velsh - - 97 ch. 107/179 $* . En dépit d'une vue médiocre, cet hôtel d'étape abrite des chambres spacieuses, avec coin salon, frigo et micro-ondes. Accueil souriant.

**Best Western Dinosaur Inn** – *251 E. Main St. - Vernal - 800 780 7234 - www.bestwesternutah.com - - 56 ch. 106/169 $* . À défaut de charme, l'hôtel offre des prestations satisfaisantes et des chambres bien équipées. La piscine, située sur le parking, manque d'intimité.

### RESTAURATION

#### PREMIER PRIX

**Vernal Brewing Company** – *55 South 500 East - Vernal - 435 781 2337 - www.vernalbrewingcompany.com - plat 8/20 $.* Dans un bâtiment contemporain, cette table plutôt branchée propose des bières artisanales et des plats du jour de bonne qualité. Agréable patio.

#### BUDGET MOYEN

**The Quarry Steakhouse** – *25 S. Main Street - Vernal - 435 789 2337 - plat 12/30 $.* Malgré son décor terne, cette grande salle attire en nombre les amateurs de steaks grillés juteux et de *burgers* épais. Souvent bondé le soir.

# Yellowstone et Grand Teton National Parks 3

Carte Michelin Région n° 585 – Wyoming



Grand Prismatic Spring.

*J. Arnold/hemis.fr*

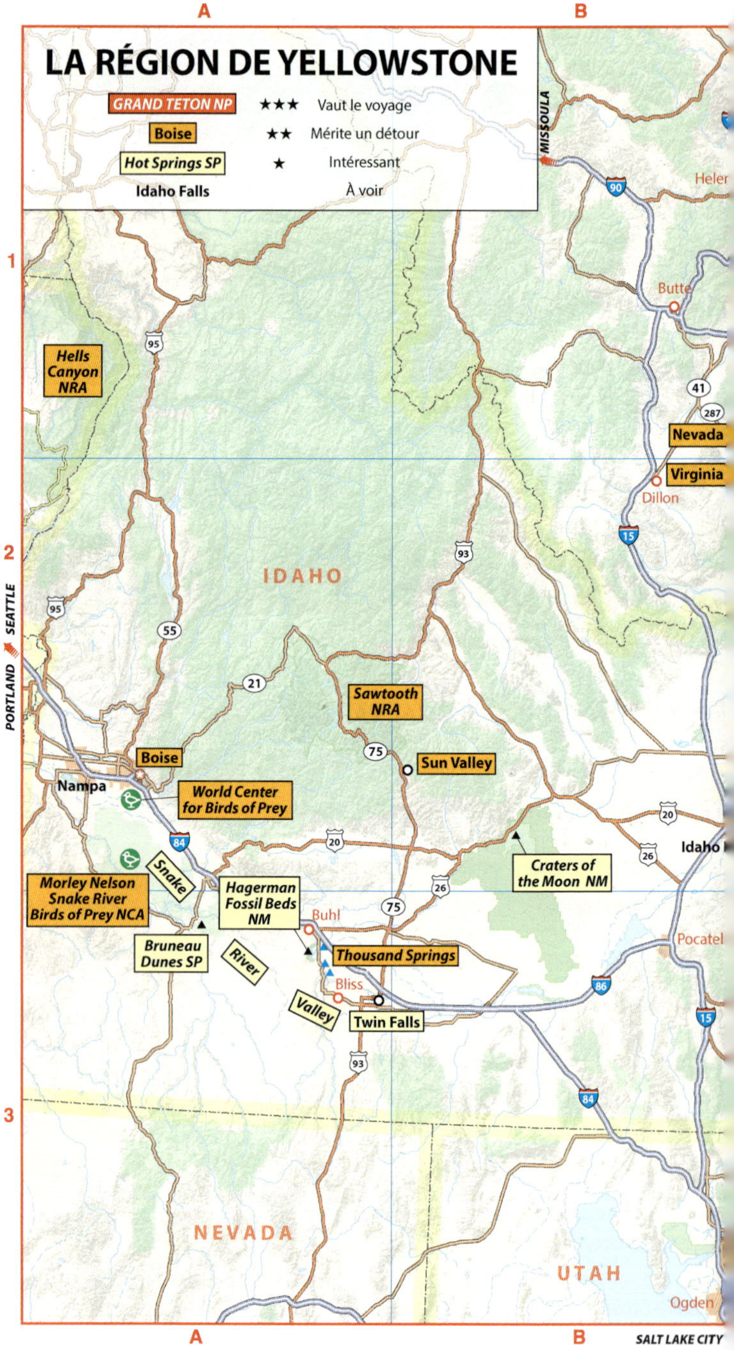
A
B
LA RÉGION DE YELLOWSTONE
GRAND TETON NP
★★★ Vaut le voyage
Boise
★★ Mérite un détour
Hot Springs SP
★ Intéressant
Idaho Falls
À voir
1
2
3
MISSOULA
Heler
Butte
Dillon
Nevada
Virginia
Hells Canyon NRA
IDAHO
PORTLAND
SEATTLE
Sawtooth NRA
Sun Valley
Boise
Nampa
World Center for Birds of Prey
Snake
River
Valley
Morley Nelson Snake River Birds of Prey NCA
Bruneau Dunes SP
Hagerman Fossil Beds NM
Buhl
Thousand Springs
Bliss
Twin Falls
Craters of the Moon NM
Idaho
Pocatel
NEVADA
UTAH
Ogden
SALT LAKE CITY

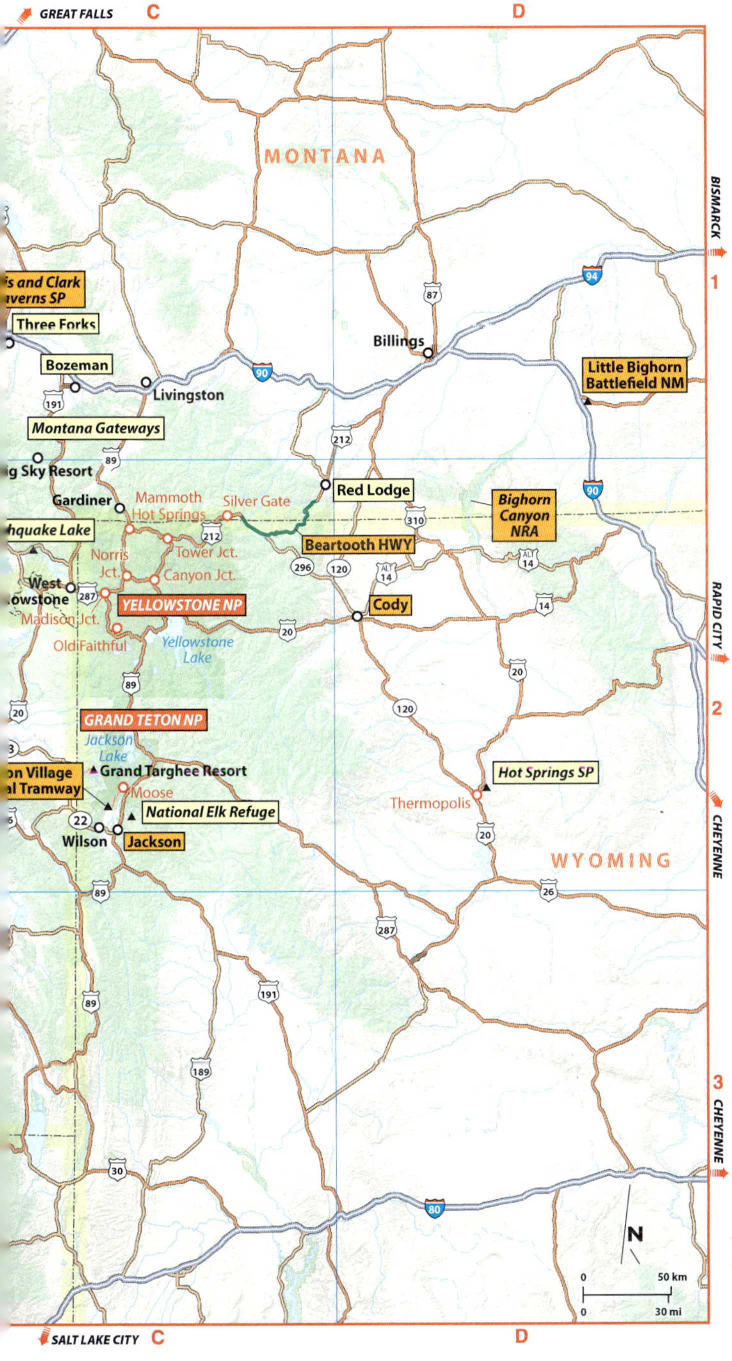
GREAT FALLS
C
D
MONTANA
BISMARCK
1
94
87
Billings
Little Bighorn
Battlefield NM
s and Clark
averns SP
Three Forks
Bozeman
90
191
Livingston
Montana Gateways
212
89
g Sky Resort
Red Lodge
Bighorn
Canyon
NRA
Gardiner
Mammoth
Hot Springs
Silver Gate
310
hquake Lake
212
Tower Jct.
Beartooth HWY
Norris
Jct.
Canyon Jct.
296
120
ALT 14
ALT 14
West
owstone
287
YELLOWSTONE NP
Cody
Madison Jct.
20
14
Old Faithful
Yellowstone
Lake
RAPID CITY
20
89
20
120
2
GRAND TETON NP
Jackson
Lake
on Village
al Tramway
Grand Targhee Resort
Hot Springs SP
Moose
Thermopolis
National Elk Refuge
CHEYENNE
22
Wilson
Jackson
20
WYOMING
89
26
287
191
89
189
3
CHEYENNE
30
80
N
0
50 km
0
30 mi
SALT LAKE CITY
C
D

# Yellowstone National Park

★★★

**À Yellowstone, la terre dévoile ses forces vives, offrant au regard ses éléments en action. Créé à l'origine pour préserver ses sites géologiques – bassins d'eau chaude multicolores, geysers actifs, impressionnant Grand Canyon – le parc a vu son rôle de protection de la faune prendre une importance capitale. Ses vastes étendues sauvages sont l'un des derniers fiefs de l'ours grizzly ; le parc s'est distingué récemment en réintroduisant des loups dans son écosystème. Les touristes peuvent compter sur le Vieux Fidèle, qui jaillit à 40 mètres, mais la surprise d'une rencontre imprévue avec un grand mammifère est un moment d'émotion tout aussi inoubliable.**

NOS ADRESSES PAGE 254

## S'INFORMER

*☏ 307 344 7381 - www.nps.gov/yell.* Des Visitor Centers sont situés aux carrefours stratégiques du parc : **Mammoth Hot Springs** *(☏ 307 344 2263 - de fin mai à fin sept. : 8h-19h ; reste de l'année : 9h-17h)*, **Old Faithful** *(☏ 307 344 2751 - de mi-avr. à fin mai : 9h-18h ; juin-sept. : 8h-20h ; d'oct. à déb. nov. : 9h-17h)*, **Canyon Village** *(☏ 307 344 2550 - de fin mai à fin août : 8h-20h ; sept. : 9h-18h ; de déb. à mi-oct. : 9h-17h)*, **Fishing Bridge** *(☏ 307 344 2540 - de fin mai à fin sept. : 8h-19h)*, et **Grant Village** *(☏ 307 344 2650 - de fin mai à fin sept. : 8h-19h)*. La liste complète figure sur le site Internet du parc. Tous présentent de passionnantes expositions sur le parc, sa géothermie et ses geysers, sa flore et sa faune, souvent enrichies de films et d'animations. Ils disposent de brochures et de cartes détaillées des sites importants *(50 cents l'unité)*. Les *rangers* renseignent sur les possibilités de randonnées, les itinéraires, les campings et les *lodges* disponibles. Des panneaux d'affichage informent sur les prévisions météo, les conférences et excursions au programme et les règles de sécurité à respecter. Par ailleurs, à chaque entrée du parc, les visiteurs reçoivent gratuitement une carte en couleur ainsi qu'un journal saisonnier du parc.

L'entrée du parc coûte 25 $ par véhicule ; elle est valable une semaine et couvre aussi le parc de Grand Teton.

Pour se renseigner sur l'état des routes et la météo : *☏ 307 344 2117.*

## SE REPÉRER

Carte de région C2 (p. 238-239) et carte p. 244 – *heure des Montagnes*. Des lignes aériennes desservent Jackson Hole, Cody, Idaho Falls, Billings et Bozeman. Toutes ces villes sont à quelques heures de route du parc. Sur un haut plateau divisé par la ligne de partage des eaux (le Continental Divide) et cerné de montagnes au nord, à l'est et au sud, Yellowstone occupe l'angle nord-ouest du Wyoming ; quelques petites sections débordent sur le Montana et l'Idaho. Situé à une altitude moyenne de 2 400 m, le parc couvre près de 9 000 km². Cinq autoroutes – l'US-20 à l'ouest (par West Yellowstone), l'US-89 au nord (Gardiner), l'US-212 au nord-est, l'US-20 à l'est (Cody) et l'US-89 au sud (Jackson) – permettent d'accéder à sa voie principale, Grand Loop Road, qui forme un large huit reliant les principales curiosités. La distance est de 93 miles entre

Opal Terrace, Mammoth Hot Springs.
G. Azumendi/age fotostock

les entrées nord et sud et de 80 miles entre les entrées est et ouest. Les visiteurs peuvent choisir entre les routes et 1 188 miles de sentiers de randonnée, passant d'une altitude de 1 161 m à Reese Creek à 3 462 m au sommet d'Eagle Peak.

### SE GARER

Évitez, lorsque les animaux sont près de la route, de vous garer sur la chaussée, car cela crée des bouchons. Mettez-vous sur le bas-côté !

### À NE PAS MANQUER

Mammoth Hot Springs ; Old Faithful ; Grand Prismatic Spring ; Grand Canyon.

### ORGANISER SON TEMPS

Le parc est ouvert tout l'année, mais peu d'hébergements fonctionnent durant l'hiver et la plupart des routes ne sont ouvertes à la circulation que de fin avril à fin octobre. Seules les entrées nord et nord-est restent accessibles toute l'année. L'hiver est précoce (à partir de mi-octobre), rigoureux, et dure jusqu'à fin avril. Les mois de mai, juin et septembre sont les plus agréables : le temps est alors doux et frais, la nature superbe, il n'y a pas trop de monde et la faune est plus facile à observer. Il faut cependant compter avec les aléas de la météo et la neige qui bloquent souvent l'accès des cols et routes intérieures. Juillet et août sont les mois les plus fréquentés. La vitesse sur les routes est limitée à 45 miles/h (72 km/h), mais la forte fréquentation estivale provoque d'importants bouchons, sans compter ceux provoqués par le passage des animaux. Difficile de visiter le parc en moins de 3 jours : c'est le minimum pour parcourir les plus beaux geysers et bassins de la partie ouest, d'Old Faithful à Mammoth Hot Springs (2 jours), puis le Grand Canyon et le lac (1 jour). Les amoureux de randonnée, de nature et de faune sauvage resteront facilement une semaine.

### AVEC LES ENFANTS

Old Faithful ; Fountain Paint Pots.

# La région de Yellowstone

## YELLOWSTONE NATIONAL PARK

Le plus ancien parc national d'Amérique, et certainement le plus connu, Yellowstone National Park a été créé en 1872. Une grande partie du parc s'étend sur une ancienne caldeira volcanique effondrée, large de 45 km et longue de 76 km. Cette réserve naturelle de 9 000 $km^2$, un peu plus grande que la Corse, protège plusieurs fleuves et lacs et la plus importante population d'animaux en liberté des 48 États américains (hors Alaska). Mais elle abrite aussi la plus vaste forêt pétrifiée et la plus grande concentration du monde de phénomènes géothermiques. Inscrit au Patrimoine mondial, Yellowstone est une des plus belles réussites de l'homme dans la protection de l'environnement.

Un des attraits d'une visite à Yellowstone est que ses sites spectaculaires sont très facilement accessibles. Près de 600 km (372 miles) de routes goudronnées forment un « huit » dans l'ensemble du parc, desservant des curiosités aussi célèbres que le Vieux Fidèle et les geysers qui l'entourent, les terrasses de travertin de Mammoth Hot Springs, le gouffre spectaculaire du Grand Canyon de Yellowstone. Wapitis, bisons, élans et autres grands mammifères parcourent majestueusement en liberté ce beau royaume embué ; ils s'aventurent souvent dans les campings et les auberges et provoquent des embouteillages quand ils se promènent près des grandes routes.

Seule ombre au tableau, les graves incendies de l'été 1988 ont laissé des cicatrices dans le parc, 36 % des forêts ayant été touchés. Depuis, la nature a repris ses droits, mais beaucoup d'espaces présentent encore la triste vision de paysages lunaires, jonchés de centaines de milliers de troncs calcinés.

## LES AUTRES CURIOSITÉS

Immédiatement au sud de Yellowstone, le parc national de Grand Teton montre une petite chaîne de montagnes spectaculaires qui surgit au-dessus de la Snake River, et un chapelet de lacs aux eaux cristallines, créés par des moraines glaciaires. Jackson est la porte d'accès aux monts Teton. Cette petite bourgade d'élevage est devenue la capitale des loisirs du nord des Rocheuses. Elle sait tirer parti de son image de ville de cow-boys, mais est aussi réputée pour ses stations de ski, sa réserve nationale des wapitis et un musée national d'art de la vie sauvage.

À l'est de Yellowstone, Cody a été fondée à la fin du $19^{e}$ s. par le redoutable Buffalo Bill, de son vrai nom William F. Cody. « Capitale mondiale du rodéo », Cody attire les visiteurs avec son centre Buffalo Bill, musée sans égal consacré à l'histoire et à l'art de l'Ouest.

Chacune des trois voies d'accès au Yellowstone par le Montana présente son intérêt : remarquables paysages alpins de la Beartooth Highway, loisirs de plein air de West Yellowstone, élégance et culture pour Bozeman. Toute la région est parsemée de villes fantômes évocatrices et d'extraordinaires phénomènes géologiques. La vallée de la Snake quitte Yellowstone pour traverser vers l'ouest le sud de l'Idaho, offrant là aussi une foule d'étapes intéressantes, comme la station traditionnelle de Sun Valley et les paysages de « toit du monde » de la Sawtooth National Recreation Area.

## Circuit conseillé Carte p. 244

**Bon à savoir** – La meilleure façon de découvrir les curiosités qui suivent est de parcourir les 172 miles de **Grand Loop Road** dans le sens des aiguilles d'une montre, en commençant et terminant le trajet par n'importe laquelle des cinq entrées. La plupart des visiteurs arrivent par l'entrée ouest, à West Yellowstone, au Montana. Si l'ensemble du parc peut se parcourir en voiture, on ne profite toutefois pleinement de sa magie qu'en faisant quelques randonnées. Avant de partir, renseignez-vous auprès des *rangers* sur l'état des sentiers, parfois impraticables à cause de la neige. Ne laissez jamais traîner de nourriture, car cela pourrait attirer les ours. Pour observer la faune sauvage, préférez l'aube et le crépuscule et les plaines près des rivières, en prenant toujours garde de rester à distance des animaux sauvages (25 m minimun et 100 m pour les ours). Enfin, ne marchez pas hors des sentiers tracés autour des geysers et sources chaudes.

### ★ Artist's Paint Pot

*À 10 miles au nord de Madison Junction et 4 miles au sud de Norris Geyser Basin.*
Passé Madison Junction, qui marque l'entrée ouest du parc, la Grand Loop Road remonte la vallée de la rivière Gibbon et ses chutes tombant de 20 m au fond d'un ravin. Elle débouche sur un plateau couvert de pâturages où l'on croise parfois, en fin de journée, des troupeaux de bisons, d'élans ou de wapitis occupés à brouter. À droite de la route, après le parking, un sentier de passerelles serpente au milieu d'un sous-bois, entre une série compacte mais très variée de bassins bruns, bleu-gris ou opale, de mares de boue gargouillantes et de geysers fumants.

### ★★ Norris Geyser Basin

*À gauche (ouest) de Grand Loop Road au niveau de Norris Junction, à 14 miles au nord de Madison Junction, puis 0,25 mile jusqu'au parking.*
La zone des sources la plus ancienne et la plus chaude du parc est aussi la plus active : on y a enregistré des températures de 238 °C à seulement 300 m sous terre. Le bassin est régulièrement soumis à des variations de température et d'activité. Le sol blanchâtre est partout troué de bassins d'eau bouillante et acide, de mares de boue et de fumerolles, donnant l'impression de parcourir

3

#### PHÉNOMÈNES GÉOTHERMIQUES

Yellowstone rassemble avec fierté plus de 10 000 phénomènes géothermiques, plus que tous ceux qui existent ailleurs sur la planète. Ils sont dus à un rare phénomène de « point chaud », une intrusion de magma en fusion située seulement entre 1 500 et 5 000 m sous la surface terrestre, formée il y a 17 millions d'années aux confins sud de l'Oregon et de l'Idaho actuels, 500 km au sud-ouest. Les coulées de lave de la plaine de la Snake retracent la « migration » de ce point chaud, poussé par le glissement de la plaque tectonique continentale. La caldeira de Yellowstone a été créée il y a 640 000 ans par une explosion volcanique d'une telle violence qu'elle laisse loin derrière celle du mont St Helens, en 1980. Supervolcan endormi, Yellowstone reste pourtant actif et hautement surveillé. Quelque 3 000 tremblements de terre secouent la zone chaque année, sans présenter de danger particulier. Une éruption majeure devrait néanmoins se produire un jour, provoquant des dégâts considérables, mais heureusement pas avant plusieurs milliers d'années estiment les scientifiques.

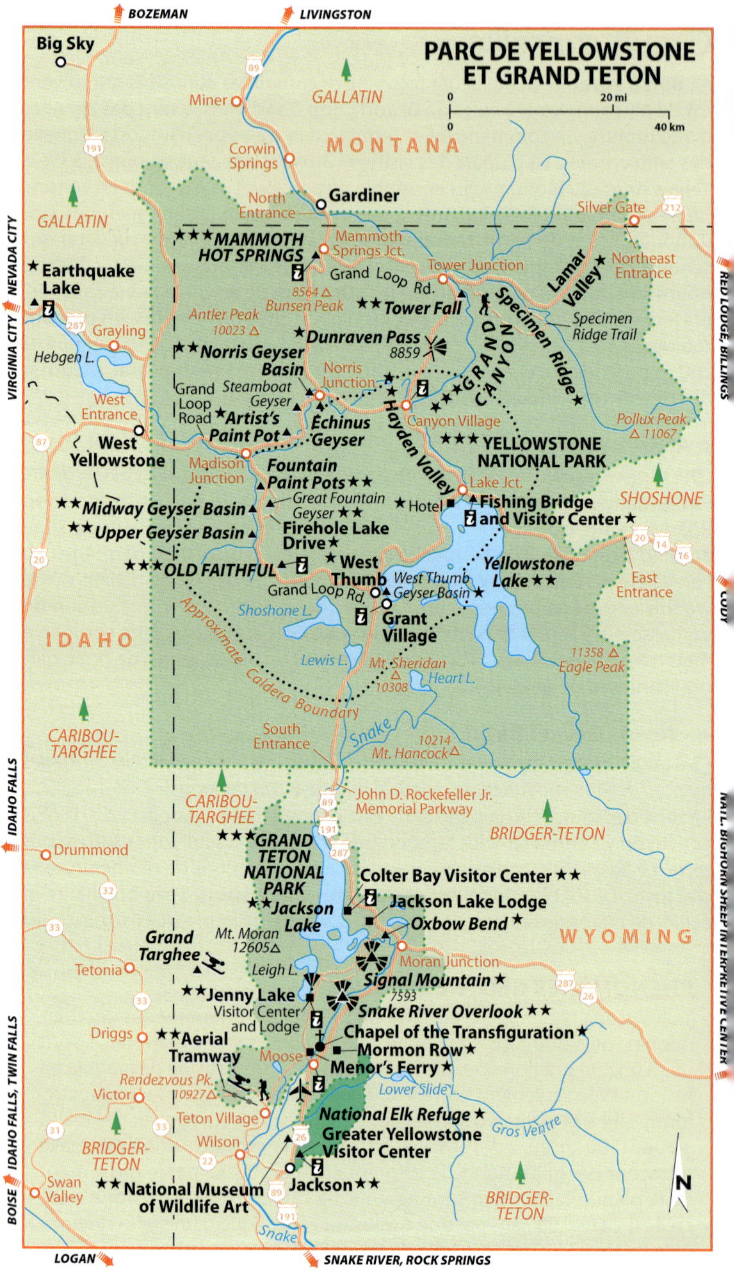


un livre de géologie à ciel ouvert. Le site est parcouru par deux sentiers en boucle aménagés de passerelles : **Porcelain Basin** *(0,5 miles)* au nord et **Back Basin**★ *(0,6 miles)* au sud. Les grands geysers se trouvent au Back Basin, où les phénomènes géothermiques sont disséminés parmi les arbres. **Steamboat**

**Geyser** est le geyser le plus haut du monde. Ses grandes éruptions, assez rares (il reste en sommeil des années durant) atteignent parfois 120 m de haut. **Echinus Geyser**, le plus grand geyser d'eau acide, offre un spectacle divertissant : il se remplit, fait éruption, puis se vide comme une cuvette de W.-C. Il s'élevait autrefois toutes les 40 à 80mn, mais depuis quelques années son activité est beaucoup plus aléatoire : endormi pendant quelques années, le geyser ne se réveille qu'à de rares fréquences dans la journée…

Juste au nord de Norris Basin, à l'est de Grand Loop Road, le **Museum of the National Park Ranger** *(de fin mai à fin sept. : 9h-17h - gratuit)* présente, dans un ancien poste de l'armée, l'histoire des gardiens des parcs.

### ★★★ Mammoth Hot Springs

*Au croisement de North Entrance Rd et Grand Loop Rd, à 5 miles de l'entrée nord et 21 miles de Norris.*

Perché sur une colline surmontée de terrasses multicolores, Mammoth est le quartier général du parc. Les bureaux occupent les bâtiments anciens du complexe. Pelouses vertes et disposition méthodique rappellent que Mammoth était à l'origine un poste militaire.

Les transformations de la nature, visibles dans tout Yellowstone, sont encore plus manifestes sur les terrasses en escalier de Mammoth Hot Springs. Les sources, qui n'atteignent que 77°C, déposent ici 2 t de calcite par jour. En se chargeant de dioxyde de carbone, l'eau se transforme en acide carbonique, qui dissout le calcaire des couches souterraines. En surface, la solution se refroidit rapidement et laisse échapper le dioxyde de carbone, tout en formant des concrétions calcaires semblables à celles qu'on trouve dans les grottes. Les couleurs éclatantes de ce tableau naturel en trois dimensions viennent des algues et des bactéries qui s'y sont fixées. Elles varient suivant la température et le pH de l'eau ; à cette altitude, aucun organisme ne peut survivre dans de l'eau à plus de 72 °C. L'eau refroidie, alcaline (pH élevé), attire des cyanobactéries jaunes, orange, vertes, rouges ou brunes suivant la température.

On débute en général la visite en montant à pied à partir des parkings du village. On aperçoit alors la silhouette caractéristique de **Liberty Cap★** qui surgit de terre comme un énorme arbre de Noël. Le cône de cette ancienne source chaude doit son nom aux bonnets phrygiens des partisans de l'Indépendance. De l'autre côté de la route, on ira jeter un œil sur **Opal Terrace★★**, qui a repris un développement rapide en 1926 après des années de sommeil. Souvent, des wapitis s'y reposent, tels des sculptures vivantes. Les formations de travertin y composent de belles sculptures en cascade.

Plus au sud, un ponton mène à **Palette Spring★**, une série de bassins en escalier aujourd'hui à sec. La roche calcaire évoque un manteau neigeux parcouru de veines brunes et orangées dûes aux bactéries thermophiles.

Des passerelles et des escaliers en planches permettent ensuite de grimper entre les coulées sculptées de **Main Terrace** et **Minerva Terrace★★★**. Déjà impressionnante de loin, cette formation est extraordinaire vue de près, car l'enchevêtrement de chutes minuscules et de terrasses multicolores évoque une cascade, figée par un cliché photographique.

Plus haut, à l'ouest, un sentier débouche devant le splendide ensemble de **Canary Spring★★★**, où des coulées pétrifiées d'un jaune chatoyant ou d'un blanc crémeux forment au-dessus des vasques d'étranges stalactiques.

D'autres bassins sont visibles au sommet de la colline, que l'on rejoint en voiture *(prenez la route au sud vers Norris et Madison)* pour parcourir l'**Upper Terrace Loop Drive★**, une route étroite en boucle et à sens unique.

## Les geysers

Les geysers sont dus à l'étranglement des conduits souterrains d'une source chaude. Se pressant comme des banlieusards aux heures de pointe dans le métro, des bulles de vapeur issues des profondeurs forcent le passage dans l'eau qui les surmonte, créant une pression énorme, et faisant jaillir au-dehors une colonne de vapeur et d'eau surchauffée.

Deux tiers des geysers du monde, près de 300, sont situés à Yellowstone. « Si nombreux et si variés, écrivait le naturaliste John Muir, que la nature semble avoir rassemblé ici des spécimens de ses plus rares fontaines du monde entier, pour exposer en un seul lieu tout ce qu'elle sait faire. »

### UNE « ESPÈCE » EN VOIE DE DISPARITION

Les geysers sont des **objets géologiques éphémères**, en voie de disparition. Ce phénomène se produit lorsqu'un gradient géothermique élevé surchauffe l'eau souterraine. Celle-ci, circulant dans un réseau de fissures et de fractures, va atteindre localement et en profondeur une température supérieure à son point d'ébullition (100 °C). Elle se trouve alors dans un état physique instable et lorsque le volume surchauffé atteint une température suffisante pour contrebalancer la pression de la colonne d'eau sus-jacente, il entre en éruption.

La moindre perturbation de la géométrie du réservoir souterrain ou du niveau de la nappe peut entraîner la mort du geyser.

Pour donner un ordre de grandeur du phénomène, on estime à 220 le nombre de sources jaillissantes au 19e s. en Nouvelle-Zélande. Il n'en reste aujourd'hui que 58. Cette baisse drastique provient notamment de la mise en exploitation des ressources géothermiques qui ont eu pour conséquence d'abaisser le niveau de la nappe.

### LE CERCLE TRÈS FERMÉ DES PAYS À GEYSERS

Dépendant de conditions géologiques et climatiques très particulières, le phénomène du geyser ne peut être observé que dans une poignée de pays, ainsi que dans certaines zones sous-marines. Le parc national de **Yellowstone** (Wyoming, États-Unis) regroupe les deux tiers des geysers de la planète. Parmi eux, l'Old Faithful, un geyser de type « fontaine » qui éjecte eau et vapeur à 40 m toutes les 75mn. Non loin, le Steamboat et son jet de 110 m de hauteur détient le record du monde actuel. C'est pourtant bien peu comparé à la colonne de 400 m d'eau boueuse que cracha brièvement (1899-1904) et dans un terrible bruit d'explosion le **Waimangu** (eau noire) en Nouvelle-Zélande.

D'autres parties du monde où l'activité volcanique est intense comptent des geysers variés et plus ou moins impressionnants. La péninsule russe du Kamtchatka se souvient de sa **vallée des geysers**, malheureusement endommagée par un séisme en 2007. Il en existe également au Japon près de **Nagano**, au fond du cratère du **Mahawu** dans les Célèbes (Indonésie), sur le site **Del Tatio** situé à 4 200 m d'altitude au Chili (80 petits geysers de 6 m maximum), et plus près de nous aux Açores ou en Islande. Au Kenya, autour du lac Bogoria, et à Dallol en Éthiopie, dans une dépression salée à 120 m sous le niveau de la mer, jaillissent de petits geysers gazeux. Plus petits encore, ceux de l'île de Ste-Lucie, hauts de 50 cm à peine…

Au nord du site, le village de **Mammoth** mérite également d'être visité. Souvent en pierre, les bâtiments aux toits rouges ont été construits dans les années 1890 et au début du 20e s. pour constituer Fort Yellowstone. Ils abritent aujourd'hui l'administration, les logements du personnel et le **Albright Visitor Center★★** *(℘ 307 344 2263 - été : 8h-19h ; hiver : 9h-17h - en rénovation au moment de la rédaction de ce guide ; l'accueil du public se faisait dans un bâtiment temporaire situé juste en face)*. Retraçant l'histoire géologique et humaine de Yellowstone, le musée met l'accent sur les peintures de Thomas Moran et les photographies de William Henry Jackson, réalisées en 1871 lors de l'expédition Hayden. C'est aussi le principal centre d'accueil des visiteurs, et de délivrance des autorisations pour explorer l'arrière-pays.

L'élément le plus intéressant du **Mammoth Hot Springs Hotel** *(℘ 307 344 7311 - wwwyellowstonenationalparklodges.com)* de 1937 est une carte des États-Unis, assemblée sur un mur comme un immense puzzle ; les États sont découpés dans quinze bois différents provenant de neuf pays.

## ★ Specimen Ridge

*Accès à partir d'un sentier pédestre, 2,5 miles à l'est de Tower Junction (sur l'US-212) et 19 miles à l'est de Mammoth Hot Springs.*

Cette crête de 2 573 m d'altitude et les 100 km² de hautes terres environnantes englobent la plus grande forêt pétrifiée du monde. On y trouve des vestiges de plus de cent essences différentes, dont des séquoias semblables à ceux de Californie. Cendre et coulées de boue ont recouvert les arbres il y a 50 millions d'années ; l'érosion les a dégagés.

Le sentier **Specimen Ridge Trail** *(17,5 miles)* fait l'ascension de l'arête.

## ★ Lamar Valley

*À 14 miles à l'est de Tower Junction par l'US-212 (North-East Entrance Rd).*

Cette ancienne vallée glaciaire s'étire en direction de l'entrée nord-est du parc. Elle déroule au pied de pics enneigés ses immenses pâturages où paissent volontiers bisons, *pronghorns* (antilopes d'Amérique), mouflons et orignaux. Peu fréquentée, la vallée constitue l'un des meilleurs endroits pour observer, à l'aube ou au crépuscule, les ours, coyottes et meutes de loups se livrant bataille pour le contrôle de ce territoire riche en proies.



## ★★ Tower Fall

*À 2 miles au sud de Tower Junction.*

Cette impressionnante cascade de Tower Creek est serrée entre deux rochers en forme de tour, auxquels elle doit son nom, avant de plonger de 40 m dans le Grand Canyon de la Yellowstone, à son point le plus étroit. Un **sentier** raide *(0,25 mile)* descend de 90 m jusqu'au pied de la cataracte. Le meilleur endroit pour admirer la **gorge★★** spectaculaire est un belvédère à **Calcite Springs** ; des piliers de basalte hexagonaux, semblables à ceux qui surplombent la route, bordent les falaises de 150 m sous lesquelles coule la rivière.

## ★ Dunraven Pass

*À 14 miles au sud de Tower Junction. Le col est ouvert en général du 20 mai au 15 octobre (se rens. au ℘ 307 344 2117).*

Point culminant de Grand Loop Road à 2 700 m, le col de Dunraven, dominé par **Mount Washburn** (3 122 m), offre le meilleur panorama du parc sur la très ancienne caldeira de Yellowstone, avec, à l'est, des **vues★★** spectaculaires sur les chaînes Absaroka et Beartooth. Cette partie du parc, la moins touchée par les incendies de 1988, a conservé ses épaisses forêts où s'abritent grizzlis, loups et wapitis.

Du col, à droite, un sentier de randonnée bien balisé grimpe jusqu'au sommet du mont Washburn *(6,3 miles AR, difficulté modérée, 450 m de dénivelé, comptez 3h)*. De là s'ouvre une **vue★★** magique sur le Grand Canyon, le lac de Yellowstone et les sommets de Grand Teton à l'horizon.

### ★★★ Grand Canyon of the Yellowstone

*Canyon Village, à 19 miles au sud de Tower Junction.*

Après le « Vieux Fidèle », ce splendide canyon est sans doute le site le plus connu du parc ; long d'environ 32 km, sa profondeur varie de 240 à 360 m, sa largeur de 450 à 1 200 m. La teinte éclatante de la rhyolithe provient des composants ferrugineux du roc, « cuits » par l'activité hydrothermale. Au fil du temps, le fer s'est oxydé, produisant des nuances de jaune, orange, rouge et brun. Les scientifiques pensent que des barrages de glace s'étaient formés à la sortie du lac Yellowstone à la fin de la dernière glaciation. En se rompant, ils auraient lâché des volumes d'eau énormes dans le cours de la Yellowstone, modelant le canyon. Deux routes longent le canyon, toutes deux très belles.

**North Rim Drive** – *Cette route à sens unique débute 1,2 mile au sud de Canyon Village (sur la gauche) et longe la rive nord avant de revenir à Canyon Village*. La chute **Lower Falls★★**, haute de 94 m, est particulièrement impressionnante au printemps quand, à son maximum, 240 $m^3$ par seconde plongent de la crête. Un premier sentier en escalier, **Brink of the Lower Falls Trail★**, descend au bord de la chute *(180 m de dénivelé)* jusqu'à une plate-forme devant laquelle les eaux s'écrasent en libérant des nuages d'embruns. Plus loin, **Red Rock Point★** *(sentier de 150 m de dénivelé)* et **Lookout Point★** offrent une vue d'ensemble sur les chutes inférieures. Plus loin encore, les belvédères de **Grand View★★** et d'**Inspiration Point★★** dévoilent quant à eux des vues vertigineuses sur les entrailles du canyon. Un sentier en partie pavé, **North Rim Trail** *(3 miles)*, permet de rallier ces différentes étapes à pied.

Plus au sud, sur la route vers Fishing Bridge, un embranchement conduit au bord d'**Upper Falls★**, une cascade de 33 m aux eaux tumultueuses que seul un garde-corps sépare des spectateurs.

**South Rim Drive** – *En amont de la route menant à Upper Falls, un embranchement de 2,5 miles traverse la rivière Yellowstone et mène à la rive sud du canyon.* **Uncle Tom's Trail★** descend un escalier métallique abrupt *(150 m de dénivelé)*, jusqu'à un impressionnant belvédère sur Lower Falls. Dans les falaises rocheuses nichent des aigles pêcheurs. La route s'achève à l'est au niveau d'**Artist's Point★★**, qui offre sans doute la plus belle vue sur le canyon et Lower Falls. Comme sur l'autre rive, un sentier en partie pavé, **South Rim Trail** *(1 mile)*, serpente au bord du gouffre d'un point panoramique à l'autre. Avant de quitter le site, faites une halte au **Canyon Visitor Education Center★** *(☏ 307 344 2550)*, qui présente une remarquable exposition sur les phénomènes volcaniques et géothermiques du parc à travers des maquettes en relief, des films, des schémas scientifiques et des panneaux interactifs.

### ★★ Hayden Valley

*À 5-10 miles au sud de Canyon Village.*

En contraste total par son aspect paisible avec le canyon tourmenté, cette verte vallée de prairies et de terres marécageuses est peut-être le meilleur lieu où observer la faune du parc. Hayden Valley abrite de grands troupeaux de bisons, d'orignaux, de wapitis. Au printemps, on y aperçoit des grizzlis. Rencontrer sur son chemin ne serait-ce que quelques bisons de la harde permet d'imaginer la vie dans l'Ouest avant la venue des Européens. C'est au printemps et au début de l'été qu'on a une chance d'apercevoir les ours, friands des bisons et wapitis nouveau-nés.

Grand Canyon of the Yellowstone.
*M. Just/age fotostock*



## UN PEU D'HISTOIRE

Pendant des milliers d'années, des tribus nomades vinrent chasser dans la plaine de Yellowstone, mais probablement sans jamais s'y fixer, par respect pour les esprits qui, selon eux, se manifestent par les grondements de la Terre. Ils nommèrent le canyon Mi-tse-a-da-zi, « rivière de la roche jaune », *yellow stone river*. Le premier Blanc à explorer la région aurait été le coureur des bois John Colter, qui quitta l'expédition Lewis et Clark en 1807 pour y poser ses pièges pendant plusieurs mois. À son retour dans l'Est, on prit ses descriptions des splendeurs de Yellowstone pour des vantardises ou des hallucinations dues à une trop longue solitude.

Les générations passèrent, et les rumeurs allaient et venaient, avant que l'expédition privée Washburn-Langford-Doane s'aventure en 1870 dans ces étendues sauvages pour faire la part de la réalité et du mythe. À leur grand étonnement, les explorateurs découvrirent que le mythe n'était que peu de chose face à une réalité stupéfiante. Ils convainquirent le Service d'études géologiques américain d'entreprendre une étude. En juin 1871, le Dr Ferdinand Hayden, son directeur, explora Yellowstone avec 34 hommes, dont le peintre **Thomas Moran** et le photographe **William Henry Jackson** ; l'année suivante, s'appuyant sur le rapport de 500 pages de Hayden et les images de Moran et Jackson, le Congrès proclama cette région vierge parc national : ce sera le premier du monde.

Les touristes ne tardèrent pas à affluer, en particulier quand la liaison ferroviaire de Livingston, au Montana, à Gardiner, près de l'entrée nord, en facilita l'accès. Les premiers administrateurs civils du parc ne réussirent pas à contrôler le braconnage et le vandalisme, et l'armée américaine dut prendre le relais. De 1886 à 1918, 400 soldats postés à Mammoth Hot Springs firent respecter le règlement du parc et protégèrent ses sites principaux.

L'été, les bouchons s'accumulent sur des kilomètres quand des bisons décident de traverser la route. Aux meilleurs points d'observation, des *rangers* prêtent volontiers leurs jumelles aux visiteurs.
À droite de la route en allant vers le sud, **Mud Volcano** regroupe une série de mares boueuses et fumantes dont Dragon's Mouth Spring, une source chaude jaillissant d'une caverne en émettant de bruyants gargouillis.
En face, de l'autre côté de la route, les bassins de **Sulfur Caldron** exhalent une odeur fétide d'acide sulfurique.

### Fishing Bridge

*Au croisement de East Entrance Rd et Grand Loop Rd, à 16 miles au sud de Canyon Village.*
Jusqu'en 1973, les pêcheurs se pressaient sur ce pont pour taquiner les nombreuses truites *cutthroat*. La pêche est aujourd'hui interdite pour protéger le frai des poissons et permettre aux ours de pêcher sans être dérangés. Près du rivage du Yellowstone Lake, le **Fishing Bridge Visitor Center★** *(✆ 307 242 2450)* abrite de belles présentations sur les oiseaux du parc national.

### ★★ Yellowstone Lake

À 2 357 m d'altitude, le plus grand lac de montagne d'Amérique du Nord s'étend sur 352 km² et 177 km de rives, avec une profondeur de près de 120 m. Sa surface est gelée la moitié de l'année, mais au fond du lac, de l'eau chaude jaillit des failles, jusqu'à 122 °C. La rivière Yellowstone pénètre dans le lac par le sud-est et en ressort à Fishing Bridge pour suivre son Grand Canyon, coulant sur 1 080 km pour rejoindre le Missouri. C'est le plus long cours d'eau libre de barrages des 48 États (hors Alaska et Hawaii).
À 1 mile au sud de Fishing Bridge, **Elephant Black Trail★** *(boucle de 3 miles, facile, dénivelé 250 m, comptez 2h)* est une randonnée populaire qui permet de découvrir, au sommet d'un plateau dégagé, une vue spectaculaire sur le lac.
À Lake Village *(à 1,5 mile au sud de Fishing Bridge)*, les trois étages du majestueux **Lake Yellowstone Hotel★** *(✆ 307 344 7311 - www.yellowstonenational*

### UN REFUGE POUR LA FAUNE SAUVAGE

Un original sort de la lisière du bois pour grignoter quelques pousses. Coup de frein brutal. Des familles jaillissent de leurs véhicules et braquent leurs appareils photo sur l'animal. En l'espace d'un instant, des dizaines de voitures font halte, provoquant un large embouteillage. Yellowstone, c'est souvent ça… L'un des grands attraits et mérites du parc est d'avoir su préserver une faune abondante : ours noirs, grizzlis, mouflons, castors, renards, belettes, coyotes, cougars, aigles et pygargues. Les visiteurs sont rarement déçus : les chipmunks, de petits écureuils, sautent partout ; à la tombée du jour, les wapitis courent la plaine ; il n'est pas rare de croiser des bisons paissant en toute tranquillité et, avec un peu de chance, d'apercevoir un ours. Concilier le développement du tourisme et le respect de la vie sauvage n'est pourtant pas une mince affaire pour les *rangers* du parc. Chaque jour, ils doivent rappeler à l'ordre des visiteurs qui, négligeant les consignes de sécurité, s'approchent un peu trop près des animaux. Depuis 1995, des loups ont été réintroduits dans le parc. Leur retour a eu de nombreux effets, notamment de sauver les peupliers, saules et trembles. Les jeunes pousses d'arbres étaient en effet mangées ou piétinées par les troupeaux de cervidés qui, faute de prédateurs, se multipliaient. En favorisant la végétation, les loups permettent de lutter contre l'érosion des sols.

*parklodges.com)* sont tournés vers l'est. C'est le plus ancien du parc, bâti en 1891 dans le style colonial, en bardeaux jaunes avec des moulures blanches. Son extérieur a été remanié en 1903 : l'architecte Robert Reamer l'a orné de colonnes ioniques et de 15 faux balcons. Vers 1929 ont été ajoutés salle à manger, jardin d'hiver et porte cochère.
À **Bridge Bay** *(3 miles au sud de Fishing Bridge)*, une marina propose des locations de bateau et de matériel de pêche. Les *scenic cruises* ou circuits en bateau sur le lac *(15 juin-15 sept. : 5 à 7 dép./j. - durée 1h - 15 $)* longent les rives boisées de conifères.

### ★ West Thumb

*À 21 miles au sud-ouest de Lake Village et 22 miles de l'entrée sud du parc.*
Ce petit cratère effondré à l'intérieur de la grande caldeira de Yellowstone comprend sur son bord ouest le **West Thumb Geyser Basin★**. Il se prolonge sous le lac Yellowstone, où sources chaudes et geysers submergés mêlent leurs eaux bouillantes à celles, glacées, du lac. Un chemin de planches serpente à travers ce site bucolique, montrant des phénomènes géothermiques, comme le bassin bleu cobalt **Abyss Pool★**, profond de 16 m, et **Fishing Cone Geyser★**. Avant l'interdiction de la pêche pour des raisons de sécurité (notamment à cause d'éruptions inopinées, hautes de 12 m), on pouvait taquiner la truite dans le lac et, sans se déplacer, plonger la ligne dans Fishing Cone pour la faire cuire.
Du parking, le **Duck Lake Trail** *(boucle de 1 mile, très facile)* traverse une jeune forêt jusqu'à un joli lac dont on fait rapidement le tour.

### Grant Village

*À 2 miles au sud de West Thumb.*
Hommage au président américain Ulysses S. Grant, signataire du décret de 1872 établissant le parc national, cette localité dispose de tous les services pour se ravitailler. Au **Grant Village Visitor Center** *(☎ 307 242 2650)*, une petite exposition et un film de 20mn expliquent les bénéfices pour la nature des feux de forêt, tout en soulignant les ravages causés par les incendies de l'été 1988.



### ★★★ Old Faithful

*À 17 miles au nord-ouest de West Thumb et 16 miles au sud de Madison Junction.*
Depuis sa découverte en 1870 par l'expédition Washburn-Langford-Doane, le plus célèbre geyser du monde crache, avec une régularité sidérante, un jet d'eau haut de 40 m en moyenne, qui peut atteindre 55 m. Le « Vieux Fidèle » se donne en spectacle toutes les 75mn environ (le personnel du parc peut annoncer une éruption 10mn à l'avance). Le spectacle dure de 90s à 5mn, pendant lesquelles le geyser crache de 14 000 à 32 000 litres d'eau bouillante. Un chemin de planches équipé de bancs entoure en demi-cercle le geyser. En haute saison *(juillet et août)*, des milliers de personnes attendent patiemment la prochaine éruption, puis se précipitent vers d'autres curiosités, mouvement que les gens du pays surnomment *gush rush*, « la ruée vers le jet ». Les restaurants se remplissent après chaque éruption, et se vident juste avant la suivante. Venez de préférence tôt le matin ou en fin d'après-midi afin d'éviter les foules.
Le village proche d'Old Faithful est le plus commerçant du parc, avec ses parkings géants et nombreux bâtiments donnant sur le geyser, notamment l'auberge **Old Faithful Inn★★** *(☎ 307 344 7311 - www.yellowstonenationalparklodges.com)* : classée National Historic Landmark, la plus grande construction de rondins du monde est l'œuvre de Robert Reamer (1903-1904). C'est un parfait exemple de « parkitecture » : haut de six étages, avec un toit pentu surmonté d'une petite terrasse d'observation, une immense réception avec des colonnes en troncs d'arbres, un âtre en pierre et des balustrades tourmentées en pin lodgepole.

Également en pierre et bois, **Old Faithful Lodge** *(✆ 307 344 7311 - www.yellowstonenationalparklodges.com)*, achevé en 1928, affiche sur une énorme pendule, derrière son comptoir touristique, les horaires des éruptions d'Old Faithful.

Les larges baies vitrées du **Old Faithful Visitor Education Center** *(✆ 307 344 7381)*, serré entre l'auberge et l'hôtel, permettent aux visiteurs d'observer les éruptions d'Old Faithful de l'intérieur. N'hésitez pas à vous y procurer le plan détaillé de la zone d'Old Faithful et d'Upper Geyser Basin.

À droite d'Old Faithful Lodge, un sentier traverse la rivière Firehole et monte sur **Geyser Hill**, colline d'où l'on dispose d'un bon point d'observation sur les éruptions du geyser Old Faithful. Au pied de la colline, l'**Anemone Geyser** produit toutes les 10mn environ un jet de 6 m. Son voisin, le **Plume Geyser**, se donne en spectacle toutes les heures environ.

## ★★ Upper Geyser Basin

*Suivez le sentier de 1,4 mile qui longe la rivière jusqu'à Morning Glory Pool.*

Autour d'Old Faithful se trouve la plus grande concentration de geysers du monde, mais la plupart ne sont pas aussi prévisibles que lui. Parmi les plus connus, **Castle Geyser★** explose jusqu'à 27 m de haut, deux fois par jour, durant près de 20mn, de son cône ancien haut de 4 m ; **Grand Geyser★** laisse échapper une colonne d'eau de 60 m à des intervalles de 7 à 15h ; le jet de **Riverside Geyser★** s'élève toutes les 5 ou 6h à 24 m au-dessus de la rivière Firehole.

La diversité des couleurs et des formes des sources chaudes du Upper Geyser Basin renseigne sur leur création et leur composition. Puisque aucun organisme ne peut survivre dans l'eau à partir de 72 °C, les sources les plus chaudes ne reflètent que l'azur du ciel. La plus connue, **Morning Glory Pool★★**, n'est plus aussi bleue qu'autrefois, mais la raison en est humaine : sa source chaude a été bouchée par les pièces de monnaie et autres objets jetés dans le bassin par les visiteurs du parc, provoquant son refroidissement.

En sortant du site, sur la route en direction de Madison, une halte s'impose au **Black Sand Basin★★**, qui regroupe une série de fascinantes cuvettes mordorées et irisées, telles Emerald Pool et Rainbow Pool, où se déclinent toutes les couleurs de l'arc-en-ciel.

Environ 2 miles plus au nord, sur la gauche, **Biscuit Basin★★** est tout aussi éblouissant avec sa Sapphire Pool d'un bleu profond. La promenade en boucle sur des passerelles passe également devant le Jewel Geyser, qui crache son jet d'eau bouillante toutes les 5 à 10mn.

## ★★ Midway Geyser Basin

*À 6 miles au nord d'Old Faithful.*

La brume du grand **Excelsior Geyser** enveloppe les visiteurs, qui traversent une passerelle pour grimper le long d'une des rives multicolores de Firehole River. Le ruissellement de la source acide **Grand Prismatic Spring★★** a créé des terrasses, teintes par les algues et souvent ornées d'empreintes de sabots de bisons. Avec 113 m de long et 36 m de profondeur, Grand Prismatic est la deuxième source chaude du monde. Ses tons arc-en-ciel proviennent de la dissolution du fer et d'autres minéraux, donnant le rouge, l'orangé et le noir.

## ★ Firehole Lake Drive

*À 8 miles au nord d'Old Faithful. Cette route à sens unique dessine une boucle de 3 miles à l'est de Grand Loop Rd.*

Cette route paisible et sinueuse longe les geysers **Great Fountain★★**, White Dome et Pink Cone, ainsi que le **Firehole Lake**, tous desservis par des

Upper Geyser Basin.
R. Harding/hemis.fr

embranchements. Entre deux éruptions du Great Fountain, qui durent de 45mn à 1h, à intervalles de 8-12h, l'eau immobile reflète le ciel dans la multitude de terrasses de son vaste bassin circulaire. Les eaux chaudes de Firehole Lake coulent ici à travers la forêt, donnant aux arbres à tronc gris et pied blanc une apparence de squelettes. L'absorption des minéraux dissous tue les arbres, mais elle les conserve en retardant leur décomposition.



## ★★ Fountain Paint Pots

*À 9 miles au nord d'Old Faithful.*

Un court circuit dans cette zone permet de découvrir les quatre types de phénomènes géothermiques offerts par Yellowstone. Un chemin de planches passe devant des tapis chatoyants colorés par les algues et les bactéries, des sources chaudes, et les « pots de peinture », mares bouillonnantes colorées qui lui ont donné son nom. La vision de toute cette « bouillasse » et les émanations bruyantes et nauséabondes de gaz sulfureux amusent les adultes autant que les enfants. Actif en permanence, **Clepsydra Geyser**★ est particulièrement pittoresque en hiver, quand les bisons vont et viennent devant son panache. On en a le meilleur point de vue de Grand Loop Road, au nord de Paint Pots, quand la lumière de l'après-midi l'éclaire à contre-jour.

## NOS ADRESSES DANS LE YELLOWSTONE NATIONAL PARK

### INFORMATIONS UTILES

**Divers** – On trouve dans les villages du parc (Old Faithful, Mammoth Hot Springs, Grant Village, Canyon, etc.) des stations-service, des distributeurs automatiques (DAB) et des épiceries *(general stores)* pour se ravitailler en boissons, snacks et sandwichs.

**Internet et cellulaires** – Très peu de réseau dans le parc. On trouve du wifi (payant) dans les parties communes et les chambres de quelques hôtels à Old Faithful, Mammoth Hot Springs, Canyon, Grant Village et Fishing Bridge.

**Urgences** – En cas d'urgence, composez le 911. Des services médicaux sont disponibles aux Mammoth Clinic *(℘ 307 344 7965 - ouverte tte l'année)*, Lake Clinic *(℘ 307 242 7241 - ouverte en été)* et Old Faithful Clinic *(℘ 307 545 7325 - ouverte en été et certaines heures en hiver)*.

### TRANSPORTS

**En voiture** – Un véhicule privé est la meilleure façon de se déplacer dans le parc. Les routes ouvrent en théorie à partir de fin avril et ferment entre mi-octobre et début novembre, mais tout peut varier en fonction des conditions météo.

**En bus** – Il n'existe aucune ligne publique à travers le parc, mais Xanterra Parks & Resorts *(℘ 307 344 7311 - www.yellowstonenationalparklodges.com)* propose des vans et des visites guidées à bord des **Historic Yellow Bus**.

**Location de vélos** – Xanterra *(détails ci-dessus)* propose des vélos en location à la station d'Old Faithful Snow.

### VISITES

Toute l'année, le **Yellowstone Association Institute** *(℘ 406 848 2400 - www.yellowstoneassociation.org)* propose tout un choix de randonnées, guidées par des naturalistes, et autres activités. Elles permettent de sortir des sentiers battus et d'accéder aux fascinantes régions reculées de Yellowstone.

Les services du parc proposent toutes sortes d'activités, notamment le **progamme des « park rangers »**, qui plaira autant aux petits qu'aux grands *(consultez www.nps.gov/yell)*.

### HÉBERGEMENT

Tous les hôtels et *lodges* et cinq des douze campings du parc sont exploités par la société **Xanterra Parks & Resorts**. Il est expressément recommandé de réserver des mois à l'avance. Tous les établissements ont une seule et unique **centrale de réservation** : *℘ 866 439 7375 ou 307 344 7311 - www.yellowstonenationalparklodges.com* ou *www.xanterra.com*.

Si vous ne trouvez pas de place disponible dans le parc, les hébergements de West Yellowstone, Gardiner, Cody et Grand Teton constituent une bonne solution de repli.

#### PREMIER PRIX

**Campings** – Yellowstone compte douze campings, dont un réservé aux camping-cars, à Fishing Bridge. Les dates d'ouverture figurent dans le journal du parc. Les cinq aires de camping gérées par Xanterra Parks & Resorts (Brige Bay, Canyon, Grant Village, Madison et Fishing Bridge, soit

1 700 emplacements au total) acceptent les réservations. L'emplacement coûte entre 21,50 et 26 $ la nuit (48 $ à Fishing Bridge). La plupart disposent de douches sur place ou à proximité, hormis Madison et Bridge Bay.

Les sept autres campings gérés par le parc (Mammoth, Norris, Tower Fall, Indian Creek, Pebble Creek, Slough Creek et Lewis Lake, soit 450 places au total) fonctionnent sur le principe du « premier arrivé, premier servi ». Il faut donc se présenter à l'entrée dès que possible dans la matinée. Leurs prix sont modiques *(15 $ la nuit)* mais ils n'ont pas de douches.

Il est interdit de faire du camping sauvage ou de dormir la nuit dans son véhicule hors des campings. Il existe cependant quelque 300 sites autorisés pour bivouaquer lors d'une randonnée *(backcountry camping)*. Cela nécessite toutefois un permis *(gratuit)*, délivré au maximum 48h à l'avance par les *rangers* dans les Visitor Centers et les Rangers Stations. Les détails figurent sur le site du parc *(www.nps.gov/yell)*.

**Cabins** – Tous les hôtels et *lodges* du parc, hormis Old Faithful Inn, Lake Yellowstone Hotel et Grant Village, proposent des « roughrider cabins », des « pioneer cabins » ou des « budget cabins », des chalets rustiques partageant des salles de bains communes pour un prix variant de 74 à 99 $ la nuit.

### BUDGET MOYEN

**Roosevelt Lodge & Cabins** – *À Tower Junction - ouv. de déb. juin à déb. sept. - 80 chalets*. Bâtis en 1920, ces chalets rustiques se trouvent près d'un terrain de camping qu'appréciait beaucoup le président Theodore Roosevelt. Le bâtiment principal possède un très grand porche où sont disposés des fauteuils à bascule. Une gigantesque cheminée en pierre trône dans le hall d'entrée. On aura le choix entre les chalets de style « frontier » *(124 $)* et les chalets « roughrider » *(74 $)*, plus simples, avec salles d'eau communes. Ouverte matin, midi et soir, la **Dining Room** *(plat 10/23 $)* a fait du rumsteak Teddy avec ses haricots Roosevelt sa spécialité. Parmi les activités proposées, la randonnée à cheval et les barbecues (avec un surcoût).

**Lake Lodge Cabins** – *À Lake Village - ouv. de déb. juin à fin sept. - 186 chalets. Pas de restaurant.* Tout en rondins, l'hôtel possède deux cheminées, un salon et un vaste porche où sont disposés des fauteuils à bascule pour admirer la vue sur le lac Yellowstone. Trois types de chalets sont situés derrière l'hôtel : les « Western » *(194 $)*, les « frontier » *(125 $)* et les plus basiques « pioneer cabins » *(79 $)*. Tous possèdent une salle de bains privée.

**Mammoth Hot Springs Hotel** – *Ouv. de déb. mai à déb. oct. et de fin déc. à déb. mars - 11 ch.* Bâti en 1911 et agrandi en 1936, ce magnifique hôtel à bardeaux est le seul qui soit accessible en voiture durant l'hiver. Toute l'année, la faune s'ébat tout autour et peut être observée de l'une des deux simples mais confortables suites *(479 $)*, des chambres *(90/129 $)* ou des chalets *(89/145 $)*, dont certains possèdent des salles d'eau communes. Quatre chalets avec Jacuzzi et baignoire sont disponibles *(239 $)*. La **Dining Room** *(plat 15/29 $)*, ouverte matin, midi et soir, sert un petit-déjeuner américain complet. On y dégustera du rumsteak de bison.

**Old Faithful Lodge Cabins** – *Ouv. de mi-mai à fin sept. - 96 chalets.* Le bâtiment principal, bâti en 1920, est fait de rondins massifs et de piliers en pierre. Son hall d'entrée, avec son coin cafétéria et sa boulangerie, offre une vue imprenable sur le geyser Old Faithful. Les chalets sont soit de style « frontier » *(124 $)* ou, près du hall, de style chalet historique *(74 $)*. Ces derniers possèdent des salles d'eau communes. Il n'y a ni téléphone, ni télévision, ni Internet.

**Grant Village Lodge** – *Ouv. de fin mai à fin sept.- 300 ch. - Accès Internet (5 $/h. ou 12 $/j.).*
Le complexe de la station, avec ses six bâtiments de deux étages, a été bâti près du West Thumb du lac de Yellowstone en 1984 et doit son nom à Ulysses S. Grant. Les chambres *(155 $)*, de style chalet, possèdent un ou deux grands lits et une salle d'eau privée. La **Dining Room** *(plat 19/29 $)* est ouverte matin, midi et soir et sert des spécialités telles que saucisses de bison fumées ou pain de viande de bison et de wapiti. On trouve également dans le village le **Lake House Restaurant** *(plat 10/14 $)*, le Seven Stool Saloon et une boutique de souvenirs.

**Old Faithful Snow Lodge** – *Ouv. de déb. mai à mi-oct. et de mi-déc. à déb. mars - 96 chalets.* Achevé en 1999, l'Old Faithful Snow Lodge, avec ses lourdes poutres, ses rondins et son toit de bardeaux en cèdre, est l'hôtel tous services le plus récent du parc. On ne peut y accéder en hiver qu'en utilisant les services payants d'autoneige ou de motoneige. Le principal bâtiment dispose de chambres *(249/259 $)* meublées dans le style de l'Ouest et décorées d'art inspiré par la nature. Tout près se trouvent les chalets « Western » *(169 $)*, bâtis en 1989, et les chalets en duplex, plus simples, de style « frontier » *(104 $)*. Tous possèdent des salles d'eau privées. Ouvert matin et soir, **l'Obsidian** *(plat 15/29 $)* se spécialise dans la viande de gibier (côte de bison) et le poisson (truite farcie au crabe).

### POUR SE FAIRE PLAISIR

**Canyon Lodge & Cabins** – *À Canyon Village - ouv. de fin mai à fin sept. - 605 ch.* S'étalant à travers la partie est du parc, près du Grand Canyon de la rivière Yellowstone, cette immense propriété comprend les *lodges* de Dunraven et des Cascades *(ch. à 194 $)*, achevés dans les années 1990. Sinon, on a le choix entre des chalets modernes de type « Western » *(194 $)* ou ceux, plus petits et basiques, de type « frontier » *(99 $)*. Il n'y pas de téléphone dans les chalets ni dans les chambres. Le décor, moderne, est fait de rondins. Les chambres et les chalets possèdent tous une salle de bains privée.
La **Dining Room** *(plat 12/29 $)* propose un buffet et un menu à la carte où figurent hamburger de bison et truite amandine.
Des rénovations sont en cours et les chalets « frontier » seront remplacés par des bâtiments à plusieurs étages.

**Old Faithful Inn** – *Ouv. de déb. mai à mi-oct. - 327 ch.* Plus grand bâtiment en rondins du monde, achevé en 1904, cette auberge de plusieurs étages, sise au sein d'un des centres les plus animés du parc, a vue sur le geyser Old Faithful. Plusieurs fois rénovée, elle a su conserver ses panneaux de verre gravé et ses escaliers en rondins. Le choix des chambres s'étend des suites *(525 $)* et demi-suites *(425 $)* aux chambres de base avec salle d'eau partagée *(103 $)*, en passant par les chambres « Westwing » *(174-260 $)*.
La **Dining Room** *(plat 18/30 $)* propose sa cuisine américaine sous forme de buffet *(28,50 $)* ou de menu à la carte.

### UNE FOLIE

**Lake Yellowstone Hotel** – *Grand Loop Rd, à Lake Village - ouv. de mi-mai à déb. oct. - 300 ch.* Le bâtiment, historique, a ouvert ses portes en 1891 et vient de connaître des rénovations s'élevant à plusieurs millions de dollars. Sa majesté toute classique est toujours présente, mais on y trouve maintenant tout le confort moderne : wifi et un salon haut de gamme qui vient compléter la gracieuse Sun Room, où des concerts de piano et de quartets sont organisés chaque soir.
Les 150 chambres du bâtiment principal, avec ou sans vue sur le lac *(319/359 $)* ont des lits Queen ou King Size et possèdent une salle de bains. L'hôtel comprend deux suites luxueuses *(545/629 $)*. Il propose aussi une trentaine de chambres moins coûteuses *(155 $)* dans un bâtiment annexe de deux étages, ainsi que 110 chalets *(149 $)* des années 1920, confortables et entièrement refaits, avec salle de bains privée. Le **Dining Room** *(plats 14/35 $)* célèbre la nature qui l'entoure en servant poissons frais et gibiers.

## RESTAURATION

En été, l'attente est souvent longue pour dîner le soir dans les restaurants des hôtels. Mieux vaut réserver à la réception ou par téléphone *(✆ 866 439 7375)*.

### PREMIER PRIX

Le plus économique consiste à s'approvisionner pour un pique-nique dans les épiceries du parc. On trouve aussi des hamburgers, sandwichs, salades et pizzas dans les snacks et cafétérias des villages et hôtels, d'une qualité médiocre.

### BUDGET MOYEN

**Old Faithful Inn** – *Ouv. de déb. mai à mi-oct. - plat 18/30 $.* La côte de bœuf, spécialité de la maison, est servie ici au sein d'une architecture typique de l'Ouest. Une grande cheminée en pierre domine l'ensemble. On y sert à manger dès la pointe du jour et on se laissera tenter par les gâteaux de maïs à la polenta avec leur beurre de myrtille ou le tofu brouillé dans sa tortilla de blé complet. Au déjeuner et au dîner, les gourmands apprécieront les saucisses de faisan, les gâteaux de truite et leur pesto de graines de citrouille ou le bison rôti et sa polenta au cheddar.

### POUR SE FAIRE PLAISIR

**Lake Hotel Dining Room** – *Ouv. de mi-mai à mi-oct. - plat 14/35 $.* Ce restaurant d'hôtel (1891) propose un repas classique à l'américaine. Le lieu est spacieux et lumineux. Le déjeuner fait montre de créativité : *wrap* de saumon noirci ou salade d'épinards de Montrachet. Le menu du dîner, haut de gamme, est de type « ranch » : poisson frais et gibiers. En amuse-gueule, laissez-vous tenter par l'impressionnant canard à la ciboulette cuit dans l'huile de truffes blanches ou, parmi les entrées, par la truite Napoléon : une truite élevée localement enveloppée dans une pâte filo et servies avec des courgettes rôties.

**Mammoth Hot Springs Hotel Dining Room** – *Ouv. de déb. mai à déb. oct. et de fin déc. à déb. mars - plat 15/29 $.* Dans le style bistrot décontracté, ce lieu est décoré de bois riches et bénéficie d'une vue sur l'ancien terrain de parade du Fort Yellowstone. La cuisine, moderne, offre de nombreuses options pour tous les repas : truite sautée et œufs Bénédicte, moules au curry thaïlandais, rumsteak de bison ou poulet au barbecue avec ses myrtilles et ses beignets de maïs.

# Grand Teton National Park

★★★

**La spectaculaire chaîne des Tetons, la plus impressionnante d'Amérique, se dresse juste au sud du parc national de Yellowstone, au-dessus d'une large vallée, près du cours supérieur de la Snake. Avec Grand Teton (4 197 m) pour point culminant, ces montagnes, qui s'étirent du sud au nord, sont le joyau du parc national de Grand Teton : 1 250 km² de pics déchiquetés, lacs alpins, torrents, terres marécageuses et plaines couvertes d'armoises et de trembles.**

## NOS ADRESSES PAGE 263

### S'INFORMER

*307 739 3300 - www.nps.gov/grte.* Le parc compte trois centres d'accueil : **Colter Bay Visitor Center** *(Colter Bay Village, 1 mile à l'ouest de l'US-89/191 - 307 739 3594 - juin-août : 8h-19h ; 10-30 mai et de sept. à mi-oct. : 8h-17h)*, **Jenny Lake Visitor Center** *(à 7,5 miles au nord de Moose - 307 739 3392 - juin-août : 8h-19h ; 16-30 mai et 2-23 sept. : 8h-17h)* et **Craig Thomas Discovery & Visitor Center** *(à Moose, 12 miles au nord de Jackson - 307 739 3399 - juin-sept. : 8h-19h ; mai et oct. : 8h-17h ; mars-avr. : 9h-17h)*.

L'entrée du parc coûte 25 $ par véhicule ; le billet, valable une semaine, couvre également l'entrée du parc national de Yellowstone. Un plan et un journal d'information du parc sont remis aux visiteurs aux guichets d'entrée.

Pour se renseigner sur l'état des routes : *307 739 3614.*

### SE REPÉRER

Carte de région C2 (p. 238-239) et carte p. 244 – *heure des Montagnes*. Situé dans le nord-ouest du Wyoming, le parc s'étire le long de la chaîne des Tetons, au nord de la ville de Jackson et au sud du parc de Yellowstone, sur une distance d'environ 53 miles en suivant l'US 89/191 qui longe la Snake River en passant par Moose et Moran Junction. Sa superficie totale est de 1 254 km² et inclut la chaîne montagneuse, les lacs glaciaires et une partie de la vallée de Jackson Hole. Le mont Grand Teton culmine à 4 197 m.

### SE GARER

Comme dans le parc de Yellowstone, ne vous garez pas au milieu de la route pour admirer la nature. Mettez-vous sur les bas-côtés !

### À NE PAS MANQUER

Snake River Overlook ; Jenny Lake Scenic Drive.

### ORGANISER SON TEMPS

Le parc est ouvert toute l'année. La meilleure période pour le visiter court de mi-juin à mi-septembre. Les fleurs sauvages sont en floraison en juillet. La plupart des visiteurs se contentent de traverser le parc dans la journée, voire en une demi-journée, en suivant l'US-89 ou la Teton Park Road qui longe Jenny Lake. Mais une seconde journée ne sera pas de trop pour profiter des nombreux sentiers de randonnée, d'une descente en rafting sur la Snake River ou encore d'une balade à cheval ou à vélo.

### AVEC LES ENFANTS

L'Indian Arts Museum au Colter Bay Visitor Center.

Parc national de Grand Teton, Teton Mountain Range.
*D. Delfino/hemis.fr*

## Circuit conseillé Carte p. 244

*Circuit en boucle de 82 miles au départ de Jackson – Comptez une journée.*
À la hauteur de Moose Junction *(12 miles au nord de Jackson)*, faites un détour par le **Craig Thomas Discovery & Visitor Center** *(voir « S'informer »)*, qui présente une exposition détaillée sur la nature et l'histoire du parc, avec une intéressante maquette en relief et une vidéo d'introduction.
*Revenez à Moose Junction, sur l'US-26/89/191, et prenez vers le nord-est, en suivant le ruban argenté de la rivière Snake.* 3

### ★ Mormon Row Historic District

*À 1 mile au nord de Moose Junction, prenez à droite sur Antelope Flats Rd et continuez encore sur 2 miles.*
Vestiges d'une communauté de mormons en activité au début du 20e s., plusieurs fermes esseulées et granges à pignon galbé subsistent au milieu d'une vaste prairie et composent, avec la chaîne des Tetons en arrière plan, un cliché très pittoresque. Des fermiers de l'Idaho commencèrent à y migrer dans les années 1890 et y bâtirent une école et une église. La visite est libre. Des bisons rôdent parfois dans les parages.

### ★★ Snake River Overlook

*Sur l'US-89/191, à 8 miles au nord de Moose Junction.*
Immortalisé par le photographe Ansel Adams, ce point de vue est le plus fréquenté du parc. Adams a créé une image emblématique noir et blanc de la silhouette déchiquetée des Tetons, avec au premier plan le ruban argenté de la Snake. La vue est plus belle au lever du soleil, quand la lueur rose de l'aube éclaire les cimes et que la brume baigne le canyon.

### Cunningham Cabin Historic Site

*Sur l'US-89/191, à 3 miles au nord-est de Snake River Overlook.*
Cette cabane en rondins à toit plat servit d'abri au trappeur John Pierce Cunningham de 1885 à 1889, avant qu'il ne construise son ranch. Ces terres

**UN PEU D'HISTOIRE...**

Appelés par les Amérindiens Teewinot, « les nombreux pitons », le nom actuel des montagnes vient de trappeurs français qui, arrivant par l'ouest au début du 19e s., les avaient baptisées les Trois Tétons.

Pendant des milliers d'années, les Amérindiens ont utilisé Jackson Hole l'été comme terrain de chasse, mais peu d'entre eux bravaient les rigueurs de son hiver. Des *ranchers* l'ont ensuite exploité pour l'élevage, mais après la création en 1872 du parc national de Yellowstone, le tourisme a peu à peu pris la relève.

La transformation de Grand Teton en parc national n'a pas été facile. Tenaces comme l'hiver des montagnes, les premiers pionniers refusaient que leurs terres passent sous contrôle fédéral. Soucieux d'éviter leur exploitation, le philanthrope John D. Rockefeller Jr. racheta anonymement des terres d'élevage et en fit don au gouvernement. Les premières limites du parc, tracées en 1929, ont été repoussées à leur frontière actuelle en 1950. En 1972, on créa le John D. Rockefeller Jr. Memorial Parkway, un corridor qui relie les parcs nationaux de Grand Teton et de Yellowstone.

de pionniers, à l'instar de dizaines d'autres au sein du Grand Teton National Park, sont entourées de prairies ensoleillées et caressées par la chaude brise de la vallée. Des coyottes ont élu domicile non loin.

**Moran Junction**, à 18 miles au nord de Moose, est la porte d'entrée est du parc national de Grand Teton.

### ★ Oxbow Bend

*Sur l'US-89/191/287, à 4 miles au nord-ouest de Moran Junction.*

La Snake effectue presque une boucle à ce coude, bourrelet formé par un ancien méandre. La vue sur les montagnes à l'arrière-plan est somptueuse. C'est un des endroits du parc où on a le plus de chances d'apercevoir des élans, circulant dans l'eau peu profonde en quête de nourriture.

### ★★ Jackson Lake

Le plus grand des sept lacs de moraine du parc (26 km de long, 13 km de large), a été agrandi par la construction d'une série de barrages sur son émissaire, la Snake. Le lac est profond de 144 m. Ses derniers 12 m proviennent de la hausse du niveau de l'eau due à la retenue. Des **croisières** le parcourent tous les jours en été *(307 543 2811 - dép. de la marina de Colter Bay Village à 10h15 et 15h15 - durée 1h30 - 30 $).*

### Jackson Lake Lodge

*Sur l'US-89/191/287, à 6 miles au nord-ouest de Moran Junction.*

*307 543 3100 - www.gtlc.com.*

Dû à Gilbert Stanley Underwood, architecte de l'Ahwahnee Hotel, dans le parc national de Yosemite en Californie, cet édifice en verre, acier et béton a été élevé au-dessus des bassins de castors de Willow Flats. Les immenses baies vitrées de l'entrée, hautes de 18 m, encadrent une vue classique des Tetons.

### ★★ Colter Bay Visitor Center

*À 1 mile à l'ouest de l'US-89/191/287, 11 miles au nord-ouest de Moran Junction.* *Voir « S'informer ».*

L'**Indian Arts Museum** expose une des plus belles collections d'art amérindien du Wyoming : ouvrages de perles, armes, mocassins, pipes et boucliers.

### ★ Hermitage Point Trail

*Boucle de 9,5 miles, facile, comptez 4h.*

Près du de Colter Bay Visitor Center, à droite de la marina, débute une très agréable randonnée au bord du lac Jackson qui fait le tour de la péninsule d'**Hermitage Point**. Le sentier traverse des forêts de pins tordus, franchit des collines et des vallons tapissés d'armoises et de fleurs sauvages en été, puis contourne deux lacs couverts de nénuphars avant de déboucher sur une grève où s'ouvre un splendide panorama sur les Tetons. La randonnée dispose de plusieurs variantes, plus courtes ou plus longues, aussi, pour ne pas s'égarer, mieux vaut se munir d'un plan détaillé auprès du Visitor Center.

*Rebroussez chemin par l'US-89/191 jusqu'à Jackson Lake Junction, puis prenez à droite Teton Park Rd.*

### ★ Signal Mountain

*À gauche de Teton Park Rd, 5 miles au sud de Jackson Lake Lodge.*

Peu après le croisement du village de Signal Moutain, de l'autre côté de la route, débute l'étroite route sinueuse **Signal Mountain Summit Road**. Elle monte de 240 m en 8 km ; les dégagements sont rares. S'élevant à 2 314 m au-dessus de la rive est de Jackson Lake, Signal Mountain offre des **vues★★** spectaculaires sur les Tetons et sur Jackson Hole.

### ★★★ Jenny Lake Scenic Drive

*En quittant Teton Park Rd, à 7 miles au sud de Signal Mountain.*

Cette boucle de 4 miles serpente le long de la rive est du merveilleux **Jenny Lake★★★**, avant de rejoindre Teton Park Road. En chemin, les vues sur les hauteurs des Tetons sont nombreuses et impressionnantes.

Au belvédère **Cathedral Group Turnout★**, les pics semblent groupés comme des flèches d'églises.

Le petit **String Lake** relie Jenny Lake à son voisin **Leigh Lake** au nord. Au-delà, la route se rétrécit pour passer à sens unique, en direction du sud. Un groupe de 37 cabanes en rondins entoure **Jenny Lake Lodge** *(☏ 307 733 4647 - www.gtlc.com)*, hébergement rustique de l'extrémité supérieure du parc.

De **Jenny Lake Overlook★★**, la surface du lac reflète les Tetons, qui s'élèvent en pente raide du bord de l'eau.

À South Jenny Lake, le **Jenny Lake Visitor Center** *(voir « S'informer »)* présente une exposition de géologie.

De la marina en contrebas, la **Teton Boating Company** *(☏ 307 734 9227 - www.jennylakeboating.com)* organise des promenades en bateau et des navettes qui traversent le lac *(mai-sept. : 10h-16h ; juin-août : 7h-19h - dép. ttes les 10-15mn - 15 $ AR)*. On peut aussi rejoindre l'autre rive à pied en longeant le lac sur 2 miles.

De là part un sentier de randonnée qui monte à la jolie cascade de **Hidden Falls** *(1 mile)* et, environ 0,5 mile plus haut, à **Inspiration Point★**, où s'offre un panorama grandiose sur le lac. De Hidden Falls, les plus vaillants peuvent poursuivre l'ascension jusqu'à **Cascade Canyon**.

### ★ Menor's Ferry Historic Site

*Teton Park Rd, à 7 miles au sud de Jenny Lake et 1,5 mile au nord de Moose Junction.*

Un sentier éducatif (0,5 mile) mène à une réplique du bac que Bill Menor exploitait sur la Snake entre 1894 et 1927. En été, des acteurs rejouent la traversée. La cabane blanche en rondins de Menor est aménagée comme le bazar-épicerie qu'il tenait aussi autrefois.

### … ET DE GÉOLOGIE

Les Tetons sont le résultat d'un cycle continu de création et d'érosion du relief. Montagnes jeunes, de 5 à 9 millions d'années seulement, elles continuent à s'élever le long d'une ligne de faille nord-sud. Tandis que s'affaissait le fond de vallée, couche plane de sédiments laissés par une ancienne mer intérieure, les roches englobant les Tetons se sont soulevées, en basculant vers l'ouest. L'érosion a usé le grès tendre qui recouvrait les cimes, tapissant peu à peu le fossé d'une couche de plusieurs milliers de mètres de sédiments.

Les hauts sommets provoquent des précipitations abondantes, notamment de neige en hiver. Une chute de neige plus importante que la fonte a produit des glaciers, qui ont sculpté des cimes étranges, comme celle de Grand Teton. Douze glaciers actifs avancent jusqu'à 9 m par an autour de certains des pics, notamment Grand Teton et Mount Mora (3 842 m). Les débris déposés au pied des montagnes ont formé des moraines latérales et frontales, barrages naturels retenant l'eau de fonte des neiges et créant des lacs.

À quelques pas de là se tient la **Chapel of The Transfiguration**, une petite construction en bois de 1925. Derrière l'autel, une fenêtre ouvre sur les Tetons. Des services y sont célébrés le dimanche en été.

*Poursuivez sur Teton Park Rd sur 0,5 mile, puis prenez la Moose-Wilson Rd à gauche.*

### Murie Ranch

*Accès par Murie Ranch Rd, à gauche de Moose-Wilson Rd.*

Cet ancien ranch touristique a appartenu au chercheur en biologie marine Olaus Murie et à son épouse, tous deux très actifs durant le mouvement de conservation des années 1940. Leurs efforts contribuèrent à faire passer la loi sur la protection de la nature de 1964 (« Wilderness Act »). On peut visiter leur demeure de rondins et d'autres structures du ranch, toutes inscrites au registre national des monuments en 2006.

### ★ Moose-Wilson Road

*Circuit de 16 miles de Moose à Wilson.*

La route touristique du petit bourg de Wilson, au pied du Teton Pass, contourne des bosquets de trembles et une suite de bassins de castors, fermés par des barrages de saules. Au **Sawmill Ponds Overlook**, on aperçoit souvent des élans. Goudronnée (sauf sur 2 miles), la route donne accès à des sentiers conduisant à des sites appréciés du public, notamment le lac couleur émeraude **Phelps Lake**★ *( dép. en face du Rockfeller Preserve, 3 miles, facile, comptez 1h30 AR)*. L'hiver, elle est fermée à la circulation, mais fait le bonheur des skieurs de fond.

### Laurance S. Rockefeller Preserve

*À 4 miles au sud de Moose, sur Moose-Wilson Rd.*

*307 739 3654 - ouv. de juin à mi-sept. : 9h-17h - gratuit.*

John D. Rockefeller Jr. avait conservé ces 1 250 ha de terrain autour du lac Phelps pour sa famille. Les quelque 440 ha restants furent donnés au parc en 2001 et constituent la réserve naturelle. Lorsque son fils Laurance hérita de la propriété, il fit don de 810 ha au parc. Ces magnifiques paysages sont parcourus par 13 km de sentiers de randonnée. Au Visitor Center, ne manquez surtout pas la salle où l'on peut écouter les sons de la nature : grenouille-taureau, oiseaux ou encore wapitis. Une courte promenade en partant du centre d'accueil permettra d'admirer les rapides et les chutes d'eau toutes proches.

## NOS ADRESSES DANS LE GRAND TETON NATIONAL PARK

### INFORMATIONS UTILES

**Grand Teton Medical Clinic** – *Jackson Lake Lodge - ✆ 307 543 2514 - mai-sept. : 10h-17h.*
Pour toute urgence, composez le 911.

### TRANSPORTS

**Alltrans** – *✆ 307 733 3135 - www.alltransparkshuttle.com - de mi-mai à déb. oct. : 2 à 5/j. - 14 $.* La compagnie opère une navette journalière qui relie, dans les deux sens, différents points du parc et la ville de Jackson.
**Start Bus** – *✆ 307 733 4521 - www.startbus.com - ttes les h en été - 3 $.* La compagnie locale dessert la vallée de Jackson Hole (de Jackson à Wilson et Teton Village).

### HÉBERGEMENT

#### PREMIER PRIX

**Camping** – Il existe sept campings dans le parc (Jenny Lake, Gros Ventre, Signal Mountain, Colter Bay…), ouverts de mi-mai à déb. ou fin sept. Pas de douches et eau froide uniquement. L'emplacement coûte 21 $. Pas de réservation possible, aussi faut-il s'y présenter tôt le matin pour trouver une place en saison. Les bivouacs nécessitent un permis (payant), délivré par les *rangers* dans les Visitor Centers.
**Colter Bay Tent Village & Log Cabins** – *au bord de Jackson Lake - ✆ 800 628 9988 - www.gtlc.com - ouv. de fin mai à mi-sept.* Les très spartiates « tent cabins » sont des structures bâchées en bois dotées de 6 couchettes superposées *(59 $ pour 2 pers.)*. Il faut apporter son sac de couchage. Des douches sont accessibles au village. Les chalets en rondins sont de deux types : les plus rustiques *(77 $)* partagent une salle de bains commune ; les autres, mieux équipés, disposent de leur propre salle de bains *(141/185 $)*.

#### BUDGET MOYEN

**Signal Mountain Lodge** – *Inner Park Rd - Moran - ✆ 307 543 2831 - www.signalmountainlodge.com - ouv. de mi-mai à déb. oct. - 80 ch. et chalets.* Organisé comme un petit village, ce *lodge* détient des chambres et des chalets placés juste au bord du lac, certains avec vue. Le choix s'étend de chalets de montagne rustiques d'une pièce avec salle d'eau privée *(164/189 $)* à des chambres de type « suite » équipées d'une petite cuisine *(200/292 $)*. Il n'y a pas de télévision. Attention, les lieux sont très prisés, mieux vaut réserver plusieurs mois à l'avance.

#### POUR SE FAIRE PLAISIR

**Jackson Lake Lodge** – *101 Jackson Lake Lodge Rd - Moran - ✆ 307 543 2811 - www.gtlc.com - 385 ch. - ouv. mi-mai à déb. oct. - 269/376 $.* Situé à côté de la chaîne des Tetons et du Jackson Lake, cet hôtel possède dans son hall d'entrée de gigantesques fenêtres de 18 m pour admirer la vue. Vaste propriété, le lieu est comme une ville en modèle réduit et possède restaurants, boutiques et magasins de vêtements pour partir à l'aventure. On a le choix entre les chambres au sein de l'hôtel ou les cottages qui l'entourent, certains avec balcon ou patio. Le wifi est disponible partout mais aucune chambre n'est équipée de télévision. En nombre limité, de luxueuses suites avec vue *(729 $)*.

### UNE FOLIE

**Jenny Lake Lodge** – *À Moran - ✆ 307 733 4647 - www.gtlc.com - ouv. de déb. juin à déb. oct. - 37 ch. 689/959 $* ☕. C'est l'établissement le plus luxueux du parc. Des cabanes en rondins sont dispersées dans la nature autour du *lodge* principal, où les hôtes se rassemblent devant la cheminée en pierre ou se détendent dans les *rocking-chairs* de la véranda, loin du téléphone, de la radio et de la télévision, sous des courtepointes à l'ancienne. Le petit-déjeuner, un dîner (tenue correcte) à cinq plats et une balade à cheval ou à vélo sont inclus dans le prix de la chambre.

**Goosewing Ranch** – *24400 Cottonwood Creek Rd (dans la vallée de Gros-Ventre, à 40 miles au nord-est de Jackson, comptez 2h de route) - ✆ 888 733 5251 - www.goosewingranch.com - 🏊 - ouv. juin-sept. - 11 cabanes (35 pl.) 1 100 $/pers. en pension complète - séjour 3 nuits min.* On ne saurait imaginer expérience plus dépaysante et insolite qu'un séjour dans ce ranch-hôtel isolé en pleine nature, au fond d'une vallée sauvage fréquentée par bisons, élans, ours, loups et aigles, et où coule une rivière tumultueuse. Tenu par un Français assisté d'un personnel francophone, le ranch propose une foule d'activités (incluses dans le forfait) : balades à cheval, leçons de pêche à la mouche, tir à l'arc, sorties en véhicule tout-terrain. Des veillées musicales et des jeux sont organisés en soirée. Meublées dans un style rustique mais douillettes, les cabanes ont une terrasse avec fauteuils à bascule pour jouir de ce décor grandiose. Piscine chauffée en plein air, sauna et Jacuzzi à disposition.

## RESTAURATION

### PREMIER PRIX

On trouve des épiceries-snacks où se ravitailler à Moose, Jackson Lake, Signal Mountain et Colter Bay. Par ailleurs, les restaurants des *lodges* servent à midi des plats simples, des salades et des burgers à moins de 15 $.

**Dornan's Pizza & Pasta Company** – *200 Moose St. - Moose - ✆ 307 733 2415 - 11h30-21h.* Il sert des pizzas, pâtes, sandwichs, salades et *burgers* à moins de 15 $ et dispose d'une terrasse avec une jolie vue à l'étage.

### BUDGET MOYEN

**Ranch House** – *Colter Bay Village - ✆ 307 543 3335 - plat 13/29 $.* Agréable salle en bois face à la marina. Service diligent et plats corrects (très bons ribs).

**Pioner Grill** – *Jackson Lake Lodge - ✆ 307 543 2811 - plat 7,50/24 $.* Dans une belle salle des années 1950, à table ou au comptoir, on déguste ici une cuisine simple et bien préparée, incluant salades, burgers de bison ou de bœuf, truite ou raviolis aux champignons sauvages. Service rapide.

### POUR SE FAIRE PLAISIR

**Peak Restaurant** – *Signal Mountain Lodge - ✆ 307 543 2831 - dîner seult - plat 18/33 $.* Ambiance feutrée et romantique dans cette salle qui ouvre par de grandes baies vitrées sur le lac. Filets de truite d'Idaho ou de saumon d'Alaska, steak de chevreuil, ragoût de bison : les plats sont bien travaillés et la cuisson est attentive. Réservation nécessaire.

## ACTIVITÉS

*Voir Jackson, p. 276.*

# Jackson

★★

10 135 habitants

**La station de Jackson se trouve à 1 935 m d'altitude à l'extrémité sud de Jackson Hole, une vallée de 45 miles qui se dessine entre les monts Tetons et Gros Ventre. Avant la création des parcs nationaux de Yellowstone et de Grand Teton, elle était peu connue ; depuis, son économie a évolué de l'élevage vers le tourisme et les loisirs de plein air. C'est aujourd'hui un paradis pour les amateurs d'aventure. Tout au long de l'année, le choix est vaste entre rafting, pêche, randonnée pédestre ou équestre, escalade. L'hiver, Jackson est une des meilleures stations de ski du monde. Ses trois domaines skiables, réputés pour la qualité de leur poudreuse, sont rapidement accessibles en voiture ; Jackson Mountain Resort propose le plus grand dénivelé (1 261 m) de toutes les stations américaines.**

## NOS ADRESSES PAGE 269

### S'INFORMER

**Jackson Hole and Greater Yellowstone Visitor Center** – *532 N. Cache St. (à la sortie nord de la ville) - ✆ 307 733 3316 - www.fws.gov - juin-sept. : 8h-19h ; oct.-mai : 9h-17h.* Ce bâtiment contemporain, au toit végétalisé, est équipé d'une plate-forme d'observation donnant sur les marais et la réserve des wapitis (Elk Refuge). Il abrite des expositions éducatives sur la maîtrise des incendies et sur la migration des animaux sauvages. Vous y trouverez toutes les informations utiles pour organiser votre séjour. Procurez-vous le *Jackson Hole News & Guide*, qui contient un coupon de réduction pour l'entrée du Museum of Wildlife Art.

**Jacskon Hole Chamber of Commerce** – *112 Center St. - ✆ 307 733 3316 - www.jacksonholechamber.com - juin-sept. : 8h-19h ; oct.-mai : lun.-vend. 8h-17h.* Ce bureau du centre-ville dispose d'une documentation plus limitée.

### SE REPÉRER

Carte de région C2 (p. 238-239) – *heure des Montagnes.* Porte d'entrée des parcs de Grand Teton et Yellowstone situés plus au nord *(comptez 1h30 de voiture pour Yellowstone),* desservie par un aéroport, cette bourgade très touristique reste animée été comme hiver grâce à son domaine skiable qui s'est développé plus à l'ouest, à Wilson et Teton Village. Le centre-ville, qui se parcourt agréablement à pied, s'étend autour de Town Square.

### SE GARER

La majorité des hôtels dispose d'un parking gratuit pour leur clientèle. Profitez-en, car le stationnement est payant en ville.

### À NE PAS MANQUER

Le National Museum of Wildlife Art ; le Million Dollar Cowboy Bar.

### ORGANISER SON TEMPS

Réservez au moins une soirée à Jackson pour profiter de l'animation et n'hésitez pas à y passer deux nuits, le temps de visiter le parc de Grand Teton.

### AVEC LES ENFANTS

Children's Museum ; National Elk Refuge ; Museum of Wildlife Art.

3

### UN PEU D'HISTOIRE

Des fouilles préhistoriques attestent d'une présence humaine dans la vallée depuis 11 000 ans. Jackson Hole fut d'abord fréquentée par les tribus amérindiennes Blackfeet, Shoshone, Bannock et Gros-Ventre. Au début des années 1800, des trappeurs sillonnaient la région à la recherche de castors, dont les précieuses fourrures servaient à confectionner des chapeaux à la mode sur la côte est. La tradition locale attribue le nom de la vallée au trappeur David Jackson, dont le terrain de chasse favori était les rives du lac qui porte aujourd'hui son nom. Durant l'hiver 1808, John Colter, un membre de l'expédition Lewis et Clark, visita la vallée alors que le groupe regagnait l'Est. À cette époque, Jackson faisait partie du vaste territoire de l'Oregon. En 1871, l'expédition d'études géologiques Hayden explora à son tour la région. L'un de ses membres, William Henry Jackson, prit les premières photographies de la chaîne des Tetons et de Yellowstone. Ses clichés, ainsi que les croquis de l'artiste Thomas Moran, contribuèrent à promouvoir l'idée de préserver Yellowstone et d'en faire un parc national. En 1872, Yellowstone fut désigné par le Congrès des États-Unis comme le premier parc national du pays. La ville de Jackson, dans le comté de Teton, fut baptisée en 1894 et le parc national de Grand Teton fut créé en 1929.

## Se promener Plan de ville

Jackson regorge de bons restaurants, de galeries d'art et d'élégantes boutiques, la multiplication des appartements modernes attire des résidents aisés lors des vacances, mais la ville reste résolument attachée à son passé de bourgade du Far West.

### Town Square

*Broadway et Cache Dr. - www.jacksonholechamber.com.*

Cette place marque le point central du bourg. Des arches en bois de wapitis en flanquent les quatre coins, une fraction seulement de ceux ramassés, chaque année au printemps, dans le National Elk Refuge. Avant 1957, on les proposait comme souvenirs. Aujourd'hui, les boy-scouts les vendent aux enchères, à la mi-mai. Des 100 000 dollars habituellement recueillis, 80 % sont versés pour la nourriture des wapitis de la réserve, le reste au mouvement scout. Les soirs d'été, des animateurs recréent dans Town Square une attaque de diligence et le **Jackson Hole Shootout**, quoique cette prétendue fusillade n'ait jamais eu lieu… Sur la place, le **Million Dollar Cowboy Bar**★ *(25 N. Cache Dr. - ✆ 307 733 2207)* propose des selles pour tabourets ; son comptoir est incrusté de dollars d'argent.

### Jackson Hole Children's Museum

*174 N. King St. - ✆ 307 733 3996 - www.jhchildrensmuseum.org - mar-vend. 10h-18h, sam. 10h-15h - 7,5 $ (- 2 ans gratuit).*

Conçu pour stimuler la créativité des enfants de tous âges, les expositions de ce musée, qui occupent plusieurs pièces, font le lien entre arts, histoire, science, écologie et bien d'autres domaines. Sa fosse, sa pièce à bulles et son mur d'escalade semblent particulièrement plaire aux petits. Le Clubhouse organise des démonstrations de cuisine et de jardinage.

### ★ Historical Society & Museum

*225 N. Cache St. - ✆ 307 733 2414 - www.jacksonholehistory.org - lun.-sam. 10h-18h, dim. 13h-17h - 5 $ (- 12 ans gratuit).*

Ouvert en 1958, ce musée possède des trésors issus du passé de Jackson, des Tetons et de la région de Yellowstone. Parmi les pièces maîtresses, on trouvera

Jackson et le Million Dollar Cowboy Bar.
*Aurora/hemis.fr*

de nombreux artefacts amérindiens, des armes à feu de l'ère du commerce de la fourrure, des panoplies et du matériel de fermiers. Le musée possède également une collection de 16 000 photographies historiques en noir et blanc. L'annexe du musée, à l'angle de Glenwood Street et Deloney Avenue, présente une exposition sur les anciennes tribus indiennes et la faune sauvage.

3

### ★ National Elk Refuge

*Elk Refuge Rd par E. Broadway - ✆ 307 733 9212 - www.fws.gov/nationalelkrefuge.* De 7 000 à 9 000 wapitis hivernent dans cette réserve de 100 km², après avoir passé la saison chaude sur les hauteurs des parcs et de la forêt nationale de Bridger-Teton. De novembre à avril, ils ressemblent à des taches de terre brune sur la neige du paysage. La réserve a été créée quand les processus de migration naturelle ont été perturbés par l'élevage et le développement de la région. Des **circuits en traîneau★★** *(sled tours)* de 45mn sont proposés tous les jours en hiver. Les chevaux tirent les touristes jusqu'aux hardes de wapitis ; la plupart paissent paisiblement, mais les mâles s'affrontent parfois avec leurs immenses ramures. Dans la réserve hivernent aussi mouflons, coyotes, cerfs et loups, parfois pronghorn (antilopes d'Amérique) et pumas. Les billets sont en vente au National Museum of Wildlife Art *(voir ci-après)*.

### ★★ National Museum of Wildlife Art

*2820 Rungius Rd par l'US-89 (à 2,5 miles au nord de Jackson) - ✆ 307 733 5771 - www.wildlifeart.org - 9h-17h (11h-17h le dim. en hiver) - 12 $ (-18 ans 6 $).*
Blotti sur un flanc de colline donnant sur la réserve des wapitis, ce complexe en grès (1994) est presque invisible, avec son extérieur rustique évoquant des ruines anasazis. L'intérieur rassemble douze galeries, une section interactive pour les enfants, un auditorium, des salles de conférences, une bibliothèque et des archives. La collection, exposée par roulement, a pour thème la représentation de la nature et des animaux dans les arts européens et américains. Parmi les 5 000 œuvres, couvrant cinq siècles, figurent John J. Audubon, Robert Bateman, Albert Bierstadt, George Catlin, John Clymer, Bob Kuhn, Charles

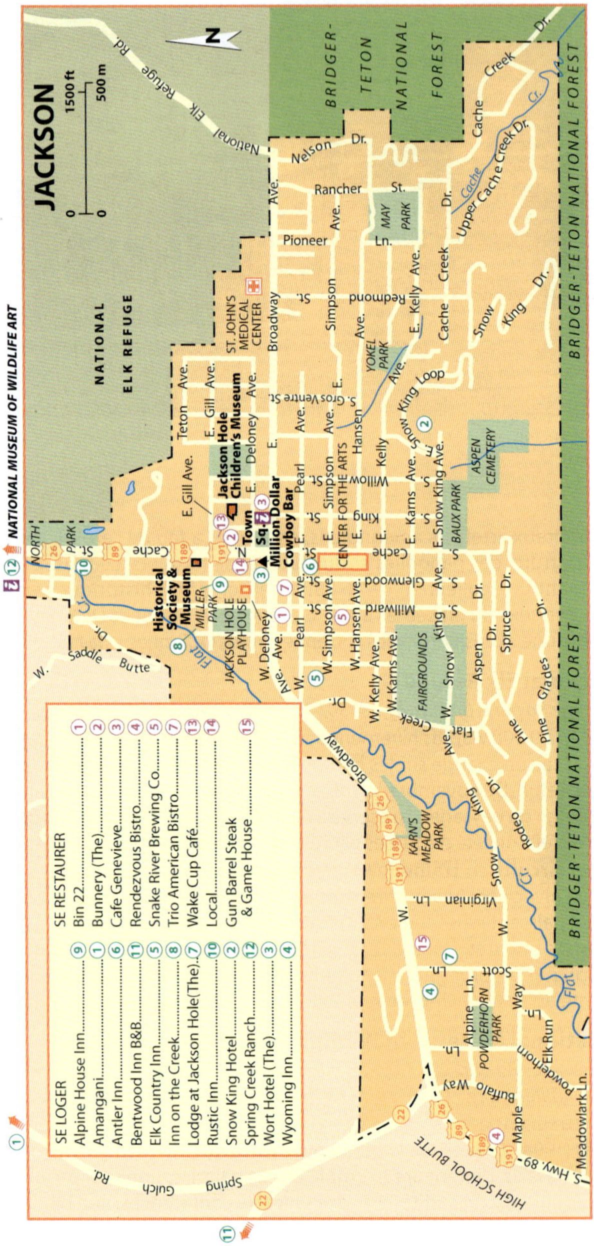
JACKSON
0 1500 ft
0 500 m
N
NATIONAL MUSEUM OF WILDLIFE ART
NATIONAL ELK REFUGE
BRIDGER-TETON NATIONAL FOREST
BRIDGER-TETON NATIONAL FOREST
ST. JOHN'S MEDICAL CENTER
Jackson Hole Children's Museum
Historical Society & Museum
Town Sq.
Million Dollar Cowboy Bar
JACKSON HOLE PLAYHOUSE
CENTER FOR THE ARTS
MILLER PARK
NORTH PARK
MAY PARK
YOKEL PARK
ASPEN CEMETERY
BAUX PARK
FAIRGROUNDS
KARN'S MEADOW PARK
POWDERHORN PARK
HIGH SCHOOL BUTTE
SE LOGER
Alpine House Inn 9
Amangani 1
Antler Inn 6
Bentwood Inn B&B 11
Elk Country Inn 5
Inn on the Creek 8
Lodge at Jackson Hole (The) 7
Rustic Inn 10
Snow King Hotel 2
Spring Creek Ranch 12
Wort Hotel (The) 3
Wyoming Inn 4
SE RESTAURER
Bin 22 1
Bunnery (The) 2
Cafe Genevieve 3
Rendezvous Bistro 4
Snake River Brewing Co. 5
Trio American Bistro 7
Wake Cup Café 13
Local 14
Gun Barrel Steak & Game House 15

M. Russell. Tous les médias y sont représentés : huiles, pastels, acryliques et aquarelles, mais aussi bronzes, pierres sculptées, dessins au crayon et au fusain, lithographies et photographies. L'**American Bison Collection**★ étudie la relation entre l'homme et le bison depuis le 18e s. Le musée abrite aussi un ensemble très complet d'œuvres de Carl Rungius (1869-1959). Une série de sculptures animalières en bronze sont disposées en plein air autour du musée.

# À proximité

### ★★ Teton Village Aerial Tramway

*Sur la Rte 390, à Teton Village - 307 733 2292 - www.jacksonhole.com.*
Un téléphérique enlève vivement ses passagers en direction du ciel, rejoignant en 12mn, 1 200 m plus haut, l'arête de **Rendezvous Peak** (3 185 m) et la station de ski de **Jackson Hole**. À l'est s'ouvre la vallée de Jackson Hole, coupée en deux par la Snake. Les amateurs de randonnée redescendent à pied par **Granite Canyon Trail**, un sentier abrupt de 10 miles, qui possède des terrains de camping ouverts de mai à septembre.

### Teton Raptor Center

*Sur la Rte 22, à l'entrée de Wilson, 7 miles à l'est de Jackson.*
*307 203 2551 - www.tetonraptorcenter.org - mar., merc. (et jeu. en été) à 12h et 14h, sur réserv. - 12 $.*
Ce centre de protection pour les rapaces a élu domicile dans une ancienne ferme où il soigne des oiseaux de proie blessés. Les visiteurs peuvent y croiser notamment un aigle royal, une buse à queue rousse et un grand-duc d'Amérique et suivre une présentation *(en anglais)* sur les rapaces.

### Grand Targhee Resort

*À Alta, 5 miles à l'est de Driggs (Idaho) et 32 miles au nord-ouest de Jackson par les Rtes 22 et 33.*
*3300 E. Ski Hill Rd - 307 353 2300 - www.grandtarghee.com.*
Près de 12 m de neige sèche et légère tombent chaque hiver sur le flanc des Tetons, faisant le bonheur des amateurs de poudreuse. En été, festivals de musique et stages d'écologie viennent compléter les activités de plein air et la découverte du paysage en télésiège.



## NOS ADRESSES À JACKSON

### INFORMATIONS UTILES

**St. John's Medical Center** – *625 E Broadway - 307 733 3636 - www.tetonhospital.org.*

### ARRIVER/PARTIR

**En avion**

**Jackson Hole Airport** – *À 8 miles au nord de la ville, sur la route du parc de Grand Teton - 307 733 7682 - www.jacksonholeairport.com.* Les compagnies American, Delta et United assurent des liaisons avec les principales villes de l'Ouest américain. La compagnie **Alltrans** *(800 443 6133 - www.jacksonholealltrans.com)* assure une navette avec le centre-ville en saison *(sur réserv. la veille - 16 $)*. Des taxis sont aussi disponibles *(env. 35 $ le trajet)*.

**En bus**

**Mountain State Express** *(800 652 9510 - www.mountainstatesexpress.com)* opère une liaison quotidienne avec Salt Lake City *(5h30 de trajet - 75 $)*.

## TRANSPORTS

**Start Bus** – ✆ *307 733 4521 - www.startbus.com - ttes les 30mn en été.* La compagnie locale assure une navette gratuite à l'intérieur de Jackson. La ligne dessert aussi le National Museum of Wildlife Art. D'autres lignes, payantes, relient Teton Village, Wilson *(3 $)*, Teton Valley et Star Valley *(8 $)*.

## HÉBERGEMENT

En raison de l'affluence, les tarifs des hôtels s'envolent en été et lors de la saison de ski. Les prix indiqués sont ceux de la haute saison (de fin mai à déb. sept.).

### Jackson

#### PRIX MOYENS

**Elk Country Inn** – *480 W. Pearl Ave. - ✆ 307 733 2364 ou 866 332 3590 - www.townsquareinns.com - 90 ch. 82/258 $.* Motel assez central et agréable, avec ses cabanes en rondins entourées de pelouses. Chambres propres et spacieuses, avec cafetière, four micro-ondes et réfrigérateur. Comme partout ailleurs, les prix, raisonnables hors saison, grimpent de façon excessive durant l'été.

**Antler Inn** – *43 W. Pearl St. - ✆ 307 733 2535 - www.townsquareinns.com - 🏊 - 110 ch. 105/195 $.* Un motel plutôt confortable et bien situé, doté de chambres classiques ou de cabanons plus rustiques, certains avec cheminée. Salle de fitness et laverie.

#### POUR SE FAIRE PLAISIR

**The Lodge at Jackson Hole** – *80 Scott Lane - ✆ 307 739 1570 - www.lodgeatjh.com - 🏊 - 153 ch. 249/349 $.* De faux ours pointent leur truffe aux quatre coins de ce grand hôtel en pierre et rondins, qui s'ouvre par un vaste *lobby* orné de multiples trophées de chasse et d'un lustre en bois de wapitis. Les chambres (des mini suites) arborent un style moderne, avec climatisation, coin salon, lecteur de DVD. Piscines intérieure et extérieure, Spa. Une bonne adresse.

**Inn on the Creek** – *295 N. Millward St. - ✆ 307 739 1570 ou 800 669 9534 - www.innonthecreek.com - 9 ch. 259/349 $ ☕.* Ce B&B de style anglais donne sur un ravissant jardin face à la rivière Flat Creek, avec sa gloriette et sa pelouse bien tondue. Le couple de propriétaires réserve un accueil chaleureux. Les plus belles chambres disposent d'un balcon, d'un Jacuzzi et d'un coin cheminée, tandis que le studio peut accueillir 4 personnes. Délicieux petit-déjeuner, vin et fromage offerts à l'heure de l'apéritif.

**Alpine House Inn** – *285 N. Glenwood St. - ✆ 307 739 1570 ou 800 458 3866 - www.alpinehouse.com - 154 ch. 275/350 $ ☕.* Cossu, élégant, possédant un Spa finlandais (l'enveloppement à la boue chaude a fait la réputation du lieu), le bâtiment principal de cet hôtel est entièrement en bois de sapin. Les chambres, de style scandinave, y sont chauffées par des cheminées au gaz et les cottages privés, au bord de la rivière Flat Creek, possèdent leur propre patio. Divin petit-déjeuner avec crêpes aux myrtilles et à la ricotta citronnée ou omelettes de saumon fumé.

**Rustic Inn Creekside Resort & Spa** – *475 N. Cache St. - ✆ 800 323 9279 - www.rusticinnatjh.com - 145 ch. à partir de 289 $ ☕.* Les chalets privés, de près de 40 m$^2$, semblent encore plus grands grâce aux grandes fenêtres donnant sur la rivière Flat Creek et sur les montagnes. Des chaises longues vous attendent sous les vérandas privées et le Spa propose de nombreux soins relaxants. Les chambres, récemment rénovées, possèdent pour certaines une cheminée.

### UNE FOLIE

**The Wort Hotel** – *50 N. Glenwood St. - ✆ 307 733 2190 - www.worthotel.com - 59 ch. à partir de 399 $.* Situé tout près de Town Square, ce chalet ouvert en 1941 figure désormais au registre national des monuments. Beau décor à base de bois sombre et de cuir. On y trouve notamment cinq suites sur le thème du Sud-Ouest, dont la suite Shoshone et son art amérindien. À défaut d'y loger, allez prendre un verre au **Silver Dollar Bar**, dont le comptoir en S est incrusté de 2 032 pièces d'un dollar datant de 1921.

**Spring Creek Ranch** – *1800 Spirit Dance Rd - ✆ 307 733 8833 - www.springcreekranch.com - 125 ch. à partir de 380 $.* Bâtie au sommet de East Gros Ventre Butte, au cœur de Jackson Hole, cette station-ranch de plus de 400 ha offre des vues imprenables sur la chaîne des Tetons. Les chambres sont meublées de pin et possèdent une cheminée. On y pratique l'équitation et le tennis et le restaurant **Granary** *(plat 24/35 $)* fait le bonheur des hôtes.

**Bentwood Inn B&B** – *250 Raven Haven Rd - ✆ 307 739 1411 - www.bentwoodinn.com - 5 ch. à partir de 359 $ ☕ - deux nuits min. en haute saison.* Cet immense bâtiment en bois perdu au cœur de 1,2 ha de forêt ne possède que cinq chambres thématiques, luxueusement décorées, avec cheminée, Jacuzzi et un balcon ou une terrasse en bois. Une belle cheminée en pierre occupe le hall d'entrée et les murs, en bois d'arbres de Yellowstone, rappelle l'esprit du lieu. Avec la chambre sont compris un petit-déjeuner copieux et des hors-d'œuvre le soir.

**Snow King Hotel** – *400 E. Snow King Ave. - ✆ 307 733 5200 - www.snowking.com - 219 ch. à partir de 429 $.* L'ambiance est au style « Western » luxueux, avec poutres et mobilier en bois dans toutes les chambres. Le **Hayden's Post** *(plat au dîner 24/38 $)*, ouvert en 2013, fait écho à cet esprit « cow-boy » avec son chili de bison et son poulet au whisky. Au Spa, « l'escapade alpine » propose gommages aux sels purifiants, soins aux herbes et massages.

**Wyoming Inn** – *930 W. Broadway St. - ✆ 307 734 0035 ou 800 844 0035 - www.wyominginn.com - 68 ch. à partir de 475 $.* Ce rutilant hôtel constitue une excellente et confortable base arrière pour explorer la région. Un arrêt de bus se trouve tout près. La grande cheminée qui l'occupe fait du hall un lieu accueillant. Les chambres et les salles de bains sont relativement spacieuses et décorées dans des tons marron clair. Certaines chambres possèdent leur propre cheminée.

**Amangani** – *1535 N. E. Butte Rd - ✆ 307 734 7333 - www.amanresorts.com/amangani/home.aspx - 🏊 - 40 suites. à partir de 1 276 $.* Souvent considéré comme le meilleur hôtel d'Amérique du Nord, ce fleuron de la chaîne Aman est perché sur une crête qui fait face aux monts Teton. L'imposant décor de pierre et de bois des chambres est de style amérindien. La piscine, très appréciée, surplombe la vallée. Le service, sans équivalent ailleurs, est parfait.

## Teton Village

### PREMIER PRIX

**The Hostel** – *3315 Village Dr. - ✆ 307 733 3415 - www.thehostel.us - dortoir 34/40 $ par* *lit, 54 ch. 79/119 $.* Situé au pied de Rendezvous Peak, rénové en 2011, l'hôtel a su demeurer accueillant. Bien que les chambres soient basiques, elles possèdent toutes un grand lit ou quatre lits superposés et une salle de bains privée. Blanchisserie et salle de jeux disponibles sur place.

### BUDGET MOYEN

**Teton Mountain Lodge & Spa** – *3385 Cody Lane - ✆ 307 734 7111 - www.tetonlodge.com - 88 ch. 186/219 $.* À seulement 1 mile du parc national de Grand Teton, près de Jackson Hole, cette destination de luxe donne tout son sens au mot « élégance » avec ses cheminées au gaz en pierre, ses appareils pour faire sécher les chaussures, son mobilier en cuir et ses cuisines complètes dans les suites. Un Spa tous services offre le *nec plus ultra* en la matière. Enfin, le **Spur Restaurant** *(plats 21/34 $)* élève la cuisine montagnarde au rang de haute cuisine avec des plats tels que le plat de côtes saisi dans sa bière brune Zonker.

### POUR SE FAIRE PLAISIR

**Hotel Terra** – *3335 Village Dr. - ✆ 307 739 4000 - www.hotelterrajacksonhole.com - - 132 ch. 260/373 $.* Moderne et sophistiqué, cet hôtel abrite dans son hall d'entrée une galerie d'art très fournie. La piscine extérieure est chauffée et surplombe les pelouses du village et les boutiques. Le **Il Villaggio Osteria** *(plat 17/37 $)* sert des pizzas cuites au feu de bois pour gourmets. Niché au pied de la station de ski de Jackson Hole Mountain, l'hôtel est idéal pour les amateurs de ce sport. Les chambres et les suites, modernes et élégantes, possèdent toutes cheminées et balcons.

### UNE FOLIE

**Four Seasons Resort Jackson Hole** – *7680 Granite Loop Rd - ✆ 307 732 5000 ou 800 914 5110 - www.fourseasons.com - 124 ch. à partir de 600 $.* Au cœur du village, au pied du Grand Teton, cet établissement de luxe avec Spa incarne le style Four Seasons : des chambres somptueuses avec cheminée au gaz, bois sombre, pierre naturelle, mobilier en cuir et baignoire en marbre. La majorité possède un balcon ou une terrasse. Au quatrième étage, le **Westbank Grill** *(plat 22/35 $)* a fait de sa spécialité le steak cuit à près de 1 000 °C.

## Wilson

### UNE FOLIE

**Wildflower Inn** – *3725 Shooting Star Lane - ✆ 307 733 4710 - www.jacksonholewildflower.com - 5 ch. 280/410 $.* La sérénité est le maître mot de cette auberge en rondins située au milieu des montagnes, au cœur d'un hectare de forêt ponctué d'étangs. Le bois et la pierre qui parent l'extérieur donnent le ton : les chambres sont décorées dans un style « western » romantique et luxueux.

## RESTAURATION

## Jackson

### PREMIER PRIX

**The Bunnery** – *130 N. Cache St. - ✆ 307 733 5474 - www.bunnery.com - petit déj. et déj. seult - plat 5/14 $.* À moins d'un pâté de maisons de Town Square, ce café-pâtisserie familial produit son propre granola et ses propres mélanges aux grains entiers pour gaufres et crêpes. On y apprécie tout particulièrement les croissants frais, les muffins, les tartes, les cakes et les rouleaux à la cannelle. Sa terrasse permet de regarder les passants tout en dégustant une généreuse omelette, une quiche, une soupe maison, une salade composée, un *burger* ou un des délicieux sandwichs au fromage fondu figurant à la carte.

**Wake Cup Café** – *135 N. Cache St. - ✆ 307 690 7964 - petit-déj. et déj. seult - fermé d'oct. à mai.* La spécialité de ce minuscule patio est l'expresso fraîchement torréfié, ainsi que les *smoothies* et les *milkshakes* aux myrtilles. Du côté de la carte, mention spéciale pour les crêpes faites maison, dont celle, délicieuse, aux champignons et au fromage de chèvre.

### BUDGET MOYEN

**Bin 22** – *200 W. Broadway - ✆ 307 739 9463 - www.bin22jacksonhole.com - plat 8/17 $.* Tenu par un sommelier, le Bin 22 est à la fois une cave, un bar à vins, une épicerie fine et un excellent bar à tapas, le tout partageant un même lieu très animé. Une clientèle branchée se presse ici pour déguster le plat du jour, pour goûter la charcuterie importée, les fromages exotiques, les jeunes poulpes roussis accompagnés de haricots marinés de pommes de terre *fingerling*, de poivrons de *piquillo* et d'olives…

**Cafe Genevieve** – *135 E. Broadway - ✆ 307 732 1910 - www.genevievejh.com - plat 10/32 $.* Ce chalet historique en rondins, bâti en 1906 tout près de Town Square, est délicieusement pittoresque. À la nuit tombée, son éclairage l'habille de lueurs or et rouges. Le patio est particulièrement prisé pour déguster une cuisine maison où figurent des plats tels que le « plateau de biscuits », avec son jambon de Virginie et son fromage *pimento*, le gibier à la bolognaise ou encore le poulet frit et ses coquillettes au fromage. Des brunchs sont servis jusqu'à 15h, des sandwichs et des salades de 11h à 17h. Le nom du restaurant rend hommage à Genevieve Lawton, qui, en 1920, fut élue au conseil de Jackson au sein de ce qui fut appelé « le gouvernement des jupons ». C'était en effet le premier conseil exclusivement féminin aux États-Unis.

**Rendezvous Bistro** – *380 S. Broadway - ✆ 307 739 1100 - www.rendezvousbistro.net - dîner seult - réserv. conseillée - plat 19/32 $.* Chaises en bois sombre, nappes sur les tables, magnifique parquet de bois et papiers peints colorés forment le décor de l'un des restaurants les plus prisés de Jacksonville. Le service y est détendu, mais très haut de gamme. Au menu, des plats de saison tels que les *tacos* au fromage de chèvre et aux piments. Goûtez aux cuisses de grenouilles en entrée et à l'échine de porc des Snake River Farms ou à la panse d'agneau de Lava Lake en plat principal… à moins que vous ne soyez séduit par les spécialités du jour. Le bar ajoute encore au charme du lieu.

**Snake River Brewing Co.** – *265 Millward St. - ✆ 307 739 2337 - www.snakeriverbrewing.com - formule déj. 8 $, plat 12/28 $.* Cette confortable brasserie au décor de style industriel est bondée de jour comme de nuit, mais l'attente y est récompensée par l'incroyable liste de bières à la pression (la brasserie produit 5 000 fûts par an). La carte n'est pas en reste avec, entre autres, pains et desserts faits maison. Parmi les plats appréciés, le *fish & chips* (poisson frit et frites), le bison à la bière brune Zonker et les pizzas au feu de bois, dont les ingrédients se marient parfaitement avec la bière : chorizo mexicain, pêche, sauce barbecue au *chipotle*, mozzarella et fromage de chèvre, etc. L'étage est réservé aux familles.

POUR SE FAIRE PLAISIR

**Local Restaurant & Bar** – *55 N. Cache St. - 307 201 1717 - www.localjh.com - plat 12/44 $.* Stratégiquement situé sur Town Square, un *steakhouse* au design contemporain et à l'ambiance conviviale, où les gens affluent pour partager de petites assiettes autour du bar central. Cuisine goûteuse et plutôt originale : pâtes au wapiti, steak de bison mariné à l'ail, jarret de porc au cheddar, *burgers* épais et juteux à souhait. Bonne sélection de vins.

**Gun Barrel Steak & Game House** – *862 W. Broadway - 307 733 3287 - www.gunbarrel.com - dîner seult - plat 20/44 $.* Cet entrepôt était anciennement un musée d'histoire naturelle. Aujourd'hui, le gibier y fait l'objet d'une autre forme d'attention… Le wapiti aux tomates séchées et les trois pièces de bison différentes sont les vedettes d'un menu qui fait la part belle à la viande rouge et au gibier. La bière Double Barrel saura tenter les amateurs.

**Grill at Amangani** – *1535 N. E. Butte Rd - 307 734 7333 - www.amanresorts.com - plat 18/38 $.* Des murs en bois de séquoia, un plafond aux chevrons apparents et de riches fenêtres donnant sur les montagnes forment le cadre de ce restaurant. Les hôtes s'y installent dans des chaises en cuir brut et se font servir viandes et fruits de mer. Les paupiettes de canard sont accompagnées d'endives grillées et d'une purée de graines de tournesol, et le bœuf Waguy des Snake River Farms d'une riche moelle. On accompagnera la tarte aux figues Mission et sa crème glacée au fromage de chèvre de l'Utah d'un porto Graham de 1983.

**Trio American Bistro** – *45 S. Glenwood St. - 307 734 8038 - www.bistrotrio.com - dîner seult - plat 14/34 $.* Ce restaurant moderne et élégant peut recevoir environ 75 convives. Le service y est de grande qualité et on saura vous y conseiller en vin. Les belles tables en bois sont rapidement recouvertes de mets tels que la salade de chou frisé et de champignons sauvages, la bouillabaisse d'artichauts ou le canard à l'orange. Les pizzas sont particulièrement originales, avec des ingrédients tels que l'agneau façon *tikka massala* et ses tomates cerises ou la *raïta* de concombres et de salade romaine à la menthe. Une bonne adresse.

## Teton Village

BUDGET MOYEN

**Il Villaggio Osteria** – *Hotel Terra - 3335 Village Dr. - 307 739 4100 - www.hotelterrajacksonhole.com - plat 17/37 $.* Du four à bois sortent des pizzas à la pâte fine, parfaitement cuites, que viennent garnir en quantité idéale des ingrédients frais tels que fromage de chèvre, poireaux et pancetta. L'ambiance est sophistiquée et le lieu animé grâce à son bar et son comptoir à pizzas où les boules de pâte volent haut dans les airs. Parmi les plats plus raffinés, on trouve *bisteca Fiorentina, cioppino* et *pappardelle* maison et leur *ragù* de sanglier.

POUR SE FAIRE PLAISIR

**Spur Restaurant & Bar** – *3385 Cody Lane - 307 734 7111 - www.tetonlodge.com - plats 21/34 $.* Au cœur du Teton Mountain Lodge & Spa, ce restaurant sophistiqué donne ses lettres de noblesse à la cuisine montagnarde classique. Ce qui signifie qu'en lieu et place de l'habituel rôti à la cocotte, il est servi de la poitrine de bœuf Angus du Wyoming avec sa purée de panais et sa marmelade d'oignons grelots et qu'un simple sandwich au pastrami est servi avec de la viande de bison, du gruyère de Rock Hill et une moutarde maison à la bière. Les bois polis et les tons sombres dominent dans ce lieu chic et élégant.

### Wilson

**PREMIER PRIX**

**Nora's Fish Creek Inn** – *5600 W. Hwy 22 - ✆ 307 733 8288 - www.norasfishcreekinn.com - fermé le w.-end à midi, les lun. et mar. soirs et de mi-nov. à déb. déc. - plat 19/39 $.* Fondé par une certaine Nora Tygum, ce restaurant vit le jour en 1986, quand elle transforma un vieux chalet en rondins situé aux portes de la ville en un lieu agréable et confortable. Désormais légendaire, toujours tenu par la famille Tygum, on s'y presse aujourd'hui pour goûter la truite aux œufs servie au petit-déjeuner, le hamburger aux piments verts au déjeuner et le steak T-bone de 600 g avec ses champignons rôtis au dîner.

### PETITE PAUSE

**Moo's Gourmet Ice Cream** – *110 Center St. (à l'angle de E. Deloney Ave.) - ✆ 307 733 1998 - www.moosjacksonhole.com.* Ce créateur de crème glacée bio composée uniquement d'ingrédients naturels propose plus de 75 saveurs différentes ainsi que 15 parfums de sorbet. Les chaises et les tables style années 1950 permettent de s'attabler à l'extérieur.

### BOIRE UN VERRE

**Million Dollar Cowboy Bar** – *25 N. Cache St. - Jackson - ✆ 307 733 2207 - www.milliondollarcowboybar.com - 11h-1h30. Interdit aux -18 ans.* Ce bar est connu pour les selles qui coiffent ses tabourets et les pièces d'un dollar incrustées dans son zinc. Entre une partie de billard et quelques pas de danse, on peut apprécier les animaux empaillés, les peintures murales et la collection d'objets (colts, éperons…) en rapport avec le western. Ouvert à la fin des années 1890, ce lieu est aussi la plus ancienne brasserie du Wyoming et un point de rassemblement très prisé des habitants locaux comme des visiteurs, ce qui explique qu'il est souvent bondé. On y trouve une sélection de bières artisanales à la pression, ainsi qu'une bière peu alcoolisée et des bières de saison telles que l'épicée Pumpken Bushs. Des orchestres de rock, folk ou country s'y produisent tous les soirs, sauf le dimanche. Cours de danse le jeudi à 19h30 en saison.

**Snake River Brewing Company** – *265 S. Millward St. - Jackson - ✆ 307 739 2337 - www.snakeriverbrewing.com.* Vaste et aérée, cette microbrasserie est l'endroit parfait pour goûter aux bières locales en grignotant un morceau.

**Mangy Moose Saloon** – *3295 Village Dr - Teton Village - ✆ 307 733 4913 - www.mangymoose.com.* Ce bar historique a ouvert ses portes en 1967. Durant la saison de ski, c'est un lieu extrêmement prisé pour se détendre après une journée dans la poudreuse. Des concerts y sont organisés et on peut y danser. Le restaurant possède une agréable terrasse en bois couverte.

### ACHATS

**Hide Out Leathers** – *40 Center St. - Jackson - ✆ 307 733 2422 - www.hideoutleathers.com.* Impossible de passer près de ce magasin sans sentir la forte odeur de cuir qui s'en dégage. Un coup d'œil à l'intérieur révèle des vêtements pour hommes et femmes de toutes sortes, de la veste en cuir au sac à main en passant par les chapeaux de cow-boy et les ceintures. Pourquoi ne pas se laisser tenter et essayer une paire de jambières en cuir ?

**Teton Mountaineering** – *170 N. Cache St. - Jackson - ✆ 307 733 3595 - www.tetonmountaineering.com.* Situé près de l'American Legion Post, ce magasin spécialisé depuis 1971 dans le matériel et les vêtement d'escalade, de ski et de randonnée tenterait même ceux qui ne pratiquent pas ces sports de plein air.

### Galeries d'art

Jackson compte plus de 30 galeries d'art, exposant des œuvres allant des paysages de l'Ouest à la peinture animalière en passant par la photographie. Les plus anciennes, dont certaines en activité depuis plus de trente ans, sont :

**Trailside Galleries** – *130 E. Broadway - ✆ 307 733 3186 - www.trailsidegalleries.com.*

**Mangelsen's Images of Nature** – *170 N. Cache St. - ✆ 307 733 9752 - www.mangelsen.com.*

**Wilcox Gallery II** – *110 Center St. - ✆ 307 733 3950 - www.wilcoxgallery.com.*

**By Nature Gallery** – *86 E. Broadway St. (Crabtree Corner) - ✆ 307 200 6060 - www.bynaturegallery.com.* Ne manquez pas sa boutique de fossiles du monde entier. Elle vend aussi des minéraux, des bijoux fabriqués à partir de météorites, de la poterie et des pièces d'art cinétique.

## EN SOIRÉE

**Center for the Arts** – *265 Cache St. - Jackson - ✆ 307 733 4900 - www.jhcenterforthearts.org.* À deux pâtés de maisons de Town Square, le Performing Arts Pavilion est l'endroit où aller pour voir opéras, comédies musicales pour enfants et autres spectacles. La salle peut accueillir 500 personnes. Le centre programme des événements toute l'année.

**Jackson Hole Playhouse** – *145 W. Deloney Ave. - Jackson - ✆ 307 733 6994.* À deux pâtés de maisons de Town Square, cette salle de théâtre colorée possède une fausse façade dans le style de l'Ouest. Les spectacles ne sont programmés qu'en été. Avant une représentation, on pourra dîner au tout aussi coloré Saddle Rock Saloon, juste à côté.

**Teton County Fair & Rodeo Grounds** - *447 W. Snow King Ave. - ✆ 307 733 7927 - www.jhrodeo.com - de fin mai à déb. sept. : merc. et sam. à 20h - 15 à 40 $ selon les places.* Spectacles de rodéo.

## ACTIVITÉS

### Canoë, rafting

Il est possible de louer un canoë-kayak dans le parc de Grand Teton, aux marinas de Colter Bay Village, Jenny Lake et Signal Mountain.

De nombreuses compagnies programment par ailleurs la descente des rapides de la Snake River à des prix assez similaires *(75/80 $ la demi-journée).*

**Mad River Boat Trips** – *1255 South US- 89 (à 2 miles au sud de la ville) - ✆ 307 733 6203 ou 800 458 7238 - www.mad-river.com.*

### Escalade

**Exum Mountain Guides** – *✆ 307 733 2297 - www.exumguides.com.* Organise l'ascension des Tetons pour grimpeurs débutants ou expérimentés.

### Location de vélos et VTT

**Hoback Sports** – *520 W. Broadway - ✆ 307 733 5335 - www.hobacksports.com.*

**Teton Mountain Bike Tours** – *545 N. Cache St. - ✆ 800 733 0788 ou 307 733 0712 - www.wybike.com.* Location de VTT et promenades guidées.

### Montgolfière

**Wyoming Balloon Co.** – *✆ 307 739 0900 - www.wyomingballoon.com.* Propose des survols de la vallée de Jackson *(1h - 325 $).*

### Pêche à la mouche

**Grand Teton Fly Fishing** – *225 W. Broadway - ✆ 307 690 0910 - www.grandtetonflyfishing.com.* Propose d'aller taquiner la truite sur la Snake River et ailleurs. Comptez autour de 500 $ la journée.

### Promenades à cheval

Des sorties équestres sont organisées en saison dans le parc de Grand Teton par le **Jackson Lake Lodge**, le **Jenny Lake Lodge**, le ranch **Triangle X** *(✆ 307 733 2183 - www.trianglex.com)* et bien d'autres prestataires, dont la liste complète figure au Visitor Center.

**Jackson Hole Tours** – *✆ 888 315 7855 - www.jacksonholetours.net.* L'agence organise en hiver des visites *(30mn - 21 $)* du National Elk Refuge en traîneau tiré par des chevaux de trait, à la rencontre des wapitis.

**Balade en diligence** – *Dép. de Town Square (à l'angle de Broadway et Cache St.) - de fin mai à déb. sept. : lun.-sam.* Promenades en ville *(10mn - 6 $)* à bord d'une réplique de diligence ancienne tirée par des chevaux.

### Ski

On dénombre trois domaines skiables à proximité de Jackson : **Jackson Hole Mountain Resort** *(Teton Village, à 12 miles à l'ouest de Jackson par la Rte 390 - ✆ 307 733 2292 - www.jacksonhole.com)* a le plus important dénivelé (1 261 m) et un téléphérique de 100 places qui hisse les skieurs au sommet ; **Grand Targhee Ski Resort** s'étire sur les pentes ouest des Tetons ; **Snow King Mountain Resort** a été construit en 1936.

*voir aussi p. 269.*

## AGENDA

**Town Square Shootout** – *Town Square - de fin mai à déb. sept. : lun.-sam. 18h.* Durant les soirées d'été, des acteurs costumés rejouent l'attaque d'une diligence et une fusillade en ville. Le genre de spectacle qui fait la joie des petits et grands, même s'il s'agit d'une fiction sans fondement historique.

**Grand Teton Music Festival** – *✆ 307 733 1128 - www.gtmf.org.* L'un des plus festivals de musique classique les plus réputés se déroule chaque été à l'ombre des sommets majestueux des monts Tetons. Lancé en 1962, le festival de Jackson Hole reste toujours aussi populaire. Durant sept semaines, en juillet-août, des concerts, gratuits pour certains, ont lieu dans le Walk Festival Hall de Teton Village, une salle de 685 places à l'acoustique hors pair. L'orchestre du festival, composé de musiciens venus de différents ensembles réputés d'Amérique du Nord, est dirigé par le chef d'orchestre britannique Donald Runnicles.

# Cody

★★

9 833 habitants

**En 1896, vingt ans après avoir visité la région comme éclaireur de l'armée, William F. Cody, alias Buffalo Bill, créa cette ville, avec l'idée de faire se rencontrer ici Far West et Ouest moderne. À 49,5 miles à l'est du parc national de Yellowstone, le site est idéal pour attirer les visiteurs de passage. Buffalo Bill y fonde même un hôtel qu'il confie à sa fille, Irma. Connue pour son rodéo nocturne en été et pour son remarquable musée consacré à la vie de Buffalo Bill et à l'Ouest américain, cette paisible bourgade traversée par la rivière Shoshone s'efforce de perpétuer la légende des cow-boys d'antan. Pour le plus grand plaisir des touristes, qui trouveront ici quelques galeries d'art, boutiques d'artisanat et de souvenirs conçues à leur intention.**

NOS ADRESSES PAGE 282

### S'INFORMER

**Cody Country Chamber of Commerce** – *836 Sheridan Ave. - ℘ 307 587 2277 - www.codychamber.org - été : 8h-19h ; hiver : lun.-vend. 8h-17h.*

### SE REPÉRER

Carte de région D1-2 (p. 238-239) – *heure des Montagnes.* A 49,5 miles à l'est du parc national de Yellowstone par l'US-16/14/20, Cody s'organise autour de Sheridan Avenue, l'artère principale, dont le centre se situe approximativement entre les les 9th et 16th Streets.

### À NE PAS MANQUER

Buffalo Bill Historical Center ; Little Bighorn Battlefield National Monument.

### ORGANISER SON TEMPS

Cody constitue une bonne étape entre Yellowstone et la région des Black Hills et du mont Rushmore. Consacrez lui un après-midi et une soirée.

### AVEC LES ENFANTS

Cody Nite Rodeo ; Buffalo Bill Center of The West ; Hot Springs State Park.

## Découvrir

La **Cody Country Chamber of Commerce** *(voir « S'informer »)* renseigne sur la visite à pied de la ville ancienne, comprenant entre autres l'**hôtel Irma** *(1192 Sheridan Ave. - ℘ 307 587 4221 - www.irmahotel.com)*. Construit en 1902 par Buffalo Bill pour sa fille cadette, il s'orne d'un bar en merisier finement ouvragé en France, et envoyé par bateau à Cody par la reine Victoria.

En été, le **Cody Nite Rodeo**★ *(au rodéo ground, W. Yellowstone Hwy, à la sortie ouest de la ville - ℘ 307 587 5155 - www.codynightrodeo.com - juin-août : 20h - 20 $)* est une introduction haute en couleur à ce sport national. Les concurrents doivent chevaucher broncos et taureaux, attraper un veau au lasso *(calf roping)*, faire chuter un taureau *(bulldogging)* ou slalomer à cheval autour de tonneaux *(barrel racing)*. Le commentateur explique avec humour les règles des épreuves, et leur rapport avec les travaux des cow-boys dans les ranches. Un des clous de la soirée est le *Calf Scramble*, où les enfants poursuivent un veau à la queue nouée d'un ruban jaune.

Old Trail Town.
*Fotosearch RM/age fotostock*

### « BUFFALO BILL » CODY

Plus qu'un autre, le colonel William F. Cody, dit Buffalo Bill (1846-1917), a su combler le fossé entre passé et modernité, entre Est et Ouest. Figure emblématique de l'exploration et de la colonisation de l'Ouest, ce visionnaire doué pour la communication a su faire de sa vie aventureuse un grand spectacle, pour le plaisir d'un public enthousiaste, dans l'est des États-Unis comme en Europe.

À 15 ans, Cody se distingua en ne mettant que 21h40 pour effectuer les 518 km du parcours du Pony Express, changeant vingt fois de cheval. Éclaireur pour les nordistes pendant la guerre de Sécession, il fut chargé, pour 500 dollars par mois, par la Kansas Pacific Railroad de tuer les bisons *(buffaloes)* pour nourrir les ouvriers du rail. On raconte qu'il en tua 4 280 en huit mois ; il gagna son surnom de Buffalo Bill dans une compétition contre un chasseur concurrent. Après la guerre de Sécession, Cody devint éclaireur dans la cavalerie, et aida à résoudre les conflits entre les Indiens et les pionniers qui ne respectaient pas les traités. Son savoir et son endurance devinrent légendaires. Dans l'Est, les auteurs de romans à quatre sous en quête d'un héros de l'Ouest ne pouvaient trouver mieux que le jeune Cody. Ses exploits, réels ou imaginaires, animaient les chaumières. Des milliers de livres sur Buffalo Bill furent publiés en série par Ned Buntline et d'autres auteurs. Doué d'un excellent sens du spectacle, Cody tira parti de sa médaille, attribuée en 1872 par le Congrès pour bravoure au combat. Il partit à New York entamer une carrière d'acteur, interprétant son propre rôle dans la pièce de Buntline, *Scouts of the Prairie*. Aussi doué pour la scène que pour la selle, Cody lança son célèbre **Wild West Show** en 1883, faisant jouer les événements historiques par leurs véritables protagonistes, dont le chef indien Sitting Bull. L'ascension de Cody au firmament de la profession fut fulgurante, et il conserva longtemps sa place : son show tourna pendant trente ans, dont dix en Europe.

### ★★★ Buffalo Bill Center of The West

*720 Sheridan Ave. (à l'entrée ouest de la ville) - ✆ 307 587 4771 - www.bbhc.org - mai-15 sept. : 8h-18h ; mars-avr. et nov. : 10h-17h ; 16 sept.-oct. : 8h-17h ; déc.-fév. : lun.-sam. 10h-17h - 18 $ (enf. 6-17 ans 10 $).*

Quatre galeries de renommée internationale et une bibliothèque de recherche occupent trois niveaux de ce complexe en éventail, consacré à l'histoire de l'Ouest américain. On trouve aussi sur le site la maison d'enfance de William Cody-Buffalo Bill, transportée en 1933 par train depuis l'Iowa.

★★ **Whitney Western Art Museum** – Il présente tout un choix de peintures et sculptures de l'Ouest, avec des huiles de George Catlin, Albert Bierstadt et Charles Marion Russell et des bronzes de Frederick Remington. Cette aile porte le nom de Gertrude Vanderbilt Whitney, dont la sculpture pleine de vie *L'Éclaireur*, au nord du complexe, représente Buffalo Bill à cheval.

★★ **Buffalo Bill Museum** – Il retrace la vie du héros, en dissociant l'homme du mythe. La plupart des objets rassemblés concernent son *Wild West Show*, et la manière dont il a influencé l'image du Far West. On peut voir des armes à feu, des vêtements, des selles cloutées d'argent, et des extraits de films sur la vie publique et privée de Cody.

★★ **Plains Indian Museum** – Il présente l'histoire culturelle et le talent artistique des tribus Arapaho, Blackfoot, Cheyenne, Comanche, Crow, Gros-Ventre, Kiowa, Pawnee, Shoshone et Sioux. Elle intègre la tradition orale à la présentation d'objets anciens et contemporains. La nouvelle galerie (2013) **Paul Dyck Plains Indian Buffalo Culture Gallery** vous fera découvrir une collection de rang mondial de 80 pièces illustrant le lien entre les Amérindiens et les bisons.

★ **Cody Firearms Museum** – Il illustre l'évolution des armes à feu avec une collection complète de pièces américaines et européennes à partir du 17e s., au total près de 4 000. Sont aussi exposés des trophées de gros gibiers, à la taille record.

★★ **Draper Natural History Museum** – Il se consacre à l'écosystème de la grande région du Yellowstone et aux relations entre l'homme et la nature, en privilégiant l'interactivité par rapport aux présentations. Parmi les immanquables, les squelettes de dinosaures et les dioramas d'animaux préservés. Le **Raptor Experience** *(se rens. pour les horaires)* permet aux visiteurs d'approcher de près un faucon, un aigle, un hibou et un vautour aura tout en apprenant sur ces animaux de la bouche de leur dresseur.

### ★ Old Trail Town

*1831 DeMaris Dr., par W. Yellowstone Hwy (près du rodéo ground, à 0,6 mile à l'ouest de la ville) - ✆ 307 587 5302 - www.oldtraintown.org -15 mai-30 sept. : 8h-19h - 8 $.*

Ce musée en plein air ressuscite à merveille l'ambiance western des anciennes villes pionnières. Plus de 100 chariots et 25 bâtiments de 1879 à 1901, rapportés de différents coins du Wyoming et du Montana, occupent le site d'origine de Cody City. Les maisons sont meublées comme autrefois et exposent de nombreux objets et photographies anciennes. On pénètre ainsi dans un saloon aux murs criblés d'impacts de balles, dans l'atelier d'un maréchal-ferrant, une cabane de trappeur, une épicerie ou encore la tanière où se réunissaient Butch Cassidy, Sundance Kid et leur gang de hors-la-loi. Le site abrite quelques tombes, dont celle du trappeur des montagnes Jeremiah Johnson.

### Buffalo Bill Dam

*4808 N. Fork Hwy (sur l'US-14/20/16 vers Yellowstone, à 7 miles à l'ouest de Cody) - ✆ 307 527 6076 - www.bbdvc.com -juin-août : 8h-19h, w.-end 9h-17h ; mai et sept. : 8h-18h, w.-end 9h-17h - gratuit.*

Une navette électrique dessert l'accès de ce barrage édifié sur la Shoshone, qui était le plus haut du monde (99 m) lors de son inauguration en 1910.

# À proximité Carte de région

## ★★ Bighorn Canyon National Recreation Area D2

*Par la Rte 37, à 3 miles au nord-est de Lovell.*
*Visitor Center : sur l'US-14A, à Lovell (48 miles au nord-est de Cody) - 406 666 2412 - www.nps.gov/bica - été : 8h-18h ; hiver : 8h30-16h30 - 5 $.*
Bighorn Lake, lac de retenue de 96 km du Yellowtail Dam (hauteur 160 m) dans le Montana, est serré entre des falaises de 670 m. Il attire les amateurs de canotage et de pêche. La vaste chaîne **Pryor Mountain Wild Horse Range** borde à l'ouest la zone de loisirs. Des groupes de chevaux sauvages (100 à 200 bêtes) y galopent en liberté.

## ★ Hot Springs State Park D2

*Au croisement de l'US-20 et de Park St., à Thermopolis, 83 miles au sud-est de Cody.*
*307 864 2176 - http://wyoparks.state.wy.us.*
En 1896, les Indiens Shoshones et Arapahos ont vendu ces sources chaudes au Wyoming, à condition qu'elles restent ouvertes au public. Aujourd'hui, 500 m³/h d'eau à 57 °C coulent de Monument Hill, traversant par un conduit le centre de deux terrasses de 6 m de travertin, formées par un siècle de dépôt continuel de 27 minéraux différents. Les thermes gratuits, **Wyoming State Bathhouse** *(lun.-sam. 8h-17h30, dim. 12h-17h30)* sont placés entre deux bâtiments commerciaux, au pied des sources.

## ★★ Little Bighorn Battlefield National Monument D1

*Sur l'US-212, à Crow Agency (Montana), 15 miles au sud de Hardin (Montana) et 210 miles au nord-ouest de Belle Fourche (Dakota du Sud). De Cody, comptez 166 miles, soit environ 3h de route.*
*406 638 2621 - www.nps.gov/libi - 10 $.*
C'est là que, les 25 et 26 juin 1876, dans l'une de leurs dernières tentatives pour défendre leur mode de vie, les guerriers Sioux lakotas et Cheyennes ont tué 272 soldats de la cavalerie américaine, dont le lieutenant-colonel George A. Custer. Les Amérindiens appellent cet événement la « bataille de l'herbe grasse » ; les Américains en parlent plutôt comme du « dernier combat de Custer ».
Ce fut la dernière grande victoire des Indiens de l'Ouest. On peut regarder les cartes, les photos, la vidéo d'introduction et les dioramas du **Visitor Center and Museum** *(juin-août : 8h-19h30 ; avr.-mai et sept. : 8h-18h ; oct.-mars : 8h-16h30)* et découvrir en se promenant des monuments commémoratifs et un cimetière national qui donne toute sa mesure au site. En 2003, un mémorial dédié aux guerriers amérindiens morts durant la bataille a été inauguré, qui vient contrebalancer l'obélisque qui honore les troupes du 7e régiment de la cavalerie américaine.
Au sud du site, là où se trouvait le camp de Sitting Bull, le **Custer Battelfield Museum** *(4185 Garyowen Rd, US-90, sortie 514 - 406 638 1876 - www.custermuseum.org - juin-août : 8h-19h ; reste de l'année : 9h-17h - 7,50 $)* conserve une intéressante collection de photographies, ainsi que des objets indiens et de la cavalerie trouvés lors des fouilles. Il présente aussi un large diorama des différentes étapes de la bataille.
Chaque année, durant la troisième semaine d'août, se déroule au bord de la rivière Little Bighorn le **Crow Fair & Rodeo** *( 406 638 3708 - www.crow-nsn.gov)*, un *pow-wow* qui constitue le plus important rassemblement indien du pays, attirant près de 45 000 participants.

## NOS ADRESSES À CODY

### ARRIVER/PARTIR

#### En avion

**Yellowstone Regional Airport** – *2101 Roger Sedam Drive (à 2 miles au sud-est du centre-ville) - ✆ 307 587 5096 - http://flyyra.com.* Liaisons quotidiennes avec Denver et Salt Lake City. Location de voitures (Budget, Hertz, Thrifty).

### HÉBERGEMENT

#### En ville

**BUDGET MOYEN**

**Irma Hotel** – *1192 Sheridan Ave. - ✆ 307 587 4221 ou 800 745 4762 - www.irmahotel.com - 39 ch. 127/162 $.* Buffalo Bill aurait dit de ce bâtiment historique (1902) en brique que c'était « un joyau » (l'hôtel porte le nom de sa fille, Irma). L'établissement aurait également hébergé Annie Oakley et Calamity Jane. Certaines chambres sont d'origine, comme celle de Buffalo Bill, tandis que celles situées dans la nouvelle aile, sont plus modernes mais manquent de cachet. Simples mais confortables, les chambres historiques, conservées dans leur jus, possèdent mobilier et papiers peints d'époque et toutes ont une salle d'eau privée.

**Chamberlin Inn** – *1032 12th St. - ✆ 307 587 0202 ou 888 587 0202 - www.chamberlininn.com - 22 ch. 115/165 $.* Bien que chargé d'histoire, ce bâtiment en brique (1903) présente un aspect moderne avec sa façade de verre et son bar à cocktail sous la véranda. Les chambres, modernes, conservent de vieux murs de brique et un élégant mobilier avec quelques touches Art déco. Les salles d'eau, privées, possèdent des lavabos sur pied et des douches vitrées. Les suites *(195/215 $)* sont plus spacieuses et certaines chambres possèdent également une petite cuisine. Une adresse intime et pleine de charme.

**Cody Legacy Inn & Suites** – *1801 Mountain View Rd (au sud-ouest de la ville, près du Beck Lake) - ✆ 307 587 6067 - www.codylegacyinn.com - 🏊 - 54 ch. 112/138 $.* Moderne, spacieux et élégant, cet hôtel conserve un style rustique grâce à ses poutres en bois et sa cheminée en pierre dans le hall d'entrée. Le mobilier des chambres standard est fait de rondins de bois et les immenses suites *(160/198 $)*, plus modernes, peuvent accueillir jusqu'à 6 personnes et sont équipées d'une cuisine. La piscine est chauffée et il y a un centre de remise en forme sur place.

**Robin's Nest Bed & Breakfast** – *1508 Alger Ave. - ✆ 307 527 7208 ou 866 723 7797 - www.robinsnestcody.com - 4 ch. 145/155 $ ☕.* Cette belle demeure de deux étages en briques rouges arbore un style typique de l'Ouest avec ses lits en rondins et ses couettes faites main. Le petit-déjeuner comprend des spécialités telles que le toast retourné au fromage frais et aux pralines ou les saucisses de bison. Vente de souvenirs (photographies anciennes, paniers indiens).

**POUR SE FAIRE PLAISIR**

**The Cody** – *232 W. Yellowstone Ave. (entrée ouest de la ville) - ✆ 307 587 5915 - www.thecody.com - 🏊 - 75 ch. 190/250 $ ☕.* À côté du stade de rodéo et du musée Buffalo Bill, un établissement confortable et stylé, flanqué d'un beau jardin. Les chambres, spacieuses et bien agencées, sont dotées de larges écrans plats, de cafetières, de stations iPod et autres aménités. Piscine intérieure avec Jacuzzi et salle de fitness.

## Sur la route de Yellowstone

### BUDGET MOYEN

**Pahaska Tepee Resort** – *183 N. Fork Hwy (à 2 miles de l'entrée est de Yellowstone et 50 miles de Cody) - ✆ 307 527 7701 - www.pahaska.com - ouv. de mi-mai à fin oct. - 20 chalets 104/150 $.* Ancien relais de chasse fondé au début du 20e s. par Buffalo Bill lui-même, ce *lodge* rustique comprend un ensemble de bungalows répartis à l'orée d'une forêt, près d'une rivière. Les chambres sont basiques et plutôt défraîchies, mais les prix n'ont rien de scandaleux. Le restaurant est décoré de trophées. À côté, demandez à voir le Buffalo Bill Hunting Lodge, conservé intact avec son mobilier d'époque. Sur place aussi, une boutique de souvenirs et une station-service.

**Bill Cody Ranch** – *2604 Yellowstone Hwy (à mi-chemin, soit 26 miles, entre Cody et l'entrée est de Yellowstone) - ✆ 307 587 2097 ou 800 615 2934 - www.billcodyranch.com - 17 chalets 140/160 $.* Bâti en 1925 dans un canyon de montagne, au cœur de la forêt nationale de Shoshone, le lieu est dédié à l'équitation et à la détente en pleine nature. Le petit-fils de Buffalo Bill a été le propriétaire du ranch à une période et, au fil des ans, d'autres bâtiments sont venus s'ajouter. Les chalets possèdent un mobilier « western » réalisé à la main. Le restaurant, avec son petit-déjeuner de cow-boy et le dîner, est correct.

**Margo's Mountain Suite B&B** – *25 Bradford Dr. (à 23 miles de Cody, sur la route de Yellowstone) - ✆ 307 587 7580 - www.margosmountainsuite.com - 4 ch. 145/175 $ ☕ - 2 nuits min.* Retiré au cœur de la Wapiti Valley, l'hôtel est entouré de prairies naturelles où l'on croise à l'occasion un cheval ou un orignal vagabond. Avec sa cuisine de campagne à l'ancienne, ses dépendances qui évoquent des étables et ses tables pour pique-niquer dans le jardin, il est particulièrement douillet. Les chambres, sur deux étages, sont élégantes et confortables, malgré l'absence de télévision. Certaines sont équipées de petites cuisines.

### UNE FOLIE

**UXU Ranch** – *1710 N. Fork Hwy (à 37,5 miles à l'est de Cody et 14,5 miles de l'entrée de Yellowstone) - ✆ 307 587 2143 - www.uxufamilyduderanch.com - 9 chalets 1 798 $ la sem. par pers. en pension complète (en été) - séjour 3 nuits min.* Il y a de l'espace à explorer avec les plus de 200 000 ha de nature aux portes de ce ranch historique d'East Yellowstone. La formule à la semaine comprend le logement en chalet, le restaurant cow-boy, les repas en extérieur, les promenades à cheval, la visite du parc national, ainsi que des parties de pêche et des excursions sur la rivière. Les chalets, bâtis au milieu du 19e s., ont conservé leur charme ancien, mais sont magnifiquement rénovés et équipés de tout le confort.

## RESTAURATION

### BUDGET MOYEN

**Proud Cut Saloon** – *1227 Sheridan Ave. - ✆ 307 527 6905 - plat 8/25 $.* En face du Irma Hotel, ce gril à l'ambiance western est doublé d'un agréable patio à l'arrière. Bons steaks et *burgers* à petits prix.

**Irma Grill** – *1192 Sheridan Ave. - ✆ 307 587 4221 - www.irmahotel.com - buffet midi 11 $, buffet soir 25 $, brunch du dim. 15 $, plat dîner*

3

*17/33 $*. Avec son impressionnant décor (bar en merisier offert par la reine Victoria, miroirs anciens, trophées de chasse, lustres en bois de cerf), le restaurant de l'hôtel Irma a tout d'une étape obligée pour les visiteurs de Cody. Sa cuisine satisfera les plus gros appétits avec ses côtes de bœuf, ses tourtes et ses faux-filets de bison. Attenant au restaurant, le bar du **Silver Saddle Saloon** vous transporte à l'époque de l'Ouest héroïque.

**Cassie's Supper Club** – *214 Yellowstone Ave. - ✆ 307 527 5500 - www.cassies.com - plat déj. 9/15 $, dîner 11/36 $*. Fondé en 1922, cet établissement qui servait jadis de lupanar attire aujourd'hui les amateurs de bonnes viandes grillées, de poissons et crustacés. À midi, la carte propose des pizzas, *burgers*, sandwichs et salades. Mais c'est aussi un pilier des soirées de Cody *(voir « En soirée »)*.

**Andrianos Italian Restaurant** – *1244 Sheridan Ave. - ✆ 307 527 7320 - www.adrianositalianrestaurant.com - plat déj. 9/22 $*. Une table italienne raffinée dans une ville de cow-boys change un peu de l'ordinaire. Les pâtes, les plats de fruits de mer ou de veau et les pizzas tiennent bien la route et les portions sont généreuses. Rien d'inoubliable mais très correct.

## EN SOIRÉE

**Cassie's Supper Club** – *214 Yellowstone Ave. - ✆ 307 527 5500 - www.cassies.com*. Se targuant d'être le « meilleur gril du Wyoming », ce lieu animé évoque le Far West à travers son décor de cornes de vaches, d'animaux empaillés et d'autres objets typiques. Trois bars, des tables de billard et une grande piste de danse en font plus qu'un simple restaurant où aller manger un bon steak. Idéal pour une soirée animée, surtout en fin de semaine.

**Cody Cattle Company** – *1910 Demaris St. - ✆ 307 272 5770 - www.thecodycattlecompany.com - ouv. de juin à fin sept. - spectacle 14 $, dîner-spectacle 28 $*. Malgré son nom, cet établissement n'a rien à voir avec l'industrie du bétail. C'est un restaurant familial où l'on dîne en profitant d'un bon spectacle *(début à 18h30)*. Un chariot bâché fait office de buffet à volonté *(entre 17h30 et 20h)* et l'on y trouve les plats typiques de l'Ouest : poitrine de bœuf, haricots blancs à la sauce tomate et pain au maïs. Musique country entraînante, assortie de sketchs humoristiques et de numéros pour se détendre.

## ACTIVITÉS

### Rafting

**Red Canyon River Trips** – *1119 12th St. - ✆ 307 587 6988 ou 800 293 0148 - www.codywyomingadventures.com*. Une agence sérieuse qui organise des descentes sur la Shoshone de 2h *(33 $)* ou 4h *(75 $)*. Elle propose également d'aller observer les hardes de mustangs sauvages dans les prairies des McCollough Peaks, à l'est de Cody.

## AGENDA

**Cody Gunfighters** – *www.codygunfighters.com*. En été (juin-sept.), du lundi au samedi à 18h, des fusillades de cinéma sont organisées devant l'hôtel Irma. Une troupe de comédiens incarne les *desperados* tels Wild Bill Hickok, Calamity Jane et autres as de la gachette.

# Montana Gateways

★

**Moins de 8 % du parc de Yellowstone s'étend au Montana, l'État du « ciel immense », mais trois de ses cinq entrées s'y trouvent. Celle de West Yellowstone, la plus fréquentée, accueille un tiers des touristes. La zone de Mammoth Hot Springs est proche de Gardiner, à l'entrée nord. La splendide route d'accès par le nord-est monte à près de 3 400 m au Beartooth Pass.**

NOS ADRESSES PAGE 289

### S'INFORMER

*406 556 8680 - www.yellowstonecountry.net.*

### SE REPÉRER

Carte de région BC1-2 (p. 238-239) – *heure des Montagnes*. Les Gateways désignent les régions et villes du Montana situées à la lisière du parc national de Yellowstone, avec lequel elles partagent des liens étroits.

### À NE PAS MANQUER

L'autoroute Beartooth Highway.

### AVEC LES ENFANTS

Le Grizzly & Wolf Discovery Center ; Yellowstone Imax Theatre ; Museum of the Rockies ; Lewis and Clark Caverns State Park.

## Découvrir Carte de région

### West Yellowstone C2

*Au croisement de l'US-20 et de l'US-287.*

**Chamber of Commerce** – *30 Yellowstone Ave. (à l'angle de Canyon St., dans le centre-ville) - 406 646 7701 - www.destinationyellowstone.com - juin-août : 8h-20h ; mai et sept. : 8h-18h ; oct. et avr. : 8h-16h ; nov.-mars : lun.-vend. 8h-17h.*
En 1907, l'Union Pacific Railroad amena une ligne secondaire à la limite du parc : la ville ainsi créée compte aujourd'hui un millier d'habitants permanents ; en hiver, elle se veut la « capitale mondiale de la motoneige ».

**Yellowstone Historic Center Museum** – *30 Yellowstone Ave. - 406 646 1100 - www.yellowstonehistoriccenter.org - de mi-mai à mi-oct. : 9h-18h (21h en été) - 6 $.* Dans l'ancienne gare de l'Union Pacific, conçue dans le style « park rustic » par Gilbert Stanley Underwood, ce musée retrace notamment les débuts du tourisme dans la région, à l'époque des voyages en diligence, des trains à vapeur et des premières motoneiges.

À 100 m à gauche du musée, après le poste de police, se dresse l'**Union Pacific Dinning Hall** (1926), une salle monumentale en rocs et troncs d'arbre où l'on pouvait servir jusqu'à mille repas quotidiens.

★★ **Grizzly & Wolf Discovery Center** – *201 S. Canyon St. - 406 646 7001 - www.grizzlydiscoveryctr.com - de mi-mai à déb. sept. : 8h30-20h30 - 11,50 $.*
Ce centre didactique présente l'habitat et le comportement de l'ours grizzli et du loup gris. L'exposition analyse les relations conflictuelles entre l'homme et ces animaux, plus souvent victimes qu'agresseurs. Une partie du zoo est située en extérieur. Partageant une tanière entourée d'une clôture, la meute

de sept loups respecte sa stricte hiérarchie sociale. À côté, neuf grizzlis vivent dans un enclos doté de deux étangs et d'un cours d'eau. Relâchés par groupes de deux ou trois, les plantigrades sont encouragés à utiliser leur talent naturel pour ouvrir les troncs des arbres, fouiller le sol et retourner les pierres pour trouver des insectes. Un commentateur explique leur comportement : habitudes alimentaires, preuves d'intelligence, accouplement. Le centre héberge également quelques rapaces, aigles dorés et faucons pèlerins.

**Yellowstone Imax Theatre** – *101 S. Canyon St. - 406 646 4100 ou 888 854 5862 - www.yellowstoneimax.com - de mai à mi-oct. : 9h-21h (film env. ttes les h) - 9 $.* Situé à côté du Grizzly & Wolf Center, ce cinéma projette différents films éducatifs, notamment un beau documentaire sur Yellowstone.

### ★ Earthquake Lake Visitor Center C2

*Sur l'US-287, à 25 miles au nord-ouest de West Yellowstone.*
*406 823 6961 - www.fs.usda.gov - de fin mai à mi-sept. : 10h-18h.*

Le 17 août 1959, juste avant minuit, un tremblement de terre *(earthquake)* de magnitude 7,8 sur l'échelle de Richter, dont l'épicentre était proche de Hebgen Lake, provoque un glissement de terrain. Il ensevelit 28 campeurs au bord de la Madison et détruit des kilomètres de route. Les eaux de la Madison montent rapidement derrière la barrière naturelle ainsi créée, tandis que des fissures apparaissent dans la digue de Hebgen Lake. Si l'une des deux avait cédé, l'inondation aurait détruit plusieurs villes. La tragédie, et la façon dont on a évité un deuxième désastre, sont l'objet du Visitor Center du Forest Service. Perché sur une colline, ce bâtiment entièrement rénové (mai 2014) domine les traces de l'éboulement, le barrage naturel, un déversoir construit à la hâte et le nouveau **Quake Lake**, profond de 58 m et long de 10 km.

### ★★ Virginia City et Nevada City B1

*Sur la Rte 287, à 84 miles au nord-ouest de West Yellowstone.*
**Chamber of Commerce** – *406 843 5555 - www.virginiacity.com.*

À 1,5 mile l'une de l'autre, dans la gorge Alder Gulch, ces deux bourgades sœurs montrent une architecture du « Wild West » auréolée par la légende des « vigilantes », milices de citoyens à la justice expéditive. En 1863, une ruée vers l'or les rendit prospères. **Virginia City★★** survécut pour devenir la capitale du Territoire du Montana ; c'est aujourd'hui un véritable musée vivant : la ville entière est inscrite au registre national des monuments historiques. **Nevada City★★**, qui s'était muée en ville fantôme, est désormais un camp de mineurs restauré, avec une petite centaine de bâtiments d'époque, édifices originaux ou récupérés sur d'autres sites.

### Gardiner C2

*Sur la Rte 89, à 1 mile de l'entrée nord du parc de Yellowstone.*
**Chamber of Commerce** – *222 W. Park St. - 406-848-7971 - www.gardinerchamber.com - été : lun.-jeu. 9h-17h, vend.-dim. 9h-13h ; hiver : lun.-jeu. 9h-17h.*

Concentrant motels, restaurants, saloons, magasins de vêtements et sociétés de rafting, cette petite bourgade située à l'entrée nord du parc s'étale sur les deux berges de la Yellowstone et dans sa vallée.

### Livingston C1

*Sur la US-89 au niveau de l'I-90 (sortie 332), à 54 miles au nord de Gardiner.*
**Chamber of Commerce** – *406 222 0850 - www.livingston-chamber.com.*

Fondée en 1882 par la Northern Pacific, Livingston était le point de départ de la ligne conduisant à l'entrée nord du parc de Yellowstone. Le bourg conserve 436 bâtiments de son époque glorieuse.

Campagne dans les environs de Bozeman.
S.Dykstra/Design Pics RM/age fotostock

## ★ Bozeman C1

*Sur la Rte 84 par l'I-90 (sortie 309), à 26 miles à l'ouest de Livingston.*

**Chamber of Commerce** – *2000 Commerce Way (N. 19th Ave.) - 800 228 4224 - www.bozemancvb.com - lun.-vend. 8h-17h.*

Siège de l'**université d'État du Montana**, cette ville de 39 860 habitants doit son nom à John Bozeman, conducteur de convois sur la piste qu'il avait tracée. C'est de là qu'est parti l'embranchement ferroviaire jusqu'à West Yellowstone, au début du 20e s. Restaurants, librairies, galeries d'art et boutiques occupent les bâtiments historiques en brique de part et d'autre de **Main Street** ; à côté, **Wilson Avenue★** est bordée de belles demeures des années 1900.

★★ **Museum of the Rockies** – *600 W. Kagy Blvd - 406 994 2251 - www.museumoftherockies.org - été : 8h-20h ; hiver : 9h-17h, dim. 12h30-17h - 14 $.* Ce musée remarquable retrace l'évolution géologique de la Terre, en mettant l'accent sur les Rocheuses. Le **Siebel Dinosaur Complex★★** montre le grand rôle joué par le Montana et le Wyoming dans la paléontologie moderne. Les maquettes animées de grands sauriens sont très appréciées des enfants. Dans un laboratoire en activité, un technicien discute avec les visiteurs tout en nettoyant un vrai fossile. Le **Taylor Planetarium** offre des spectacles laser sur les étoiles. À l'extérieur, **Tinsley Homestead** recrée la vie quotidienne d'autrefois dans une ferme de la Gallatin Valley.

## Big Sky Resort C1-2

*Sur la Rte 64, 3 miles à l'ouest de l'US-191 et 50 miles au sud-ouest de Bozeman.*

*406 995 5001 - www.bigskyresort.com.*

Conçue par le journaliste de télévision Huntley, Big Sky est une station de montagne d'hiver et d'été. Ses 16 remontées mécaniques desservent un domaine skiable de 1 480 ha. En été, on y pratique le golf, le cheval, le vélo et la pêche. Le parcours en **téléphérique** *(gondola)* sur une partie des 3 398 m de Lone Peak offre de vastes panoramas.

3

### ★ Three Forks Area C1

*Sur l'I-90, à 28 miles à l'ouest de Bozeman.*

Lewis et Clark avaient donné aux trois rivières qui se rejoignent pour former le Missouri les noms d'hommes d'État de l'époque : Madison, Jefferson et Gallatin.
★ **Missouri Headwaters State Park** – *Rte 286, à 5 miles au nord de Three Forks - 406 285 3610 - www.stateparks.mt.gov.* Il marque le début du système fluvial du Missouri-Mississippi, le plus long d'Amérique du Nord.

### ★★ Lewis and Clark Caverns State Park C1

*Sur la Rte 2, à 19 miles à l'ouest de Three Forks.*
*406 287 3541 - www.stateparks.mt.gov.*

Baptisé par Theodore Roosevelt après la découverte de grottes par des mineurs, ce parc est connu pour ses stalactites et stalagmites vieilles de 3 millions d'années et pour sa colonie de chauves-souris.

### ★★ Beartooth Highway CD2

*Circuit de 67 miles de l'entrée nord-est de Yellowstone à Red Lodge (US-212). Ouvert de mai à oct., suivant l'enneigement.*

Charles Kuralt, correspondant de la chaîne de télévision CBS, disait que cette route de 67 miles était « le plus beau trajet en voiture de toute l'Amérique ». À partir de Cooke City, la route monte en pente douce en longeant une série de lacs pittoresques, puis grimpe quelques lacets très raides. Les **vues★★★** sont spectaculaires depuis **Beartooth Pass** (3 337 m) ; le sentier éducatif qui en part est emprunté par les chèvres des Rocheuses autant que par les promeneurs. Le vaste plateau du sommet est couvert en été de fleurs sauvages ; de tous côtés se dressent des pics déchiquetés.

### ★ Red Lodge C2

*Sur l'US-212, à 67 miles de l'entrée nord-est de Yellowstone.*

**Chamber of Commerce** – *601 N. Broadway Ave. - 406 855 4796 - www.redlodge.com - lun.-vend. 10h-16h.*

Longtemps, Red Lodge (2 155 hab.) a vécu du charbon. Après la fin de la mine, elle s'est tournée vers le tourisme. **Main Street** aligne des bâtiments en brique, dont beaucoup construits autour de 1900. Le plus ancien, le **Pollard Hotel** *(2 N. Broadway - 406 446 0001 - www.thepollard.net)*, de 1893, est inscrit au registre des monuments historiques.

### Billings D1

*Sur l'US-87 (sortie 450 de l'I-90), à 59 miles au nord-est de Red Lodge.*

**Chamber of Commerce** – *815 S. 27th St. - 406 245 4111 - www.visitbillings.com - lun.-vend. 8h30-17h.*

La plus grande ville du Montana (109 059 hab.) s'étale dans la plaine inondable de la Yellowstone. Le centre se situe autour du croisement de Broadway Street et de Montana Avenue. Son bâtiment le plus intéressant est **Moss Mansion★** *(914 Division St. - 406 256 5100 - www.mossmansion.com - été : mar.-sam. 10h-16h, dim. 13h-16h ; hiver : mar.-dim. 13h-16h - visite guidée ttes les heures, durée 1h - 10 $)*, hôtel particulier construit en 1903 pour un banquier par Henry Janeway Hardenbergh, l'architecte de l'hôtel Waldorf-Astoria à New York.
Semblable à un château, une bibliothèque de 1901 de style roman abrite un musée d'histoire régionale, le **Western Heritage Center** *(2282 Montana Ave. - 406 256 6809 - www.ywhc.org - mar.-sam. 10h-17h - 5 $).*
Construit autour de l'ancienne prison du comté, le **Yellowstone Art Museum** *(401 N. 27th St. - 406 256 6804 - www.artmuseum.org - mar., merc., sam. 10h-17h, jeu.-vend. 10h-20h, dim. 11h-16h - 6 $)* présente des artistes du Montana, comme le peintre cow-boy Will James et la sculptrice Deborah Butterfield.

## NOS ADRESSES DANS LES MONTANA GATEWAYS

### HÉBERGEMENT

#### Bozeman

BUDGET MOYEN

**Voss Inn** – *319 S. Willson St. - ✆ 406 587 0982 - www.bozeman-vossinn.com - 6 ch. 125/145 $* ☕. Un jardin à l'anglaise très fleuri et une roseraie entourent ce charmant manoir (1883) situé entre le centre-ville et l'université du Montana. Ses chambres meublées d'antiquités disposent de salles de bains privées. Le petit-déjeuner, très complet, se compose notamment de pains maison.

#### Gardiner

BUDGET MOYEN

**Yellowstone Suites B&B** – *506 S. 4th St. - ✆ 406 848 7937 - www.yellowstonesuites.com - 4 ch. 85/160 $* ☕. Cette maison en pierre de style victorien (1904), entourée d'un jardin, est située près de la rivière Yellowstone. Elle abrite de jolies chambres aux tons chamarrés, réparties sur trois étages. Le petit-déjeuner est copieux, l'adresse bien tenue et l'hôtesse s'efforce de satisfaire ses invités.

POUR SE FAIRE PLAISIR

**Yellowstone Basin Inn** – *54 Maiden Basin Dr. (à 4 miles au nord de Gardiner, en dir. de Livingston) - ✆ 406 848 7080 ou 800 624 3364 - www.yellowstonebasininn.com - 8 ch. 164/300 $* ☕. On profite ici d'un cadre naturel remarquable, face à la rivière, au pied des montagnes, et d'un accueil familial chaleureux. Les chambres ont la climatisation, la télévision par satellite, du wifi rapide et, pour certaines, une kitchenette équipée. Toutes sont décorées différemment et avec goût. Un Jacuzzi en plein-air est disponible, très agréable à la belle étoile. Petit-déjeuner buffet, délicieux et copieux.

#### Red Lodge

PREMIER PRIX

**Yodeler Motel** – *601 S. Broadway Ave. - ✆ 406 446 1435 ou 866 446 1435 - www.yodelermotel.com - 23 ch. 60/90 $*. Cet hôtel de style bavarois se trouve à trois pâtés de maisons du centre-ville et à 6 miles des pistes de ski de Red Lodge Moutain. Les chambres « premier prix » du Yodeler possèdent réellement du caractère. Les services sont nombreux, allant des saunas dans les chambres à un espace de lavage pour motos, en passant par une salle de fart à ski. L'hôtesse d'accueil vous attendra vêtue d'un *dirndl*, une robe traditionnelle bavaroise.

BUDGET MOYEN

**Pollard Hotel** – *2 N. Broadway Ave. - ✆ 406 446 0001 - www.thepollard.com - 39 ch. 95/155 $* ☕. Un néon en forme d'orignal signale l'entrée de ce bâtiment en brique de 1893. Autrefois, cet hôtel était la vedette de la région ; on y servait du homard grillé et il est dit que Buffalo Bill et Sundance Kid fréquentaient le lieu. Les chambres, entièrement rénovées, sont cependant plutôt modernes et sont toutes différentes.

#### West Yellowstone

BUDGET MOYEN

**Alpine Motel** – *120 Madison Ave. - ✆ 406 646 7544 - www.alpinemotelwestyellowstone.com - 15 ch. 89/105 $*. À deux pâtés de maisons à peine de l'entrée ouest de Yellowstone, cet hôtel modeste et indépendant a des allures de ranch avec ses panneaux en bois et ses couvre-lits typiques du Sud-Ouest. Il y a aussi une suite de deux pièces *(139 $)* et une unité avec cuisine qui peut être reliée à la suite et recevoir jusqu'à dix personnes.

**Lazy G Motel** – *123 Hayden St. - ✆ 406 646 7586 - www.lazygmotel.com - 15 ch. 89/131 $.* Cet hôtel familial se trouve à moins de 1,2 mile de l'entrée ouest de Yellowstone. Confortables, décorées de panneaux de bois, les chambres possèdent une literie correcte et sont bien entretenues. Certaines disposent d'une petite cuisine. Pour les familles, des lits pliants et des futons sont à disposition.

### RESTAURATION

## Bozeman

#### POUR SE FAIRE PLAISIR

**Plonk** – *29 E. Main St. - ✆ 406 5587 2170 - www.plonkwine.com - fermé dim. et lun. midis - plat 10/28 $.* Moderne et branché, l'endroit vaut autant pour ses vins et cocktails que pour ses mets raffinés, confectionnés avec des produits bio et proposés sous forme de petites assiettes à partager. La salle, tout en longueur, ornée d'un bar lumineux et d'un plafond couvert d'étain repoussé, se double d'un ravissant patio à l'arrière.

## Gardiner

#### PREMIER PRIX

**Yellowstone Grill** – *404 Scott St. - ✆ 406 848 9433 - 7h-14h - fermé lun. - plat 6,50/9,50 $.* Un bon endroit pour un petit-déjeuner ou un repas rapide et sans prétention. Les plats sont préparés et servis directement derrière le comptoir. L'ardoise affichée au mur propose des salades composées, *wraps*, *burritos* ou *burgers*.

#### BUDGET MOYEN

**The Raven Grill** – *200 W. Park St. - ✆ 406 848 7600 - fermé sam. et dim. midi - plat 12/19 $.* La salle, petite et enfumée, est souvent prise d'assaut et le service lambine, mais la cuisine soignée compense ces légers désagréments. Filet mignon, lasagnes, *burger* de wapiti, fricassée de champignons sauvages, gratin de pommes de terre, *quesadilla* aux crevettes et fromage de chèvre sont servis avec une bonne sélection de vins du Nouveau Monde. En dessert, goûtez la crème brûlée aux airelles : un régal.

**Lighthouse Restaurant** – *752 US-89 S. (à 7 miles au nord de Gardiner) - ✆ 406 848 2138 - www.lrmts.com - dîner seult - fermé mar. et de fin sept. à fin mai - plat 12/16 $.* Logée dans un bâtiment historique de 1896, cette table conviviale mérite le déplacement. La carte décline des plats d'inspiration américaine ou asiatique tels que steak à la new-yorkaise, *burger* de bison, gâteau au crabe, salade thaïe, bœuf à la bengalaise, crevettes sauce Sichuan ou curry à l'indienne. Le restaurant ne sert pas d'alcool.

## Red Lodge

#### PREMIER PRIX

**Bogart's** – *11 S. Broadway Ave. - ✆ 406 446 1784 - www.redlodgerestaurants.com - plat 9/23 $.* Les plats mexicains sont ici servis avec des frites croustillantes et de la *salsa* gracieusement offertes… et sont accompagnés de carafes de margarita ! Les beignets de piments *jalapeno* sont faits maison et les frites, coupées à la main, mélangées à de la viande de *taco* et de la sauce *sala con queso*, font un plat idéal à partager. La sauce *mole* au chocolat et au piment relève le poulet grillé. Pizzas et hamburgers figurent également au menu.

**Café Regis** – *501 S. Word Ave. - ✆ 406 446 1941 - www.caferegis.com - fermé lun. et le soir - plat 8/21 $.* Le patio où l'on déjeune est bordé de lavande et le vaste jardin offre de l'espace aux enfants. Les ingrédients utilisés ici sont de qualité, comme les viandes bio des Rocheuses et les légumes provenant directement du jardin. Le petit-déjeuner inclut des crêpes au sirop d'érable et aux piments *jalapeno*, tandis que le déjeuner est composé de grandes salades et de sandwichs, ainsi que d'un plat du jour. De nombreux plats végétariens figurent au menu.

**Red Lodge Pizza Co.** – *115 S. Broadway Ave. - ✆ 406 446 3333 - www.redlodgerestaurants.com - plat 12/24 $.* Lorsque l'on cherche un restaurant familial, des pizzas haut de gamme et une bonne sélection de bières et de vins, il est difficile de trouver mieux que ce restaurant très prisé. Les gros appétits se régaleront avec les ailes de poulet « jumbo », les artichauts et leurs épinards, les pizzas et les *calzones*, et le « hoagie », un énorme sandwich au poulet et au parmesan.

## West Yellowstone

### PREMIER PRIX

**Running Bear Pancake House** – *538 Madison Ave. - ✆ 406 646 7703 - petit déj. seult - fermé de fin sept. à fin mai.* Ce lieu est idéal pour qui souhaite partir randonner dans le parc, escalader une falaise ou aller faire du rafting dans la rivière. Les portions y sont énormes : le filet de poulet frit fait la taille de l'assiette ! On y sert également des biscuits et des choses plus originales, comme le pain perdu aux courgettes. Il est courant de devoir attendre, car beaucoup de monde s'y presse.

**Taqueria Las Palmitas** – *21 N. Canyon St. - ✆ 406 640 1822 - fermé de fin sept. à fin mai - plat 4/8 $.* Le restaurant est en vérité un bus avec un panneau « oui, nous sommes ouverts » sur le pare-brise. Cette petite cuisine mobile produit d'excellents classiques comme le *Super burrito* débordant de viande et de légumes, les *tacos* au bœuf haché et les *fajitas* de crevettes.

### BUDGET MOYEN

**Buckaroo Bills** – *24 Canyon St. - ✆ 406 646 7901 - fermé de fin sept. à fin mai - plat 9/26 $.* Steaks, hamburgers de bison et de wapiti, côtes au barbecue et morceaux de poulet dans leur sauce pimentée figurent tous au menu de ce restaurant à la décoration amusante. Le wagon couvert est particulièrement plaisant avec ses boxes et ses banquettes en cuir.

**Café Madriz** – *311 N. Canyon St. - ✆ 406 646 9245 - fermé de fin sept. à fin mai - tapas 4/12 $.* Cela peut sembler surprenant de trouver un restaurant espagnol si près du parc. Pourtant, celui-ci est authentique, avec son gaspacho, ses filets de porc braisés et sa paella. Attention, les plats sont préparés à la commande et peuvent prendre jusqu'à 30mn. Le personnel est de bon conseil en vin et la sangria accompagne merveilleusement tous les plats.

# Vallée de la Snake

★

**La Snake prend sa source dans le Wyoming, traverse les parcs nationaux de Yellowstone et de Grand Teton, puis décrit un arc dans le sud de l'Idaho, creusant de profonds canyons et enrichissant les terres agricoles. Une série de barrages a transformé sa haute plaine volcanique en sol fertile, faisant vivre plusieurs villes de taille moyenne. La mer intérieure qui occupait autrefois la région s'est écoulée vers l'ouest lorsque le relief s'est soulevé. De la lave, issue des failles, a recouvert les riches sédiments marins. Au sud, l'immense Lake Bonneville, long de 550 km et large de 220 km, couvrait la plus grande partie de l'Utah et de l'est du Nevada actuels. La rupture, il y a 15 000 ans, de sa digue volcanique naturelle a provoqué une inondation digne du Déluge : pendant huit semaines, avec une puissance triple de celle de l'Amazone, elle a emporté des millions de tonnes de roche et de débris, façonnant les gorges splendides de la Snake et de Hells Canyon.**

## NOS ADRESSES PAGE 298

### S'INFORMER
*208 334 2470 - www.visitidaho.org.*

### SE REPÉRER
Carte de région AB2-3 (p. 238-239) – *heure des Montagnes*. Au sud de l'Idaho, la Snake River suit l'I-15 en direction du sud jusqu'à l'I-86, puis l'I-84 vers l'ouest jusqu'à Twin Falls.

### À NE PAS MANQUER
Le World Center for Birds of Prey.

### AVEC LES ENFANTS
Bruneau Dunes State Park ; Idaho State Historical Museum ; Discovery Center of Idaho ; Zoo Boise

## Découvrir Carte de région

### Idaho Falls B2

*Au croisement de l'US-20 et de l'US-26 (sortie 118 de l'I-15), à 90 miles à l'ouest de Jackson.*

**Visitors Center** – *425 N. Capital Ave. - 208 523 1010 - www.idahofalls chamber.com - lun.-vend. 8h30-17h.*

Ce centre agricole est la porte de l' **Idaho National Laboratory** *(www.inel.gov.)*. Sur un domaine volcanique de 2 300 km², on a installé 52 réacteurs nucléaires, la plus grande concentration du monde. Le premier surgénérateur américain, Experimental Breeder Reactor 1 ou **EBR-I★**, a fonctionné de 1951 à 1964. Il est possible de visiter l'installation *(Van Buren Blvd, Atomic City, à 48 miles à l'ouest d'Idaho Falls - 208 526 0050 - de fin mai à déb. sept. : 9h-17h - gratuit).*

Tout près, à Pocatello, l'étonnant **Museum of Clean★**, conçu par un magnat des services de conciergerie, Don Aslett, est dédié à tout ce qui est propre : installations sanitaires, hygiène, santé, et modes de vie *(711 S. 2nd Ave. - 208 236 6906 - www.museumofclean.com - mar.-sam. 10h-17h - 6 $).*

### ★ Twin Falls A3

*Sur l'US-93, à 6 miles au sud de l'I-84 et 159 miles à l'ouest d'Idaho Falls.*

**Chamber of Commerce** – *858 Blue Lakes Blvd N. - ✆ 208 733 9458 - www.twinfallschamber.com.*

Les voyageurs de l'I-84 entrent dans Twin Falls (45 981 hab.) par **Perrine Bridge**, qui domine de 148 m **Snake River Canyon**, avec la plus longue portée de l'Ouest américain. On voit toujours la rampe que le motocycliste cascadeur Evel Knievel utilisa en 1974 en tentant, sans succès, de franchir les 460 m qui séparent les deux rives.

★★ **Shoshone Falls** – *3300 East Rd (à 5 miles à l'est de Twin Falls via Falls Ave.) - ✆ 208 733 3974.* Surnommées « Niagara de l'Ouest », ces chutes hautes de 65 m dépassent de 16 m leurs cousines de l'Est. Au printemps, avant que les prélèvements pour l'irrigation en amont n'apaisent son tonnerre, le mur de 300 m offre un spectacle impressionnant en s'écrasant dans un nuage de brume.

★ **Herrett Center for Arts and Science** – *315 Falls Ave. W., College of Southern Idaho - ✆ 208 733 9554 - http://herrett.csi.edu - mar., vend. 9h-21h, merc.-jeu. 9h-16h, sam. 13h-21h - gratuit.* Réputé pour sa section d'anthropologie qui privilégie les cultures amérindiennes, ce musée possède également le plus grand planétarium du Nord-Ouest Pacifique.

### ★★ Thousand Springs Scenic Route AB3

*Sur l'US-30, entre Buhl (à 18 miles à l'ouest de Twin Falls) et Bliss (I-84, sortie 141).*

**Chamber of Commerce** – *✆ 208 837 9131 - www.hagermanvalleychamber.com.*

Les sources de **Thousand Springs**★★ suintent ou jaillissent de la paroi nord du canyon de la Snake, résurgences des « rivières perdues », qui disparaissent dans la plaine poreuse de la Snake pour ressortir par les fractures du rocher. Dans la vallée, de nombreux **élevages piscicoles**, notamment de truites, profitent de la pureté de l'eau.

★ **Hagerman Fossil Beds National Monument** – *W. 2700 South Rd - Visitor Center : 221 N. State St., Hagerman - ✆ 208 933 4100 - www.nps.gov/hafo - été : 9h-17h ; hiver : jeu.-lun. 9h-17h.* Le plus grand gisement de fossiles du Pliocène en Amérique du Nord se trouve sur un escarpement de la rive sud-ouest de la Snake. Les fouilles ont débuté dans les années 1930, quand des scientifiques de

#### L'INCROYABLE SNAKE

Ce qui débute par trois minuscules cours d'eau convergeant dans le Wyoming, au sud du parc de Yellowstone, se transforme en une puissante rivière qui court sur 1 700 km à travers l'Idaho et l'État de Washington pour finir par se jeter dans la Columbia. De son point de départ, à l'ouest de la ligne continentale de partage des eaux et à une altitude de près de 3 000 m, la Snake River coule d'abord vers l'ouest puis vers le sud, en direction de Jackson Lake. Sur les 50 premiers miles, elle traverse la Jackson Hole Valley avant de faire un coude vers le nord-ouest à travers le Snake River Canyon des Snake River Mountains, dans l'est de l'Idaho. Elle court ensuite à travers le sud de l'Idaho, en passant par la ville d'Idaho Falls. Non loin de Twin Falls, la Snake River atteint son point le plus au sud. Elle coule ensuite en direction du nord-ouest jusqu'à rejoindre la Clearwater River à Lewiston. Parvenue à ce confluent, son altitude n'est plus que d'une centaine de mètres. Elle se dirige alors vers l'ouest à travers la partie sud de l'État de Washington.

la Smithsonian Institution y ont découvert un équidé de la famille des zèbres, disparu depuis plus de trois millions d'années. Le site propose des sentiers et des points de vue, mais aucun service. Des visites partent du Visitor Center les week-ends en été.

### ★ Bruneau Dunes State Park A3

*Sur la Rte 78, à 18 miles au sud de Mountain Home (sortie 95 de l'I-84).*
*208 366 7919 - www.parksandrecreation.idaho.gov.*
Les plus hautes dunes (140 m) d'Amérique du Nord occupent une cuvette de 240 ha dans un ancien méandre de la Snake. Des sentiers escaladent ces dunes fixes, composées principalement de grains de quartz et de feldspath. Un petit observatoire attire le week-end les amoureux des étoiles.

### ★★ Boise A2

*À 120 miles au nord-ouest de Twin Falls par l'I-84 (sortie 53).*
**Visitor Center** – *250 S. 5th St. - 208 344 7777 - www.boise.org - lun.-vend. 9h-17h.*
La rivière Boise (boye-zi) donne un caractère particulier à cette ville de 214 237 habitants, capitale de l'Idaho et centre commerçant et culturel de l'État. À l'heure du déjeuner, on voit les salariés des industries high-tech pêcher la truite au lancer, debout dans la rivière, tandis que les étudiants de Boise State University dérivent sur des rafts ou des chambres à air.
★ **Idaho State Capitol** – *700 W. Jefferson St. - 208 332 1000 - 6h-22h (17h le w.-end) - gratuit.* Construit en grès local entre 1905 et 1920 sur le modèle du capitole de Washington, ce bâtiment néoclassique a été le premier du monde doté d'un chauffage central géothermique. Depuis 1892, 2 600 $m^3$ d'eau à 78 °C sont pompés tous les jours dans une nappe aquifère voisine du **Warm Springs Historic District**. 400 maisons particulières et 8 bâtiments officiels bénéficient de ce type de chauffage.
Le centre-ville s'articule autour de **Grove Plaza** *(8th Ave. et Grove St.)*, vaste esplanade piétonnière.
**Basque Museum and Cultural Center** – *611 Grove St. - 208 343 2671 - www.basquemuseum.com - mar.-vend. 10h-16h, sam. 11h-15h - 5 $.* Il honore les immigrants qui ont fait de Boise la plus importante communauté basque hors de France et d'Espagne. Petit musée ouvert en 1985 dans la maison Cyrus Jacobs-Uberuaga *(607 Grove St.)*, le centre s'est développé et comprend maintenant des archives sonores et une bibliothèque. On trouve parmi ses collections objets, photographies, manuscrits et enregistrements.
La **Boise River Greenbelt★★**, un réseau de pistes pédestres et cyclables, relie en 25 miles une série de parcs en bord de rivière à travers la ville :

#### LES BASQUES DE BOISE

Les ancêtres des habitants de Boise sont des Basques venus des Pyrénées dans le sud de l'Idaho dans les années 1890, pour travailler comme bergers, bûcherons ou mineurs. Dans le centre-ville, sur Grove Street (entre 6th Street et Capitol Blvd), le **Basque Block** possède des restaurants, des boutiques et un marché basques *(608 W. Grove St.)*. Les restaurants y servent le traditionnel agneau et des plats de porc épicés de poivrons et de chorizo. Le **Bar Gernika** *(202 S. Capitol Blvd - 208 344 2175 - www.bargernik.com)* sert une authentique cuisine basque dans une ambiance familiale. **Leku Ona** *(117 S. 6th St. - 208 345 6665 - www.lekuonaid.com)* propose des spécialités telles que le ragoût d'agneau et le poulpe, ainsi que de la bière basque.

**IDAHO SHAKESPEARE FESTIVAL**
*Amphitheater & Reserve - 5657 Warm Springs Ave. (à l'est du centre-ville) - ☎ 208 336 9221 - www.idahoshakespeare.org.*
Il est conseillé de visiter Boise entre juin et septembre, de façon à pouvoir assister à une pièce. Outre les tragédies et les comédies de Shakespeare, la troupe a produit des classiques comme *La Souricière* d'Agatha Christie et *Un mari idéal* d'Oscar Wilde, ainsi que des pièces plus contemporaines telles que *Noises Off*, de Michael Frayn. Les représentations se font sous les étoiles, dans un amphithéâtre de 770 places où l'on peut louer une chaise de jardin si l'on ne possède pas de couverture. Avant la levée du rideau, les comédiens de la Fool Squad font rire et participer le public.

**Julia Davis Park** – *Julia Davis Dr. et Capitol Blvd.* Situé le plus près du centre, ce parc abrite l'**Idaho State Historical Museum** *(610 Julia Davis Dr. - ☎ 208 334 2120 - www.idahohistory.net - fermé pour rénovation jusqu'en 2017)*, le **Boise Art Museum** *(670 Julia Davis Dr. - ☎ 208 345 8330 - www.boiseartmuseum.org - mar.-sam. 10h-17h, dim. 12h-17h - 6 $)* et le centre interactif **Discovery Center of Idaho★** *(131 Myrtle St. - ☎ 208 343 9895 - www.scidaho.org - lun.-jeu. et sam. 9h30-17h, vend. 9h30-19h, dim. 12h-17h - 15 $)*. Le parc englobe aussi le **Zoo Boise** *(355 N. Julia Davis Dr. - ☎ 208 384 4260 - www.zooboise.com - été : 9h-17h ; hiver : 10h-17h - 7 $)*. En plus d'abriter 200 animaux, celui-ci possède un carrousel *(1$)*. Des « rencontres » sont organisées avec les girafes et d'autres animaux *(3$)*. On y trouve également une ferme où les enfants pourront nourrir les chèvres et les agneaux.

★ **Morrison Knudsen Nature Center** – *600 S. Walnut St. (à l'est du parc) - ☎ 208 334 2225 - www.fishandgame.idaho.gov - promenade ouv. de l'aube au crépuscule ; Visitor Center : mar.-vend. 9h-17h, sam.-dim. 11h-17h - gratuit.* On y a recréé le cycle naturel d'un torrent de montagne. Suivez la piste jusqu'au cours d'eau et aux baies vitrées sous-marines et ne manquez pas les pierres de lave, la fenêtre sur les œufs de truite et le jardin de plantes natives de la région.

★ **Old Idaho State Penitentiary** – *2445 Old Penitentiary Rd, par Warm Springs Blvd (à 2 miles à l'est) - ☎ 208 334 2844 - www.idahohistory.net - été : 10h-17h ; hiver : 12h-17h (dernière entrée 16h15) - 5 $.* C'est l'une des quatre prisons territoriales américaines toujours debout. Bâti par des détenus en 1870, cet édifice à l'allure de forteresse, aux murs en grès, est resté en service jusqu'en 1973. Il reste aujourd'hui quelque 30 bâtiments historiques. On peut visiter les cellules ainsi que le **J. Curtis Earl Memorial Exhibit of Arms and Armaments** (exposition sur les armes à feu).

### ★★ World Center for Birds of Prey A2

*À 6 miles au sud de Boise (sortie 50 de l'I-84).*
*5668 W. Flying Hawk Lane, par S. Cole Rd - ☎ 208 362 8687 - www.peregrinefund.org - juin-août : 10h-17h ; mai et sept. : mar.-dim. 10h-17h (dernière entrée 16h15) - 7 $.*
La **Peregrine Fund** a été créée en 1970 pour sauver le faucon pèlerin, alors menacé d'extinction. La fondation met aujourd'hui à profit son expérience dans la reproduction des oiseaux en captivité pour tenter de réintroduire d'autres espèces en danger, comme le condor de Californie, l'aigle harpie d'Amérique du Sud et le faucon aplomado du Sud-Ouest américain. Caméras vidéo et glaces sans tain permettent aux touristes d'observer sans les déranger les oiseaux et les chambres d'incubation. Un **enclos à condors de Californie**, unique en son genre en dehors de cet État, permet d'observer ces animaux dans un habitat naturel.

3

Au sud de Boise, la plus grande concentration du monde de rapaces niche sur des falaises dominant la Snake. Par Swan Falls Road, on accède à **Morley Nelson Snake River Birds of Prey National Conservation Area★★**, réserve ornithologique de 1 950 km² *(3 miles à l'ouest de Kuna et 20 miles au sud de Boise par la sortie 44 de l'I-84 - ✆208 384 3300 - www.blm.gov/id)*. Les périodes les plus intéressantes pour la visite sont la fin du printemps, quand les oisillons viennent d'éclore, et le début de l'automne, au moment où les oiseaux se rassemblent pour migrer vers le sud.

### Nampa Train Depot Museum A2

*À Nampa, 22 miles à l'ouest de Boise par l'I-84.*
*1200 Front St. - ✆ 208 467 7611 - www.canyoncountyhistory.com - mar.-sam. 10h-15h - 3 $.*
Au début des années 1880, Nampa était une gare. C'est aujourd'hui une ville en plein essor qui accueille chaque année le **Snake River Stampede Rodeo**. Ce magnifique dépôt de trains (1903), dans le style château, servait à l'origine de gare sur la ligne Oregon Short Line, qui partait de Granger, dans le Wyoming, pour atteindre McCammon, dans l'Idaho. Il abrite aujourd'hui un musée et ses expositions sur l'histoire des chemins de fer et du comté de Canyon. Ne manquez pas la collection de tasses à moustaches !

### ★★ Hells Canyon National Recreation Area A1

*Voir p. 422.*

### ★★ Sun Valley B2

*Sur la Rte 75, à 83 miles au nord de Twin Falls et 151 miles à l'est de Boise.*
**Visitor Information Center** – *491 Sun Valley Rd, Ketchum - ✆ 208 726 3423 - www.visitsunvalley.com.*
La vallée de la rivière Wood était une zone forestière inexploitée jusqu'aux années 1870, quand la découverte d'or, d'argent et de plomb la transforma en région minière active. Plus tard, l'élevage des moutons prit la relève et l'ancien village de tentes de **Ketchum** devint le deuxième centre d'exportation d'ovins du monde. Puis W. Averell Harriman, alors directeur général de l'Union Pacific Railroad, acheta un ranch de 1 600 ha pour implanter une station de ski de style européen. À son ouverture en 1936, **Sun Valley Lodge★★** *(1 Sun Valley Rd, Sun Valley - ✆ 208 622 4111 - www.sunvalley.com)* attira une clientèle hollywoodienne et lança ce qui, à l'époque, était la plus belle station de ski du monde, équipée du premier télésiège, sur le modèle d'un palan servant à décharger les bananes des bateaux.
Sun Valley se développe et se modernise toujours autour du village d'origine. La station attire des sportifs du monde entier, avec un téléphérique, 18 remontées mécaniques sur deux montagnes, dont **Bald Mountain** (2 789 m,

### LES PLATEAUX VOLCANIQUES

Dans l'Ouest américain, d'immenses plateaux volcaniques s'étendent dans l'ombre pluvieuse de la chaîne des Cascades, à une altitude allant de 600 à 900 m. Le plateau de la Columbia recouvre la majeure partie de l'est de l'État de Washington et quelques parties de l'Oregon et de l'Idaho. Plus à l'est s'élèvent plusieurs petites chaînes de montagnes, dont les monts Wallowa, qui sculptent le mur ouest du gigantesque Hells Canyon de la Snake River, profond de 2 440 m. En amont, la Snake River Plain forme un troisième plateau volcanique fertilisé par les eaux de la Snake.

Perrine Bridge au-dessus de Snake River Canyon.
H. Mahr/imageBROKER/age fotostock

1 000m de dénivelé). Les fondistes parcourent les 21 miles du **Wood River Trail System**. L'été, on peut pratiquer golf, tennis, équitation, cyclisme et de nombreux autres sports, et admirer les démonstrations de patinage sur glace de certains des meilleurs patineurs du monde.

L'écrivain Ernest Hemingway (1899-1961) a vécu la fin de sa vie à Ketchum, où il est enterré ; un buste et une épitaphe marquent son souvenir au **Ernest Hemingway Memorial** *(Trail Creek Rd, à 1 mile au nord-est de Sun Valley Lodge).*



## ★★ Sawtooth National Recreation Area AB2

*Bureau sur la Rte 75, à 8 miles au nord de Sun Valley.*

*208 737 3200 - www.fs.usda.gov/sawtooth.*

Englobant 3 000 km² de montagnes déchiquetées, dont 40 pics de 3 000 m, 1 000 lacs et les sources de quatre fleuves, cette région est l'une des plus spectaculaires mais pourtant parmi les moins connues des États-Unis.

La Route 75 monte la vallée de la Wood jusqu'à son point culminant, **Galena Summit★★** (2 652 m), avant de redescendre dans le bassin de la Salmon River. À l'est se dressent les splendides monts Boulder et White Cloud, tapissés de sapins ; à l'ouest, les cimes menaçantes des Sawtooth (dents de scie), impressionnant escarpement de failles où règne le granit, sculpté par la glace, le vent et la pluie depuis sa formation, il y a 50 à 70 millions d'années. L'érosion y a creusé des vallées et des lacs.

Des quatre grands lacs de moraine du versant est des Sawtooth, le mieux équipé est **Redfish Lake★★**, qui doit son nom au saumon rouge sockeye qui venait frayer dans ses eaux. Le Visitor Center, un *lodge* en rondins, une marina et la plage en font une destination recherchée.

Le hameau de **Stanley★★** *(Rte 21 et Rte 75, à 61 miles au nord-ouest de Ketchum et 134 miles au nord-est de Boise - 208 774 3411 - www.stanleycc.org)* rappelle la Suisse. Sur les 100 habitants endurcis de cette superbe combe (il tombe en moyenne 2,40 m de neige en hiver), on compte 23 vendeurs de matériel pour la randonnée à pied ou à cheval, le raft et la pêche.

### ★ Craters of the Moon National Monument B2

*Au croisement des US-20/26/93, à 18 miles au sud-ouest d'Arco et 65 miles au sud-est de Sun Valley.*

*208 527 1335 - www.nps.gov/crmo - 8 $.*

Ici comme nulle part ailleurs, le passé volcanique de la plaine de la Snake est mis en évidence. Créée en 1924, cette réserve de 215 km² surprend mais déroute aussi, avec son chaos de fissures, tunnels de lave, cônes de projectiles et collines de cendres, véritable musée en plein air, si impressionnant qu'il n'a pas encore été entièrement exploré. Les scientifiques pensent que la lave basaltique a suinté par des fissures de la croûte terrestre. Le terrain est si semblable à la surface de la Lune qu'il a servi aux astronautes pour l'entraînement à l'alunissage.

Au départ du modeste **Visitor Center** *(été : 8h-18h ; hiver : 8h-16h)*, une route goudronnée de 7 miles serpente entre les curiosités naturelles. À la fin du printemps, les pentes de cendre noire se transforment en tapis de fleurs sauvages. La température y dépasse 32 °C en été, mais en hiver, les amateurs de ski de fond sillonnent le parc.

## NOS ADRESSES DANS LA VALLÉE DE LA SNAKE

### HÉBERGEMENT

#### Boise

##### BUDGET MOYEN

**The Grove Hotel** – *245 S. Capitol Blvd - 208 333 8000 - www.grovehotelboise.com - - 250 ch. 130/140 $, suites 200/300 $.* Trônant au cœur du centre-ville, ce bâtiment de 16 étages est adjacent au Centre des congrès et situé à trois pâtés de maisons du capitole de l'État d'Idaho. Les chambres sont meublées dans des tons discrets. Parmi les plus, on trouvera des peignoirs en coton, un service de chambre pour le café et une piscine en intérieur. L'**Emilio's** sert une cuisine américaine moderne dans un décor lumineux.

**Modern Hotel and Bar** – *1314 W. Grove - 208 424 8244 ou 866 780 6012 - www.themodernhotel.com - 39 ch. 110/140 $, suites 185/200 $.* Réincarnation chic d'un ancien hôtel TraveLodge, cet hôtel-boutique n'utilise que des produits de toilette sans paraben et à base de soja, ainsi que des emballages biodégradables et recyclés. Les chambres, spacieuses, sont décorées dans un style minimaliste, avec des tons vifs mais atténués, propices à la détente. Des écrans plats et des douches hydromassantes comptent parmis les plus.

#### Sun Valley

##### UNE FOLIE

**Sun Valley Lodge** – *1 Sun Valley Rd - 208 622 2001 - www.sunvalley.com - 148 ch. de 199 $ (ch. standard) à 1 800 $ (cottage).* La société Union Pacific Railroad a ouvert cet établissement luxueux en 1936, offrant ainsi à la société de la côte est l'occasion de pratiquer ses loisirs avec style. Il attire toujours les riches visiteurs venus pratiquer ski et golf. Les panneaux de chêne d'origine décorent toujours les lieux. Côté restauration, le **Lodge Dining Room** propose une cuisine régionale sur fond de musique jazz, tandis que le **Gretchen's** est plus familial. Le Sun Valley Resort possède au total 510 chambres, réparties entre l'hôtel, les cottages de l'auberge Valley Inn et les appartements en location.

## RESTAURATION

### Boise

**PREMIER PRIX**

**Goldy's Breakfast Bistro** – *108 S. Capitol Blvd - ✆ 208 345 4100 - www.goldysbreakfastbistro.com - lun.-vend. 6h30-14h, w.-end 7h30-14h.* Ce vétéran du centre-ville est un endroit très prisé pour commencer sa journée. Parmi les spécialités, les œufs à l'andalouse et la possibilité d'élaborer son propre plat *(12-13 $)* en choisissant viande, œufs, pommes de terre et pain. Expresso, café crème et mimosa vous aideront à vous réveiller. L'endroit est souvent bondé en semaine et on peut s'attendre à devoir patienter pour une table le week-end.

**Andrade's Restaurante Mexicano** – *4903 W. Overland Rd - ✆ 208 344 1234 - www.andradesboise.com - plat 7/13 $.* Ce restaurant plaisant propose une cuisine mexicaine traditionnelle, mais possède aussi ses propres spécialités comme les *pollitos* (ailes de poulet épicées), servies en entrée, et le *tostada vallarta* (fourré au crabe et aux crevettes). Il est possible de combiner plusieurs plats et un menu végétarien est disponible.

**BUDGET MOYEN**

**Leku Ona** – *117 S. 6th St. - ✆ 208 345 6665 - www.lekuonaid.com - fermé dim. - plat déj. 7/17 $, menu dîner 30 $.* Ce restaurant basque, adjacent à un petit hôtel *(5 ch.)*, est meublé simplement et l'on y dîne dans une ambiance familiale. Au menu : paella, morue, tourte aux poireaux, salades, sélection de viandes et de volailles.

## ACTIVITÉS

### Descente de la Boise River

Durant l'été, enfants et adultes s'amusent à descendre les eaux froides de la Boise en kayak gonflable, en raft ou en bouée. La mise à l'eau se fait au **Barber Park**, où l'on peut louer le matériel, et la descente se termine au **Ann Morrison Park** *(au croisement de Capitol et Americana Blvd)* au sud-ouest du centre-ville. Une navette *(3 $)* fait la liaison entre les deux parcs.

**Epley's River Fun** – *4 049 Eckert Rd - ✆ 208 577 4584 - www.epleys.com - 25/55 $ les 3h de location.*

## AGENDA

**The Grove** – *Au croisement de 8th et 9th Sts. (au sud de Main St.).* Les mercredis soirs *(déb. juin à déb. sept. : 17h-20h)*, cette place accueille des concerts gratuits dans le cadre des festivités du **Alive after Five**.

**Oinkari Basque Dancers** – *✆ 208 557 1960 - www.oinkari.org.* Cette troupe très réputée de danseurs basques, dont les plus jeunes ont 14 ans, a débuté en 1960 au Sheepherder's Ball et sa popularité ne s'est jamais démentie depuis. Son répertoire compte aujourd'hui 40 numéros qui reflètent les diverses provinces du Pays basque. Habillés de rouge, de noir et de blanc, les danseurs se produisent accompagnés de musique traditionnelle où l'accordéon, l'alboba, le txistu et le pandero ont bonne place. La troupe se produit généralement au **Jaialdi Festival**, qui se tient tous les cinq ans. Elle anime aussi régulièrement des soirées au **Basque Center** *(611 W. Grove St. - ✆ 208 343 2671 - www.basquecenter.com).*

# Région de Glacier National Park 4

Carte Michelin Région n° 585 – Montana et Idaho



Waterton Lakes National Park.

*A. Majchrowicz/age fotostock*

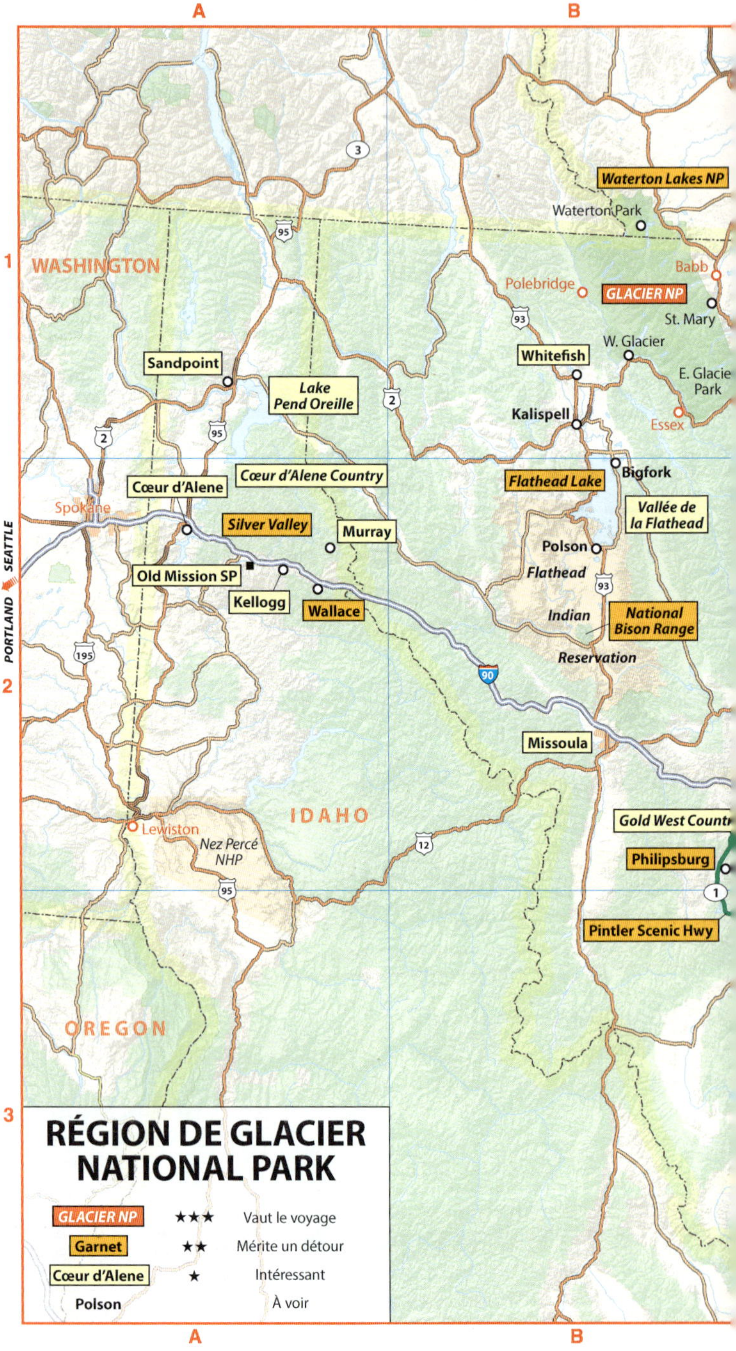
A
B
1
2
3
Waterton Lakes NP
Waterton Park
Babb
Polebridge
GLACIER NP
St. Mary
WASHINGTON
W. Glacier
Whitefish
E. Glacie
Park
Sandpoint
Lake
Pend Oreille
Kalispell
Essex
Bigfork
Cœur d'Alene Country
Cœur d'Alene
Flathead Lake
Vallée de
la Flathead
Spokane
Silver Valley
Murray
Polson
SEATTLE
PORTLAND
Old Mission SP
Flathead
Kellogg
Wallace
Indian
National
Bison Range
Reservation
Missoula
IDAHO
Gold West Countr
Lewiston
Nez Percé
NHP
Philipsburg
Pintler Scenic Hwy
OREGON
RÉGION DE GLACIER
NATIONAL PARK
GLACIER NP ★★★ Vaut le voyage
Garnet ★★ Mérite un détour
Cœur d'Alene ★ Intéressant
Polson À voir
A
B

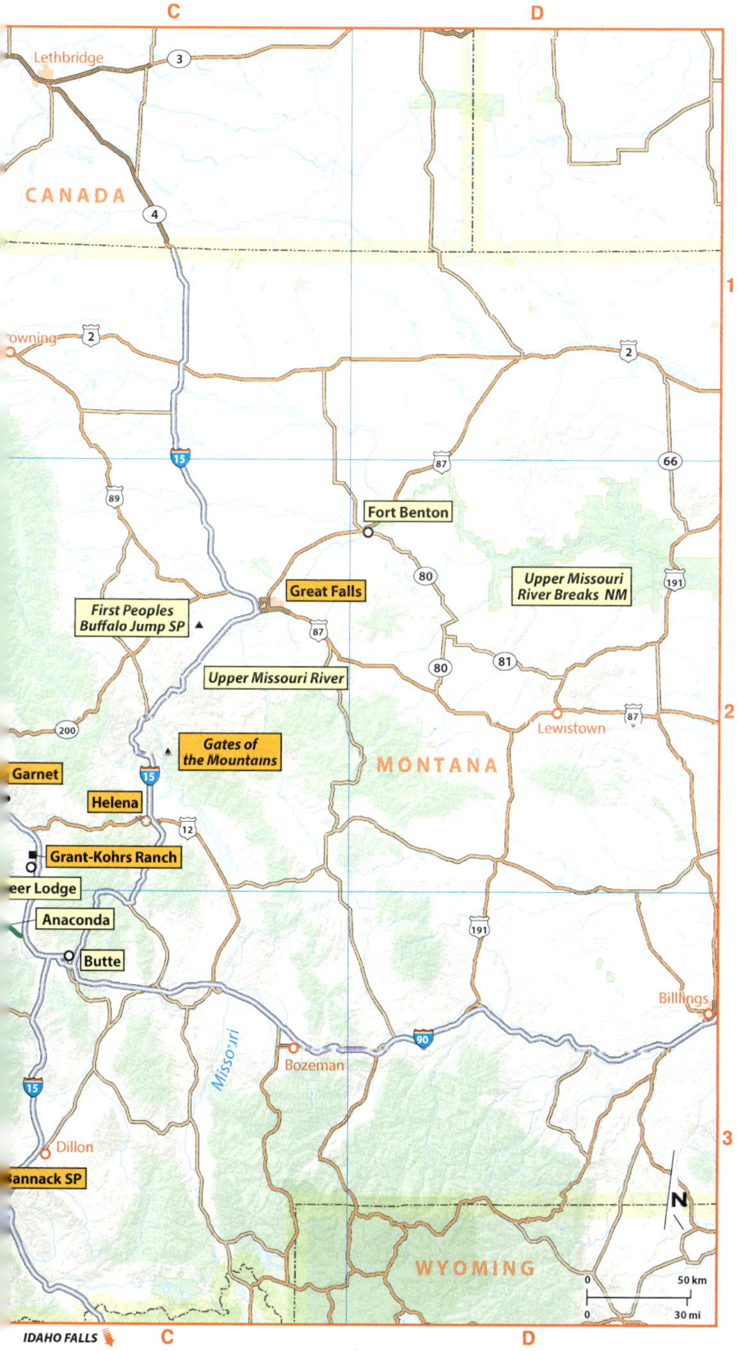
C
D
Lethbridge
3
CANADA
4
1
owning
2
2
15
87
66
89
Fort Benton
80
Upper Missouri River Breaks NM
191
Great Falls
First Peoples Buffalo Jump SP
87
Upper Missouri River
80
81
2
Lewistown
87
200
Gates of the Mountains
MONTANA
Garnet
15
Helena
12
Grant-Kohrs Ranch
eer Lodge
Anaconda
191
Butte
Billings
90
Missouri
Bozeman
15
3
Dillon
annack SP
N
WYOMING
0
50 km
0
30 mi
IDAHO FALLS
C
D

# Glacier National Park

★★★

**Peu de paysages dans le monde peuvent rivaliser avec la beauté grandiose et limpide du parc de Glacier, impressionnante mosaïque de cirques alpins, de lacs, de torrents, de cascades et de glaciers aujourd'hui menacés par le réchauffement climatique. Modelée par les glaciers, la région se caractérise par le relief raboteux de ses montagnes, lacs et vallées. Il y a 75 millions d'années, le phénomène géologique appelé « poussée de Lewis » a fait basculer, et a repoussé à 80 km vers l'est, une portion de la croûte terrestre de 5 à 6 km d'épaisseur, recouvrant de roches précambriennes anciennes les roches du Crétacé plus récentes. Ces montagnes dominent aujourd'hui les fonds de vallée de 900 à 2 000 m et forment une partie de la ligne de partage des eaux, le Continental Divide. Les versants à l'est de cette ligne, terres arides à végétation clairsemée, contrastent avec les pentes ouest, écosystème humide, favorable aux conifères.**

## NOS ADRESSES PAGE 313

### S'INFORMER

*406 888 78000 - www.nps.gov/glac.* Vous trouverez des Visitor Centers à **St Mary** *(de fin mai à déb. oct. : 8h-17h ; juil.-août : 8h-19h)*, à **Logan Pass** *(de mi-juin à août : 9h-19h, sept. 9h30-16h)* et à **Apgar** *(ouv. tte l'année, mais le w.-end seult d'oct. à mi-mai ; été : 8h-18h ; reste de l'année : 9h-16h30).*

Une carte ainsi qu'un guide saisonnier sont remis aux visiteurs aux postes d'accès du parc. Des informations sur la région sont également disponibles en ligne sur *www.glaciermt.com.*

L'entrée du parc coûte 25 $ par véhicule en été, 15 $ en hiver.

### SE REPÉRER

Carte de région B1 (p. 302-303) – *heure des Montagnes.* Dans le nord du Montana, à la frontière du Canada, le parc s'étend sur 4 100 km² d'un territoire montagneux couvert de glaciers, de lacs et de forêts. Il se prolonge au Canada par le Waterton Lakes National Park. Le parc est traversé par la Going-to-the-Sun Road, qui relie West Glacier à St Mary.

### À NE PAS MANQUER

La Going-to-the-Sun Road.

### ORGANISER SON TEMPS

Le parc est ouvert toute l'année, mais la plupart des services ne fonctionnent que de mi-mai à fin septembre. La meilleure période pour visiter la région court de juin à mi-août, lorsque la Going-to-the-Sun Road a été déneigée. Les fleurs sauvages fleurissent deux fois par semaine durant l'été.

**Bon à savoir** – Si vous avez l'intention de camper dans la nature lors d'une randonnée, n'oubliez pas de vous procurer un permis au Agpar Backcountry Office, au St Mary Visitor Center ou auprès des gardes forestiers. Il est conseillé de remplir un **Day Trip Plan** (plan de randonnée) avant une grande randonnée. Il s'agit d'un formulaire qu'on laisse à l'hôtel ou à un ami et qui permet de savoir où vous vous rendez. Il est disponible au Backcountry Office et en ligne. Partir seul, en particulier sur les terres des ours, est fortement déconseillé.

Bison dans Waterton Lakes National Park.
M. Wheatley/All Canada Photos/age fotostock

## Découvrir Carte p. 308

### Hungry Horse

En rejoignant Glacier National Park depuis Kalispell, on traverse le village de Hungry Horse (cheval affamé), ainsi nommé car, un hiver, deux chevaux égarés manquèrent d'y mourir de faim.

**Hungry Horse Dam** – *West Reservoir Rd (à 4 miles au sud de l'US-2) - ✆ 406 387 5241.* Dominant un lac de retenue long de 34 miles, ce barrage offre des **vues** grandioses vers l'amont du bras sud de la Flathead, sur la réserve Bob Marshall Wilderness. Au départ du Visitor Center, la visite guidée montre les turbines et les générateurs de ce barrage-voûte en béton haut de 172 m.



### West Glacier

Cette charmante ville constitue l'une des portes du parc et regroupe à ce titre de nombreux services pour les visiteurs. La gare restaurée accueille les trains Amtrak, ainsi que la Glacier Natural History Association.

Construit par la compagnie du Great Northern en 1910, **Belton Chalet** *(12 575 US-2 - ✆ 406 888 5000 - www.beltonchalet.com)* a été rénové et classé bâtiment historique.

### ★★★ Going-to-the-Sun Road

*Circuit de 52 miles de West Glacier (US-2) jusqu'à St Mary (US-89).*

**Bon à savoir** – La route est fermée pour cause d'enneigement de mi-octobre à fin mai, voire mi-juin. Vérifiez l'état de la route avant de prendre la voiture, car les chutes de neige sont encore possibles, même lorsque celle-ci est officiellement ouverte.

Cette route classée National Historic Landmark est probablement la plus spectaculaire d'Amérique. Considérée comme une merveille technique à son achèvement en 1932, cette chaussée étroite et sinueuse courant d'ouest en est gravit 1 000 m jusqu'à la ligne de partage des eaux, au **Logan Pass**.

## Un milieu naturel préservé

Une des destinations les plus spectaculaires d'Amérique du Nord est le parc international de la Paix Waterton-Glacier : pics déchiquetés, lacs glaciaires et vallées en auge de part et d'autre de la frontière États-Unis-Canada. À 404 miles à l'est de Seattle et 267 miles au nord du parc de Yellowstone, son relatif isolement accroît son charme sauvage.

Il y a 100 millions d'années, la plaque continentale nord-américaine, en glissant sur la plaque pacifique, a bousculé une plaine qui bordait une mer ancienne. La croûte terrestre s'est plissée, poussant vers le haut les montagnes Rocheuses. Les glaciers sont venus raboter les vallées fluviales préexistantes, donnant des angles vifs aux montagnes et creusant les vallées en auge et les cuvettes lacustres des parcs nationaux de Glacier et des Lacs-Waterton.

Certains glaciers sont descendus suffisamment vers le sud pour englober la Clark Fork River et créer l'immense lac glaciaire Missoula, à l'emplacement actuel du lac Pend-d'Oreille (Idaho). Plus important que les lacs Ontario et Érié réunis, ce lac s'étendait de la région des Flathead jusqu'aux monts Bitterroot. Au moins à quarante reprises, la rupture d'une barrière de glace a causé de graves inondations dans le bassin du fleuve Columbia jusqu'au Pacifique ; mais chaque fois, un nouveau bouchon de glace obstruait le déversoir, et le lac se remplissait à nouveau. Les dépôts sédimentaires fertiles qu'il y a laissés enrichissent les vallées Mission et Bitterroot.

L'expédition Lewis et Clark (1804-1806) traversa ces belles terres rudes, *via* Bitterroot Valley et le bassin de la Columbia. Des coureurs des montagnes s'engagèrent vers l'ouest. Sur leurs talons, des missionnaires chrétiens, suivi de colons qui arrivèrent en bateau à aubes par le Missouri, puis par chemin de fer. Rapidement, les ranches d'élevage se développèrent sur la prairie ouverte. La découverte d'or attira des hordes de prospecteurs vers les riches filons du Montana et de l'Idaho. L'afflux de pionniers créa des tensions avec les Amérindiens et poussa à la création de réserves indiennes : les Indiens durent abandonner leur mode de vie libre et nomade.

L'économie de la région reposait sur la mine et le bois. Mais avec le déclin des marchés et l'épuisement des ressources, les villes durent s'adapter. Elles optèrent pour le tourisme de plein air, tirant parti de leurs splendides espaces, cimes enneigées et lacs aux eaux limpides. L'isolement relatif des 4 100 km$^2$ du parc en fait l'habitat idéal des grizzlis, des chèvres des Rocheuses, des mouflons *bighorns* et des wapitis.

Le parc national est aujourd'hui menacé par le réchauffement climatique planétaire. Des études scientifiques ont montré que les glaciers du parc avaient subi une fonte importante depuis le début du siècle, en particulier au cours des trente dernières années. Certains ont fortement reculé ou presque disparu. Selon les prévisions, ils pourraient tous totalement disparaître d'ici quinze ans.

### UN PEU D'HISTOIRE

Les tribus Blackfeet appelaient cette région « le pays des montagnes étincelantes ». À la fin du 19$^e$ s., le Homestead Act en ouvrit l'accès aux colons. L'arrivée du Great Northern Railway en 1891 augmenta les pressions pour la création d'un parc : le Congrès l'approuva en 1910. La compagnie de chemin de fer construisit un grand nombre d'hôtels et de chalets dans le style suisse. Cinq sont toujours exploités.

Coupant le parc en deux, elle traverse des vallées boisées, des alpages et des herbages d'altitude. Les voitures particulières *(une limite de gabarit exclut les gros camping-cars)* partagent la route avec les autocars rouges typiques du parc de Glacier, qui transportent les visiteurs depuis plus de 60 ans.

À 2 miles de West Glacier, le village d'**Apgar** regroupe logements, cafés et boutiques au bord du **Lake McDonald★** encerclé de montagnes. Comme la plupart des eaux du parc, le lac est alimenté par la fonte des neiges et l'écoulement glaciaire ; l'été, la température moyenne en surface est, hélas, de 13 °C. La vedette *DeSmet*, un bateau traditionnel en bois construit à la main en 1928, propose des excursions sur le lac au départ de **Lake McDonald Lodge** *(Mile 11 - ✆ 406 892 2525 - www.glacierparkinc.com)*, une auberge rustique ouverte l'été. Depuis 1895, un hôtel a toujours occupé cet endroit.

Accessible en fauteuil roulant, le chemin de planches du **Trail of the Cedars★** *(Mile 16,5)* serpente dans une forêt touffue de cèdres et sapins du Canada et longe un ravin tourmenté. Les marcheurs peuvent ensuite monter tranquillement sur 2 miles jusqu'à **Avalanche Lake**, alimenté par les cascades qui tombent de Sperry Glacier.

Au-delà, la route monte sur une arête crénelée, Garden Wall. Les chutes **Bird Woman Falls** cascadent du mont Oberlin. Celle de **Weeping Wall★** jaillit ou goutte, suivant la saison, d'une paroi rocheuse bordant la route.

**Logan Pass★★★** *(Mile 33 - 2 025 m)* ouvre sur de vastes alpages de fleurs sauvages. Un sentier *(2,7 miles AR)*, émaillé en été de grappes blanches d'asphodèles, mène à **Hidden Lake Overlook★★**, belvédère surplombant un lac dans un cirque entouré de montagnes. Des rochers de plus d'un milliard d'années striés par les glaciers bordent le chemin, sur lequel on peut apercevoir des chèvres des Rocheuses. Un Visitor Center bien documenté attend au sommet du col de Logan, mais il est souvent difficile de se garer.

En descendant sur l'autre versant, arrêtez-vous **Jackson Glacier Overlook** (belvédère, *Mile 37*) ou continuez jusqu'à **Sun Point★** *(Mile 41)*, en bordure de **St Mary Lake** (aire de pique-nique). De là partent deux très courts sentiers menant à **Sunrift Gorge** et aux chutes **Baring Falls** *(0,6 mile AR, facile)*.

**Rising Sun** *(Mile 45)* est le point de départ de pittoresques **croisières en bateau★** *(90mn)* à bord du *Little Chief*, construit en 1925.

Le **St Mary Visitor Center** *(Mile 51)*, un bâtiment de pierre et de verre étincelant, se trouve à 1 mile à l'ouest du bourg de **St Mary**. Les nombreuses expositions qui y sont proposées détaillent l'histoire des peuples indigènes du parc et de son voisinage.



### ★★★ Many Glacier

*À 12 miles à l'ouest de Babb et 21 miles au nord-ouest de St Mary par l'US-89.*

Au-dessus du lac Grinnell, trois petits glaciers composent une toile de fond impressionnante pour la vallée. On y accède par un sentier de randonnée de 5 miles, maillon du réseau très complet qui sillonne le parc sur près de 745,5 miles. On peut également les admirer depuis le célèbre **Many Glacier Hotel★** de 1915 *(✆ 406 892 2525 - www.glacierparkinc.com)*, qui fut longtemps le plus beau fleuron des Rocheuses, ou bien du pont des bateaux de croisière sur les eaux cristallines des lacs Swiftcurrent et Josephine.

### ★ Two Medicine

*À 38 miles au sud de St Mary par l'US-89 et 3 miles au nord-ouest de East Glacier Park par la Rte 49.*

Blottie dans une vallée glaciaire, Two Medicine constitue une retraite paisible. Lors d'une « causerie au coin du feu » radiophonique offerte ici par Franklin

## TRIPLE DIVIDE

Situé au sud-est de St Mary, ce pic solitaire (2 444 m) en forme de triangle est un lieu géographiquement unique en Amérique du Nord. En effet, l'eau s'écoule de ce pic vers les trois océans qui bordent le continent.

Les précipitations sur le flanc ouest de Triple Divide s'écoulent dans le Pacifique *via* le bassin de la Columbia. Celles du flanc sud se jettent dans l'Atlantique en rejoignant le cours du Missouri et, enfin, celles du flanc nord terminent leur course dans l'océan Arctique, via la rivière Saskatchewan. On appelle ce phénomène un « sommet hydrologique ». Il n'existe dans le monde qu'une poignée de lieux où les eaux s'écoulent ainsi dans trois océans différents.

Le pic est visible depuis l'US-89 au nord de la ville de Browning, dans la partie est du parc de Glacier.

Roosevelt, le président avait dit aux Américains : « Les hautes montagnes, les glaciers, les lacs, les arbres me donnent envie de rester ici tout l'été. » On y trouve une épicerie générale et on peut y faire des excursions en bateau, mais l'hébergement se limite à un camping.

**Running Eagle Falls Nature Trail** – À partir de la route qui mène à Two Medicine Lake, un court sentier *(0,6 mile AR, facile)* mène à des chutes peu communes. Surnommées Trick Falls (les chutes « tour de passe-passe »), elles jaillissent non pas d'une mais de deux ouvertures dans la falaise.

Non loin de Two Medicine se trouve le pic **Triple Divide**, qui culmine à 2 444 m *(voir encadré ci-contre)*.

### East Glacier Park

*Au croisement de l'US-2 et de la Rte 49, à 30 miles au sud de St Mary.*

Cette petite ville de la réserve indienne des Blackfeet abrite depuis 1913 le **Glacier Park Lodge★** *(☏ 406 892 2525 - www.glacierparkinc.com)*, auberge à l'entrée ornée de piliers en troncs de très vieux pins Douglas. En plus des équipements habituels et de sa gare Amtrak, le village dispose d'auberges de jeunesse et d'agences de location de vélos et de matériel d'équitation.

### Lisière sud du parc

De **Marias Pass** (1 591 m), col sur la ligne du Continental Divide, on a des vues magnifiques sur la « poussée de Lewis ».

Sur le bras médian de la Flathead, le hameau d'**Essex** *(à 25 miles à l'est de West Glacier)* abrite l'auberge à colombages **Izaak Walton Inn** *(☏ 406 888 5700 - www.izaakwaltoninn.com)*, bâtie en 1939 pour loger les cheminots. Aujourd'hui, c'est un paradis des amoureux du rail, qui peuvent dormir dans les fourgons d'époque. Elle séduit aussi les amateurs de ski de fond.

Entre East Glacier Park et West Glacier, l'US-2 sépare sur 57 miles le parc de la zone **Great Bear Wilderness** *(voir page suivante)*.

## À voir aussi Carte p. 308

### Blackfeet Indian Reservation

*Au croisement de l'US-2 et de l'US-89.*

*☏ 406 338 7521 - www.blackfeetcountry.com.*

À l'est de Glacier National Park, bordée au nord par le Canada, la réserve indienne des Blackfeet s'étend sur 50 miles de collines vallonnées et de prairies. L'été y est chaud et sec, l'hiver cinglé par les vents. Vers 1700, les Blackfeet ont émigré des Grands Lacs vers l'ouest pour occuper les plaines à bisons au pied des Rocheuses. Au milieu du 18e s., ils dominaient ces étendues du Nord-Ouest, et s'étaient fait une réputation d'agressivité. Aujourd'hui, trois tribus de la confédération des Pieds-Noirs *(Blackfoot Confederacy)* vivent au Montana et dans la province canadienne de l'Alberta, principalement de l'élevage et de l'agriculture.

Le centre administratif de la réserve de 6 200 km² est **Browning**, sa première ville avec environ 1 000 habitants. Sans grand caractère, elle ne s'anime qu'en juillet à l'occasion des **North American Indian Days**, quatre jours de *pow-wow* hauts en couleur.

★ **Museum of the Plains Indian** – *19 Museum Loop - ☏ 406 338 2230 - www.doi.gov/iacb/museums/museum_plains2.html - mar.-sam. 9h-16h45 - 5 $.* Le musée présente l'histoire et l'artisanat des tribus des Grandes Plaines du Nord, avec des objets aussi divers que des poupées, des costumes brodés de perles et des coiffures de guerre.

### Bob Marshall Wilderness Complex

*Accès depuis l'US-2 au sud ou par des routes forestières au sud et à l'est de Hungry Horse Reservoir. Pas de route ni d'accueil touristique dans cette zone forestière.*

**Bob Marshall Wilderness Foundation** – *406 387 3808 - www.bmwf.org.*

Deux grands territoires sauvages s'étendent au sud de Glacier National Park. **Great Bear Wilderness** (1 150 km²) est un corridor forestier qui protège la flore, la faune et l'habitat du grizzli, ainsi que le bassin hydrographique de la Flathead, réseau de rivières « sauvage et pittoresque » le plus long d'Amérique du Nord.

**Bob Marshall Wilderness** doit son nom à un forestier écologiste. Cette zone sans routes englobe prairies, montagnes, larges vallées et sentiers de randonnée. Ses 4 080 km² attirent les chasseurs de gros gibier, les adeptes du rafting et les randonneurs, à pied ou à cheval. Le site le plus photographié du « Bob » est **Chinese Wall**, (la muraille de Chine), imposant escarpement calcaire du Continental Divide, long de 21,5 miles.

## À proximité Carte de région B1

### ★★ WATERTON LAKES NATIONAL PARK

*À 47 miles au nord de St Mary (1h15 de route) par Chief Mountain International Hway, puis Rte 5 en Alberta (Canada). Passeport exigé à la frontière.*

*403 859 5133 - www.pc.gc.ca - le parc est ouv. tte l'année - 7,80 $.*

*Visitor Reception Center : Park Entrance Rd, Waterton Park - 403 859 2224 - www.mywaterton.ca - de fin juin à fin août : 8h-19h ; de mi-mai à fin juin et de sept. à mi-oct. : 9h-17h.*

Réunis depuis 1932, année où ils ont été inscrits ensemble au Patrimoine mondial de l'Unesco, le parc national de Glacier et le parc national canadien des Lacs-Waterton partagent une même topographie et un passé de coopération : leur nom collectif est Waterton/Glacier International Peace Park. Waterton Lakes National Park occupe une superficie de 526 km², soit 1/8e de celle de Glacier. Il s'organise autour de la ville typiquement canadienne de

#### UN PEU D'HISTOIRE

Les montagnes de cette réserve naturelle des Rocheuses ont été sculptées par l'érosion et les glaciations successives et forment un paysage de pics acérés, de crêtes étroites et de vallées en forme de U emboîtées les unes dans les autres. Le parc comprend trois lacs qui se trouvent dans une profonde vallée en auge, les Lacs-Waterton, que l'on nomme lac Waterton Inférieur, Moyen et Supérieur. Ils se déversent dans la rivière Waterton. Le lac Waterton Supérieur enjambe la frontière canadienne en son milieu dans le sens de la longueur. Ancienne place forte des Indiens Blackfeet, la région fut explorée lors de l'expédition Palliser, en 1858. Les lacs tirent leur nom du naturaliste anglais du 19e s., Charles Waterton. La région est devenue un parc national canadien en 1895. Le parc entoure la ville de Waterton Park. Juste au sud, derrière la ville, se dresse le mont Richards, que jouxte le mont Bertha, reconnaissable à ses marbrures vert pâle dues à des avalanches qui ont emporté les arbres. De l'autre côté du lac s'élèvent le pic Vimy et la crête Vimy. Derrière la ville, les chutes de Cameron tombent du haut d'une falaise à plusieurs niveaux.

Prince of Wales Hotel.

J. Stockshooter/age fotostock

Saint Mary Lake.

J. Langley/age fotostock

Saint Mary Lake.

R. Bishop/age fotostock

Waterton Park, au bord d'Upper Waterton Lake. C'est un endroit charmant pour flâner en découvrant les mouflons et les cerfs à queue noire qui se mêlent aux promeneurs.

### ★ Waterton Park

Le hameau de Waterton Park (Waterton pour faire court) possède une aire d'observation près du lieu où le lac Waterton Supérieur se rétrécit et devient le détroit de Bosporus, qui le sépare du lac Moyen. En dépit de sa taille, ce village d'une centaine d'habitants possède d'excellentes infrastructures à destination des touristes : hôtels, restaurants, boutiques, magasins de vêtements et bien plus. Les chèvres descendent souvent de la montagne et se promènent dans les rues, où elles lèchent le sel qui se dépose sous les voitures en stationnement. En plus de dîner et de passer la nuit à Waterton, on peut y pratiquer l'équitation, louer un bateau ou faire un tour au Spa *(consultez le site Internet de la ville ci-dessus pour plus détails).*

★★ **Prince of Wales Hotel** – *au bord du lac Waterton Supérieur - ✆ 403 859 2231 - www.glacierparkinc.com.* Visible à des kilomètres à la ronde, cet immense hôtel de sept étages s'élève sur un promontoire surplombant le lac Waterton Supérieur. Bâti en 1927, il fait partie de la chaîne d'hôtels construite par la compagnie Great Northern Railway dans le parc national de Glacier pour y attirer des visiteurs. Il tient son nom du prince de Galles, futur roi Édouard VIII. Semblable à un très grand chalet suisse, l'hôtel est entièrement fait de bois et possède un clocher de 9 m de haut. Son hall d'entrée possède de grandes baies vitrées qui offrent une vue imprenable sur le lac et la ville. Chaque après-midi, on y déguste traditionnellement le thé *(service de 13h à 15h - 29,95 $).* *(Voir aussi le carnet d'adresses).*

### ★ Buffalo Paddock

▶ *Sur la Rte 6, à 2 miles au nord de l'entrée du parc.*

Un petit troupeau de bisons occupe ici un grand enclos avec vue sur les monts Bellevue et Galway. Il est possible d'emprunter la route *(1,8 mile)* pour voir les animaux, mais par mesure de sécurité, il est conseillé de ne pas sortir de son véhicule. Les bisons sont aussi imprévisibles que dangereux.

### ★ Red Rock Canyon

▶ *À 12 miles au nord-ouest de Waterton Park (tournez à gauche à Blakiston Creek).*

La route allant de Red Rock Parkway à ce petit canyon offre des vues splendides sur les montagnes de la région, avec notamment le **mont Dungarvan**

#### BISON OU BUFFLE ?

Alors que pour la majorité des gens, ces deux mots sont interchangeables, pour les puristes, seul le terme de bison s'applique à ces animaux lorsqu'ils sont d'Amérique du Nord. Les premiers pionniers appelaient bien les bisons « buffles », car ils leur voyaient des similitudes avec le buffle d'Asie et d'Europe. En vérité, les ancêtres des bisons modernes auraient migré en Amérique du Nord depuis l'Asie en empruntant le détroit de Béring, il y a des milliers d'années, lorsqu'un pont naturel unissait encore les deux continents. Il y a 200 ans, les bisons des plaines habitaient les prairies. Les bisons des bois, plus gros et moins nombreux, habitaient pour leur part à l'orée des forêts boisant les prairies du Nord-Ouest. Les bisons sont des bovidés sauvages de la même famille que les bœufs. Un adulte mâle peut peser près d'une tonne et charger à près de 65 km/h. Les bisonneaux pèsent jusqu'à 30 kg à la naissance et sont capables de marcher au bout de 20mn seulement. Les bisons atteignent la maturité à trois ans et peuvent vivre une trentaine d'années.

(2 566 m). Une piste de randonnée d'un peu plus de 1,5 mile suit l'étroit canyon de Blakiston Creek, où les formations de roche rouge ont été arrondies par les flots.

### ★★ Cameron Lake

*À 14 miles au sud-ouest de Waterton Park en empruntant l'Akamina Hwy.*
Ce lac étincelant se trouve juste en dessous de la ligne continentale de partage des eaux et, à l'instar du lac Waterton Supérieur, il traverse la frontière canadienne. Il est entouré de pistes de randonnée. Dominant l'horizon de l'autre côté du lac se trouvent le **mont Custer** (2 707 m) et le **pic Forum**.

## NOS ADRESSES DANS GLACIER NATIONAL PARK

### INFORMATIONS UTILES

#### Santé

En cas d'urgence, composez le 911. À Waterton Park, faites le *✆ 403 859 2636.*
**Kalispell Regional Medical Center** – *310 Sunnyview Lane - ✆ 406 752 5111 - www.kalispellregional.org/krmc.*

### ARRIVER/PARTIR

#### En avion

**Glacier Park International Airport** – *4170 US-2 East, Kalispell - ✆ 406 257 5994 - www.iflyglacier.com.* L'aéroport propose des liaisons avec Seattle, Salt Lake City, Las Vegas, Atlanta, Minneapolis et Denver.

#### En train

**Amtrak** – *✆ 800 872 7245 - www.amtrak.com.* Les gares de Browning, East Glacier, Essex, West Glacier et Whitefish sont desservies par l'**Empire Builder**, qui va de Chigaco à Portland et Seattle, en passant par Minneapolis, Milwaukee et Spokane.

#### En voiture

Kalispell se trouve à 10h de route de Salt Lake City, 9h de Seattle, 6h30 du parc de Yellowstone et 4h de Spokane.

### TRANSPORTS

#### En voiture

Pour connaître l'état des routes contactez le ✆ 800 226 7623, consultez le site www.glacierparkinc.com ou écoutez les prévisions données à la radio sur la fréquence 1610 AM.

#### En bus

**Red Bus** – *✆ 855 733 4522 - www.glaciernationalparklodges.com - de mi-juin à mi-sept. - env. 40 $ la demi-journée et 80 $ la journée.* Les fameux bus rouges au look *vintage* des années 1930, récemment remis à neuf et équipés de moteurs non polluants, proposent chaque jour plusieurs circuits entre Lake McDonald Lodge à l'ouest, St Mary Lodge et Many Glacier Hotel à l'est, et Glacier Park Lodge au sud-est.
Les Red Bus assurent aussi des **navettes payantes** entre la gare de West Glacier et McDonald Lodge/Village Inn (côté ouest), ainsi qu'entre le Visitor Center de St Mary et Many Glacier Hotel/Swiftcurrent Motor Inn (côté est).
Par ailleurs, en juillet-août, des **navettes gratuites** parcourent la Going-to-the-Sun Road entre les Visitor Centers d'Apgar et de

4

St Mary *(7h-19h - dép. env. ttes les 20mn - rens. dans les Visitor Centers).*

## HÉBERGEMENT

### PREMIER PRIX

*Voir aussi plus loin Lake McDonald Lodge et Swiftcurrent Motor Inn qui proposent quelques chambres basiques et bon marché.*

**Johnson's Red Eagle Motel** – *14 Red Eagle Rd - St Mary - ✆ 406 732 4453 - www.redeaglemotelrvpark.com - fermé de nov. à mi-avr. - 23 ch. 90/100 $.* Ce motel à moins de 1,5 mile de l'entrée est du parc est proche des restaurants, des boutiques et d'une station-service. Les chambres sont basiques, mais confortables. Deux chalets *(160 $)* et un mobil-home *(300 $/8 pers.)* équipé d'une cuisine sont également disponibles.

### BUDGET MOYEN

**Swiftcurrent Motor Inn** – *Columbia Falls - Many Glacier - ✆ 855 733 4522 - www.glaciernationalparklodges.com - 95 ch. 79/155 $.* Niché au pied des pics enneigés, à 1 mile du Many Glacier Hotel, cet établissement (1933) apprécié des randonneurs se trouve au départ de nombreux sentiers. Il propose des chalets basiques avec salle de bains commune *(79 $)* et de petites chambres type motel, propres et bien équipées, avec salle de douche. L'insonorisation, en revanche, laisse un peu à désirer.

**Many Glacier Hotel** – *1 Many Glacier Rd - Babb - ✆ 855 733 4522 - www.glaciernationalparklodges.com - fermé de fin sept. à début juin - 215 ch. 159/205 $.* La façade de type chalet suisse de cet établissement historique (1915), ainsi que le hall et son atrium ont traversé l'épreuve du temps. Niché sur les berges du lac Swiftcurrent, cet hôtel immense mais très retiré affiche des prix abordables. Il organise chaque semaine des concerts sur le long balcon faisant face au lac. Vous trouverez sur place plusieurs restaurants à l'ambiance décontractée.

**St Mary Lodge** – *3 Going-To-The-Sun Rd - St Mary - ✆ 406 732 4431 - www.glacierparkinc.com - 115 ch. 119/299 $.* À l'est du parc, dans un village doté d'épiceries, de boutiques et d'une station-service, ce *lodge* propose un choix assez inégal de chambres, certaines de type motel, étroites et sommairement équipées, d'autres plus confortables, dans d'agréables chalets en rondins, les plus belles, enfin, dans le **Great Bear Lodge**, bénéficiant d'un balcon avec vue. Le **Snowgoose Grill** sert une cuisine régionale soignée et le **Curly Bear Café** de la restauration rapide.

**Glacier Park Lodge** – *1 Midvale Creek Rd - East Glacier Park Village - ✆ 406 732 4411 - www.glacierparkinc.com - fermé de fin sept. à déb. juin - 161 ch. 161/198 $.* En 1913, lorsque l'hôtel et son immense restaurant ont été construits, on pensait que les rondins qui avaient servi à sa construction avaient de 500 à 800 ans d'âge, ce qui valut au lieu de recevoir la bénédiction des Indiens Blackfeet. Les chambres sont rustiques, mais agréables, et les salles d'eau petites. Une nouvelle aile possède des chambres modernes décorées avec style, mais elles sont également équipées de petites salles de bains.

**Lake McDonald Lodge** – *Loop Rd - Lake McDonald - ✆ 855 733 4522 - www.glaciernationalparklodges.com - fermé de fin sept. à fin mai - 100 ch. 130/195 $.* Situé sur la rive est du lac McDonald, cet hôtel de de style suisse est ouvert depuis 1914 et figure au registre national des monuments historiques. Le sol du hall d'entrée est gravé de phrases en langue kootenai (un dialecte amérindien local) telles que : « nouvelle vie à ceux qui boivent ici » ou encore « portant le regard vers la montagne ». Ce lieu historique propose des chambres modestes dans le bâtiment principal, des chalets en duplex rustiques et un motel de deux étages datant des années 1950 où sont aménagées quelques chambres basiques avec salle de bains commune *(79 $)*.

**Izaak Walton Inn** – *290 Izaak Walton Inn Rd - Essex - ✆ 406 888 5700 - www.izaakwaltoninn.com - fermé oct.-avr. - 33 ch., 4 chalets, 4 wagons. 99/189 $.* Dominant la minuscule ville d'Essex, cet établissement familial a banni télévision et téléphone et encourage les activités en extérieur : ski, randonnée, visite de l'arrière pays, équitation et activités sur la rivière. L'hôtel historique est confortable et son ambiance décontractée, et les chalets conviendront parfaitement aux familles. Mais ce sont les authentiques wagons « caboose » *(189/239 $ - 2 nuits min.)*, entièrement équipés, avec lits, cheminées au gaz et sols chauffés, qui vous feront découvrir le romantisme du Far West.

### Waterton National Park

#### POUR SE FAIRE PLAISIR

**Prince of Wales Hotel** – *Waterton Park - ✆ 403 859 2231 - www.glacierparkinc.com - fermé de mi-sept. à début juin - 86 ch. 239/299 $.* Bâti en 1926 par la compagnie Great Northern Railway, cet hôtel de style chalet suisse surplombe de ses sept étages le spectaculaire lac Waterton Supérieur. Le lieu est si reculé que, lors de sa construction, on dut faire venir le bois à dos de mules. On accède à ses chambres minimalistes en empruntant le hall d'entrée, tout en hauteur, qui fait office d'atrium. Le thé y est traditionnellement servi l'après-midi *(tlj 13-15h -29,95 $)*, avant l'ouverture de la **Royal Stewart Dining Room**, où sont servis des plats d'inspiration canadienne.

## RESTAURATION

#### PREMIER PRIX

**Johnson's Cafe** – *21 Red Eagle Rd - St Mary - ✆ 406 732 4207 - www.johnsonsofstmary.com - plat 7/21 $.* Cet agréable café propose de copieuses portions de pain à la viande, de poulet frit et d'autres plats faits maison. Situé près du Red Eagle Motel, à environ 1 mile de l'entrée du parc national de Glacier, l'endroit est idéal pour prendre ou reprendre des forces, que ce soit au petit-déjeuner, au déjeuner ou au dîner. Une délicieuse part de tarte conclura parfaitement le repas.

#### BUDGET MOYEN

**Lake McDonald Lodge** – *Loop Rd - Lake McDonald - ✆ 855 733 4522 - www.glaciernationalparklodges.com - fermé de fin sept. à fin mai - plat 12/26 $.* La Russell's Fireside Dining Room bénéficie d'un décor rustique et chaleureux (trophées de chasse, grande cheminée et charpente de cèdre rouge) et jouit d'une belle vue sur le lac. On y savoure à midi des plats simples mais correctement élaborés, comme *burgers*, pizzas et pâtes. Le menu du soir, plus raffiné, décline des plats de gibier, du saumon d'Alaska et de la truite de montagne.

## POUR SE FAIRE PLAISIR

**Belton Chalet** – *Sur l'US-2 - West Glacier - ✆ 406 888 5000 - www.beltonchalet.com - dîner seult - plat 20/26 $.* Bâti en 1910 par la compagnie Great Northern Railway, cet hôtel de style chalet suisse était à l'origine entièrement meublé dans le style Arts and Crafts et possédait de superbes cheminées en pierre. Après rénovation, il a rouvert en 2010 avec quelques chambres et un restaurant de qualité. Le Grill propose des plats tels que truite arc-en-ciel, canard Napoléon, pain à la viande façon Montana ou encore boulettes de viande de wapiti. L'hôtel compte aussi un bar.

**Many Glacier Hotel** – *1 Many Glacier Rd - Babb - ✆ 855 733 4522 - www.glaciernationalparklodges.com - fermé de fin sept. à déb. juin - plat 13/36 $.* Au fond de la spacieuse Ptarmigan Dining Room trône une énorme cheminée. On y sert une cuisine typiquement américaine, comme la soupe de poivrons rôtis, la truite des Rocheuses ou le pain de viande façon Montana.

## ACTIVITÉS

### Activités nautiques

Il est possible de louer bateaux à moteur, canots, pédalos et kayaks à Apgar, Lake McDonald Lodge, Two Medicine et Many Glacier.

**Glacier Park Boat Co.** – *✆ 406 257 2426 - www.glacierparkboats.com - de fin mai à fin sept. - 11/24 $.* Organise des croisières *(1h)* sur les lacs McDonald, Swiftcurrent, St Mary et Two Medicine. Fleuron de sa flotte, le *DeSmet*, un bateau en bois des années 1930, navigue depuis le Lake McDonald Lodge.

**Waterton Shoreline Cruise Co.** – *Marina de Waterton - ✆ 403 859 2362 - www.watertoncruise.com.* Propose également des croisières.

### Activités de pleine nature

**Great Nothern Rafting** – *West Glacier - ✆ 800 735 7897 - www.glacierparkraft.com.* L'agence propose des descentes en rafting à la demi- journée ou à la journée *(52/89 $)*, ainsi que des sorties de pêche à la mouche, *paddleboard* et navigation douce.

### Randonnée

**Glacier Guides Inc.** – *West Glacier (1,5 mile à l'ouest de la ville sur l'US-2) - ✆ 800 521 723 - www.glacierguides.com.* Organise des randonnées à la journée ou avec bivouac à travers le parc *(à partir de 75 $)*, ainsi que des descentes en rafting, des balades à cheval ou de la pêche à la mouche. La société possède deux châlets isolés en pleine nature dans le parc pour héberger les randonneurs.

# Vallée de la Flathead

★

**Dans la vallée de la rivière Flathead, les montagnes, omniprésentes, suivent le voyageur comme son ombre. Les anciens glaciers ont raboté ces cimes déchiquetées et une fertile vallée fluviale, aujourd'hui riche domaine agricole. Cette remarquable région englobe les sites naturels de la réserve indienne des Flatheads (Têtes-Plates) et du lac de même nom. Les loisirs de plein air prennent peu à peu la place de l'exploitation forestière au premier rang de l'économie locale.**

NOS ADRESSES PAGE 319

### S'INFORMER

**Flathead Convention & Visitor Bureau** – *406 756 9091 - www.fcvb.org.*

### SE REPÉRER

Carte de région B1-2 (p. 302-303) – *heure des Montagnes.* Dans le nord-ouest du Montana et au sud-ouest du parc national de Glacier, cette vallée tire son nom des Indiens Flatheads (Têtes-Plates), qui avaient coutume de déformer le crâne de leurs nourrissons en le comprimant avec une planche. La principale ville de la région est Kalispell.

### À NE PAS MANQUER

Flâner au bord du lac Flathead ; la réserve National Bison Range.

### ORGANISER SON TEMPS

Porte d'entrée du parc national de Glacier, la région réserve de belles opportunités aux amateurs de nature et de sports de plein air. Pour avoir le temps d'en profiter, prévoyez au moins une nuit à Kalispell, Whitefish ou Bigfork.

## Découvrir Carte de région

### Kalispell B1

*Au croisement de l'US-2 et de l'US-93, à l'ouest de Glacier Park.*

**Chamber of Commerce** – *15 Depot Park - 888 888 2308 - www.discoverkalispell.com - lun.-vend. 8h-17h (sam. 9h-16h et dim. 9h-14h en été).*

Centre commerçant du comté de Flathead, cette ville de 20 972 habitants mêle le Montana d'hier à celui d'aujourd'hui.

★ **Conrad Mansion** – *330 Woodland Ave. - 406 755 2166 - www.conradmansion.com - visite guidée seult (1h) - 15 mai 15 oct. : mar.-dim. 10h-16h (dép. ttes les h.) - 10 $.* Proche du merveilleux Woodland Park, cette élégante demeure (1895) de style néoroman ne compte pas moins de 26 pièces et conserve surtout du mobilier d'époque.

**The Hockaday Museum of Art**– *302 2nd Ave. E. - 406 755 5268 - www.hockadaymuseum.org - mar.-sam. 10h-17h - 5 $.* Le musée occupe le bâtiment néo-classique (1903) de la bibliothèque Carnegie, où il présente des expositions tournantes d'art régional.

### ★ Whitefish B1

*Sur l'US-93, à 14 miles au nord de Kalispell.*

**Visitor Center** – *307 Spokane Ave. - 877 862 3548 - www.explorewhitefish.com - lun.-vend. 9h-17h.*

Cette petite ville (6 649 hab.) allie gracieusement sa double vocation de commune de l'Ouest et de station touristique.
**Whitefish Lake★** attire les amateurs de camping, de pêche et de ski nautique pendant l'été. À 2 134 m d'altitude, le **Whitefish Mountain Resort★** *(Big Mountain Rd, à 8 miles au nord de Whitefish - ✆ 406 862 2900 - www.skiwhitefish.com)* séduit quant à lui les amoureux de sports d'hiver. À la belle saison, les touristes montent en téléphérique jusqu'au sommet, d'où ils jouissent de **vues★★** superbes sur Glacier National Park et les Rocheuses canadiennes.

### ★★ Flathead Lake B2

*Entre l'US-93 et la Rte 35, à 11 miles au sud de Kalispell.*
Long de 27 miles, le plus grand lac naturel de l'ouest du Mississippi offre les plaisirs du canotage, de la voile et de la pêche, avec des **vues★** splendides sur les montagnes. Il remplit un bassin formé par les glaciers, qui ont raboté le fond de vallée et déposé une moraine terminale à l'endroit où se trouve aujourd'hui la petite ville de Polson.
★ **Bigfork** – *sur la Rte 35, à 17 miles au sud-est de Kalispell - Visitor Center : ✆ 406 837 5888 - www.bigfork.org.* Avec son architecture typique de l'Ouest américain et son cadre idyllique en bord de lac, Bigfork est un centre culturel et gastronomique. Galeries d'art, boutiques de souvenirs, cafés et restaurants dotés d'agréables terrasses bordent sa grand-rue. Son théâtre réputé, **Bigfork Summer Playhouse** *(✆ 406 837 4886 - www.bigforksummerplayhouse.com)* joue à guichets fermés des pièces et comédies musicales de Broadway. Au sud de Bigfork, des cerisaies émaillent la rive est du lac.

### Flathead Indian Reservation B2

*Sur l'US-93 entre Kalispell et Missoula.*
*✆ 406 675 2700 - www.cskt.org/vi.*
Les tribus indiennes Salish, Kootenai et Pend-d'Oreilles du Montana vivent dans cette réserve créée en 1855. Exploité surtout en fermes et pâturages, ce territoire de 5 030 km$^2$ englobe la moitié sud de Flathead Lake et les Mission Mountains. Chaque année, en juillet, les **fêtes★** traditionnelles des villages Elmo et Arlee offrent aux visiteurs danses, musique et jeux traditionnels amérindiens.
Situé au bout du lac Flathead, le chef-lieu commerçant de la réserve est **Polson** *(au croisement de l'US-93 et de la Rte 35, à 49 miles au sud de Kalispell et 65 miles au nord de Missoula - Chamber of Commerce : ✆ 406 883 5969 - www.polsonchamber.com).* On peut y pratiquer de nombreux sports nautiques et y trouver des boutiques d'équipements sportifs.
À proximité, **Kerr Dam Overlook** *(Kerr Dam Rd, à 6 miles à l'ouest de Polson - ✆ 406 883 4450)* ouvre sur le barrage-voûte (1938), haut de 62 m, qui coupe le canyon des Buffalo Rapids en aval du lac Flathead. La Confédération des tribus Salish et Kootenai devrait devenir propriétaire du barrage en septembre 2015.
À Pablo, **The People's Center** *(sur l'US-93, à 7 miles au sud de Polson - ✆ 406 675 0160 - www.peoplescenter.org - lun.-vend. 9h-17h - 5 $)* retrace l'histoire des tribus Salish, Kootenai et Pend-d'Oreilles et présente des œuvres artisanales.
De nombreuses cuvettes laissées dans la prairie par les glaciers il y a 12 000 ans attirent plus de 180 espèces d'oiseaux au **Ninepipe National Wildlife Refuge** *(sur l'US-93, à 15 miles au sud de Polson - ✆ 406 644 2211 - www.fws.gov)*, qui couvre 800 ha de terrains marécageux.
Avec pour toile de fond les majestueuses Mission Mountains, l'église néogothique de **St Ignatius Mission★** (1891) *(300 Bear Track Ave. - St Ignatius. Accès*

*par l'US-93, à 29 miles au sud de Polson - ✆ 406 745 2768 - été : 9h-19h ; hiver : 9h-17h)* s'orne de fresques et de peintures murales réalisées par le père Joseph Carignano (1853-1919), originaire de Turin, en Italie.

### ★★ National Bison Range B2

*À Moiese, sur la Rte 212, à 31 miles au sud de Polson.*
*✆ 406 644 2211 - www.fws.gov/bisonrange - 5 $.*
Autrefois, du Mexique au Canada, cinquante millions de bisons parcouraient l'Amérique du Nord. Pendant des milliers d'années, ils ont pourvu aux besoins de générations successives d'Indiens des Plaines : peaux pour les vêtements et les abris, os pour les outils et les armes, organes et viande pour la subsistance. Les troupeaux se multiplièrent jusqu'à la fin du 19e s., quand les chasseurs commencèrent à les tuer uniquement pour leur langue et leur peau, en laissant pourrir les carcasses. Alors que l'espèce était en voie d'extinction, on créa cette réserve en 1908 pour protéger une petite harde. Environ 350 de ces puissants bovidés parcourent aujourd'hui la prairie en liberté ; ils fournissent en reproducteurs les ranches privés d'Amérique du Nord, qui en élèvent jusqu'à 300 000. Le **Visitor Center** *(horaires variables selon la saison)* explique leur comportement et retrace l'histoire de ces animaux superbes et ombrageux. En suivant en voiture le circuit de 19 miles de **Red Sleep Mountain**, vous pourrez apercevoir des bisons, mais aussi des *pronghorns* (antilopes d'Amérique), des mouflons, des wapitis et des chèvres des Rocheuses, sur plus de 7 400 ha de beau paysage.

## NOS ADRESSES DANS LA VALLÉE DE LA FLATHEAD

### HÉBERGEMENT

#### Kalispell

BUDGET MOYEN

**The Kalispell Grand Hotel** – *100 Main St. - ✆ 406 755 8100 - www.kalispellgrand.com - 40 ch. 114/150 $, suites 162 $.* Ouvert depuis 1912, cet établissement historique du centre-ville a conservé son décor d'antan, notamment son grand escalier en chêne. Chambres chaleureuses et confortables. Préférez les Grand View, côté montagne, à l'écart du bruit de la rue.

#### Whitefish

BUDGET MOYEN

**Garden Wall Inn** – *504 Spokane Ave. - ✆ 406 862 3440 ou 888 530 1700 - www.gardenwallinn.com - 5 ch. 155/215 $ ☕, suites 275/315 $ ☕.* Situé dans le centre-ville, ce charmant hôtel de style néocolonial, avec ses murs couverts de bardeaux et ses baignoires à pattes de lion, tire son nom des falaises abruptes qui forment la ligne continentale de partage des eaux. Les gardiens des lieux sont des explorateurs chevronnés, qui concoctent un délicieux petit-déjeuner.

**The Duck Inn** – *1305 Columbia Ave. - ✆ 406 862 3825 ou 800 344 2377 - www.duckinn.com - 15 ch. 179/199 $ ☕, suites 239/269 $ ☕.* Posé au bord d'un calme cours d'eau, mais proche du centre-ville de Whitefish, cette auberge propose des chambres spacieuses qui ont toutes vue sur la rivière ou le jardin.

**Good Medicine Lodge** – *537 Wisconsin Ave. - ✆ 406 862 5488 - www.goodmedicinelodge.com - 10 ch. 190/210 $ ☕, suites 240/305 $ ☕.* Vous ne regretterez pas de faire escale dans ce cosy

B&B tenu par un charmant couple de retraités. La maison et son jardin sont au calme et la plupart des chambres, soigneusement décorées, ont un balcon. Un verre de bienvenue est offert, des boissons et cookies sont à disposition et le petit-déjeuner est excellent.

### POUR SE FAIRE PLAISIR

**Whitefish Mountain Resort** – *3889 Big Mountain Rd - ✆ 800 858 4152 - www.skiwhitefish.com - fermé de déb. avr. à déb. déc. - 226 ch. et chalets à partir de 144 $.* Très prisée des skieurs, mais moins fréquentée que d'autres stations de ski, Whitefish Mountain est un véritable petit village, avec dix restaurants et plusieurs bars. On peut y louer des appartements, des chalets de montagne et des chambres d'hôtel. La proximité des pistes et le côté familial des herbergements sont une valeur ajoutée supplémentaire.

**Grouse Mountain Lodge** – *2 Fairway Dr. - ✆ 406 892 2525 - www.grousemountainlodge.com - 143 ch. à partir de 219 $.* Situé entre l'un des parcs de Whitefish et un terrain de golf, cet hôtel typique de l'Ouest, rénové en 2012, propose chambres standard et suites qui peuvent recevoir jusqu'à 4 personnes. Le décor est dominé par les tons terre, le bois et la pierre. Les nombreux services incluent, entre autres, un Spa et un centre de fitness. Navette gratuite pour le centre-ville de Whitefish.

**Kandahar Lodge** – *3824 Big Mountain Rd - ✆ 406 862 6098 - www.kandaharlodge.com - fermé de déb. avr. à déb. juin et de fin sept. à déb. déc. - 60 ch. 229/259 $ ☕, duplex 289/319 $ ☕, suites 439/619 $ ☕.* Cet hôtel de style européen ressemble à une maison en pain d'épice. À flanc de colline, il est situé tout près de la station de ski de Whitefish Mountain Resort. Son hall en rondins et panneaux de bois mène, *via* un grand escalier, à des chambres modernes et spacieuses. On peut également louer des lofts avec cuisine ou des suites complètes.

**Lodge at Whitefish Lake** – *1380 Wisconsin Ave. - ✆ 406 863 4000 ou 877 887 4026 - www.lodgeatwhitefishlake.com - 🏊 - 99 ch. et 18 appart. 223/284 $, suites 339/425 $.* Cet hôtel familial ouvert en 1945 a subi de nombreuses transformations au fil des ans, avec notamment trois nouveaux bâtiments près du lac, un bâtiment central construit en 2005, et le nouveau « Viking Lodge », surplombant la réserve naturelle de Viking Creek. Ce dernier propose des chambres plus traditionnelles, avec cheminée, tandis que le bâtiment principal comprend surtout des suites, avec cheminée, petite cuisine et balcon. Les appartements possèdent de deux à trois chambres et une cuisine. Une marina, un golf 18 trous, une piscine extérieure et un Spa haut de gamme permettent de se détendre. Le **Boat Club Dining Room** *(plats 26/32 $)* est renommé pour ses côtes de bœuf lentement rôties.

### UNE FOLIE

**Haymoon Ranch Resort** – *1845 Hodgson Rd - ✆ 406 270 8771 - www.haymoonresort.com - 10 chalets. 429/529 $.* La nature fait tout l'attrait de ces maisons et chalets en rondins bâtis par des artisans amish sur 6 ha de forêt en pleine montagne. On y trouve tout type de logement : les groupes peuvent louer des bâtiments privés qui accueillent de 4 à 20 personnes, tandis que les familles pourront louer l'un des deux chalets entièrement équipés qui surplombent l'étang Haymoon. Il est également possible de louer l'ensemble de la propriété et d'y loger jusqu'à 65 personnes.

**Bar W Ranch** – *2875 US-93 W. (à 4 miles à l'ouest de Whitefish) - ☎ 406 863 9099 ou 866 828 2900 - www.thebarw.com - 6 ch., 2 chalets et 2 tentes - forfait 3 nuits tout inclus 900/1 215 $.* Les 1 200 ha de pâturages et de forêts de la propriété, près des montagnes et du lac Spencer, invitent à de belles chevauchées. L'équitation est en effet l'attraction principale de ce ranch, qui propose aussi d'autres activités, comme de s'initier aux tâches de gardien de bétail. Les hôtes ont le choix entre les chambres et suites classiques du logde, les chalets en rondins bâtis par des artisans amish ou les tentes pour une immersion en pleine nature.

**RESTAURATION**

## Bigfork

### PREMIER PRIX

**Pocketstone Cafe** – *444 Electric Ave. - ☎ 406 837 7223 - www.pocketstonecafe.com - 6h-15h - plat 8,50/11,50 $.* La terrasse de ce restaurant logé dans une bâtisse digne d'un vieux western est parfaite pour savourer un copieux petit-déjeuner de pancakes et œufs Bénédicte ou quelques plats élémentaires (omelettes, sandwichs, *burgers* et salades composées). À l'image des confitures, tout est cuisiné maison avec des produits frais. Service, hélas, trop nonchalant.

### BUDGET MOYEN

**Showthyme** – *548 Electric Ave. - ☎ 406 837 0707 - www.showthyme.com - dîner seult - plat 18/24 $, menu 3 plats 24 $.* Le bâtiment en brique d'une ancienne banque sert de cadre à ce restaurant, qui se dote aussi d'une terrasse en été. L'adresse est réputée pour ses délicieux poissons (saumon ou cabillaud à la planche et sauce aïoli, poêlée de pétoncles au beurre de soja), mais on y déguste avec autant de plaisir le filet mignon à la béarnaise ou le magret de canard aux canneberges et gingembre.

## Kalispell

### BUDGET MOYEN

**North Bay Grille** – *139 1st Ave. W. - ☎ 406 755 4441 - www.nbgrille.com - fermé sam. et dim. midis - plat 13/38 $.* Dans une rue parallèle à Main Street, ce patio au calme est un lieu idéal pour savourer une cuisine goûteuse élaborée avec des produits locaux (viandes et poissons). Le bar propose un large choix de bières.

## Whitefish

### BUDGET MOYEN

**Pescado Blanco** – *235 1st St. - ☎ 406 862 3290 - www.pescadoblanco.com - dîner seult - plats 10/22 $.* Bien que *tacos*, *carne asada*, *fajitas* et autres plats typiquement mexicains figurent au menu, ce remarquable restaurant latino-américain y ajoute une touche typique du Montana en servant également chorizo de wapiti, bison et *enchiladas* au canard.

**Wasabi Sushi Bar & Ginger Grill** – *419 2nd St. E. - ☎ 406 863 9283 - www.wasabimt.com - diner seult - plat 7/45 $.* Une série de petites pièces crée une intimité propice à la découverte de plats magnifiques. Le poisson frais est livré plusieurs fois par semaine et sert à confectionner makis arc-en-ciel ou makis « Smoking », avec homard, crabe dormeur, asperge, noix de Saint Jacques, bacon, mayonnaise Sriracha ou saumon rouge grillé. Certains plats mêlent plusieurs influences, tel le canard façon Bangkok, grillé et nappé de coriandre, servi avec ses amandes fumées sur des nouilles *yakisoba*.

4

### POUR SE FAIRE PLAISIR

**Tupelo Grille** – *17 Central Ave. - ✆ 406 862 6136 - www.tupelogrille.com - dîner seult - plat 16/42 $.* Nous sommes loin du delta du Mississippi, mais l'on se presse ici tous les soirs pour déguster des spécialités comme le *gombo*, le *cottage pie* au bison, le *succotash* et autres inventions exotiques telles que les crevettes au gruau de maïs ou les *tacos* au maïs bleu.

**Whitefish Lake Golf Restaurant** – *1200 US-93 - ✆ 406 862 5285 - www.whitefishlakerestaurant.com - plat 10,50/36,50 $.* Avec ses bois chauds, ses rideaux fleuris et ses tapis sombres, le bar-restaurant du club de golf convient parfaitement aux familles. Le patio est idéal pour admirer le terrain de golf bâti en 1934 et le coucher du soleil. La cuisine, traditionnelle, y est toujours bonne. On peut y déguster un flétan d'Alaska dans sa pâte filo, avec fromage feta et épinards à l'ail, ou des côtes de porc grillées au barbecue. Il y a également un menu enfants.

### UNE FOLIE

**Café Kandahar** – *Kandahar Lodge - 3824 Big Mountain Rd - ✆ 406 862 6247 - www.cafekandahar.com - dîner seult - menu dégustation 5 plats 70 $, avec vins 105 $.* Parmi les spécialités à la carte, le filet de caribou aux myrtilles et au vin glacé, l'esturgeon au crabe dormeur et aux chanterelles, ainsi que la roulade de wapiti. On peut aussi choisir l'un des menus-découverte à 5, 7 ou 11 plats, qui comprennent des mets de luxe tels que la panse de porc au romarin servie dans un sirop d'érable et du miel. Les plats sont accompagnés par une sélection de vins.

## ACTIVITÉS

**Zipeline** – *Whitefish Mountain Resort - ✆ 406 862 2900 - www.skiwhitefish.com - de mi-juin à sept. - 8h30-17h30 - durée 3h - 84 $. Réservation recommandée.* Ce fabuleux circuit de tyroliennes comprend sept parcours, dont une traversée vertigineuse de 600 m de long. Le site propose aussi de l'accrobranche et des descentes en VTT. On peut également emprunter le téléphérique *(6 $ aller)* qui grimpe à 2 000 m et redescendre par un sentier.

### Croisières

**Flathead Lake Boat Tours** – *dép. de la marina de Lakeside, à 14 miles au sud de Kalispell - ✆ 406 844 2628 - www.flatheadlakeboattour.com - 20 $ la balade d'1h45.* En été, croisière sur le lac Flathead à bord du *Far West*.

### Rafting

**Wild River Adventures** – *318 6th Street W. - Whitefish - ✆ 406 387 9453 - www.riverwild.com.* Organise des descentes de la Flathead River à la demi-journée *(52 $)*.

### Équitation

Près de Whitefish, le **Bar W Ranch** *(voir p. 321)* organise des balades allant de 1h à une journée.

### VTT

**Stillwater Mountain Lodge** – *750 Beaver Lake Rd - Whitefish - ✆ 406 862 7004 ou 888 205 7786 - www.stillwatermtnlodge.com.* Location de VTT pour parcourir le Whitefish Trail, 25 miles de pistes cyclables en forêt et en bords de lac *(infos sur www.whitefishlegacy.org)*.

# Upper Missouri River

★

**Le fleuve Missouri a joué un rôle clé au 19e s. dans l'expansion vers l'ouest des États-Unis. Il a amené dans la région l'expédition Lewis et Clark, puis les trappeurs et les marchands de fourrures, les chercheurs d'or et les colons, mais il a aussi formé un tronçon de la très longue voie fluviale et terrestre qui relie Saint Louis à l'océan Pacifique. Aujourd'hui, les 149 miles du haut Missouri constituent un couloir sauvage et pittoresque, riche en faune, en flore et en canyons vierges. Traversant les paysages de buttes et de prairies immortalisés par le peintre Charles Marion Russell, c'est le dernier cours d'eau de cette voie historique qui coule sans entraves.**

## NOS ADRESSES PAGE 327

### S'INFORMER

**Central Montana Travel and Tourist Information** – *406 761 5036 - www.centralmontana.com.*

**Great Falls Convention & Visitors Bureau** – *1106 9th St. S. - 406 770 3078 ou 800 735 8535 - www.genuinemontana.com.*

**Great Falls Visitor Center** – *15 Overlook Dr. - 406 771 0885 - été : lun.-vend. 9h-18h, w.-end 10h-16h ; hiver : lun.-vend. 10h-16h, w.-end 10h-14h.*

### SE REPÉRER

Carte de région CD2-3 (p. 302-303) – *heure des Montagnes.* La région du cours supérieur du Missouri s'étend entre Helena, la capitale du Montana, Great Falls, Fort Benton et les Upper Missouri River Breaks National Monument plus à l'est. Les paysages pittoresques de la rivière attirent ici de nombreux amateurs de canoë-kayak.

### À NE PAS MANQUER

Le C.M. Russell Museum, à Great Falls.

### AVEC LES ENFANTS

Le Childrens Museum of Montana, Electric City Water Park et le Montana Museum of Railroad History, à Great Falls.

4

## Découvrir Carte de région

### ★★ Helena C2

*Au croisement de l'I-15 et de l'US-12.*

**Visitor Center** – *225 Cruse Ave. - 406 449 1270 - www.helenamt.com - lun.-vend. 8h-17h.*

Capitale du Montana, Helena est bâtie sur Last Chance Gulch, un des filons d'or les plus riches d'Amérique. Ville raffinée de 29 596 habitants en dépit de son passé tumultueux, Helena regorge de demeures anciennes et de légendes de la période minière. La ville natale de l'acteur Gary Cooper abrite un agréable centre piétonnier. On peut y voir **St Helena's Cathedral★** *(530 N. Ewing St. - 406 442 5825 - www.sthelenas.org)* avec ses deux flèches et ses nombreux vitraux, et **Original Governor's Mansion★** *(304 N. Ewing St. - 406 444 4789 - visite guidée seult - été : mar.-sam. à 13h, 14h et 15h ; hiver : sam. aux mêmes horaires - 4 $)*, la résidence de style Queen Anne (1888) du premier gouverneur.

★★ **Montana State Capitol** – *1301 E. 6th Ave. - ✆ 406 444 4789 - http://visit-the-capitol.mt.gov - lun.-sam. 7h-18h, dim.11h-17h.* Couronné d'un dôme de cuivre, ce grandiose édifice à l'élégante rotonde Renaissance française renferme l'œuvre monumentale de Charles Russell, *Lewis et Clark rencontrant des Indiens à Ross's Hole* (1912), avec d'autres illustrations de l'histoire du Montana. Des visites guidées (1h) du capitole se font au départ de la **Montana Historical Society**★ voisine *(225 N. Roberts St. - ✆ 406 444 2694 - http://mhs.mt.gov - lun.-sam. 9h-17h - 5 $)*, dont le musée abrite aussi une superbe collection de toiles de Russell ; l'intéressante présentation *Montana Homeland* décrit les modes de vie des tribus de la région.

### ★★ Gates of the Mountains C2

*À 18 miles au nord d'Helena par I-15 (sortie 209).*

*✆ 406 458 5241 - www.gatesofthemountains.com.*

Le Missouri passe par un canyon spectaculaire formé de roches sédimentaires précambriennes et de calcaire du Mississippi. Une illusion d'optique donne l'impression que les imposantes parois rocheuses sont les gardiennes du passage, d'où leur nom de « portails », donné par Merriwether Lewis.

Au départ de **Upper Holter Lake**, des croisières commentées (2h) présentent l'histoire naturelle et humaine du site et permettent parfois d'apercevoir des chèvres des montagnes, des mouflons et des aigles *(de fin mai à fin sept. - 16 $)*.

### ★★ Great Falls C2

*Au croisement de l'US-87 et de l'US-89, à 90 miles au nord d'Helena par l'I-15.*

*Voir « S'informer » ci-dessus.*

Centre culturel et commerçant, Great Falls est célèbre pour avoir contraint Lewis et Clark à faire du portage pour franchir cinq chutes d'eau (aujourd'hui noyées ou domestiquées par des barrages) durant leur périple vers l'Ouest. Avec 59 351 habitants, Great Falls est la troisième ville du Montana.

**Paris Gibson Square Museum of Art** – *1400 1st Ave. N. - ✆ 406 727 8255 - www.the-square.org - lun.-vend. 10h-17h, sam. 12h-17h ; nocturne jeu. 19h-21h - 5 $.* Ce gigantesque bâtiment en grès à l'architecture romane fut un lycée pendant de nombreuses années. Devenu un musée d'art moderne et un centre culturel, il fait désormais découvrir à son public des œuvres d'artistes locaux et régionaux à travers ses expositions temporaires. La collection permanente

#### CHARLIE ET JUDITH

Les peintures de **Charles Marion Russell** (1864-1926) ont généralement pour sujet les Amérindiens et les premiers cow-boys, représentés dans leur steppe avec des monts enneigés à l'horizon. Surnommé « l'artiste cow-boy », Russel a grandi dans le Missouri mais l'a quitté à l'âge de seize ans pour aller travailler dans un ranch de moutons du Montana. Il passa le reste de sa vie dans cet État et demeura presque toujours à Great Falls ou dans le Judith Basin, une vallée des Grandes Plaines entre Great Falls et Billings ceinturée par Little Belt, Big Snowy et les monts Highwood. Encore très reculée de nos jours, cette région fournit à Russel un foyer où il pratiqua pendant un demi-siècle l'élevage, la chasse et la pêche. Elle lui fournit également l'inspiration pour peindre ses quelque 2 000 tableaux, célèbres pour leur lyrisme. Russell est connu pour son humour et l'amour avec lequel il dépeignait tous ses sujets, que ceux-ci soient des Indiens, des cow-boys, des pionniers ou des soldats. Son tableau *The Custer Fight* rend compte de la bataille de Little Big Horn du point de vue des Sioux.

Missouri River.
World Pictures/age fotostock

compte pour sa part plus de 600 œuvres d'art amérindien contemporain et 234 sculptures en bois de peuplier d'Amérique. Son nom rend hommage au père de Great Falls, l'homme d'affaires Paris Gibson, qui fonda la ville en 1884.

★★ **C.M. Russell Museum** – *400 13th St. N. - ✆ 406 727 8787 - http://cmrussell.org - été : mar-dim. 10h-17h ; hiver : merc.-dim. 10h-17h - 9 $.* Charles Marion Russell (1864-1926), qui a immortalisé le Far West de la légende dans ses sculptures, huiles et aquarelles, s'était établi à Great Falls *(voir encadré ci-contre)*. Aujourd'hui, le musée qui lui est dédié abrite la plus grande collection de ses chefs-d'œuvre, ainsi que sa maison (1900) et son atelier en rondins (1903). Vous pourrez notamment y découvrir son *Breaking Camp* (1897) et *The Fireboat* (1918), qui ont tous deux pour motifs des Indiens dans les plaines. Ne manquez surtout pas les lettres illustrées *(Galerie 5)*. Autre curiosité, la **Browning Firearms Collection** (collection d'armes à feu Browning), qui vous fera découvrir les fusils, carabines et pistolets de ce fabricant.

4

★ **River's Edge Trail** – *À 5 miles au nord de Great Falls par l'US-87 - www.thetrail.org.* Cette piste de 48 miles qui suit les berges de la rivière Missouri, traversant des paysages somptueux, permet d'approcher de près les cinq chutes d'eau décrites par Lewis et Clark en 1905. Munissez-vous d'une carte des chutes, des aires d'observation et de la piste au Visitor Center. On peut admirer les Black Eagle Falls, Rainbow Falls et Crooked Falls depuis les aires d'observation aménagées sur la River Drive North.

★★ **Lewis et Clark National Historic Trail Interpretive Center** – *4201 Giant Springs Rd - ✆ 406 727 8733 - www.fs.usda.gov/main/lcnf/learning - de fin-mai à sept. : 9h-16h ; d'oct. à fin fév. : mar.-sam. 9h-17h ; de fin fév. à fin mai : mar.-sam. 9h-17h, dim. 12h-17h - 8 $.* Ce musée rend hommage à l'expédition et aux Indiens des Plaines qui l'ont assistée. Après un **film★** de 30mn, les visiteurs découvrent les présentations interactives qui retracent l'odyssée des voyageurs.

★ **Giant Springs Heritage State Park** – *4600 Giant Springs Rd - ✆ 406 454 5840 - www.stateparks.mt.gov - ouv. de 8h au crépuscule.* Plus bas sur la route se trouve la Roe, une des plus grandes sources du pays, mais aussi une de ses plus courtes rivières avec seulement 61 m. Il est possible de s'approcher de l'eau pour voir les plantes vertes qui y poussent. À l'écloserie toute proche, on élève des truites destinées à peupler les cours d'eau du Montana. On peut découvrir leur cycle de vie au **Visitor Center** *(lun.-vend. 8h-17h).* Le parc est idéal pour pique-niquer à l'ombre des peupliers blancs et d'immenses peupliers d'Amérique.

**Children's Museum of Montana** – *32 Railroad Square - ☎ 406 452 6661 - www.childrensmuseumofmontana.org - lun.-sam. 9h30-17h - 4 $.* Conçu pour les enfants de 12 ans et moins, ce musée propose des expositions interactives dans le domaine des sciences, de la santé, de la technologie et bien plus. Dans l'une des salles, les enfants apprennent à faire leur marché parmi des rayons de produits sains et bons pour la santé. Des ateliers et des aires de jeu complètent les activités.

**Electric City Water Park** – *100 River Dr. S. - ☎ 406 771 1265 - www.greatfallsmt.net - de juin à déb. sept. : 12h-18h - 10 $.* L'endroit possède une gigantesque piscine chauffée en plein air avec couloirs de natation, ainsi qu'un non moins gigantesque toboggan. On peut faire de la planche ou du *body surf* avec le Flow Rider, plonger de 6 m de haut avec le Power Tower Plunge, se laisser flotter sur une bouée sur les méandres de la Lazy River ou encore barboter dans les eaux calmes de la Kids Zone Soak.

**Montana Museum of Railroad History** – *Montana ExpoPark, 400 3rd St. N.W. - ☎ 406 453 3025 - www.mmrh.org - jeu. 19h-21h et, durant l'été, sam. 12h-16h30 - visite possible sur RV - gratuit.* Bien que ses horaires d'ouverture soient limités, ce musée offre un regard fascinant sur l'histoire du chemin de fer dans la région et dans l'État. Les wagons des trains du passé ont été méticuleusement rénovés. Les trains miniatures et les villages qu'ils traversent intéresseront particulièrement les plus petits. Sont visibles sur place des locomotives à vapeur, un wagon à bagage, un wagon de queue et un très rare wagon à cercueils.

### ★ First Peoples Buffalo Jump State Park C2

*À Ulm, 18 miles à l'ouest de Great Falls par l'I-15.*

*342 Ulm-Vaughn Rd - ☎ 406 866 2217 - www.stateparks.mt.gov - avr.-sept. : 8h-18h ; oct.-mars : merc.-dim. 10h-16h.*

Ce parc naturel à l'extérieur de la ville inclut une falaise de grès d'un mile qui conserve les traces du passage des troupeaux de bisons. Pendant 600 ans, les tribus de la région s'en sont en effet servi pour y précipiter les bisons à la mort et ainsi récupérer leur viande et leurs peaux.

Des monceaux de squelettes de bisons hauts de 5 m peuvent être aperçus au pied de la falaise.

Des pistes de découverte, un tipi et un Visitor Center vous feront découvrir la culture du bison chez les Amérindiens.

### ★ Fort Benton D2

*Sur la Rte 80, à 38 miles au nord-est de Great Falls par l'US-87.*

**Chamber of Commerce** – *☎ 406 622 3864 - www.fortbenton.com.*

Ultime étape de la remontée du Missouri pour les bateaux à vapeur, Fort Benton s'est développé en port fluvial. C'était l'extrémité est de la Mullan Road (642 miles) qui reliait les bassins du Missouri et de la Columbia à Walla Walla, dans l'État de Washington.

★★ **Fort Benton Heritage Complex** – *1900 River St. - ☎ 406 622 5316 - www.fortbenton.com/museums - de fin mai à fin sept. : lun.-sam. 10h30-16h30, dim. 12h-16h - 5 $.* La vie des Indiens et des pionniers confrontés à la dureté des hautes plaines est ici bien représentée à travers, entre autres, une reconstitution partielle du fort, le **Museum of the Northern Great Plains** (musée des Hautes Plaines du Nord), le **Museum of the Upper Missouri** (musée du Missouri supérieur) et la **Starr Gallery of Western Art** (galerie Starr de l'art de l'Ouest) qui met l'accent sur les travaux de Karl Bodmer et les sculptures de Bob Scriver.

### ★ Upper Missouri River Breaks National Monument D2

*Accès par le fleuve au départ de Fort Benton.*

*406 622 4000 - www.blm.gov/mt - gratuit.*

Composée d'affleurements rocheux, de falaises abruptes et de plaines herbeuses, cette région isolée couvre les 15 200 ha du parc national du Haut Missouri.

Elle n'a guère changé depuis que Lewis et Clark s'y sont aventurés en 1805. Elle a été classée parc national en janvier 2001, sous la direction du Bureau of Land Management, pour sa valeur historique, culturelle, géologique et écologique.

À Fort Benton, plusieurs agences organisent des excursions en bateau et canoë pour descendre le fleuve sur les 149 miles du parcours.

À l'est du parc, la réserve fédérale **Charles M. Russell National Wildlife Refuge** *(406 539 8706 - www.fws.gov)* entoure le réservoir de Fort Peck et s'étend sur 4 450 km² dans la partie sauvage du Missouri, peuplée de wapitis, de *pronghorns* (antilopes d'Amérique), de spatulaires (poissons remontant à la préhistoire) et de 200 espèces d'oiseaux. Un circuit routier en boucle de 20 miles débute à 67 miles au nord de Lewistown *(sur l'US-191, à 175 miles à l'est de Great Falls par l'US-87).*

## NOS ADRESSES À UPPER MISSOURI RIVER

#### HÉBERGEMENT

### Fort Benton

#### BUDGET MOYEN

**Grand Union Hotel** – *1 Grand Union Square - 406 622 1882 - www.grandunionhotel.com - 26 ch. 148 $, suites 178/198 $.* Bâti en 1882, ce joyau de l'âge d'or de Fort Benton est décoré de bois de noyer poli, de brocarts et de lambris, tous restaurés pour retrouver leur lustre d'origine. Beaucoup de chambres profitent d'une jolie vue sur la rivière Missouri.

### Great Falls

#### BUDGET MOYEN

**The Collins Mansion B&B** – *1003 2nd Ave. - 406 452 4444 - www.greatfallsbedbreakfast.com - 5 ch. 145/165 $.* Située sur la rive ouest de la rivière Missouri, cette imposante demeure victorienne bâtie à flanc de colline se trouve en plein quartier résidentiel. Ses chambres spacieuses sont équipées de salles d'eau privées. Le petit-déjeuner est copieux.

### Helena

#### BUDGET MOYEN

**The Sanders** – *328 N. Ewing St. - 406 442 3309 - www.sandersbb.com - 7 ch. 130/145 $.* Bâti en 1875, ce B&B fut pendant trente ans (jusqu'en 1905), la demeure du politicien Wilbur Fisk Sanders et de son épouse, Harriet Fenn Sanders, qui était une suffragette. Enregistrée au registre national des monuments historiques, la maison a été entretenue avec amour par Rock Ringling (rejeton de la famille du cirque) et Bobbi Uecker. La majeure partie du mobilier est d'origine.

## RESTAURATION

### Fort Benton

**POUR SE FAIRE PLAISIR**

**The Union Grille** – *Grand Union Hotel - 1 Grand Union Square - ✆ 406 622 1882 - www.grandunionhotel.com - dîner seult - fermé en janvier - plat 23/32 $.* Situé en bord de rivière, ce restaurant est prisé des gourmets qui apprécient sa cuisine classique mais inventive. Les produits sont de saison. En hiver, la salade marie courges doubeurres rôties, légumes verts frais, graines de citrouille grillées et poires cuites, le tout servi avec une vinaigrette au miel et au cumin. Parmi les spécialités régionales figure le faisan en croûte avec ses myrtilles et sa venaison au *succotash*, servi avec sa purée de doubeurre et de chou-fleur.

### Great Falls

**PREMIER PRIX**

**Faster Basset** – *215 3rd St. - ✆ 406 727 3947.* Cette crêperie est idéale pour passer une matinée au coin du feu. Chocolat chaud, café et limonades accompagnent les crêpes, qui sont particulièrement nourrissantes. Laissez-vous tenter par une crêpe à la dinde fumée et au bacon garnie à l'avocat et aux jeunes épinards. Vous pouvez aussi choisir un hamburger, un panini ou un mini-sandwich.

**BUDGET MOYEN**

**Jakers Bar and Grill** – *1500 10th Ave. S. - ✆ 406 727 9997 - www.jakers.com - plat 11/32 $.* C'est son immense et très abordable bar à salades qui fait la réputation de cet établissement. On y trouve crevettes, bisque de homard et fruits, ainsi que salades et fruits frais. Les portions sont très généreuses, mais il est possible de prendre une petite assiette. Le restaurant propose aussi d'excellents plats de viande et de poisson.

## ACHATS

### Great Falls

**Amazing Toys** – *515 Central Ave. - ✆ 406 727 5557 - www.amazingtoys.us.* Installé dans le centre-ville depuis plus de 25 ans, ce magasin de jouets attire les curieux avec son immense collection de puzzles, maquettes, casse-têtes, gadgets, jeux de cartes et pièces de collection.

**Candy Masterpiece** – *120 Central Ave. - ✆ 406 727 5955.* Caramels mous, bonbons, toffees, truffes, cerises au chocolat, etc. : Candy Masterpiece fait tout. Les parfums sont nombreux, de l'amaretto à la menthe en passant par la mangue, le beurre de cacahuète, la citrouille, le citron vert et bien d'autres.

**Hoglund's Work and Western Wear** – *306 1st Ave. S. - ✆ 406 452 6911 - www.hoglundswesternwear.com.* Cette grande boutique du centre-ville propose ses vêtements pour hommes, femmes et enfants depuis plus de 60 ans. On y trouve chapeaux et accessoires dans le style de l'Ouest classique ou moderne, ainsi que des articles de mode dernier cri. La sélection de bottes est immense.

## ACTIVITÉS

### Canoë

**Upper Missouri River Guides** – *2220 Main St. - Fort Benton - ✆ 406 691 1135 - www.uppermissouri.com.* En été, l'agence loue des canoës *(35 à 50 $/jour)* pour descendre la rivière et organise des navettes pour récupérer les clients. Possibilité d'excursions avec guide.

# Gold West Country

★

**Il y a 75 millions d'années, une intrusion de granit en fusion dans la croûte terrestre a créé le Boulder Batholith, riche en minerais, source de la prospérité et du folklore mouvementé du sud-ouest du Montana. Pendant la deuxième moitié du 19e s., ses gisements d'or, d'argent et de cuivre ont attiré les pionniers ; la région offre l'attrait de ce riche passé historique.**

NOS ADRESSES PAGE 333

### S'INFORMER

**Southwest Montana Travel Information** – *800 879 1159 - www.southwestmt.com.*

### SE REPÉRER

Carte de région BC2-3 (p. 302-303) – *heure des Montagnes.* Au sud d'Helena, dans le sud-ouest du Montana, le long des I-15 et I-90, les villes de Butte, Anaconda et Deer Lodge balisent cet ancien haut lieu de la ruée vers l'or, avec ses mines et ses villes fantômes.

### À NE PAS MANQUER

Pintler Scenic Highway.

### ORGANISER SON TEMPS

Prévoyez si possible une journée pour explorer Butte et les villes fantômes du Montana, en passant la nuit à Missoula.

## Découvrir Carte de région

### ★ Butte C3

*Au croisement de l'I-15 et de l'I-90 (sortie 126), à 68 miles au sud d'Helena et 85 miles à l'ouest de Bozeman.*

**Chamber of Commerce** – *1000 George St. - 406 723 3177 - www.buttecvb.com - lun.-vend. 8h-19h, sam. 10h-17h.*

**Bon à savoir** – L'**Historic Guide Center** *(117 N. Main St. - 406 498 3424 - www.buttetours.info - avr.-oct. : lun.-sam. ttes les h de 10h à 14h - durée 1h30 - 15 $)* propose une visite détaillée du quartier historique, incluant l'ancienne prison municipale et un bar clandestin souterrain.

Ancienne ville minière, Butte se considère comme « la colline la plus riche du monde ». Si on mettait bout à bout les galeries du sous-sol de cette ville de 33 854 habitants, elles courraient sur plus de 497 miles, soit toute la longueur du Montana. Butte connut son heure de gloire à la fin du 19e s., avec la découverte d'un colossal filon de cuivre, dont elle devint le plus grand site mondial de production. D'une poignée de prospecteurs en 1864, la population de la ville et ses alentours grimpa à près de 60 000 en 1920. Pendant les années 1950, les grèves de mineurs entraînèrent la fermeture des puits de mine, laissant en souvenir des chevalets et d'élégants bâtiments fin de siècle.

Parmi eux, le **Dumas Brothel** *(45 E. Mercury St. - 406 299 2702 - www.thedumasbrothel.com - visite sur RV)*, l'une des plus célèbres maisons closes de la ville, en activité de 1890 à 1982. Ce bâtiment en brique de deux étages est l'un des vestiges du *red light district* qui, vers 1894, ne comptait pas moins de 165 saloons et 6 maisons closes, où venaient se détendre les mineurs de toutes nationalités.

Tout près, le modeste **Mai Wah Museum** *(17 W. Mercury St. - ✆ 406 723 3231 - www.maiwah.org - juin-sept. : mar.-sam. 10h-16h - 5 $)* retrace l'histoire des migrants chinois dans la ville.

Avec ses beaux vitraux et plafonds ornés de fresques, la maison du « roi du cuivre », **Copper King Mansion★** *(219 W. Granite St. - ✆ 406 782 7580 - www.thecopperkingmansion.com)* rappelle l'âge d'or de Butte.

Au départ de la Chambre de Commerce *(1000 George St.)*, un circuit en tramway, le **Trolley Tour** *(✆ 406 723 3177 - de fin mai à sept. : dép. à 10h30, 13h et 15h30 (dim. 10h30 et 13h) - durée 2h - 15 $)*, traverse le centre historique et passe par **Berkeley Pit★** *(extrémité est de Mercury St., près de Continental Dr. - de mi-mai à sept. : lun.-sam. 8h-10h, dim. 9h-16h - 2 $)*, la plus grande mine de cuivre à ciel ouvert des États-Unis. Entre 1955 et 1982, les camions-bennes ont remonté plus de 290 millions de tonnes de minerai de cuivre. Le total du cuivre extrait à Butte pourrait former un ruban de 10 cm d'épaisseur couvrant toute la surface d'une autoroute sur plus de 700 km jusqu'à Salt Lake City. Le cratère fait plus de 1,5 km de diamètre et 490 m de profondeur ; un lac toxique en occupe le fond.

Le **Granite Mountain Mine Memorial** *(N. Main St., Walkerville)* honore les 168 mineurs qui ont péri en 1917. Des témoignages écrits laissés par certains des mineurs emmurés évoquent la tragédie.

Au **World Museum of Mining★** *(extrémité ouest de Park St. - ✆ 406 723 7211 - www.miningmuseum.org - avr.-oct. : 9h-18h, dernière entrée 16h30 - 8,50 $)*, on peut visiter un camp de mineurs reconstitué et un musée dans un bâtiment d'extraction, ou parcourir le dernier carreau de mine resté intact, **Anselmo Mine★** *(Bloc 600, N. Excelsior St.)*.

## ★ Deer Lodge C2

*Sur l'I-90, à 41 miles au nord-ouest de Butte.*

**Powell County Chamber of Commerce** – *www.powellcountymontana.com.*

Traditionnellement une ville d'élevage, Deer Lodge (3 400 hab.) attire aujourd'hui les amoureux du Far West.

**★★ Grant-Kohrs Ranch National Historic Site** – *À 0,75 mile à l'ouest de l'I-90 (sortie 184) - ✆ 406 846 2070 - www.nps.gov/grko - été : 9h-17h30 ; hiver : 9h-16h30 - gratuit.* Sur ce domaine de 600 ha des *rangers* du parc en tenue de cow-boys évoquent la vie de ce ranch dont l'empire s'étendait sur quatre États américains et deux provinces canadiennes, soit une superficie équivalente à celle de la Suisse. La visite comprend la fastueuse **ranch house** de 1890 *(visite guidée seult - horaires et inscriptions au Visitor Center)*.

**★ Old Montana Prison** – *1106 Main St. - ✆ 406 846 3411 - www.pcmaf.org - 8h-18h - 10 $.* La première prison territoriale de l'Ouest permet d'imaginer les prisonniers du temps jadis. Au nombre des six musées qui lui sont intégrés figure le **Montana Auto Museum★** *(✆ 406 846 3114)*, qui rassemble roadsters et modèles spéciaux, et le **Frontier Museum** *(en face sur Main St. - ✆ 406 846 0026 - 10h-17h)*, qui expose des armes et toutes sortes d'objets de saloon.

## ★★ Pintler Scenic Highway B3

*Rte 1, entre les sorties 208 et 153 de l'I-90.*

Cette superbe route de 63 miles serpente autour de ranches, franchit un col et longe des lacs. À l'extrémité sud, **Anaconda★** *(Rte 1, à 24 miles à l'ouest de Butte par l'I-90 - ✆ 406 563 2400 - www.anacondamt.org)*, ancienne cité minière de 9 300 habitants, conserve une salle de spectacle Art déco, **Washoe Theater** *(305 Main St.)*, et la cheminée de sa fonderie de cuivre, repère des voyageurs. L'**Old Works Golf Club** *(1205 Pizzini Way - ✆ 406 563 5989 - www.oldworks.org)*, un terrain de golf pour championnats, est bâti sur le site abandonné et anciennement toxique d'une fonderie.

## LES VILLES FANTÔMES DU MONTANA

Pioneer, Garnet, Kendall, Bannack, Coloma, Rocky Point, Aldridge, Virginia City… le Montana, comme bien d'autres États de l'Ouest américain, regorge de villes fantômes, preuves d'une colonisation anarchique et tumultueuse. Fondées à la fin du 19e s. à l'occasion des ruées vers l'or et autres filons de minerais précieux, ces bourgades minières connurent un boom rapide avant de dépérir lentement ou de péricliter lors de la Grande Dépression. Ainsi, **Garnet**, édifiée dans les années 1860 pour exploiter des gisements d'or et de grenats, déclina à mesure que ceux-ci s'épuisaient, puis fut ravagée par un incendie en 1912. **Bannack** comptait à son apogée 10 000 habitants, 3 hôtels, 3 boulangeries, 2 boucheries, 1 épicerie, 1 restaurant, 1 brasserie, 1 dancing et 4 saloons. Ses derniers résidents sont partis dans les années 1970, mais le village a conservé une soixantaine d'édifices en rondins de bois, la plupart en bon état et pouvant être visités. Beaucoup de *ghost towns* se réduisent à des ruines balayées par le vent, quelques baraquements en bois à l'abandon, puits de mine rouillés et voies ferrées envahies d'herbes folles, mais ces lieux fantomatiques ouvrent une fenêtre sur le passé à travers laquelle le visiteur voit resurgir les légendes de fusillades et de trésors cachés.

L'ancien bourg minier de **Philipsburg★★** *(Rte 1, à 55 miles au nord-ouest de Butte - ✆ 406 859 3388 - www.philipsburgmt.com)* a pour intérêt principal le **Granite County Museum★** *(155 S. Sansome St. - ✆ 406 859 3020 - www.granitecountymuseum.com - mai-sept. : 12h-16h - 4 $)*. Ce musée propose une exposition souterraine sur les mines de Granite Mountain et une galerie consacrée aux *ghost towns*, ces villes fantômes du Montana *(voir encadré ci-dessus)*. Dans un rayon de 100 km se trouvent 21 villes abandonnées, la mieux conservée étant **Garnet★★**, un camp de chercheurs d'or des années 1890 *(à 39 miles à l'est de Missoula par la Rte 200 et Garnet Range Rd, ou 57 miles au nord-ouest de Philipsburg par l'I-90 et Bear Gulch Rd - ✆ 406 329 3914 - www.garnetghosttown.net)*.

### ★ Missoula B2

*Au croisement des US-12 et US-93, au niveau de l'I-90.*

**Visitor Center** – *101 E. Main St. - ✆ 406 532 3250 - www.destinationmissoula.org - lun.-vend. 9h-19h, sam. 9h-17h, dim. 10h-16h.*

Centre commerçant et culturel abritant l'université du Montana, Missoula est une ville animée de 69 122 habitants.

Construit en 1877 pour protéger la ville des attaques indiennes, **Fort Missoula** *(South Ave. W, à l'ouest de Reserve St. - ✆ 406 728 3476)* a servi de camp d'internement pour les Américains d'origines italienne et japonaise pendant la Seconde Guerre mondiale.

Le **Missoula Art Museum** *(335 N. Pattee St. - ✆ 406 728 0447 - www.missoulaartmuseum.org - mar.-sam. 10h-17h - gratuit)* présente des expositions temporaires d'art contemporain de bonne qualité.

La **Rocky Mountain Elk Foundation** *(5705 Grant Creek Rd, à 3 miles au nord par l'US-90, sortie 101 - ✆ 406 523 4545 - www.rmef.org - 8h-18h, w.-end 9h-18h - gratuit)* expose oiseaux et mammifères, dont des wapitis naturalisés.

L'**Aerial Fire Depot and Smokejumpers Visitor Center★** *(5765 W. Broadway, à côté de l'aéroport, par l'US-90, sortie 99 - ✆ 406 329 4934 - visite guidée à 10h, 11h, 13h, 14h, 15h et 16h, durée 45mn - gratuit)* explique comment le corps d'élite des pompiers combat les incendies.

**MISSOULA, UN PARADIS LITTÉRAIRE**

Malgré son ambiance provinciale, Missoula (prononcez « Midzoula ») rassemble pas moins d'une cinquantaine d'écrivains, sans compter les nombreux étudiants des ateliers d'écriture *(creative writing)* de l'université du Montana, qui délivre un Master of Fine Arts en écriture réputé. Certains comparent même Missoula au Montparnasse des années 1920 ou au Greenwich Village des années 1950. « Impossible d'aller au parc sans tomber sur un gratte-papier assis sous un arbre, en train de faire de la poésie sur la beauté du pie vert ou les flancs mouchetés de la truite », écrit avec humour un journaliste local. La ville compte une dizaine de librairies, dont l'incontournable **Fact & Fiction Bookstore**, des galeries d'art et de nombreux bars où apprentis poètes et romanciers viennent puiser l'inspiration devant une chope de bière. L'aventure littéraire débuta à Missoula dans les années 1960, autour du poète Richard Hugo, dont les ateliers d'écriture firent rapidement des émules.

À la suite d'écrivains célèbres tels que Richard Brautigan, Norman Maclean (auteur du roman *La Rivière du sixième jour*, adapté à l'écran par Robert Redford sous le titre, *Et au milieu coule une rivière*), James Crumley, William Kittredge, James Welch, Jim Harrison et Dorothy Marie Johnson, beaucoup d'autres se sont installés dans le Montana ou ont fait escale pour enseigner à Missoula : Rick Bass, Thomas McGuane, Richard Ford, Thomas Savage, Judy Blunt, Kevin Canty, Rick DeMarinis, James Lee Burke, Deirdre McNamer, Jenny Siler, Robert Sims Reid.

La nature et la famille servent souvent d'ancrage à la production littéraire régionale, qui met volontiers en scène l'individu ordinaire face à son environnement. À l'opposé de la littérature intellectuelle et urbaine de la côte est, cette écriture des grands espaces, vantant la nature vierge et indomptée, a trouvé un terreau particulièrement fertile au Montana. Avec son climat rude et la beauté âpre de ses paysages immenses, il constitue une riche source d'inspiration pour les écrivains, qui voient en lui l'incarnation d'un paradis perdu, de l'Ouest sauvage. Missoula accueille aussi des auteurs de romans policiers, porteurs d'une critique sociale parfois féroce.

# À proximité Carte de région

## ★★ Bannack State Park C3

*Au sud de la Rte 278, à 26 miles au sud-ouest de Dillon et 88 miles au sud de Butte par l'I-15 (sortie 59).*

*406 834 3413 - www.bannack.org - site ouv. de 8h au crépuscule (21h en été) - Visitor Center ouv. mai-août : 10h-18h ; le reste de l'année : 11h-17h - visite guidée (1h) en été, à 14h en sem., 10h30 et 15h le w.-end - 5 $.*

Camp de mineurs prospère des années 1860, situé près des Pioneer Mountains, Bannack a été la première capitale territoriale du Montana. La cinquantaine de bâtiments d'origine est restée dans l'état où on les a laissés, une fois le gisement épuisé. La visite autoguidée parcourt la grand-rue déserte, qui s'anime le 3e week-end de juillet avec les **Bannack Days** : des figurants en costumes d'époque y font revivre le 19e s.

Le citoyen le plus célèbre de Bannack, le **shérif Henry Plummer**, menait une double vie comme chef d'une bande de malfrats, qui tua et vola plus de cent personnes. Ses concitoyens l'ont pendu, mais le butin n'a jamais été retrouvé…

## NOS ADRESSES DANS LA GOLD WEST COUNTRY

### HÉBERGEMENT

#### Butte

**BUDGET MOYEN**

**The Copper King Mansion** – *219 W. Granite St. - ✆ 406 782 7580 - www.thecopperkingmansion.com - 5 ch. 90/144 $* ☕. Bâtie en 1888 par un millionnaire du cuivre, cette opulente résidence victorienne propose même une visite guidée, qui part de l'escalier du hall, passe dans la salle de bal, la bibliothèque et la salle de billard, toutes ornées de vitraux, plafonds en cuir doré et marqueterie. Chambres ornées de meubles et bibelots d'époque.

#### Missoula

**BUDGET MOYEN**

**Goldsmith's B&B** – *803 E. Front St. - ✆ 866 666 9945 - www.missoulabedandbreakfast.com - 8 ch. 124/159 $* ☕. Plantée sur la berge de la rivière Clark Fork, cette maison d'hôte datant de 1911 abrite des chambres douillettes et joliment décorées, d'un confort parfait. Des fauteuils sous le porche permettent de profiter de la vue sur le flot grondant de la rivière.

### RESTAURATION

#### Butte

**BUDGET MOYEN**

**Uptown Cafe** – *47 E. Broadway St. - ✆ 406 723 4735 - www.uptowncafe.com - fermé sam. et dim. soirs - plat 14/36 $*. La meilleure table en ville, dressée de nappes blanches. Les plats du jour invitent à se régaler de raviolis aux artichauts, farfalles au poulet, bœuf Wellington, palourdes et noix de Saint-Jacques à la provençale.

#### Missoula

**PREMIER PRIX**

**The Bridge** – *600 S. Higgins Ave. - ✆ 406 542 0222 - www.bridgepizza.com - plat 6/19 $*. Ce café de quartier occupe deux niveaux d'une vieille salle de bal populaire, à côté d'un petit cinéma. Depuis trente ans, ses propriétaires servent avec passion pâtes, pizzas, salades et sandwichs.

**BUDGET MOYEN**

**Tamarack Brewing Co** – *231 W. Front St. - ✆ 406 830 3113 - www.tamarackbrewing.com - 11h-0h - plat 10/24 $*. Face à la rivière et au carrousel, cette brasserie animée sert d'excellentes bières maison et des plats savoureux, aux portions énormes : *tacos*, *fish & chips*, *enchiladas*, salades, côtes de bœuf, brochettes, *burgers*, pizzas.

**POUR SE FAIRE PLAISIR**

**Pearl Cafe** – *2231 E. Front St. - ✆ 406 541 0231 - www.pearlcafe.us - dîner seult - fermé dim. - plat 20/37 $. Réservation conseillée.* Le chef de cette table chic concocte une cuisine contemporaine aux accents français, avec des plats tels que le lapin à la moutarde, le filet mignon au roquefort et porto et le caneton sauce grenade.

### BOIRE UN VERRE

**Charlie's Bar** – *428 N. Higgins Ave. - ✆ 406 543 5373 - fermé dim.* Inutile de chercher l'enseigne de ce repaire connu de tous. Entre les murs tapissés de gueules locales en noir et blanc et un immense comptoir se mêlent, dans un déluge de décibels, écrivains et bûcherons, hippies et cow-boys, étudiants et pochetrons arrimés à leur pinte de Moose Drool (bave d'élan), la bière brune locale.

# Cœur d'Alene Country

★

**Au début du 19e s., les coureurs des bois francophones du Canada commencèrent le négoce des fourrures avec les Indiens de la région du Panhandle. Durs en affaires, ces derniers y gagnèrent la réputation de « cœurs d'alène » (l'alène est un poinçon destiné à percer le cuir). Lorsqu'en 1862 la Mullan Road, qui relie les bassins fluviaux du Missouri et de la Columbia, fut ouverte, le nord montagneux de l'Idaho s'ouvrit aux pionniers. Les mineurs, venus pour l'or, restèrent pour exploiter les autres richesses de la région, qui devint l'une des premières du monde pour la production d'argent, de plomb et de zinc. Cœur d'Alene Country n'est pas un but de voyage, mais avant tout une région de passage entre Montana et Washington. Elle séduira les amateurs de villégiature, qui se reposeront à Sandpoint, et les passionnés d'histoire minière.**

NOS ADRESSES PAGE 336

**S'INFORMER**
*208 443 3191 - www.visitnorthidaho.com.*

**SE REPÉRER**
Carte de région A1-2 (p. 302-303) – *heure du Pacifique.* Cette région située au nord de l'Idaho, appelée aussi Idaho Panhandle, se trouve à la lisière de la ville de Spokane, dans l'État de Washington. La principale ville, Cœur d'Alene, est à 33 miles à l'est de Spokane et à 166 miles au nord-ouest de Missoula par l'I-90.

**À NE PAS MANQUER**
Cœur d'Alene Lake, Lake Pend Oreille.

**ORGANISER SON TEMPS**
Une demi-journée peut suffire.

## Découvrir Carte de région

### ★ Cœur d'Alene A2

*Sur l'I-90, à 32 miles à l'est de Spokane (État de Washington).*

**Visitor Center** - *105 N. 1st St. (à l'angle de Sherman Ave., en face de la marina) - 208 664 3194 - www.coeurdalene.org - lun.-vend. 8h-17h, w.-end 9h-16h.*

Cet ancien port des bateaux à vapeur est devenu un site de villégiature estivale de 46 402 habitants, apprécié des amateurs de jet-ski, de parachute ascensionnel, de golf et autres loisirs de plein air. Classé parmi les cinq plus beaux lacs du monde par le magazine *National Geographic*, **Cœur d'Alene Lake★★** s'étend à 23 miles au sud. On peut en faire le tour en bateau, ou suivre à vélo **Centennial Trail**, une piste goudronnée de 62 miles entre Cœur d'Alene et Spokane *(voir p. 492)*.

Le **Museum of North Idaho** *(115 Northwest Blvd, en face du Visitor Center - 208 664 3448 - mar.-sam. 11h-17h - 3 $)* est consacré à l'histoire de la région.

**Cœur d'Alene Resort** *(Front Ave., au niveau de 2nd St. - 208 765 4000 - www.cdaresort.com)* offre une belle marina et un golf 18 trous posé sur le lac, le seul parcours flottant du monde.

À côté de la station, le promontoire boisé de **Tubbs Hill** est aménagé en parc public avec de petites baies, des plages et de belles vues sur le lac.

## ★ Lake Pend Oreille A1

*À 25-50 miles au nord de Cœur d'Alene par l'US-95.*

Ce lac profond de 350 m évoque aux anciens de la Seconde Guerre mondiale le camp d'entraînement de la marine de Farragut ; on sait moins qu'on y a logé des prisonniers allemands.

**Farragut State Park** – *À 3,7 miles à l'est d'Athol par la Rte 54 - ✆ 208 683 2425 - de fin mai à déb. sept. : 10h-17h - gratuit, donation appréciée.* Ce musée montre l'évolution de la région, devenue centre d'activités de plein air.

★ **Sandpoint** – *Au croisement des US-2 et US-95 (à 46 miles au nord de Cœur d'Alene) - ✆ 208 263 2161 - www.sandpointchamber.org.* Premier bourg du lac Pend Oreille avec 7 400 habitants, Sandpoint possède des boutiques pittoresques et un petit musée d'histoire. Un télésiège emmène au sommet de la station de ski **Schweitzer Mountain** (1 950 m) *(Schweitzer Mountain Rd - ✆ 208 263 9555 - www.schweitzer.com)* offrant des **panoramas**★★ inoubliables sur le lac et les montagnes.

## ★★ SILVER VALLEY A2

*Le long de l'I-90, à l'est de Cœur d'Alene.*

*www.silver-valley.com.*

La « vallée d'argent » doit son nom aux importants gisements trouvés dans les montagnes qui dominent la rivière Cœur d'Alene.

### ★★ Old Mission State Park

*À Cataldo, 24 miles à l'est de Cœur d'Alene par l'I-90 (sortie 39).*

*✆ 208 682 3814 - www.parksandrecreation.idaho.gov - 9h-17h - parking 5 $.*

Le parc possède le bâtiment le plus ancien de l'Idaho, la **mission jésuite de Cataldo** bâtie en 1850. L'église restaurée de style gréco-romain s'élève sur une butte herbeuse donnant sur la vallée de Cœur d'Alene. Le **Visitor Center** projette un film *(18mn)* sur les Indiens et les missionnaires ou « Robes Noires ».

### ★ Kellogg

*À 36 miles à l'est de Cœur d'Alene par l'I-90 (sortie 51)*

**Historic Silver Valley Chamber of Commerce** – *10 Station Ave. - ✆ 208 784 0821 - www.silvervalleychamber.com.*

Plus grande que Wallace *(voir ci-après)*, Kellog s'est peu à peu convertie de l'industrie minière au tourisme. Sans équivalent ailleurs, des sculptures de matériaux récupérés, les **junk-art sculptures** de David Dose, ornent le paysage urbain de manière saugrenue.

Le week-end, en été, le téléphérique de la station de **Silver Mountain** *(610 Bunker Ave. - ✆ 208 783 1111 - www.silvermt.com - 9h30-17h - 18 $)* transporte les visiteurs au sommet de Kellogg Peak (1 920 m), d'où on découvre des **vues**★★ spectaculaires à 360° embrassant une partie du Canada et des États de Washington et du Montana.

**Shoshone County Mining & Smelting Museum** – *Staff House, 820 W. McKinley Ave. - ✆ 208 786 4141 - www.staffhousemuseum.com - tlj sf mar. 11h-17h - 4 $.* Aménagé dans l'ancienne demeure (1906) du directeur de la Bunker Hill & Sullivan Mining & Concentrating Company, ce musée abrite une vaste collection de minerais, ainsi qu'une maquette de mine représentant 215 km de galeries.

### ★★ Wallace

*À 49 miles à l'est de Cœur d'Alene par l'I-90 (sortie 61)*

**Chamber of Commerce** – *✆ 208 753 7151 - www.wallaceidahochamber.com.*

Au 20e s., on a extrait plus de 30 000 t d'argent à Wallace, autoproclamée la « capitale mondiale de l'argent ».

★★ **Sierra Silver Mine** – *420 5th St. - ✆ 208 752 5151 - www.silverminetour.org - juin-août : 10h-16h ; mai et sept. : 10h-14h - visite guidée (1h15) ttes les 30mn - 14 $.* Des mineurs retraités font visiter un puits authentique et font des démonstrations de matériel : *muckers* pour dégager les déchets et *slushers* pour les évacuer. La visite guidée de la mine comprend un parcours commenté en trolleybus dans la ville.

★ **Northern Pacific Depot Railroad Museum** – *219 6th St. (au niveau de Pine St.) - ✆ 208 752 0111 - 9h-17h - 3,50 $.* Abritant des souvenirs du rail, le musée occupe une gare de style « château » remarquablement restaurée (1901).

**Wallace District Mining Museum** – *509 Bank St. - ✆ 208 556 1592 - www.wallaceminingmuseum.org - 9h-17h - 3 $.* Le musée projette des films sur l'évolution de l'industrie minière de l'Idaho, complétés par des expositions d'échantillons de minerai et d'objets anciens.

Les rues de Wallace sont ouvertes aux véhicules tout-terrain empruntant les 994 miles de pistes qui en partent.

### ★ Murray

*À 18 miles au nord de Wallace par les Forest Rd 456, puis Forest Rd 9.*

Deux saloons d'époque, une banque transformée en auberge, un vieux cimetière et des souvenirs sont tout ce qui reste de cette ancienne ville champignon de la ruée vers l'or. On sait tout de cet ancien camp de mineurs quand on a vu les tas de stériles près de la rivière et cherché l'or à la batée. Pour goûter à l'ambiance particulière de la ville, n'hésitez pas à faire un arrêt au musée-restaurant **Spragpole**, dans la rue principale, un endroit baigné d'atmosphère au charme délicieusement désuet : la nourriture y est correcte et vous pourrez y admirer des collections de vieux objets.

## NOS ADRESSES DANS LA CŒUR D'ALENE COUNTRY

### HÉBERGEMENT

#### Cœur d'Alene

**BUDGET MOYEN**

**McFarland Inn B&B** – *601 E. Foster Ave. - ✆ 208 667 1232 - www.mcfarlandinn.com - 5 ch. 165/175 $* ☕. Cette demeure bon genre se niche dans un quartier calme et arboré à quelques minutes à pied du lac. Des vélos sont à la disposition des hôtes. Des lits en bois ou fer forgé meublent les chambres, décorées de couleurs douces et dotées de salle de bains confortables. La maîtresse des lieux s'efforce de mettre tout le monde à l'aise et prodigue de bons conseils sur les choses à voir ou à faire dans la région. Petit-déjeuner buffet.

**American Country B&B** – *705 S. Zircon Lane - ✆ 208 651 2191 - www.americancountrybedandbreakfast.com - 4 ch. 160/225 $* ☕. Un lieu charmant et chaleureux, à quelques minutes du centre-ville et du lac. La décoration est soignée, le linge de maison douillet, et les propriétaires sont attentifs aux petits détails qui font la différence, comme les peignoirs ou le snack gratuit. La cabane dans les arbres, avec sa terrasse, est unique. La Big Sweet, avec sa baignoire Jacuzzi, conviendra aux amoureux. Les petits-déjeuners sont succulents.

**UNE FOLIE**

**The Cœur d'Alene Resort** – *115 S. 2nd St. - ✆ 208 765 4000 - www.cdaresort.com - 336 ch. 269/559 $.* L'une des meilleures stations d'Amérique : ce complexe de golf, de voile et de tennis offre des options allant de chambres très abordables à des appartements de luxe aménagés dans un bâtiment de 18 étages. Située au bord du lac Cœur d'Alene, la station possède une plage privée, une marina, quatre restaurants, et offre de très nombreux services.

## RESTAURATION

### Cœur d'Alene

**PREMIER PRIX**

**Hudson's Hamburgers** – *207 E. Sherman Ave. - ✆ 208 664 5444 - fermé le soir - plat 2/4 $. Espèces uniquement.* On fait toujours la queue devant ce snack-bar populaire, tenu par la même famille depuis 1907. La simplicité est ici de mise. À consommer sur place, au comptoir, ou à emporter, les divins hamburgers sont composés de viande fraîche et préparés devant vous par le cuisinier. Pour les accompagner, pas de frites, juste du soda ou de la bière et, peut-être, un morceau de tarte du jour.

**BUDGET MOYEN**

**The Bonzai Bistro** – *101 E. Sherman Ave. - ✆ 208 765 4321 - www.bonsaibistro.com - plat 11/39 $.* Agrémenté d'un bassin de carpes koïs, ce bistrot asiatique et bar à sushis jouit d'une belle vue sur le lac. Le service, véloce, achemine des plats exotiques plus ou moins épicés, végétariens ou non, qui stimulent les papilles. Intéressantes formules *bentos* pour le déjeuner.

### Wallace

**BUDGET MOYEN**

**1313 Club** – *608 Bank St. - ✆ 208 752 9391 - www.1313club.com - fermé dim. - plat 6/23 $.* Ce bâtiment historique (1891) en brique possède un certain cachet, tout comme la salle de restaurant à la décoration bigarrée. Assis sur des tabourets, on y mange des plats mexicains, des fondues, des *burgers* de bison, des *wraps*, des salades et des steaks d'assez bonne qualité.

**The Fainting Goat** –*516 Bank St. - ✆ 208 556 1650 - www.faintinggoatwinebar.com - 11h30-22h - plat 7/14 $.* Ce bar à vins familial, où l'on peut goûter une bonne sélection de vins au verre, de bières et cidres artisanaux, propose des petits plats et des *tapas* savoureuses : *tacos* de canard, salade frisée au chèvre, pâtes au gouda, assiette de fromage et charcuterie. Sympathique décor de récup' et meubles faits main.

## ACTIVITÉS

### Croisières

**Cœur d'Alene Cruises** – *Dép. de la marina - ✆ 208 765 4000 - www.cdalakecruises.com.* Propose des croisières de 90mn sur le lac *(22,75 $).*

### VTT

Cœur d'Alene possède un vaste réseau de pistes cyclables, dont une de 73 miles le long de Silver Valley.

**Terra Sports** – *510 E. Sherman Ave. - ✆ 208 765 5446 - www.terrasportsinc.com.* Location de vélos *(de 35 à 55 $ par jour).*

# Région des Black Hills 5

Carte Michelin Région n° 585 – Dakota du Sud et Dakota du Nord



Spearfish Canyon.

*P. Frilet/hemis.fr*

# RÉGION DES BLACK HILLS

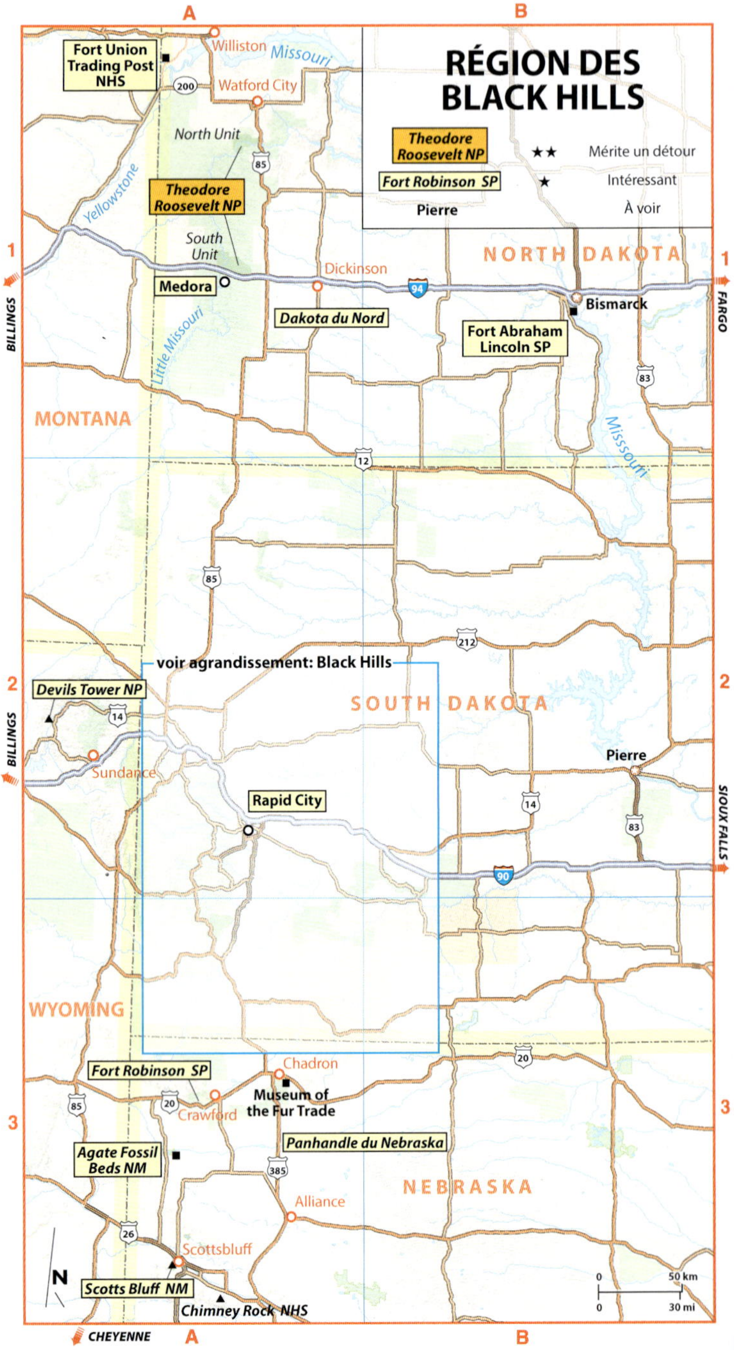

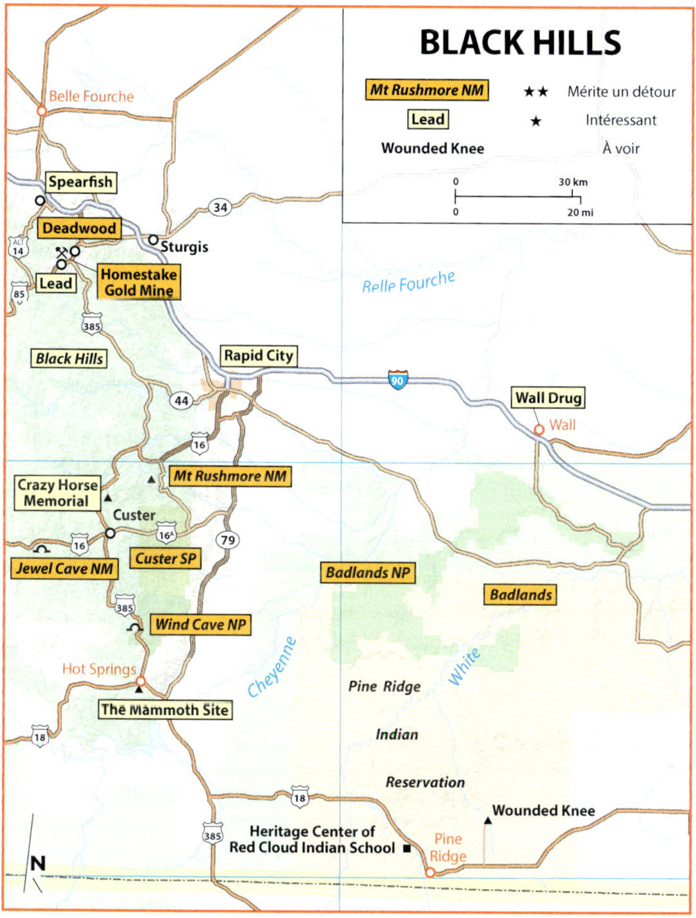
BLACK HILLS
Mt Rushmore NM
★★ Mérite un détour
Lead
★ Intéressant
Wounded Knee
À voir
0 30 km
0 20 mi
A
B
1
2
Belle Fourche
Spearfish
Deadwood
Sturgis
34
ALT 14
Lead
Homestake Gold Mine
85
385
Black Hills
Rapid City
90
44
16
Wall Drug
Wall
Mt Rushmore NM
Crazy Horse Memorial
Custer
16A
16
79
Custer SP
Jewel Cave NM
Badlands NP
Badlands
385
Wind Cave NP
Hot Springs
The Mammoth Site
Cheyenne
White
Pine Ridge
Indian
Reservation
18
18
385
Heritage Center of Red Cloud Indian School
Wounded Knee
Pine Ridge
N
Belle Fourche

# Black Hills

★

**Ellipse de 200 km sur 105 km, avec en son cœur de rudes montagnes granitiques de toutes formes, le massif des Black Hills est bordé à l'ouest par un plateau calcaire, encadré des rivières Cheyenne et Belle Fourche, et limité par la crête escarpée de Hogback Ridge et la Red Valley, au sol rouge caractéristique. La Black Hills National Forest couvre les collines centrales, et s'étend sur une grande partie de l'ouest du Dakota du Sud, ainsi que certaines régions du nord-est du Wyoming. Elle entoure ou approche Custer State Park, Jewel Cave National Monument, Wind Cave National Park, ainsi que huit villes, dont Deadwood. Elle s'achève à quelques kilomètres de Rapid City, porte d'entrée de ce territoire. La région des Black Hills est réputée pour ses grottes. Les mêmes pressions géologiques qui l'ont contrainte à se dresser vers le ciel, il y a 60 millions d'années, ont fissuré les couches calcaires déposées précédemment par une mer intérieure. En s'infiltrant, l'eau a progressivement dissous la roche pour créer un labyrinthe de passages souterrains. Avec des centaines de kilomètres de cavernes, l'ensemble forme le deuxième complexe souterrain du monde. Huit des grottes sont aménagées pour recevoir le public.**

NOS ADRESSES PAGE 351

### S'INFORMER
**Black Hills Visitor Center** – *1851 Discovery Cir. - Rapid City (I-90, sortie 61) - ✆ 605 355 3600 - www.blackhillsbadlands.com - 8h-17h.*

### SE REPÉRER
Carte de région A1-2 (p. 340-341) – *heure des Montagnes*. Les Black Hills occupent le sud-ouest du Dakota du Sud, près de Rapid City. Considérées comme sacrées par les Sioux Lakotas, elles culminent au Harney Peak (2 207 m). Principale attraction des lieux, le mémorial du mont Rushmore attire 3 millions de visiteurs par an.

### À NE PAS MANQUER
Les mémoriaux du mont Rushmore et de Crazy Horse.

### ORGANISER SON TEMPS
À une demi-heure de route l'un de l'autre, les mémoriaux du mont Rushmore et de Crazy Horse peuvent se visiter en une matinée pour les plus pressés, mais mieux vaut compter une journée en incluant Rapid City.

### AVEC LES ENFANTS
Le Journey Museum, à Rapid City ; Mount Rushmore National Memorial ; Broken Boot Gold Mine, à Deadwood.

## Découvrir Carte de région

### ★ Rapid City A1
*Au croisement de l'US-16 et de la Rte 79 par l'I-90.*
**Rapid City Convention & Visitors Bureau** – *444 Mt. Rushmore Rd N. - ✆ 605 718 8484 - www.visitrapidcity.com - lun.-vend. 8h-17h.*

Mount Rushmore National Memorial.
M. Newman/AGF RM/age fotostock

Porte principale de la région des Black Hills, cette ville de 70 812 habitants a été fondée à l'occasion de la ruée vers l'or en 1876. L'économie de cet ancien centre minier, d'exploitation forestière et d'élevage dépend de plus en plus du tourisme. Depuis 2000, une série de statues en bronze grandeur nature des **présidents américains** ont été érigées dans le centre-ville, le long de la 7th Street, entre Main Street et St Joseph Street. Elles vont de George Washington à George W. Bush en passant par Lincoln, Jefferson, Roosevelt, Kennedy, Carter et Reagan.

★★ **The Journey Museum** – *222 New York St. - ✆ 605 394 6923 - www.journeymuseum.org - juin-août : 9h-17h ; sept.-mai : lun.-sam. 10h-17h, dim. 13h-17h - 10 $.* Au moyen d'une technologie multimédia d'avant-garde, le musée retrace l'histoire de la région des Black Hills sur 2,5 millions d'années. Le vaste bâtiment réunit les collections de cinq musées différents – le **Museum of Geology**★ de l'École des mines et des techniques du Sud Dakota ; un **Archaeological Research Center** de la Société d'histoire de l'État ; le **Sioux Indian Museum**★★ du Département de l'Intérieur américain ; la **Duhamel Collection of Native American Artifacts** et le **Minnilusa Pioneer Museum**★★. La visite commence par la projection d'un film d'orientation *(14mn)* et se poursuit individuellement avec des audiophones empruntant les voix d'Indiens Lakotas ou de pionniers. Les textes donnent un aperçu de la mentalité des guerriers indiens et des secrets de leurs montagnes sacrées. Un archéologue attaché au musée répond aux questions sur les fouilles préhistoriques. Un conteur lakota en hologramme, l'éclairage spécial des murs illustrant les récits et une sonorisation d'ambiance mettent en valeur les présentations.

**Mt. Rushmore Black Hills Gold** – *2707 Mt. Rushmore Rd - ✆ 605 343 2226 - www.blackhillsgold.com - visite guidée (30mn) : lun.-vend. 8h15-15h - gratuit.* L'orfèvrerie joue un grand rôle dans l'économie locale depuis 1876, année où le Français Henri LeBeau commença à créer ses motifs originaux en feuille de vigne en or jaune, rose (alliage de cuivre) et vert (alliage d'argent). Ses créations demeurent un emblème de l'artisanat local. On peut visiter gratuitement les fabriques.

À noter, quelques curiosités hors du centre :

**Stavkirke Chapel** – *3788 Chapel Lane Dr., par Jackson Blvd)*, bâtie en 1969, est la parfaite réplique d'une église norvégienne en bois du 12e s.

# Sur les terres sacrées des Sioux

Des collines ondulent à l'infini dans le nord des Grandes Plaines, seulement ponctuées çà et là par un ranch ou une pompe d'extraction de pétrole. On peut voir parfois un cavalier précédé de ses chiens franchir la crête d'une colline pour rassembler une centaine de bêtes dans un corral. Des orages répétés traversent l'étendue du ciel comme des navires à la dérive dans une mer au calme trompeur. Sur ces espaces largement ouverts se dressent par endroits de hautes buttes qui servaient de points de repère aux pionniers en route vers l'ouest.

Dans l'ouest du Dakota du Sud, les principaux reliefs sont les Black Hills et les Badlands. Il y a soixante millions d'années, les Black Hills constituaient une chaîne imposante de montagnes de plus de 4 000 m formées par la pression et la température régnant au cœur de la terre. Soumise pendant des millions d'années à l'érosion de mers intérieures et à des soulèvements brutaux, la chaîne aux sommets arrondis domine aujourd'hui de 1 000 à 1 200 m les plaines qui l'entourent. De loin, les collines recouvertes d'une dense forêt semblent presque noires, d'où leur nom. À l'est, sur la rive opposée de la rivière Cheyenne, l'érosion rapide de sédiments argileux au cours des 500 derniers millénaires a formé ce qu'on appelle les Badlands.

L'homme fit son apparition ici il y a onze mille ans. Aux premiers chasseurs de mammouths succédèrent les tribus nomades. Au 18e s., la domestication du cheval assura la suprématie des Sioux Lakotas dans les plaines du Nord, jusqu'à ce que les comptoirs de la Compagnie de la baie de Hudson, le long de la Red River et du Missouri, prennent le contrôle de la région. Les premiers soldats, mineurs et fermiers arrivèrent dans les années 1850 ; peu après, le chemin de fer amena les immigrants européens.

Dans les années 1870, on découvrit de l'or dans les Black Hills, terrains de chasse et terres sacrées des Sioux Lakotas. Le traité qui leur avait alloué ce territoire à perpétuité fut révoqué, et les prospecteurs s'y ruèrent pour extraire du sol ses trésors. La guerre était inévitable. En 1876, les Sioux et les Cheyennes remportèrent la bataille de Little Big Horn dans le Montana voisin, mais ce fut leur chant du cygne. En 1890, le massacre de Wounded Knee marqua la soumission définitive des tribus autochtones.

Le 20e s. a vu se développer le tourisme, favorisé par l'attrait des sculptures monumentales du mont Rushmore et les nombreux parcs nationaux créés dans toute la région. De nos jours, les Black Hills et leurs environs attirent des visiteurs de toutes sortes, routards, spéléologues, passionnés du jeu et fans de moto.

## UN PEU D'HISTOIRE

Pendant des siècles, les Indiens sont venus pratiquer leur culte dans ces rudes montagnes couronnées de pins ponderosa, qu'ils nommaient *Paha Sapa*, les collines noires. En 1874, la découverte d'or par un membre de l'expédition du général Custer provoque la ruée des prospecteurs dans le Dakota du Sud. Il fallut attendre près d'un quart de siècle avant que le président Cleveland établisse, en 1897, la Black Hills Forest Reserve, qui deviendra Black Hills National Forest. À Lead se trouvait Homestake Gold Mine, la plus ancienne mine d'or du monde à avoir été exploitée sans interruption jusqu'à sa fermeture, fin 2001.

**South Dakota Air and Space Museum** – *Ellsworth Air Force Base (par l'I-90, sortie 66) - ✆ 605 385 5189 - www.sdairandspacemuseum.com - 8h30-16h30 - gratuit.* Ce musée expose entre autres appareils des avions furtifs.
D'autres attractions, certaines d'un kitsch assez touristique, bordent la route du mont Rushmore, juste à la sortie de Rapid City :
**Dinosaur Park** – *Skyline Dr. W. (par Quincy St.).* Au sommet d'une crête dominant la ville, ce parc abrite sept reproductions en béton d'animaux préhistoriques, dont un brontosaure visible à des kilomètres à la ronde.
**Reptile Gardens** – *Sur l'US-16 (à 6 miles au sud du centre-ville) - ✆ 605 342 5873 - www.reptilegardens.com - juin-août : 8h-18h ; avr.-mai et sept.-oct. : 9h-16h ; nov. : 9h-15h - fermé déc.-mars - 12,50/16,50 $ selon la saison.* Ce parc abrite une large collection de reptiles, ainsi que des amphibiens, des oiseaux exotiques et des rapaces. Aux heures des spectacles, on voit les gardiens se mesurer aux alligators et exciter les serpents venimeux pour qu'ils mordent des leurres.
**Bear Country USA** – *Sur l'US-16 (à 9 miles au sud de Rapid City) - ✆ 605 343 2290 - www.bearcountryusa.com - juin-août : 8h-18h ; mai et sept.-oct. : 9h-16h ; nov. : 9h-15h - fermé déc.-avr. - 16 $.* Ce zoo en plein air que l'on visite en voiture rencontre aussi un franc succès.

## ★★ Mount Rushmore National Memorial A2

*Sur la Rte 244, à 23 miles au sud-ouest de Rapid City par l'US-16.*
*✆ 605 574 2523 - www.nps.gov/moru - entrée gratuite, mais parking payant (11 $).*
Pendant 14 ans, entre 1927 et 1941, **Gutzon Borglum** a sculpté cette paroi de granit pour faire du mont Rushmore un « temple de la démocratie », dédié aux quatre présidents qui ont amené la nation de l'ère coloniale au 20e s. : **George Washington**, commandant de l'armée de l'Indépendance et premier président ; **Thomas Jefferson**, auteur de la Déclaration d'indépendance ; **Abraham Lincoln**, qui rétablit l'Union entre les États du Nord et ceux du Sud après la guerre de Sécession, et mit fin à l'esclavage ; **Theodore Roosevelt**, dont l'ouverture et la vision ont guidé des réformes clés dans la protection de l'environnement, les affaires et le commerce mondial.
L'**Avenue of Flags**, avec les drapeaux de tous les États et Territoires des États-Unis, mène jusqu'à **Grand View Terrace**, amphithéâtre de plein air, ainsi qu'au **Lincoln Borglum Museum**, qui comprend un musée, une librairie et des cinémas. Des photographies de 3 m de haut, quelques marteaux-piqueurs et des panneaux racontent l'histoire de la transformation du mont Rushmore. Six écrans diffusent des documentaires historiques ; l'un d'eux propose aux visiteurs d'appuyer sur un déclencheur virtuel pour provoquer une explosion de dynamite.
Le sentier **Presidential Trail** *(0,5 mile)* conduit les promeneurs vers la pente douce du mont, qu'il contourne jusqu'à l'atelier de l'artiste, d'où un chemin paisible sous les arbres rejoint le complexe touristique. Dans la première partie du sentier, le **Lakota, Nakota et Dakota Heritage Village** met en valeur les coutumes et traditions des communautés amérindiennes locales qui ont peuplé cette région pendant des années.
Les soirs d'été, un vaste amphithéâtre de plein air offre un spectacle son et lumière *(30mn)* suivi de feux d'artifice sur les figures de la falaise.

## ★ Crazy Horse Memorial A2

*Sur l'US-16/385, à 17 miles au sud-ouest du mont Rushmore.*
*✆ 605 673 4681 - www.crazyhorsememorial.org - été : 7h-21h30 - 11 $.*
Le plus grand monument sculpté du monde est une effigie de 172 m du célèbre chef sioux Crazy Horse (vers 1842-1877) dressé sur sa monture. Plus grand que la face du Sphinx, le visage du guerrier a été terminé en 1998. Cet

5

ouvrage colossal a commencé en 1948, quand les chefs sioux ont demandé au sculpteur Korczak Ziolkowski (1908-1982), de réaliser un monument qui fasse pendant au mont Rushmore, pour que « l'homme blanc comprenne que le Peau-Rouge a, lui aussi, de grands héros ». La famille de Ziolkowski poursuit toujours la réalisation du projet.

Des artisans de différentes tribus démontrent leur savoir-faire dans le **Native American Educational and Cultural Center★**, au pied de la montagne. À côté, l'**Indian Museum of North America** propose des exemples d'artisanat et des photographies sépia du début du 20e s., illustrant la vie des Indiens. Sculptures et objets anciens sont exposés dans l'atelier en rondins où logeait Ziolkowski. Par la véranda, on aperçoit au loin la tête de Crazy Horse, haute comme un immeuble de neuf étages.

## Custer A2

*Sur l'US-16/385, à 4 miles au sud de Crazy Horse Memorial et 41 miles au sud-ouest de Rapid City.*

**Chamber of Commerce** – *615 Washington St. - 605 673 2244 - www.custersd.com.*

Implantée pendant la ruée vers l'or des années 1870 près du campement d'origine de George Custer, cette bourgade de 2 013 habitants entourée de collines conserve son atmosphère fin 19e s.

**National Museum of Woodcarving** – *3 miles à l'ouest sur l'US-16 - 605 673 4404 - www.blackhills.com/woodcarving - juin-août : 9h-19h ; mai et sept.-oct. : 9h-17h - fermé nov.-avr. - 10 $.* Le musée abrite les sculptures sur bois pleines d'humour de plus de 20 artistes, dont Harvey Niblack, un des premiers animateurs de Disneyland.

## ★★ Jewel Cave National Monument A2

*Sur l'US-16, à 13 miles à l'ouest de Custer.*

*605 673 8300 - www.nps.gov/jeca - visite guidée seult : horaires très variables selon la saison, se rens. à l'avance.*

Découvertes en 1900 et classées peu après, ces grottes montrent plus de 190 km de galeries, seulement 2 % du total estimé. On ne connaît dans le monde qu'un seul ensemble plus vaste, Mammoth Cave, dans le Kentucky, avec plus de 560 km de galeries.

Le **Scenic Tour★** *(80 mn - 12 $)* commence par une descente de 71 m en ascenseur. On poursuit par un passage en béton et un escalier d'aluminium jusqu'à 112 m sous terre. Il y règne une température fraîche et constante de 9 à 10 °C. Dans les salles immenses scintillent des formations de calcite : c'est aux cristaux allongés de spath aux facettes taillées comme des pierres précieuses que la caverne doit son nom. Pour le **Lantern Tour** *(1h45 - 12 $)*, les visiteurs munis de lanternes à bougies avancent de 800 m sur les traces des premiers explorateurs. Avant d'entamer le **Wild Caving Tour** *(3 à 4h - 31 $)*, qui suppose une bonne forme physique, il faut prouver qu'on peut se faufiler dans un boyau haut de 22 cm et large de 61, installé sur le patio.

## ★★ Custer State Park A2

*Au croisement de l'US-16A et de la Rte 87, à environ 13,5 miles à l'est de Custer.*

*605 255 4515 - www.gfp.sd.gov/state-parks.*

Le Custer Park, un des plus grands des États-Unis, entoure prairies blondes à l'herbe drue, dépressions marécageuses, forêts luxuriantes et pics de granit. Wapitis, cerfs, antilopes, mouflons et oiseaux chanteurs évoluent parmi les fleurs sauvages, cactus, pins et épicéas. Un troupeau de 1 400 bisons fait partie du domaine. Un grand rassemblement des bêtes a lieu en septembre.

Trois parcours pittoresques et sinueux permettent de traverser le parc. Deux d'entre eux font partie de la petite route de 66 miles dite **Peter Norbeck Scenic Byway** *(US-16A, Routes 87, 89 et 244)* :
Longue de 18 miles, **Wildlife Loop Road★★** s'étend au sud et à l'ouest, de State Game Lodge jusqu'à Blue Bell Resort. Les visiteurs découvrent de larges étendues de prairies et des collines boisées, où évoluent en liberté bisons, *pronghorns* (antilopes d'Amérique), chiens de prairie et les animaux familiers du parc, les ânes « mendiants ».
**Iron Mountain Road★★** *(US-16A)*, qui mène en 17 miles au mont Rushmore, comprend plusieurs ponts en treillis conçus dans les années 1930 pour enjamber des pentes abruptes sur de courtes distances. Trois tunnels étroits débouchent sur le mont Rushmore.
D'élégants pics de granit, dont Harney Peak, point culminant du Dakota du Sud (2 207 m) bordent les 14 miles de la spectaculaire **Needles Highway★★** *(Rte 87)*, qui traverse la pointe nord-ouest du parc. La route en épingle à cheveux contourne des formations rocheuses effilées.

### ★★ Wind Cave National Park A2

*Sur l'US-385, à 10 miles au nord de Hot Springs et 22 miles au sud de Custer.*
*605 745 4600 - www.nps.gov/wica - visite guidée seult : horaires très variables selon la saison, se rens. à l'avance.*
Sous un terrain de seulement 2,5 km² se trouve un domaine souterrain vierge considéré comme l'un des dix plus grands du monde. Les 135 km de passages répertoriés représentent sans doute seulement 5 % de ce labyrinthe souterrain. Bien que les légendes indiennes fassent déjà mention de cavités d'où « souffle le vent », la découverte officielle de cette grotte date de 1881 : un certain Tom Bingham, intrigué par un sifflement, trouva une faille d'où sortait un vent qui faisait s'envoler son chapeau. En 1903, Wind Cave (la grotte du vent) fut le premier ensemble souterrain à être classé parc national.
Parmi les visites guidées par des *rangers*, on peut choisir **Garden of Eden Tour** *(1h15 - 12 $)*, qui gravit 150 marches, ou **Wild Cave Tour** *(4h - 30 $)*, où il faut beaucoup ramper. On passe une porte à tambour pour entrer dans la caverne ; on circule ensuite dans des escaliers et des couloirs en béton. L'atmosphère qui règne dans Wind Cave, murs resserrés, passages étroits, plafonds bas, est plus intime que celle de Jewel Cave. Les parois en nids d'abeille de Wind Cave sont

### LE GRAND RALLYE MOTO DE STURGIS

Tous les motards d'Amérique du Nord connaissent le Dakota du Sud pour son grand rassemblement de motos, un des plus importants du monde. Tous les ans, la deuxième quinzaine d'août, environ 400 000 motocyclistes traversent États-Unis et Canada pour rejoindre Sturgis (6 900 habitants), à 27 miles au nord-ouest de Rapid City. Cette manifestation est née en 1938, quand J.-C. « Pappy » Hoel, propriétaire d'un magasin de motocyclettes local, organisa le premier rallye avec 19 concurrents. De nos jours, *poker runs* (courses où les joueurs accumulent des cartes à jouer), courses de *dragsters*, épreuves en côte, balades sur route et démonstrations se succèdent pendant sept jours complets. Même les non spécialistes viennent y découvrir les nouveautés et admirer au **Sturgis Motorcycle Museum & Hall of Fame** *(2438 Junction Ave. - 605 347 2001 - www.sturgismuseum.com)* plus de 100 motos anciennes, y compris la plus vieille Harley-Davidson (1907) qui fonctionne sans avoir été restaurée, ou le modèle Cyclone de 1915 de l'acteur Steve McQueen.

un phénomène unique. Elles font penser aux casiers utilisés autrefois pour le tri du courrier. Créés par le dépôt de calcite alimenté par la dissolution du calcaire, ce sont des croisillons de minces lignes d'aspect fragile en saillie sur les murs. Une étendue sauvage de 114 km² recouvre Wind Cave, prairie de graminées et pins ponderosa.

### ★ The Mammoth Site A2

*1800 US-18 Bypass, à Hot Springs.*

*605 745 6017 - www.mammothsite.com - visite guidée seult (30mn) - 15 mai-15 août : 8h-19h ; 16-30 août : 8h-17h ; mars-mai et sept.-oct. : 9h-16h ; nov.-fév. : lun.-sam. 9h-14h30, dim. 11h-14h30 - 10 $.*

Il y a 26 000 ans, l'effondrement d'une caverne karstique a créé un piège mortel profond de 18 m pour les mammifères du Pléistocène venus se désaltérer à son point d'eau trompeur. Comblée ensuite par le limon, la cavité est restée cachée jusqu'en 1974, quand des pelleteuses l'ont mise au jour. Aujourd'hui, ce trésor de fossiles de l'âge glaciaire fait le bonheur des scientifiques, mais aussi des visiteurs, qui peuvent suivre l'histoire de la planète au cours d'un circuit guidé. Les paléontologues poursuivent les fouilles sur le site recouvert ; à ce jour, ils ont identifié 61 mammouths et de nombreux autres animaux.

### ★★ Deadwood A1

*Sur l'US-14A, à 13 miles à l'ouest de Sturgis et 41 miles au nord-ouest de Rapid City par l'I-90.*

**Deadwood Chamber of Commerce & Visitors Bureau** – *767 Main St. - 800 999 1876 ou 605 578 1876 - www.deadwood.org*

Un adage de l'Ouest prétend que « les morts ne racontent pas d'histoire », mais le passé de Deadwood est très parlant. Dans la partie nord des Black Hills, cet ancien camp de chercheurs d'or, le plus tumultueux de l'Ouest, a bénéficié de la restauration historique la plus complète des États-Unis.

Au printemps 1876, quelque 25 000 aventuriers envahirent les collines de Deadwood Gulch. Prospecteurs, anciens soldats de la cavalerie, manœuvres chinois, femmes légères et flambeurs à la gâchette facile édifièrent une grand-rue où se côtoyaient tentes, magasins et banques, sans oublier 53 saloons et 33 maisons closes. 52 trains arrivaient et repartaient chaque semaine. Le jeu fut prohibé en 1905, puis légalisé à nouveau en 1989. L'afflux d'argent qui l'accompagna ranima la ville. Aujourd'hui, on s'y amuse 24h/24 : boîtes de nuit, dîners-spectacles, musées et autres attractions. Les anciens tripots, banques et maisons closes sont devenus des magasins et des restaurants, et bien sûr des maisons de jeu, 80 au total, dans une douzaine de pâtés de maisons victoriennes, en particulier sur **Main Street★★**.

★ **Adams Museum** – *54 Sherman St - 605 578 1714 - www.adamsmuseumandhouse.org - mai-sept. : 9h-17h ; oct.-avr. : mar.-dim. 10h-16h - 5 $.* Le musée expose une pépite d'or de 7,75 onces (241 g) découverte par « Potato Creek Johnny » en 1929.

★ **Adams House** – *22 Van Buren St. - 605 578 3724 - mai-sept. : 9h-17h ; avr. et oct. : mar.-dim. 10h-16h - fermé nov.-mars - 7 $.* Ce manoir de 1892, bâti dans le style Queen Anne, conserve son mobilier d'origine.

**Old Style Saloon N° 10** – *657 Main St. - 605 578 3346 - www.saloon10.com.* C'est ici que le célèbre « Wild Bill » Hickok *(voir encadré page suivante)* connut une fin tragique. Il abrite aujourd'hui 1 043 objets disparates ; le plancher recouvert de sciure permettait de récupérer la poudre d'or.

**Broken Boot Gold Mine** – *Upper Main St. et US-14A (à 1 mile du centre) - 605 578 9997 - www.brokenbootgoldmine.com - de mi-mai à mi-sept. : 8h-18h - 5 $.* On peut visiter la mine souterraine et chercher l'or à la batée *(7 $).*

Deadwood, la rue principale.
*P. Frilet/hemis.fr*

## WILD BILL HICKOK, UN AS DU COLT

Une étouffante nuit d'août 1876, James Butler Hickok, dit « Wild Bill », US-marshall et éclaireur de l'armée, est invité à une partie de poker au Saloon n°10 de Deadwood. La seule chaise libre l'oblige à tourner le dos à la porte. Il hésite à s'asseoir, mais, raillé par ses compagnons de jeu, s'installe et commande un gin. Après avoir perdu beaucoup, il emprunte 15 $ au barman et regarde sa main suivante. L'aventurier Jack McCall pousse nonchalamment la porte du saloon, sort un revolver rouillé et tire. Hickok, 39 ans, meurt sur le coup. Dans sa main, une paire d'as et une de huit noirs, que les joueurs de poker appellent depuis « la donne du mort ».

Wild Bill reconnaissait avoir tué entre 15 et 100 hommes avant ses 27 ans, mais, disait-il, « seulement en légitime défense, ou dans l'exercice de mon devoir. Je n'ai jamais, de ma vie, profité lâchement d'un avantage sur un ennemi… Mais je pourrais bien mourir les bottes aux pieds. » L'as de la gâchette Wild Bill n'est resté à Deadwood que 67 jours, mais la ville, et la région des Black Hills, restent imprégnées de sa légende. Une des fiertés de l'**Adams Museum** *(voir ci-contre)* est le portrait au crayon d'Hickok par Nathaniel Wyeth. Les conservateurs surnomment affectueusement une statue de Wild Bill qui, au fil des ans, a perdu la tête, les bras et les pieds, « notre Hickok de Milo ». On rejoue l'assassinat de Hickok au **Old Style Saloon N° 10** ou dans un diorama du **Journey Museum** *(voir p. 343)* à Rapid City, sur fond de musique de bastringue et de coups de feu. À Deadwood, Lee Street s'orne d'un buste de Wild Bill par Korczak Ziolkowski. Wild Bill Hickok est enterré sur « la colline aux bottes » de Deadwood, **Mount Moriah Cemetery★**, à côté de Martha Canary alias « Calamity Jane », cow-girl à poigne devenue une légende du Far West. Des circuits d'une heure partent en tramway de Main Street pour le cimetière aux milliers de tombes, aux inscriptions savoureuses, comme « mort d'un ramollissement du cerveau ».

### ★★ Homestake Gold Mine A1

*À Lead, 3 miles au sud-ouest de Deadwood.*

*160 West Main St. - 605 584 3110 - www.homestakevisitorcenter.com - visite guidée en bus (1h) - juin-août : 8h-18h ; sept.-mai : lun.-sam. 9h-17h - 7,50 $.*

Un peu plus haut que Deadwood, dans la ville de **Lead★**, aux pentes abruptes parsemées d'anciens abris de mineurs, se trouvait l'un des plus riches filons d'or jamais découverts. Jusqu'à sa fermeture en décembre 2001, ce fut la mine d'or la plus grande, la plus profonde et la plus productive des États-Unis. Elle aurait permis d'extraire au total 1 250 tonnes d'or et d'argent. L'exploitation atteignait plus de 2 400 m sous terre. On peut encore visiter **Open Cut★**, une énorme carrière large de 550 m, longue de 1,5 km et profonde de 300 m.

Entre 1965 et 1994, le site de Homestake a été le théâtre d'expériences scientifiques sur les neutrinos solaires. Depuis 2007, les 1 100 km de tunnels, cavernes et puits souterrains ont été reconvertis au profit d'un centre de recherches, le **Sanford Underground Research Laboratory**, qui mène des expériences de physique nucléaire sur la matière noire et les neutrinos.

### ★ Spearfish A1

*Sur l'US-14A au niveau de l'I-90, à 50 miles au nord-ouest de Rapid City.*

**Chamber of Commerce** – *603 N. Main St. - 605 642 2626 - www.spearfishchamber.org - juin-août : lun.-vend. 8h-17h, w.-end 10h-13h ; sept.-mai : lun.-vend. 9h-17h.*

Avec son intéressant quartier historique regroupé autour de son opéra de 1906, Spearfish passe pour être l'une des petites villes les plus séduisantes des États-Unis. Au sommet de la colline, à la limite est de la ville, le **High Plains Western Heritage Center** *(825 Heritage Dr. - 605 642 9378 - www.westernheritagecenter.com - 9h-17h - 10 $)* accueille, en plein air et à l'intérieur, une vaste exposition mettant à l'honneur les Amérindiens et les premiers pionniers de cette région composée de cinq États.

On peut remonter en voiture le long du magnifique **Spearfish Canyon★★**, en suivant l'US-40 qui serpente entre ses parois calcaires sur environ 20 miles au sud de Spearfish. En chemin, on peut faire une halte aux **Roughlock Falls**, des chutes d'eau au cadre enchanteur.

## À proximité Carte de région

### ★ Devils Tower National Monument A2

*À 10 miles au sud de Hulett (Wyoming) par la Rte 24 et 52 miles à l'ouest de Belle Fourche (Dakota du Sud) par la Rte 34.*

*307 467 5283 - www.nps.gov/deto - 10 $.*

Devils Tower, lieu sacré des Amérindiens, a été classé monument national en 1906. Ce monolithe cannelé se dresse sur 263 m ; son sommet couvre 0,6 ha. Butte striée aux parois verticales, Devils Tower est le noyau d'une intrusion de roche ignée, mis à nu par l'érosion des roches sédimentaires environnantes. La première ascension du sommet a eu lieu le 4 juillet 1893, devant plus de mille spectateurs. Aujourd'hui, 5 000 varappeurs se mesurent chaque année à ses parois *(il est interdit d'escalader en juin)*.

Le parking est souvent bondé, mais la butte mérite le détour, surtout pour suivre à pied le sentier goudronné **Tower Trail★** *(1,3 mile)*, ponctué de panneaux explicatifs, qui fait le tour de sa base. Plus escarpé, le sentier **Red Beds Trail** *(3 miles)* qui part en face du Visitor Center permet d'apercevoir les monts Big Horn, à 150 miles à l'ouest.

## NOS ADRESSES DANS LES BLACK HILLS

### HÉBERGEMENT

#### Custer State Park

BUDGET MOYEN

**State Game Lodge** – *US-16A - Custer State Park - ✆ 605 255 4541 - www.custerresorts.com - 101 ch. 115/170 $.* Bâtie en 1920, jadis lieu de villégiature des présidents Coolidge et Eisenhower, cet hôtel propose plusieurs catégories de chambres et des chalets plus intimes. L'**Historic Pheasant Dining Room** (*✆ 605 255 4541 - plat 16/37 $*) s'est fait une spécialité des plats de gibiers inventifs.

#### Deadwood

BUDGET MOYEN

**The Historic Franklin Hotel** – *700 Main St. - ✆ 605 578 3670 - www.silveradofranklin.com - 81 ch. 89/159 $.* Le Franklin, qui fait partie d'un casino, a ouvert ses portes en 1903. Ses chambres ont pour thèmes stars du cinéma, champions de rodéo et présidents des États-Unis. Son hall regorge de meubles anciens et possède un ascenseur manuel, tandis que la Durty Nelly est la plus vieille salle de jeux de Deadwood.

#### Lead

BUDGET MOYEN

**Spearfish Canyon Lodge** – *10619 Roughlock Falls Rd - ✆ 605 584 3435 - www.spfcanyon.com - 54 ch. 158/215 $ (tarifs réduits sur Internet).* Une charpente de bois surplombe l'énorme cheminée en pierre qui trône dans la grande salle de ce chalet classique. Les suites possèdent Jacuzzi et terrasse avec vue sur le canyon.

#### Rapid City

BUDGET MOYEN

**The Hotel Alex Johnson** – *523 6th St. - ✆ 605 342 1210 - www.alexjohnson.com - 143 ch. 89/159 $.* Alex Johnson a bâti cet hôtel pour y faire connaître la culture sioux. On y voit, entres autres, des mosaïques peintes à la main représentant des bisons, et un lustre fabriqué avec des lances. Aujourd'hui, chaque étage est dédié à une tribu. Le **Vertex Sky Bar**, au onzième étage de l'hôtel, possède une vue magnifique.

**Sweetgrass B&B** – *9356 Neck Yoke Rd (en face des Reptile Gardens, à 7 miles au sud de la ville par l'US-16) - ✆ 605 343 5351 - www.sweetgrassinn.com - 8 ch. 135/190 $* ☕. La famille Lee recoit ses hôtes avec beaucoup de considération. Située en pleine campagne, leur maison est charmante. Chaque chambre possède sa décoration personnalisée. Le délicieux petit-déjeuner est servi sous le porche en été.

### RESTAURATION

#### Deadwood

BUDGET MOYEN

**Deadwood Grille** – *100 Pine Crest - ✆ 605 584 4800 - www.deadwoodlodge.com - plat 16/30 $.* Sans doute la meilleure table de la ville, située dans le complexe de l'hôtel et casino The Lodge at Deadwood. Les entrées suffisent à rassasier, mais on optera surtout pour les viandes grillées, qui sont succulentes.

#### Rapid City

BUDGET MOYEN

**Minerva's Restaurant and Bar** – *2211 LaCrosse St. (Best Western Rampuka) - ✆ 605 394 9505 - www.minervas.net - plat 12/31 $.* Ambiance cosy et cuisine de bonne qualité font de cette adresse un choix judicieux.

# Badlands

★★

**La lumière de l'aube pare les rochers de douces teintes de bleu et de rose qui virent au rouge, pour recouvrir progressivement des strates de schiste pourpre, sable châtain, oxyde de fer orange et cendres volcaniques blanches. Les arêtes aiguisées par le vent des parois fortifiées projettent des ombres noires. La région des Badlands s'enorgueillit d'un remarquable passé géologique, mais c'est la beauté grandiose, plus évidente, de ses paysages changeant au fil des saisons, voire au fil des heures, qui captive les visiteurs.**

NOS ADRESSES PAGE 355

### S'INFORMER

**The Wall Badlands Area Chamber of Commerce** – *605 279 2665 - www.wall-badlands.com.*

### SE REPÉRER

Carte de région AB2 (p. 340-341) – *heure des Montagnes*. Dans le sud-ouest du Dakota du Sud, à l'est des Black Hills et du mont Rushmore, les terres arides des Badlands couvrent une superficie de plus de 5 000 km², dont une partie, située entre les rivières Cheyenne au nord et White au sud, a été classée en parc national. La principale localité de la région, Wall, est située à 55 miles à l'est de Rapid City par l'I-90.

### À NE PAS MANQUER

Badlands National Park.

### ORGANISER SON TEMPS

Prévoyez une demi-journée depuis Rapid City. L'excursion peut s'intégrer dans un circuit d'une journée avec les Black Hills.

## Découvrir Carte de région

### ★★ Badlands National Park AB2

*À 55 miles à l'est de Rapid City par l'I-90 jusqu'à Wall (sortie 110), puis Rte 240 (Badlands Loop Rd) sur 8 miles au sud.*

**Ben Reifel Visitor Center** – *Cedar Pass (à 8 miles au sud de l'I-90, sortie 131) - 605 433 5361 - www.nps.gov/badl - de mi-mai à fin août : 8h-19h ; de mi-avr. à mi-mai et sept.-oct. : 8h-17h ; de nov. à mi-avr. : 8h-16h. Entrée du parc : 15 $.*

La plupart des visiteurs ne voient qu'une partie de ce parc qui couvre 970 km², mais c'est la plus spectaculaire. Une route de 39 miles, **Badlands Loop Road★★**, traverse la frange nord de ces terres dénudées, où l'herbe de la prairie laisse place aux buttes et aux cheminées de fées. La route longe de hautes herbes blondes agitées comme une nappe par le vent, puis traverse des gorges ou y descend.

Les automobilistes roulant vers l'est rejoignent d'abord **Pinnacles Overlook★★**, qui offre un panorama spectaculaire vers le sud. Les formations sont blanchies par le temps au sommet, puis semblent suinter d'un sang rosé, qui tourne plus bas au fauve. Les petites fleurs blanches des phlox de Hood apportent une touche subtile dans la grande étendue de gris.

Badlands National Park.
*A. Canela/age fotostock*

Le chemin de planches du **Fossil Exhibit Trail★** *(0,25 mile)* conduit jusqu'à l'endroit où on a découvert, en 1847, le premier fossile de la région.

Une piste de 4,5 miles, **Castle Trail★★★**, est spectaculaire au petit matin, quand les premiers rayons du soleil illuminent le paysage lunaire et les pics acérés.

Le **Cliff Shelf Nature Trail★★** *(0,5 mile)* est agréablement ombragé de genévriers. Son chemin de planches serpente à travers une dépression humide, qui a créé une oasis verdoyante dans ce pays aride.

Le parc national des Badlands regroupe quatre zones différentes. Le bureau se trouve au **Ben Reifel Visitor Center** *(voir ci-avant)*, à l'extrémité est de la route qui traverse le parc. La zone nord, **North Unit**, desservie par Badlands Loop Road, et l'étendue voisine sauvage de **Sage Creek Unit**, sont entourées des prairies de **Buffalo Gap National Grassland**. Les zones non aménagées de **Stronghold** et **Palmer Creek** appartiennent à la réserve indienne de Pine Ridge, au sud ; elles sont du ressort du **White River Visitor Center** *(à 25 miles au nord de Wounded Knee - ✆ 605 455 2878 - ouverture de juin à août)*.



## UN PEU D'HISTOIRE

Le nom « Badlands » de la région vient des Sioux Lakotas, qui l'appelaient *mako sica* (les terres arides). Les coureurs des bois français parlaient des « mauvaises terres à traverser ». On a retrouvé dans ce secteur des fossiles datant de 77 millions d'années, notamment ceux de mammifères préhistoriques comme le brontothère de l'Éocène, ancêtre du rhinocéros. L'érosion arrache aux Badlands 2,5 cm par an, mais les touristes d'aujourd'hui n'ont pas à s'inquiéter : il faudra encore un demi-million d'années avant que ne disparaissent ces formes et ces couleurs extraordinaires. La rangée d'aiguilles et de crêtes en dents de scie, muraille de sédiments sculptée atteignant 300 m de haut, s'étend sur 150 km du Dakota du Sud au Nebraska, bordée de part et d'autre par la prairie.

## Pine Ridge Indian Reservation B2

*US-18 et dessertes sud de Badlands National Park.*

**Pine Ridge Area Chamber of Commerce** – *605 455 2685 - www.pineridgechamber.com*

Au sud de l'I-90 et au sud-est des Black Hills, le foyer des Sioux Oglalas *(www.oglalalakotanation.org/oln/Home.html)* couvre près de 7 800 km² dans la partie occidentale du Dakota du Sud. Environ 20 000 Oglalas vivent dans cette réserve, créée en 1878, qui constitue un site important dans l'histoire des Amérindiens.

En 1890, les Sioux suivirent Wovoka, un homme-médecine païute qui avait eu une vision de la disparition de l'homme blanc, du retour du bison ainsi que la résurrection des ancêtres. Il fallait d'abord, disait Wovoka, exécuter la danse sacrée des Esprits, **Ghost Dance**, en témoignage de foi. Peu convaincu, le gouvernement américain envoya la troupe pour juguler les Ghost Dancers. Fin 1890, deux semaines après la mort du chef indien **Sitting Bull** au cours de son arrestation « préventive », plus au nord, le chef **Big Foot**, entouré des siens, quitta Pine Ridge pour trouver refuge dans les Badlands. La cavalerie les intercepta. Le 29 décembre, alors que l'armée fouillait les Indiens pour rechercher des armes, un coup fut tiré, déclenchant un feu nourri qui ne cessa qu'avec la mort de Big Foot et d'environ 250 Oglalas, hommes, femmes et enfants. Trente soldats tombèrent sous le feu, dont beaucoup victimes des balles de leur propre camp. Au sommet d'une petite colline, une fosse commune marquée par un monument de pierre grise et un panneau en bois constitue le site (privé) du **massacre de Wounded Knee** *(Tribal Route 27, juste à l'ouest de la Rte 28)*.

Le **Heritage Center of Red Cloud Indian School** *(100 Mission Dr., Pine Ridge - 605 867 1105 - www.redcloudschool.org - été : 8h-18h, dim. 8h-17h ; hiver : mar.-sam. 9h-18h - gratuit, donation bienvenue)* renferme une belle collection d'artisanat des Indiens des Plaines, objets récents et anciens, dont certains du 19e s.

La tombe du célèbre chef indien **Nuage Rouge** (Red Cloud) se trouve au sommet d'une colline dominant la mission Holy Rosary.

Récemment agrandi, le **Wounded Knee Museum★★** *(600 Main St., à Wall - 605 279 2573 - www.woundedkneemuseum.org - 19 mai-15 oct. : 9h-17h30 - 6 $)* propose des expositions sur le massacre et sur les débats qui ont toujours cours à son sujet, ainsi que sur les polémiques autour de la culture indienne dans l'Amérique moderne, comme, par exemple, celle concernant l'utilisation de noms indiens pour nommer les mascottes des équipes sportives.

## ★ Wall Drug B1

*À Wall, 51 miles à l'est de Rapid City par l'I-90 (sortie 109 ou 110).*
*510 Main St. - 605 279 2175 - www.walldrug.com - 7h-20h - gratuit.*

Wall Drug est le plus célèbre drugstore du monde… ou bien un immense piège à touristes, les avis sont partagés : même sur l'île de Pâques on trouve des panneaux qui en indiquent la direction. Mais c'est loin d'être une banale pharmacie. Derrière une devanture de Far West s'étend un centre commercial de 7 000 m² regroupant plus de 20 boutiques, remplies de photographies anciennes, de 6 000 bottes de cow-boy, de présentations de faune et de flore, livres et autres souvenirs. Une des collections les plus importantes d'art du Far West est exposée dans cinq salles à manger. Dans l'arrière-cour, une aire de jeux pour les enfants propose des fontaines à eau glacée ainsi qu'un tyrannosaure de 24 m qui rugit et crache de la vapeur toutes les 12mn, faisant s'égailler les bambins.

Dans les années 1930, Ted et Dorothy Hustead tenaient ici une pharmacie, qui périclitait. Ils eurent l'idée d'offrir gratuitement de l'eau glacée aux voyageurs ; depuis, trois générations de Hustead ont transformé Wall Drug en une trépidante oasis touristique, qui accueille l'été en pleine saison plus de 15 000 visiteurs par jour, et dont le chiffre d'affaires annuel dépasse 11 millions de dollars.

## À proximité

### Pierre B2

*US-14, US-83 et Rte 34, à 188 miles à l'est de Rapid City.*

**Chamber of Commerce** – *800 W. Dakota Ave. - 605 224 7361 - www.pierre.org.*
Sept villes du Dakota du Sud sont plus grandes que la capitale un peu surannée de l'État, proche de son centre géographique. Environ 14 000 personnes vivent à Pierre, au bord du Missouri, juste en aval du sinueux **Oahe Lake**, qui s'étire en amont sur 372 km jusqu'au Dakota du Nord.

**South Dakota State Capitol** – *500 E. Capitol Ave. - 605 773 3765 - www.boa.sd.gov - lun.-vend. 8h-19h, w.-end 8h-17h - gratuit.* Le capitole de l'État, dont l'architecture aux colonnes ioniques s'inspire de la Grèce antique, a été construit en 1910 en pierre locale, calcaire de l'Indiana et marbre italien. Le bâtiment restauré en 1989 se distingue par son sol en terrazzo : on a demandé aux 66 artisans italiens qui l'ont réalisé de placer où bon leur semblait un carreau de céramique bleue en guise de signature.

★ **South Dakota Cultural Heritage Center** – *900 Governors Dr. - 605 773 3458 - www.history.sd.gov - été : 9h-18h30, dim. 13h-16h30 ; hiver : 9h-16h30, dim 13h-16h30 - 4 $.* À flanc de colline, à quelques pâtés de maisons du capitole, cet ensemble a été conçu sur le modèle d'une habitation de terre arikara (1989, Blake Holman). À la fois centre d'archives et musée, il relie dans une suite de présentations fascinantes l'histoire des Amérindiens et des pionniers.

## NOS ADRESSES DANS LES BADLANDS

### HÉBERGEMENT

#### Pierre

BUDGET MOYEN

**ClubHouse Hotel & Suites** – *808 W. Sioux Ave. - 605 494 2582 - www.pierre.clubhouseinn.com - - 79 ch. 110/164 $* . Bien situé, près des rives du Missouri, cet hôtel élégant dispose de chambres confortables à des prix avantageux. Sans doute la meilleure adresse en ville. Salle de fitness et prêt de vélos.

#### Wall

BUDGET MOYEN

**Frontier Cabins Motel** – *1101 S. Glenn St. - 888 200 8519 - www.frontiercabins.net - 33 ch. 64/149 $* . Face à la prairie, d'agréables chalets en rondins, meublés dans un style western rustique, bien équipés et d'une propreté immaculée.

### RESTAURATION

#### Pierre

BUDGET MOYEN

**La Minestra** – *106 E. Dakota St. - 605 224 8090 - www.laminestra.com - fermé dim. - plat 16/32 $.* Le chef Mark Mancuso montre son savoir-faire derrière le bar en acajou de sa cuisine ouverte. Une tonalité vieille Europe baigne ce restaurant italien qui occupe un bâtiment de 1896. Au menu : pâtes maison, aubergines au parmesan, steaks et produits de la mer.

# Dakota du Nord

★

**Le Dakota du Nord est une parfaite illustration des paysages des Grandes Plaines : petits lacs et collines boisées au nord ; badlands tourmentés du Little Missouri et grandes prairies agricoles qui se poursuivent jusqu'au Dakota du Sud. Ici, les ranchers rassemblent plutôt leurs troupeaux en véhicule 4x4 qu'à cheval. C'est un pays piqueté de petites villes, où les magasins arborent des devantures de Far West et des poignées de porte en forme de piège à ours ; une contrée aux climats extrêmes, des blizzards glacés de l'hiver aux violents orages de l'été. Mais les grands espaces sauvages et les immenses champs de céréales du Dakota du Nord possèdent une forme de beauté âpre. La richesse de sa faune et de sa flore et, surtout, les activités de pleine nature ne manquent pas d'attirer les visiteurs.**

## NOS ADRESSES PAGE 361

### S'INFORMER

*701 328 2525 - www.ndtourism.com.*

### SE REPÉRER

Carte de région AB1 (p. 340-341) – *heure du Centre et heure des Montagnes.* Bordé par le Montana à l'ouest, le Canada au nord, le Minnesota à l'est et le Dakota du Sud au sud, le Dakota du Nord forme un vaste rectangle d'une superficie de 183 273 km$^2$ au relief plat. Sa capitale est Bismarck et sa ville principale Fargo (113 000 hab.).

### À NE PAS MANQUER

Theodore Roosevelt National Park.

### AVEC LES ENFANTS

Fort Abraham Lincoln State Park.

**TEDDY ROOSEVELT**

Véritablement l'une des plus grandes figures de l'histoire américaine, Theodore « Teddy » Roosevelt (1858-1919) fut soldat, aventurier, homme d'État, auteur, réformiste, président, fervent défenseur de la nature et également, toute sa vie durant, visiteur régulier des *badlands* du Dakota du Nord. Son ancien ranch se trouve dans le parc national qui porte son nom. Leader militaire durant la guerre hispano-américaine de 1898, sa gloire le fit élire président par deux fois (1901-1909). Durant ses mandats, il prit des mesures drastiques à l'encontre des monopoles, se fit le défenseur de la sécurité alimentaire et pharmaceutique et étendit considérablement la présence américaine à travers le monde grâce à une flotte largement renforcée. Par-dessus tout, il donna le statut de réserve naturelle à 93 millions d'hectares de terres publiques, ce qui est plus que tous les autres président réunis. Roosevelt participa à la sauvegarde du bison américain et est le seul président à avoir donné son nom à un jouet : le *teddy bear* (ours en peluche).

Theodore Roosevelt National Park.
M. Newman/Prisma/age fotostock

# Découvrir Carte de région

## ★★ Theodore Roosevelt National Park A1

*Sur l'I-94 et l'US-85, entre Medora et Watford City.*

*701 623 4730 - www.nps.gov/thro - 10 $ par véhicule. Le parc compte trois Visitor Centers : South Unit (à l'entrée sud de Medora - été : 8h-18h ; hiver : 8h-16h30), Painted Canyon (9h-18h) et North Unit (à l'entrée nord - 9h-17h30).*

Theodore Roosevelt a dit que, sans son expérience du Dakota du Nord, il ne serait jamais devenu président des États-Unis. Telle est la puissance de la nature ici, belle et sauvage. Le parc de 290 km² montre en toile de fond des *badlands*, traversées de peupliers longeant les cours d'eau et bordées de broussailles et de prairies. La rivière Little Missouri relie la zone sud (South Unit), Elkhorn Ranch et la zone nord (North Unit), tout comme la **Maah Daah Hey Trail**, la piste à une voie la plus longue d'Amérique du Nord (120 miles, soit 192 km). Il y a environ 58 millions d'années, des couches de lignite, d'arbres pétrifiés et de bentonite fossilifère ont commencé à se superposer, formant un énorme « pudding » géologique. L'érosion du vent, de la pluie et du gel a éliminé les roches tendres, ne laissant que des arêtes acérées, des versants de scories rouges et les buttes érodées appelées badlands.

★★ **South Unit** – *Rte 10 par la rocade de l'I-94, Medora (à 16 miles à l'ouest de Belfield) - 701 623 4466 - heure des Montagnes.* Zone la plus visitée, ne serait-ce que parce qu'elle est proche de l'autoroute, on la découvre le mieux en suivant une route touristique en boucle de 36 miles. **Scoria Point Overlook** et **Boicourt Overlook** offrent des panoramas de buttes ocre, gris et rouge brun. Le sentier **Wind Canyon Trail** *(0,2 mile)* suit le bord d'une corniche très abrupte pour admirer les parois sculptées d'un canyon. Les troupeaux de chevaux sauvages qui paissent sur les plateaux d'altitude offrent un spectacle merveilleux, mais les mascottes du parc sont certainement les chiens de prairie. Ces rongeurs vivent en colonies pouvant atteindre plusieurs milliers. Ils amusent les visiteurs avec leur hyperactivité, leurs cris aigus et leurs corps

5

## L'expédition Lewis et Clark

En 1803, Bonaparte vendit la Louisiane aux jeunes États d'Amérique. Le président Jefferson nomma alors une mission scientifique pour explorer le nouveau territoire. À sa tête, **Meriwether Lewis**, son secrétaire personnel, et **William Clark**, militaire de carrière.

L'expédition quitta Saint Louis le 14 mai 1804. Elle était de retour le 23 septembre 1806, après avoir couvert plus de 13 000 km : remontée du Missouri, traversée des Rocheuses, descente des rivières Snake et Columbia, retour. Lewis et Clark ne sont pas les premiers à avoir atteint l'océan Pacifique en partant de la côte est ; l'explorateur canadien Alexander McKenzie y était déjà parvenu une dizaine d'années plus tôt. Mais ils ont fait découvrir un territoire inconnu à une nation en plein devenir, et ouvert la voie à d'autres explorations et à la colonisation des nouvelles terres.

Pour le bicentenaire de l'expédition, on a amélioré les équipements tout au long de la piste **Lewis and Clark National Historic Trail** *(✆ 402 661 1804 - www.nps.gov/lecl)* dans chacun des onze États traversés. Dans les deux Dakotas, les visiteurs peuvent suivre le Missouri en voiture, en bateau ou à pied, et se renseigner sur l'expédition grâce aux panneaux descriptifs, musées et Visitor Centers. La piste est souvent impressionnante, sur le plan géographique autant qu'historique.

En septembre 1804, les explorateurs négocièrent la remontée du fleuve avec les guerriers sioux près du site de la ville moderne de Pierre, à l'embouchure de la Bad River. En octobre, ils campèrent près de On-A-Slant Indian Village (maintenant dans le parc national du Fort Abraham Lincoln) au sud de la ville actuelle de Mandan, et passèrent l'hiver au confluent du Missouri avec la Knife River.

Le **North Dakota Lewis and Clark Interpretive Center** *(US-83 et Rte 200-A, Washburn - ✆ 701 462 8535 - www.fortmandan.com)* regorge de détails sur l'expédition. On y voit un tronc de peuplier de 17 m creusé pour faire un canoë, ainsi que des objets fabriqués par chacune des tribus rencontrées par les explorateurs entre les Grandes Plaines et le Pacifique. Une galerie contient une série complète des gravures de Karl Bodmer, images réalistes des cultures et coutumes des Indiens du nord du Middle West. On peut se faire indiquer le chemin jusqu'au **Fort Mandan Historic Site** *(2 miles à l'ouest)*, qui reproduit le fort triangulaire construit par les explorateurs pour passer l'hiver.

À 3 miles en amont, dans **Knife River Indian Villages National Historic Site** *(Rte 37, à 0,5 mile au nord de Stanton - ✆ 701 745 3300 - www.nps.gov/knri)*, on peut voir un film *(15mn)* évoquant la tribu Mandan Hidatsa qui aida Lewis et Clark à passer ce rude hiver. Des pistes serpentent sur 11 miles en passant trois villages enfouis et une hutte de terre reconstituée. Dans un de ces villages s'était établi Toussaint Charbonneau, trappeur canadien français, engagé pour servir d'interprète à l'expédition avec sa femme, une Shoshone nommée Sacagawea. C'est elle qui a guidé le corps expéditionnaire vers l'ouest et facilité les relations avec les Sioux et les autres tribus.

dodus. Derrière le **South Unit Visitor Center** se trouve la cabane de Theodore Roosevelt, **Maltese Cross Cabin**, restaurée et déplacée ici. Sur le site d'**Elkhorn Ranch** *(à 35 miles au nord de Medora)*, seules les fondations du ranch bâti par Roosevelt en 1885 sont encore visibles.

★★ **North Unit** – *US-85 (à 16 miles au sud de Watford City) - ✆ 701 842 2333 - heure du Centre.* Surplombant de manière spectaculaire la large plaine du Little Missouri, une route de 14 miles monte au **Oxbow Overlook**, 150 m au-dessus de la rivière. De nombreux belvédères offrent de beaux points de vue le long de la route. Cinq sentiers de randonnée, du **Little Mo Nature Trail** *(1 mile)* à l'**Achenbach Trail** *(16 miles)*, traversent vallées boisées, collines herbeuses et *badlands*. Au départ d'Oxbow Overlook, un tronçon de 2 miles du sentier Achenbach mène à **Sperati Point★**, le plus étroit passage vers les *badlands*.

## ★ Medora A1

*Sur la Rte 10 (Contournement par l'I-94).*

**Visitor Center** – *✆ 701 623 4444 - www.medora.com - heure des Montagnes.*

Cette charmante ville préserve ses origines fin 19e s. avec ses façades de style pionnier et l'accueil sympathique de ses habitants. Les soirs d'été, on joue des pièces de Broadway dans le **Burning Hills Amphitheater** (2 900 places) aménagé sur la colline qui domine la ville.

Bâti en 1883, le **Chateau de Mores** *(26 chambres)* peut se visiter en compagnie d'un guide.

## ★ Fort Union Trading Post National Historical Site A1

*Sur la Rte 1804 (Lewis & Clark Trail), à 25 miles au sud-ouest de Williston.*

*✆ 701 572 9083 - www.nps.gov/fous - heure du Centre - été : 8h-18h30 ; hiver : 9h-17h30 - gratuit.*

Les palissades blanches hautes de 5,50 m de Fort Union étincellent au milieu d'un grand talus proche du confluent de la Yellowstone et du Missouri. L'intérieur reconstitué du fort est dominé par **Bourgeois House**, riche demeure du directeur du comptoir, souvenir du commerce florissant des fourrures de la

### UN PEU D'HISTOIRE

Occupées par les Amérindiens pendant au moins quinze millénaires, les hautes plaines de l'État virent arriver au milieu du 18e s. les marchands de fourrures européens. Après l'achat de la Louisiane en 1803, c'est ici, au bord du Missouri, que **Lewis et Clark** prirent leurs quartiers d'hiver avec une tribu d'agriculteurs mandans, et engagèrent Sacagawea, une jeune Shoshone, pour les guider jusqu'au Pacifique. La région se développa lentement jusqu'à l'arrivée du chemin de fer dans les années 1870, qui amena de nombreux fermiers souhaitant cultiver le blé. Le territoire devint État en 1889. Depuis la fin des années 1950, une multitude de derricks ponctuent le paysage. Depuis 2008, l'exploitation du pétrole de schiste par fracturation hydraulique a permis au Dakota du Nord de connaître un nouveau boom économique et de renouer avec la prospérité. Grâce au gisement de Bakken, le Dakota du Nord est devenu le deuxième plus grand producteur de pétrole des États-Unis, derrière le Texas. En 2013, la production était de 800 0000 barils par jour. Les tours de forage, torchères et chevalets de pompage se dressent désormais par milliers au milieu des prairies dans le nord-ouest de l'État, où des bâtiments en préfabriqué et champs de caravanes ont été installés à la hâte afin d'accueillir des travailleurs toujours plus nombreux.

John Jacob Astor's American Fur Company. Entre 1828 et 1867, les Amérindiens échangeaient peaux de castors et autres fourrures contre tissus, couteaux d'acier de Sheffield et verroterie. Les objets exposés dans Bourgeois House, aménagée en Visitor Center, retracent l'histoire du commerce de la fourrure à Fort Union et en Amérique du Nord. Des reconstitutions historiques ont souvent lieu en été.

### Bismarck B1

*I-94 (sortie 157) et US-83.*

**Visitor Information Center** – *1600 Burnt Boat Drive - 701 222 4308 - www.bismarckmandancvb.com - heure du Centre - été : lun.-vend. 7h30-19h, sam. 8h-17h, dim. 10h-16h ; hiver : lun-vend. 7h30-17h.*

Campement établi en 1872 pour les ouvriers du chemin de fer, Bismarck est devenu un port florissant du Missouri, nommé en l'honneur du chancelier allemand Otto von Bismarck. Aujourd'hui centre agricole de 67 000 habitants, c'est un pivot pour les activités de sports nautiques sur Lake Oahe, au sud, et Lake Sakakawea, au nord.

**North Dakota State Capitol** – *600 E. Boulevard Ave. - 701 328 2471 - www.nd.gov/fac - été : lun.-vend. 8h-11h, 13h-16h, sam. 9h-11h, 13h-16h, dim. 13h-16h ; hiver : lun.-vend. 9h-11h, 13h-15h.* Cet impressionnant édifice en calcaire de 18 étages à l'architecture austère a été bâti en 1933. Le **Memorial Hall**, haut de plafond, est son joyau Art déco, avec ses murs de marbre noir de Belgique et ses luminaires de 3,50 m en forme de gerbes de blé.

★ **North Dakota Heritage Center** – *612 E. Boulevard Ave. - 701 328 2666 - www.state.nd.us/hist - lun.-vend. 8h-17h, w.-end 10h-17h.* Au sud du domaine du capitole, ce musée a rouvert en 2014 après d'importants travaux d'agrandissement. Il expose des pièces évoquant la vie des Grandes Plaines du Nord, des origines (fossiles de la State Fossil Collection) à nos jours. La grande galerie dédiée à la préhistoire présente plusieurs moulages de squelettes de tyrannosaures et tricératops, ainsi qu'un mastodonte avec ses défenses vieux de 10 000 ans. La galerie de l'Innovation met en lumière le mode de vie nomade des anciennes tribus amérindiennes Mandans. En face du centre se dresse une statue de la célèbre Sacagawea, la *Femme-oiseau* (Leonard Crunelle, 1910).

### ★ Fort Abraham Lincoln State Park B1

*4480 Fort Lincoln Rd (Rte 1806), à 7 miles au sud de Mandan.*

*701 667 6340 - www.fortlincoln.com - 9h-17h - 5 $.*

Au confluent de la rivière Heart et du Missouri, en face de Bismarck, ce parc de 400 ha joint l'intérêt historique aux loisirs. Il se divise en trois sites principaux. **Cavalry Square** comprend **Custer House**, la maison d'où partit Custer en 1876 pour livrer son dernier combat à Little Bighorn. Des guides en costume d'époque vous accompagnent pour visiter la maison, ainsi que d'autres bâtiments de Fort Abraham Lincoln, abandonné en 1891 mais restauré par la suite. On a reconstruit en partie un village indien, **On-A-Slant Indian Village**, dont six huttes en terre utilisées par les Mandans entre 1550 et 1750. En hauteur se trouvent les vestiges des fortins d'un ancien poste d'infanterie et son centre d'information. Un bateau à aubes restauré propose des croisières sur le Missouri.

## NOS ADRESSES DANS LE DAKOTA DU NORD

### HÉBERGEMENT

#### Bismarck

BUDGET MOYEN

**Hampton Inn & Suites** – *2020 Schafer St. - ✆ 701 751 5656 - http://hamptoninn3.hilton.com - 98 ch. 149/160 $* ☕. Situé un peu à l'écart du centre-ville, près de l'I-94 (sortie 157), un établissement moderne, calme et très confortable, aux chambres spacieuses et équipées d'une bonne literie.

#### Dickinson

BUDGET MOYEN

**La Quinta Inn & Suites** – *552 W. 12th St. - ✆ 701 456 2500 - www.laquintadickinson.com - 🏊 - 90 ch. 149/169 $.* Bien situé en centre-ville, l'établissement offre de nombreuses commodités (piscine intérieure, fitness, wifi haut débit) et des chambres agréables avec de larges écrans de télévision.

#### Medora

BUDGET MOYEN

**Rough Riders Hotel** – *3rd Ave. & 3rd St. - ✆ 701 623 4444 - www.medora.com - 77 ch. 129 $.* Roosevelt avait pour habitude de déguster viande de bison et autres gibiers dans cet hôtel bâti en 1883 et restauré en 1962. Les chambres, climatisées, possèdent toutes mobilier ancien et poste de télévision. Les repas sont compris dans les tarifs hors-saison, moins élevés. L'établissement comprend également une aile moderne de 68 chambres avec ascenseur, inaugurée en 2008. Les prix sont identiques, sauf pour les suites, proposées à 199 $ la nuit.

**AmericInn Lodge & Suites** – *75 East River Rd S. - ✆ 701 623 4800 - www.americinn.com - 🏊 - 77 ch. 114/179 $* ☕. Rénové voici peu, doté d'une agréable piscine couverte avec sauna et Jacuzzi, cet hôtel propose des chambres confortables et bien insonorisées.

### RESTAURATION

#### Bismarck

PREMIER PRIX

**Texas Roadhouse** – *1505 Burnt Boat Dr. - ✆ 701 250 6746 - www.texasroadhouse.com - plat 8/23 $.* Un restaurant de chaîne, parfait pour les gros appétits à petit budget, avec de copieux steaks, hamburgers et des salades composées. Service rapide et ambiance conviviale.

BUDGET MOYEN

**Peacock Alley Bar & Grill** – *422 E. Main Ave. - ✆ 701 255 7917 - http://peacock-alley.com - plat dîner 19/32 $.* Situé près du capitole, cet établissement aménagé dans un ancien hôtel des années 1930 est fréquenté par les politiciens. Le décor floral contraste quelque peu avec les photos d'anciens champions de boxe accrochées aux murs. Au menu, éclectique, figurent hamburgers et steaks.

#### Medora

POUR SE FAIRE PLAISIR

**Theodore's Dining Room** – *3rd Ave. & 3rd St. - ✆ 701 623 4444 - www.medora.com - plat 27,95/39,95 $.* Le restaurant du Rough Riders Hotel constitue sans doute la meilleure opportunité pour un dîner en ville. Salle élégante autour d'une vieille cheminée en brique. Parmi les plats appréciés, la bisque de homard et l'osso-buco de bison. Bonne carte de vins.

# Panhandle du Nebraska

★

**Trois rivières coulant vers l'est définissent le Panhandle (queue de poêle) du Nebraska, qui s'étire sur 136 miles des Black Hills jusqu'à la frontière du Colorado. Au nord, au-dessus de la White River, les falaises blanches et les buttes déchiquetées de Pine Ridge décrivent un arc jusqu'aux Badlands du Dakota du Sud. Plus au sud, la Niobrara River coupe des terrains fossilifères de 19 millions d'années, traverse les vastes terres d'élevage et les dunes des Sand Hills. Dominant la North Platte River, les formations de Chimney Rock et Scotts Bluff servaient de repères.**

NOS ADRESSES PAGE 365

**S'INFORMER**

*308 632 2133 - www.westnebraska.com.*

**SE REPÉRER**

Carte de région A3 (p. 340-341) – *heure des Montagnes.* La région ouest du Nebraska se situe entre le Colorado au sud, le Dakota du Sud au nord et le Wyoming à l'ouest. Elle mesure environ 102 miles d'est en ouest et 136 miles du nord au sud. La ville principale est Scottsbluff.

**À NE PAS MANQUER**

Scotts Bluff National Monument.

**ORGANISER SON TEMPS**

La région s'intègre bien dans un itinéraire entre le Wyoming et le Dakota du Sud. Prévoyez une nuit à Scottsbluff.

**AVEC LES ENFANTS**

Agate Fossil Beds National Monument.

## Découvrir Carte de région

### Museum of the Fur Trade A3

*Sur l'US-20, à 3 miles à l'est de Chadron.*

*308 432 3843 - www.furtrade.org - mai-oct. : tlj 8h-17h ; le reste de l'année sur RV - 5 $.*

Cette collection rassemble quelque 6 000 objets parmi ceux qu'échangeaient Indiens et Américains d'origine européenne dans le commerce des fourrures des 18e et 19e s. On y voit 300 fusils fabriqués à l'intention des Indiens entre 1750 et 1900. Derrière le musée se trouve le petit comptoir commercial rustique de James Bordeaux, qui a commercé avec les Sioux jusqu'en 1872.

**UN PEU D'HISTOIRE**

Au 19e s., l'ouest du Nebraska était une importante zone de transition entre les Grandes Plaines et les Rocheuses. La célèbre **piste de l'Oregon** suit la North Platte River jusqu'à Fort Laramie, au Wyoming ; les négociants en fourrure exerçaient leur commerce plus au nord, le long de la White River. Après la ruée vers l'or de 1874 dans les Black Hills, on édifia Fort Robinson pour protéger les pionniers et les voyageurs des attaques indiennes.

Scotts Bluff National Monument.
J. Arnold/hemis.fr

### ★ Fort Robinson State Park A3

*Sur l'US-20, à 3 miles à l'ouest de Crawford et 28 miles à l'est de Chadron.*
*308 665 2900 - www.outdoornebraska.ne.gov.*

Fort Robinson, le plus grand parc du Nebraska et le plus chargé d'histoire, couvre 88 km² au cœur de la région de Pine Ridge. Construit en 1874, le fort est resté en service jusqu'en 1948. Beaucoup des grands épisodes des guerres indiennes de la fin du 19e s. s'y sont déroulés, comme l'assassinat du chef **Crazy Horse** en 1877, et la révolte des Cheyennes de 1879, une tentative manquée d'évasion de 149 hommes, femmes et enfants, emprisonnés et mourant de faim. À la fin du 19e et au début du 20e s., le fort abritait une garnison d'Afro-Américains, les Buffalo Soldiers.

Caserne de 1909, le **Fort Robinson State Park Inn & Lodge** fait office de centre d'information touristique ; d'ici partent les circuits en train et les visites à pied. En face, le **Fort Robinson Museum** *(mai-août : 8h30-17h ; avr. et sept. : vend.-dim. 8h30-17h - 2 $)* occupe le quartier général de 1905. Consacré à l'histoire militaire, il abrite une intéressante présentation sur les chiens dressés à détecter les mines, porter les messages et tirer les traîneaux.

Le **Trailside Museum of Natural History** *(308 665 2929 - www.trailside.unl.edu - juin-août : 9h-18h ; avr.-mai et sept.-oct. : jeu.-dim. 10h-17h - 3 $)* vous fera découvrir les os de deux mammouths, ainsi que des défenses restées imbriquées lors d'une joute et trouvées non loin.

### ★ Agate Fossil Beds National Monument A1

*À 44 miles au nord de Scottsbluff par la Rte 29 et 50 miles au sud-ouest de Crawford.*
*301 River Rd - 308 436 9760 - www.nps.gov/agfo - gratuit. Visitor Center : 9h-17h en été ; 8h-16h en hiver.*

La prairie entoure sur 1 200 ha un étonnant Visitor Center niché près de la Niobrara River. Il abrite les restes fossilisés, vieux de 19 millions d'années, de rhinocéros et d'autres animaux disparus. Un diorama grandeur nature montre

5

## LA PISTE DE L'OREGON

De 1842 à 1869, plus de 400 000 pionniers passèrent à l'ouest en empruntant cette piste et ses nombreuses ramifications, ce qui est considéré par les historiens comme la plus grande migration humaine volontaire de l'histoire. Sur plus de 3 200 km, la piste s'étendait du Missouri jusqu'à la vallée de la Willamette, dans l'Oregon. Les pionniers rencontrèrent de nombreuses difficultés, mais malgré l'image légendaire de carrioles en cercle subissant les assauts des Indiens, la vaste majorité des morts fut causée par la faim, le froid ou encore des maladies telles que le choléra. Bien que la piste ait 150 ans, il est possible de voir des ornières historiques dans le Nebraska, le Wyoming, l'Idaho et l'Oregon.

un point d'eau très ancien, dont on voit les vestiges en suivant **Fossil Hills Trail** *(2 miles)* au départ du centre. On découvre aussi l'impressionnante **James H. Cook Collection★**, plus de 100 objets fabriqués par les Sioux Oglalas. Y figure une pierre à aiguiser ayant appartenu au chef indien Crazy Horse.

Partant de la Route 29, tout près de l'entrée ouest du parc, le sentier **Daemonelix Trail** *(1 mile)* permet de voir les terriers bien conservés, en forme de tire-bouchon, de castors ou de blaireaux préhistoriques.

### ★ Scotts Bluff National Monument A3

*Sur la Rte 92, à 5 miles au sud-ouest de Scottsbluff.*

*308 436 4340 - www.nps.gov/scbl - 5 $ par véhicule.*

Les immenses falaises en grès et calcaire dominent d'environ 250 m la rivière North Platte. À partir de 1838, suivant un couloir de pistes utilisées depuis bien longtemps par les Amérindiens et, plus récemment, par les trappeurs européens, les vagues successives de chariots des pionniers ont emprunté les 3 500 km de l'**Oregon Trail**. Tout comme Chimney Rock, piton rocheux à 25 miles à l'est, cette falaise de 20 millions d'années a marqué pour 350 000 émigrants le début des deux derniers tiers du chemin.

À ses pieds, un tronçon de la piste longe l'**Oregon Trail Museum and Visitor Center** *(juin-août : 8h-18h ; sept.-mai : 8h-17h)* qui abrite des présentations didactiques et l'œuvre du célèbre pionnier, peintre et photographe William Henry Jackson.

Une route goudronnée et le sentier de promenade **Saddle Rock Trail** *(1,6 mile)* mènent à un parking au sommet de la falaise pour admirer la **vue★★** panoramique sur la vallée de la North Platte.

### Chimney Rock National Historical Site A3

*Sur la Rte 92, à 23 miles au sud-est de Scottsbluff.*

*308 586 2581 - www.nebraskahistory.org.*

Dans leurs carnets de bord, les pionniers en route vers l'ouest ont dessiné et décrit cette extraordinaire aiguille, visible des deux côtés de la North Platte. Classé site national en 1956, le site de 33 ha entoure un **Visitor Center** et un **musée** *(9h-17h - 3 $)*, dont les baies encadrent la flèche rocheuse de 145 m, distante de 1 200 m.

## NOS ADRESSES DANS LE PANHANDLE DU NEBRASKA

### HÉBERGEMENT

#### Scottsbluff

**PREMIER PRIX**

**Super Huit Motel** – *2202 Delta Drive (au croisement Rte 26 et 21st Ave.) - ✆ 308 635 1600 - www.super8.com - - 55 ch. 72 $.* Rien à redire de ce petit motel sinon qu'il offre d'excellentes prestations pour un prix modeste. Chambres propres et calmes, service souriant, agréable piscine intérieure.

**BUDGET MOYEN**

**Barn Anew B&B** – *170549 County Rd L. - ✆ 308 632 8647 - www.barnanew.com - 4 ch. 110/130 $ .* Au milieu des terres agricoles, sur le chemin de Scotts Bluff National Monument, une ancienne grange a été reconvertie en maison d'hôte de qualité. Excellent accueil et jolies chambres (quoiqu'un peu étroites), décorées de mobilier ancien. La maison comprend un jardin fleuri ouvrant sur les champs de maïs, un salon cosy et une véranda. Petit-déjeuner très copieux.

#### Chadron

**PREMIER PRIX**

**Trunk Butte Ranch House** – *5144 US-20 (à 8 miles à l'ouest de Chadron) - ✆ 402 469 6289 - www.trunkbutteranchhouse.com - 3 ch. 75 $ .* Un petit *guest ranch* rustique et paisible, avec quelques chevaux et un accueil cordial. Deux chambres se partagent une salle de bains commune. De la terrasse de la maison, on peut s'amuser à observer le soir la faune sauvage ou scruter le ciel à l'aide d'un téléscope. Dîner sur réservation et petit-déjeuner revigorant. Possibilité de chasser (cerfs et daims) sur la propriété.

#### Crawford

**PREMIER PRIX**

**Fort Robinson State Park Lodge** – *Fort Robinson State Park (à 3 miles à l'ouest de Crawford) - ✆ 308 665 2900 - www.outdoornebraska.org - 22 ch. et 32 cabanes 50/55 $.* Ancien poste militaire, le *lodge* du parc propose un hébergement correct mais basique. Les chambres sont bien tenues et l'hôtel dispose d'un restaurant pour dîner. Seuls bémols : pas d'ascenseur pour le deuxième étage et un signal wifi assez faible.

### RESTAURATION

#### Scottsbluff

**BUDGET MOYEN**

**Emporium Coffeehouse** – *1818 1st Ave. - ✆ 308 632 6222 - www.emporiumdining.com - fermé dim. - plat 7/22 $.* Un restaurant et *coffee-shop* apprécié des voyageurs, qui concocte une bonne cuisine à base de produits fermiers locaux, souvent bios. À la carte, de savoureux faux filets et côtes d'agneau, du saumon de l'Atlantique et des plats de pâtes italiennes faites maison. Pour le déjeuner, large choix de salades composées.

# Oregon 6

Carte Michelin Région n° 585 – Oregon



Painted Hills, John Day Fossil Beds National Monument.

*D. Leffel/age fotostock*

A
SEATTLE
B
N
PACIFIC OCEAN
Campy
WASHINGTON
Astoria
30
Seaside
Ecola SP
Cannon Beach
Oswald West SP
Nehalem
26
5
Columbia River Gorge
101
6
Troutdale
84
Hood River
Three Capes Scenic Drive
Tillamook
Portland
The Dalles
Oregon Coast
Pacific City
Newberg
99W
3426
Mount Hood
McMinnville
Dayton
Oregon City
EVERGREEN AVIATION & SPACE MUSEUM
Oregon Wine Country
197
18
26
Oregon Garden
Salem
Warm Springs
Yaquina Head ONA
Indian Reservation
Newport
20
Albany
Silver Falls SP
22
Warm Spring
Mad
Yachats
Maragas Winery
Sea Lion Caves
Smith Rock SP
Terrebonne
Eugene
126
242
Sisters
Florence
126
97
Cascade Lakes Scenic Byway
Bend
101
5
2763
Oregon Dunes NRA
58
Mount Bachelor
Sunriver
High Desert Museum
Willamette Valley et Southern Oregon
Cape Arago SP
Coos Bay
Newberry Nat. Volcanic Monument
138
Roseburg
42
CRATER LAKE NP
62
Rogue River
62
Prospect
Upper Klamath NWR
Gold Beach
Grants Pass
97
199
Cave Junction
Medford
140
101
Jacksonville
Ashland
Kalmath Falls
Oregon Caves NM
Crescent City
5
CALIFORNIA
A
REDDING
B
1
2
3

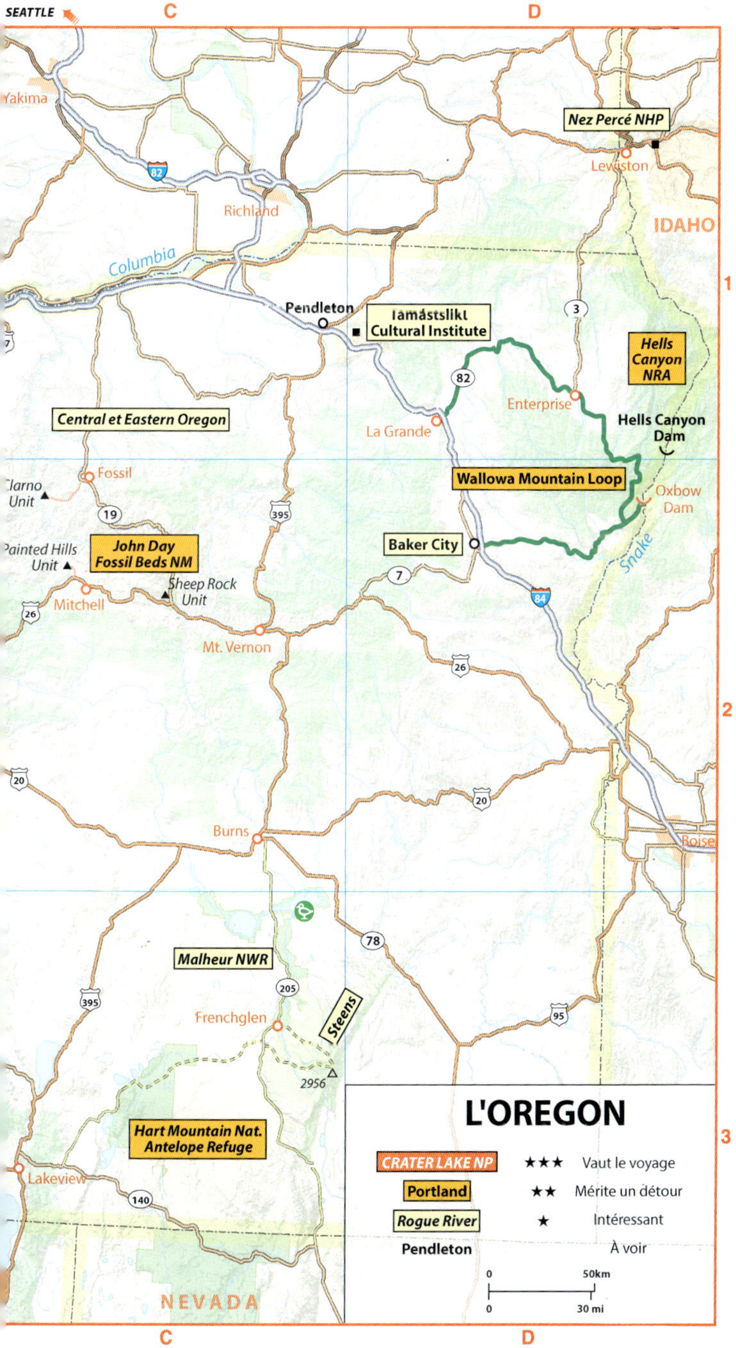

SEATTLE
C
D
Yakima
82
Richland
Columbia
Nez Percé NHP
Lewiston
IDAHO
1
Pendleton
Tamástslikt Cultural Institute
3
Hells Canyon NRA
82
Enterprise
La Grande
Hells Canyon Dam
Central et Eastern Oregon
Fossil
Clarno Unit
19
395
Wallowa Mountain Loop
Oxbow Dam
Baker City
Painted Hills Unit
John Day Fossil Beds NM
Snake
Sheep Rock Unit
7
Mitchell
26
84
Mt. Vernon
26
2
20
20
Burns
Boise
78
Malheur NWR
205
395
Steens
95
Frenchglen
2956
Hart Mountain Nat. Antelope Refuge
Lakeview
140
NEVADA
3
L'OREGON
CRATER LAKE NP ★★★ Vaut le voyage
Portland ★★ Mérite un détour
Rogue River ★ Intéressant
Pendleton À voir
0 50km
0 30 mi
C
D

# Portland

★★

609 456 habitants

**La première impression peut parfois être trompeuse : si l'on considère la douzaine de ponts métalliques aux structures arachnéennes qui enjambent la Willamette River et l'absence de grâce des édifices qui composent le centre-ville, on imagine aisément une ville industrielle et sans charme. Loin de là... Bouillonnante d'idées et d'énergie créatrice, la principale ville de l'Oregon, dont le plan d'urbanisme établi en 1972 a maintenu les forêts aux portes de la cité, est en avance sur son temps. Imaginative, anticonformiste et « arty », Portland cultive un certain art de vivre tourné vers le développement durable, l'économie solidaire et la vitalité culturelle. Et si l'on ajoute que la gastronomie est l'une des plus fameuses du pays, quelles raisons pourraient vous pousser à ne pas la visiter ?**

## NOS ADRESSES PAGE 384

### S'INFORMER

**Portland Visitor Center** – *701 S.W. 6th Ave. - ✆ 503 275 9750 - www.travelportland.com - lun.-vend. 8h30-17h30, sam. 10h-16h, dim. (de mai à oct.seult) 10h-14h. Nombreuses brochures. Pour ceux qui ne peuvent s'y rendre, le site Internet est extrêmement bien fait.*

### SE REPÉRER

Carte de région B1 (p. 368-369) – *heure du Pacifique*. Si la majorité des curiosités se trouve dans Downtown et Washington Park, il est intéressant d'explorer les quartiers *trendy* de Pearl District et NorthWest, au nord-ouest de Downtown, et de franchir la Willamette pour découvrir NorthEast et SouthEast Portland, qui concentrent des adresses très tendance (gastronomie, cafés, shopping). Le mont Hood, à l'est du centre-ville, est un point de repère bien pratique tant qu'il reste visible.

### SE GARER

Garez-vous du côté est de la Willamette (sur le parking de l'OMSI par exemple), moins onéreux que le centre-ville, dans lequel vous pourrez vous rendre aisément à pied en empruntant l'un des nombreux ponts de la ville. Nul besoin de la voiture pour découvrir Portland, parfaitement desservie par un réseau efficace de tramways et où le cycliste est roi !

### À NE PAS MANQUER

Le quartier de Pearl District ; l'International Rose Test Garden et le Japanese Garden à Washington Park ; les *food carts* et les nombreux restaurants et bars créatifs de la ville.

### ORGANISER SON TEMPS

Comptez **2 jours** pour avoir un bon aperçu de Portland. Le premier peut être consacré à la visite de Downtown (jardin chinois, Museum of Art, librairie Powell's Books) et de Pearl District, avec la découverte des *food carts* au déjeuner. Le second vous mènera à Washington Park en matinée (roseraie et jardin japonais en priorité), puis, l'après-midi, dans le charmant Nob Hill, avant une soirée dans les quartiers à l'est de Downtown (NorthEast ou SouthEast). De juin à septembre, la météo est plutôt agréable, avec des

L'emblématique et très rock Crystal Hotel de Portland.
*H. Stapleton/age fotostock*

températures moyennes de l'ordre de 26 °C en juillet et en août. C'est la haute saison touristique et la période de l'année où la culture de plein air bat son plein en ville. Les vacances de Noël dévoilent de nombreuses attractions culturelles et les amateurs de ski peuvent se rendre au mont Hood.

**AVEC LES ENFANTS**

L'OMSI (Oregon Museum of Science and Industry) ; World Forestry Center Discovery Museum ; Oregon Zoo.

## Se promener Plan II

### ★ DOWNTOWN

*Le centre-ville est délimité par la rivière Willamette à l'est et par l'I-405 à l'ouest.*
Le centre-ville de Portland, vivant, comprend deux quartiers distincts : le **Pioneer District** D2 concentre boutiques de luxe, grands magasins, restaurants et hôtels autour du **Pioneer Courthouse Square★**. Quant au **Cultural District** D3 *(délimité par S.W. Salmon St., S.W. Market St., S.W. Broadway et S.W. 10th Ave.)*, il est concentré sur les douze pâtés de maisons des **South Park Blocks★**, une oasis de verdure entourée de musées et de lieux dédiés aux performances artistiques, comprenant l'**Oregon History Center**, le **Portland Art Museum** et le **Portland Center for the Performing Arts**. Les bâtiments de la **Portland State University** et son campus de 20 ha, où étudient quelque 30 000 étudiants, entourent de chaque coté les South Park Blocks.

### ★★ Oregon History Center D3

*1200 S.W. Park Ave. - ✆ 503 222 1741 - www.ohs.org - ♿ - lun.-sam. 10h-17h, dim. 12h-17h - 11 $ (étudiants et plus de 60 ans 9 $).*
Rappelant l'expédition de Lewis et Clark et l'aventure de l'Oregon Trail, des peintures murales en trompe-l'œil, hautes de huit étages, marquent l'entrée

C
D
1
2
3
N
Northrup St.
Marshall St.
Lovejoy St.
Kearney St.
Johnson St.
Irving St.
Hoyt St.
Glisan St.
Flanders St.
Everett St.
Davis St.
Couch St.
Burnside St.
Stark St.
Oak St.
Washington St.
Alder St.
Morrison St.
Yamhill St.
Taylor St.
Salmon St.
Main St.
Jefferson St.
Columbia St.
Clay St.
Market St.
Mill St.
Harrison St.
21st Ave
20th Pl
20th Pl
Trinity Pl
19th Ave.
18th Ave.
17th Ave.
16th Ave.
15th Ave.
14th
13th
12th
11th
10th Ave.
9th Ave.
6th
5th
4th
Broadway
Park Ave.
Lovejoy Ramp
405
26
Tanner Springs Park
Jamison Square
COUCH PARK
NORTH PARK BLOCKS
JELD-WEN FIELD
PEARL DISTRICT
Powell's City of Books
MEIER AND FRANK DEPARTMENT STORE
NORTHWESTERN NATL. BANK BLDG.
MULTNOMAH COUNTY PUBLIC LIBRARY
PIONEER DISTRICT
Pioneer Courthouse Square
PIONEER COURTHOUSE
PACIFIC BLDG.
DOWNTOWN
Portland Center for the Performing Arts
AMERICAN STANDARD INSURANCE BLDG.
Portland Art Museum
Oregon History Center
CULTURAL DISTRICT
South Park Blocks
OREGONIAN BLDG.
PORTLAND BLDG.
CHAPMAN SQUARE
PORTLAND STATE UNIVERSITY
PETTYGR PARK
SE LOGER
Ace Hotel 4
Benson Hotel (The) 5
Heathman (The) Hotel 9
Inn at Northrup Station 1
Modera (Hotel) 8
Nines (The) 7
RiverPlace Hotel 10
Sentinel 6
SE RESTAURER
Andina 16
Bunk 2
Clyde Common 5
Food carts 1
Higgins 6
Mother's Bistro & Bar 7
Ración 12
Tasty n Alder 10

PORTLAND
plan II
E
F
1
2
3
VETERANS MEMORIAL COLISEUM
MODA CENTER
Interstate Ave.
Rose Quarter Transit Center
Multnomah St.
Holladay St.
OREGON CONVENTION CENTER
BROADWAY BRIDGE
Naito Parkway
UNION STATION
Steel Bridge
WILLAMETTE
Lloyd Blvd.
Martin Luther King Jr Blvd
Grand Ave
Transit Mall
4th
2nd
Lan Su Chinese Garden
Everett St.
CHINATOWN
OLD TOWN
Couch St.
Chinatown Gate
U.S. BANCORP TOWER
WHITE STAG SIGN
BURNSIDE BRIDGE
Burnside St.
Saturday Market
ANKENY PARK
SKIDMORE FOUNTAIN
Ankeny St.
Ash St.
Pine St.
BANK OF CALIFORNIA BLDG.
Oak St.
Stark St.
GLAZED TERRA-COTTA HISTORIC DISTRICT
Washington St.
YAMHILL NATL. HISTORIC DISTRICT
Morrison St.
HARKER BLDG.
LOVE BLDG.
NORTHRUP, BLOSSOM AND FITCH BLDG.
Waterfront Park
Tom McCall
MORRISON BRIDGE
SALMON STREET SPRINGS
Portland Spirit River Cruises
EAST BANK RIVERFRONT PARK
Davis St.
SE. 2nd Ave.
Alder St.
Belmont St.
Yamhill St.
Taylor St.
Salmon St.
Water Ave.
Madison St.
Hawthorne Blvd.
Clay St.
Hawthorne Bridge
Governor
RIVERPLACE MARINA
RIVERPLACE
0 1/4 mi
0 250 m
PORTLAND AERIAL TRAM
OREGON MUSEUM OF SCIENCE AND INDUSTRY (OMSI)

PORTLAND
plan I
0 1 mi
0 1 km
A
B
1
2
3
VANCOUVER NHP
SPOKANE SEATTLE
MOUNT HOOD GRESHAM
BUXTON, SEASIDE
MOUNT ST HELENS NATIONAL VOLCANIC MONUMENT
N
UNIVERSITY OF PORTLAND
N Willamette Blvd
N Rosa Parks Way
N Greeley Ave
N Going St
N Albina Ave
N Vancouver Ave
NE Martin Luther King Jr Blvd
NE Alberta St
ALAMEDA
NE Prescott St
15th Ave
NE Fremont St
NE Knott St
33rd
N Mississippi Ave
Willamette
NW Front Ave
NW Yeon Ave
NW St Helens Rd
Forest Park
MEMORIAL COLISEUM
Broadway Bridge
NE Broadway St
LLOYD CENTER
Northwest 23rd Ave.
NW 21st Ave
NW Cornell Rd
Pittock Mansion
International Rose Test Garden
Japanese Garden
Hoyt Arboretum
W Burnside St
UNION STATION
W Burnside St
ZION LUTHERAN CHURCH
VIETNAM VETERANS LIVING MEMORIAL
WASHINGTON PARK
SW Vista Ave
Oregon Zoo
World Forestry Center Discovery Museum
voir plan II
NE Sandy Blvd
NE Glisan St
E Burnside St
SE Stark St
SE Belmont St
SE Grand Ave
SE 11th Ave
20th Ave
30th Ave
SE Hawthorne Blvd
SE Division St
OMSI
Ross Island Bridge
CHILDREN'S MUSEUM
SW Patton Rd
SW Fairmount Blvd
SW Dosch Rd
Portland Aerial Tram
SE McLoughlin Blvd
SE Powell Blvd
COUNCIL CREST
SW Hamilton St
SW Terwilliger Blvd
SE Holgate Blvd
AMERICAN ADVERTISING MUSEUM
ROSS ISLAND
SW Beaverton Hillsdale Hwy
Milwaukie
CRYSTAL SPRINGS RHODODENDRON GARDEN
SW Vermont St
OAKS AMUSEMENT PARK
SW Multnomah Blvd
Capitol Hwy
Barbur Blvd
SW Macadam Ave
SE 13th Ave
27th Ave
CAPITOL HILL
SE Tacoma St
SELLWOOD
Willamette River
RIVER VIEW CEMETERY
SE 17th Ave
SE McLoughlin Blvd
SE 32nd Ave
BERRY BOTANIC GARDEN
Elk Rock Gardens (Bishop's Close)
SE LOGER
Caravan 2
Jupiter Hotel 3
SE RESTAURER
Bollywood Theater 3
Le Pigeon 15
Ned Ludd 11
Ox 13
Paley's Place Bistro & Bar 17
Pok Pok 9
St Jack 14
Toro Bravo 8
¿ Por qué no ? 4

de ce musée consacré à l'histoire. L'exposition **Oregon Voices★** propose de découvrir des témoignages personnels d'habitants de l'Oregon des années 1950 à nos jours, tandis que **Oregon My Oregon★** retrace l'histoire de l'État en remontant aux années 1840 et aux premiers migrants qui empruntèrent la Piste de l'Oregon.

La visite se révèle riche et ludique. Comme souvent dans les musées américains, les visiteurs viennent autant pour se cultiver que pour se divertir, aussi y trouve-t-on de nombreuses présentations interactives. Des expositions temporaires occupent l'étage inférieur de l'édifice.

### ★★ Portland Art Museum D3

*1219 S.W. Park Ave. - ✆ 503 226 2811 - www.pam.org - ✕ ♿ 🅿 - mar.-dim. 10h-17h (jusqu'à 20h jeu. et vend.) - 15 $ (étudiants et plus de 55 ans 12 $).*

Le plus ancien (1892) musée d'art du Nord-Ouest Pacifique occupe un bâtiment peu élevé en brique souligné de travertin (1992, Pietro Belluschi). Ne manquez pas de vous perdre dans ses nombreuses salles pour embrasser en quelques heures une vision globale des mouvements artistiques, depuis les **sculptures et porcelaines d'Extrême-Orient** (Chine, Corée, Japon, 14e-19e s.), jusqu'aux **créations contemporaines**, comme celles signées Damien Hirst (*5 Skulls*, 2010). Entre temps, vous aurez eu le plaisir d'admirer les finesses de la **céramique de Kütahya** (Turquie, 16e-20e s.), les œuvres des plus illustres **impressionnistes** (Claude Monet, *Les Nénuphars*, 1914-1915 ; Pierre-Auguste Renoir, *La Seine à Argenteuil*, 1874 ; Edgar Degas, *Portrait de Madame de Nittis*, 1872 ; Paul Gauguin, *Vue d'un jardin à Rouen*, 1884 ; Vincent Van Gogh, *Charrette de bœuf*, 1884) et celles des maîtres de la **peinture moderne** (Max Beckmann, *The Mill*, 1947 ; Marc Chagall, *Paysage de Paris*, 1978 ; Andy Warhol, *5 Deaths*, 1963 ; Roy Lichtenstein, *Stretcher Frame*, 1968 ; Jean-Michel Basquiat, *Valentine*, 1983).

Les spécificités du musée se trouvent également dans deux de ses sections : le **Center for Northwest Art** met à l'honneur les artistes régionaux, tandis que le passionnant **Center for Native Americain Art** montre les créations de plus de 200 groupes amérindiens, de la préhistoire à nos jours.

À l'extérieur, une halle de sculptures présente des œuvres de Henry Moore, Barbara Hepworth et Pierre-Auguste Renoir.

### LE BONHEUR EST DANS LE PRÉ

Portland, ville gourmande et « locavore », accueille plusieurs marchés de producteurs entre le début du printemps et la fin de l'automne. Les plus importants se situent dans le **Cultural District** *(entre S.W. Park Ave. et S.W. Salmon St. - merc. 10h-14h)*, surtout au niveau de la Portland State University *(S.W. Park Ave. et S.W. Montgomery St. - mars-oct. : sam. 8h30 14h ; nov.-fév. : sam. 9h-14h)*. Une centaine d'exposants y vendent des produits frais, provenant de la région du Grand Portland. On profite de l'ambiance familiale, affalé sur l'herbe, en écoutant de la musique live jazz, blues ou rock et en dégustant de savoureux plats cuisinés. Au fil des allées, vous découvrirez des stands de truffes blanches, de la charcuterie, des fromages, des pâtisseries maison, des jus de fruits frais (canneberge), des fruits et légumes aussi odorants que colorés, et des noisettes, dont l'Oregon est un gros producteur. Si les étals de fruits et légumes sont si prisés, c'est que nombre d'habitants de Portland se revendiquent *veggie* : il est ainsi courant de voir mentionné sur les annonces immobilières : « *Cherche locataire sympathique et végétarien* » !

## LE LONG DE LA WILLAMETTE

### ★ Governor Tom McCall Waterfront Park II E2/3

*Bordant S.W. Naito Parkway et la Willamette River, entre Marquam Bridge et Steel Bridge.*

Ce parc de 9 ha couvert de gazon s'étire le long d'une esplanade de 2 miles en bord de la Willamette ; c'était autrefois le bruyant port fluvial de Portland. Dans le cadre du programme de rénovation du centre-ville des années 1970, la Ville a récupéré le terrain. Elle lui a donné le nom de **Tom McCall** (1913-1983), gouverneur de 1967 à 1975 et initiateur du programme. Terrain de jeu privilégié des joggeurs et cyclistes, le parc accueille des concerts et des festivals, en particulier le **Rose Festival** en juin.

Parmi les huit ponts visibles à partir de l'esplanade figure le **Hawthorne Bridge** (1910) de couleur vert foncé, le plus ancien pont à tablier levant du monde toujours en fonction ; le **Steel Bridge★** (1912) est le seul pont qui possède un double tablier levant télescopique.

Toute l'année, **Portland Spirit River Cruises★** *(✆ 503 224 3900 - www.portlandspirit.com)* organise des croisières au départ de Salmon Street Springs.

### ★★ Oregon Museum of Science and Industry (OMSI) I B2

*1945 S.E. Water St. - ✆ 503 797 4000 - www.omsi.edu - ✕ ♿ P - mar.-dim. 9h30-17h30 - 13 $ (3-13 ans et plus de 63 ans 9,50 $).*

Sur le site d'une ancienne centrale électrique au bord de la Willamette, ce remarquable bâtiment de brique et de verre (1992, Zimmer Gunsul Frasca) abrite la principale attraction de l'est de Portland : ce centre culturel (ou OMSI) regroupe une pléiade d'excellentes expositions interactives, une salle Omnimax, un planétarium et même un sous-marin.

Les expositions du rez-de-chaussée permettent aux enfants de construire des ponts, de lancer des bateaux, de concevoir et de tester des avions ; les plus jeunes disposent d'une aire de jeux créatifs. À l'étage, l'éventail d'activités proposé commence par le **Life Sciences Hall**, où une collection d'embryons humains étrangement belle illustre les stades du développement prénatal. Dans le **Earth Sciences Hall**, la salle **Earthquake Room★** permet de faire l'expérience éprouvante d'un séisme de forte intensité. Dans le **Technology Hall**, une série

### LES « FOOD CARTS »

Symbole de la singularité de la ville, les *food carts* sont un croisement local de la caravane et de la baraque à frites. Aujourd'hui, ce ne sont pas moins de 600 camions colorés et thématiques qui proposent de faire un tour du monde culinaire. De l'Argentine à la Corée en passant par l'Écosse, la Géorgie ou l'Afrique du Sud, les initiatives individuelles fleurissent grâce aux procédures d'installation simplifiées établies par la municipalité. Loin de la *junk food*, nombre d'entre eux ont été primés pour la qualité de leur cuisine et plusieurs chefs reconnus ont débuté leur carrière dans l'étroite cuisine d'un de ces *food carts*. À l'heure du déjeuner, de longues files d'attente se forment devant les plus réputés. Les plats, servis dans des assiettes recyclables ou compostables, se consomment sur place. Si l'on en trouve dans toute la ville, les meilleurs endroits où goûter cette cuisine sont les *pods* (souvent des parkings publics), lieux où l'on trouve une concentration impressionnante de stands *(dans Downtown : à l'angle de S.W. 10th St. et Washington St., de S.W. 3rd St. et Starck St. et de S.W. 5th St. et Starck St.). Pour en savoir plus : www.foodcartsportland.com.*

de démonstrations sur ordinateur dévoile les secrets de l'électronique, et les progrès récents dans l'expédition, la réception et le stockage de l'information. Amarré sur la rivière derrière le musée, le sous-marin diesel-électrique **U.S.S. Blueback**, construit en 1959 et désarmé en 1990, est ouvert aux visites guidées : centre de commandement, chambre des torpilles, quartiers des officiers et de l'équipage, mess.

### ★ Portland Aerial Tram I B2

*3303 S.W. Bond Ave. - www.gobytram.com - lun.-vend. 5h30-21h30, sam. 9h-17h, dim. 13h-17h (de mi-mai à déb. sept.) - 4,35 $.*

Ce téléphérique permet de profiter de vues magnifiques sur la ville, le mont Hood et d'autres pics au cours d'un trajet de 3mn (150 m de dénivelé sur 1 km) qui conduit de la rive de la Willamette à l'Oregon Health & Science University, sur Marquam Hill.

## OLD TOWN ET CHINATOWN

*Délimité par les S.W. Naito Pkwy, S.W. Oak St., 3rd Ave. et N.W. Davis St.*

En bordure de rivière, le quartier historique d'Old Town englobe le minuscule **Chinatown** *(délimité par N.W. 2nd Ave. et 5th Ave., W. Burnside St. et N.W. Glisan St.)*. L'entrée du quartier chinois est marquée par **Chinatown Gate**, une grande arche édifiée sur cinq niveaux. Sous les rues du quartier courent des **tunnels** jadis utilisés pour « shangaïser » les imprudents, qui étaient envoyés par bateau vers la servitude.

Aujourd'hui, Old Town conserve l'une des plus grandes collections de **bâtiments à l'architecture métallique** du pays. C'est également un quartier animé qui accueille le très couru **Saturday Market** *(☏ 503 222 6072 - www.portlandsaturdaymarket.com - sam. 10h-17h, dim. 11h-16h30)*, le plus grand marché à ciel ouvert d'artisanat des États-Unis.

### ★★ Lan Su Chinese Garden II E1

*239 N.W. Everett St. - ☏ 503 228 8131 - www.lansugarden.org - 10h-17h - 9,50 $ (étudiants 7 $, plus de 62 ans 8,50 $).*

Avec ses bassins, ses pavillons reliés par des ponts, ses sentiers serpentant entre les fontaines et ses salles de méditation, ce jardin caché derrière de hauts murs d'enceinte vous fera aisément oublier le tumulte de la ville. De la taille d'un pâté de maisons (3 700 m²), il possède quelques joyaux, parmi lesquels un « lac » de 650 m², des rochers de pierre Taihu (dont 500 tonnes ont été importées directement de Chine !) et des centaines d'espèces de plantes chinoises. Les visiteurs trouveront la sérénité dans l'excellent salon de thé du jardin.

## ★ PEARL DISTRICT II CD1/2

*Délimité par W. Burnside St., N.W. Lovejoy St., N.W. 8th Ave. et N.W. 15th Ave. Le tramway de Portland traverse le cœur du Pearl (10th et 11th Ave.). Voir aussi « Nos adresses à Portland ».*

L'un des quartiers les plus branchés de la ville, Pearl District, situé au nord-ouest de Downtown, symbolise parfaitement l'un des principes de la ville : réhabiliter les sites industriels et en faire des espaces fonctionnels.

Aujourd'hui, le quartier s'anime autour de boutiques décalées, de galeries d'art, de bars à vins et de restaurants à la mode, abrités pour la plupart dans des bâtiments historiques en brique. Chaque premier jeudi du mois, la **First Thursday Gallery Walk** *(www.firstthursdayportland.com)* attire les foules dans les galeries d'art de ce quartier artistique et branché.

Entre deux séances de shopping, prenez l'air dans les beaux espaces verts que sont le **Tanner Springs Park**, avec son étang surplombé par un petit pont en bois, et **Jamison Square**, où l'eau des fontaines tombe en cascade sur une série de marches et va remplir un bassin avant de se retirer, à la façon des marées.

### ★★ WASHINGTON PARK | A1/2

*Entrée au sud de W. Burnside Rd et à l'ouest de S.W. Vista Ave. - ✆ 503 823 7529 - www.washingtonparkpdx.org.*

Rejoignant au nord l'élégant quartier de Portland Heights, cette oasis urbaine serpente vers le sud le long de la corniche qui borde l'ouest de la ville. Le parc rassemble dans son cadre paysager de remarquables jardins.

#### ★★ International Rose Test Garden

*400 S.W. Kingston Ave. - ✆ 503 227 7033 - www.portlandoregon.gov/parks -* **P**.

Quoi de plus normal pour celle que l'on surnomme « City of Roses » que de bénéficier de cette magnifique roseraie expérimentale, établie en 1917 sur des terrasses étagées qui dominent aujourd'hui le centre-ville. Un voyage baigné de couleurs et de parfums au milieu de 10 000 rosiers issus de 600 variétés différentes. La plus ancienne date de 1943 (Grand Duchess Armstrong Bed E-23).

#### ★★ Japanese Garden

*611 S.W. Kingston Ave. - ✆ 503 223 1321 - www.japanesegarden.com - avr.-sept. : lun. 12h-17h, mar.-dim. 10h-17h ; oct.-mars : lun. 12h-16h, mar.-dim. 10h-16h - 9,50 $ (étudiants et plus de 62 ans 7,75 $).*

Un peu plus haut sur la colline, les 2 ha méticuleusement soignés du jardin japonais composent, au moyen de plantes, de pierres et d'eau, des paysages à la beauté envoûtante et sereine, propices à la méditation. Il faut voir le pittoresque pont de lune, le pavillon de thé et le jardin de pierre d'inspiration zen.

#### Hoyt Arboretum

*4033 S.W. Fairview Blvd - ✆ 503 865 8733 - www.hoytarboretum.org - Visitor Center : lun.-vend. 9h-16h, sam.-dim. 11h-15h - gratuit.*

Sur ses 70 ha sont réunies plus de 1 000 espèces d'arbres du monde entier. 21 chemins *(11 miles)* serpentent autour de beaux spécimens de magnolias, de chênes et d'érables.

#### ★ World Forestry Center Discovery Museum

*4033 S.W. Canyon Rd - ✆ 503 228 1367 - www.worldforestry.org -* **P** *- 10h-17h - fermé mar. et merc. en hiver - 9 $ (moins de 18 ans 6 $, plus de 62 ans 8 $).*

👪 Après des travaux de rénovation pour un coût global de l'ordre de 7 millions de dollars, ce musée originellement dédié à la sylviculture évoque désormais le développement durable. Sur 1 860 m², des collections interactives permettent de comprendre le rôle et l'importance des forêts dans le monde, notamment celles du nord-ouest des États-Unis.

#### ★★ Oregon Zoo

*4001 S.W. Canyon Rd - ✆ 503 226 1561 - www.oregonzoo.org - avr.-sept. : 8h-18h ; reste de l'année : 9h-16h - 11,50 $ (moins de 11 ans 8,50 $, plus de 65 ans 10 $).*

👪 Dans un environnement agréable, vert et ombragé, le zoo de Portland présente plus de 230 espèces, dont un des plus grands troupeaux d'**éléphants d'Asie★**, qui se reproduisent en captivité. L'espace dédié au condor de Columbia, le plus imposant oiseau d'Amérique du Nord, est l'un des rares endroits où l'on peut découvrir cette espèce menacée d'extinction. Le zoo est en perpétuelle évolution et, dans les prochaines années, de nouveaux espaces

Le Japanese Garden dans Washington Park.
*L. Decoudin/MICHELIN*

## DU COMMERCE MARITIME À LA VILLE VERTE

Bien avant l'ouverture de l'Oregon Trail en 1842, les Amérindiens, puis, plus tard, les coureurs des bois et les pionniers, s'installèrent au point de confluence des rivières Willamette et Columbia. La première ville, Oregon City, fut bâtie à 19 km au sud, mais l'essor de Portland commença dans les années 1880, avec l'arrivée du chemin de fer : la situation de la ville, à la jonction de deux cours d'eau, lui assurait l'avantage comme port d'embarquement. Lorsque le commerce s'étendit vers la Chine et d'autres terres lointaines, goélettes et bateaux à aubes se pressèrent le long des quais. Les immigrants arrivaient du monde entier, dans l'espoir de faire fortune grâce au commerce maritime, à l'agriculture, au bois ou à l'or. Les années de guerre créèrent une forte demande en ouvriers pour les chantiers navals, ce qui accrut considérablement la population. Si la ville d'origine vivait de l'industrie de transformation et demeure un grand centre de commerce et de transport, le Portland d'aujourd'hui, avec l'essor des entreprises de haute technologie (Columbia Sportswear Company et Nike ont tous deux été créés en Oregon et le siège d'Adidas aux États-Unis est situé à Portland), a vu son économie se diversifier de façon spectaculaire.

Portland est réputée comme un modèle d'urbanisme depuis 1972, quand son programme pour le centre-ville définit les lignes directrices du développement, de l'architecture et des transports publics. Souhaitant devenir la ville la plus verte du pays, Portland, à l'instar des pays scandinaves, se lance dans des projets colossaux de construction d'éco-quartiers, avec des immeubles autosuffisants en eau et en énergie, édifiés à partir de matériaux locaux et respectant les normes environnementales. Autre démarche ambitieuse et volontariste, la ville a décidé d'imposer la réalisation de toits végétalisés sur toutes les nouvelles constructions d'immeubles (bureaux et habitations).

# Portland cultive la différence

**POURQUOI PORTLAND EST UNIQUE...**

– Parce que son plan d'urbanisme original, élaboré à partir de 1972, a empêché la construction de banlieues résidentielles en dehors du centre-ville, laissant forêts, vergers et potagers s'épanouir aux portes de Downtown.

– Parce qu'avec ses éco-quartiers, la priorité laissée aux cyclistes, le développement des voitures électriques et l'encouragement à utiliser les transports en commun, Portland est un laboratoire pour le reste du pays. On peut par exemple y trouver un immeuble chauffé grâce à un four à pizza situé en rez-de-chaussée ou des ascenseurs fonctionnant grâce à des éoliennes installées sur le toit d'un bâtiment.

– Parce que la moyenne d'âge de ses habitants est de 29 ans.

– Parce que Portland, dont l'une des devises est *Local, always, organic whenever possible* (« Local toujours, bio si possible »), a banni de son centre les *fast-foods*. Seule chaîne présente, Burgerville propose des *burgers* faits à partir de produits locaux.

– Parce qu'avec Cologne, en Allemagne, la ville, surnommée « Beervana », est celle qui compte le plus de microbrasseries (53 début 2014). Ces dernières s'appuient principalement sur les ressources locales : orge et houblon biologiques et eau de source naturelle.

– Parce que ses habitants véhiculent dans le reste du pays une telle image de « locavores » cool, proches de la nature, tatoués et alternatifs, obsédés par leur hygiène alimentaire, qu'ils font l'objet d'une série moquant (gentiment) leur quotidien, *Portlandia*, diffusée sur la chaîne IFC.

**TERRE DE CULTURES ALTERNATIVES**

Si le slogan *Keep Portland Weird* (« Maintenons l'étrangeté de Portland ») s'affiche fièrement sur les murs de la cité, rassurez-vous, Portland est bien saine d'esprit. Réfutant la culture dite *mainstream* (de masse), la ville est devenue le berceau d'une certaine contre-culture américaine. C'est peut-être dans le domaine musical que celle-ci est la plus tangible. À la différence de Seattle qui a vu sa notoriété bondir grâce au mouvement *grunge* qui y est né, Portland, en dehors de tout courant, a su séduire avant tout grâce à des loyers peu élevés et un écosystème local propice à l'émulation. Nombre d'artistes s'y sont installés, entraînant dans leur sillage la multiplication de clubs et salles de concerts *(voir Mississippi Studios, Wonder Ballroom, Crystal Ballroom, p. 392)* et le développement de labels indépendants. Les sous-sols des maisons se sont reconvertis en studios d'enregistrement, les événements se sont multipliés et les échanges créatifs ont défié les logiques commerciales. Entre les natifs, les exilés et les convertis, citons, entre autres acteurs majeurs de la scène locale, The Shins, Gossip et sa chanteuse Beth Ditto, Elliot Smith, The Decemberists, Pink Martini, The Dandy Warhols, Fleet Foxes.

Dans d'autres domaines artistiques, des célébrités contribuent à la bulle créatrice de la ville : des écrivains (Chuck Palahniuk, auteur de *Fight Club*), des cinéastes (Gus Van Sant, Todd Haynes), des scénaristes (Matt Groening, le père des *Simpson*).

consacrés aux éléphants (2015), aux primates et aux rhinoceros seront ouverts. Un petit train emmène les visiteurs du zoo à la roseraie de l'International Rose Test Garden *(voir p. 378)*.

### ★ NORTHWEST DISTRICT | A1/2

*Autour de N.W. 23rd Ave. Voir aussi « Nos adresses à Portland ».*
Aisément accessible par le tramway depuis le centre-ville, le quartier huppé de Nob Hill, que les habitants appellent **NorthWest District**, possède bien des ressemblances avec le quartier du même nom à San Francisco. Les rues, étroites et ombragées, sont jalonnées de belles demeures victoriennes, transformées pour beaucoup en boutiques de créateurs. Plus gourmet que fêtard, le quartier recèle quelques-uns des meilleurs restaurants de la ville. **NorthWest 23rd Street** est la principale rue commerçante, concurrencée par **NorthWest 21th Street** qui concentre de nombreux bars et de charmantes boutiques, ainsi que le *Cinema 21*, le premier cinéma indépendant de la ville *(616 N.W. 21st Ave.)*.
Le quartier abrite également **Forest Park** *(✆ 503 223 5449 - www.forestparkconservancy.org)*, un parc de plus de 2 000 ha qui dispose de plus de 70 miles de sentiers, situé dans les montagnes Tualatin, à l'ouest du centre-ville.

### ★ Pittock Mansion | A2

*3229 N.W. Pittock Dr. (donnant sur N.W. Barnes Rd) - ✆ 503 823 3623 - www.pittockmansion.org - P - fév.-juin : 11h-16h ; juil.-août : 10h-17h ; sept.-déc. : 11h-16h - fermé janv. - 9,50 $ (moins de 18 ans 6,50 $, plus de 65 ans 8,50 $).*
La plus somptueuse demeure de Portland est perchée à 286 m sur une crête d'Imperial Heights avec, à l'est, des vues sur la ville, la rivière et le mont Hood. Ce manoir aux murs de grès a été construit en 1914 dans le style néo-Renaissance « château français » pour Henry Pittock, propriétaire du journal *The Oregonian*. Des visites guidées ou libres permettent d'admirer 23 des 44 pièces du manoir, ses marbres et ses boiseries, ainsi que l'ameublement luxueux du début du 20e s.

### ★ NORTHEAST ET SOUTHEAST DISTRICTS

Moins huppés que NorthWest, moins embourgeoisés que Pearl District, les quartiers est de Portland recèlent une multitude d'adresses, des plus gourmandes aux plus décalées, qui illustrent la tendance *hipster*-écolo développée en ville. *Voir aussi « Nos adresses à Portland ».*

### NorthEast | B1

C'est sur **N.E. Alberta Street** et N. Mississippi Avenue qu'il est le plus intéressant de flâner. La première forme un quartier tranquille où s'alignent de coquettes maisons, égayé par les nombreuses galeries d'art, cafés et restaurants. Vous pouvez prendre le pouls du quartier en dégustant un délicieux café chez le spécialiste **Barista** *(1725 N.E. Alberta St.)*, une bière locale à l'agréable terrasse cernée de bambous du **Bye and Bye Bar** *(1011 N.E. Alberta St.)*, ou un sandwich chez l'excellent **Bunk** *(2017 N.E. Alberta St.)*.
Plus animée encore, **N. Mississippi Avenue** se composait de bâtiments aux façades décrépies avant qu'une réhabilitation réussie ne lui confère un pouvoir d'attraction auprès des familles et des jeunes branchés. Autrefois morne, la rue baigne aujourd'hui dans une ambiance décontractée et rassemble boutiques décalées et adresses gourmandes.
Commencez votre exploration à l'angle de Skidmore Street et Mississippi Avenue devant le bar **Prost**, qui dispose d'un jardin où siroter bières belges

et allemandes. Vous pourrez les accompagner de mets proposés par les *food carts* installés juste en face, dont les excellents **Koi** (cuisine fusion mexicaine-coréenne) et **The Big Egg** (sandwichs œufs-bacon-porc rôti).
Redescendez Mississippi Avenue jusqu'à **Mississippi Studios** *(n° 3939)*, une salle de concerts emblématique *(voir p. 392)*. Juste à côté, **Sunlan Lightning** *(n° 3901)* présente une incroyable collection de Legos, lampes et objets dédiés à Donald Duck ! Plus loin, **Missing Link** *(n° 3824)* vend une foule d'objets, allant de peluches expressives aux tee-shirts humoristiques, en passant par des représentations décalées de la reine d'Angleterre et du pape. Passez devant **The Meadow** *(n° 3731)*, spécialiste en sel et chocolat *(voir « Nos adresses à Portland »)* et terminez votre périple à l'angle de N. Beech Street et N. Mississippi Avenue chez **Stormbreaker**, un brasseur local à l'excellente réputation ! Vous aurez ainsi une bonne idée de l'esprit joyeux et facétieux qui anime le quartier.

### SouthEast | B2

Rendez-vous d'abord dans **Division Street**, une artère particulièrement prisée des gourmands grâce à ses étendards que sont **Pok Pok**, **Bollywood Theater**, **Salt and Straw** ou le superbe bar à vins de **SouthEast Wine Collective** *(voir « Nos adresses à Portland »)*. Remarquez au passage ses *condos*, des immeubles design de quatre ou cinq étages, où les appartements sont à vendre, chose encore assez rare dans une ville où les maisons sont prisées.

## À voir aussi

### ★★ Elk Rock Gardens (Bishop's Close) | B3

*S.W. Military Lane (à 6 miles au sud du centre de Portland par S.W. Macadam Ave.) - ☏ 503 636 5613 - www.elkrockgarden.org - 8h-17h - gratuit.*
En 1916, Peter Kerr, un riche négociant en grains, a construit sur une falaise un manoir de style écossais. Il en a fait le point central d'un parc à l'anglaise, dessiné par John Olmsted, qu'il a enrichi de plantes rapportées de ses voyages autour du monde. La maison et le parc appartiennent aujourd'hui à l'Église épiscopale.

## À proximité Carte de région

### ★★ Mount Hood B1

*Sur l'US-26, à 50 miles à l'est de Portland.*
*☏ 503 622 3017 - www.mthoodchamber.com.*
Point culminant de l'Oregon, le sommet enneigé de Mount Hood atteint 3 426 m. Les touristes peuvent se promener sur les sentiers forestiers, admirer les glaciers alpins, suivre les routes pittoresques, s'arrêter dans les auberges rustiques rencontrées en chemin et skier, en hiver, sur des pistes exigeantes. En 1805, les explorateurs Lewis et Clark ont été les premiers Américains blancs à poser les yeux sur ce cône volcanique, qui devait son nom de « capuchon » à des marins britanniques. Au milieu du 19e s., sa vue annonçait aux milliers d'émigrants épuisés la fin du voyage sur la piste de l'Oregon. À l'ouest de **Barlow Pass** *(Rte 35, à l'est de l'US-26)*, on peut encore discerner les ornières laissées par leurs chariots bâchés.
Tout près de là, **Timberline Lodge★** *(donnant sur l'US-26, à 6 miles au nord de Government Camp - ☏ 503 272 3311 - www.timberlinelodge.com)*, édifié en 1936-1937, présente de beaux exemples d'artisanat américain : bois sculpté, marqueterie, vitraux. De là, les randonneurs peuvent aborder les 40 miles du

pittoresque **Timberline Trail★★** pour voir de superbes paysages de montagne, de préférence à la fin de l'été quand l'état de la piste est le meilleur.
Avec ses prairies d'altitude, la station de ski de **Mount Hood Meadows★** *(US-35, à 9,6 miles au nord de Government Camp - ✆ 503 337 2222 - www.skihood.com)* est l'un des endroits les plus agréables du Nord-Ouest pour pratiquer le ski. La remontée mécanique la plus haute s'élève à 2 225 m et offre une vue imprenable sur les autres volcans de la chaîne.

## ★★ Columbia River Gorge Scenic Area B1

*Sur l'I-84, à partir de Troutdale (à 16 miles à l'est de Portland) jusqu'à The Dalles (à 81 miles à l'est de Portland).*
*✆ 800 984 6743.*
S'étirant de la banlieue de Portland à l'embouchure de la rivière Deschutes, la Columbia River Gorge Scenic Area (1 440 km$^2$) englobe plus de 90 chutes d'eau, des parcs nationaux et des falaises hautes de plus de 200 m, du bord desquelles on découvre de magnifiques panoramas. Second plus grand fleuve des États-Unis par sa longueur, la Columbia se fraye un passage à travers le basalte volcanique le long de la frontière entre l'Oregon et l'État de Washington.
Alternative possible à l'Interstate, la **Historic Columbia River Highway★★** *(US-30)* offre de splendides paysages. Complétée en 1915, on ne peut aujourd'hui l'emprunter que sur deux sections distinctes reliées par l'I-84 : 21,2 miles entre Troutdale *(sortie 17)* et Ainsworth State Park *(sortie 40)*, et 15,4 miles entre Mosier *(sortie 69)* et The Dalles *(sortie 84)*. Les plus belles vues sont à découvrir au **Portland Women's Forum State Park** *(Mile 10)* et à la **Vista House** de **Crown Point★** *(Mile 11 - ✆ 503 695 2230 - www.vistahouse.com)*.
La gorge cache de spectaculaires chutes d'eau, notamment celles de **Multnomah Falls★★** *(I-84, sortie 31)*, qui tombent de 189 m de hauteur.
Dans les Visitor Centers de **Bonneville Lock and Dam★** *(I-84, sortie 40 - ✆ 541 374 8820 - www.nwp.usace.army.mil)* et **The Dalles Lock and Dam★** *(I-84, sortie 87 - ✆ 541 296 9778 - www.nwp.usace.army.mil)*, gérés par le Corps des ingénieurs de l'armée des États-Unis, vous découvrirez de quelle manière la rivière a été maîtrisée et exploitée et observerez le passage des poissons.
**★★ Columbia Gorge Discovery Center** – *5000 Discovery Dr. - The Dalles - ✆ 541 296 8600 - www.gorgediscovery.org.* Des présentations interactives permettent aux visiteurs de découvrir les éruptions et les inondations cataclysmiques qui ont formé la gorge, ainsi que le voyage de Lewis et Clark sur le fleuve Columbia. L'exposition **Ice Age Exhibit** possède une reproduction de mammouth à taille réelle.

### LE PARADIS DES VÉLIPLANCHISTES

Bondissant au-dessus des vagues comme des poissons volants multicolores, les amateurs de planche à voile ont trouvé leur paradis à **Hood River** *(I-84, sortie 63)*, paisible ville des gorges de la Columbia. Dans une brèche naturelle de la chaîne des Cascades, la rencontre de vents d'est soutenus et de forts vents d'ouest fait qu'il souffle toujours, en été, un vent de 30 à 40 km/h. Ce spot a été découvert dès le milieu des années 1980, procurant un regain d'activité à la ville. Bien que les compétitions ne soient plus aussi fréquentes qu'il y a quelques années, Hood River draine chaque été un grand nombre de véliplanchistes passionnés.

### ★ Oregon City B1

*Sur la Rte 99E, à 11,5 miles au sud de Portland par l'I-205.*
*503 655 5511 - www.oregoncity.org.*
Fondée en 1844 à l'extrémité des 3 200 km de l'Oregon Trail, cette ville de 34 622 habitants a été le premier village de la Willamette Valley et la première capitale du Territoire de l'Oregon.

★ **End of the Oregon Trail Interpretive Center** – *1726 Washington St. - 503 657 9336 - www.endoftheoregontrail.org - de mi-juin à fin août : lun.-sam. 9h30-17h, dim. 10h30-17h ; reste de l'année : tlj 11h-16h - 9 $ (4-17 ans 5 $, seniors 7 $).* Sur les 3,4 ha d'Abernathy Green, point d'arrivée principal de la piste de l'Oregon, ce centre occupe trois bâtiments hauts de 15 m, en forme de chariots bâchés. Des guides costumés décrivent l'exode des pionniers, qui durait six mois, et un spectacle multimédia retrace les vies (fictives) de trois émigrants.

## NOS ADRESSES À PORTLAND

### ARRIVER/PARTIR

#### En avion

L'**aéroport international de Portland** (PDX) (*503 460 4040 - www.flypdx.com*) est le principal de la région. Il se trouve à l'est de l'I-5, à env. 20mn de route du centre. Liaisons quotidiennes vers les principales ville des États-Unis, mais pas de trajet direct depuis/vers Paris. On trouve sur place restaurants, boutiques, bureaux de change et loueurs de voitures. Pour rejoindre le centre-ville, vous pouvez emprunter le métro léger Tri-Met MAX (*503 238 7433 - www.trimet.org/max - durée 40mn - 2,50 $*) ou prendre un taxi (*env. 30 $*).

#### En train

Union Station, la gare historique (*à l'angle de N.W. 6th Ave. et N.W. Irving St.*), est desservie par trois lignes de trains interurbains **Amtrak** (*800-USA-RAIL - www.amtrak.com*) qui permettent de relier quotidiennement Portland à Seattle (3h30), Vancouver (4h), Oakland (1 jour), Chicago (2 jours).

#### En bus

**Greyhound** (*550 N.W. 6th Ave. - www.greyhound.com*) permet de rejoindre fréquemment, mais souvent au terme d'interminables périples, Seattle (4h), Vancouver (8h), Boise (9h30), San Francisco (17h30), Denver (28h) et Chicago (50h).

### TRANSPORTS

#### Transports en commun

**Tri-Met MAX** – *503 238 7433 - www.trimet.org/max - dép. ttes les 15mn ou moins.* Portland est connue pour son système de transport exceptionnel, dont ce train léger est la pièce maîtresse, avec 84 gares et près de 52 miles de voies ferrées qui relient la ville, la région et l'aéroport.

**Portland Streetcar** – *503 238 7433 - www.trimet.org/streetcar.* Le tramway est un moyen de transport rapide et efficace pour voyager à travers la ville. Deux lignes, l'une suivant l'axe nord-sud en passant par le centre-ville, l'autre en boucle traversant la Willamette, sont desservies tous les jours toutes les 15mn.

#### Voiture

Portland est l'une des rares villes du pays où il n'est pas nécessaire de posséder un véhicule privé étant donné la qualité des transports en commun.

### Vélo

Pour vivre comme un vrai Portlander, rien de tel que le vélo. À Portland, le cycliste est roi et des voies réservées lui permettent de circuler aisément, même en plein Downtown. En outre, c'est un moyen agréable de flâner le long de la Willamette River et d'explorer les quartiers périphériques décrits dans ce guide. L'office de tourisme délivre une carte gratuite des pistes cyclables. Vous trouverez des vélos à louer dans beaucoup d'hôtels *(voir ACE ou Jupiter, ci-dessous et p. 386)* ou dans des magasins spécialisés comme **Waterfront Bicycles** *(10 S.W. Ash St., dans Old Town/Chinatown).*

#### HÉBERGEMENT

### Downtown et Pearl District

#### BUDGET MOYEN

**ACE Hotel** II D2 – *1022 S.W. Stark St. - ✆ 503 228 2277 - www.acehotel.com/portland - 150/250 $.* Un hôtel-boutique superbe qui affiche sa singularité dès la réception : panneaux *vintage*, personnel « looké », vélos à louer. Des parties communes aux chambres, la tendance est au style *arty* chic et décontracté (mobilier de récupération, fresques murales, panneaux de bois sur rails qui remplacent les portes, etc.). Une adresse coup de cœur.

*Voir aussi* **Crystal Ballroom** *p. 392.*

#### POUR SE FAIRE PLAISIR

**Hotel Modera** II D3 – *515 S.W. Clay St. - ✆ 503 484 1084 et 877 484 1084 - www.hotelmodera.com - 174 ch. 155/350 $.* Cet hôtel-boutique huppé allie le plus beau style des années 1960 au confort moderne. Les chambres, élégantes, possèdent des tons gris émaillés d'orange vif et sont décorées de plaids en fausse fourrure. L'hôtel rassemble plus de 500 œuvres d'art contemporain réalisées par des artistes locaux. Le restaurant **Nel Centro** propose des plats inspirés des cuisines française et italienne, à des prix raisonnables, confectionnés à partir de produits exclusivement locaux.

**The Benson Hotel** II D2 – *309 S.W. Broadway - ✆ 503 228 2000 - www.bensonhotel.com - 287 ch. 175/375 $.* Le baron du bois de charpente Simon Benson a achevé la construction de cet hôtel en 1913 et son opulence a traversé les époques. De sophistiqués chandeliers de cristal autrichiens illuminent le marbre des sols et le bois de noyer des murs. Les chambres affichent le même luxe.

**Sentinel** II D2 – *614 S.W. 11th Ave. - ✆ 503 224 3400 - www.sentinelhotel.com - 100 ch. 175/450 $.* Des peintures murales évoquent l'expédition de Lewis et Clark au 19e s. et le dôme de verre teinté et les sols carrelés sont d'origine (1909). Cet hôtel classique combine dans sa large enceinte détails en acajou et grandes chambres modernes.

**The Heathman Hotel** II D3 – *1001 S.W. Broadway - ✆ 503 241 4100 et 800 551 0011 - http://portland.heathmanhotel.com - 150 ch. 200/375 $.* Principal hôtel de luxe de Portland, le Heathman, bâti en 1927, possède une élégance Vieux Monde. Les chambres tout confort possèdent un mobilier de bois sombre qui réhausse les murs couleur or pâle décorés d'œuvres d'art originales du Nord-Ouest. La devise de l'établissement, très à propos, tient en quelques mots : « Ici, le service est encore un art. » Le **Heathman Restaurant and Bar** propose des classiques locaux, tels que le saumon sauvage de l'Oregon ou l'agneau de la ferme.

**RiverPlace Hotel** II E3 – *1510 S.W. Harbor Way - ✆ 503 228 3233 et 888 869 3108 - www.riverplacehotel.com - 84 ch. 200/350 $.* Hôtel-boutique du groupe Kimpton, le RiverPlace est posé au bord de la Willamette. Les chambres, aux tons blanc cassé subtils qu'égaye un mobilier couleur cerise, offrent des vues splendides sur la rivière grâce à leurs immenses fenêtres allant du sol au plafond. L'hôtel, pourtant proche du centre, se tient à l'écart du tumulte de la ville et donne l'impression de s'en échapper. Le **Three Degrees Restaurant** propose des plats de saison consistants tels que le gigot d'agneau grillé de la vallée de la Willamette.

UNE FOLIE

**The Nines** II D2 – *525 S.W. Morrison St. - ✆ 503 222 9996 - www.thenines.com - 331 ch. 270/450 $.* Perché au sommet du grand magasin Meier & Frank, en plein Downtown, le Nines s'impose grâce à l'association luxe discret et modernité assumée. Des motifs floraux couleur ivoire réhaussent le papier peint couleur taupe, chandeliers de verre et pièces d'art moderne d'artistes locaux décorent les pièces. Le linge somptueux et les épais fauteuils ajoutent au confort. Dans un atrium de plusieurs étages, le restaurant **Urban Farmer** se spécialise dans le bœuf de pâturage de l'Oregon.

## NorthWest

BUDGET MOYEN

**Inn at Northrup Station** II C1 – *2025 N.W. Northrup St. - ✆ 503 224 0543 - www.northrupstation.com - 70 ch. 140/240 $.* Le vert citron, le violet éclatant et d'autres couleurs vives accueillent les hôtes de cet hôtel-boutique du quartier à la mode de Nob Hill. Les chambres, décorées avec malice, disposent d'une petite cuisine avec meubles en érable et plan de travail en granit. Des pièces d'art moderne décorent l'ensemble. L'établissement fournit gratuitement des tickets de tramway à ses hôtes : l'arrêt le plus proche se trouve en effet à l'entrée de l'hôtel.

## NorthEast

BUDGET MOYEN

**Jupiter Hotel** I B2 – *800 E. Burnside St. - ✆ 503 230 9200 et 877 800 0004 - www.jupiterhotel.com - 80 ch. 115/200 $.* La version revisitée du motel à l'américaine : déco *vintage* très années 1950, chambres à la décoration minimaliste et épurée mais toutefois soigneusement élaborée. Tout Portland résumé dans ce style, chic mais discret. Ambiance rock n'roll très conviviale au bar-restaurant-salle de concerts **Doug Fir Lounge**, sorte de grande cabane en rondins au mobilier rétro qui propose de nombreux concerts de groupes de rock locaux. Location de vélos.

**Caravan** I B1 – *5009 N.E. 11th Ave. - ✆ 503 288 5225 - www.tinyhousehotel.com - 6 roulottes 125 $.* Au nord-est de Downtown, dans un quartier branché où fleurissent bars et restaurants, voici un hébergement atypique en milieu urbain. Vous logez dans de modestes mais coquettes caravanes alignées autour d'un espace commun avec tables, transats et chaises. Équipées de douche et d'une petite cuisine, elles accueillent entre 2 et 4 personnes. Malgré leur taille assez réduite, elles constituent une alternative originale aux hôtels.

### RESTAURATION

Pensez bien sûr aux incontournables **« food carts »** II DE2. Pour une poignée de dollars *(entre 2 et 10 $ le plat)*, le monde s'offre à vous… *(voir p. 376)*.

## Downtown et Pearl District

### PREMIER PRIX

**Bunk** II E2 – *211 S.W. 6th Ave. - ☎ 503 328-2865 - www.bunksandwiches.com - tlj 9h-15h - 9/11 $.* Idéal pour un déjeuner sur le pouce, Bunk propose des sandwichs absolument réussis, parmi les meilleurs de la ville. Mention spéciale pour celui au bœuf rôti, oignons caramélisés, cheddar et sauce au raifort. Autres adresses : *2017 N.E. Alberta St. et 621 S.E. Morrison St.*

### BUDGET MOYEN

**Clyde Common** II D2 – *1014 S.W. Stark St. - ☎ 503 228 3333 - www.clydecommon.com - plat 15/40 $.* Le restaurant de l'ACE Hotel *(voir p. 385)* propose derrière son vernis branché une cuisine efficace dont les produits, simplement préparés, sont issus des fermes locales. On peut aussi y venir pour déguster un excellent cocktail ou prendre un café dans la journée.

**Higgins** II D3 – *1239 S.W. Broadway - ☎ 503 222 9070 - www.higginsportland.com - fermé sam. et dim. midi - plat 14/30 $.* Une institution pour qui veut découvrir les secrets du riche terroir de l'Oregon. Du confit de canard au crabe Dungeness en passant par le clafoutis aux pêches, tous les produits locaux, issus des fermes environnantes, sont magnifiés. Très belle carte des caves. Ambiance élégante et tamisée.

**Mother's Bistro & Bar** II E2 – *212 S.W. Stark St. - ☎ 503 464 1122 - www.mothersbistro.com - fermé dim. soir et lun. - plat 15/20 $.* Bien que la salle soit immense, l'ambiance de ce restaurant, douce et intime, en fait un lieu prisé des couples. Les plats y brillent autant que les miroirs dorés et les chandeliers. Une cuisine familiale consistante est la signature du Mother's, où les tables sont couvertes d'impressionnants plats de poulet et de beignets, de pain à la viande en sauce ou encore de bœuf braisé.

**Tasty n Alder** II D2 – *580 S.W. 12th Ave. - ☎ 503 621 9251 - www.tastynalder.com - plat 12/26 $.* Les propriétaires de Toro Bravo *(voir page suivante)* ont ouvert ce grand espace tendance, épuré et néo-industriel, au cœur de Pearl District. À la carte : de la charcuterie ibérique, des huîtres frites, des Saint-Jacques bien saisies, de la côte de veau ou de savoureux *burgers*. Une bonne adresse qui draine une clientèle enthousiaste et hétéroclite. Bons cocktails.

### POUR SE FAIRE PLAISIR

**Ración** II D2 – *1205 S.W. Washington St. - ☎ 971 276 8008 - www.racionpdx.com - le soir seult - fermé dim.et lun. - assiettes 11/17 $.* Une adresse raffinée mais branchée (Portland oblige !) où déguster une cuisine fusion particulièrement réussie : dressage impeccable pour des assiettes légères (comptez 2 par pers.) et délicates, mélangeant sucré/salé/herbes/fleurs. Prenez place autour de la grande cuisine ouverte pour observer le travail minutieux des chefs.

**Andina** II D1 – *1314 N.W. Glisan St. - ☎ 503 228 9535 - www.andinarestaurant.com - fermé dim. soir - plat 18/35 $.* La cuisine de ce restaurant péruvien apprécié des critiques et du public marie plats inspirés de la tradition sud-américaine et ingrédients du Nord-Ouest. Ses nappes en lin, son mobilier simple et sa grande baie vitrée confère à l'Andina une atmosphère raffinée qui accompagne parfaitement l'aventure culinaire proposée. Lors de notre visite, nous avons particulièrement aimé le jarret d'agneau cuit lentement dans une sauce à la bière et à la coriandre.

## NorthWest

### POUR SE FAIRE PLAISIR

**St Jack** I A1 – *1610 N.W. 23th St. - ✆ 503 360 1281 - www.stjackpdx.com - le soir seult - plat 24/38 $.* Au cœur de la *trendy* et animée 23th Street, ce restaurant français jouit d'une belle notoriété grâce à une carte qui revisite les classiques de la cuisine hexagonale (escargots, foie gras, canard à l'orange), travaillés avec les légumes et les fruits locaux. Belle carte des vins qui ressemble à un voyage entre l'Oregon, l'Allemagne et toutes les régions viticoles françaises. Seul bémol, l'endroit est assez bruyant.

**Paley's Place Bistro & Bar** I A1 – *1204 N.W. 21st Ave. - ✆ 503 243 2403 - www.paleysplace.net - le soir seult - plats 17/36 $.* C'est à l'intérieur d'une demeure victorienne du quartier de Nob Hill que le chef et propriétaire du lieu, Vitaly Paley, exerce son art. Ce restaurant de 50 couverts possède une élégance toute classique qui se retrouve dans les plats. Débutez le repas avec une assiette de charcuterie comprenant pâtés et terrines, suivie de viandes, de poissons et de fruits de mer issus du monde entier et récoltés de façon responsable tels que le thon blanc, saisi avec du bacon, ou encore le ragoût de poulpe aux haricots. Petites ou grandes portions au choix.

## NorthEast

### PREMIER PRIX

**¿ Por qué no ?** I B1 – *3524 N. Mississippi Ave. - ✆ 503 467 4149 - www.porquenotacos.com - tacos 3/4,25 $.* Une *taqueria* rose bonbon éclairée aux lampions. Espace confiné à l'intérieur et décoration chargée, un poil kitsch mais plutôt charmante, pour déguster des *tacos*, galettes de maïs fourrées. Petite terrasse. Ambiance décontractée. Bon à savoir : la margarita est paraît-il l'une des meilleures de la ville. Autre adresse : *4635 S.E. Hawthorne Blvd.*

### BUDGET MOYEN

**Toro Bravo** I B1 – *120 N.E. Russell St. - ✆ 503 281 4464 - www.torobravopdx.com - tapas 7/10 $, assiette 10/21 $.* Les clients affluent dès 17h dans ce bar à *tapas* très prisé. Les voyages réguliers du patron et de son équipe en Espagne sont à l'origine de la variété affichée sur le menu. Parmi les immanquables, le poulpe grillé aux poivrons, les croquettes de queue de bœuf et leur mayonnaise pimentée et la paella maison que les fruits de mer locaux subliment. Juste à côté, **The Secret Society** *(www.secretsociety.net)* est un club proposant du jazz manouche, de la pop, du folk. Certains concerts étant gratuits, il est agréable d'y passer un moment avant qu'une table se libère au restaurant.

### POUR SE FAIRE PLAISIR

**Ned Ludd** I B1 – *3925 N.E. Martin Luther King Jr Blvd - ✆ 503 288 6900 - www.nedluddpdx.com - le soir du mar. au sam., dim. tte la journée - plat 20/25 $.* Dans un décor rustique mêlant bois et objets agricoles, ce restaurant du nom d'un militant anglais refusant les progrès techniques industriels sert des plats préparés au four à bois, de la truite grillée à l'agneau confit. Jolies présentations, saveurs franches et présentes, voici une bien belle adresse. Soirée pizza le lundi.

**Ox** I B1 – *2225 N.E. Martin Luther King Jr Blvd - ✆ 503 284 3366 -*

*www.oxpdx.com - le soir seult - fermé lun. - plat 20/40 $.* Énorme succès pour ce restaurant argentin dont la réputation n'est plus à faire à Portland. Une cuisine au gril et feu de bois pour déguster flétan, saumon, poulpe, bœuf ou saucisse, bien relevés par d'excellentes sauces et de généreuses garnitures à base de légumes locaux (choux frisé, courgettes, radis, etc.). Un sans-faute. Réservation recommandée. Belle carte de vins.

**Le Pigeon** I B2 – *738 E. Burnside St. - ✆ 503 546 8796 - www.lepigeon.com - le soir seult - plat 23/30 $.* Gabriel Rucker fut l'un des premiers chefs à susciter l'enthousiasme des critiques gastronomiques américains pour un restaurant de Portland. Son succès a décomplexé nombre de ses collègues qui font de Portland une destination gastronomique. Dans cette petite salle au décor rustique-chic et à la cuisine ouverte, vous dégusterez des profiterolles au foie gras, de l'agneau, du bœuf bourguignon et des abats, accompagnés de légumes locaux. Du bel ouvrage.

## SouthEast

**PREMIER PRIX**

**Bollywood Theater** I B2 – *3010 S.E. Division St. - ✆ 503 477 6689 - www.bollywoodtheaterpdx.com - plat 6/16 $.* Ambiance bohème et décontractée dans ce grand espace épuré avec profusion d'objets rappelant les voyages des propriétaires sur le sous-continent indien. Les assiettes, parfumées, colorées et généreuses s'inspirent de la *street food* locale et permettent de se sustenter avec plaisir et à petits prix. Autre adresse : *2039 N.E. Alberta St.*

**Pok Pok** I B2 – *3226 S.E. Division St. - ✆ 503 232 1387 - www.pokpokpdx.com - plat 11/16 $.* Un décor atypique mi-cabanon mi-gargotte inspiré de la *street food* thaïlandaise et un intérieur chaleureux pour cet établissement dont le tout Portland raffole. L'affluence est considérable et il est plus que prudent de réserver. L'engouement est-il démesuré ? Pas vraiment si l'on considère la qualité des plats servis, des fondantes (et collantes !) ailes de poulet caramélisées aux crevettes à la poitrine de porc. Un beau voyage épicé et coloré.

**PETITE PAUSE**

## Downtown et Pearl District

**Courier Coffee Roasters** – *923 S.W. Oak St. - www.couriercoffeeroasters.com - 7h-18h en semaine, 9h-17h le w.-end.* Un petit établissement où déguster un excellent café et se délecter de pâtisseries maison. À l'origine, les propriétaires n'avaient pas de local et livraient leurs cafés à vélo, mais devant le succès rencontré, ils ont pu s'établir dans cet endroit à la décoration épurée. Bonne musique en fond (vinyles rock/folk).

**Stumptown Coffee** – *128 S.W. 3rd Ave. - ✆ 503 295 6144 - www.stumptowncoffee.com - 6h-18h en semaine, 7h-18h le w.-end.* Le premier torréfacteur artisanal de Portland est une institution. Le café, issu du commerce équitable, ravit les habitués qui s'y attardent en travailllant sur leurs ordinateurs portables. Et comme souvent à Portland, ambiance cool et décontractée… Cinq autres adresses en ville.

**Voodoo Doughnut** – *22 S.W. 3rd Ave. - www.voodoodoughnut.com - tlj 24h/24.* Une adresse mythique ! On sait qu'on s'en approche quand se multiplient dans la rue les passants portant une petite boîte en carton rose.

Ambiance psychédélique, *donuts* plus extravagants les uns que les autres, festival de goûts et de couleurs. Il faut y passer au moins une fois… et ne pas se laisser décourager par la longue file d'attente.

### NorthWest et SouthEast

**Salt and Straw** – *838 N.W. 23th Ave. - ✆ 971 271 8168 - www.saltandstraw.com - tlj 10h-23h.* Le glacier le plus célèbre de Portland, dont le travail s'inscrit parfaitement dans la philosophie de la ville : produits locaux et bios pour soutenir l'économie locale. Outre le goût irréprochable des créations, c'est l'audace dans les parfums qui interpelle : en dehors des grands classiques, vous pourrez y découvrir des glaces à la patate douce, au fromage de chèvre ou à la bière ! Autre adresse : *3345 S.E. Division St.*

## BOIRE UNE BIÈRE

Ce n'est pas un hasard si Portland est surnommée « Beervana » ! Avec 53 microbrasseries répertoriées début 2014, la ville est un paradis pour amateurs de houblon. Vous en trouverez en centre-ville, mais les connaisseurs préfèrent se rendre dans les microbrasseries situées à l'est de Downtown.

*Voir aussi Stormbreaker, p. 382.*

### NorthEast

**Hair of the Dog** – *61 S.E. Yamhill St. - ✆ 503 232 6585 - www.hairofthedog.com - mar.-sam. 11h30-22h, dim. 11h30-20h - fermé lun.* Un immense espace amplifié par les hauts plafonds et les grosses poutres en bois. Variété intéressante de bières maison et quelques spéciales qui valent le détour : Otto from the Wood, un mélange de bière à la pêche et à la cerise, et une *imperial stout* vieillie 15 mois en fût de bourbon ! Terrasse aux beaux jours.

**Base Camp** – *30 S.E. Oak St. - ✆ 503 477 7479 - www.basecampbrewingco.com - dim.-merc. 12h-22h, jeu.-sam. 11h-0h.* Une salle de dégustation imposante où la décoration dit tout de l'esprit maison, notamment les photos qui font l'apologie des sports nature tels l'escalade ou le rafting. Nombreuses bières de caractère, dont notre préférée, la Magnetic Meridian India Pale Ale. Grandes tables en bois dans le patio et *food truck* à l'extérieur pour grignoter. Un endroit vraiment agréable.

## BOIRE UN VERRE

### Downtown et Pearl District

**Multnomah Whiskey Library** – *1124 S.W. Alder St. - ✆ 503 954 1381 - www.multnomahwhiskeylibrary.com - tlj sf dim. à partir de 16h.* Un incontournable de Portland. Incroyable mur de bouteilles délicatement éclairées derrière un vieux bar en bois, fauteuils Chesterfield, briques et tapisseries. Service d'un professionnalisme absolu. Petite restauration dont la qualité épouse parfaitement l'élégance du lieu. Une adresse chic et distinguée dans laquelle on se sent particulièrement à l'aise.

**Teardrop** – *1015 N.W. Everett St. - ✆ 503 445 8109 - www.teardroplounge.com - tlj à partir de 16h.* Cet autre bar à cocktails joue dans un registre différent, plus cool et branché. Décoration sobre privilégiant l'épure (murs blancs, petites touches contemporaines) et grand bar circulaire derrière lequel on s'assoit pour observer la fabrication des excellents cocktails… et les dernières tendances vestimentaires de la ville !

**Jack Knife** – *614 11th Ave. - ✆ 503 384 2347 - www.jackknifepdx.com -*

*tlj à partir de 15h.* Le bar de l'hôtel Sentinel est idéal pour conclure une soirée. Il est immense, animé et bruyant, et la carte des boissons, éclectique, contente tout le monde. Lumières tamisées et ambiance musicale axée sur les classiques rock et les tubes des années 1980.

**Pepe le Moko** – *407 S.W. 10th Ave. - ✆ 503 546 8537 - www.pepelemokopdx.com - tlj à partir de 16h.* Ce « speakeasy » au coin de l'hôtel ACE *(voir p. 385)* porte le nom d'un vieux film de gangsters avec Jean Gabin (1937). Il se distingue par une atmosphère intime avec *modern jazz* en fond sonore et quelques emplacements discrets prisés par les couples, lovés dans des banquettes en cuir. Cocktails de premier plan – l'*Hotel Nacional Special*, à base de vieux rhum, liqueur d'abricot et citron est un *must*. Petite restauration pour les amateurs de *bocadillos* (petits sandwichs, 5 $).

## NorthEast

*Voir p. 381.*

## SouthEast

**Southeast Wine Collective** – *2425 S.E. 35th Place - ✆ 503 208 2061 - www.sewinecollective.com - lun. et merc.-vend. 16h-22h, sam. 13h-22h, dim. 13h-20h.* Au cœur du vibrant quartier de Division, ce domaine viticole mené par les jeunes Kate et Tom se double d'une salle de dégustation dont les grandes baies vitrées donnent sur le chai. On y découvre les très bons vins du domaine et ceux que Southeast Wine Collective représente, venant de petits producteurs de l'Oregon travaillant comme des artisans. Petite restauration fine très bien élaborée, ambiance sympathique. Une excellente adresse.

**SORTIR**

## Musique classique, opéra et théâtre

**Artists Repertory Theatre** – *1515 S.W. Morrison St. - ✆ 503 241 1278 - www.artistsrep.org.* Les acteurs résidents de cette troupe proposent des productions classiques comme contemporaines tout au long de la saison, dans des salles intimes.

**Oregon Ballet Theatre** – *1111 S.W. Broadway - ✆ 503 222 5538 - www.obt.org.* Les danseurs de cette compagnie proposent cinq spectacles par saison. Classiques, incontournables du 20e s. ou œuvres contemporaines, ces performances sont à découvrir au **Portland Center for the Performing Arts** (Centre de Portland pour les arts du spectacle). La compagnie est particulièrement connue pour son répertoire de ballets de George Balanchine.

**Oregon Symphony** – *1037 S.W. Broadway - ✆ 503 228 1353 - www.orsymphony.org.* Fondé en 1896, cet orchestre propose grands classiques et musique populaire au **Arlene Schnitzer Concert Hall**.

**Portland Center Stage** – *128 N.W. 11th Ave. - ✆ 503 445 3700 - www.pcs.org.* Le Gerding Theater et le Ellyn Bye Studio, deux salles de spectacle, proposent grandes et petites productions.

**Portland Opera** – *222 S.W. Clay St. - ✆ 503 241 1407 - www.portlandopera.org.* Le **Keller Auditorium**, abrité au sein du Portland Center for the Performing Arts, est le foyer de l'opéra de Portland.

## Rock, pop, folk

**Crystal Ballroom** – *1332 W. Burnside St. - ✆ 503 225 0047 - www.mcmenamins.com.*

Bâtie en 1914 pour y accueillir des spectacles de danse, cette salle offre une programmation variée allant de la musique folk à du rock plus musclé. L'espace au troisième étage, ouvert dans les années 1990, possède de magnifiques peintures murales, des chandeliers éclatants et d'immenses plafonds. On peut prendre une bière et dîner au **Ringler's Pub** et dormir au **Crystal Hotel**, dont chaque chambre, au style psychédélique assez déroutant, porte le nom d'un groupe ayant joué au Crystal Ballroom *(51 ch. avec sdb privée ou commune, 85/165 $ - piscine d'eau de mer).*

**Wonder Ballroom** – *128 N.E. Russell St. - ✆ 503 284 8686 - www.wonderballroom.com - 10/25 $ selon les concerts.* Bâtie également en 1914, cette vénérable demeure historique de NorthEast abrite l'une des salles les plus en vue de la ville. Programmation éclectique, du blues au hip hop en passant par l'électro rock. Le restaurant **Toro Bravo** *(voir p. 388)* se trouve dans le même pâté de maisons.

**Mississippi Studios** – *3939 N. Mississippi Ave. - ✆ 503 288 3895 - www.mississippistudios.com.* Ce temple de la musique indépendante est à la fois un bar, un restaurant et une salle de concerts. On y respire vraiment l'esprit anticonformiste de Portland et on s'imprègne de l'énergie contagieuse des quartiers du Nord-Est. Programmation assez pointue (rock, pop folk) et ambiance décontractée.

**Aladdin Theater** – *3017 S.E. Milwaukie Ave. - ✆ 503 234 9694 - www.aladdin-theater.com.* Dans SouthEast, cette salle de 620 places, anciennement théâtre de boulevard, a conservé quelque chose du style années 1920. Célèbre pour son excellente acoustique, l'Aladdin programme jazz, blues, pop et musiques du monde.

*Voir également* **Doug Fir Lounge**, *annexe du Jupiter Hotel (p. 386) et* **The Secret Society** *(p. 388).*

### Jazz

**Jimmy Mak's** – *221 N.W. 10th Ave. - ✆ 503 295 6542 - www.jimmymaks.com.* Premier club de jazz de la ville, le Jimmy Mak's accueille des musiciens locaux et nationaux, qui s'y produisent tous les soirs. Son restaurant est spécialisé dans la cuisine d'inspiration grecque et d'Europe de l'Est.

## ACHATS

### Downtown et Pearl District

**Powell's City of Books** – *1005 W. Burnside St. - ✆ 503 228 4651 - www.powells.com.* Les amateurs de livres et les curieux seront fascinés par la librairie Powell's, qui occupe tout un pâté de maisons et aligne plus d'un million de titres. Première aux États-Unis à mêler livres d'occasion et ouvrages neufs dans ses rayonnages, cette librairie pionnière est considérée comme la plus grande du monde. Quelque 6 000 personnes visitent quotidiennement son labyrinthe de salles à code-couleur.

**Union Way** – *1022 S.W. 10th Ave. - ✆ 503 922 0566.* Cette petite galerie commerçante au design élégant, au cœur de Downtown, abrite des boutiques « stylées » qui font la réputation de Portland, de **Quin** (sucreries locales) à **Danner** (vêtements style NorthWest) en passant par la ravissante boulangerie **Little T Baker** *(tlj jusqu'à 17h).*

**Tender Loving Empire** – *412 S.W. 10th Ave. - ✆ 503 243 5859 - www.tenderlovingempire.com.* Créée par le fondateur d'un label indépendant célèbre en ville, cette boutique mêle astucieusement disques et vinyles de groupes locaux signés sur le label et artisanat local.

**Canoe** – *1136 S.W. Alder St. (12th Ave.) - ☏ 503 889 8545 - https://canoeonline.net.* Cette boutique de décoration et d'ameublement intérieur présente de très jolies pièces, pratiques et design.

### NorthEast

*Voir aussi p. 382.*

**811 Design Center** – *811 E. Burnside St.* Ce centre de « contre-culture » abrite sur plusieurs étages une multitude de boutiques indépendantes. Les produits vendus ici viennent de *designers* locaux tels que National and Haunt. Vêtements *vintage*, art local et services de création graphique également présents.

**Lloyd Center** – *Au croisement de N.E. 9th Ave. et Multnomah - ☏ 503 282 2511 - www.lloydcenter.com.* Plus vaste centre commercial de l'Oregon, avec près de 200 boutiques, le Lloyd Center abrite également 8 salles de cinéma et une patinoire couverte.

### NorthWest et NorthEast

**The Meadow** – *805 N.W. 23rd Ave. - ☏ 503 305 3388 - www.atthemeadow.com - tlj 10h-20h (21h le w.-end).* Mark Bitterman connaît toutes les facettes du sel et du chocolat. Il propose dans sa boutique un passionnant voyage gourmand autour du monde sur ces produits. Vous trouverez également du vin et des condiments. Autre adresse : *3731 N. Mississippi Ave.*

## SPORT

**Portland Timbers** – Providence Park *(1844 S.W. Morrison St.)* est l'antre des Portland Timbers, l'une des équipes de la MLS (Major League Soccer), dont la réputation tient beaucoup à ses supporters, parmi les plus fervents du pays. *Rens. et billets sur www.timbers.com.*

**Portland Trail Blazers** – Les « pionniers » de Portland, emmenés par le Français Nicolas Batum, constituent l'une des équipes les plus compétitives de la NBA (National Basket Association). Spectacle garanti au Moda Center, anciennement Rose Garden Arena *(1 N. Center Ct St.). Rens. et billets sur www.nba.com/blazers.*

## AGENDA

**Portland International Film Festival** – *www.nwfilm.org.* La 2e quinzaine de fév., festival international de cinéma, le plus important de l'Oregon.

**Portland Rose Festival** – *www.rosefestival.org.* Fin mai-déb. juin, la « City of Roses » honore son statut avec un festival riche en couleurs : parades avec chars couverts de roses, courses de bateaux, feux d'artifice et, bien sûr, l'inévitable élection de la Rose Queen.

**Queer Pride Celebration** – *http://pridenw.org.* À la mi-juin, défilé et concerts pour le plus grand événement annuel gay et lesbien.

**Oregon Brewers Festival** – *www.oregonbrewfest.com.* Fin juil. (Tom McCall Waterfront Park) et déb. déc. (Pioneer Courthouse Square), ce festival de la bière est l'occasion de découvrir le travail minutieux des brasseurs locaux.

**Pickathon Festival** – *À Pendarvis Farm, Hagen Rd, Happy Valley (à 16 miles de Portland).* Déb. août, ce festival rock'n folk prisé des familles pour son côté écolo se tient dans la forêt, avec une scène entièrement construite en branches d'arbres !

# Vallée de la Willamette et sud de l'Oregon

★★

**Si Portland est le visage que l'Oregon présente au monde, son cœur reste la grande étendue fertile de la Willamette Valley. Sur 110 miles environ du sud de Portland jusqu'à Eugene, et 30 miles entre les Cascades et les chaînes côtières, cette plaisante vallée au climat tempéré a attiré dès les années 1840 les pionniers de la piste de l'Oregon qui y établirent fermes, vignobles, élevages de moutons et bourgades. Aujourd'hui, la vallée est la région la plus peuplée de l'État après la métropole de Portland, mais elle a conservé sa vocation rurale : terres cultivées, vignes, champs de tulipes, vergers de noisetiers, surplombés de ponts couverts. Plus au sud par l'Interstate-5, de hautes terres s'étirent sur 96 miles au nord de la frontière californienne, des champs de blé du bassin de Klamath aux eaux vives des rivières Rogue et Umpqua. Volcans en sommeil, forêts touffues, canyons et lacs alpins créent un paysage plus accidenté. Une ruée vers l'or sans lendemain y a amené une vague de colons au milieu du 19e s. Beaucoup d'entre eux ont choisi de rester, malgré la tentative des Indiens Klamaths et Modocs pour reconquérir leurs terres dans les années 1870. Les grands attraits de cette région sont Crater Lake, seul parc national de l'Oregon, et, à Ashland, un festival Shakespeare très réputé.**

## NOS ADRESSES PAGE 403

### S'INFORMER
**Willamette Valley** – *866 548 5018 - www.oregonwinecountry.org.*
**Southern Oregon** – *800 448 4856 - www.southernoregon.org.*

### SE REPÉRER
Carte de région AB1-2 (p. 368-369) – *heure du Pacifique.* Pour faire la route de Portland à Ashland, la ville la plus au sud de l'Oregon sur l'I-5, comptez environ 5h. Les villes de Medford et Eugene possèdent les principaux aéroports régionaux.

### À NE PAS MANQUER
Crater Lake ; Oregon Shakespeare Festival ; Evergreen Aviation & Space Museum ; Oregon Caves.

### ORGANISER SON TEMPS
Mai, septembre et octobre offrent un temps clément et la foule est moins nombreuse pour profiter de l'Oregon Shakespeare Festival. Crater Lake est à visiter entre juillet et début septembre, seule période où les routes ne sont pas enneigées. La vallée de la Willamette est superbe au printemps, tandis que fin septembre-début octobre marque le temps des vendanges et les forêts des Cascades offrent le spectacle de leur feuillage d'automne.

### AVEC LES ENFANTS
Evergreen Aviation & Space Museum, à McMinnville ; A.C. Gilbert's Discovery Village, à Salem ; Historic Carousel and Museum, à Albany.

## Balade œnologique dans les Dundee Hills

Entre Newberg et Lafayette, de petites routes s'échappent de la Route 99W pour s'enfoncer dans les vignobles et accéder aux domaines.

**Black Walnut Inn and Vineyard** – *De Dundee, prenez la dir. de Lafayette, tournez à droite sur S.W. 9th St. puis continuez sur N.E. Worden Hill Rd, le domaine se détache sur la droite - ✆ 503 538 8663, www.blackwalnut-inn.com - dégustation : 11h-16h le w.-end, sur RV la sem. - 10 $/3 vins.* Ce domaine figure parmi les valeurs sûres. Dominés par une imposante propriété de style toscan *(voir aussi « Nos adresses »)*, les 6 ha de vignes couvrent les collines, offrant de belles vues sur la vallée. Là sont joliment travaillés pinots gris et noir *(env. 35 $)*, et chardonnay.

*Continuez sur N.E. Worden Hill Rd jusqu'à atteindre le domaine Alexana qui apparaît sur la gauche.*

**Alexana** – *✆ 503 537 3100 - www.alexanawinery.com - dégustation (5 vins, dont 3 pinots noirs) : tlj 11h-17h (10h-16h en hiver) - 20 $.* Étalées sur 32 ha, les vignes du domaine sont constituées de riesling *(28 $/bouteille)*, chardonnay *(32 $/bouteille)* et pinot noir *(entre 35 et 75 $/bouteille)*. Si le riesling dégage une belle fraîcheur (arômes pêche blanche, citron et jasmin), le chardonnay se distingue d'abord par une certaine nervosité contrebalancée par une bouche longue et grasse et beaucoup de minéralité. Quant aux pinots, ils excellent, présentant une palette complète de ce que ce cépage peut offrir.

*De retour sur la Rd 99W, prenez la direction de McMinnville. En chemin, arrêtez-vous à Sokol Blosser Vineyard (accès par Sokol Blosser Lane, à droite).*

**Sokol Blosser** – *✆ 503 864 2282 - www.sokolblosser.com - dégustation (5 vins) : tlj 10h16h - 15 $.* Ce domaine possède une superbe salle de dégustation mêlant verre et lamelles de bois brut, prolongée par une terrasse dégageant une vue plongeante sur les 40 ha de vignes du domaine. Pinot gris *(env. 20 $/bouteille)*, pinot noir rosé *(20 $/bouteille)* et pinot noir *(entre 38 et 80 $/bouteille)* sont pro posés à la dégustation, même si d'autres cépages sont représentés comme le chardonnay ou le sangiovese. Mentions spéciales pour les pinots noirs qui se distinguent par des tanins fondus, des arômes de cerise délicatement épicés, de cassis et de pain grillé, avec une belle longueur en bouche.

*De retour sur la Rd 99W, reprenez la direction de McMinnville, mais tournez dans la première petit route à droite, McDougal Road puis prenez tout de suite à droite Breyman Orchards Road.*

**Domaine Drouhin** – *✆ 503 864 2700 - www.domainedrouhin.com - dégustation (3 vins) : merc.-dim. 11h16h - 10 $.* Ce grand domaine de 91 ha est l'un des plus célèbres de la région. Gérée par Véronique Drouhin, qui tient également avec ses trois frères les rênes du réputé domaine bourguignon, la maison a acquis en 2014 Roserock Vineyards (112 ha), plaçant ces Beaunois d'origine parmi les plus grands producteurs de pinot en Oregon. Les pinots noirs, sur des arômes de cassis et de framboise, légèrement épicés et fumés, respectent le plus pur style bourguignon, tout en s'adaptant aux caractéristiques géographiques de la Willamette Valley *(à partir de 32 $)*. Les amateurs de blancs préféreront les chardonnay *(35 $)* et pinot gris du domaine.

*Rejoignez McMinnville, où la dégustation peut se poursuivre chez Eyrie Vineyards* *(voir page suivante)*.

# Découvrir Carte de région

## ★★ Oregon Wine Country AB1

*Par la Rte 99W à l'ouest de l'I-5, de 20 à 40 miles au sud-ouest de Portland.*

*866 548 5018 - www.oregonwinecountry.org.*

**Bon à savoir** – Les meilleures bases pour explorer la région sont Newberg, Dundee et McMinnville *(voir p. 395)*. À la même latitude que la Bourgogne, le nord de la vallée de la Willamette est devenu, au fil des années, l'une des régions les plus en vue dans le monde viticole (malgré une faible notoriété auprès du grand public), avec plus de 500 domaines. Ses vins, vifs et nerveux, se distinguent par leur arôme délicat et leur faible teneur en alcool. Établie dans les années 1960, l'industrie vinicole de l'Oregon n'était guère connue du public avant que ne se produise, en 1979, l'inimaginable : un pinot noir d'Eyrie Vineyards *(voir ci-dessous)* remporta la palme dans une dégustation organisée par des Français, devançant plusieurs vins français réputés…

Des terroirs favorables, une longue période de végétation avec sécheresse estivale, fraîcheur à l'automne et hiver humide, tempérés par l'influence océanique, forment des conditions idéales. Elles conviennent parfaitement au pinot noir, mais aussi aux autres cépages : chardonnay, merlot, cabernet sauvignon, pinot gris. Des douzaines d'entreprises vinicoles exploitent plus d'une centaine de vignobles éparpillés sur les collines verdoyantes. La plupart sont de petites entreprises familiales, souvent ouvertes au public pour visites et dégustations *(payantes)*. Au bord des routes de campagne peu encombrées s'alignent vignobles et vergers, avec des stands de vente.

## ★ McMinnville A1

*Sur la Rte 99W, à 41,5 miles au sud de Portland.*

**Chamber of Commerce** - *417 N.W. Adams St. (entre 4th et 5th St.) - 503 472 6196 - 8h-17h (fermé pendant l'h du déj.) - www.mcminnville.org.*

La capitale du comté de Yamhill est au centre des **terres viticoles** de la partie nord de la vallée de la Willamette. La ville est un camp de base idéal pour parcourir la région : cafés, restaurants et petites boutiques d'antiquités ont investi les bâtiments 19es. du centre historique préservé. Au départ de McMinnville, de petites routes de campagne mènent aux dizaines de fermes et d'exploitations viticoles disséminées à travers des collines boisés de chênes.

**Eyrie Vineyards** – *935 E. 10th Ave. - 503 472 6315 - www.eyrievineyards.com - dégustation : tlj 12h-17h - 15 $ (6 vins)*. Ce domaine de 24 ha occupe une place particulière dans l'histoire des vins de l'Oregon puisque c'est l'un de ses pinots noirs qui révéla au monde le travail des viticulteurs locaux. La maison continue à produire d'excellents crus, des pinots gris légèrement fumés mais rafraîchissants *(18,50 $/bouteille)* aux pinots noirs remarquablement travaillés *(entre 35 et 80 $/ bouteille)*. Sans oublier chardonnay, chasselas, muscat, melon de Bourgogne.

## ★★★ Evergreen Aviation & Space Museum A1

*À 3,5 miles au sud de McMinnville. Sortez de la ville par S.E. 3 Mile Lane, qui prolonge N.E. 3th St., puis prenez à gauche l'US-18 (E. Salmon River Hwy). Le musée (indiqué) apparaît sur la gauche.*

*500 N.E. Capt. Michael King Smith Way - 503 434 4185 - www.evergreen museum.org - 9h-17h - 25 $ (inclus le musée de l'aviation, celui de l'espace et une entrée au cinéma IMAX) ; parc aquatique : entre 27 et 32 $ (selon la taille du visiteur), horaires à consulter sur le site Internet avant la visite. Comptez 3h de visite.*

Cet énorme complexe comprend plusieurs espaces distincts : deux hangars consacrés l'un à l'**histoire de l'aviation** et l'autre à la **conquête de l'espace**, un **cinéma IMAX** *(rens. sur le site Internet pour les horaires des projections)* et le parc aquatique **Wings and Waves Waterpark** , doté de dizaines de tobbogans.

Dundee Hills, Oregon Wine Country.
L. Decoudin/MICHELIN

Parmi les 200 modèles présentés dans le hangar consacré à l'aviation figure le plus grand avion jamais construit (1947), le légendaire **Spruce Goose** du milliardaire Howard Hughes. Ce « monstre » à l'ossature en bois (du fait des restrictions sur le métal à l'époque) symbolise le rêve fou d'un homme qui voulait conquérir le ciel. Malheureusement pour lui, et malgré un coût de construction de 25 millions de dollars, son projet se limita à un seul vol… d'une minute, sur 1 mile, à 70 pieds (20 m d'altitude) ! Parmi les autres pièces d'exception présentées dans cet espace, remarquez la **première machine volante**, élaborée en 1903. L'homme qui l'inaugura put ainsi voler, en position couchée, 12 secondes à 120 pieds (36,5 m) à une vitesse de 27 miles/h. Voyez aussi les célèbres avions de guerre **Curtiss P-40 N. Warhawk**, célèbres pour la mâchoire et les yeux de requins dessinés à l'avant de l'appareil et utilisés pendant la Seconde Guerre mondiale pour les attaques contre les Japonais. Les guerres du 20e s. sont ainsi largement revisitées à travers les fleurons de l'aviation américaine, parmi lesquels l'avion le plus rapide du monde, l'impressionnant **SR-71 Blackbird**, utilisé durant toute la guerre froide à des fins de surveillance et d'espionnage photographique. Autre ambiance dans le second hangar, dédié à l'histoire de la conquête spatiale. Panneaux, photos, vidéos relatent la lutte impitoyable que se livrèrent Russes et Américains pour affirmer leur suprématie et leur maîtrise de l'espace, en pleine guerre froide. Les passionnés seront conquis par le travail de rétrospective présenté sur les différentes missions spatiales et par les fusées, satellites et autres missiles exposés (dont le missile balistique intercontinental **Titan II**).



### ★ Salem A1

*À 44 miles au sud de Portland par l'I-5 et 26 miles au sud de McMinnville par la Rte 99W et la Rte 221.*

**Travel Salem** – *181 High St. N.E. - 800 874 7012 - www.travelsalem.com - lun.-vend. 9h-17h, sam. 10h-16h.*

Capitale de l'Oregon, dont elle est la troisième ville avec 160 614 habitants, Salem a été fondée en 1840, quand Jason Lee, dirigeant d'une mission méthodiste, la déplaça au cœur de la vallée de la Willamette.

★★ **Willamette Heritage Center at the Mill** – *1313 Mill St. - ✆ 503 585 7012 - www.willametteheritage.org - lun.-sam. 10h-17h - 6 $.* Ce parc historique de 2 ha abrite la maison de Lee, plusieurs autres bâtiments de cette époque, dont la filature **Thomas Kay Woolen Mill** (1889), ouverte à la visite.

★ **Oregon State Capitol** – *900 Court St. N.E. - ✆ 503 986 1388 - www.leg.state.or.us - lun.-vend. 8h-17h - gratuit.* Se dressant au centre de la ville, le dôme du capitole, construit en 1938 par Francis Keally dans un style néoclassique grec, est dominé par une statue de 7 m en bronze doré à la feuille figurant un pionnier.

★ **A.C. Gilbert's Discovery Village** – *116 Marion St. N.E. - ✆ 503 371 3631 - www.acgilbert.org - lun.-sam. 10h-17h, dim. 12h-17h - 7 $.* Aménagé dans trois maisons historiques, ce musée pour enfants, où l'on peut toucher du doigt les collections, est célèbre pour son train modèle « American Flyer S-gauge », sa salle à bulles et son immense terrain de jeux en extérieur (1 900 $m^2$). Juste à côté, le **Riverfront City Park** accueille également le très beau manège du **Riverfront Carousel** et ses animaux de bois sculptés à la main par des volontaires.

**Willamette University** – *900 State St. - ✆ 503 370 6300 - www.willamette.edu.* Fondée en 1842 par les méthodistes, cette petite université réputée est le plus ancien établissement d'enseignement supérieur de l'Ouest américain. Sur le campus, le **Hallie Ford Museum of Art★** *(700 State St. - ✆ 503 370 6855 - mar.-sam. 10h-17h, dim. 13h-17h - 3 $)* rassemble des collections venues d'Europe, d'Asie et d'Amérique du Nord. Les œuvres du Nord-Ouest et l'art de la vannerie amérindienne sont sa spécialité.

**Willamette Mission State Park** – *Au nord de Salem en quittant l'I-5 (sortie 263) - www.oregonstateparks.org.* Ce parc protège des fermes et des vergers pastoraux. On y trouve aussi le plus grand peuplier d'Amérique. Tout proche, à Wheatland Road *(suivez les panneaux)*, le **Wheatland Ferry**, tracté par des câbles, permet aux véhicules de traverser la Willamette.

## ★★ Oregon Garden B1

*À Silverton, 13,5 miles au nord-est de Salem par la Rte 213.*

*79 W. Main St. - ✆ 503 874 8100 - www.oregongarden.org - mai-sept. : 9h-18h ; oct.-avr. : 10h-16h - 11 $.*

Ce parc botanique de 32 ha vous fera découvrir 20 jardins spécialisés, dont un dédié au chêne de Garry. Celui-ci abrite le plus grand spécimen de l'État, haut de 30 m et âgé de plus de 400 ans.

## ★★ Silver Falls State Park B2

*À Sublimity, 14 miles au sud-est de Salem par la Rte 214.*

*✆ 503 873 8681 - www.oregonstateparks.org.*

Le plus grand parc d'État de l'Oregon couvre 3 500 ha. Mis à part un *lodge* historique et toute une gamme d'activités de loisirs, sa principale curiosité est le **Trail of Ten Falls★★**, une boucle de 7 miles qui longe la Silver Creek, traverse une forêt épaisse et passe devant dix cascades, dont les hauteurs varient de 8 à 54 m.

## Albany A2

*À 25 miles au sud de Salem par l'I-5.*

**Visitors Association** – *110 S.E. 3rd Ave. - ✆ 541 928 0911 - www.albanyvisitors.com - lun.-vend. 9h-17h.*

Située au centre de la vallée de la Willamette, cette petite ville plaisante (51 583 habitants) est chargée d'histoire. Ses quartiers comptent plus de 700 bâtiments classés, des bungalows de style Craftsman aux demeures de style Queen Anne.

★ **Monteith House** – *518 2nd Ave.- ✆ 541 928 0911 - www.albanyvisitors.com - de mi-juin à mi-sept. : merc.-sam. 12h-16h - gratuit, donation bienvenue.* Cette maison-musée remplie d'objets d'époque est classée au Centre des monuments nationaux (National Register of Historic Places).

**Albany Historic Carousel and Museum** – *501 1st Ave. W. - ✆ 541 791 3340 - www.albanycarousel.com - lun.-sam. 10h-16h (merc. 21h) - gratuit.* Situé en plein quartier historique, ce musée est en constante évolution depuis des années. Des bénévoles de la ville y construisent en effet un carrousel de style Dentzel, dont les animaux de bois sont sculptés, polis et peints à la main.

## ★ Eugene A2

*Au croisement des Rte 99 et Rte 126, à l'ouest de l'I-5, 45 miles au sud d'Albany.*

**Travel Lane County** – *3312 Gateway St. - Springfield - ✆ 541 484 5307 - www.eugenecascadescoast.org - 9h-16h.*

L'économie de la deuxième ville de l'État (159 190 habitants) a gardé ses racines agricoles et forestières, mais repose surtout aujourd'hui sur l'**University of Oregon**★ *(1585 E. 13th St. - ✆ 541 346 1000 - www.uoregon.edu).* Fondé en 1876, le bâtiment d'origine, **Deady Hall**, existe encore. L'université accueille plus de 20 000 étudiants : Eugene reflète bien cette présence « subversive » avec la tenue vestimentaire décontractée de ses habitants, ses magasins de produits diététiques et ses organisations écologistes.

★★ **UO Jordan Schnitzer Museum of Art** – *Memorial Quadrangle (près de Kincaid St.) - ✆ 541 346 3027 - http://jsma.uoregon.edu - mar.-dim. 11h-17h (merc. 20h) - 5 $.* Aménagé dans un bâtiment de brique finement travaillée, ce musée fut construit en 1933 pour abriter une collection de 3 700 œuvres d'art oriental. Il fait encore aujourd'hui sa spécialité des arts venus d'Asie, plus particulièrement des arts japonais et coréens, aussi bien classiques que modernes. The Schnitzer possède également l'une des plus grandes collections d'œuvres du peintre expressionniste Morris Graves, originaire du Nord-Ouest, ainsi que de ses contemporains.

★ **Museum of Natural and Cultural History** – *1680 E. 15th Ave. - ✆ 541 346 3024 - http://natural-history.uoregon.edu - mar.-dim. 11h-17h - 5 $.* Ce musée se consacre surtout aux populations autochtones, notamment à la culture kalapuya locale.

À Eugene se trouve aussi le **Hult Center for the Performing Arts**★ *(7th Ave. et Willamette St. - ✆ 541 682 5087 - www.hultcenter.org).* L'impressionnant édifice hérissé de pointes (1982, Norman Pfeiffer & Lutes Amundson) accueille chaque année des centaines de spectacles, concerts et événements.

## ★★★ Crater Lake National Park B3

*À l'ouest de l'US-97 par les Rte 62 et Rte 138 et à 145 miles au sud-est d'Eugene. ✆ 541 594 3000 - www.nps.gov/crla - Parc ouv. tte l'année, mais l'accès nord est fermé de nov. à juin - 10 $ par véhicule. Steel Visitor Center ouv. avr.-oct. : 9h-17h ; nov.-mars : 10h-16. Rim Visitor Center ouv. de fin mai à fin sept. : 9h30-17h.*

### UN MOULIN À L'ANCIENNE

À Eagle Point *(à 12 miles au nord de Medford en direction de Crater Lake)*, le **Butte Creek Mill and General Store** *(402 N. Royal Ave. - ✆ 541 826 3531 - www.buttecreekmill.com - lun.-sam. 9h-17h, dim. 11h-17h - gratuit)* donne un aperçu de ce que pouvait être la vie d'antan. Les engrenages et les courroies de ce moulin à eau grincent, cliquettent et grondent en broyant le grain. La boutique d'antiquités adjacente vous permettra d'acheter la farine du moulin, ainsi que spécialités locales, lampes-tempête, assiettes en étain et autres vestiges du passé.

Le lac le plus profond des États-Unis (589 m) occupe une caldeira, cratère circulaire d'un volcan effondré qui dépassait autrefois 3 600 m. Dans son écrin de montagnes, blanchies presque toute l'année par la neige, ce lac pittoresque de 10 km de diamètre, aux eaux pures couleur saphir, attire promeneurs, géologues et curieux intrigués par le mystérieux œil bleu de la caldeira. Il y a 7 700 ans, une éruption cataclysmique projeta 75 $km^3$ de pierres ponces et de cendres dans l'atmosphère et les vallées avoisinantes. En s'effondrant, la montagne a laissé une caldeira, que les eaux pluviales ont emplie peu à peu. Aucun ruisseau n'alimente le cratère ni ne s'en écoule. Mais les précipitations et l'évaporation gardent son niveau à peu près constant.

Le **Rim Drive★★** *(accès ouv. de mi-juin à déb. oct. - 33 miles)* fait le tour du lac, offrant des vues spectaculaires. Les plus belles sont **Sinnott Memorial Overlook** *(Rim Village, rive sud du lac)* et **Cloudcap**, point le plus élevé du Rim Drive (2 397 m). Encore plus splendide, la perspective qu'ouvrent les 2 721 m du **Mount Scott★★** récompense ceux qui ont le courage d'atteindre à pied le point culminant du parc *(5 miles AR)*. Du Rim Drive, un embranchement de 7 miles mène à **The Pinnacles★★**, où des fumerolles se sont peu à peu fossilisées en fines aiguilles de 25 m.

Parmi les nombreuses autres attractions du lieu figurent les randonnées dans les forêts de pin à altitude moyenne ou le célèbre tour en bateau de **Wizard Island★**, minuscule île au centre du lac *(dép. du ponton de Cleetwood Cove,*

## SHAKESPEARE FESTIVAL

Après avoir tenté, sans succès, de devenir une ville d'eau internationale grâce à ses sources riches en lithium, Ashland a répondu aux rêves d'un professeur d'art dramatique en transformant son vieux kiosque à musique en théâtre de plein air. En 1935, elle lance le premier **Oregon Shakespeare Festival**. De février à octobre, ce festival présente onze pièces dans ses trois théâtres, dont quatre de Shakespeare, mais aussi d'autres auteurs classiques ou contemporains. Cette impressionnante scène élisabéthaine en plein air vous fera découvrir ou redécouvrir les classiques du maître sous les étoiles. La visite des coulisses, **backstage tours★★**, très divertissante, va de la confection de costumes à la peinture des décors ; les guides présentent la régie où on règle les lumières et le son et racontent des anecdotes savoureuses sur l'envers du décor.

*Pour plus de rens. : 15 S. Pioneer St. - ✆ 541 482 4331 - www.osfashland.org.*

Crater Lake National Park.
*Blend Images/hemis.fr*

*sur la rive nord du lac, accessible par un sentier en pente de 1,2 mile, comptez 30mn de marche - ✆ 888 774 2728 - www.craterlakelodges.com - de fin juin à mi-sept. - dép. 9h30 ou 12h45, retour 14h30 ou 17h - 42/52 $).*
L'historique **Crater Lake Lodge** (1915), chalet rénové perché sur le bord du cratère, offre des vues magnifiques sur le lac *(voir « Nos adresses »)*.

### ★★ Ashland A3

▶ *Sur la Rte 99, à 180 miles au sud d'Eugene par l'I-5 (sortie 14).*
**Chamber of Commerce** – *110 E. Main St. - ✆ 541 482 3486 - www.ashland chamber.com - lun.-vend. 9h-17h.*
Sur le flanc est des Siskiyou Mountains, entourée de vergers, de vignobles et d'élevages de chevaux arabes, Ashland n'était au début du 19e s. qu'un modeste comptoir. Cette agréable ville de 20 713 habitants est pourtant devenue en quelques dizaines d'années l'un des premiers centres culturels du Nord-Ouest grâce à son **Oregon Shakespeare Festival** *(voir encadré ci-contre)* qui a acquis une renommée mondiale pour la qualité de ses mises en scène théâtrales. La ville est également le foyer de très nombreux artisans, dont le travail est visible dans les 30 galeries du centre-ville, ainsi qu'au **Schneider Museum of Art** *(1250 Siskiyou Blvd - ✆ 541 552 6245 - www.sou.edu/sma)*, sur le campus de la **Southern Oregon University**. Les 500 pièces de la collection du musée mettent essentiellement l'accent sur le travail du papier au 20e s. De nombreuses auberges et *bed & breakfast* occupent maisons et bâtiments historiques rénovés et l'on trouve en ville pléthore de cafés et de boutiques. L'eau bouillonnante de l'Ashland Creek traverse la ville et alimente les fontaines de son eau minérale naturelle lithinée, pompée à la source, qui a rendu la ville célèbre. Le **Lithia Park★** (37,6 ha) est une réserve naturelle constituée de jardins, de bois et d'aires de pique-nique qui suivent le cours de l'Ashland Creek jusqu'aux pieds des collines Siskiyou.
Plus haut, le **mont Ashland** *(✆ 541 482 2897 - www.mtashland.com)* accueille l'unique station de ski municipale de l'Ouest.

### ★★ Jacksonville A3

▶ *Sur la Rte 238, à 14 miles au nord-ouest d'Ashland.*
**Visitor Center** – *185 N. Oregon St. (à côté de la Poste) - ✆ 541 899 8118 - www. jacksonvilleoregon.org.* Aménagé dans l'ancienne gare, il propose des cartes pour visiter la ville à pied.
Au milieu de collines verdoyantes et de vergers de pommiers et de poiriers, Jacksonville est fière de posséder plus de 100 édifices en bois du milieu du

19e s. Leur nombre a valu à cette ville minière, tombée dans l'oubli après la ruée vers l'or des années 1850, d'être entièrement classée National Historic Landmark District.

En été, le **Britt Festival** *(✆ 541 779 0847 - www.brittfest.org)* fait résonner les collines de musique classique, jazz, blues et rock.

Tout proche, le sentier d'**Applegate Valley Wine Trail★** *(www.applegatewinetrail.com)* mène à travers 20 petites exploitations vinicoles réparties dans la vallée et offre de splendides panoramas.

### ★★ Oregon Caves National Monument A2

*Sur la Rte 46, à 20 miles à l'est de Cave Junction et 92 miles à l'ouest d'Ashland par l'I-5 et l'US-199.*

*✆ 541 592 2100 - www.nps.gov/orca - été : 9h-18h ; printemps et automne : 9h-16h ; hiver : 10h-16h - 8,50 $.*

Dans l'angle sud-ouest de l'État s'étend tout un réseau de grottes de marbre et de calcaire, ornées de stalactites, stalagmites et autres magnifiques concrétions de calcite. Près de 3 miles de galeries ont été créées, il y a des millions d'années : la roche s'est dissoute dans l'eau acide s'infiltrant par les failles de la montagne. Pendant la visite (1h30), les touristes escaladent 500 marches et suivent d'étroits tunnels pour pénétrer dans des salles appelées **Watson's Grotto** ou **Ghost Room** (la salle du Fantôme).

À la surface, le parc est une réserve naturelle de forêts primaires majestueuses. Un sentier assez raide, **Big Tree Trail★** *(2,9 miles)*, mène à un pin douglas ayant la plus grande circonférence de tout l'Oregon.

### ★ Rogue River A3

*Accès aux rapides depuis Grants Pass, à 42 miles à l'ouest d'Ashland par l'I-5.*

**Grants Pass Tourism** – *1995 N.W. Vine St. - ✆ 541 450 6180 - www.visitgrantspass.org.*

Ce fleuve sauvage prend sa source dans la chaîne des Cascades, près de Crater Lake, et se jette 215 miles plus loin dans le Pacifique. Ce cours d'eau musclé traverse des zones sauvages peuplées de cerfs, d'ours bruns et de loutres. C'est l'un des fleuves de l'Ouest les plus prisés pour pratiquer le **rafting**. Les descentes vont de la sortie familiale d'une demi-journée à des excursions mouvementées de plusieurs jours pour les amateurs de rapides.

Au départ de Grants Pass, la compagnie **Hellgate Jetboat Excursions** *(✆ 800 648 4874 - www.hellgate.com - 41/65 $)* organise des excursions en bateau rapide jusqu'au **Hellgate Canyon**, point de départ des rapides de la Rogue River.

À l'est de Grants Pass, les coteaux qui bordent la vallée de la Rogue River sont couverts de vignobles où dominent les cépages de cabernet sauvignon, merlot, cabernet franc et syrah, dont l'origine remonte à la fin du 19e s. Parmi les domaines ouverts à la dégustation, **Kriselle Cellars** *(12956 Modoc Rd, White City - ✆ 541 830 8466 - www.krisellecellars.com - 11h-17h30 - 5 $ la dégustation de 6 vins)* et **Del Rio Vineyards** *(52 N. River Rd, Gold Hill - ✆ 541 855 2062 - www.delriovineyards.com - 11h-18h - 5 $).*

### Upper Klamath National Wildlife Refuge B3

*À 20 miles au sud des chutes de Klamath par l'US-97 ou la Rte 39.*

*✆ 530 667 2231 - www.fws.gov/klamathbasinrefuges.*

Le Klamath Basin National Wildlife Complex, qui s'étend sur la frontière entre l'Oregon et la Californie, est un vaste bassin de lacs peu profonds et de marais d'eau douce qui attirent des nuées d'oiseaux d'eau en automne. En effet, plus de 6 millions d'entre eux s'y retrouvent, parmi lesquels le pélican d'Amérique et plusieurs espèces de hérons.

Dans la partie située dans l'Oregon, le canoë est le meilleur moyen de profiter de la nature. Un **parcours balisé** de 5 miles est ouvert toute l'année et les canoës se louent chez les concessionnaires sur place.
Le **Lower Klamath Refuge**, établi en 1908, fut la première réserve naturelle pour les oiseaux d'eau du pays.

## NOS ADRESSES DANS LA VALLÉE DE LA WILLAMETTE ET LE SUD DE L'OREGON

### ARRIVER/PARTIR

#### Vallée de la Willamette

**En avion – Portland International Airport** (PDX) *(☏ 503 460 4040 - www.flypdx.com)* est le principal aéroport de la région.
**En train** – Les trains du réseau **Amtrak** *(☏ 800 872 7245 - www.amtrak.com)* circulent quotidiennement entre Portland, Salem, Albany et Eugene.
**En bus – Greyhound** *(☏ 214 849 8966 - www.greyhound.com)* dessert régulièrement les localités de la vallée.

#### Sud de l'Oregon

**En avion – Rogue Valley International-Medford Airport** (MFR) *(☏ 541 772 8068 - www.co.jackson.or.us)* dessert le sud de l'Oregon. C'est le plus proche de Crater Lake National Park.
**En bus – Greyhound** *(☏ 214 849 8966 - www.greyhound.com)* dessert régulièrement les localités du sud de l'Oregon.
Le **Rogue Valley Transportation District** *(☏ 541 734 9292 - www.rvtd.org)* assure des liaisons locales, notamment pour Medford, Ashland et Jacksonville.

### HÉBERGEMENT

#### Ashland

POUR SE FAIRE PLAISIR

**Ashland Springs Hotel** – *212 E. Main St. - ☏ 541 488 1700 - www.ashlandspringshotel.com - 70 ch. 199/269 $.* Le hall de cette auberge historique (1925), située dans le centre-ville, est tapissé de collections de papillons, coquillages et autres merveilles de la nature et abrite de grands palmiers. Les murs des chambres sont couleur safran et le décor inspiré par la botanique. Le restaurant **Larks** *(plat déj. 10/14 $, dîner 21/34 $)* propose des plats locaux de saison magnifiquement préparés et sa liste de vins est des plus sérieuses.
**Country Willows Inn** – *1313 Clay St. - ☏ 541 488 1590 ou 800 945 5697 - www.countrywillowsinn.com - 🏊 - 9 ch. 165/290 $ ☕.* Cette charmante ferme, à la bordure de la ville, offre une alternative au tumulte urbain. Les couleurs taupe, beige et turquoise décorent les chambres, dont certaines sont aménagées dans l'ancienne étable. On y trouve également un cottage près d'une piscine. L'auberge est réputée pour ses petits-déjeuners somptueux.

#### Autour de Crater Lake

BUDGET MOYEN

**Crater Lake Lodge** – *565 Rim Dr. - Crater Lake - ☏ 541 594 2255 - www.craterlakelodges.com - de mi-mai à mi-oct. - 71 ch. 167/230 $.* Trônant, solitaire, sur la rive sud du cratère, ce bâtiment de 1915 ne manque pas d'allure et son atmosphère rustique séduit. Accueil, hélas, un peu hautain et expéditif. Quitte à payer un peu plus cher, mieux vaut réserver une chambre côté lac, car la vue sur ses eaux couleur saphir est à couper le souffle. La terrasse et ses chaises à bascule invitent aussi à s'attarder devant le panorama. L'aménagement des chambres est en revanche quelconque (pas de télévision ni d'accès Internet) et l'équipement vieillissant. La belle salle à manger, souvent bondée, affiche des prix élevés *(plat 24/38 $)*, mais on y sert une cuisine du Nord-Ouest de qualité (notamment le saumon sauvage d'Alaska), assortie d'une sélection de vins d'Oregon ou de Californie.

**Prospect Historic Hotel** – *391 Mill Creek Dr., Prospect (à 28 miles au sud-ouest de Crater Lake par la Rte 62) - ✆ 541 560 3664 - www.prospecthotel.com - 24 ch. 145/210 $ ☕ (inclus pour les chambres situées dans la maison principale, sans kitchenette).* Ancien relais de diligence (1880) situé en bord de forêt, ce B&B pittoresque a reçu des hôtes prestigieux tels Theodore Roosevelt et Jack London. Il propose de petites chambres, désuètes mais charmantes, avec dessus-de-lit et papiers peints fleuris. D'autres, plus modernes et ordinaires, mais équipées d'une kitchenette, sont proposées dans l'annexe. Accueil dévoué et bons dîners *(plat 21/34 $)*.

## Dundee

### POUR SE FAIRE PLAISIR

**Black Walnut Inn** – *9600 N.E. Worden Hill Rd - ✆ 503 538 8663 - www.blackwalnut-inn.com - 9 ch. 199/529 $ ☕.* Pour le plaisir de dormir dans un beau domaine viticole. Cette grande maison aux murs jaunes, réplique d'une propriété toscane, abrite de confortables chambres à la décoration classique mais à l'élégance certaine. Grandes salles de bains et balcon avec vue sur les vignes. Petit-déjeuner pour gourmets et dégustation des vins du domaine incluse. *Voir p. 395.*

## Eugene

### POUR SE FAIRE PLAISIR

**Inn at the 5th** – *205 E. 6th Ave. - ✆ 541 743 4099 - www.innat5th.com - 70 ch. 199/239 $, suites 319/585 $.* Cet hôtel-boutique se trouve à l'intérieur du marché situé sur 5th Street, un labyrinthe de boutiques de luxe et de cafés. Les chambres y sont spacieuses et dotées de cheminées au gaz, la literie est très confortable et la déco se compose d'œuvres originales et de fauteuils en cuir rouge. La cuisine du très élégant **Marche** est inspirée de la tradition française avec, par exemple, un saumon cuit au four à bois avec ses chanterelles.

## Grants Pass

### BUDGET MOYEN

**The Lodge at Riverside** – *955 S.E. 7th St. - ✆ 541 955 0600 ou 877 955 0600 - www.thelodgeatriverside.com - 🏊 - 33 ch. 145/209 $ ☕.* Au bord de la Rogue River, l'établissement possède des chambres d'une taille impressionnante, dont certaines avec un balcon donnant sur la rivière, dotées d'une bonne literie et d'un équipement fonctionnel. Les suites disposent d'un Jacuzzi et d'une cheminée. Le personnel réserve un accueil souriant aux clients. Une dégustation de vin et de fromage, des cookies et le petit-déjeuner continental sont inclus.

## McMinnville

### BUDGET MOYEN

**Hotel Oregon** – *310 N.E. Evans St. - ✆ 503 472 8427 ou 888 472 8427 - www.mcmenamins.com - 42 ch. 75/135 $.* Anciennement dépôt de bus, le bâtiment en brique (1905) qui abrite l'Hotel Oregon a subi une transformation spectaculaire. C'est aujourd'hui à la fois un lieu de rassemblement et un hôtel historiquement lié aux vignobles, avec un **pub** au rez-de-chaussée, un premier **bar** au sous-sol et un second sur le toit. La **Paragon Room** fait office de salle de billard le jour et de salle de concerts à la nuit tombée. L'histoire du lieu survit à travers les photographies et le décor début 20e s. Les chambres sont spacieuses, munies de couvre-lits en chenille et d'armoires anciennes. Certaines partagent une salle de bains commune.

### Newberg

#### UNE FOLIE

**The Allison Inn** – *2525 Allison Lane - ✆ 503 554 2525 - www.theallison.com - 🏊 - 85 ch. 375/454 $.* Cet hôtel niché au milieu des terres viticoles de l'Oregon est un chalet moderne et luxueux qui ravira les amateurs de vin en excursion dans la vallée de la Willamette. L'auberge est l'une des rares au monde à posséder la certification LEED Or pour son respect des normes écologiques. Les chambres d'hôte, aux tons neutres, sont garnies de linge de grande qualité, de pièces d'art originales et possèdent des fenêtres donnant sur la colline ou le vignoble. Un Spa et une piscine ajoutent encore au luxe du lieu. Le **Jory** combine cuisine des vignobles et une carte des vins où figurent 800 labels.

## RESTAURATION

### Ashland

#### POUR SE FAIRE PLAISIR

**Amuse Restaurant** – *15 N. 1st St. - ✆ 541 488 9000 - www.amuserestaurant.com - dîner seult - fermé lun. - plat 26/34 $.* Dans un espace moderne, l'Amuse propose une nouvelle cuisine américaine, mâtinée de touches françaises. On vous recommande la cuisse de canard confit aux spätzle à la moutarde ou le poulet rôti et ses truffes aux pommes de terre Fingerling cuites avec du beurre de truffe. En été, essayez d'obtenir une table dans le patio.

### Dayton

#### POUR SE FAIRE PLAISIR

**Joel Palmer House** – *600 Ferry St. - ✆ 503 864 2995 - www.joelpalmerhouse.com - dîner seult - fermé dim. et lun. - menu 3 plats 49 $.* Christopher Czarnecki représente la quatrième génération d'une famille qui se passionne pour les champignons. Il porte cet héritage au restaurant fondé par son père dans une maison classée des terres viticoles de la Willamette où il marie champignons et vins. Le chef cueille lui-même les champignons et les truffes qui viennent agrémenter la soupe de champignons sauvages, les quenelles aux noix de Saint-Jacques accompagnées de russules ou encore l'esturgeon et sa duxelles sautée.

### Dundee

#### PREMIER PRIX

**Red Hills Market**– *155 S.W. 7th St. - ✆ 971 832 8414 - www.redhillsmarket.com - env. 15 $.* Une épicerie fine au décor chaleureux où l'on vient faire le plein de bons produits ou s'attabler pour une pause revigorante. Pizzas au feu de bois *(14-16 $)*, généreux sandwichs *(8,50 $)*, soupes gourmandes *(5/7 $)*, chacun y trouvera son bonheur. Une bonne adresse. En face, le **Dundee Bistro** présente un cadre plus chic et une ambiance plus feutrée, et la cuisine y est plus qu'honorable.

### Eugene

#### POUR SE FAIRE PLAISIR

**Ristorante Italiano** – *754 E. 13th St. - ✆ 541 342 6963 - www.excelsiorinn.com - plat 23/36 $.* Un élégant bâtiment victorien de l'université de l'Oregon abrite une petite auberge et son restaurant. Le menu est en accord avec le mouvement *Slow Food* (produits locaux et bios). Parmi les spécialités : les raviolis au crabe et leur sauce à la crème, au citron et au basilic ou les raviolis farcis aux poires, gorgonzola et noisettes de l'Oregon.

### Grants Pass

#### BUDGET MOYEN

**Roux 26** – *234 S.W. 5th St. (à l'angle de High St.) - ✆ 541 507 1234 - www.roux26.com - fermé dim. et lun. - plat 10/18 $.* Occupant le bâtiment d'une ancienne blanchisserie, cet agréable bistrot habillé de bois comprend également un jardin d'hiver. La carte décline un choix de plats italiens ou américains : pizzas, pâtes, hamburgers au bœuf façon Kobe, salades composées, poissons, volailles, et des plats de quinoa et de légumes à base de produits locaux. Des musiciens animent souvent l'endroit en soirée.

### Jacksonville

#### BUDGET MOYEN

**Gogi's** – *235 W. Main St. - ✆ 541 899 8699 - www.gogis.net - dîner seult et brunch le dim. - fermé lun. et mar. - plat 20/29 $.* Le restaurant est installé dans une bâtisse victorienne de la ville. Bouquets de fleurs et nappes en lin créent une certaine intimité, mais l'on viendra surtout pour la carte très bistrot. Ici, tout est fait maison. À tester : la poitrine de porc croustillante et sa polenta ou le jarret d'agneau saisi avec ses haricots de Lima et son pesto d'épinards.

### McMinnvile

#### BUDGET MOYEN

**Nick's Italian Cafe** – *3 N.E. 3rd St. - ✆ 503 434 4471- fermé lun. - pizza 14/16 $, plat 22/26 $.* Une valeur sûre de McMinnville. Les pizzas, généreuses et gourmandes, ne déçoivent pas et les plats sont très bien exécutés, à partir de produits locaux (champignons des bois, agneau de la ferme, fruits de mer de la côte proche), etc. Remarquable carte des vins de la vallée. Service souriant.

### Newberg

#### UNE FOLIE

**The Painted Lady** – *201 S. College St. - ✆ 503 538 3850 - www.thepaintedladyrestaurant.com - dîner seult - fermé lun. et mar. - menu dégustation 85 $.* Ce restaurant installé dans une demeure victorienne est réputé pour la présentation sophistiquée de ses plats, dont tous les ingrédients viennent de l'océan tout proche ou des fermes locales. Au menu, citons les huîtres de la baie de Netarts et leur rémoulade de tomates vertes, le saumon sauvage rôti avec ses champignons et ses petits pois anglais ou encore le filet de porc enrobé de bacon avec sa polenta.

### Salem

#### PREMIER PRIX

**Word of Mouth** – *140 17th St. N.E. - ✆ 503 930 4285 - www.wordofsalem.com - Petit déj. et déjeuner seult - plat 7/15 $.* Tout est fait maison dans ce chaleureux bistrot qui propose des petits-déjeuners et des déjeuners variés. Le matin, on peut déguster une crème brûlée, spécialité de la maison, une omelette ou un hachis, et à midi, les hamburgers, salades et sandwichs. Ne ratez pas la généreuse chaudrée de palourdes servie avec son pain au levain délicatement grillé.

# Côte de l'Oregon

★★★

**Le paysage sauvage et pittoresque de la côte pacifique de l'Oregon – 361 miles de plages et de caps rocheux balayés par les flots – n'est que superficiellement marqué par la civilisation. Même lorsque des villes bordent le rivage, la nature garde l'avantage. La plus grande partie de la forêt intérieure a disparu, mais une frange d'épicéas et de cèdres borde toujours le littoral, formant un élément clé de l'écosystème côtier. Depuis des milliers d'années, ce paysage luxuriant a favorisé la colonisation humaine. Les trésors de la mer et de la forêt, associés au climat tempéré, ont permis à de nombreuses tribus indiennes de fonder des villages. Les premiers colons blancs commencèrent à s'installer dans les années 1840, fondant de petites communautés en bord de mer. Celles-ci sont restées isolées jusqu'à la construction de l'autoroute du littoral dans les années 1930. Aujourd'hui, la côte attire de nombreux touristes qui, à défaut de baignade, viennent admirer la mer et les falaises, observer les oiseaux et les baleines, et se promener sur les plages battues par les déferlantes.**

NOS ADRESSES PAGE 412

### S'INFORMER

*541 574 2679 - www.visittheoregoncoast.com.*

### SE REPÉRER

Carte de région A1-2 (p. 368-369) – *heure du Pacifique.* L'US-101, la principale autoroute qui longe la côte, suit le tracé du littoral à quelques kilomètres du rivage. 234 miles séparent Astoria, au nord, de Coos Bay, au sud.

### À NE PAS MANQUER

Sea Lion Caves ; Cape Perpetua ; Oregon Dunes NRA ; observer les baleines au large.

### ORGANISER SON TEMPS

Les températures sont toujours douces (de 10 à 21 °C en moyenne). Beaucoup considèrent que le mois de septembre est la période idéale pour visiter la côte. En été, le temps est en effet particulièrement imprévisible et l'on passe facilement du soleil au brouillard. La haute saison amène par ailleurs ses flots de touristes et les embouteillages sont nombreux. Deux jours devraient vous suffire pour longer entièrement le littoral.

### AVEC LES ENFANTS

L'Oregon Coast Aquarium et Hatfield Marine Science Center, à Newport.



## Découvrir Carte de région

### ★ Astoria A1

*Au croisement des US-26, US-30 et US-101, à 96 miles au nord-ouest de Portland.*
**Welcome Center** – *111 W. Marine Dr. - 503 325 6311 - www.oldoregon.com et www.travelastoria.com - lun.-vend. 9h-18h.*

Ancien comptoir pour la traite des fourrures fondé en 1811, Astoria a été la première colonie américaine à l'ouest des Rocheuses. Havre prospère à

**L'OBSERVATION DES BALEINES**
Menacées d'extinction par les excès de la chasse au 19e s., plus de 18 000 baleines grises longent aujourd'hui le littoral de l'Oregon en hiver et au printemps, lors de leur migration de 10 000 km entre mer de Béring et Mexique. Dans les grandes villes de la côte, les agences de tourisme organisent des excursions pour les observer de plus près. Lorsque la mer est calme, les curieux peuvent voir, depuis les nombreux promontoires, l'eau projetée à 4 m de haut par les baleines qui font surface. À la période de Noël et fin mars, des dizaines de milliers de *whale watchers* sillonnent la côte, à la recherche des meilleurs points d'observation. Lorsque les baleines sont assez nombreuses, on peut en effet les observer depuis le rivage.

l'embouchure de la Columbia dans les années 1850, il reste un port actif d'environ 9 500 habitants, malgré le déclin progressif de l'industrie locale reposant sur la pêche au saumon et sur le bois. Avec ses rues escarpées, ses maisons victoriennes colorées s'étageant à flanc de colline, son immense pont enjambant l'estuaire du fleuve et sa douceur de vivre, Astoria a souvent été surnommée « le petit San Francisco ».

★★ **Columbia River Maritime Museum** – *1792 Marine Dr. - ✆ 503 325 2323 - www.crmm.org - 9h30-17h - 12 $.* Ce musée passionnant illustre la longue tradition maritime de la région, depuis les canoës amérindiens jusqu'aux gardes-côtes et sauveteurs intrépides qui surveillent la redoutable embouchure du fleuve Columbia. Celle-ci est en effet parsemée de centaines d'épaves en raison d'un mascaret ravageur, dont les vagues monstrueuses peuvent atteindre jusqu'à 12 m de hauteur durant les tempêtes.

Le musée est situé sur le **Riverwalk**★, un agréable sentier qui longe la rive du fleuve sur plus de 6 miles et que l'on parcourt à pied, à vélo ou à bord du petit train **Astoria Riverfront Trolley** *(50 mn AR - dép. ttes les heures - 1 $).*

Au sud, la **colonne d'Astoria** *(www.astoriacolumn.org)*, élevée en 1926, se dresse au sommet d'une colline de 182 m. Semblable à la colonne Trajane de Rome, elle est ouverte au public. On peut gravir les 164 marches qui mènent au sommet pour profiter de la vue sur l'océan et, à l'ouest, sur le pont **Astoria-Megler Bridge**, le plus grand pont à treillis du monde.

Pour les férus d'histoire, la Clatsop County Historical Society *(✆ 503 325 2203 - www.cumtux.org)* propose de visiter la **Flavel House** *(441 8th St. - 10h-17h - 6 $)*, une demeure de style Queen Anne (1886) dont le mobilier est d'époque, tandis que le **Heritage Museum**, abrité dans l'ancienne mairie *(à l'angle de 16th St. et Exchange St. - 10h-17h - 4 $)*, vous fera découvrir sa collection de paniers indiens ou sa reconstruction partielle d'un saloon à l'ancienne.

★★ **Fort Clatsop National Memorial** – *92343 Fort Clatsop Rd (à 6 miles au sud-ouest de l'US-101) - ✆ 503 861 2471 - www.nps.gov/lewi - de mi-juin à déb. sept. : 9h-18h ; le reste de l'année : 9h-17h - 3 $.* Le fort a été édifié sur le site où l'expédition de Lewis et Clark passa l'hiver 1805-1806 *(voir encadré p. 358)*. C'est une réplique du camp original. Les odeurs de viande fumée, de fourrures séchées et de bois humide évoquent concrètement cette grande aventure.

En 1805, le président Thomas Jefferson envoya William Clark et Meriwether Lewis explorer les terres fraîchement acquises suite à l'achat de la Louisiane. Près du site où se trouve aujourd'hui Astoria, ils établirent un camp rustique, Fort Clatsop, du nom d'une tribu indienne locale. Malgré un hiver « humide, froid et désagréable », ils décrivirent la côte du Pacifique comme étant « le

Ecola State Park.
*C. Haney/Danita Delimont Agency/age fotostock*

plus formidable, le plus plaisant des espoirs ». Ne manquez pas le film « Conte d'hiver de Clatsop » *(12mn)* et les objets exposés, dont un mousquet de 1795, un carquois en peau d'ours et des reproductions des pages du journal tenu par les explorateurs.

### ★ Cannon Beach A1

*Sur l'US-101, à 22 miles au sud d'Astoria et 80 miles à l'ouest de Portland.*

**Chamber of Commerce** – *207 N. Spruce St. - ℘ 503 436 2623 - www.cannonbeach.org.*

Ce village de 1 691 habitants doit son charme à la courbe gracieuse de sa longue plage de sable fin. Il a attiré une colonie d'artistes, qui à leur tour attirent les voyageurs aisés. **Haystack Rock,** colossal pinacle de basalte taillé par l'érosion, domine l'eau de 70 m et sert de refuge à de nombreux oiseaux marins.

★★ **Ecola State Park** – *US-101 (à 2 miles au nord de Cannon Beach) - ℘ 503 436 2844 - www.oregonstateparks.org - 5 $/voiture.* Ce parc offre un point de vue embrassant 9 miles de forêt luxuriante et de littoral décrits par Lewis et Clark. Les sentiers de randonnée, dont nombre traversent de denses forêts, incluent une portion de près de 8 miles de l'**Oregon Coast Trail**. La plage d'Indian Beach est le point de départ d'un sentier de découverte *(1 mile)*. Le parc est prisé pour ses aires d'observation des baleines, pour la pratique du surf et celle du « **beachcombing** », activité consistant à ratisser le sable pour y dénicher des objets de valeur.

### ★ Oswald West State Park A1

*Sur l'US-101, à 10 miles au sud de Cannon Beach.*

*℘ 541 888 8867 - www.oregonstateparks.org.*

Ce parc est l'un de ceux qui possèdent les plus belles vues de l'État. Les sentiers de randonnée, parmi lesquels une portion de 14 miles de l'**Oregon Coast Trail**, sillonnent de magnifiques forêts primaires ou grimpent au sommet des promontoires côtiers.

À l'écart, la plage de **Short Sands Beach**, dominée par les falaises de Smugglers Cove (crique des contrebandiers), est appréciée des surfers et des amateurs de kayak.

## ★ Tillamook A1

*Sur l'US-101, à 41 miles au sud de Cannon Beach.*

**Chamber of Commerce** – *3705 US-101 - ✆ 503 842 7525 - www.gotillamook.com.*

Située à l'intérieur des terres agricoles, cette municipalité de 5 000 habitants fédère un réseau de fermes laitières qui alimentent une célèbre fromagerie.

**Tillamook Cheese Factory** – *4175 N. Hwy 101 (à 2 miles au nord de la ville) - ✆ 503 815 1300 - www.tillamook.com - 8h-18h (20h en été) - gratuit.* La plus grande fabrique de fromage (cheddar) du Nord-Ouest américain accueille plus d'un million de visiteurs par an. Elle produit près de 80 t de fromage par jour, gardé en affinage entre deux mois et trois ans. La visite permet de découvrir le processus de fabrication et de conditionnement et s'achève par une dégustation de fromages *(gratuite)* et de crèmes glacées *(payante)*, notamment d'une excellente glace à la noisette et au caramel salé.

**Tillamook Air Museum** – *6030 Hangar Rd,- ✆ 503 842 1130 - www.tillamookair.com - 9h-17h - 5 $.* Au sud de la ville, un immense hangar qui servait à fabriquer des ballons dirigeables durant la Seconde Guerre mondiale abrite ce musée de l'air. On y découvrira plus de 30 modèles d'avions militaires restaurés. Les objets liés à l'aviation et le café années 1950 évoquent l'époque de la guerre.

## ★★ Three Capes Scenic Drive A1

*Route de 40 miles reliant Tillamook à Pacific City, à l'ouest de l'US-101, 63 miles au sud d'Astoria. De Tillamook, prenez 3rd St. W. et suivez les panneaux indicatifs.*

Cette très jolie route longe des exploitations laitières, des baies où plongent les pélicans, la forêt côtière, des hameaux en bord de mer et des dunes de sable fin. Les parcs d'État établis sur les promontoires de Cape Meares, Cape Lookout et Cape Kiwanda, offrent de beaux panoramas sur le Pacifique.

Si vous disposez de peu de temps, vous pouvez vous rendre directement à Cape Meares. Un phare de 1890, au sommet de la falaise, domine les vagues du Pacifique qui viennent s'écraser sur les rochers noirs.

## ★ Newport A2

*Sur l'US-101, à 136 miles au sud d'Astoria et 88 miles à l'ouest de Salem.*

**Chamber of Commerce** – *555 S.W. Coast Highway - ✆ 541 265 8801 - www.newportchamber.org - lun.-vend. 8h30-17h.*

À la différence de ses voisines, cette petite ville de 10 117 habitants allie le tourisme et son économie traditionnelle : agriculture, pêche et exploitation forestière. Le long de son front de mer pittoresque s'alignent bateaux de pêche industrielle, galeries d'art et boutiques de bibelots.

★★ **Oregon Coast Aquarium** – *2820 S.E. Ferry Slip Rd (400 m à l'est de l'US-101) - ✆ 541 867 3474 - www.aquarium.org - 9h-17h (18h en été) - 19,95 $ (moins de 12 ans 12,95 $).* De l'autre côté du pont de Yaquina Bay, cet excellent aquarium, qui fut jusqu'en 1998 la demeure de l'orque Keiko, vedette du célèbre film *Sauvez Willy*, constitue l'une des principales attractions de la côte. Les quelque 250 espèces marines qu'il présente, originaires pour la plupart de la côte de l'Oregon, offrent un fascinant aperçu de la vie marine et intertidale du Pacifique Nord. Les très courus **Passages of the Deep** permettent aux visiteurs de traverser un tunnel de verre sous-marin de plus de 60 m et d'y observer plusieurs espèces de requins. Ne manquez pas non plus la **volière**

**d'oiseaux marins**, avec ses macareux rhinocéros et ses macareux huppés. La partie dédiée aux mammifères rassemble lions de mer, phoques et loutres de mer. L'aquarium compte également un laboratoire et une salle de cinéma.
★ **Hatfield Marine Science Center** – *2030 S. Marine Science Dr. - ✆ 541 867 0100 - www.hmsc.oregonstate.edu - de fin mai à déb. sept. : 10h-17h ; le reste de l'année : jeu.-lun. 10h-16h - 5 $.* À 400 m au nord de l'aquarium, ce centre universitaire réputé pour la recherche marine abrite un éventail d'expositions interactives fondées sur l'océanographie et les sciences de la mer. Une pieuvre géante accueille les visiteurs dans le hall où sont présentés des aquariums de poissons colorés, des bassins où les enfants peuvent toucher du doigt les animaux marins, et plusieurs installations abordant des sujets tels que les tsunamis, l'érosion et le réchauffement climatique.
★★ **Yaquina Head Outstanding Natural Area** – *750 N.W. Lighthouse Dr. (à 4 miles au nord de la ville par l'US-101) - ✆ 541 574 3100 - www.blm.gov/0c5c - centre d'interprétation ouv. juin-août : 10h-18h ; sept. : 10h-17h ; oct.-mai : 10h-16h30 - 5 $.* Ce parc protège une ancienne coulée de lave qui s'avance dans le Pacifique. Autour des falaises campent des colonies de mouettes, cormorans, macareux, macreuses et guillemots. Un centre éducatif y propose des expositions de qualité sur l'histoire naturelle et l'occupation humaine du promontoire. Dominant le cap, le **Yaquina Head Lighthouse**★ (1873) est, avec ses 28 m, le phare en activité le plus haut de l'Oregon (à ne pas confondre avec le Yaquina Bay Lighthouse situé plus au sud). Pour obtenir une vue fantastique sur l'océan, gravissez ses 110 marches. À marée basse se forment sur la plage rocheuse d'intéressantes bassines où l'on peut observer la vie de l'estran (oursins, crabes, anémones et étoiles de mer).

## ★ Yachats A2

*Sur l'US-101, à 24 miles au sud de Newport et 88 miles à l'ouest d'Eugene.*
**Chamber of Commerce** – *✆ 541 547 3530 - www.yachats.org.*
Le village de Yachats repose sur un terrain plat en bord de mer, bordé de hautes collines et de promontoires imposants. Il permet l'accès à **Cape Perpetua Scenic Area**★★ *(US-101, à 3 miles au sud de Yachats - ✆ 541 547 3289 - www.fs.usda.gov - 5 $ par voiture)*, 1 100 ha d'une magnifique forêt côtière et de littoral déchiqueté. Ces caps spectaculaires font partie des plus belles vues de la côte. Les sentiers qui traversent des forêts d'épicéas sculptés par les vents mènent à une côte volcanique torturée où se concentrent les forces des vagues. **Spouting Horn** et **Devils Churn**, accessibles par des sentiers, offrent un magnifique spectacle à marée haute. À maré basse, des bassines ouvrent une fenêtre sur le monde minuscule des anémones et des étoiles de mer.
À 13 miles au sud de Yachats s'élève le **Heceta Head Lighthouse**★, le phare le plus photographié de tout l'Oregon. D'un blanc éclatant, il trône sur un promontoire rocheux à 65 m au-dessus du Pacifique. La maison du gardien abrite désormais un gîte *(voir « Nos adresses », p. 414)*.

## ★★ Sea Lion Caves A2

*À Florence, à 15 miles au sud de Yachats.*
*91560 US-101 N. - ✆ 541 547 3111 - www.sealioncaves.com - 9h-17h - 14 $ (moins de 16 ans 8 $).*
À 10 miles au nord de Florence, ces grottes naturelles à flanc de falaise – les plus grandes grottes marines du pays –, sont peuplées d'otaries à l'odeur forte et aux rugissements vigoureux. Les otaries de Californie et les lions de mer de Steller qui s'y rassemblent en grand nombre, parfois jusqu'à 1 000 à la fois, se prélassent ou se chamaillent bruyamment pour une place sur les rochers. Les mâles peuvent peser plus d'une tonne pour une longueur de 3 m

et vivre une cinquantaine d'années. On accède aux cavernes par un passage souterrain situé au niveau de la mer, après être descendu par un ascenseur de 63 m percé dans la falaise. Au retour, passage obligé par une boutique de cadeaux souvenirs.

### ★★ Oregon Dunes National Recreation Area A2

*Au sud de Florence, le long du littoral, jusqu'à Coos Bay.*
*541 271 3611 - www.fs.usda.gov/goto/siuslaw/dunes.*
Cette bande côtière de 38,5 miles de dunes, dont certaines atteignent 60 m de hauteur, laisse une impression inoubliable. Grâce à un grand nombre de sentiers, de points de vue et de routes, les visiteurs peuvent explorer un écosystème varié mêlant sable, marais, estuaires, plages et îles boisées.
Au **Sand Master Park** *(5351 US-101, à la sortie nord de Florence - 541 997 6006 - www.sandmasterpark.com - été : 9h-19h ; le reste de l'année : 10h-17h, dim. 12h-17h)*, les amateurs de sensations fortes pourront s'essayer au surf des sables *(sandboarding)* ou à des balades en buggy dans les dunes.
À l'**Oregon Dunes Visitor Center** *(855 US-101, à l'extrémité nord de Reedsport - lun.-vend. et le sam. en été 8h-16h30)*, situé à équidistance de Florence et Coos Bay, des *rangers* conseillent aux touristes les chemins à suivre.
Dans la **Siltcoos Recreation Area★** *(Siltcoos Beach Rd par l'US-101, 7 miles au sud de Florence)*, on peut longer sur 1 mile un ponton encerclant une lagune où le coassement des grenouilles fait écho aux appels des canards huppés.
Une randonnée sur le **Umpqua Scenic Dunes Trail★★** *(US-101, 11 miles au sud de Reedsport)* traverse 0,5 mile de forêt, puis escalade les plus hautes dunes de la région, pour atteindre un splendide point de vue sur les collines de sable, la plage et l'océan.

### Coos Bay A2

*Sur l'US-101, à 234 miles au sud d'Astoria et 109 miles au sud-ouest d'Eugene.*
**Visitor Center** – *50 Central Ave. - 541 269 0215 - www.oregonsbayarea.org et www.coosbay.org - lun.-vend. 9h-17h, sam. 11h-15h, dim. (en été) 10h-14h.*
Le plus grand port naturel entre le Puget Sound et la baie de San Francisco s'est spécialisé au 20e s. dans l'exportation du bois. Cet estuaire très profond, autrefois territoire des Indiens Coos, a attiré les colons européens dans les années 1850. Aujourd'hui, les villes limitrophes de Coos Bay et North Bend forment la première agglomération de la côte de l'Oregon.
★ **Cape Arago State Park** – *Cape Arago Hwy (à 14,5 miles au sud-ouest de Coos Bay) - 541 888 3778 - www.oregonstateparks.org - de l'aube au crépuscule.*
De Coos Bay, la Cape Arago Highway longe le littoral, ses plages et falaises tourmentées où deferlent les vagues, et mènent au **Arago Cape Lighthouse**, très photogénique au couchant. Du haut de ses falaises de 45 m, on peut observer oiseaux marins, baleines, phoques et lions de mer.

## NOS ADRESSES SUR LA CÔTE DE L'OREGON

### HÉBERGEMENT

#### Astoria

BUDGET MOYEN

**Clementine's B&B** – *1847 Exchange St. - 503 325 2005 - www.clementines-bb.com - 8 ch. 110/160 $*. C'est, comme dans la chanson, une maison bleue adossée à la colline… une jolie bâtisse victorienne (1888) située près de la Flavel House. La charmante propriétaire, Judith, entretient un jardin aussi fleuri que le papier peint des chambres et donne des cours de cuisine à ses hôtes. Du mobilier ancien décore la maison et les chambres. Les copieux petits-déjeuners sont un pur bonheur.

**POUR SE FAIRE PLAISIR**

**Cannery Pier Hotel** – *10 Basin St. - ✆ 503 325 4996 ou 888 325 4996 - www.cannerypierhotel.com - 46 ch. 279 $, suites 325/350 $* ☕. Occupant l'ancien site d'Union Fish Cannery, cet hôtel moderne est bâti sur les bords du fleuve Columbia. Les photographies d'époque et les bateaux passant tout près contribuent à son atmosphère si particulière. Les chambres, aux couleurs taupe, possèdent des balcons. La ville était anciennement peuplée de Finlandais et le petit-déjeuner inclut des spécialités finlandaises. De la même façon, le Spa comprend un sauna finlandais.

### Cannon Beach

**POUR SE FAIRE PLAISIR**

**The Ocean Lodge** – *2864 S. Pacific St. - ✆ 503 436 2241 - www.theoceanlodge.com - 45 ch. 199/339 $* ☕. En bord de mer, avec vue sur Haystack Rock, ce *lodge* est un havre de paix. Une double-cheminée et des poutres en pin douglas décorent le hall. Les chambres possèdent des garnitures en pin et offrent toutes une belle vue sur l'océan.

**Surfsand Resort** – *148 W. Grower - ✆ 503 436 2274 ou 800 547 6100 - www.surfsand.com* - 🏊 - *97 ch. 250/450 $*. Près de la plage, avec une vue sur le Haystack Rock, cet établissement moderne et stylé est idéal pour une escapade romantique. Ses quatre bâtiments abritent des chambres et des suites avec ou sans vue, terrasse ou balcon. Toutes sont dotées d'aménagements luxueux, de cheminées au gaz et de lecteurs de DVD. Piscine chauffée, Jacuzzi, sauna, salle de fitness et un bon restaurant agrémentent le séjour.

**UNE FOLIE**

**Stephanie Inn** – *2740 S. Pacific Hwy - ✆ 503 436 2221 ou 800 633 3466 - www.stephanie-inn.com - 50 ch. 429/559 $*. Sur son site isolé en bord de plage, le Stephanie s'intègre bien au paysage avec son architecture mêlant poutres en bois et pierre locale. Toutes ses fenêtres ouvrent sur la mer ou sur la montagne. Son porche donne directement sur la plage.

### Gold Beach

**UNE FOLIE**

**Tu Tu Tun Lodge** – *96550 N. Bank Rogue - ✆ 541 247 6664 ou 800 864 6357 - www.tututun.com - 18 ch. 270/385 $*. Les balcons des chambres permettent d'observer le tumulte de la rivière Rogue et les cerfs de la région. Le lieu est suffisamment petit pour que les hôtes fassent connaissance le soir autour d'un verre de vin. La clientèle d'habitués apprécie ses chambres calmes et spacieuses. Certaines sont équipées d'un Jacuzzi en plein air. Le restaurant, ouvert de mai à octobre, propose des spécialités locales telles qu'esturgeon grillé et champignons sauvages.

### Newport

**BUDGET MOYEN**

**Sylvia Beach Hotel** – *267 N.W. Cliff St. - ✆ 541 265 5428 - www.sylviabeachhotel.com - 115/220 $*. Accrochée à la colline au bord d'une belle plage, cette maison victorienne abrite un hôtel excentrique entièrement dédié aux amateurs de livres. Ses chambres, qui portent des noms d'écrivains, sont décorées afin d'évoquer l'esprit et le travail des auteurs, comme Jules Verne, Colette, Agatha Christie, Mark

Twain, Emily Dickinson ou Herman Melville. Les livres sont nombreux dans la grande bibliothèque du salon de lecture *(au 3e étage)* et la télévision, le téléphone et la radio sont bannis afin de ne pas troubler la sérénité des lieux. Le restaurant, **Tables of Content**, met à l'honneur les huîtres fraîches qui font la renommée de Newport.

**Shilo Inn Suites Oceanfront** – *536 S.W. Elizabeth St. - ✆ 541 265 7701 - www.shiloinns.com. - 🏊 - 179 ch. 129/169 $.* Édifié sur une colline face à la mer et une immense plage, l'hôtel invite à se relaxer en contemplant le flux et le reflux des vagues. Les chambres, d'un confort simple mais grandes et bien équipées, n'ont rien d'extraordinaire sinon une vue fantastique. L'hôtel possède une piscine chauffée et un restaurant.

### Yachats

#### POUR SE FAIRE PLAISIR

**Overleaf Lodge & Spa** – *280 Overleaf Lodge Lane - ✆ 541 547 4880 ou 800 338 0507 - www.overleaflodge.com - 54 ch. 200/290 $, suites 300/500 $ ☕.* Les vagues viennent se fracasser sur la côte rocheuse devant l'hôtel. Confortables et décorées simplement, les chambres sont dans les tons ivoire et les dessus-de-lit colorés. Celles du rez-de-chaussée possèdent une terrasse. Le Spa propose des soins d'hydrothérapie.

**Heceta Head Lighthouse** – *292072 US-101 S. (à 7 miles au sud de Yachats) - ✆ 866 547 3696 - www.hecetalighthouse.com - 6 ch. 209/315 $ ☕.* Magnifiquement entretenue depuis 1894, la maison du gardien du phare accueille un B&B de charme décoré de mobilier ancien. Le soir, après une promenade à pied, on se réchauffe autour du feu de cheminée, dans le salon. Certaines chambres, comme la Lighthouse Keeper, ont une vue imprenable sur l'océan agité et le phare. Petit-déjeuner succulent et varié (omelette, salade de fruits, saumon fumé) et excellent accueil. Le prix est toutefois trop élevé pour le standing des lieux, surtout pour les deux chambres qui partagent leur salle de bains.

## RESTAURATION

### Astoria

#### BUDGET MOYEN

**Baked Alaska** – *1st 12th St. (Pier 12, sur le Riverwalk) - ✆ 503 325 7414 - www.bakedak.com - plat 10/30 $, menu dégustation le soir à 45 $.* La salle de ce restaurant sur pilotis profite d'une vue superbe sur l'embouchure du fleuve Columbia. Le chef concocte une cuisine du Nord-Ouest savoureuse, à base de produits frais de qualité, de poissons et fruits de mer. Le saumon, accompagné de petits légumes croquants, fond dans la bouche. La carte inclut aussi un large choix de pizzas, salades et sandwichs et des petites assiettes de fromage et charcuterie, de confit d'oie ou de ragoût de champignons.

#### POUR SE FAIRE PLAISIR

**Bridgewater Bistro** – *120 Basin St. (sur le front de mer, près du pont) - ✆ 503 325 6777 - www.bridgewaterbistro.com - plat 12/30 $. Réservation conseillée.* Sans aucun doute la meilleure table d'Astoria. Sa belle et vaste salle (un ancien hangar à bateaux), haute de plafond, ouvre sur la mer par de grandes baies vitrées. Elle est souvent égayée d'un feu de cheminée et par des musiciens le soir. Cuisine de la mer de haute volée, avec des cuissons et des assaisonnements parfaitement maîtrisés, service impeccable. Le saumon sauvage ou le thon mi-cuit au poivre figurent parmi les spécialités, de même que le magret de canard en croûte d'épices.

**Silver Salmon Grille** – *1105 Commercial St. - ✆ 503 338 6640 - www.silversalmongrille.com - plat 18/49 $.* La salle aux lumières tamisées abrite un superbe comptoir en bois de cerisier et de larges fresques murales de bancs de saumons, le poisson roi du lieu, cuisiné de multiples manières. Au menu figurent aussi crevettes, huîtres, palourdes, calamars, flétan, crabe dormeur, ainsi que des viandes, *burgers*, pâtes et salades. Le menu déjeuner affiche des prix plus légers.

## Cannon Beach

### BUDGET MOYEN

**Dooger's Seafood & Grill** – *505 Broadway St., Seaside (à 9 miles au nord de Cannon Beach) - ✆ 503 738 3773 - www.doogersseafood.com - plat 6/31 $.* Au cœur d'une station balnéaire très touristique, une adresse appréciée des locaux pour ses succulentes chaudrées de palourdes, mais aussi ses huîtres, calamars frits, gâteaux au crabe, *fish & chips*, coquilles Saint-Jacques, filets de flétan et autres spécialités de la côte de l'Oregon. Les portions sont généreuses et le service rapide.

### UNE FOLIE

**Stephanie Inn Restaurant** – *2740 S. Pacific St. - ✆ 503 436 2221 - www.stephanie-inn.com - dîner seult - menu 69 $. Réservation conseillée.* Avec ses chaises à dossier haut rembourrées et ses stores romains, le Stephanie possède un air européen assez formel. Pourtant, la nourriture servie y est d'une grande simplicité. Le chef prépare tous les soirs un menu de quatre plats à prix fixe avec de nombreuses options. On se laissera tenter par un risotto aux champignons, des cakes au crabe dormeur ou le gâteau au chocolat. La salle ne donne pas sur l'océan, mais la jolie cheminée compense largement ce manque.

## Newport

### BUDGET MOYEN

**Ocean Bleu at Gino's** – *808 S.W. Bay Blvd - ✆ 541 265 2424 - www.oceanbleuseafoods.com - plat 10/25 $.* La devanture décorée de filets et flotteurs de pêche donne le ton de ce restaurant de poissons et fruits de mer sans prétention, où l'on se rassasie de chaudrées de palourdes, *fish & chips* de flétan ou de saumon, filets de cabillaud à la poêle, huîtres, moules et pâtes aux crevettes. C'est bon et frais, les prix sont honnêtes et l'on est reçu en général avec le sourire, malgré la foule des touristes.

### POUR SE FAIRE PLAISIR

**Saffron Salmon** – *859 S.W. Bay Blvd - ✆ 541 265 8921 - www.saffronsalmon.com - fermé merc. - plat 13/27 $. Réservation conseillée.* Au bout du premier ponton, à l'entrée du front de mer, ce restaurant de poissons et fruits de mer sert d'excellents plats. Blanquette de poissons et fruits de mer, filet de saumon au beurre de safran, gâteau au crabe et à la crevette, *fish & chips* de cabillaud, pâtes et risottos : tout est frais, parfaitement préparé et savoureux. Ambiance agréable, chic et sans prétention, et service souriant.

**Local Ocean Seafood** – *213 S.W. Bay Blvd - ✆ 541 574 7959 - www.localocean.net - plat 16/28 $.* Réservation conseillée.

On ne trouve pas de poisson plus frais qu'au Local Ocean, qui est à la fois un marché et un café. Situé sur l'eau, dans le charmant quartier de Bayfront, derrière le pont de Yaquina Bay, le restaurant possède de grandes portes en verre qui laissent voir les bateaux des pêcheurs au loin dans le port. On y déguste une variété de petits plats en entrée, telles que les moules Totten Inlet, les palourdes ou les huîtres cuites à la poêle avant le plat principal de saumon ou de flétan délicieusement grillés.

### Pacific City

#### BUDGET MOYEN

**The Pelican Pub and Brewery** – *33180 Cape Kiwanda Dr. - ✆ 503 965 7007 - www.yourlittlebeachtown.com - plat 6/24 $.* Passé maître dans l'art d'associer les mets et les bières artisanales, cette brasserie très conviviale avec sa terrasse ouvrant sur une plage fréquentée par les surfers propose chaudrées de palourdes, fricassées de champignons sauvages, huîtres frites, burgers, pizzas, *fish & chips* et saumon en croûte de malt. Adresse très fréquentée en été, prévoyez de l'attente le soir.

## ACTIVITÉS

### Sorties en bateau

**Columbia River Eco Tours** – *W. Mooring Basin Slip D-5, Astoria - ✆ 503 468 9197 - www.columbiariverecotours.com.* Embarquement conseillé pour explorer l'estuaire du fleuve et sa vie sauvage *(125 $ les 3h).*

**Newport Tradewinds** – *653 S.W. Bay Blvd, Newport - ✆ 541 265 2101 - www.newporttradewinds.com.* Organise des sorties en mer pour la pêche au thon, saumon ou flétan, ou pour observer des cétacés au printemps et à l'automne *(28 $ pour 1h30).*

### Surf

**Oregon Surf Adventures** – *1116 S. Roosevelt Dr., Seaside (à 9 miles au nord de Cannon Beach) - ✆ 503 436 1481 - www.oregonsurfadventures.com.* Propose des leçons *(99 $ les 3h)* ou de la location de matériel.

### Golf

**Bandon Dunes Golf Resort** – *57744 Round Lake Drive, Bandon (à 20 miles au sud de Coos Bay) - ✆ 541 347 4380 - www.bandondunesgolf.com.* Ce complexe de 4 golfs mythiques conçu dans l'esprit des plus beaux greens écossais est exclusif.

# Centre et est de l'Oregon

★

**La dorsale des Cascades divise l'Oregon en deux régions très contrastées : le versant ouest verdoyant, avec ses fermes, ses vergers et sa forêt pluviale, et le versant est, plus élevé, plus ouvert, plus sec et moins peuplé. C'est un pays de larges vallées herbues, montagnes boisées, profonds canyons, badlands et hauteurs désertiques. Bousculée par les forces tectoniques, recouverte par les coulées de lave et les dépôts de cendres, cette région née de cataclysmes volcaniques a été modelée par l'érosion.**

NOS ADRESSES PAGE 425

### S'INFORMER

**Central Oregon Visitors Association** – *541 389 8799 - www.visitcentraloregon.com.*

**Eastern Oregon Visitors Association** – *541 523 9200 - www.visiteasternoregon.com.*

### SE REPÉRER

Carte de région BCD1-2-3 (p. 368-369) – *heure du Pacifique*. Bend, capitale commerciale et première destination touristique du centre de l'Oregon, sert de base pour visiter la région. Les attractions plus à l'est peuvent être visitées à partir de Pendleton.

### À NE PAS MANQUER

Le High Desert Museum et les Painted Hills du John Day Fossil Beds National Monument.

### ORGANISER SON TEMPS

La fin du printemps et le début de l'automne sont des périodes idéales pour visiter la région, car les températures n'y sont pas trop élevées. Mont Bachelor attire cependant nombre de skieurs en hiver. La température moyenne en juillet à Bend est de près de 28 °C, mais il n'est pas rare d'atteindre 32, voire 37 °C en été. Prévoyez deux ou trois jours dans la région.

### AVEC LES ENFANTS

High Desert Museum, à Bend ; Lava River Cave et Museum, à Warm Springs.

### UN PEU D'HISTOIRE

En route pour la vallée fertile de la Willamette, les premiers pionniers blancs passèrent sans s'arrêter dans la partie centrale et orientale de l'Oregon, depuis longtemps territoire amérindien. Mais les suivants trouvèrent que la région convenait parfaitement pour l'élevage et l'exploitation minière. Les ressources naturelles alimentaient l'économie, mais la population resta faible jusqu'aux années 1960-1970, quand l'industrie touristique se développa avec les loisirs de plein air. À la pêche et la chasse s'ajoutèrent, entre autres, le ski, le VTT et le rafting, de plus en plus appréciés des citadins fuyant les grandes villes pour un style de vie plus décontracté.

# Découvrir Carte de région

## LE CENTRE DE L'OREGON

### ★ Bend B2

*Au croisement de l'US 20 et de l'US-97, à 163 miles au sud-est de Portland.*

**Visitor Center** – *750 N.W. Lava Rd (à l'angle d'Oregon Ave.) - ☏ 541 382 8048 ou 877 382 8048 - www.visitbend.com - lun.-vend. 9h-17h, sam. (et dim. en été) 10h-16h.*

Capitale touristique du centre de l'Oregon, cette ville de 81 236 habitants, la plus grande de l'État à l'est des Cascades, occupe un site magnifique sur les rives de la Deschutes. Vers l'ouest, les Three Sisters et d'autres cimes enneigées composent une toile de fond spectaculaire. Dans le centre-ville, restaurants, cafés, galeries et magasins d'antiquités animent les bâtiments du début du 20e s.

Le **Mont Bachelor** s'élève à 19 miles à l'ouest et les nombreuses attractions du **Newberry National Volcanic Monument** se trouvent à 9 miles au sud de la ville. Prisée des amateurs de loisirs de plein air, la ville sert d'arrière-base à ceux qui viennent faire du ski, de la randonnée, du rafting, du VTT et autres activités sportives de pleine nature. Bend est également l'épicentre d'une région parsemée de **terrains de golf** : on en dénombre plus de 25 dans le centre de l'Oregon. Bend possède enfin près de 49 miles de pistes et de sentiers, dont le très prisé **Deschutes River Trail★** *(13 miles de Bend à Sunriver, niveau facile, très faible dénivelé - plan détaillé sur www.bendparksandrec.org)* que l'on peut parcourir à pied ou VTT.

La ville, qui possède nombre de galeries, est également appréciée des artistes, dont beaucoup résident dans le quartier historique de **Old Mill District**, une enclave entièrement rénovée de boutiques et de restaurants située le long de la rivière et qui offre des vues splendides sur le mont Bachelor. Sur l'autre rive, le **Les Schwab Amphitheater** est un lieu de concerts en été. De nombreux parcs dans la ville jalonnent la route vers Deschutes, notamment **Riverfront Park** et ses pelouses luxuriantes.

Bend est une des rares villes à posséder dans son enceinte un cône de cendres volcaniques, **Pilot Butte**, duquel on profite de vues magnifiques sur les pics des Cascades. Pour se renseigner sur l'histoire de cette ville florissante, visitez le **Deschutes Historical Museum** *(129 N.W. Idaho Ave. - ☏ 541 389 1813 - www.deschuteshistory.org - mar.-sam. 10h-16h30 - 5 $).*

### ★★ Cascade Lakes Scenic Byway B2

*Route forestière 46. De Bend, prenez Century Dr. en direction du sud-ouest et faites 4 miles jusqu'à l'intersection avec Bachelor View Dr.*

*☏ 541 382 8048 - www.visitbend.com ou www.byways.org.*

Serpentant à travers les Cascades à l'ouest de Bend, cette route historique de 66 miles traverse un paysage volcanique jalonné de quatorze lacs alpins. Lorsque l'eau est calme, nombre de ces lacs reflètent le mont Bachelor, Broken Top et les montagnes Three Sisters. Les forêts de pins alentour sont prisées des randonneurs en été et le lac attire pêcheurs et plaisanciers.

★ **Mount Bachelor** – *à 22 miles à l'ouest de Bend - ☏ 541 382 2442 - www.mtbachelor.com - forfait ski à la journée 76 $.* Des 2 763 m du Mount Bachelor, la **vue★★★** est à couper le souffle. La **station de ski** passe pour être la meilleure du Nord-Ouest Pacifique. Un télésiège dessert le sommet toute l'année. De novembre à mai, la montagne attire skieurs, surfers des neiges et amateurs de randonnées en raquettes. Son réseau de dix remontées mécaniques (dont

Lac dans les environs de Bend.
*Spaces Images/Blend Images/Photononstop*

sept rapides) donne accès à 1 500 m² de pistes. La station a fourni de nombreux efforts pour attirer les skieurs et surfeurs *freestyle* avec un *half-pipe* olympique. Durant l'été, des kilomètres de chemins de randonnée et de VTT permettent de découvrir les hauteurs.

### ★★ High Desert Museum B2

*Sur l'US-97, à 8 miles au sud de Bend.*
*59800 S. US-97 - ✆ 541 382 4754 - www.highdesertmuseum.org - mai-oct. : 9h-17h ; nov.-avr. : 10h-16h - 15 $ (moins de 12 ans 9 $).*

Niché dans une forêt de conifères, ce splendide ensemble regroupe un petit zoo et un musée consacré à l'histoire, à la culture et aux arts de la région. Plusieurs dioramas grandeur nature et des effets sonores racontent la vie haute en couleur des premiers habitants de la région. Un *desertarium* met en valeur les écosystèmes de ce plateau aride. À l'extérieur, des sentiers de promenade font découvrir la faune locale dans son habitat naturel, notamment les loutres et les oiseaux de proie. Une scierie et un ranch d'époque servent de décor pour des reconstitutions historiques de la vie des travailleurs au début du 20e s. Différentes animations pédagogiques ont lieu au cours de la journée en été : renseignez-vous auprès des *rangers* à l'accueil.

### ★★ Newberry National Volcanic Monument B2

*À 16 miles au sud de Bend par l'US-97 (sortie 143).*
*✆ 541 593 2421 - www.fs.fed.us/r6 - 5 $ par véhicule.*

S'étendant depuis la Deschutes River, à 24 miles au sud-est du sommet de Paulina Peak (2 434 m), ce parc de 22 000 ha englobe des cavernes et des tunnels de lave, des cônes de pierre ponce et de cendres, des champs d'obsidienne, des sites archéologiques, et deux magnifiques lacs de cratère. L'impressionnant paysage a été formé par l'accumulation de coulées de lave boursouflées et déchiquetées. L'éruption la plus récente du volcan de Newberry s'est produite il y a seulement 1 300 ans, et des sources chaudes continuent de bouillonner sous la surface des lacs.

★★ **Lava Lands Visitor Center** – *58201 S. US-97 - juin-août : 9h-17h ; mai et sept. : jeu.-lun. 9h-17h - fermé oct.-avr.* Vous y découvrirez le fonctionnement des forces volcaniques et leur impact sur le paysage. Le sentier de découverte du **Trail of Molten Lands**★ serpente à travers un champ de lave et le cône de cendres adjacent. Le sommet de la **Lava Butte**, un cône volcanique en grande partie dénudé culminant à 50 m au-dessus de la forêt environnante, est accessible par une petite route.

★ **Lava River Cave** – *Forest Rd 9720 (à 12 miles au sud-est du Visitor Center).* À l'aide d'une lanterne que l'on peut louer à l'entrée de la grotte *(5 $)*, on visite un tube de lave de 1 mile. La température y est de 5,5 °C toute l'année. À côté, un sentier en boucle *(1 mile)* traverse un paysage surréaliste formé d'une forêt de pins pétrifiés depuis 6 000 ans : la lave fluide a recouvert les arbres, les a carbonisés et a pris leur forme en se solidifiant.

★★ **Newberry Crater** – *Rte 21 (à 25 miles au sud-est du Visitor Center).* Ce cratère de 47 km$^2$ contient deux lacs jumeaux, **Paulina Lake** et **East Lake**, alimentés en eaux cristallines par des sources. La seule brèche dans les parois de la caldeira, formée d'à-pics de 200 à 500 m, crée la cascade **Paulina Falls**, qui chute de 24 m sur la face extérieure du cratère. Les Indiens Païutes extrayaient autrefois l'obsidienne noire du cratère pour fabriquer armes et outils.

Une route de 4,6 miles grimpe au sommet du **pic de Paulina**★★ (2 434 m), qui offre un panorama sur des centaines de kilomètres de montagnes et de déserts. Tout près, la **Big Obsidian Flow**★★ *(randonnée d'1 mile)* formée il y a 1 300 ans, est une coulée couvrant plus de 283 ha à flanc de montagne, entièrement composée d'obsidienne, une lave vitrifiée noire et brillante.

## ★★ Smith Rock State Park B2

*À Terrebonne, 23 miles au nord de Bend.*

*N.E. Crooked River Dr. - 541 548 7501 - www.oregonstateparks.org - 5 $.* Mondialement réputées auprès des amateurs de varappe pour leurs difficultés, de spectaculaires falaises multicolores encadrent le canyon de la Crooked. Composées d'affleurements du magma volcanique érodés par l'eau et par le vent depuis des millions d'années, elles dominent de 170 m la rivière. Avec ses parois verticales, le **Monkey Face** est l'un des pics d'escalade les plus difficiles du monde. La randonnée et le VTT y sont également prisés et permettent d'observer aigles, faucons des prairie, cerfs mulets, loutres et castors.

## Maragas Winery B2

*À Culver, 5 miles au nord de Terrabone et 28 miles au nord de Bend.*

*5523 US-97 - 541 546 5464 - www.maragaswinery.com - été : 11h-17h ; le reste de l'année : merc.-dim. 11h-17h - 10 $ la dégustation de 7 vins.* En sortant du Smith Rock State Park, n'hésitez pas à faire une halte dans ce domaine viticole pour goûter quelques excellents crus artisanaux assemblés à partir de pinot gris, merlot, cabernet sauvignon, syrah et zinfandel.

## Warm Springs Indian Reservation B2

*Sur l'US-26, à 55 miles au nord de Bend et 108 miles au sud-est de Portland.*

Créée en 1855, la plus grande des huit réserves indiennes de l'Oregon couvre 40 000 km$^2$ des territoires des tribus Wascos et Sahaptos. Les visiteurs y trouveront un hôtel et un casino, mais surtout un musée.

★★ **Museum at Warm Springs** – *2189 US-26, Warm Springs - 541 553 3331 - www.museumatwarmsprings.org - mai-oct. : 9h-17h ; nov.-avr. : mar.-sam. 9h-17h - 7 $.* Ce musée réputé pour son architecture étonnante rassemble des objets et des photographies appartenant à l'héritage culturel indien ; c'est l'une des plus importantes collections de ce genre aux États-Unis. Il présente aussi un rappel historique, et la maquette d'un village avec différents types d'habitations.

## ★★ John Day Fossil Beds National Monument C2

*Trois lieux distincts à 90/120 miles au nord-est de Bend.*
*541 987 2333 - www.nps.gov/joda - parc ouvert de l'aube au crépuscule - gratuit.*
**Thomas Condon Paleontology Center** – *Sheep Rock Unit, sur la Rte 19 (à 2 miles au nord de l'US-26, entre Dayville et Kimberly) - 9h-17h.*

Les **champs de fossiles** de ce parc national de 25 000 km² sont parmi les plus vastes du monde, remarquables entre autres pour leurs séquences entières d'animaux et de plantes de « l'ère des mammifères » qui a immédiatement suivi l'extinction des dinosaures. Les fossiles trouvés ici exposent l'évolution de la flore et de la faune, l'histoire des changements climatiques et des écosystèmes sur une période couvrant plus de 40 millions d'années. Plus de 2 200 espèces de plantes et d'animaux y ont été recensées à ce jour.

Le parc, qui tire son nom de la rivière voisine, comprend trois régions. Chacune possède ses routes et ses sentiers de randonnée, permettant de découvrir les formidables formations géologiques.

★ **Sheep Rock Unit** – *Au croisement de la Rte 19 et de l'US-26.* Cette partie du parc offre l'introduction la plus complète à l'histoire de la région. Le **Thomas Condon Paleontology Center★** *(voir ci-dessus)*, musée de Paléontologie qui sert aussi de Visitor Center, renferme de captivants dioramas et des peintures murales sur l'ère cénozoïque, époque où la nature était un véritable paradis pour d'étranges animaux. Des salles exposent les fossiles de certaines de ces créatures : chien-ours, tigre à dents de sabre, rhinocéros préhistorique et entélodonte (un sanglier de la taille d'un bison). On aperçoit derrière les vitres le laboratoire où s'activent des scientifiques. Près du musée, l'historique **Cant Ranch House**, fondé par des immigrants écossais, a conservé son apparence des années 1930. De là part le **Sheep Rock Overlook Trail★** *(0,5 mile)* qui conduit à un beau point de vue sur la vallée de la John Day River. Environ 5 miles au nord, un sentier interprétatif *(1 mile)* traverse les saisissants paysages argileux du **Blue Basin★**, des ravines en amphithéâtre où affleurent des sédiments vieux de 29 millions d'années.

★★ **Painted Hills** – *Burnt Ranch Rd (à 7 miles au nord de l'US-26 et 88 miles au nord-est de Bend).* Ces collines spectaculaires sont célèbres pour leurs couleurs vives (or, jaune, rouge et noir), auxquelles les fleurs sauvages ajoutent encore quelques tons au printemps (avril-mai). Elles sont très photogéniques sous les lumières chaudes de fin de journée. Plusieurs sentiers sont à parcourir dans le secteur, notamment la courte promenade sur planches de **Painted Cove Trail★★**, qui serpente entre des mamelons argileux aussi rouges que les paysages martiens.

**Clarno** – *Sur la Rte 218 (à 101 miles au nord-est de Bend et à 18 miles à l'ouest de Fossil).* Cette région est réputée pour ses falaises pittoresques. Le sentier **Trail of the Fossils★★** *(0,25 mile)* est le seul où l'on peut voir des fossiles encore prisonniers de la pierre.

## ★★ Hart Mountain National Antelope Refuge C3

*Hart Mountain Rd, à 238 miles au sud-est de Bend.*
*541 947 2731 - www.fws.gov/sheldonhartmtn/Hart.*

Cette réserve naturelle est l'un des endroits les plus courus pour observer les animaux sauvages dans leur habitat. Cerfs, mouflons, coyotes et antilocapres se partagent le refuge, qui fut créé pour eux en 1936.

Tout près se trouve la montagne **Steens★** (2 956 m), dont on peut atteindre le sommet en empruntant une route secondaire, la **Steens Mountain Backcountry Byway**. Longue de près de 50,5 miles, c'est la route la plus élevée du Nord-Ouest. De là haut, on peut observer les gorges creusées par les glaciers et le désert d'Alvord, 1 829 m plus bas.

Au pied de la montagne, la réserve naturelle de **Malheur National Wildlife Refuge★** *(✆ 541 493 2612 - www.fws.gov/malheur)* est l'une des étapes les plus importantes pour les oiseaux migrateurs. Les amateurs s'y retrouvent pour observer plus de 320 espèces, dont le carouge à tête jaune.

## L'EST DE L'OREGON

### ★ Baker City D2

*Au croisement de l'US-30 et de la Rte 7 sur l'I-84, à 230 miles à l'est de Bend et 95 miles de Pendleton.*

*490 Campbell St. - ✆ 541 523 5855 - www.visitbaker.com.*

À l'ombre de l'Elkhorn Range, une chaîne appartenant aux **Blue Mountains**, Baker City se trouve à l'extrémité est d'une vaste prairie. En 1861, la découverte d'or dans les contreforts voisins provoqua la ruée des prospecteurs ; une vingtaine d'années plus tard, l'arrivée du chemin de fer assit l'importance de la ville. Sur **Main Street**, pivot du quartier historique en brique rouge et tuf volcanique, le **Geiser Grand Hotel★**, édifié en 1889 dans le style Renaissance italien, a été restauré et fonctionne toujours.

★★ **Oregon Trail Interpretive Center** – *Sur la Rte 86 (à 5 miles à l'est de l'I-84) - ✆ 541 523 1843 - www.blm.gov/or/oregontrail - été : 9h-18h ; printemps et automne : 9h-16h ; hiver : tlj sf lun. 9h-16h - 8 $.* Perché au sommet de Flagstaff Hill, le musée protège des ornières laissées par les chariots bâchés de l'Oregon Trail *(voir p. 364)*. Expositions interactives et dioramas grandeur nature rappellent avec réalisme les tribulations des pionniers sur la piste et le sentier de découverte *(4 miles)* permet d'explorer les lieux par soi-même.

### ★★ Hells Canyon National Recreation Area D1

*Le canyon s'étire sur environ 80 miles de part et d'autre de la frontière Oregon-Idaho, à 200 miles au nord-est de Baker City et 350 miles à l'est de Portland.*

**Wallowa-Whitman National Forest** – *1550 Dewey Ave., Baker City - ✆ 541 523 6391 - www.fs.usda.gov.*

La rivière **Snake** trace la frontière entre Oregon et Idaho dans le canyon le plus profond d'Amérique du Nord. Loin des implantations touristiques, ignoré des visiteurs non avertis, le précipice de **Hells Canyon** (canyon de l'enfer) offre un panorama vertical exceptionnel : ses parois sombres aux pieds herbeux tombent à pic de 1 800 à 2 400 m, du Wallowa Range et des Seven Devils Mountains, jusqu'à la Snake qui bouillonne vers le nord. Couvrant près d'un tiers de cette étendue sauvage (plus de 2 500 km²), la Recreation Area s'étend sur les deux rives du canyon et les hautes terres qui le bordent.

L'accès au fond du **canyon★★** se fait sous le barrage de **Hells Canyon** *(par la Rte 86, à 91 miles à l'est de Baker City)*. La découverte se poursuit en bateau ou à pied. Canots gonflables et bateaux rapides à moteur *(jetboats)* permettent aujourd'hui de descendre cette rivière tumultueuse. Des voyagistes spécialisés, comme **River Odysseys West** *(P.O. Box 579, Cœur d'Alene, Idaho - ✆ 208 765 0841)*, embarquent au barrage pour accoster quelques jours plus tard à Pittsburg Landing, 34 miles en aval, voire plus loin. Les *jetboats* remontent la Snake sur environ 100 miles depuis Lewiston, en Idaho.

Les vues les plus spectaculaires du canyon émaillent les 208 miles du **Wallowa Mountain Loop★★**, en Oregon *(depuis LaGrande, sur l'I-84, prenez en direction du nord-est la Rte 82, traversez Enterprise et Joseph, poursuivez sur la Rte 350 vers le sud, puis la Rte 39, pour enfin reprendre vers l'ouest la Rte 86 via Halfway jusqu'à Baker City)*. Bien qu'un peu difficile, ce circuit magnifique comporte

## La tragédie des Nez-Percés

Pendant 8 000 ans, Hells Canyon et les Wallowa Mountains ont été le territoire des Nez-Percés et de leurs ancêtres. Cette tribu se déplaçait suivant les saisons pour pêcher, chasser, récolter les racines de camas et en faire commerce. Elle était réputée pour l'habileté de ses cavaliers. C'est elle qui sélectionna le cheval appaloosa. En 1805, elle est venue en aide à Lewis et Clark. Mais, trois générations plus tard, quand des prospecteurs trouvèrent de l'or sur son territoire, on lui demanda d'abandonner ses terres aux colons blancs. Un groupe de Nez-Percés vivant près de Clearwater River, en Idaho, signa en 1863 un traité créant une réserve dans cette région. Mais un autre groupe rejeta cet accord qui l'obligeait à quitter ses terres ancestrales.

Parmi eux se trouvait Chef Joseph (vers 1840-1904), un chef de tribu Wallowa qui, pendant des années, coopéra avec les autorités fédérales pour résoudre les conflits. Il demandait simplement à rester «… un homme libre ; libre de voyager, de choisir mes propres maîtres, de suivre la religion de mes ancêtres ; libre de parler, penser et agir par moi-même ; alors je respecterai toutes les lois – ou en accepterai les condamnations ».

En juin 1877, Chef Joseph partit des monts Wallowa et traversa Hells Canyon à la tête des 750 membres de sa tribu, hommes, femmes et enfants, avec 2 000 chevaux et têtes de bétail. Il fit route vers l'Idaho, où il rejoignit le chef Looking Glass. Un raid violent de Nez-Percés d'un autre groupe contre des pionniers blancs entraîna une escarmouche avec la cavalerie américaine. Par crainte de représailles, Joseph et Looking Glass fuirent vers l'est sur l'autre versant des Rocheuses, traversèrent le Yellowstone, puis se dirigèrent vers le nord, presque jusqu'au Canada. Leur odyssée couvrit 2 000 km. Dans les Bear Paw Mountains du Montana, Looking Glass fut tué. Chef Joseph se rendit, avec les 417 survivants de la tribu. Plus de 5 000 soldats de l'armée américaine les avaient poursuivis pendant quinze semaines.

Le discours de reddition de Joseph fut l'un des plus poignants de l'histoire de l'Ouest américain. « Je veux avoir le temps de rechercher mes enfants et de voir combien je peux en retrouver ; je les trouverai peut-être parmi les morts. Écoutez-moi, mes chefs. Je suis fatigué. Mon cœur est lourd et malade. De là où se trouve maintenant le soleil, je ne combattrai plus ; à jamais. »

En 1885, après son exil en Oklahoma, la tribu de Chef Joseph revint dans la réserve des Nez-Percés de l'Idaho. Mais Chef Joseph fut séparé à jamais de son peuple ; il mourut dans la réserve Colville, dans l'État de Washington.

Painted Hills, John Day Fossil Beds National Monument.
*S. L. Morris/age fotostock*

des passages non goudronnés. Il offre des panoramas impressionnants et la chance d'apercevoir la faune locale : mouflons, chèvres des Rocheuses, wapitis, cerfs et ours noirs.

### ★ Nez Perce National Historical Park D1

*Le parc s'étend entre Oregon, Idaho, Washington et Montana, à environ 115 miles au sud de Spokane et 150 miles au nord-est de Pendleton - gratuit.*

Ce parc comprend 38 sites répartis sur quatre États, incluant tous les champs de bataille de la guerre de 1877 et de nombreux hauts lieux de tradition tribale. Le **Visitor Center** et le musée *(39063 US-95, Spalding, Idaho, à 11 miles à l'est de Lewiston - ✆ 208 843 7001 - www.nps.gov/nepe - été : 8-17h ; hiver : 9h-16h)* présentent de manière détaillée l'histoire de la tribu grâce à la **Spalding-Allen Collection★★** de 1836, fabuleuse présentation d'objets et de vêtements en peau décorés de crocs, d'aiguilles de porc-épic et de dents d'élan.

### Pendleton C1

*Au croisement de l'US-395 et de la Rte 11, au niveau de l'I-84, à 209 miles à l'est de Portland.*

**Visitor Center** – *501 South Main St. - ✆ 541 276 7411 - www.pendletonchamber.com - lun.-vend. 8h30-17h.*

Au pied de hautes falaises, sur les rives ombragées de l'Umatilla, Pendleton est restée fidèle à ses cow-boys d'antan. Son passé revit dans les maisons victoriennes de la rive nord et son quartier commerçant, aux nombreuses selleries et boutiques d'antiquités. Dans le quartier historique, le **Heritage Station Museum** *(108 S.W. Frazer St. - ✆ 541 276 0012 - www.heritagestationmuseum.org - mar.-sam. 10h-16h - 5 $)* et le **Pendleton Underground Tours★** *(31 S.W. Emigrant St. - ✆ 541 276 0730 - www.pendletonundergroundtours.org - visite guidée, sur réservation, de l'ancien Red Light District souterrain - durée 90mn - 15 $)*, donnent l'occasion de s'instruire sur l'histoire de la ville et l'héritage de l'Ouest.

Pendleton est aussi réputée pour ses chemises et couvertures de laine.

★ **Pendleton Woolen Mills** – *1307 S.E. Court Pl. - ✆ 541 276 6911 - www.pendleton-usa.com - visite guidée gratuite (30mn) : lun.-vend. à 9h, 11h, 13h30 et 15h - boutique : lun.-sam. 8h-18h, dim. 9h-17h.* La visite de cette manufacture lainière montre le processus complet de production, du dos du mouton à la boutique. L'une des dernières filatures de laine encore en activité dans le pays, Pendleton Woolen Mills, ouverte depuis 1909, fabriquait originellement des couvertures destinées au commerce avec les Indiens. On peut aujourd'hui découvrir ses machines et des couvertures d'inspiration amérindienne dans le petit musée attenant à la boutique.

★ **Round-Up Hall of Fame** – *1114 S.W. Court (Round-up Grounds, I-84, sortie 207) - ✆ 541 276 2553 - ww.pendletonroundup.com - sam. 10h-16h - 5 $.* Le **Pendleton Round-up** est l'un des plus grands rodéos du monde. Depuis 1910, cette semaine de manifestations et épreuves sportives hautes en couleur se déroule en septembre. Le reste de l'année, le musée qui honore l'événement et ses champions est ouvert à la visite.

### ★ Tamástslikt Cultural Institute D1

*À 10 miles à l'est de Pendleton par l'US-89 (sortie 216).*
*47106 Wildhorse Blvd - ✆ 541 966 9748 - www.tamastslikt.org - lun.-sam. 10h-17h - 10 $.*

Au cœur de la réserve indienne Umatilla, cet excellent musée retrace l'histoire des tribus de la région – Cayuse, Umatilla et Walla Walla – au moyen d'une ingénieuse présentation d'objets, de vidéos, de dioramas et de récits de légendes amérindiennes. Ces trois tribus du plateau du Nord-Ouest Pacifique rentrèrent en contact avec l'expédition de Lewis et Clark entre 1804 et 1806, et aidèrent les explorateurs. Quarante ans plus tard, la piste de l'Oregon traversait leur terre. Le musée de 1 300 m² est l'un des plus pertinents concernant les Indiens d'Amérique.

## NOS ADRESSES DANS LE CENTRE ET L'EST DE L'OREGON

### ARRIVER/PARTIR

**En avion** – Le **Redmond Municipal Airport** (PDX) (*✆ 541 548 0646 - www.flyrdm.com*), à 14,4 miles au nord de Bend, est l'aéroport principal de la région.

**En bus** – Bend est desservie par le service de bus régional de **Central Oregon Breeze** (*✆541 389 7469 - www.cobreeze.com*), au départ de Portland.

### HÉBERGEMENT

#### Baker City

BUDGET MOYEN

**Geiser Grand Hotel** – *1996 Main St. - ✆ 541 523 1889 ou 888 434 7374 - www.geisergrand.com - 30 ch. 79/139 $, suites 129/249 $.* Rouvert après restauration en 1993, cet établissement historique (1889) mêle les styles victorien et Renaissance italienne. Il arbore de magnifiques hauts plafonds, vitraux, chandeliers en cristal et colonnes en mahogany. Comme il se doit, des légendes de fantômes circulent à son sujet. Restaurant de cuisine locale, salle de fitness. Des dégustations de vin sont organisées dans le grand salon.

#### Bend

BUDGET MOYEN

**Old St. Francis School** – *700 N.W. Bond St. - ✆ 541 382 5174 ou 877 661 4228 - www.mcmenamins.*

*com - 23 ch. 155/165 $, 205/225 $ en demi-pension.* Occupé autrefois par une école catholique, ce bâtiment de 1936 a été converti en hôtel. Des tableaux noirs et des dessins d'étudiants décorent les chambres. Entièrement rénové par la chaîne McMenamin, le Old St. Francis est aujourd'hui un lieu de rassemblement avec son pub, sa brasserie, sa boulangerie et son immense bassin décoré de carrelage mural.

**Double Tree Hilton Hotel** – *300 N.W. Franklin Ave. - ✆ 541 317 9292 - http://doubletree3.hilton.com - 🏊 - 117 ch. 180/205 $ ☕.* Dans une rue calme du centre-ville, cet hôtel commode et chaleureux dispose de chambres bien tenues, vastes et bien équipées, d'une piscine avec Jacuzzi et d'un petit centre de fitness. Personnel serviable.

#### POUR SE FAIRE PLAISIR

**Sunriver Resort** – *1 Center Dr., Sunriver (à 18 miles au sud de Bend) - ✆ 541 593 000 - www.sunriver-resort.com - 🏊 - 209 ch. à partir de 150 $ (et jusqu'à... bien plus cher suivant la saison et le type d'hébergement (voir sur le site Internet).* Situé dans une grande forêt sous les monts Bachelor et Paulina, ce vaste et luxueux complexe de loisirs réunit des chambres d'hôtel, des appartements et des maisons à louer, des restaurants, deux terrains de golf, des tennis, un observatoire astronomique, 35 miles de sentiers pour VTT, un centre équestre, un centre aquatique et une marina sur la rivière Deschutes, où l'on peut faire du rafting et du canoë-kayak. Idéal pour se relaxer en famille, même si l'ensemble respire un peu l'artifice et que les prix sont gonflés.

#### UNE FOLIE

**Pronghorn Auberge** – *65600 Pronghorn Club Dr. - ✆ 866 372 1003 - www.pronghornclub.com - 48 suites 700/1 000 $.* Les bâtiments en bois et pierre sont nichés au milieu d'un paysage de lave et de genévriers. Les suites comportent de 1 à 4 chambres. Les deux terrains de golf comptent parmi les plus prisés de l'est de l'Oregon. L'élégant restaurant **Chanterelle** possède des vues imprenables sur les monts Cascades.

### Pendleton

#### BUDGET MOYEN

**Red Lion Hotel** – *7304 S.E. Nye Ave. (accès par la Rte 11, en haut de la colline) - ✆ 541 276 6111 - www.pendleton.redlion.com - 🏊 - 170 ch. 99/120 $ ☕.* Cet hôtel de chaîne, pratique et sans surprise, réserve des chambres agréables, dont certaines avec balcon. Petite piscine extérieure chauffée, salle de fitness et petit-déjeuner buffet. L'ensemble manque un peu d'âme, mais les prix sont raisonnables.

**Pendleton House** – *311 N. Main St. - ✆ 541 276 8581 - www.pendletonhousebnb.com - 6 ch. 135 $ ☕.* Dans une maison rose comme un gâteau en pâte à sucre, ce coquet et romantique B&B constitue une étape calme et relaxante. Les jolies chambres ont un mobilier à l'ancienne et le petit-déjeuner est excellent. Les bienveillants propriétaires aiment dorloter leurs hôtes.

### Fossil

#### BUDGET MOYEN

**Wilson Ranches Retreat** – *16555 Butte Creek Rd (à 2 miles de Fossil) - ✆ 541 763 2227 ou 866 763 2227 - www.wilsonranchesretreat.com - 6 ch. 105/135 $ ☕.* Situé au sein d'un ranch en activité, au milieu d'une belle prairie, ce B&B familial constitue une base idéale pour explorer le parc national de John Day Fossil Beds. Phil et Nancy Wilson, les charmants propriétaires, ont une personnalité hors du commun et reçoivent leurs hôtes comme de vrais amis. Des promenades à cheval sont possibles et l'on peut s'initier au gardiennage de troupeau. Les chambres partagent des salles de bains communes, hormis celles en demi sous-sol. Une adresse sereine et authentique.

## RESTAURATION

### Bend

#### BUDGET MOYEN

**Deschutes Brewery** – *1044 N.W. Bond St. - ✆ 541 382 9242 - www.deschutesbrewery.com - plat 10/27 $.* Les amoureux de la nature se retrouvent dans cette brasserie au bord de l'eau, lieu de rassemblement local. Des pains aux saucisses, tout est fait maison. Même les hamburgers sont locaux : le bœuf y est nourri de drêches (résidus d'orge) de brasserie. Le menu comprend également *fish & chips* et macaronis au fromage. La vue sur la rivière ajoute encore au charme du lieu.

**The Pine Tavern** – *967 N.W. Brooks St. - ✆ 541 382 5581 - www.pinetavern.com - plat 16/27 $.* Construite autour d'un pin jaune de 60 m qui traverse le plafond, cette taverne est le plus ancien et le plus célèbre restaurant de l'Oregon. Réputée pour sa viande en provenance des ranches de la région, la cuisine convient parfaitement à cette ville de bûcherons : truite poêlée, pain de viande et côtes au barbecue faisaient déjà partie de la carte des premiers propriétaires.

**Terrebonne Depot** – *400 Smith Rock Way, Terrebonne (à 20 miles au nord de Bend) - ✆ 541 548 5030 - www.terrebonnedepot.com - fermé lun. et mar. - plat 12/25 $.* Près du Rock Smith Park, dans l'ancien dépôt ferroviaire, le restaurant propose de bons *burgers* et sandwichs et un choix varié de plats typiques du Nord-Ouest.

### Pendleton

#### BUDGET MOYEN

**Hamley's Steakhouse** – *30 S.E. Court Ave. - ✆ 541 278 1100 - www.hamleysteakhouse.com - plat 16/28 $.* Avec son décor western de vieilles boiseries, ses aguichantes serveuses et sa boutique de souvenirs attenante, on s'attend plutôt à un piège à touristes. Il n'en est rien et cette adresse animée vaut le détour. On y déguste de savoureuses et juteuses pièces de bœuf, grâce à une viande de grande qualité, selectionnée chez les meilleurs éleveurs de la région, et des salades appétissantes.

# Washington 7

Carte Michelin Région n° 585 – Washington



Space Needle et Experience Music Project de Frank O. Gehry.

*A. Jenny/Stock Connection/age fotostock*

# WASHINGTON

A
B
1
2
3
Strait of Georgia
Vancouver
Vancouver Island
Bellingham
San Juan Island
Orcas Island
Ross Lake NRA
North Cascades NP
Neah Bay
Strait of Juan de Fuca
Victoria
Lopez Island
Mt. Vernon
Skagit Valley
Whidbey
Salt Creek RA
Port Townsend
Coupeville
Lake Crescent
Port Angeles
Puget Sound Area
Sequim
Island
Everett
HOH RAIN FOREST
Hurricane Ridge
Future of Flight Aviation Center
Hood Canal
OLYMPIC NP
SEATTLE
Woodinville
Kirkland
Bainbridge Island
Bellevue
Olympic Peninsula
Museum of Flight
Snoqualmie Falls
Tacoma
Nisqually NWR
Olympia
Northwest Trek WP
Wolf Haven International
Centralia
MOUNT RAINIER NP
Long Beach Peninsula
Long Beach
Cascade
Longview
MOUNT ST. HELENS NVM
PACIFIC OCEAN
Fort Vancouver NS
Maryhill Museum
Vancouver
Portland
Salem
1
5
20
101
104
2
90
12
8
507
410
706
7
84

WASHINGTON
OLYMPIC NP ★★★ Vaut le voyage
Walla Walla ★★ Mérite un détour
Northwest Trek WP ★ Intéressant
Port Angeles À voir
C
D
1
2
3
CANADA
OREGON
Winthrop
Lake Chelan
Columbia
Grand Coulee Dam
Leavenworth
Wenatchee
Ephrata
Dry Falls
Spokane
Coeur d'Alene
Eastern Washington
Ellensburg
Steptoe Butte
The Palouse
Pullman
Yakima
Hanford Reach NM
Yakima Valley
Tri-Cities Area
Richland
Pasco
Kennewick
Snake
Lewiston
Walla Walla
Columbia
BOISE
97
155
395
174
17
2
90
28
195
23
26
24
240
82
124
12
127
84
N
0
50 km
30 mi

# Seattle

★★★

652 405 habitants (agglomération : 3 492 000 hab.)

**Couvrant les collines verdoyantes qui surplombent le Puget Sound, cette ancienne bourgade de rudes bûcherons est devenue l'un des porte-drapeaux culturels des États-Unis. Réputée pour sa qualité de vie, la tolérance et le dynamisme de sa population, la ville portuaire, cernée par de vertes collines occupées par de charmants quartiers résidentiels et percée par de grands lacs, s'inscrit dans des paysages grandioses émaillés de grands lacs : à l'est, le mont Rainier et la chaîne des Cascades ; à l'ouest, les monts Olympiques. Érigée en modèle pour avoir donné naissance à de grandes entreprises, de Boeing à Microsoft en passant par Amazon et Starbucks, Seattle, attractive et séduisante, se laisse découvrir facilement, loin des clichés de la « Rainy City » que l'on a encore trop aisément tendance à lui accoler...**

## NOS ADRESSES PAGE 453

### S'INFORMER

**Seattle Visitors Bureau** – *Washington State Convention Center, 7th Ave. et Pike St. - ✆ 206 461 5840 - www.visitseattle.org - lun.-vend. 9h-17h.* On trouve dans ce centre de très nombreuses informations concernant les choses à faire et à voir dans la ville. Autre centre d'accueil : *Pike Place Market (au croisement de 1st Ave. et Pike St.).*

### SE REPÉRER

Carte de région B2 (p. 430-431) – *heure du Pacifique.* Le mont Rainier domine l'horizon au sud-est de Seattle, les Cascades se trouvent à l'est et les montagnes Olympiques à l'ouest, de l'autre côté du détroit de Puget. Les habitants ont pour habitude de dire que lorsque le mont Rainier est visible, « la montagne est sortie », ce qui signifie généralement que le temps sera clément.

### SE GARER

Assurez-vous de trouver une place près de Pike Place Market avant 11h.

### À NE PAS MANQUER

Pike Place Market, l'âme de Seattle ; Seattle Art Museum ; Chihuly Garden and Glass ; Experience Music Project ; la vue depuis la Space Needle ; le Woodland Park Zoo.

### ORGANISER SON TEMPS

Si vous ne disposez que d'une journée, visitez Pike Place Market et l'aquarium dans la matinée, déjeunez de fruits de mer autour du marché et consacrez l'après-midi au Seattle Center : Chihuly Garden and Glass et Experience Music Project, avant de profiter des vues magiques sur la ville, au soleil couchant, depuis le sommet de la Space Needle. Les noctambules profiteront des restaurants et clubs de Belltown, Capitol Hill ou Ballard. Si vous restez à Seattle un jour de plus, ne ratez pas le Seattle Art Museum et les quartiers périphériques de Fremont et Ballard.

Gas Works Park et Lake Union, situés au cœur de la ville.
*J. Heintz/hemis.fr*

**AVEC LES ENFANTS**
Seattle Aquarium ; Seattle Great Wheel ; Space Needle ; Pacific Science Center ; Hiram M. Chittenden Locks ; Museum of History and Industry ; Center for Wooden Boats ; Woodland Park Zoo ; Seattle Center ; Museum of Flight ; Tillicum Village.

# Se promener

**Bon à savoir** – Seattle propose un **City Pass** *(www.fr.citypass.com/seattle - 64 $, enf. 44 $)*, incluant le Seattle Aquarium, une croisière dans le port avec Argosy Cruises, la montée dans la Space Needle, le Pacific Science Center, l'Experience Music Project, le zoo et le Museum of Flight. Il est amorti au bout de trois attractions. À acheter en ligne ou dans l'un des sites partenaires.

## ★★ DOWNTOWN Plan II

### ★ Pioneer Square F3

*Délimité par Alaskan Way, S. King St., 4th Ave. S. et Cherry St. - 206 667 0687 - www.pioneersquare.org.*

Quartier historique classé, au cœur d'un paysage urbain résolument moderne, Pioneer Square, pivot du centre-ville, protège 18 pâtés de maisons et bâtiments commerciaux du début du 20e s. Première implantation permanente de la ville, il conserve le charme nostalgique d'une bourgade ancienne.

Rappelant ses origines de ville de bûcherons au milieu du 19e s., le quartier est toujours traversé par la longue pente de **Yesler Way**, l'ancienne rampe *(skid road)* sur laquelle on faisait glisser les troncs d'arbres, enduits de graisse d'ours, jusqu'à la scierie, avant qu'ils soient expédiés vers Portland ou San Francisco, où ils servaient à la construction. Le grand incendie de 1889 détruisit la majorité du centre-ville et sonna le glas des constructions en bois, progressivement remplacées par de la brique. Au cours de la reconstruction, Seattle se développa plus au nord et à l'est. Pioneer Square laissé à l'abandon, la

A
B
1
2
3
N
PUGET SOUND
SHILSHOLE BAY
GOLDEN GARDENS PARK
WEST POINT
Discovery Park
Hiram M. Chittenden Locks
FISH LADDER
Salmon Bay
Nordic Heritage Museum
NW. 67th St.
BALLARD
CARL S. ENGLISH JR. BOTANICAL GARDEN
NW. Market St.
Leary Way
NORTHWEST
PHINNEY
NW. 95th
NW. 85th St.
NW. 80th St.
NW. 65th St.
NW. 50th St.
Holman Rd. NW.
15th Ave. NW.
24th Ave. NW.
32th Ave. NW.
8th Ave. NW.
Greenwood Ave. N.
Phinney Ave. N.
Seaview Ave. NW.
BALLARD BRIDGE
Lake Washington Ship Canal
FISHERMEN'S TERMINAL
W. Government Way
W. Nickerson St.
W. Bertona St.
W. Emerson St.
LAWTON PARK
MAGNOLIA
W. Viewmont Way
BLUFF
Magnolia Blvd W.
W. Dravus St.
Gilman Ave. W.
Thorndyke Ave. W.
W. Lynn St.
Condon Way W.
W. Grace St.
W. Garfield St.
MAGNOLIA PARK
34th Ave. W.
28th Ave. W.
15th Ave. W.
Gilman Dr. W.
10th Ave. W.
7th Ave. W.
3rd Ave. W.
Queen Anne Ave.
MT. PLEASANT
W. McGraw St.
QUEEN ANNE
PARSONS GARDEN
W. Highland
Kerry Par
W. Olympic Pl.
W. Mercer St
SEATTLE CENTER
Pacific Science Center
Smith Cove
PIER 91
PIER 90
MARSHALL VIEWPOINT
Elliott Ave. W.
Myrtle Edwards Park
Olympic Sculpture Park
Alaskan Way
Waiting for the Interurb
Fremo Bridg
Bos
ELLIOTT BA
Alki Beach
Alki Ave. NW.
California Ave. SW.
Harbor Ave. SW.
SEACREST PARK
SE LOGER
Ace Hotel 3
Cedarbrook Lodge 8
Edgewater Hotel 11
Maxwell Hotel (The) 1
MarQueen Hotel 2
SE RESTAURER
Canlis 18
Cascina Spinasse 9
Flying Fish 5
Ray's Boathouse 15
Seastar Restaurant and Raw Bar 6
Sky City 17
Terra Plata 14
Tilth 16
Volterra 8
Walrus and the Carpenter (The) 7
Chihuly Garden and Glass B
Experience Music Project C
Klondike Gold Rush NHP A
SEATTLE
plan I
0 1 mi
0 2 km

SHORELINE
C
D
1
2
3
NORTH SEATTLE COMMUNITY COLLEGE
NE. 75th St.
NE. 85th St.
NE. 82nd St.
80th St.
NE. 80th St.
85th St.
Sand Point Way
NATIONAL OCEANIC AND ATMOSPHERIC ADMINISTRATION WESTERN REG. CENTER
E. Green Lake Way N.
W. Green Lake Way N.
Green Lake
Banner Way
Lake City Way
20th Ave. NE.
Roosevelt Way NE.
NE. 65th St.
RAVENNA
RAVENNA PARK
Ravenna Blvd.
NE. 55th St.
CALVARY
Woodland Park Zoo
N. 50th St.
WOODLAND PARK ROSE GARDEN
N. 45th St.
Burke Museum of Natural History and Culture
UNIVERSITY DISTRICT
NE. 45th St.
NE. 41st St.
47th Ave. NE.
WALLINGFORD
FREMONT
Henry Art Gallery
QUAD
University of Washington
LAURELHURST
N. 40th St.
Fremont Troll
N. Pacific St.
SHIP CANAL BRIDGE
UNIVERSITY BRIDGE
Union Bay
N. 34th St.
AURORA BRIDGE
Portage Bay
MONTLAKE BRIDGE
FOSTER
WEBSTER POINT
TOLL
Gas Works Park
Westlake Ave. N.
Aurora Ave. N.
Eastlake Ave.
Boyer Ave.
MONTLAKE
Lake Washington Blvd. E.
MADISON PARK
BELLEVUE
Lake Union
LAKE VIEW CEMETERY
Washington Park Arboretum
CONSERVATORY
Seattle Asian Art Museum
Museum of History & Industry
Volunteer Park
Japanese Garden
Center for Wooden Boats
E. Aloha St.
10th Ave. E.
24th Ave. E.
Madison St.
McGilvra Blvd. E.
Taylor Ave. N.
CAPITOL HILL
Space Needle
Denny Way
E. John St.
Olive Way
E. Pike St.
E. Union St.
Broadway
15th Ave. E.
23rd Ave. E.
M.L. King Jr. Way
34th Ave.
Madrona Dr.
Lake Washington Blvd.
MADRONA PARK
LAKE WASHINGTON
Voir plan II
Stewart St.
Pike St.
Union St.
Madison St.
Cherry St.
WATERFRONT PARK
DOWNTOWN
Boren Ave.
SEATTLE UNIV.
Frye Art Museum
E. Cherry St.
Yesler Way
LESCHI PARK
SODO DISTRICT
INTERNATIONAL DISTRICT
AMTRAK
Wing Luke Museum
CenturyLink Field
S. Dearborn St.
Rainier Ave. S.
Airport Way S.
Safeco Field
1st Ave. S.
4th Ave. S.
Lakeside Ave.
MERCER ISLAND
RENTON
8

SE LOGER
- Alexis Hotel ..... 10
- Andra (Hotel) ..... 9
- Fairmont Olympic ..... 12
- Hotel 1000 ..... 13
- Inn at the Market ..... 4
- Max (Hotel) ..... 7
- Mayflower Park (Hotel) ..... 5
- Vintage (Hotel) ..... 6

SE RESTAURER
- A Serious Pie ..... 10
- Dahlia Lounge ..... 4
- Elliott's Oyster House ..... 13
- Emmett Watson's Oyster Bar ..... 1
- Etta's ..... 2
- Ivar's Acres of Clams ..... 3
- Metropolitan Grill ..... 11
- Steelhead Diner ..... 12

glissière Skid Road devint **Skid Row**, célèbre pour ses maisons closes et ses tripots. Classé National Historic District en 1969, le quartier abrite aujourd'hui places et jardins publics, galeries, restaurants et clubs de jazz (on en compte 13 dans le quartier). Il draîne une foule hétéroclite, des jeunes cadres dynamiques aux sans-abri.

## UN PEU D'HISTOIRE

À la fin du 18e s., George Vancouver pénètre dans le Puget Sound et jette l'ancre en vue d'Alki Point (aujourd'hui West Seattle). Mais il estime que l'arrière-pays ne mérite pas d'être exploré. Le premier groupe important de colons ne s'installe ici que dans les années 1850 : les chercheurs d'or déçus par la Californie et les agriculteurs pionniers de la région d'Olympia commencent à remonter vers le nord. Par une journée grise et glacée de novembre 1851, deux petits groupes de pionniers, arrivés l'un par voie de terre, l'autre à bord d'une goélette, se rencontrent à Alki et fondent un village dans Elliott Bay. En 1853, le plan d'une nouvelle ville est tracé. Elle portera le nom d'un chef respecté des Indiens Duwamishs, Sealth. L'activité commerciale s'organise autour de la scierie construite par un nouvel arrivant, Henry Yesler. Dans la deuxième moitié du 19e s., la ville doit gérer des problèmes de croissance. Elle souffre de l'absence du chemin de fer (jusqu'à 1887), de révoltes indiennes, de l'hostilité grandissante envers les immigrants chinois. Finalement, un grand incendie détruit entièrement le quartier des affaires et le bord de mer. Mais, en 1897, avec l'arrivée d'un vapeur chargé d'or du Klondike (Yukon, Canada), Seattle devient du jour au lendemain le trépidant centre d'approvisionnement d'une nouvelle ruée vers l'or. Au début du 20e s., deux magnats du bois de construction, Frederick Weyerhaeuser et William Boeing, s'installent à Seattle ; très vite, Boeing se tourne vers la technologie toute nouvelle de l'aviation. Durant le siècle qui suit, ces deux géants de l'industrie vont alimenter l'économie régionale. Pendant la première moitié du 20e s., Seattle connaît des hauts et des bas ; mais après la Seconde Guerre mondiale, l'économie se stabilise. L'Exposition universelle de 1962 dote la ville de l'un de ses monuments les plus précieux, son Seattle Center futuriste. Il abrite le « Space Needle », le Monorail et une quantité d'espaces culturels. À la fin des années 1960, les habitants se mobilisent pour la préservation du quartier historique entourant Pioneer Square et Pike Place Market. Dans le quartier des affaires du centre, une explosion de constructions ajoute de nouveaux gratte-ciel au paysage urbain. L'ancien campement rustique de bûcherons lance maintenant des modes cool, donnant au pays le goût du vrai café, de la musique *grunge* et de la *start up*. Le port de Seattle continue de prospérer grâce au commerce avec la bordure pacifique et l'Alaska.

Site du tout premier carrefour de Seattle, **Pioneer Place★** *(1st Ave. et Yesler Way)* est marquée par un grand totem en bois de cèdre, réplique de celui volé aux Indiens Tlingits vers 1890, et par le buste en bronze du chef indien Sealth qui donna son nom à la ville.

Le bâtiment de cinq étages **Pioneer Building** *(610 1st Ave.)*, commencé après l'incendie de 1889 et achevé en 1892, édifié dans le style néoroman avec une robuste arche en pierre, passait autrefois pour le plus bel édifice du pays situé à l'ouest de Chicago.

La visite guidée du sous-sol de la ville, **Bill Speidel's Underground Tours★** *(608 1st Ave., entre Cherry St. et Yesler Way - ✆ 206 682 4646 - www.undergroundtour.com)* est particulièrement appréciée. Émaillée d'anecdotes humoristiques, elle explore les égouts désaffectés, qui se trouvent au niveau des rues d'origine. Elle invite à découvrir les devantures de magasins qui fonctionnaient avant le grand incendie, illustrant la vie quotidienne des habitants du milieu du 19e s. à la prohibition.

À environ 200 m au sud, l'annexe à Seattle du **Klondike Gold Rush National Historical Park** *(319 2nd Ave. S - ✆ 206 220 4240 - www.nps.gov/klse- gratuit)*,

**SOUS LES EAUX ?**
Seattle a une réputation de ville pluvieuse. La saison des pluies s'étire en effet d'octobre à mai, mais le temps est généralement ensoleillé et sec de début juillet à début octobre, avec une température moyenne comprise entre 21 et 23 °C en juillet et août. Au cœur de l'hiver, les températures sont en moyenne de 7 °C et la neige y est exceptionnelle.

dont la partie principale est à Skagway, en Alaska, rassemble des objets et des photos rappelant la ruée vers l'or du Yukon et ses répercussions sur la ville. Quand le vapeur *Portland* accosta à Seattle le 17 juillet 1897, chargé de 2 t d'or du Klondike, la ville fut touchée par la fièvre de l'or : films et documents évoquent ces journées d'ivresse. Beaucoup d'habitants firent fortune en équipant les prospecteurs, tandis que d'autres s'embarquèrent pour le Yukon, *via* Skagway.
Au sud de Pioneer Square, le quartier de SoDo I C3 abrite le stade de **Century Link Field** (68 000 places), foyer des footballeurs américains des **Seahawks** *(www.seahawks.com)* et des joueurs de l'équipe de soccer des **Sounders** *(www.soundersfc.com)*. Tout près, **Safeco Field** (47 500 places) accueille pour sa part l'équipe de base-ball des **Mariners** *(www.seattle.mariners.mlb.com)*, qui joue en ligue américaine.

### ★★★ Seattle Art Museum E2

*1300 1st Ave. (à l'angle de University St.) - ✆ 206 654 3210 - www.seattleart museum.org - merc.-dim. 10h-17h (jeu. jusqu'à 21h) - fermé lun. et mar. - 19,50 $ (moins de 12 ans gratuit), gratuit les premiers jeudi et samedi du mois.*
Appelé aussi SAM, le musée d'art de Seattle occupe un bâtiment lumineux conçu en 1991 par l'architecte Robert Venturi et agrandi en 2006. Loin de se focaliser sur un style, une période ou une aire géographique, le musée offre la possibilité de découvrir de nombreuses formes d'art et de techniques du monde entier. Ses collections comprennent ainsi plus de 25 000 œuvres d'une qualité exemplaire, allant des antiquités gréco-romaines et égyptiennes à l'art moderne et contemporain, en passant par l'art européen du Moyen Âge et de la Renaissance, mais aussi les arts africain, islamique, amérindien, océanien et asiatique, le mobilier, les textiles, les bronzes ou encore les verreries de la Pilchuck Glass School.
Dans le hall, une installation spectaculaire de l'artiste chinois Cai Guo-Qiang, *Inopportune: stage one* (2004), des voitures Ford suspendues dont jaillissent des tubes de néons évoquant les gerbes d'un crash, interpelle d'emblée le visiteur.
Parmi les salles thématiques, on s'attardera sur celle consacrée à l'**art américain**, où figurent des œuvres de peintres expressionnistes abstraits, pop-art ou minimalistes (Jackson Pollock, Frank Stella, Arshile Gorky, Kenneth Noland, Barnett Newman, Willem de Kooning, Robert Rauschenberg), ou d'autres artistes à l'ancrage plus local comme le peintre afro-américain Jacob Lawrence (1917-2000) et Marc Tobey (1890-1976), fondateur de l'école du Nord-Ouest, avec Guy Anderson, Kenneth Callahan et Morris Graves.
La collection d'**art européen** comprend des toiles de Rubens, Van Dyck, Lucas Cranach l'Ancien, quelques peintures impressionnistes et modernes signées Max Ernst, Robert Delaunay et Joan Miró.
L'**art asiatique** (Chine, Japon, Corée) est bien représenté, notamment à travers les collections de porcelaines, des masques rituels et parures d'Afrique alternent par ailleurs avec des peintures aborigènes d'Australie, mais ce sont surtout les collections d'**art amérindien** qui retiennent l'attention, avec de précieux totems, masques, statuettes et vanneries de la côte nord-ouest.

Le SAM organise également d'importantes expositions temporaires. La boutique du musée, d'excellente qualité, s'efforce de promouvoir des créateurs locaux.
Sur la 1st Avenue, la statue *Hammering Man* (homme martelant) de Jonathan Borofsky, est devenue l'un des emblèmes de la ville.
En face de l'entrée du musée, sur 2nd Avenue, **Benaroya Hall★★** *(200 University St. - ✆ 206 215 4800 - www.seattlesymphony.org)* est le foyer ultramoderne (1998) du Seattle Symphony Orchestra.
À l'angle de Spring Street et de la 4th Avenue, ne manquez pas la surprenante **Seattle Public Library** conçue par l'architecte néerlandais Rem Koolhaas (2004). Dans un bâtiment de forme irrégulière recouvert de verre, où les lignes se coupent, l'architecte a conçu des espaces ludiques, colorés et aérés. Loué à ses débuts par les journalistes spécialisés, le projet a depuis suscité des commentaires plus acerbes et une certaine défiance de la population, mécontente de voir le bâtiment empiéter largement sur le trottoir.

### ★★★ Pike Place Market E1/2

*1st Ave. et Pike St. - ✆ 206 682 7453 - www.pikeplacemarket.org - 9h-18h. Allez-y de préférence le matin afin d'éviter le flot des touristes.*
Âme de Seattle, ce marché couvert est une institution depuis 1907. Amusant et charmant, il a conservé l'esprit communautaire d'un village, tandis que la ville moderne se développait autour. L'abondance et la fraîcheur des fleurs, des produits de la ferme et des délices de la mer émerveillent les nombreux touristes. En dépit des dépressions économiques, des guerres et de l'exode citadin, Pike Place a résisté au temps, accueillant aussi bien les respectables ménagères que les sans-abri. Au début des années 1960, un projet de rénovation urbaine a failli le faire disparaître ; il devait être rasé pour faire place à un gigantesque hôtel. Mais les habitants de la ville ont voté à une écrasante majorité pour que le marché soit préservé, avec les îlots qui l'entourent. Aujourd'hui, plus de 3 ha de terrain et une douzaine de bâtiments sont classés, de 1st Avenue à Western Avenue, et d'Union Street à Virginia Street.
À l'entrée de Pike Place Market se trouve un cochon en bronze. C'est Rachel, la mascotte du marché, une tirelire qui reçoit chaque année entre 6 000 et 9 000 dollars, destinés à des associations caritatives.
Des centaines de stands, de petits restaurants et de boutiques bordent les rues et ruelles bondées et bruyantes, et occupent un labyrinthe de locaux sur plusieurs niveaux. Le marché d'origine, **Main Arcade** *(Pike Place, entre Pike St. et Stewart St.)* reste au cœur de l'activité avec sa rue emplie d'étals colorés débordant de fruits et légumes de saison, de fleurs coupées ou séchées, de poissons fraîchement pêchés, saumon, flétan et crabe de Dungeness luisant sur la glace pilée. La clientèle se presse souvent autour de **Pike Place Fish**, où les marchands vantent bruyamment la prise du jour, prennent la pose pour les photographes et se lancent des poissons par-dessus la tête des clients.
Remarquez, tout près de l'entrée principale du marché, la foule qui se précipite chez **Starbucks** *(1912 Pike Place)*. C'est le premier établissement de la chaîne, ouvert en 1972, avant qu'elle ne conquît le monde entier (plus de 20 000 établissements disséminés sur tous les continents).
Près de là, **Post Alley**, un passage aux allures européennes, serpente entre les bâtiments du marché, abritant d'autres boutiques et plusieurs restaurants haut de gamme. Là se cache le **Gum Wall** *(vers le nº 1428)*, lieu pour le moins insolite et franchement peu hygiénique. Des pans entiers de murs sont en effet tapissés de chewing-gums, pour un effet coloré déroutant. À l'origine (vers 1993), les clients du théâtre voisin, patientant avant d'entrer, collaient leurs chewing-gums sur le mur en y glissant, de temps en temps, une petite pièce. Le phénomène a depuis pris une telle ampleur que ces pans de mur sont

devenus une véritable attraction touristique (malgré la nette désapprobation des responsables du Pike Place Market voisin).
Le **Hillclimb Corridor** descend vers le front de mer par une volée d'escaliers flanqués de magasins et de cafés.

### ★ FRONT DE MER Plans I et II

Une promenade sur le front de mer, **Alaskan Way**, est un incontournable de Seattle. Malgré ses airs de parc d'attractions, il se dégage de ses vieux pontons et de ses bâtiments en bois patiné un charme désuet. Les parcs permettent de profiter de la vue, tandis que les nombreux restaurants de fruits de mer comblent les estomacs vides *(voir « Nos adresses »)*. Jusqu'au début de l'été 2015, le front de mer fait l'objet d'importants travaux visant à reconstruire la digue qui lui sert de fondation.

#### ★ Olympic Sculpture Park I B3

*2901 Western Ave. - ✆ 206 653 3100 - www.seattleartmuseum.org - 6h-18h - gratuit.*
Tout au nord du front de mer, ce parc, annexe du Seattle Art Museum *(voir p. 438)*, accueille les œuvres monumentales d'artistes contemporains de rang international tels que Alexander Calder, Richard Serra, Louise Nevelson et Claes Oldenburg.
Adjacent, le **Myrtle Edwards Park★** est une étroite bande de terre qui possède un sentier de randonnée *(1,25 mile)* et de petites plages de sable fin qui donnent accès à l'océan.

#### ★ Seattle Aquarium II E2

*1483 Alaskan Way, Pier 59 - ✆ 206 386 4300 - www.seattleaquarium.org - 9h-17h - 21,95 $ (4-12 ans 14,95 $) ; visite couplée avec une croisière dans la baie 33 $.*
Cet aquarium abrite quelque 380 espèces de plantes, poissons, oiseaux, mammifères et invertébrés marins du Puget Sound. À ne pas manquer : l'espace dédié aux **phoques**, l'exposition **Window on Washington Waters** avec son bassin de 450 000 litres et, enfin, les malicieuses loutres.
Plus au sud, **Miners Landing** (Pier 57) est dédié aux loisirs avec son carrousel et sa grande roue.

#### ★ Seattle Great Wheel II E2

*1301 Alaskan Way, Pier 57 - ✆ 206 623 8600 - www.seattlegreatwheel.com - été : 10h-22h (0h le w.-end) ; hiver : 11h-22h - 13 $ (moins de 12 ans 8,50 $) le tour d'env. 15mn.*
Cette grande roue très appréciée, avec ses cabines fermées et climatisées, emmène les visiteurs à plus de 50 m au dessus du sol pour profiter de la vue sur le front de mer et les ferries de l'Elliott Bay, les bâtiments du centre-ville et les montagnes Olympiques au loin.
À l'extrémité sud du front de mer, le Pier 52 accueille le terminal des **Washington State Ferries**. C'est de là que partent les bateaux pour **Bainbridge Island** et la péninsule Olympique.

### ★ INTERNATIONAL DISTRICT I C3

Ce quartier coloré à l'est de Pioneer Square, où les dragons accrochés aux lampadaires sont censés apporter chance et prospérité, accueille les minorités chinoise, philippine, japonaise, vietnamienne et d'Asie du Sud-Est de la ville, rappelant l'importance des communautés asiatiques à Seattle (12 à 13 % de la population). La plupart des boutiques sont familiales, les canards rôtis sont suspendus derrière les vitrines des restaurants et, sur les trottoirs, les étals regorgent de produits exotiques. **Uwajimaya** *(600 5th Avenue S.)*, une immense épicerie et drugstore, propose une multitude de produits importés.

La *skyline* de Seattle, avec le mont Rainier en arrière-plan.
*Pacific_Stock / hemis.fr*

Au croisement de South King Street et de 5th Avenue South, l'arche très élaborée de **Chinatown Gate** marque l'entrée ouest du vieux Chinatown (le troisième plus grand quartier chinois des États-Unis) et, tout près, le **Hing Hay Park** *(423 Maynard Ave. S.)* abrite son Grand Pavilion, couleur rouge pompier. Les fans d'arts martiaux et les cinéphiles nostalgiques remarqueront, au 220 South King Street, le club de kung fu où **Bruce Lee**, venu à Seattle avec sa tante lorsqu'il avait 20 ans, s'est durement entraîné.
Des festivals animent le quartier tout au long de l'année : le nouvel an lunaire (en janvier), Bon Odori et le Dragon Fest (en juillet).

### ★★ Wing Luke Asian Museum

*719 S. King St. - ✆ 206 623 5124 - www.wingluke.org - mar.-dim. 10h-17h (1er jeu. du mois jusqu'à 18h) - visite guidée (45mn) : mar.-sam. ttes les heures de 10h30 à 15h30 - 14,95 $. Le musée propose aussi plusieurs visites guidées de Chinatown.*
L'histoire fascinante et méconnue de l'immigration asiatique dans le Nord-Ouest est ici détaillée à travers des présentations interactives qui mettent l'accent sur la justice sociale. Abrité dans un bâtiment historique, le musée propose aussi des visites guidées du magasin Yick Fun, reconstruit tel qu'il était il y a un siècle, et d'un hôtel historique de Chinatown.

## ★★ SEATTLE CENTER | B3

*Circonscrit par Denny Way, Broad St., 5th Ave. N., Mercer St. et 1st Ave. N. - ✆ 206 684 7200 - www.seattlecenter.com.*
**Bon à savoir** – Pour vous rendre de Downtown au Seattle Center, empruntez le **Monorail** *(www.seattlemonorail.com - lun.-vend. 7h30-23h, w.-end 8h30-23h - dép. ttes les 10mn du Westlake Center, à l'angle de 5th Ave. et Pine St. - 2,25 $ le trajet)*, de concept suédois, qui parcourt les 1,3 mile en moins de 2mn.
Au nord du centre-ville, aux pieds de Queen Anne Hill, Seattle Center attire chaque année des millions de visiteurs, attirés par ses musées, ses salles de spectacle et ses festivals. Ce parc animé de près de 30 ha était à l'origine le

site de l'Exposition universelle de 1962, dont le titre officiel était *Century 21 Exposition*. Cette dernière avait pour thème le modernisme et a ainsi inspiré le Monorail ou des créations comme la Space Needle (l'aiguille de l'espace), devenue l'emblème de la ville.

### ★★ Space Needle

*400 Broad St. (en face de 4th Ave. N.) - ✆ 206 905 2100 - www.spaceneedle.com - lun.-jeu. 10h-23h, vend.-sam. 9h30-23h30, dim. 9h30-23h30 - 19 $.*

Véritable phare de Seattle, cette gracieuse tour de métal à trois pieds haute de 183 m (1962, Victor Steinbrueck et John Graham Jr.) incarnait la vision de l'avenir dans les années 1960. Des ascenseurs à parois de verre propulsent les visiteurs à l'étage, où une plate-forme d'observation offre des **vues panoramiques★★** sur les gratte-ciel du centre-ville, Elliott Bay et le Puget Sound, les monts Olympiques et la chaîne des Cascades. Un restaurant panoramique rotatif, **SkyCity**, permet de prolonger le plaisir *(voir « Nos adresses », p. 458)*.

### ★★ Chihuly Garden and Glass

*305 Harrison St. - ✆ 206 753 4940 - www.chihulygardenandglass.com - lun.-jeu. 10h-22h, vend.-dim. 10h-23h - 21 $.*

Ce musée vous fera découvrir les sculptures monumentales de Dale Chihuly, pionnier de l'art sur verre. Né en 1941 à Tacoma, au sud de Seattle, cet artiste exposé dans de nombreux musées à travers le monde, de Londres (Victoria and Albert Museum) à Montréal (musée des Beaux-Arts), a étudié les techniques du verre à Murano. Présentées de façon éblouissante grâce à une scénographie bien étudiée (jeux de lumières, occupation de l'espace), ses installations et ses œuvres, colorées et complexes, invitent à des voyages imaginaires dans des forêts tropicales, des jardins botaniques, des paysages côtiers. Une expérience saisissante.

### ★★ Experience Music Project

*325 5th Ave. N. (au niveau de Broad St.) - ✆ 206 772 2700 - www.empmuseum.org - de fin mai à déb. sept. : 10h-19h ; le reste de l'année : 10h-17h - 23 $ (18 $ en ligne).*

Projet personnel du co-fondateur de Microsoft, Paul Allen, ce bâtiment conçu par l'architecte Frank Gehry (2000), aux couleurs psychédéliques et aux vagues

### BILL GATES ET MICROSOFT

Né en 1955, le patron de Microsoft, Bill Gates, a gagné son premier milliard à l'âge de 31 ans. Entrepreneur combatif, William Henry Gates III grandit à Seattle. Son père est avocat, sa mère éducatrice. Jeune adolescent, il découvre l'ordinateur et s'initie seul à la programmation. Entouré d'un petit groupe d'amis partageant sa passion, Gates développe des programmes informatiques intéressant le marché, capables de tout faire, de la gestion des bulletins de paye au contrôle de circulation routière. Alors qu'il achève brillamment le lycée, la société TRW, Inc. lui propose un salaire annuel de 20 000 dollars : il quitte un an ses études pour travailler. Il suit les cours de Harvard pendant deux ans, puis les abandonne pour se consacrer à plein temps à la programmation. Gates a su prévoir la révolution qui devait « mettre un ordinateur dans chaque foyer ». En 1975, Bill Gates et son ami d'enfance Paul Allen créent à Albuquerque (Nouveau-Mexique) la société de logiciels Microsoft. En 1979, ils la déplacent dans la banlieue de Seattle. Un an plus tard, IBM commande à Microsoft un système d'exploitation pour les ordinateurs personnels : le MS-DOS® voit le jour. La suite fait partie de la légende de l'entreprise… Aujourd'hui, Bill Gates vit avec sa famille dans une villa de 3 400 m² au bord du lac Washington.

ondulantes inspirées d'une guitare électrique démembrée, rend un bel hommage au rock'n'roll et à sa constante évolution à travers des expositions interactives variées. Pièce maîtresse du musée, une immense et impressionnante sculpture intitulée *Roots and Branches*, hommage à la culture populaire nord-américaine, entremêle jusqu'au plafond plus de 500 instruments de musique. Le monde du rock eut, à la fin des années 1980, les yeux rivés sur Seattle, où un nouveau courant, porté par les groupes locaux Nirvana et Pearl Jam, secoua l'industrie musicale : le **grunge**, dérivé d'un punk rock aux riffs acérés et aux textes rageurs et dépressifs, fut massivement adopté par la jeunesse mondiale et ses illustres représentants idolâtrés, en particulier **Kurt Cobain** (1967-1994). C'est cette épopée que le musée propose de revivre à travers des concerts retransmis sur écrans géants et des documents d'époque (costumes de scène, instruments, témoignages, photos, etc.). Une section est également dédiée à l'autre star locale, **Jimi Hendrix** : le musée possède en effet plus de 8 000 objets en relation avec l'artiste, des carnets de route aux tenues de scène. Les visiteurs peuvent s'essayer à former leur propre groupe dans l'une des salles d'activités interactives qui accueillent également des studios d'enregistrement. Les fans ne rateront sous aucun prétexte la **boutique** du musée, qui regorge de tee-shirts, disques et autres objets dédiés au rock.
Au sous-sol, le **Science Fiction Museum and Hall of Fame** s'intéresse aux grands auteurs de science-fiction et à tout ce qui s'y rapporte : extraits de films cultes et objets, dont l'authentique fauteuil du capitaine Kirk de *Star Trek* ou le costume de Superman.

### ★★ Pacific Science Center

*200 2nd Ave. N. (au niveau de Denny Way) - ✆ 206 443 2001 - www.pacificsciencecenter.org - 10h-17h (w.-end 18h) - 19,50 $ (moins de 15 ans 14,50 $) ; billet combiné avec l'IMAX 23,50 $.*
Dominant l'extrémité sud du Seattle Center, six bâtiments en U, reliés par de belles arches, forment un complexe subventionné par les géants locaux, dont Boeing et Microsoft. Des expositions interactives sont proposées : centre de météorologie virtuelle, dinosaures robotisés, serre aux papillons tropicaux. Dans la section « high-tech » de réalité virtuelle, d'astucieux programmes informatiques permettent de composer de la musique, de créer des œuvres d'art ou de « piloter » un deltaplane. Des salles de projection laser et IMAX enrichissent encore ces ressources pédagogiques.
Au nord de Seattle Center, le **McCaw Hall** accueille la troupe du **Pacific Northwest Ballet**, célèbre pour son *Casse-Noisette* mis en scène par Maurice Sendak et donné chaque année à la période des vacances, et le **Seattle Opera**, qui programme l'*Anneau du Nibelung* de Richard Wagner tous les quatre ans. On trouve également le superbe **Seattle Children's Museum**★ (*✆ 206 441 1768 - www.thechildrensmuseum.org - lun.-vend. 10h-17h, sam.-dim. 10h-18h - 8,25 $*), entièrement interactif.

## ★ FREMONT | BC2

*www.fremont.com.*
Au nord du centre-ville, au-delà du Lake Washington Ship Canal, le quartier de Fremont, artistique et décalé, se présente comme étant tout simplement… le centre de l'univers ! Ce village libertaire, indépendant avant d'être « annexé » par Seattle, ne ressemble à aucun autre. Tout à Fremont respire la culture alternative, de ses friperies à ses boutiques de vêtements en passant par ses petits restaurants, ses cafés et pâtisseries.
Son art de rue, provocateur et décalé, interpelle. Le **Fremont Troll**★★, une gigantesque sculpture publique, en est un exemple frappant *(à l'angle de*

## NUITS BLANCHES À SEATTLE

Seattle, vibrante et dynamique, offre à la nuit tombée un spectacle intense. Petits conseils pour s'y repérer :

**Ballard** *(voir ci-contre)*, envahi de trentenaires *trendy*, se démarque par un côté sophistiqué et une ambiance plutôt chic et sage. Une kyrielle de restaurants et bars à la décoration étudiée sont concentrés dans Ballard Avenue Historic District *(Ballard Ave. N.W., entre N.W. Market St. et N.W. Dock Place)*. **Notre conseil** : le *Tractor*, excellente salle de concerts à la programmation folk-rock particulièrement soignée *(voir p. 460)*.

**Capitol Hill** est la Mecque des noctambules. Quartier gentiment turbulent, il cultive un côté alternatif avec ses tatoueurs, ses petits bars et ses magasins ethniques. Le spectacle se trouve aussi dans les rues grâce au rassemblement de communautés diverses qui en ont fait leur bastion : gays excentriques, jeunes *yuppies* aux tenues soignées, *hipsters* arborant fièrement tatouages et barbes fournies. Les fans de musique ne manqueront pas la statue en bronze de Jimi Hendrix, l'idole locale *(au croisement de Broadway St. et Pine St.)*. **Notre conseil** : rendez-vous entre Broadway et E. John Street et faites votre choix selon votre humeur !

**Belltown**, entre Downtown et Seattle Center, est un ancien temple du *grunge* qui s'est depuis embourgeoisé. Il abrite encore des établissements qui font sa réputation, depuis ses bars aux façades colorées abritant une clientèle bruyante et très rock' n'roll, aux clubs prisés des groupes de rock indépendant du monde entier. **Nos conseils** : le *Bathtub Gin*, petit bar chic aux cocktails savoureux *(voir p. 459)*,et *The Crocodile*, club mythique de la ville où s'est notamment produit Nirvana *(voir p. 460)*.

*N. 36th St. et de Troll Ave.)*. La créature de 5,5 m, coincée sous le pont autoroutier d'Aurora Bridge, joue avec une Coccinelle de Volkswagen !

Tout près *(à l'angle de N. 36th Ave. et d'Evanston)*, une **sculpture** en bronze de près de 5 m de haut représentant Lénine a été sauvée de la destruction lors de la chute du bloc soviétique et rapportée de Slovaquie.

À un pâté de maisons au sud *(à l'angle de N. 35th Ave. et d'Evanston)*, une **fusée** datant des années 1950, pointée vers le ciel, semble prête à décoller.

**Waiting for the Interurban** *(à l'angle de N. 34th St. et de Fremont Ave. N.)*, une sculpture en aluminium représentant un groupe de voyageurs attendant un train qui ne passe jamais, est surprenante, car la tête du chien a été remplacée par un visage humain. En l'occurrence, celui d'Armen Stepanian, ancien maire honoraire de Fremont qui s'était opposé à l'artiste. Sournoise vengeance !

Juste à côté, le **Fremont Bridge** est entré dans le *Livre Guinness des records* : il s'ouvre et se referme 54 fois par jour pour laisser passer les voiliers et leurs grands mâts !

Parmi les bonnes adresses du quartier, citons **Theo Chocolate** *(3400 Phinney Ave. N. - ✆ 206 632 5100 - www.theochocolate.com)* qui torréfie des fèves de cacao bios issues du commerce équitable pour en faire de riches truffes et des barres chocolatées aux saveurs uniques. On peut également suivre la visite de son **usine**, qui se conclut par une dégustation.

Le **Fremont Sunday Market** *(Stone Way et N. 34th St. - dim. 10h-17h)* attire les chalands de toute la région pour ses produits artisanaux. Le **Fremont First Friday Art Walk** offre encore plus de choix en matière d'artisanat et d'art.

La communauté libre de Frémont organise les festivals les plus originaux qui soient, comme le **Moisture Festival** *(de fin mars à mi-avril)* ou la **Solstice**

**Parade** *(fin juin)*, à l'occasion de laquelle on peut s'attendre à tout, y compris à voir défiler des cyclistes nus aux corps artistiquement peints… ce qui n'est pas autorisé, mais qui réapparaît traditionnellement chaque année !

**BALLARD** | B1

Situé à 4 miles au nord-ouest du centre de Seattle, de l'autre côté de Salmon Bay, Ballard abritait à l'origine une communauté scandinave et était connu pour sa flotte de bateaux de pêche. Mais cette petite banlieue prospère s'est transformée au cours des dernières années pour devenir un quartier prisé des noctambules *(voir encadré ci-contre)*, autour duquel s'érigent de plus en plus de hauts immeubles. Le dimanche s'y tient le **Ballard Farmers' Market★★**, l'un des meilleurs marchés de la ville *(5300 Ballard Ave. N.W.)*.
Seuls vestiges de ce passé scandinave, le **Nordic Heritage Museum★** *(3014 N.W. 67th St. - www.nordicmuseum.org - mar.-sam. 10h-16h, dim. 12h-16h - 8 $)*, qui retrace l'histoire de l'immigration scandinave, le **Scandinavian Specialties** *(6719 15th Ave.)*, un café-restaurant couplé à une boutique de souvenirs, et la parade annuelle de **Syttende Mai** (fête nationale norvégienne), le 17 mai.

### ★★ Hiram M. Chittenden Locks

*3015 N.W. 54th St. - ☏ 206 783 7059 - www.nws.usace.army.mil.*
Le génie de l'armée gère ce système d'écluses, sur le canal reliant les eaux douces du lac Washington et du lac Union, à l'est de Seattle, aux eaux salées du Puget Sound. Ouvert en 1917, le complexe montre deux écluses, un barrage, un déversoir, un jardin botanique et un Visitor Center *(été : 10h-18h ; hiver : tlj sf mar. et merc. 10h-16h)*. Chaque année, autour de 100 000 navires de plaisance, de pêche, cargos ou scientifiques passent par les écluses, au grand plaisir des spectateurs rassemblés sur la rive nord. Sur le bord sud, une **échelle à saumons** permet aux poissons de remonter le courant en période de frai. Les visiteurs peuvent les observer à travers une baie sous-marine *(7h-20h30)*.

## À voir aussi Plan I

### ★ Frye Art Museum | C3

*704 Terry Ave. (au niveau de Cherry St.) - ☏ 206 622 9250 - www.fryemuseum.org - mar.-dim. 10h-17h (19h le jeu.) - gratuit.*
Bijou blotti au milieu du complexe médical de First Hill, ce musée expose des œuvres représentatives de peintres américains, français et surtout allemands, des 19e et 20e s. Baignées par la lumière du jour, les galeries offrent un cadre charmant et intime propice à la contemplation sereine. La collection centrale de peintres de l'école de Munich (fin du 19e s.-début du 20e s.) est la première d'Amérique, avec pour têtes de file Franz Seraph von Lenbach et Wilhelm Leibl. Les peintres américains, dont Albert Bierstadt, Winslow Homer, John Singer Sargent et Thomas Eakins figurent dans les collections permanentes, mais ne sont pas toujours exposés.

### ★ Museum of History and Industry | C2

*860 Terry Ave. N - ☏ 206 324 1126 - www.mohai.org - 10h-17h (20h le jeu.) - 17 $.*
Le MOHAI a déménagé dans un bâtiment de l'armurerie navale du quartier de South Lake Union en 2013. Dans ce cadre remarquable, des présentations interactives guident les visiteurs à travers la riche histoire de la ville. Parmi les meilleures attractions, une galerie maritime, le premier avion commercial de Boeing et une production théâtrale à la façon de Gilbert et Sullivan qui vous fera découvrir le grand incendie de Seattle de 1889.

### ★ Center for Wooden Boats | C2

*1010 Valley St. - ✆ 206 382 2628 - www.cwb.org - mai-août : 10h-20h ; sept. : 10h-19h ; mars-avr. et oct. : mar.-dim. 10h-18h ; nov.-fév. : mar.-dim. 10h-17h.*
Véritable musée en plein air comptant plus de cent bateaux amarrés sur le Lake Union, ce centre préserve l'héritage maritime du Nord-Ouest. On peut y louer un **voilier** ou une **barque d'époque** *(35 $/h.)* pour voguer sur le lac et les enfants pourront profiter des petits bateaux qui leur sont destinés *(dim. 11h-14h)*. Une promenade sur les quais offre l'occasion d'admirer les vieux gréements parfaitement conservés.

### ★★ Seattle Asian Art Museum | C2

*1400 E. Prospect St., Volunteer Park - ✆ 206 654 3100 - www.seattleartmuseum.org - merc.-dim. 10h-17h (jusqu'à 21h le jeu.) - 7 $ ; gratuit le 1er jeu. du mois.*
Logé dans un splendide bâtiment Art déco (1933, Carl Gould) qui abritait jusqu'en 1991 le Seattle Art Museum, le musée conserve plus de 7 000 pièces d'art asiatique, dont seulement un quart sont exposées à la fois. C'est une des dix premières collections de ce genre hors d'Asie. Cet espace baigné de silence, convient parfaitement aux sculptures bouddhistes et hindoues d'Asie du Sud, poteries chinoises vieilles de 4 000 ans, céramiques et objets de culte japonais finement ouvragés.

### University of Washington | CD2

*Délimitée par 15th Ave. N.E., N.E. 45th St., Union Bay et Portage Bay - ✆ 206 543 2100 - www.washington.edu.*
Les 280 ha de cette université réputée dominent la rive nord-est du canal du lac Washington. Elle accueille 35 000 étudiants par an, ce qui en fait l'un des plus grands établissements d'enseignement supérieur de la côte ouest. Le parc du campus, créé au début du 20e s. par l'architecte paysager John Olmsted, entoure deux excellents musées :
★ **Burke Museum of Natural History and Culture** – *17th Ave. N.E. et N.E. 45th St. - ✆ 206 543 5590 - www.burkemuseum.org- 10h-17h - 10 $.* Deux étages d'exposition illustrent la diversité géologique, archéologique et ethnologique des pays de la bordure pacifique. Au niveau inférieur, photographies et objets font découvrir les cultures de la côte nord-ouest des États-Unis, des îles du Pacifique, de l'Asie de l'Est et du Sud-Est. Le niveau principal est consacré à la géologie, avec des squelettes de dinosaures, des échantillons de minéraux et une exposition sur les plaques tectoniques.
★ **Henry Art Gallery** – *15th Ave. N.E. et N.E. 41st St. - ✆ 206 543 2280 - www.henryart.org - merc.-dim. 11h-16h (21h les jeu. et vend.) - 10 $.* Réputé pour ses choix audacieux, ce petit musée (1927, Carl Gould) encourage la production et l'exposition d'œuvres d'avant-garde. La collection permanente, parfois relayée par des expositions temporaires, met l'accent sur les mouvements artistiques du 20e s. en France et en Amérique. La collection d'art contemporain réunit des œuvres de Robert Motherwell, Max Weber et Robert Rauschenberg et, pour la photographie, Man Ray, Ansel Adams et Imogen Cunningham.
★ **Washington Park Arboretum** – *2300 Arboretum Dr. E. (entre Union Bay et Lake Washington Blvd. E.) - ✆ 206 543 8800 - www.depts.washington.edu/uwbg.* Sur 90 ha de terrains boisés au sud du campus, ce jardin botanique est en grande partie l'héritage des frères John et Frederick Law Olmsted, architectes paysagers. Entre 1909 et le début des années 1930, ils ont dessiné plusieurs jardins et une route aux courbes gracieuses. Dans cet espace protégé, les sentiers serpentent autour des 5 500 arbres, fleurs et plantes d'espèces différentes, traversent un jardin japonais, un vallon fleuri de rhododendrons, une rocaille et une allée bordée d'azalées.

Fremont Troll.
*W. Kaehler/age fotostock*

## LES PARCS DE SEATTLE

Avec 125 parcs, « Emerald City » (la cité émeraude) a largement mérité son surnom ! Voici quelques incontournables *(www.cityofseattle.net/parks)* :

★ **Discovery Park** | A1/2 – *3801 Discovery Park Blvd.* Ce parc de 216 ha sur la colline de Magnolia Hill, ancienne propriété militaire, est aujourd'hui le plus grand parc de la ville. Situé au sommet d'une falaise surplombant le détroit du Puget Sound, une **forêt primaire**★ et le **West Point Lighthouse**★, on y profite de superbes **vues**★★ sur le détroit et les monts Olympiques. Les randonneurs et les joggeurs peuvent emprunter un sentier en boucle de 2 miles qui traverse des ravins boisés et des forêts d'érables.

★ **Kerry Park** | B2 – *Accès depuis Queen Anne Ave. N. puis Highland Dr. à gauche (pente raide) - comptez 20mn à pied depuis Seattle Center.* Avis aux photographes : c'est certainement depuis le petit Kerry Park, niché dans le quartier résidentiel chic de Queen Anne, que vous aurez la meilleure vue pour immortaliser Downtown, la Space Needle et le majestueux mont Rainier en arrière-plan.

★ **Gas Works Park** | C2 – *2101 N. Northlake Way, dans le quartier de Fremont.* Un ancien site industriel où trône encore une usine délabrée, a été réhabilité en espace vert. Sur les collines qui bordent le **Lake Union**, on jouit de vues superbes sur les gratte-ciel de Downtown et les marinas du lac. Le Lake Union a la particularité de compter près de 500 *house boats* (maisons flottantes). Saurez-vous reconnaître celle de Tom Hanks dans *Nuits blanches à Seattle* (1993) ?

★ **Volunteer Park** | C2 – *1247 15th Ave. E., dans le quartier branché de Capitol Hill.* L'un des parcs les plus populaires de la ville abrite le Seattle Asian Art Museum *(voir p. 445)*. On peut pénétrer dans l'ancien château d'eau et gravir ses 107 marches pour avoir une vue à 360° sur le parc, la Space Needle et Elliot Bay, ou profiter de la serre qui abrite palmiers, cactus et plantes tropicales.

★ **Myrtle Edwards Park** | B2/3 – *voir p. 440.*

### ★★ Woodland Park Zoo | C1

*750 N. 50th St. - ☏ 206 548 2500 - www.zoo.org - mai-sept. : 9h30-18h ; oct.-avr. : 9h30-16h - 12,75 $ (hiver) / 18,75 $ (été).*

Ce remarquable zoo est très admiré pour avoir recréé l'environnement naturel de ses 1 100 pensionnaires, de 300 espèces différentes. Il regroupe 26 ha de prairie, toundra, marais, forêt tropicale et autres habitats, dont le plus vaste est une savane africaine. Des éléphants d'Asie circulent dans les ruelles d'un village thaïlandais. Loups et wapitis se partagent une taïga rappelant l'Alaska. John Olmsted a conçu en 1909 la plupart des bâtiments originaux du zoo ; le parc a été amélioré dans les années 1930, et entièrement rénové à la fin des années 1980 avec l'aménagement d'espaces ouverts sans grilles. La Bamboo Forest Reserve, avec ses ours paresseux et sa volière d'oiseaux tropicaux, est la plus récente attraction du zoo.

### ★★ Green Lake | C1

*À 6 miles au nord du centre-ville, entre Aurora Ave. N. et l'I-5.*
*7201 E. Greenlake Dr N. - ☏ 206 684 4075 - www.seattle.gov/parks.*

Le lac, ses espaces verts et ses loisirs sont très prisés des habitants de Seattle qui viennent s'y promener *(sentier de 4,5 miles)*, courir ou pratiquer le skate-board. Le parc est une réserve naturelle qui abrite des centaines d'espèces d'arbres et de plantes, de nombreux oiseaux, dont le carouge à épaulettes (au printemps). Le centre communautaire du parc possède une **piscine** couverte et deux **plages** surveillées durant la haute saison. Un petit centre artisanal loue **pédalos** et **voiliers**, mais on peut également se contenter d'un simple pique-nique au bord de l'eau pour profiter de ses incroyables paysages.

## À proximité Carte p. 452 et carte de région B2

### ★ Alki Beach

*À 7 miles au sud-ouest du centre-ville par Alaskan Way Viaduct et S.W. Admiral Way. Le King County Water Taxi (www.alkiferry.com - dép ttes les 30mn du lun au vend., et ttes les h. le w.-end 3,50 $) fait la navette entre le Pier 50 (Alaskan Way) et Alki.*
*1702 Alki Ave. S.W. - ☏ 206 684 4075 - www.seattle.gov/parks.*

Les premiers colons de la ville, connus sous le nom de **Denny Party**, passèrent l'hiver 1851 sur la plage d'Alki Beach avant de s'installer à l'emplacement de Pioneer Square. La silhouette du centre-ville et le détroit du Puget Sound fournissent ici de très belles vues. En été, la plage attire les baigneurs et les joueurs de beach volley, tandis que la **promenade du front de mer★**, longue de 2,5 miles, est le lieu de rendez-vous des joggeurs et des amateurs de roller. Les terrasses des cafés permettent de profiter du spectacle.

### ★★ Museum of Flight

*À Tukwilla, 7 miles au sud du centre-ville par l'I-5 (sortie 162).*
*9404 E. Marginal Way S., Boeing Field - ☏ 206 764 5720 - www.museumofflight.org - 10h-17h (21h le 1er jeu. du mois) - gratuit, donation bienvenue.*

Le plus grand musée de l'air et de l'espace de l'Ouest abrite des présentations interactives, qui font revivre l'aventure de l'aviation, depuis Leonard de Vinci et les premières montgolfières jusqu'à la navette spatiale et les avions furtifs. Le bâtiment central, en verre et acier, renferme une vaste collection d'appareils civils et militaires, environ 150 aéronefs, des premiers planeurs et biplans aux capsules spatiales. Plusieurs simulateurs de vol *(payants)* initient les visiteurs au pilotage d'avions de chasse ou de ligne ; une des salles est en liaison directe avec la réception satellite de la NASA. Une aile du bâtiment est dédiée aux exploits des pilotes durant la Seconde Guerre mondiale.

Aujourd'hui déplacée sur ce site, la **Red Barn** (grange rouge) de 1909 est l'atelier d'origine de la première société de William Boeing, Pacific Aero Products Company. Les objets exposés retracent l'histoire de la compagnie Boeing.

Un pont enjambe la route et permet ensuite d'accéder à la **Space Gallery** consacrée à la conquête de l'espace et, à l'extérieur, au **Airpark★★**, où l'on peut visiter plusieurs appareils mythiques tels le Concorde, l'avion présidentiel Air Force One utilisé de 1959 à 1972 et le premier Boeing 747 Jumbo Jet.

## ★ Rhododendron Species Foundation and Botanical Garden

*À Federal Way, 24 miles au sud du centre-ville par l'I-5 (sortie 143).*
*2525 S. 336th St. - ✆ 253 838 4646 - www.rhodygarden.org - mar.-dim. 10h-16h - 8 $.*

Plus de 1 000 espèces de rhododendrons fleurissent le long des chemins, à l'ombre de cette réserve située sur le campus du siège de Weyerhaeuser Corp. Le climat du détroit du Puget Sound est le seul qui convienne parfaitement à ces arbrisseaux, dont une espèce est native de la région. Mieux vaut visiter le lieu entre avril et juin, durant la floraison.

## ★ Bellevue

*De l'autre côté du lac Washington, à 10 miles à l'est de Seattle par l'I-90.*
*www.visitbellevuewashington.com.*

La très riche agglomération de Bellevue (133 992 habitants) peut se targuer de posséder des restaurants très prisés et la plus grande concentration de boutiques de la région, avec notamment **The Bellevue Collection★** *(délimité par la N.E. 4th et la N.E. 10th, la 100th Ave. N.E. et la 106th Ave. N.E. - ✆ 425 454 8096 - www.thebellevuecollection.com)* et ses nombreux centres commerciaux chic.

Le **Bellevue Arts Museum★** *(510 Bellevue Way N.E. - ✆ 425 519 0770 - www.bellevuearts.org - mar.-dim. 11h-17h - 10 $)* est dédié aux arts et à l'artisanat du Nord-Ouest, au sujet desquels le musée propose des expositions tournantes.

Le centre des arts du spectacle de Bellevue, le **Theatre at Meydenbauer Center** *(✆ 425 450 3810 - www.meydenbauer.com/theatre)* est également le foyer de l'**Opéra de Bellevue**.

Enfin, sur 21 ha, le **Bellevue Botanical Garden★** *(12001 Main St. - ✆ 425 452 2750 - www.bellevuebotanical.org - de l'aube à la tombée de la nuit)* vous fera découvrir sa réserve de jardins cultivés, de bois et de zones humides.

## Kirkland

*À 5 miles au nord de Bellevue par l'I-405.*

Avec ses rues ombragées bordées de charmantes **boutiques** et de galeries colorées, Kirkland est une petit coin de paradis pour les amateurs de shopping. On trouve en ville des restaurants huppés, dont un certain nombre avec vue sur le lac Washington, ainsi que le **Kirkland Performance Center** *(✆ 425 828 0422 - www.kpcenter.org)*, où se produisent des artistes de grande renommée. On n'oubliera pas de faire le tour du lac avec **Argosy Cruise** *(✆ 206 623 1445 - www.argosycruises.com)*. La balade permet de découvrir les superbes façades des demeures en bord de lac, notamment celle, colossale, de Bill et Melinda Gates, à flanc de colline.

### Woodinville

*À 8 miles au nord de Kirkland par l'I-405.*
*www.woodinvillewinecountry.com et www.gotastewine.com.*
La verdoyante Sammamish River Valley compte plus de 90 **exploitations viticoles★★** serrées le long de routes de campagne qui suivent la rivière Sammamish. La ville de Woodinville abrite l'auberge de **Willows Inn** *(voir « Nos adresses dans le Pudget Sound », p. 473)*. Le vénérable **Chateau Ste Michelle**, ouvert en 1976, a fait office de catalyseur pour les exploitations viticoles de Washington.

### ★★ Snoqualmie Falls

*À Snoqualmie, 29 miles à l'est de Seattle par l'I-90 (sortie 25).*
*6501 Railroad Ave. S.E. - www.snoqualmiefalls.com.*
À une demi-heure de route à l'est de Seattle, les eaux de la Snoqualmie River se précipitent d'un rebord rocheux pour aller s'écraser, quelque 82 m plus bas dans un bassin de basalte. Ces célèbres chutes constituent l'une des principales attractions de la région, tout particulièrement après la saison des pluies. À proximité, le **Salish Lodge & Spa** est une destination de luxe, avec sa vue sur les chutes et son restaurant renommé, qui propose des spécialités du Nord-Ouest. Les chutes de Snoqualmie et le Salish Lodge & Spa constituent l'un des paysages récurrents de la série *Twin Peaks*, tournée en 1989.

## Au large Carte p. 452 et carte de région B2

### ★ Tillicum Village

*Accès en bateau. Excursion proposée par Argosy Cruises (de mi-avr. à fin sept.) à partir du Pier 55, sur Alaskan Way.*
*206 622 8687 - www.tillicumvillage.com - visite guidée (4h) - 79,95 $ (moins de 12 ans 30,95 $).*
Hommage commercial, mais sincère, aux cultures du Nord-Ouest, le « village » se réduit à une *longhouse*, maison commune indienne, dans le style des Kwakiutls. Elle a été bâtie dans les années 1960 sur la petite île Blake Island, dans le Puget Sound.
On assiste à la cuisson traditionnelle du saumon, ouvert et grillé entier sur des piques de cèdre au-dessus d'un feu de bois d'aulne. Sur une scène, des artistes amérindiens offrent un spectacle qui s'inspire des mythes du Nord-Ouest, suivi de démonstrations d'artisanat traditionnel, comme la sculpture sur bois.
À côté, **Blake Island State Park** s'étend sur 190 ha, couverts d'arbres et de buissons. La réserve propose 15 miles de sentiers et 5 miles de plages. Elle est peuplée de cerfs, de pygargues à tête blanche (oiseau-emblème des États-Unis) et d'autres animaux sauvages.

### ★ Bainbridge Island

*À l'ouest de Seattle, de l'autre côté du détroit du Puget Sound. Accès en bateau avec les Washington State Ferries à partir de Pier 52, sur Alaskan Way (206 464 6400 - www.wsdot.com/ferries - dép. ttes les 20mn - 35mn de traversée - 17,50$).*
Une spectaculaire traversée en ferry permet d'accéder à cette île très appréciée pour ses paisibles routes de campagne, ses parcs et ses jardins. La principale ville, **Winslow**, se trouve à 5mn à peine du débarcadère des ferries. Très animé, son pittoresque centre-ville possède de nombreuses boutiques et bijouteries ainsi que d'excellents restaurants *(voir « Nos adresses dans le Puget Sound », p. 472)* et le célèbre glacier **Mora Iced Creamery★** *(139 Madrone Lane N. - 206 855 1112 - http://moraicecream.com - 11h30-21h).*

À la fin du 19e s. et au début du 20es., des fermiers japonais faisaient pousser des fraises dans les vastes champs qui parsèment l'île, dont on découvrira l'histoire au **Bainbridge Island Historical Museum** *(215 Ericksen Ave. N.E. - ✆ 206 842 2773 - www.bainbridgehistory.org - 10h-16h - 4 $)*.

★★ **Bloedel Reserve** – *7571 N.E. Dolphin Dr. - ✆ 206 842 7631 - www.bloedelreserve.org - juin-août : mar.-merc. 10 h-16h, jeu.-dim. 10h-19h ; le reste de l'année : mar.-dim. 10h-16h - 13 $.* Cette réserve de 60 ha englobe des prairies, forêts et vallons représentatifs des superbes paysages du Nord-Ouest. La flore locale foisonne dans un cadre naturel subtilement paysager. Des sentiers longent des marais peuplés d'oiseaux aquatiques, indigènes et migrateurs, une forêt de sol humide, un bosquet de buissons à fleurs, un jardin japonais d'inspiration zen et un jardin de mousses. Le Visitor Center occupe le manoir de **Collinswood**, demeure classique de 1932, dans le style château français.

## LA RÉGION DE SEATTLE

Dans l'angle nord-ouest sur la carte des États-Unis, la dynamique métropole de Seattle se caractérise par une ambiance jeune, subtilement décontractée, qu'on ne trouve dans aucun autre État. Les professionnels des industries de pointe s'y mêlent naturellement aux adeptes du style *grunge* – inventé ici – et aux intellectuels aisés. La silhouette futuriste de la ville annonce les cimes enneigées qui se dressent à seulement deux heures de route.

L'État de Washington possède un des plus beaux éventails de paysages du pays. Entourée d'épaisses forêts de conifères, la superbe baie du Puget Sound découpe la côte pacifique. Au centre, les dômes volcaniques des monts Rainier et St Helens marquent la dorsale déchiquetée du haut massif des Cascades. Descendant des contreforts des Rocheuses, la rivière Columbia traverse les plaines à blé de l'Ouest, formant presque toute la frontière sud avec l'Oregon. Bien avant l'arrivée des Européens, les Indiens de la côte tiraient déjà grand profit des abondantes ressources de la forêt et des rivières. En témoignent les canoës, totems et masques richement sculptés de ce peuple prospère. La première grande expédition menée par des Européens remonte à 1792, quand le capitaine britannique George Vancouver fait des relevés détaillés de la région du Puget Sound. Au début du 19e s., la région est incluse dans le vaste territoire de l'Oregon Country, âprement disputé entre Britanniques et Américains pour le commerce des fourrures. Le flot constant de colons américains entraîne l'intégration du territoire au sein des États-Unis. Des villes se développent rapidement sur la côte : Seattle, Port Townsend.

En 1916, William Boeing s'installe à Seattle. Il assure ainsi l'avenir de la ville dans l'ère aéronautique, que va célébrer l'Exposition universelle de 1962. Douze ans plus tard, à Spokane, une exposition plus engagée alerte sur la nécessité de respecter l'environnement. La nature se manifeste à son tour en 1980, quand le mont St Helens fait éruption, sous les yeux fascinés du monde entier. Seattle et l'État de Washington occupent alors le devant de la scène. Tout en prenant en compte les besoins d'une population croissante, ils s'opposent aux autres États du Nord-Ouest pour limiter l'exploitation des ressources naturelles.

Les visiteurs continuent de découvrir la splendeur des paysages et les plaisirs de la ville. Les boîtes de nuit branchées et les restaurants chic de Seattle concurrencent les charmes de la découverte des îles San Juan en kayak, de la randonnée sur le mont Rainier et des excursions d'une journée dans les bourgades pittoresques du bord de mer.

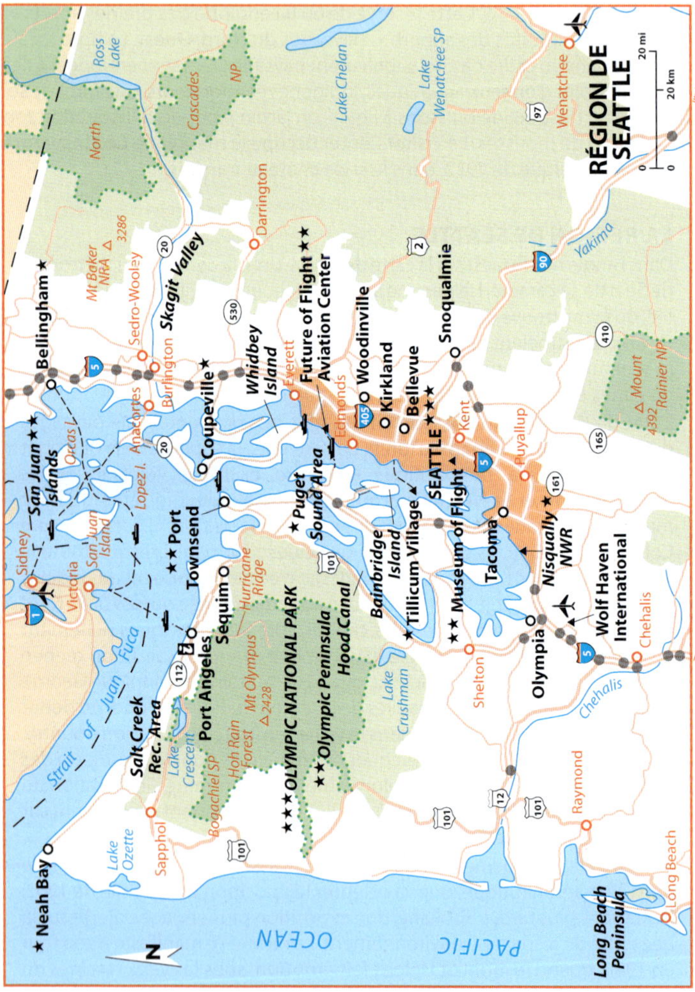
RÉGION DE SEATTLE
VANCOUVER
NANAIMO
PORTLAND
SALT LAKE CITY
Neah Bay
Strait of Juan de Fuca
Salt Creek Rec. Area
Port Angeles
Sequim
Port Townsend
San Juan Islands
Bellingham
Skagit Valley
Coupeville
Whidbey Island
Future of Flight Aviation Center
Woodinville
Kirkland
Bellevue
Snoqualmie
SEATTLE
Puget Sound Area
Bainbridge Island
Tillicum Village
Museum of Flight
Tacoma
Nisqually NWR
Wolf Haven International
Olympia
OLYMPIC NATIONAL PARK
Olympic Peninsula
Hood Canal
Long Beach Peninsula
PACIFIC OCEAN
Hurricane Ridge
Mt Olympus 2428
Hoh Rain Forest
Lake Crescent
Bogachiel SP
Lake Ozette
Sappho
Lake Crushman
Shelton
Chehalis
Raymond
Long Beach
Puyallup
Kent
Edmonds
Everett
Anacortes
Burlington
Sedro-Woolley
Mt Baker NRA 3286
Darrington
North Cascades NP
Ross Lake
Lake Chelan
Lake Wenatchee SP
Wenatchee
Yakima
Mount Rainier NP 4392
Sidney
Victoria
San Juan Island
Orcas I.
Lopez I.
20 mi
20 km

# NOS ADRESSES À SEATTLE

## ARRIVER/PARTIR

### En avion

**Sea-Tac International Airport** (SEA) *(✆ 206 787 5388 - www.portseattle.org)* accueille des vols des principales villes des États-Unis, d'Alaska et de l'étranger, notamment d'Asie et du Pacifique. La ligne de tramway **Link Light Rail** assure une liaison toutes les 10mn entre l'aéroport et Westlake Station, dans le centre-ville *(durée 40mn - 2,75 $)*. En taxi, comptez 60 $ *(30mn de trajet)* et en minibus privé de 30 à 40 $.

### En train

**Amtrak** *(✆ 800 872 7245 - www.amtrak.com)* gère plusieurs lignes de la station de King Street *(303 S. Jackson St.)*, dans le centre-ville. The Coast Starlight relie Seattle à Tacoma, Olympia, Portland et la Californie. The Empire Builder va de Seattle à Everett avant d'obliquer à l'est vers Spokane, puis de rejoindre Minneapolis et Chicago. La ligne des Cascades relie en quatre jours Vancouver (Colombie-Britannique) à Eugene (Oregon), en passant par Everett, Seattle, Olympia et Portland.
**SoundTransit** *(✆ 888 889 6368 - www.soundtransit.org)* assure les dessertes locales, en train ou en bus, dans le Pudget Sound, entre Seattle, Everett et Tacoma.

## TRANSPORTS

### Bus

**King County Metro** *(✆ 206 553 3000 - http://metro.kingcounty.gov)* assure un service de bus à travers la ville et ses alentours.

### Taxi

**Yellow Cab** *(✆ 206 622 6500 - http://yellowtaxi.net)*, **STITA** *(✆ 206 246 9999 - www.stitataxi.com)* et **Orange Cab** *(✆ 206 522 8800 -www.orangecab.net)*.

### Voiture

Une voiture n'est pas utile pour circuler en ville, mais elle est nécessaire pour les excursions dans la région. L'I-5 traverse la ville du nord au sud, entre Capitol Hill et Downtown. Dans la rue, le stationnement est limité à 2h, avec paiement à des bornes automatiques *(4 $/h, gratuit après 20h et le dim.)*, et les parkings surveillés sont nombreux mais chers *(30/40 $ la nuit)*. Pour se repérer, les avenues sont en général orientées nord-sud et les rues est-ouest.

## HÉBERGEMENT

### Downtown

#### BUDGET MOYEN

**Hotel Max** II E1 – *620 Stewart St. - ✆ 206 728 6299 - www.hotelmaxseattle.com - 163 ch. 179/206 $*. En plein centre-ville, dans un bâtiment historique, l'Hotel Max propose un décor moderne et élégant qui fait la part belle aux artistes et photographes locaux, dont les œuvres décorent les murs. On regrette en revanche le caractère franchement exigu des chambres. Situé à deux pâtés de maisons de la gare desservie par le train qui mène à l'aéroport.

#### POUR SE FAIRE PLAISIR

**The Maxwell Hotel** I B2 – *300 Roy St. - ✆ 206 286 0629 - www.themaxwellhotel.com - 🏊 - 139 ch. 209/249 $*. Cet hôtel confortable situé à quelques encablures du centre-ville offre un décor moderne et élégant. Des *cupcakes* à l'ananas vous seront offerts en guise de bienvenue.

**Hotel Vintage** II F2 – *1100 5th Ave. - ✆ 206 624 8000 et 800 853 3914 - www.hotelvintage-seattle.com - 215/289 $.* Ce bel établissement de la chaîne Kimpton propose au cœur de Downtown de vastes chambres dans les tons taupe et vert qui rendent hommage aux différents vignobles de l'État de Washington. Décoration contemporaine à la sobriété étudiée : tableaux composés de bouchons en liège, photos de vignobles. Une dégustation *(Hosted Wine Tour - 17h-18h)* est incluse dans le prix. L'hôtel abrite un restaurant italien, **Tulio**.

**Mayflower Park Hotel** II E1 – *405 Olive Way - ✆ 206 623 8700 et 800 426 5100 - www.mayflowerpark. com - 160 ch. 229/249 $, suites 299 $.* Cet hôtel historique du centre-ville demeure un repaire à l'élégance classique. Chambres vastes et confortables, mobilier en bois, papiers peints et photos d'époque. Une valeur sûre de Seattle. Bar **Olive** agréable et restaurant **Andalucia** qui, comme son nom l'indique, surfe sur une tendance hispanisante.

**MarQueen Hotel** II E1 – *600 Queen Anne Ave. N. - ✆ 206 282 7407 - www.marqueen.com - 53 ch. 259/279 $, suites 309/359 $.* Dans un bâtiment en brique qui abritait autrefois un parking, le MarQueen propose de larges suites avec parquets en bois d'origine, moulures couronnées, petits salons et cuisines bien équipées. Le décor, dans les tons feutrés, son mobilier simple et ses antiquités, tend vers un style Vieux Monde. Spa et café sur place.

**Alexis Hotel** II F2 – *1007 1st Ave. - ✆ 206 624 4844 - www.alexishotel. com - 121 ch. 244/305 $.* Fidèle au style et à l'élégance des hôtels Kimpton, ce luxueux hôtel-boutique installé dans un bâtiment historique combine art du Nord-Ouest et qualité de service irréprochable. On prend le petit-déjeuner et le déjeuner au **Library Bistro** (qui ne sert pas le dîner) et le café est offert, de même qu'un verre de vin le soir durant l'heure de dégustation. Une salle de fitness est également disponible.

**Hotel Andra** II E1 – *2000 4th Ave. (à l'angle de Virginia St.) - ✆ 206 446 8600 - www.hotelandra.com - 119 ch. 278/339 $.* Ce ravissant hôtel-boutique situé en plein centre-ville, dans un bâtiment de 1926, arbore un design scandinave chic et épuré, teinté de quelques touches propres à la côte pacifique nord-ouest : eau, bois et pierre. Les chambres et suites, lumineuses, sont de vrais cocons douillets et bénéficient d'un équipement très bien pensé. Le restaurant, **Lola**, sert d'excellents petits-déjeuners.

### UNE FOLIE

**Inn at the Market** II E1 – *405 Olive Way - ✆ 206 443 3600 et 800 446 4484 - www.innatthemarket. com - 76 ch. 285/525 $.* Un hôtel-boutique magnifiquement situé au cœur du Pike Place Market. Dans les chambres, de grandes baies vitrées offrent des vues magnifiques sur le marché, l'animation du front de mer et le Puget Sound. Décoration chic et classique égayée de quelques touches vintage, tendance années 1970. Terrasse extérieure au 5e étage. On trouve trois restaurants sur place, dont le **Marché Bistro & Wine Bar** et le **Café Campagne**, tous deux très appréciés. Service parfait. Un établissement coup de cœur, malgré des prix élevés.

**Edgewater Hotel** I B3 – *2411 Alaskan Way, Pier 67 - ✆ 206*

*728 7000 - www.edgewaterhotel.com - 223 ch. 329/409 $*. Seul hôtel de Seattle situé sur le front de mer, bâti sur une jetée, l'Edgewater a vu les Beatles pêcher des fenêtres de la chambre 272 durant leur séjour en 1964. Le décor rappelle la rusticité d'un chalet de montagne et toutes les chambres sont équipées d'une cheminée au gaz. Le restaurant **Six Seven** permet de découvrir la cuisine du Nord-Ouest. Préférez la terrasse pour profiter de la vue sur le détroit du Puget Sound.

**Fairmont Olympic** II F2 – *411 University St. - 206 621 1700 et 888 363 5022 - www.fairmont.com/seattle - - 450 ch. 247/329 $, suites à partir de 369 $*. Le premier hôtel de luxe de Seattle se trouve au cœur du centre-ville. Son bâtiment historique à l'architecture italianisante abrite des chambres aux tons neutres et garnies de draperies épaisses. Piscine et club de remise en forme. Le **Georgian** sert une cuisine française.

**Hotel 1000** II F2 – *1000 1st Ave. - 206 957 1000 et 877 315 1088 - www.hotel1000seattle.com - 120 ch. 339/539 $, suites 609/859 $*. Situé près du front de mer et de Pike Place Market, l'Hotel 1000 est un havre de paix dont le luxe se lit dans les armoires en bois de cerisier ou les imposantes baignoires qui se remplissent par un bec situé dans le plafond. On profitera du Spa pour se détendre. Le **Boka** sert une cuisine américaine moderne et des cocktails maison. Vous pourrez également profiter d'un golf virtuel !

## Belltown

### BUDGET MOYEN

**Ace Hotel** I C3 – *2423 1st Ave. - 206 448 4721 - www.acehotel.com - 28 ch. 109/199 $*. Le Ace Hotel est situé au cœur de Belltown, près du centre-ville, et à une distance de marche raisonnable du Seattle Center. Occupant un bâtiment historique, cet établissement stylé au décor minimaliste, où le blanc prédomine, possède un café et un bar. Les chambres avec salle de bains commune sont moitié moins chères que les autres : une bonne affaire ! Dans le quartier, de nombreux clubs proposent des concerts et accueillent des DJs.

## À proximité

### BUDGET MOYEN

**Cedarbrook Lodge** Hors plan I par C3 – *18525 36th Ave. S. (à proximité de l'aéroport de Sea-Tac) - 206 901 9268 - www.cedarbrooklodge.com - 104 ch. 136/229 $*. Au milieu de 7 ha de verdure, ce chalet respire la sérénité. On apprécie particulièrement ses grandes fenêtres qui vont du sol au plafond, les œuvres d'art originales qui décorent le lieu et les salons communs où sont offerts de petits en-cas. Le **Copper Leaf** jouit d'une excellente réputation pour sa cuisine exclusivement composée de produits locaux.

### POUR SE FAIRE PLAISIR

**Woodmark Hotel** – *1200 Carillon Point, Kirkland - 425 822 3700 et 800 822 3700 - www.thewoodmark.com - 100 ch. 215/340 $*. Posé sur les rives du Lake Washington, le Woodmark propose des chambres avec vue, décorées dans un style classique (tons terre et beige tirant vers le gris). Le service de cet établissement de luxe est de très haute qualité, et jusque tard dans la nuit, on se fera servir petits plats chauds et sandwichs. Le restaurant **Bin on the Lake** est renommé pour sa carte des vins.

## RESTAURATION

### Downtown

#### PREMIER PRIX

**Emmett Watson's Oyster Bar** II E1 – *1916 Pike Pl. - ✆ 206 448 7721 - assiette 9-16 $.* Un endroit simple mais agréable pour conclure la visite de Pike Place Market, notamment pour sa petite terrasse, qui permet, lorsque le temps est clément, de déguster au calme palourdes, huîtres et autres saveurs marines. Intéressantes bières locales à la pression.

**Ivar's Acres of Clams** II E3 – *1001 Alaskan Way, Pier 54 - ✆ 206 624 6852 - www.ivars.net - fermé en raison de travaux sur le front de mer jusqu'au 30 juin 2015 - plat 7/15 $.* Situé sur le front de mer, le restaurant de l'icône de Seattle, Ivar Haglund, est ouvert depuis 1938. Le *fish & chips,* délivré au comptoir donnant sur la rue, est une tradition en ville et accompagne idéalement une promenade en ferry, que l'on prend sur le quai adjacent. À table, on déguste un délicieux saumon grillé ou encore un crabe dormeur entier.

#### BUDGET MOYEN

**Etta's** II E1 – *2020 Western Ave. - ✆ 206 443 6000 - www.tomdouglas.com - plat 17,50/32 $.* Au cœur de Pike Place Market, ce restaurant tenu par l'incontournable Tom Douglas est l'un des hauts lieux de la cuisine de la mer à Seattle. On y sert les meilleures croquettes de crabe de la ville, ainsi qu'une multitude de fruits de mer et poissons, dont le flétan d'Alaska *(halibut)* avec sa paella à la perche de mer, aux palourdes et au chorizo. De grandes baies vitrées laissent pénétrer la lumière et l'ambiance vibrante du marché.

**A Serious Pie** II E1 – *316 Virginia St. - ✆ 206 838 7388 - www.tomdouglas.com - pizza 16/18 $.* L'un des 14 restaurants (!) du chef Tom Douglas, figure emblématique de la gastronomie locale. Dans cet établissement, c'est la pizza qui est reine, déclinée dans de nombreuses variations : pâte croustillante, garniture généreuse, pour des réalisations sans grande surprise mais sans fausse note.

#### POUR SE FAIRE PLAISIR

**Dahlia Lounge** II E1 – *2001 4th Ave. - ✆ 206 682 4142 - www.tomdouglas.com - plat 15/25 $.* Tom Douglas a frappé un grand coup en ouvrant son emblématique restaurant du Dahlia Lounge, il y a plus de 20 ans. Le menu très fourni explore différentes saveurs terre et mer, du filet de porc du Berkshire au saumon sauvage, en passant par les célèbres croquettes de crabes (considérées comme les meilleures de la ville). Le tout est accompagné de légumes provenant de la ferme du chef. Ne manquez pas la tarte à la noix de coco confectionnée dans la pâtisserie voisine… qui appartient elle aussi au chef.

**Metropolitan Grill** II F2 – *820 2nd Ave. - ✆ 206 624 3287 - www.themetropolitangrill.com - fermé sam. et dim. à midi - plat 15/68 $.* Meilleur gril de la ville, le très prisé Metropolitan accommode merveilleusement le bœuf originaire de l'État, notamment celui produit dans le Double R Ranch, vieilli puis grillé à haute température au bois de mesquite pour en exprimer toutes les saveurs. Les grands classiques figurent également à la carte, parmi lesquels la salade César. Avec son laiton étincelant, le décor rappelle les *chophouses* (grills) de la côte est.

**Steelhead Diner** II E1 – *95 Pine St. - ✆ 206 625 0129 - www.*

*steelheaddiner.com - salades et sandwichs 10/15 $, plat 18/42 $.* Spécialités de la mer à déguster dans un cadre sobre rehaussé de couleurs chatoyantes et de grandes baies vitrées qui laissent jouir de l'animation de la rue. Mais le bonheur est dans l'assiette : cuissons parfaitement maîtrisées, accompagnements bien choisis et sauces délicates.

**Elliott's Oyster House** II E2 – *1201 Alaskan Way, Pier 56 - ✆ 206 623 4340 - www.elliottsoysterhouse.com - fermé en raison de travaux sur le front de mer jusqu'au 30 juin 2015 - plat 19/81 $.* Les fruits de mer frais du Nord-Ouest sont la spécialité de cet élégant restaurant bâti sur les quais. La sélection d'huîtres change tous les jours et l'on trouve parmi la carte un saumon royal cuit sur une planche de bois d'aulne ou encore un risotto de langoustines grillées.

## Ballard

### BUDGET MOYEN

**The Walrus and the Carpenter** I B1 – *4743 Ballard Ave. N.W. - ✆ 206 395 9227 - www.thewalrusbar.com - dîner seult - plat 10/15 $.* Ce minuscule restaurant au nom improbable (tiré d'un poème de Lewis Caroll) a été désigné comme l'un des meilleurs du pays par de nombreux médias nationaux. Ses murs blanchis à la chaux et son décor industriel contrastent avec les saveurs étonnantes des huîtres locales et des fruits de mer, toujours servis dans de petites assiettes.

**Volterra** I B1 – *5411 Ballard Ave. N.W. - ✆ 206 789 5100 - www.volterrarestaurant.com - fermé lun. et le midi en semaine - plat 18/34 $.* Situé au cœur de Ballard, l'un des quartiers les plus tendance de la ville, ce restaurant italien moderne est un heureux mariage des saveurs audacieuses de la Toscane et de la générosité du Nord-Ouest. La viande de gibier est ici la grande vedette, à l'image du filet de sanglier avec gorgonzola et sauce crémeuse à la moutarde. Des baies locales viennent agrémenter la *panna cotta* toscane au miel de châtaignier. Décor très romantique, avec ses murs rouge carmin, et sa cour ombragée, idéale en été.

### POUR SE FAIRE PLAISIR

**Ray's Boathouse** I B1 – *6049 Seaview Ave. N.W. - ✆ 206 789 3770 - www.rays.com - dîner seult - plat 20/59 $.* Situé juste derrière les écluses des Locks, Ray's bénéficie d'une vue magnifique du détroit du Puget Sound aux montagnes de l'Olympic National Park. Mais ses plats de fruits de mer ne sont pas en reste et on y apprécie le charbonnier fumé, le flétan grillé ou les noix de Saint-Jacques saisies. Le **Ray's Café**, à l'étage, offre une alternative moins coûteuse pour le déjeuner et le dîner.

## Capitol Hill

### POUR SE FAIRE PLAISIR

**Terra Plata** I C3 – *1501 Melrose Ave. - ✆ 206 325 1501 - www.terraplata.com - plat 16/30 $.* Au cœur de Capitol Hill, un restaurant branché pour déguster une assiette de palourdes ou un morceau de cochon rôti au chorizo. Certes, la nourriture est bonne et le service agréable, mais le rapport qualité-prix incertain. On y vient aussi (et surtout) pour profiter de son toit-terrasse qui distille une atmosphère vraiment agréable aux beaux jours.

**Cascina Spinasse** I C3 – *1531 14th Ave. - ✆ 206-251-7673 - www.spinasse.com - dîner seult - plat 26/32 $.* La région du Piémont, dans le nord de l'Italie, est la source d'inspiration du Spinasse, où les pâtes faites maison sont accompagnées d'un *secondi* allant de la truite au steak. Goûtez notamment aux tagliatelles et leur faisan braisé aux myrtilles ou les raviolis de courges à la sauge. L'ambiance est la fois romantique et rustique.

### Queen Anne

#### UNE FOLIE

**Canlis** | C2 – *2576 Aurora Ave. N. - ✆ 206 283 3313 - www.canlis.com - dîner seult - fermé dim. - dîner 3 plats 85 $, 4 plats 100 $. Tenue de soirée exigée.* Les deux syllabes du Canlis évoquent à elles seules une certaine idée du restaurant de luxe, à l'instar de ces célébrités qui ne portent qu'un prénom. Seuls les meilleurs produits du pays sont servis ici : le bœuf vient du Nebraska, le homard du Maine, le saumon et les huîtres du Nord-Ouest. Le service est impeccable et la vue sur la chaîne des Cascades et Lake Union vous laissera bouche bée.

### Seattle Center

#### UNE FOLIE

**SkyCity** | C3 – *Space Needle, 400 Broad St. - ✆ 206 905 2100 - www.spaceneedle.com - déj. plat 27/35 $, dîner plat 40/65 $, brunch 49 $.* Soyons clairs, la cuisine, plus qu'honnête malgré tout, ne justifie pas des prix… aussi élevés que le restaurant lui-même. On profite avant tout de l'expérience saisissante qu'offre ce restaurant tournant et sa vue extraordinaire, à 360°, sur toute la ville. Les couchers de soleil y sont magiques.

### South Lake Union

#### BUDGET MOYEN

**Flying Fish** | C3 – *300 Westlake N. - ✆ 206 728 8595 - www.flyingfishseattle.com - plat 14/24 $.* Cela fait près de 20 ans que le chef, Christine Keff, concocte avec créativité ses plats de fruits de mer aux accents asiatiques, comme le thon blanc à la sauce wasabi ou les croquettes de crabe façon thaïlandaise. Avec ses chandeliers suspendus à des conduits métalliques et sa clientèle de mordus des technologies, cet élégant restaurant a quelque chose de très tendance. La boutique adjacente, et la possibilité de commander des plats à emporter feront le bonheur des gens pressés.

**Seastar Restaurant and Raw Bar** | C3 – *2121 Terry Ave. - ✆ 206 462 4364 - www.seastarrestaurant.com - plat 7/36 $.* Avec son décor aquatique le Seastar ressemble à un jardin sous-marin. Ici, la vedette est le sushi, que l'on prépare en spécialiste et que l'on sert accompagné de sauces savoureuses. Parmi les plats, citons le saumon sauvage du Nord-Ouest rôti sur planche de cèdre ou le thon gras en croûte de poivre et de sésame.

### Wallingford

#### UNE FOLIE

**Tilth** | C2 – *1411 N. 45th St. - ✆ 206 633 0801 - www.tilthrestaurant.com - dîner seult et brunch le w.-end - fermé lun. - menu 5 plats 70 $.* C'est une véritable ode aux produits issus de l'agriculture biologique que l'on trouve dans ce restaurant installé dans une demeure de style Craftsman. La chef Maria Hines ne ménage pas ses efforts pour offrir la meilleure qualité possible et absolument tout est fait maison, du jambon au vinaigre en passant par le beurre. Au menu, toujours de saison, on peut trouver de l'échine de porc de la Skagit River et, à l'automne, un flan de maïs savoureux.

## À proximité

**POUR SE FAIRE PLAISIR**

**Cafe Juanita** – *9702 N.E. 120th Place, Kirkland - ✆ 425 823 1505 - www.cafejuanita.com - dîner seult - mar.-sam. - plat 16/37 $.* Le chef, Holly Smith, n'utilise que des produits d'Italie issus de l'agriculture biologique pour ses créations, aussi audacieuses que variées. En bord de lac, le décor est rustique et le menu régulièrement renouvelé. On s'intéressera plus particulièrement au lapin braisé dans l'arneis (cépage italien de raisins blancs) avec ses gnocchis de pois chiche et à la selle d'agneau avec ses navets et sa *mostarda* (garniture italienne de fruits aromatisés au sirop) aux coings et au thym. Une carte des vins plus que généreuse fait la part belle aux vins du nord de l'Italie et aux variétés du Nord-Ouest américain.

### BOIRE UN VERRE

#### Downtown

**The Tasting Room** – *1924 Post Alley - ✆ 206 770 WINE - www.tastingroomseattle.com - tlj 12h-20h (plus tard les vend.-sam.).* Malgré un aspect extérieur peu engageant, ce bar à vins est une jolie découverte. À l'intérieur, le bois domine, les murs sont tapissés de bouteilles et l'ambiance est décontractée pour goûter les plus belles productions de l'État de Washington.

#### Belltown

**Bathtub Gin** – *2205 2nd Ave. (mais l'entrée se trouve plus bas : redescendez l'avenue et prenez la première allée à droite) - ✆ 206 728 6069 - http://bathtubginseattle.com - à partir de 17h - cocktail 10 $.* Un petit « speakeasy » (bar clandestin) à l'intérieur raffiné qui mêle harmonieusement brique et boiseries. Éclairage tamisé et atmosphère intime pour déguster une des nombreuses compositions du barman, parfaitement exécutées. Ambiance décontractée.

**Rob Roy** – *2332 2nd Ave. - ✆ 206 956 8423 - www.robroyseattle.com - cocktail 11/13 $.* Régulièrement cité parmi les meilleurs bars de la ville, Rob Roy s'est forgé une jolie réputation grâce à la qualité de ses cocktails. Que vous choisissiez les classiques de la maison ou que vous confiez au barman le soin de réaliser une mixture à partir de vos ingrédients préférés, vous ne serez pas déçu. Ambiance sombre, atmosphère tranquille.

### ACHATS

**Westlake Center** – *400 Pine St. - ✆ 206 467 1600 - www.westlakecenter.com.* Situé en plein centre-ville, ce centre commercial se déploie sur quatre étages, dont le dernier niveau est dédié à la restauration. C'est également le terminus du Monorail, qui transporte les usagers de Downtown au Seattle Center.

Le quartier des boutiques débute aux portes de **Westlake Park**, devant Westlake Center, avec, entre autres, les emblématiques **Nordstrom** à l'est et **Macy's** à l'ouest. De nombreuses enseignes nationales se trouvent sur Pike et Pine Streets ainsi que sur 5th et 6th Avenues.

**Pacific Place** – *6th Ave. et Pine St. - ✆ 206 405 2655 - www.pacificplaceseattle.com.* C'est le haut lieu du shopping, de la restauration et des loisirs haut de gamme. On y trouve quelque 50 boutiques, d'Ann Taylor à Williams-Sonoma, onze cinémas et près d'une douzaine de restaurants qui vous feront voyager en Asie, au Mexique, en Italie, etc.

**University Village** – *2623 N.E. University Village St. - ✆ 206 523 0622 - www.uvillage.com.* Ce centre commercial en plein air, au nord-est du centre-ville, rassemble des enseignes nationales telles que Crate & Barrel, Gap ou Banana Republic, ainsi que des enseignes du Nord-Ouest, comme le très prisé **Fran's Chocolates**. Avec sa cour intérieure décorée de sculptures et de fontaines, une aire de jeux pour les enfants et des boutiques charmantes, « U Village » possède une atmosphère détendue et reposante.

**Westfield Southcenter** – *2800 Southcenter Mall, Tukwila - ✆ 206 246 7400 - www.westfield.com/southcenter.* L'un des plus grands centres commerciaux de tout le Nord-Ouest, le Westfield Southcenter, se trouve à Tukwila, à 5 miles à l'est de l'aéroport international de Sea-Tac. Quelque 188 boutiques, des enseignes nationales comme locales et nombre de restaurants.

### EN SOIRÉE

## Clubs

**Dimitriou's Jazz Alley** – *2033 6th Ave. - ✆ 206 441 9729 - www.jazzalley.com.* Jazz Alley est le premier club de jazz de la ville et attire des musiciens internationaux tels que Diane Schuur ou Taj Mahal. Son balcon surplombe la scène et aucune place dans la salle n'est mauvaise. L'excellente acoustique est assurée par un système sonore à la pointe et les mélomanes pourront se régaler d'un repas local tout en profitant du spectacle.

**Showbox at the Market** – *1426 1st Ave. - www.showboxonline.com.* Fondé en 1939 dans le style Art déco, le Showbox a introduit de nombreux styles musicaux dans la ville au cours des décennies, de l'ère du jazz à celle de la musique *grunge*. Parmi les artistes venus s'y produire en tournée et les musiciens locaux, on trouve des noms aussi prestigieux que Duke Ellington ou Pearl Jam. Le Showbox organise 200 concerts variés chaque année.

**Triple Door** – *216 Union St. - ✆ 206 838 4333 - www.thetripledoor.net.* À la fois café-théâtre, salon et salle de concerts, le Triple Door a entièrement transformé ce qui était auparavant un théâtre de boulevard. Avec ses boxes confortables en demi-lune, son système sonore à la pointe et son décor sophistiqué, c'est l'une des meilleures salles de concerts de Seattle dans laquelle on vient écouter folk ou *world music*. Son restaurant, le **Wild Ginger**, fait partie des meilleurs restaurants asiatiques de la ville.

**The Crocodile** – *2200 2nd Ave. - ✆ 206 441 4618 - www.thecrocodile.com.* Ce club mythique de la scène *grunge* continue, malgré l'extinction de ce courant musical, d'enchanter les mélomanes grâce à une programmation assez pointue qui brasse désormais tous les styles (prédominance du rock tout de même). Il n'y a pas forcément des concerts tous les soirs, jetez un œil sur le site Internet avant de vous y rendre.

**Tractor Tavern** – *5213 Ballard Ave N.W. - ✆ 206 789 3599 - www.tractortavern.com.* Au cœur de l'animation de Ballard, le Tractor présente une programmation très axée pop/folk. Sur sa petite scène se succèdent des groupes originaires de tout le pays venus déclamer leur amour des grands espaces. On n'a qu'une envie en sortant : prendre la voiture et se perdre sur les routes qui traversent les magnifiques paysages du Nord-Ouest américain !

## Danse

**Century Ballroom** – *915 E. Pine St. - ✆ 206 324 7263 - www.centuryballroom.com*. Peu d'endroits peuvent se targuer de posséder autant d'élégance et de charme suranné que le Century Ballroom. Chaque soir, des centaines de personnes s'y rendent pour les cours et les spectacles de danse, qui vont de la salsa au swing, en passant par le tango ou la valse. La piste de danse (185 m$^2$) est l'une des plus vastes de la ville. Bar et restaurant sur place.

## Spectacles

**Benaroya Hall** – *200 University St. - ✆ 206 215 4800 - www.seattlesymphony.org*. Occupant tout un pâté de maisons du centre-ville, le Benaroya Hall est le foyer de l'orchestre symphonique de Seattle et de diverses troupes d'arts du spectacle de la région. Ouvert en 1988, le lieu a joué un rôle significatif dans la revitalisation du Downtown.

**Marion Oliver McCaw Hall** – *321 Mercer St. - ✆ 206 733 9725 - www.seattlecenter.com*. Fruit de rénovations d'envergure sur le Seattle Opera House, la première salle de spectacle de la ville accueille jusqu'à 2 900 spectateurs. Les troupes du **Pacific Northwest Ballet** *(www.pnb.org)*, du **Seattle Opera** *(www.seattleopera.org)*, ainsi que du **Seattle Men's Chorus** *(www.flyinghouseproductions.org)* s'y produisent.

**5th Avenue Theatre** – *1308 5th Ave. - ✆ 206 625 1900 - www.5thavenue.org*. Avec ses motifs chinois, ses feuilles d'or et le dragon peint sur son plafond, ce véritable bijou a été conçu en 1926 pour abriter un théâtre de boulevard. Le lieu accueille les pièces jouées à Broadway et une troupe de théâtre à but non lucratif dont les productions ont fait le voyage jusqu'à New York.

**Teatro Zinzanni** – *222 Mercer St. - ✆ 206 802 0015 - www.zinzanni.org*. Le cocktail un peu fou de café-théâtre et de cirque qui caractérise le lieu ne cesse d'attirer les foules. Les représentations, expérimentales, entrecoupées de *one man shows*, de danse et de voltige durent 3h et sont accompagnées d'un dîner de 5 plats. Grâce à la participation du public, l'improvisation est de mise. Trois spectacles y sont imaginés chaque année.

**ACT Theatre** – *700 Union St. - ✆ 206 292 7676 - www.acttheatre.org*. Avec ses deux salles distinctes pouvant accueillir chacune 390 spectacteurs, l'ACT Theatre a quelque chose d'intime. Sa troupe, renommée pour ses productions très pointues, a maintes fois été célébrée au niveau national.

**Seattle Repertory Theatre** – *155 Mercer St. - ✆ 206 443 2222 - www.seattlerep.org*. Cette vénérable troupe de théâtre a présenté les œuvres d'auteurs comme August Wilson, Neil Simon, John Patrick Shanley ou encore Wendy Wasserstein. Basé au Seattle Center, le Rep propose des classiques, des spectacles de Broadway et des œuvres modernes.

# Région du Puget Sound

★

**Dans le nord-ouest de l'État de Washington, la baie du Puget Sound s'avance loin à l'intérieur des terres, entourant d'innombrables îles, pénétrant dans les golfes, chenaux et détroits formés par des glaciers depuis longtemps disparus. Les bras de mer qui s'étirent vers le sud desservent Sea-Tac (Seattle-Tacoma), mégapole en perpétuelle croissance. Tacoma, autrefois rivale de Seattle, donne aujourd'hui une image plus paisible que la grande cité, jouant du charme de ses propres musées, restaurants et théâtres. Dominée par le dôme grandiose de son capitole, la petite ville d'Olympia, capitale de l'État, vit tranquillement à l'écart de l'agitation de ses voisines du Nord. Tout près du Canada, le centre commerçant de Bellingham conserve aussi une atmosphère décontractée et accueillante. Au milieu du Sound, les innombrables îles et îlots de l'archipel de San Juan attirent depuis des décennies artistes et artisans. En été, les touristes viennent en nombre goûter, en kayak, à vélo ou à pied, la beauté vierge de ces îles ravissantes.**

NOS ADRESSES PAGE 470

**S'INFORMER**

**Washington Tourism Alliance** – *800 544 1800 - www.experiencewa.com.*

**SE REPÉRER**

Carte de région AB1-2 (p. 430-431) – *heure du Pacifique.* La plus vaste mer intérieure des États-Unis, avec près de 26 000 km² de chenaux, baies, îles et péninsules, le Puget Sound (détroit de Puget) s'étend sur un axe nord-sud, du détroit de Juan de Fuca à Olympia. Il y a 149 miles entre Olympia et Bellingham.

**À NE PAS MANQUER**

Le quartier des musées de Tacoma ; les San Juan Islands.

**ORGANISER SON TEMPS**

Prévoyez une journée pour la visite de Tacoma. La meilleure période pour visiter le Puget Sound court de mai à mi-octobre, mais les îles San Juan, qui sont plus ensoleillées et plus arides que le reste de la région, sont très fréquentées en juillet-août et les files d'attente pour le ferry s'allongent. De mi-juillet à septembre, la région est chaude et sèche, avec des températures moyennes de 24 °C. Le reste de l'année est pluvieux et les tempêtes de neige ne sont pas rares au nord d'Everett.

**AVEC LES ENFANTS**

Le Point Defiance Park.

## Découvrir Carte de région et carte page 452

### AU SUD DE SEATTLE

**Tacoma** B2

*À 32 miles au sud de Seattle par l'I-5 (sortie 133).*

Le Museum of Glass de Tacoma.
*Fotosearch RM/age fotostock*

**Visitor Center** – *1500 Broadway - ✆ 253 284 3254 - www.traveltacoma.com - lun.-vend. 10h-16h, sam.-dim. 10h-15h.*
Ville portuaire et ferroviaire au 19e s., Tacoma a récemment rénové son image de ville industrielle vieillissante. Elle s'est métamorphosée en cité moderne agréable pour ses 203 446 habitants, avec de beaux musées, des galeries d'art et un campus, antenne de l'université de Washington. Le charme de cette ville accueillante doit aussi beaucoup à ses parcs agréables, sa vie théâtrale animée et ses quartiers anciens. Les demeures des grands barons de la sylviculture se dressent toujours sur les hauteurs qui surplombent Commencement Bay, mais l'identité de la ville ne s'y limite plus et englobe aujourd'hui le quartier de Museum District, grand rival du centre-ville de Seattle et de ses attractions.
★★ **Washington State History Museum** – *1911 Pacific Ave. - ✆ 253 272 3500 - www.washingtonhistory.org - de fin mai à déb. sept. : mar.-dim. 10h-17h ; le reste de l'année : merc.-dim. 10h-17h - 9,50 $.* Neuf salles thématiques, des dioramas grandeur nature et des images commentées dépeignent de manière vivante le développement de l'État. On revit les rencontres entre les Indiens et les premiers Européens, et l'industrialisation des 19e et 20e s., en terminant par les débats sur l'environnement et les technologies de pointe. Les galeries de l'étage sont ouvertes à d'intéressantes expositions temporaires.
★★ **Tacoma Art Museum** – *1701 Pacific Ave. - ✆ 253 272 4258 - www.tacomaartmuseum.org - merc.-dim. 10h-17h (20h le 3e jeu. du mois) - 10 $.* S'élevant en spirale jusqu'à un étage dédié aux présentations interactives sur la création artistique, ce bâtiment (Antoine Predock, 2003) est un étonnant ajout au quartier des musées de Tacoma. Le musée se concentre sur les artistes du Nord-Ouest, tels Jacob Lawrence ou Morris Graves, mettant ainsi l'accent sur l'art de la région. La pièce maîtresse du musée est une galerie dédiée aux travaux de l'artiste du verre natif de Tacoma, **Dale Chihuly**★, dont l'exposition est permanente.
★★ **Museum of Glass** – *1801 E. Dock St. - ✆ 866 468 7386 - www.museumofglass.org - été : lun.-sam. 10h-17h, dim. 12h-17h ; hiver : merc.-sam. 10h-17h, dim. 12h-17h (20h chaque 3e jeu. du mois) - 12 $ .* Ce musée spectaculaire conçu par Arthur Erickson montre un impressionnant cône en acier de 27 m de haut, inspiré

d'un four de scierie. À l'intérieur fonctionne un atelier interactif de verrerie d'art. S'élevant au-dessus du canal industriel Thea Foss Waterway, il est relié à une esplanade aménagée sur le toit du musée. L'édifice abrite les œuvres de nombreux sculpteurs et peintres du Nord-Ouest, entre autres artistes, ainsi que des expositions itinérantes en provenance des États-Unis et du reste du monde. Une séduisante collection de pièces en verre dues à **Dale Chihuly**, artiste réputé né à Tacoma, et l'un des créateurs du musée, est présentée sur une passerelle piétonne de 150 m, **Bridge of Glass★**, qui relie ce bâtiment au musée d'Histoire de l'État et au Tacoma Art Museum.

★★ **LeMay–America's Car Museum** – *1801 Dock St. - ☏ 866 468 7386 - www.lemaymuseum.org - 10h-17h - 16 $.* Ce musée de quatre étages, qui a ouvert en 2012 à l'ombre du Tacoma Dome, est l'un des plus grands musées de l'automobile du monde. Avec son architecture étonnante, sa zone interactive et son café au centre d'une collection de 500 véhicules, dont ce joyau qu'est la Duesenberg de 1930, le LeMay est bien plus qu'un simple musée de l'automobile.

★ **Point Defiance Park** – *Pearl St., au niveau de N. 54th St. (à 3 miles au nord de la Rte 16, sortie 132) - ☏ 253 305 1000 - www.metroparkstacoma.org.* Ce parc luxuriant de 280 ha s'étend sur des falaises surmontant le Puget Sound. Au milieu de jardins et de sentiers forestiers, le **Fort Nisqually Living History Museum★★** *(Five Mile Dr. - ☏ 253 591 5339 - www.metroparkstacoma.org - été : 10h-17h ; hiver : merc.-dim. 11h-16h - 7 $)*, reconstitution d'un fort de 1855 de la Compagnie de la baie d'Hudson, fait revivre son histoire. Le **Point Defiance Zoo and Aquarium** *(5400 N. Pearl St. - ☏ 253 591 5337 - www.pdza.org - 9h30-16h - 15 $)*, dont la nouvelle exposition abrite panthères nébuleuses et loups rouges, est de petite dimension, mais de grande qualité.

## Olympia A2

*À 60 miles au sud de Seattle par l'I-5, sortie 105.*

**Visitor Center** – *103 Sid Snyder Ave. S.W. - ☏ 360 704 7500 - www.visitolympia com - lun.-vend. 10h-17h, sam. 11h-16h (en été seult).*

La modeste capitale de l'État de Washington (48 338 habitants) gravite autour de l'imposant capitole et de son administration. Dès les années 1840, elle accueillit le premier bureau de douane du Nord-Ouest et on y construisit, en 1856, le premier capitole du Territoire. Bien que l'élan économique des débuts soit retombé, faute de commerce lié au chemin de fer, la ville devint capitale définitive de l'État en 1889.

★ **Washington State Capitol** – *Capitol Way, entre 11th Ave. et 16th Ave. - ☏ 360 902 8880 - www.des.wa.gov/services/facilities - visite guidée gratuite (1h) - lun.-vend. 10h-15h, w.-end 11h-15h (dép. ttes les heures).* Symbole de pouvoir, le dôme blanc du capitole culmine à 87 m. Construit entre 1893 et 1928, cet édifice néoclassique arbore six énormes portes de bronze, sculptées de scènes en relief illustrant l'histoire et l'industrie de l'État. À l'intérieur, un lustre central de 5 t, en cristal Tiffany, illumine la vaste rotonde au sol de marbre. Le public a accès à la salle d'apparat, **State Reception Room**, ainsi qu'aux chambres législatives, Assemblée et Sénat. Trois pâtés de maisons plus loin, dans une demeure des années 1920 de style Renaissance italienne, le **State Capitol Museum★** *(211 W. 21st Ave. - ☏ 360 753 2580 - www.washingtonhistory.org - actuellement fermé pour travaux)* retrace l'histoire de la construction du capitole et de la vie politique de la ville et de l'État.

## ★ Nisqually National Wildlife Refuge B2

*À 10 miles à l'est d'Olympia par l'I-5 (sortie 114).*

*101 Brown Farm Rd - ☏ 360 753 9467 - www.fws.gov/Nisqually - de l'aube à la tombée de la nuit - Visitor Center : merc.-dim. 9h-16h - 3 $.*

En 2009, dans un vaste effort de restauration des marais saumâtres du Nord-Ouest, 5 miles de digue furent démolis, laissant l'eau salée revenir sur les près de 300 ha du delta du fleuve Nisqually. Le projet a permis de rétablir un habitat riche en nourriture pour le saumon du Puget Sound et nombre d'oiseaux, dont beaucoup d'espèces migratoires. Des sentiers de randonnée, des passerelles et des abris permettent d'observer la faune sauvage.

### Wolf Haven International A2

*À Tenino, 12 miles au sud d'Olympia par l' Old Hwy 99.*
*111 Offut Lake Rd S.E. - 360 264 4695 - www.wolfhaven.org - avr.-sept. : tlj sf mar. 10h-16h (dim. 12h-16h) ; oct.-mars : sam. 10h-16h, dim. 12h-16h - 12 $.*
Ce sanctuaire et centre de réhabilitation de la faune abrite plus d'une trentaine de loups élevés en captivité. Parmi eux, des loups d'Amérique, des loups du Mexique, des loups rouges et des croisements entre chiens et loups. Des guides bénévoles proposent des visites guidées qui permettent d'en apprendre plus sur ces espèces. Durant l'été, l'une des attractions les plus étonnantes est le mensuel **Howl-in**, une soirée d'animations au cours de laquelle les visiteurs sont notamment invités à hurler avec les loups.

## AU NORD DE SEATTLE

### ★★ Future of Flight Aviation Center B2

*À Everett, 28 miles au nord de Seattle par l'I-5 (sortie 189).*
*8415 Paine Field Blvd, Mukilteo - 425 438 8100 - www.futureofflight.org - visite guidée seult (90mn) - 9h-15h (dép. ttes les h) - 18 $. Enf. de moins de 1,22 m non-admis. Réservation conseillée.*
Le géant de l'aéronautique assemble ses Boeing 747, 767, 777 et 787 dans une usine située au sud de la ville d'Everett. Depuis la création en 1916 par William Boeing de la Pacific Aero Products Company, l'industrie aéronautique est un bastion de l'économie locale. Des milliers d'employés travaillent dans cette usine, l'une des plus grandes de la société. Durant l'été, il est conseillé de réserver pour profiter des **visites guidées**★★ qui vous mèneront du caverneux Main Assembly Building à l'**Airplane Design Zone**, entièrement interactive. Juste à côté, **Paine Field** sert de terrain d'essai en vol des avions, avant leur livraison aux clients du monde entier.

### Whidbey Island B1

*À Coupeville (sur la Rte 20), 57 miles au nord de Seattle par l'I-5 (sortie 182) et la Rte 525.*
*360 929 6871 - www.whidbeycamanoislands.com.*

#### CONSTRUCTION D'UN BOEING

Boeing est le leader mondial de la construction des avions à réaction civils, de la navette locale au long-courrier ; son 737 est l'avion le plus utilisé dans le monde. À Everett, à une demi-heure de voiture au nord de Seattle, la première usine Boeing possède le plus vaste hangar du monde : les 13 millions de m$^3$ du Main Assembly Building dépassent son homologue du centre spatial Kennedy, en Floride. Haut de onze étages, il permet de loger quatre avions assemblés. Les trois gros porteurs Boeing – 747, 767 et 777 –, sont fabriqués ici en quatre à cinq mois. En 18 millions de voyages, ces appareils ont totalisé 72 millions d'heures de vol.
Le « jumbo », le 747-400, dont le premier vol a eu lieu en 1988, est long de 70,60 m pour une envergure de 64,40 m. Il transporte 568 passagers desservis par deux couloirs. Il vole à 10 000 m d'altitude, à 980 km/h. Avec 400 passagers à bord, il peut couvrir sans escale plus de 13 500 km.

Destination préférée des habitants de Seattle le week-end, Whidbey Island décrit un arc étroit de 60 miles près de la côte. L'atmosphère bucolique de ses collines et de ses champs verdoyants émaillés de petites villes n'est démentie que par la base aéronavale et le trafic commercial d'Oak Harbor.

**Coupeville★**, station de bord de mer des années 1850, aligne boutiques de souvenirs et restaurants de fruits de mer, mais compte aussi quelques maisons victoriennes construites pour les capitaines de marine marchande. La ville est entourée par la réserve d'**Ebey's Landing National Historical Reserve★** (70 km²), qui préserve le territoire et l'esprit d'une communauté rurale, avec un musée et deux parcs d'État. Ses bureaux sont au **Island County Historical Museum** *(908 N.W. Alexander St. - ✆ 360 678 3310 - www.islandhistory.org).*

Dans la partie nord de l'île, **Deception Pass State Park★** occupe les deux rives de Rosario Strait *(Rte 20, à 23 miles au nord de Coupeville - ✆ 360 661 0682 - www.parks.wa.gov).* Des voitures à cheval et un passage pour piétons permettent, en traversant les 300 m du **Deception Pass Bridge★**, d'admirer les falaises qui l'entourent et la mer qui vient battre le pied des rochers. Les longues plages de sable fin, les sentiers de randonnée qui traversent des forêts primaires et les baignades dans le lac sont autant de possibilités de loisirs pour les visiteurs.

## Skagit Valley B1

*À La Conner (sur la Rte 534), 66 miles au nord de Seattle par l'I-5 (sortie 221).*

*✆ 360 466 4778 - www.lovelaconner.com.*

Souvent voilée de brume, cette vallée luxuriante suit la rivière Skagit qui coule vers l'ouest depuis les Cascades. Elle est particulièrement colorée au printemps, lorsque fleurissent sur des milliers d'hectares les **tulipes**, **jonquilles** et **iris★★** des exploitations horticoles qui entourent Mount Vernon, son centre commerçant. La vallée est l'une des plus vastes régions de culture du monde pour les plantes à bulbe. Les touristes peuvent profiter de visites spécialisées et, en avril, du **Skagit Valley Tulip Festival**.

À l'automne, les *birdwatchers* remontent la vallée pour observer les pygargues à tête blanche qui nichent et pêchent près de Rockport *(www.skagiteagle.org).* Ce magnifique oiseau est l'emblème des États-Unis.

Classé site historique, le village pittoresque de **La Conner★** borde le Swinomish Channel, qui part de Skagit Bay. Fondée dans les années 1860, cette communauté d'artistes aligne sur le front de mer galeries d'art et boutiques d'artisanat. Elle compte aussi trois musées. Son atmosphère pleine de charme en fait une destination de week-end appréciée des citadins. Le **Museum of Northwest Art★★** *(121 S. 1st St. - ✆ 360 466 4446 - www.museumofnwart.org - mar.-sam. 10h-17h, dim.-lun. 12h-17h - gratuit)* est réputé pour sa riche collection de grands noms du Nord-Ouest, comme Guy Anderson, Morris Graves et l'artiste verrier Dale Chihuly.

## ★ Bellingham B1

*À 91 miles au nord de Seattle par l'I-5 (sortie 256).*

**Visitor Center** *– 904 Potter St. - ✆ 360 671 3990 - www.bellingham.org - 9h-17h.*

Sur les contreforts du mont Baker, cette ville agréable et prospère (82 631 habitants) se love autour de la baie du même nom. Au milieu du 19e s., ses premiers habitants travaillaient dans les mines de charbon et les scieries. Aujourd'hui, c'est à la fois le terminal sud de l'Alaska State Ferry et une ville universitaire centrée sur la **Western Washington University** *(au sud du centre-ville par Bill McDonald Pkwy - ✆ 360 650 3000 - www.wwu.edu)*, connue pour son campus orné de sculptures.

Friday Harbor, San Juan Island.
L. Decoudin/MICHELIN

Le **Fairhaven Historic District**★ *(entre 13th St. et 20th St.)* date des années 1870, mais s'est épanoui vingt ans plus tard lorsqu'il a été question d'y établir le terminus ouest du Great Northern Railroad. Finalement, c'est Tacoma qui a été retenue, mais ce quartier de la ville a conservé un agréable mélange de cafés, galeries, librairies, boutiques aux façades de brique rouge, et quelques charmantes maisons victoriennes bien rénovées.

Préservant le patrimoine culturel et artistique de la région, le **Whatcom Museum of History and Art**★ *(121 Prospect St. - ✆ 360 676 6981 - www.whatcommuseum.org - mar.-dim. 12h-17h - 10 $)* rassemble des œuvres dues aux Indiens de la côte, des objets artisanaux des pionniers et des spécimens d'histoire naturelle. Il est installé dans l'hôtel de ville à tourelles surmonté d'un clocher, construit en brique rouge dans le style victorien de 1892. À côté se trouve un musée pour les enfants.

Situé à la frontière sud de la ville, le spacieux **Spark Museum of Electrical Invention**★ *(1312 Bay St. - ✆ 360 738 3886 - www.sparkmuseum.org - merc.-dim. 11h-17h - 6 $)* permet de découvrir quatre siècles d'inventions électriques en un lieu interactif. On trouvera parmi d'autres attractions une reconstitution de la salle des radiocommunications du *Titanic* et un téléphone de 1915 qui servit à passer le premier coup de fil intercontinental.

À l'ouest de Larabee State Park, au sud de la ville, la route de **Chuckanut Drive**★ *(www.chuckanutdrive.com)* qui serpente sur les caps du Puget Sound, permet de profiter du paysage qu'offrent les îles de San Juan.

## ★★ San Juan Islands A1

*Entre 90 et 105 miles au nord de Seattle. Suivez l'I-5 vers le nord sur 65 miles jusqu'à la sortie 230 de Burlington, puis la Rte 20 vers l'ouest pendant 15 miles jusqu'au terminal des Washington State Ferries (www.wsdot.wa.gov/ferries) à Anacortes. De là, empruntez le ferry jusqu'à Friday Harbor, sur San Juan Island (10 dép./jour environ - durée 1h - 64 $ AR). En haute saison, surtout le w.-end, arrivez tôt (vers 7h) pour être sûr d'avoir de la place (ou réservations bien à l'avance* *sur le site Internet). Depuis Seattle, la compagnie Victoria Clipper propose une traversée quotidienne en ferry vers Friday Harbor (www.clippervacations.com - durée 3h - de 140 à 175 $ AR selon la saison). Une autre option, plus rapide mais plus onéreuse consiste à prendre l'hydravion depuis Lake Union, à Seattle, pour rejoindre la marina de Friday Harbor (www.kenmoreair.com - durée 35mn - env. 250 $ AR). Frissons garantis !*

**San Juan Islands Visitors Bureau** – *℘ 360 378 9551 - www.visitsanjuans.com.*

Semblable à une armada flottant dans la brume, entre la côte de l'État et l'île de Vancouver, cet archipel de 700 îles et îlots (pour 16 000 hab.) était aux époques glaciaires une chaîne de montagnes couvertes de glaciers. Les Indiens Lummis y chassaient autrefois ; les colons y ont établi des fermes et planté des vergers. Aujourd'hui, c'est la beauté tranquille du paysage qui attire les vacanciers, venus se reposer et observer les oiseaux ou les baleines. En effet, Seattle est la seule grande métropole dans le monde à posséder une population d'**orques** résidente (ou baleines tueuses). Trois bancs (dont chacun possède son propre dialecte), nommés J, K et L, sillonnent les eaux du Puget Sound à la recherche de saumons. Chacune de ses familles matriarcales est dirigée par une femelle plus âgée. Ces géants des mers sont faciles à remarquer en prenant les ferries de Washington State : il suffit de chercher leur aileron dorsal qui brise les vagues.

★★ **San Juan Island** – La plus à l'ouest des trois îles dotées d'hébergements touristiques est aussi la plus peuplée. Principal village de l'île, **Friday Harbor** se révèle coquet avec ses jolies façades en bois colorées et son marché fermier *(sam. 10h-13h)*. Le rythme de vie y est plus lent que sur le continent et, pour une fois, la voiture n'est plus reine. Les cyclistes

### LA GUERRE DU COCHON

Que se passerait-il si une guerre était déclarée et qu'aucun combattant ne venait ? C'est exactement ce qui est arrivé sur l'**île de San Juan** en 1859. Cette année-là, la longue dispute entre Britanniques et Américains concernant la possession des îles culmina lorsqu'un colon britannique abattit le cochon d'un Américain. Les deux pays envoyèrent de grandes garnisons sur l'île et menacèrent de déclarer la guerre. Des camps militaires furent établis aux deux extrémités de l'île. Mais aucun coup de feu ne fut jamais tiré, et, à Londres comme à Washington, des esprits moins échauffés décidèrent de s'en remettre à un arbitrage international. Pendant ce temps-là, dans chaque camp, les soldats faisaient leurs manœuvres durant le jour et, à la tombée de la nuit, se retrouvaient pour discuter, danser, boire et parier. La « guerre » ne prit fin qu'en 1872, quand Guillaume 1er d'Allemagne, qui avait été choisi comme arbitre, décida d'octroyer les îles aux États-Unis. Le **San Juan Islands National Historical Park★** regroupe les deux camps militaires, des lieux explicitement et intrinsèquement dédiés à la paix dans le monde.

y prennent un plaisir infini, sillonnant les nombreux sentiers côtiers ou s'enfonçant dans les forêts humides. Ce n'est pas un hasard si nombre d'artistes viennent ici puiser leur inspiration. Vous pouvez visiter le petit **Whale Museum** *(62 1st St. N. - ✆ 360 378 4710 - www.whalemuseum.org - 10h-16h - 6 $)*, qui propose des expositions sur la vie des baleines (leur système de repérage, l'accouplement, la naissance des baleineaux), que l'on peut souvent observer du côté ouest, à **Lime Kiln Point**. Les deux parties du **San Juan Island National Historical Park★** *(✆ 360 378 2240 - www.nps.gov/sajh)* assurent la conservation du littoral, et rappellent l'occupation conjointe de l'île par des soldats britanniques et américains entre 1859 et 1872, après la guerre du Cochon *(voir encadré ci-dessus)*. En dehors de ses paysages sauvages, l'île recèle d'autres surprises comme la **Westcott Bay Cider**, une cidreraie et distillerie produisant des gins et eaux-de-vie d'excellente qualité *(au nord de l'île, à proximité de Roche Harbor - www.westcottbaycider.com - dégustation vend.-dim. 13h-16h)*, le vignoble de **San Juan Island Vineyards** *(3136 Roche Harbor Rd - www.sanjuanvineyards.com - dégustation 11h-17h)* et **Pelindaba**, une ferme exploitant de la lavande ouverte au public *(45 Hawthorne Ln - www.pelindabalavender.com)*. Enfin, ne manquez pas l'incontournable excursion en **kayak de mer** : vous aurez peut être la chance d'apercevoir des orques *(voir « Nos adresses »)*.

★★ **Orcas Island** – *http://orcasislandchamber.com*. En forme de fer à cheval, la plus grande île des San Juan enserre la charmante baie d'East Sound. Depuis ses montagnes basses couvertes de forêts, on a de beaux panoramas sur l'archipel, les chaînes des Cascades et Olympique, la côte canadienne et l'île de Vancouver. Plus de 2 000 ha sont protégés par le **Moran State Park★** *(Horseshoe Hwy - ✆ 360 376 2326 - www.parks.wa.gov)*, qui entoure cinq lacs et 30 miles de sentiers de randonnée.

★ **Lopez Island** – *www.lopezisland.com*. Moins développée que ses voisines, Lopez est un refuge pour les artisans et les amateurs de solitude. Ses plages paisibles et ses criques rocheuses offrent une infinité de paysages marins. Le petit **Lopez Village** est le centre commerçant de l'île.

## NOS ADRESSES DANS LE PUGET SOUND

### TRANSPORTS

#### En avion

**Seattle-Tacoma International Airport** (SEA), nommé aussi SEA-TAC *(✆ 206 787 5388 - www.portseattle.org)*, est le principal aéroport régional. On y trouve les principaux loueurs de voiture et de nombreux bus régionaux y font halte. **Kenmore Air** *(✆ 425 486 1257 - www.kenmoreair.com)* assure des vols quotidiens vers les îles San Juan *(voir p. 468)*.

#### En bus

**Greyhound** *(✆ 800 231 2222 - www.greyhound.com)* dessert la plupart des localités du Puget Sound.

**Quick Shuttle** *(✆ 800 665 2122 - www.quickcoach.com)* relie Seattle à Bellingham et Vancouver (BC).

**BoltBus** *(✆ 877 265 8287 - www.boltbus.com)* opère une desserte entre Portland, Seattle et Bellingham.

#### En ferry

**Washington State Ferries** *(✆ 206 464 6400 - www.wsdot.com/ferries)* opère des ferries pour voitures et passagers d'Anacortes, à 80 miles au nord de Seattle, pour les îles San Juan *(voir p. 468)*. La compagnie propose aussi des liaisons pour Whidbey Island, de Mukilteo (26 miles au nord de Seattle) à Clinton, et de Port Townsend à Coupeville. **Clipper Vacations** assure un ferry passager entre Seattle et Friday Harbor, sur l'île de San Juan *(voir p. 468)*. On peut parfois apercevoir des baleines sur le trajet en début et en fin de saison.

#### En train

**Amtrak** *(✆ 800 872 7245 - www.amtrak.com)* gère plusieurs lignes : The Coast Starlight relie Seattle à Tacoma, Olympia, Portland et la Californie. The Empire Builder va de Seattle à Everett avant d'obliquer à l'est vers Spokane.

**SoundTransit** *(✆ 888 889 6368 - www.soundtransit.org)* dessert toute la région du Puget Sound entre Everett, Seattle et Tacoma.

### HÉBERGEMENT

#### Lakewood

UNE FOLIE

**Thornewood Castle Inn and Gardens** – *8601 N. Thorne Lane S.W. - ✆ 253 584 4393 - www.thornewoodcastle.com - 6 ch. 300/500 $* ☕. Unique en son genre sur la côte ouest, ce manoir gothique de 54 pièces, dans le style Tudor, occupe un domaine boisé de 1,6 ha au bord du lac American (à 10 miles au sud de Tacoma). Les propriétaires ont rénové une demi-douzaine de chambres, ornées de vitraux et de meubles anciens, pour créer un B&B.

#### Port Ludlow

UNE FOLIE

**Inn at Port Ludlow** – *One Heron Rd - ✆ 360 437 7000 et 877 805 0868 - www.portludlowresort.com - 37 ch. 319/399 $ en demi-pension*. Donnant sur les eaux calmes d'une baie de la côte est de la péninsule Olympique, cette auberge accueille ses visiteurs dans des chambres confortables qui possèdent poutres apparentes, cheminées au gaz, baignoires, et balcons privés d'où l'on admire les montagnes. L'auberge fait partie d'un complexe qui comprend une marina et un terrain de golf. Le restaurant **Fireside** *(plat 14/38 $)* propose bœuf et agneau bios produits localement, ainsi que des fruits de mer de la région.

## San Juan Islands

### BUDGET MOYEN

**Lakedale Resort at Three Lakes** – *4313 Roche Harbor Rd, Friday Harbor, San Juan Island - ✆ 360 378 2350 et 800 617 2267 - www.lakedale.com - 22 ch à partir de 170 $* ☕. Ici, vous pouvez choisir entre les chambres à l'intérieur du chalet principal, les cabanes en rondins au mobilier charmant, ou encore les grandes cabanes en toile. Entourée de trois petits lacs, au milieu d'une forêt de sapins, la station possède aussi un terrain de camping. Copieux petit-déjeuner.

**Rosario Resort and Spa** – *1400 Rosario Rd, Eastsound, Orcas Island - ✆ 360 376 2222 et 800 562 8820 - www.rosarioresort.com - 🏊 - 127 ch. à partir de 120 $.* Avec trois hectares en bord de baie, ce manoir historique aux parquets en teck possède un orque, toujours utilisé. C'est une excellente base pour découvrir l'archipel de San Juan, observer les baleines, faire de la voile, du yoga, du tennis ou du kayak. Propriété du groupe Rockresorts, le *lodge* possède deux piscines en plein air et un élégant centre de remise en forme.

### POUR SE FAIRE PLAISIR

**Wildwood Manor** – *5335 Roche Harbor Rd, San Juan Island - ✆ 360 378 3447 - www.wildwoodmanor.com - fermé nov.-mars - 5 ch. et suites 185/340 $* ☕. John et Michael sont des hôtes absolument charmants et discrets et leur maison, isolée dans les bois, un vrai havre de paix. Michael, ancien décorateur d'intérieur, y laisse libre court à son inspiration (étonnant mais réussi mélange d'époque victorienne et de touches asiatiques). Chambres vraiment confortables, avec terrasses privées et vue sur mer, où l'on se sent déconnecté du monde. Et pour ne rien gâcher, les petits-déjeuners sont un bonheur (jus de fruits frais, pancakes maison, tarte mozzarella-tomate). Une adresse coup de cœur.

**Hotel de Haro** – *248 Reuben Memorial Dr., Roche Harbor, San Juan Island - ✆ 360 378 2155 - www.rocheharbor.com - 20 ch. 177/380 $.* Un hôtel historique (1886), aux chambres douillettes et bien aménagées, dotées d'un balcon avec vue sur la marina. Dans les parties communes, matériaux d'époque, parquet qui craque et photos anciennes témoignent des heures de gloire de l'établissement. Un hébergement de caractère.

## Tacoma

### POUR SE FAIRE PLAISIR

**Hotel Murano** – *1320 Broadway St. - ✆ 253 238 8000 - www.hotelmuranotacoma.com - 319 ch. 229/269 $, suites 289/369 $.* Dans l'esprit artistique de Tacoma, le Murano est un hôtel design qui expose une collection d'art contemporain dans son hall d'entrée. Les couleurs turquoise et orange émaillent les chambres aux tons terre et le restaurant **Bite** *(plat 13/29 $)* sert une cuisine typique du Nord-Ouest.

## Whidbey Island

### BUDGET MOYEN

**The Captain Whidbey Inn** – *2072 W. Captain Whidbey Inn Rd, Coupeville - ✆ 360 678 4097 et 800 366 4097 - www.captainwhidbey.com - 32 ch. 103/240 $.* Toute la romance de la mer se blottit dans les lits de plume de ce vieux chalet en rondins de 1907. Dans la salle à manger rustique de cette retraite de l'île Whidbey, avec vue sur Penn Cove, on déguste les moules de la baie cuites au gingembre.

Le capitaine aubergiste, John Colby Stone, barre un ketch traditionnel de 16 m dont ses hôtes manœuvrent les voiles.

#### POUR SE FAIRE PLAISIR

**Saratoga Inn** – *201 Cascade Lane, Langley - ✆ 360 221 5801 - www.saratogainnwhidbeyisland.com - 16 ch. 185/245 $.* Cette charmante auberge aux murs de bardeaux possède un porche d'où l'on peut profiter de la vue sur le Saratoga Passage et les montagnes des Cascades confortablement assis dans un fauteuil à bascule. Les chambres sont lumineuses et spacieuses, toutes ont des vues magnifiques et possèdent une cheminée au gaz.

#### UNE FOLIE

**Inn at Langley** – *400 1st St., Langley - ✆ 360 221 3033 - www.innatlangley.com - 26 ch. 299/325 $.* Les immenses fenêtres qui vont du sol au plafond donnent sur les eaux calmes de Saratoga Passage. Le décor est un subtil mélange de simplicité asiatique et de nature du Nord-Ouest. Le restaurant, avec sa cheminée faite de galets, propose un menu de saison et sert des produits régionaux comme les moules de Penn Cove.

### Woodinville

#### UNE FOLIE

**The Willows Lodge** – *14580 N.E. 145th St - ✆ 425 424 3900 - www.willowslodge.com - 84 ch. 334/364 $.* Entouré de pelouses et de jardins, le Willows se trouve au cœur des terres viticoles de Woodinville. Les poutres en pin douglas et la gigantesque cheminée dans les parties communes sont réhaussées par l'art amérindien qui décore les lieux. Les chambres, somptueuses, possèdent cheminée et vue sur les jardins. Le bistrot **Barking Frog** *(plat 34/58 $)* sert des vins locaux et une cuisine typique du Nord-Ouest.

## RESTAURATION

### Bainbridge Island

#### POUR SE FAIRE PLAISIR

**Restaurant Marche** – *150 Madrone Lane - ✆ 206 842 1633 - www.restaurantmarchebainbridge.com - fermé dim. et lun. - plat 16/29 $.* Un ancien garage réaménagé abrite tables et chaises fabriquées à partir d'un unique noyer de l'Oregon et les couleurs sont directement inspirées par le Dungeness Spit tout proche. Les produits, comme la truite meunière ou le saumon pêché au filet dans les récifs, sont locaux. Le chef, Greg Atkinson, a du génie pour les légumes, ce dont on se convaincra en goûtant son flan aux pois.

**The Four Swallows** – *481 Madison Ave. N. - ✆ 206 842 3397 - www.fourswallows.com - dîner seult - fermé dim. et lun. - plat 15/39 $.* À une demi-heure en ferry de Seattle, Baindridge Island abrite l'un des meilleurs restaurants de la région. Avec ses murs peints couleur safran, la William Grow House (1889) est un lieu charmant et idéal pour ce restaurant de luxe d'inspiration italienne où l'on déguste poissons, huîtres et moules de la région. Les lasagnes et la pizza maison ajoutent à l'éclectisme du menu. En été, on prend place sur le porche entouré de glycines.

### San Juan Islands

#### POUR SE FAIRE PLAISIR

**Duck Soup Inn** – *50 Duck Soup Lane - Friday Harbor, San Juan Island - ✆ 360 378 4878 - ducksoupinn.com - plat 18/37 $.* Avec son décor en bois de cèdre et sa mare aux canards, ce restaurant de campagne fait le bonheur des locaux comme des visiteurs. On y sert une savoureuse cuisine, rustique au premier abord (goulasch d'agneau, boulettes de porc de l'île Lopez, canard rôti, saumon fumé maison), mais que le chef sait rendre pimpante grâce à l'emploi des fruits et légumes de l'île qui se mélangent joyeusement dans l'assiette. Jolie maîtrise des sauces et belle carte des vins.

#### UNE FOLIE

**Willows Inn** – *2579 W. Shore Dr., Lummi Island - ✆ 360 758 2620 - www.willows-inn.com - dîner seult - fermé lun.-mar. - menu unique 175 $.* Blaine Wetzel, ancien sous-chef au mondialement renommé Noma de Copenhague, part chaque jour en quête de produits de saison, cueille des fleurs comestibles, surveille ce qui est planté dans le jardin de son établissement et visite les fermes de l'île. Il en résulte une cuisine exceptionnelle, comme ce saumon fumé présenté dans une boîte en bois fabriquée à la main contenant des braises encore fumantes ou, en automne, ces pommes sauvages écrasées dont le jus réhausse la saveur des sauces. Le coucher de soleil au Willows est aussi saisissant que la présentation des plats.

### Tacoma

#### BUDGET MOYEN

**Maxwell's Speakeasy + Lounge** – *454 St Helens Ave. - ✆ 253 683 4115 - www.maxwells-tacoma.com - dîner seult - fermé dim - plat 14/26 $.* À l'intérieur du bâtiment historique éponyme, le Maxwell évoque les Années folles, avec ses chandeliers suspendus à de hauts plafonds qui illuminent une salle garnie de bois sombre. Les plats sont copieux et vont du sandwich gourmet au steak, en passant par les fruits de mer. De petites touches très inspirées, comme cette sauce au cidre et au chèvre ou ce sel marin fumé, relèvent encore les saveurs de cette nouvelle cuisine américaine.

#### POUR SE FAIRE PLAISIR

**Primo Grill** – *2701 6th Ave. - ✆ 253 383 7000 - www.primogrilltacoma.com - dîner seult - plat 13,50/25,50 $.* Les lecteurs du *Tacoma News Tribune* ont élu le Primo Grill meilleur restaurant de la ville et son chef, Charlie McManus, meilleur chef de la ville. À l'aide d'un gril brûlant du bois de pommier, McManus rôtit crevettes et côtes de porc, confectionne des pizzas étonnantes et divers plats de pâtes.

## ACTIVITÉS

### San Juan Islands

**Outdoor Odysseys** – *86 Cedar St., Friday Harbor, San Juan Island - ✆ 360 378 3533 et 800 647 4621 - www.outdoorodysseys.com.* Le kayak de mer est l'une des principales activités sportives sur San Juan Island. Sorties avec guides de durée variable : d'une demi-journée à des expéditions de 3-4 jours, comprenant des dégustations de vins et de bières. Équipe jeune, passionnée et dynamique.

# Péninsule Olympique

★★

**Dans le nord-ouest de l'État de Washington, la péninsule Olympique s'étire, semblable à un pouce, séparant le puzzle des îles du Puget Sound des chenaux du Pacifique. Au nord, au cœur de la péninsule, les Olympic Mountains couvertes de glaciers retiennent l'air humide venu de l'océan, créant à l'est une zone abritée des pluies. D'où une différence majeure de précipitations entre la Sequim-Dungeness Valley à l'est (environ 400 mm par an), et les vallées de la côte pacifique à l'ouest (plus de 3,80 m). Ces dernières abritent ce qui reste de l'ancienne forêt tempérée humide des États-Unis, hors Alaska. Bordée par la forêt, parsemée de troncs lissés par l'océan, la bande littorale des plages du Pacifique reste merveilleusement sauvage.**

NOS ADRESSES PAGE 479

### S'INFORMER

**Olympic Peninsula Visitor Bureau** – *360 452 8552 ou 800 942 4042 - www.olympicpeninsula.org.*

### SE REPÉRER

Carte de région A1-2 (p. 430-431) – *heure du Pacifique.* L'Olympic Peninsula englobe l'Olympic National Park, célèbre pour ses forêts tempérées humides et son mont Olympe culminant à 2 427 m. La péninsule fait face aux villes de Tacoma et de Seattle, de l'autre côté du Puget Sound. La principale autoroute de la péninsule, l'US-101, fait le tour des terres. Le trajet en voiture de Seattle à Port Angeles prend 3h avec la traversée en ferry.

### À NE PAS MANQUER

Les forêts primaires humides de Hoh et Quinault et leurs arbres géants.

### ORGANISER SON TEMPS

Comptez deux jours sur place, avec une nuit à Port Angeles ou Port Townsend, pour visiter l'essentiel. Le temps sur la péninsule est bien plus fiable en été et en automne (juillet et août étant les mois les plus secs) que le reste de l'année. La région se réchauffe lentement au printemps et les pluies sont fréquentes d'octobre à juin. On peut s'attendre à de la pluie tout au long de l'année dans les forêts de la façade pacifique. Attention au trafic routier, surchargé en été, tout particulièrement le week-end.

## Découvrir Carte de région

### ★★ Port Townsend A1

*Rte 20, à 58 miles au nord-ouest de Seattle.*

**Visitor Center** – *440 12th St. - 360 385 2722 - www.enjoypt.com - lun.-vend. 9h-17h, sam. 10h-16h, dim. 11h-16h.*

Port Townsend, qui est l'un des ports de la fin du 19e s. les mieux conservés des États-Unis, est riche en belles demeures et bâtiments commerciaux à hauts plafonds et décor sophistiqué. À l'entrée du Puget Sound, cette petite ville de 9 210 habitants tire parti de son patrimoine et de son atmosphère maritimes, mais conserve une allure élégante et authentique plutôt que commerciale.

Ruby Beach, Olympic National Park.
*Aurora/hemis.fr*

De beaux édifices de deux et trois étages sont groupés le long de **Water Street** ; beaucoup abritent des librairies, des restaurants et des boutiques. Sur la falaise qui surplombe la ville se dresse un groupe de charmantes maisons victoriennes, dont certaines ont été aménagées en *bed and breakfast*.
Port Townsend reste un centre pour les métiers de la mer : construction de bateaux, fabrication de voiles et de cordages y sont pratiquées et enseignées au **Northwest Maritime Center★** *(431 Water St. - ✆ 360 385 3628 - www.nwmaritime.org)*. Chaque année, début septembre, le centre organise dans le port un grand rendez-vous de yachting, le **Wooden Boat Festival**, incluant des régates nautiques, des expositions, des concerts et d'autres festivités.
Entièrement classée National Historic Landmark District, la ville a un passé haut en couleur, illustré en détail par le **Jefferson County Historical Museum★** *(540 Water St. - ✆ 360 385 1003 - www.jchsmuseum.org - 11h-16h - 4 $)*.
Les visiteurs revivent cette histoire au **Fort Worden State Park★** *(200 Battery Way, sur une colline au nord-est de la ville - ✆ 360 344 4431 - www.parks.wa.gov)*.

## UN PEU D'HISTOIRE

Des navigateurs espagnols revendiquèrent les premiers le rivage du Nord-Ouest. Mais au 18e s., la présence de la Compagnie de la baie d'Hudson affirma la domination de la Grande-Bretagne sur la région. Pour la plupart, les colons blancs ne s'installèrent que dans les années 1850 le long du détroit de Juan de Fuca. L'économie reposait alors sur l'agriculture, l'exploitation forestière, la pêche et le commerce maritime. La présence amérindienne reste importante ; une bonne partie de la côte est classée en réserves amérindiennes strictement protégées. Au cours des dernières décennies, on déplore un déclin de la population des saumons et une surexploitation des forêts : l'économie locale se tourne de plus en plus vers le tourisme. Les citadins affluent pour découvrir les merveilles de l'Olympic National Park et le charme victorien de Port Townsend.

Le champ de manœuvres de ce fort désaffecté est bordé d'élégantes maisons victoriennes où logeaient autrefois les officiers. Les plages offrent des vues magnifiques vers le nord sur l'archipel des San Juan.

Sur le bord de mer, le **Marine Science Center** *(✆ 360 385 5582 - www.ptmsc.org - avr.-oct. : tlj sf mar. 11h-17h - 5 $)* présente une petite exposition sur les mammifères marins et un aquarium consacré à l'écosystème du détroit du Puget Sound.

À 13 miles au sud de Port Townsend par la Route 19, la **Finnriver Farm & Cidery** *(62 Barn Swallow Rd, Chimacum - ✆ 360 732 4337- www.finnriver.com - dégustation 12h-15h - 5 $)* brasse différents cidres et propose à la vente les produits bios de la ferme.

## Sequim A1

*À 30,5 miles à l'ouest de Port Townsend par la Rte 20 et l'US-101.*

**Visitor Center** – *1192 E. Washington St. - ✆ 360 683 6197 - www.visitsunny sequim.com.*

Entouré de champs de lavandin, **Sequim** organise en juillet un festival de la lavande. Plusieurs exploitations accueillent le public, dont la **Purple Haze Lavender Farm** *(180 Bell Bottom Rd, Sequim - ✆ 888 852 6560 - www.purple hazelavender.com - mai à oct. : lun.-vend. 9h-17h, sam. 10h-17h, dim. 12h-16h)* qui cultive 12 hectares de lavande bio pour produire savons, huile essentielle, limonade et glaces parfumées.

★ **Dungeness National Wildlife Refuge** – *215 W. Hendrickson Rd (au nord de Sequim par Kitchen Dick Rd) - ✆ 360 683 5847 - www.dungenessrivercenter. org - mar.-sam. 10h-16h, dim. 12h-16h - gratuit.* Ce refuge faunique protège un paisible banc de sable de 5,5 miles, **Dungeness Spit**, qui avance dans la mer à l'embouchure de la rivière Dungeness, refuge d'une multitude d'oiseaux, de faune et de flore marines.

**Olympic Game Farm** – *1423 Ward Rd - ✆ 800 778 4295 - www.olygamefarm. com - été : 9h-17h (18h le sam.) ; printemps et automne : 9h-16h ; hiver : 9h-15h - 15 $.* Propose un safari-parc à découvrir en voiture, où des animaux qui ont tourné dans les films passent leur retraite.

## Port Angeles A1

*À 18,6 miles au nord-ouest de Sequim et 80 miles de Seattle, sur l'US-101.*

**Visitor Center** – *121 E. Railroad Ave. - ✆ 360 452 2363 - www.portangeles. org - lun.-vend. 10h-16h, sam. 10h-15h.*

À mi-parcours du détroit de Juan de Fuca, qui borde la péninsule Olympique au nord, Port Angeles est la plus grande ville de la péninsule et la porte d'accès au parc national. Au départ de son front de mer commerçant et animé, un ferry rejoint Victoria, au Canada, de l'autre côté du détroit.

**Museum at the Carnegie** – *207 S. Lincoln St. - ✆ 360 452 2662 - www.clallam historicalsociety.com - merc.-sam. 13h-16h - 2 $.* Une bibliothèque Carnegie de 1919 abrite ce musée régional dont la principale exposition, **Strong People :**

### PORT GAMBLE, UN LIEU HISTORIQUE

Ce hameau historique situé sur un coude de la State Route 104, à l'ouest du Hood Canal Bridge, possède un charme tout victorien. Grand site historique national, une ville qui tournait autrefois autour de sa scierie, **Port Gamble★** ressemble à un décor de film avec ses maisons style Nouvelle-Angleterre proprettes et leur palissade de bois blanc ou son église en bois surmontée d'un haut clocher. Le **Port Gamble General Store & Café** possède un musée des coquillages, une confiserie à l'ancienne et un café.

Rand. Big Meadow loop ***
Hurricane / Hurricane Hill ***

**Faces of Clallam County** (« Les Forts : visages des habitants du comté de Clallam ») vous fera découvrir la vie des colons – bûcherons, pêcheurs ou fermiers – qui ont aidé à bâtir cette communauté. Il est également possible d'écouter trois langues de tribus locales à l'exposition **Our Ancestral Heritage** (« Notre héritage ancestral ») et de découvrir quelles forces naturelles sont à l'origine de la topographie de l'Olympic National Park.

### ★★★ Olympic National Park A2

*Accès par l'US-101 au sud et à l'ouest de Port Angeles.*

**Visitor Center** – *3002 Mt Angeles Rd, Port Angeles - ✆ 360 565 3130 - www.nps.gov/olym - mai-sept. : 9h-16h ; oct.-avr. : 10h-16h - entrée du parc : 15 $ par véhicule.*
Classé Réserve internationale de la biosphère et site du patrimoine mondial, ce parc s'étend sur 3 730 km². Il est remarquable pour l'exceptionnelle beauté de ses paysages et la diversité de ses trois écosystèmes vierges : chaîne glaciaire, forêt tempérée humide, habitat côtier primitif. On y trouve plus de 300 sortes d'oiseaux et 70 espèces de mammifères, dont environ 5 000 cerfs Roosevelt, le plus important troupeau de ces cervidés dans le monde. L'US-101 suit le périmètre du parc national à l'est, au nord et à l'ouest.

★★ **Lake Crescent** – *À 18 miles à l'ouest de Port Angeles.* C'est l'une des curiosités les plus faciles d'accès et l'un des trois grands lacs du parc. Au creux de collines boisées aux pentes abruptes, ce profond lac glaciaire est apprécié des amateurs de plein air, qui logent souvent dans l'hostellerie construite en 1915, **Lake Crescent Lodge**★ *(416 Lake Crescent Rd - ✆ 360 928 3211 - www.nationalparkreservations.com).* Un sentier de randonnée *(1 mile)* conduit à travers la forêt à une spectaculaire cascade de 27 m, **Marymere Falls**★. À proximité, les sources chaudes et riches en minéraux des **Sol Duc Hot Springs** invitent à la baignade *(www.olympicnationalparks.com).*

★★ **Hurricane Ridge** – *À 17 miles au sud du Visitor Center, sur Heart O' the Hills/Hurricane Ridge Rd - ✆ 360 565 3130. D'oct. à fin avr., les chutes de neige peuvent bloquer le passage.* La route sinueuse monte au sommet de 1 594 m, traversant une forêt épaisse, puis des prairies alpines à l'herbe grasse. Elle offre des vues splendides sur les cimes crénelées couvertes de neige et, au loin, sur l'océan. Au sommet s'ouvre un panorama sur les pics, les arêtes et les vallées profondes. Un réseau de sentiers traverse les prairies d'altitude, couvertes au début de l'été d'une végétation basse de laîches, graminées et fleurs sauvages.

★★★ **Hoh Rain Forest** – *À 91 miles au sud-ouest de Port Angeles ; l'entrée est à 12 miles à l'est de l'US-101. Visitor Center : ✆ 360 374 6925.* Côté ouest du parc, on pénètre dans un monde primitif de végétation luxuriante et humide. Couverts de mousse et de lichen vert pâle, les pins géants Douglas et du Canada surgissent d'un épais tapis de troncs en décomposition. Des rais de lumière traversent en diagonale cette forêt des premiers âges, baignant dans une lueur mystique, riche de vie secrète, décor étrange évoquant la Terre avant la venue de l'homme. Trois courts sentiers éducatifs serpentent autour de ces arbres monumentaux, dont beaucoup, vieux de 500 ans, ont une hauteur de 20 étages et un diamètre de 3 à 4 m.

★★ **Quinault Rain Forest** – *À 120 miles au sud-ouest de Port Angeles - www.quinaultrainforest.com.* La forêt tempérée humide propose ici des attractions similaires à celles de Hoh Rain Forest, mais la foule y est moins importante.

À l'ouest, **Ruby Beach** et plusieurs **plages**★★ voisines de Kalaloch montrent, dans la mer, des formations rocheuses en piliers. Le littoral alterne étroites bandes rocheuses et larges étendues de sable. Ici, la mer appartient aux 8 500 km² de l'**Olympic Coast National Marine Sanctuary**, qui protège la faune : loutres de mer, phoques, baleines grises et pieuvres géantes.

### Salt Creek Recreation Area A1

*À 17 miles à l'ouest de Port Angeles sur Camp Hayden Rd.*
*360 928 3441 - www.clallam.net/countyparks.*
Sur près de 80 ha, ce parc, avec ses plages de sable et ses plateaux, possède des mares résiduelles qui feront la joie des pêcheurs de crustacés. À **Tongue Point Marine Sanctuary**, les crevasses dans les rochers abritent des myriades de créatures marines et de moules.

### ★ Neah Bay A1

*À 70 miles au nord-ouest de Port Angeles par la Rte 112.*
Les fouilles archéologiques montrent que les Indiens makahs ont habité l'extrémité nord-ouest de la péninsule pendant au moins 4 000 ans. Neah Bay est la seule ville de leur réserve moderne.

★★ **Makah Cultural & Research Center** – *Bay View Ave. - 360 645 2711 - www.makahmuseum.com - 10h-17h - 5 $.* Ce centre présente l'histoire et la culture des Indiens Makahs. En 1999, un débat a eu lieu quand la tribu a recommencé à chasser la baleine, après un moratoire auto-imposé de 70 ans. Les expositions comprennent des vestiges bien conservés et de remarquables objets provenant du village côtier d'Ozette, enseveli au 15e s. par un glissement de terrain, et mis au jour en 1970 par l'érosion marine. Les permis touristiques pour visiter le territoire amérindien s'achètent au musée.

À 7 miles à l'ouest de Neah Bay, **Cape Flattery★**, baptisé par James Cook en 1788, est l'extrême pointe nord-ouest des États-Unis hors Alaska. Un sentier forestier équipé de planches *(0,75 mile)* mène à un nid d'aigle, qui offre un panorama à couper le souffle sur le cap et les grottes marines avoisinantes.

De Kalaloch à la péninsule de Long Beach, l'US-101 zigzague sur 140 miles à travers d'épaisses forêts et le long d'estuaires marins qui attirent autant les implantations industrielles que les oiseaux migrateurs. Dans la vaste baie Grays Harbor, **Aberdeen** et **Hoquiam** sont des ports d'exportation du bois. À l'entrée de la baie, à 20 miles à l'ouest, la petite villégiature très animée d'**Ocean Shores** est dotée d'hôtels, d'un restaurant et d'un casino géré par les Amérindiens. Des kilomètres de plage lisse et dure invitent à la découverte en voiture. En remontant la côte, on découvre des stations plus paisibles.

### Long Beach Peninsula A2

*Rte 100 et Rte 103 par l'US-101, à 165 miles au sud-ouest de Seattle.*
**Long Beach Peninsula Visitors Bureau** – *3914 Pacific Way, Seaview – 360 642 2400 - www.funbeach.com - lun.-sam. 9h-18h, dim. 10h-17h.*
S'étendant de la rivière Columbia jusqu'à l'entrée de Willapa Bay, le littoral de la péninsule affronte sur 28 miles les vagues du Pacifique. Elle était occupée à l'origine par les Indiens Chinooks. C'est là qu'en 1805 Lewis et Clark ont atteint l'océan.

**Cape Disappointment State Park** – *Accès par la Rte 100, à 2 miles au sud-ouest d'Ilwaco.* Le **Lewis & Clark Interpretive Center★★** *(244 Robert Gray Dr. - 360 642 3029 - www.parks.wa.gov - 10h-17h - fermé lun. et mar. en hiver - 5 $)* retrace l'expédition des deux explorateurs. On y aperçoit le « Cape Disappointment » baptisé avec ironie par Lewis et Clark découvrant, non sans appréhension, le tumultueux Pacifique.

La visite du phare tout proche, **North Head Lighthouse** *( 360 642 3078 - mai-sept. : 10h-17h - 2,50 $)* offre une **vue★** splendide sur la côte battue par les vagues.

Quelques petites villes à l'atmosphère océane offrent avec leurs sites historiques des kilomètres de plages de sable ventées. La péninsule est réputée pour la pratique du cerf-volant et du VTT.

★ **World Kite Museum** – *303 Sid Snyder Dr., Long Beach - ☏ 360 642 4020 - www.worldkitemuseum.com - mai-sept. : 11h-17h ; oct.-avr. : vend.-mar. 11h-17h - 5 $.*
Un kaleidoscope de couleurs accueille le visiteur dans ce musée mondial du cerf-volant, où des modèles venus des quatre coins du monde sont exposés. La troisième semaine d'août se tient l'**International Kite Festival**, qui attire des milliers de spectateurs.

À la point nord de la péninsule se trouvent les forêts de pins de **Leadbetter Point State Park**. Au nord de ce promontoire rocheux, la péninsule devient une étroite bande de terre plate (seulement 3 km entre l'océan Pacifique et Willapa Bay). Les connaisseurs estiment que les parcs à huîtres de cet estuaire soumis aux marées sont parmi les meilleurs d'Amérique.

La baie est le deuxième plus grand estuaire saumâtre de la côte pacifique. La réserve de **Willapa Bay National Wildlife Refuge** *(www.fws.gov/willapa)* abrite des oiseaux de mer, fournit un sanctuaire aux jeunes saumons et filtre les sédiments des courants rentrants.

## Hood Canal A2

*À 48/65 miles au sud de Port Townsend par l'US-101, jusqu'à l'intersection avec la Rte 106, d'où l'on remonte vers le nord sur l'autre rive du canal.*

Situé dans la partie ouest du Puget Sound, ce fjord d'eau salée offre des paysages magnifiques ponctués de plages splendides et de petit hameaux où le temps semble suspendu. Le long de l'US-101, sur la côte est de la péninsule Olympique, et de la Rte 106, sur la côte ouest de la péninsule de Kitsap, se cachent certaines des plages les plus idylliques de l'État : **Potlatch State Park** *(US 101)* et son kilomètre et demi de côte ; **Twanoh State Park** *(en sortant de la Rte 106)*, qui possède la zone de baignade en eaux salées la plus chaude de l'État ; **Belfair State Park** *(Rte 106)*, qui possède de nombreuses vasières et une zone de baignade en eau salée.

Le canal Hood est réputé pour ses crustacés. Au **Hama Hama Seafood Store**, à Lilliwaup, on trouve les fameuses huîtres Hamma Hamma à la saveur fraîche et éclatante et la chair ferme. Il est possible, pour faire un tour sur l'eau, de louer des kayaks à Pleasant Harbor, à quelques kilomètres au sud de Brinnon.

## NOS ADRESSES DANS LA PÉNINSULE OLYMPIQUE

### TRANSPORTS

#### En ferry

Il est possible de rejoindre la péninsule Olympique à partir du centre de Seattle en empruntant les **Washington State Ferries** *(☏ 206 464 6400 - www.wsdot.com/ferries)*. Prenez le ferry de Bainbridge Island à partir de Pier 52, sur Alaskan Way *(dép. ttes les 20mn - 35mn de traversée - 17,50$)*. Sinon, du nord de Seattle, empruntez les Edmonds jusqu'au ferry de Kingston. Il y a également un ferry à Coupeville, sur Whidbey Island, qui mène à Port Townsend.

#### En bus

Les **Olympic Bus Lines** *(☏ 360 417 0700 - www.olympicbuslines.com)* relient deux fois par jour Seattle à Port Townsend, Sequim et Port Angeles.

### HÉBERGEMENT

Les hébergements dans le parc national sont détaillés sur www.olympicnationalparks.com. Les villes situées à la périphérie proposent également divers types d'hébergements et de restaurants.

## Olympic National Park

### BUDGET MOYEN

**Kalaloch Lodge** – *157151 US-101 S., Forks - ✆ 360 962 2271 - www.thekalalochlodge.com - 64 ch. 160/220 $.* Installé sur une éminence dominant l'océan Pacifique, devant une superbe plage sauvage balayée par les rouleaux, ce *lodge* propose des chambres dans le bâtiment central et des cabanes de type motel un brin vieillottes, d'un confort simple mais acceptable. Pas d'accès Internet ni de télévision. Le **Creekside Restaurant** *(plat 13/33$)* met à l'honneur les produits de la mer et des fermes de la péninsule.

### POUR SE FAIRE PLAISIR

**Lake Quinault Lodge** – *345 S. Shore Rd, Quinault - ✆ 360 288 2900 - www.olympicnationalparks.com - 92 ch. 169/285 $.* Sur les rives d'un calme lac de montagne, au cœur d'une forêt humide tempérée, cet hôtel dôté d'une grande cheminée en brique offre un havre de paix aux visiteurs trempés depuis 1926. Le *lodge* et son annexe disposent de chambres confortables, à des prix variés, les plus chères ayant vue sur le lac. Le **Roosevelt Dining Room** *(plat 18/36 $)* sert steaks, saumon cuit sur planche de cèdre et fruits de mer, notamment huîtres et crabes dormeurs pêchés localement.

**Lake Crescent Lodge** – *416 Lake Crescent Rd - ✆ 360 928 3211 - www.olympicnationalparks.com - 52 ch. 203/283 $.* Construit en 1916 sur les bords du lac, au milieu d'une forêt de grands pins et de pruches, ce *lodge* jouit d'un cadre idyllique. Il comprend des bungalows rustiques avec cheminée disséminés dans le parc et des chambres plus modernes, d'un confort standard, dans le bâtiment principal, certaines avec vue sur le lac.

## Port Angeles

### BUDGET MOYEN

**Red Lion Hotel** – *221 N. Lincoln St. - ✆ 360 452 9215 - www.redlion.com - 🏊 - 186 ch. 159/229 $ ☕.* Situé près du port, dans le centre-ville, l'hôtel comprend des chambres spacieuses et bien équipées (les plus agréables ayant vue sur la mer), un restaurant, une salle de gym, ainsi qu'une petite piscine extérieure chauffée en saison, plantée hélas au milieu du parking.

## Port Townsend

### BUDGET MOYEN

**The Bishop Victorian Hotel** – *714 Washington St. - ✆ 360 385 6122 - www.bishopvictorian.com - 16 ch. 155/245 $ ☕.* Toutes les suites de cette élégante auberge possèdent un charme typiquement victorien. Murs de briques apparentes, mobilier et cheminées d'époque leur donnent un air douillet et confortable. Petit-déjeuner de type continental.

## Union

### UNE FOLIE

**Alderbrook Resort & Spa** – *7101 E. Rte 106 - ✆ 360 898 2200 - www.alderbrookresort.com - 77 ch., 16 cottages 396/507 $.* Située en pleine nature, sur le canal Hood, cette station touristique offre calme et sérénité dans un lieu d'une grande élégance. Les chambres, aux tons doux, jouissent toutes d'une vue sur le fjord ou sur la forêt. On peut y pratiquer le kayak, la randonnée, se détendre ou jouer au golf sur le terrain adjacent.

## RESTAURATION

### Long Beach

**POUR SE FAIRE PLAISIR**

**Jimella & Nanci's Market Café** – *21712 Pacific Way, Ocean Park - ✆ 360 665 4847 - www.jimellaandnancis.com - dîner seult - fermé dim. et lun. - plat 12/32 $.* À la fois marché de fruits de mer et café intime, le Jimella & Nanci's, sur la péninsule de Long Beach, est un établissement sans prétention aux saveurs inattendues. Dans la partie marché, le nom de chaque pêcheur est inscrit à la main au-dessus de ses prises. Ces produits on ne peut plus frais, ainsi que d'autres productions locales servent à confectionner quelques plats, parmi lesquels une délicieuse omelette de crabe et l'un des meilleurs plats d'huîtres frites que l'on puisse trouver.

### Port Angeles

**BUDGET MOYEN**

**Bella Italia** – *118 E. 1st St. - ✆ 360 457 5442 - www.bellaitaliapa.com - dîner seult - plats 9/32 $.* Les fans de la série *Twilight* reconnaîtront le restaurant où Edward et Bella eurent leur premier rendez-vous galant. Cuisine italienne de bonne facture, dont de succulents raviolis aux champignons de forêt, plats de poissons et fruits de mer, accompagnés d'une très riche carte des vins. L'accueil et le service chaleureux contribuent à la grande popularité de l'adresse.

### Port Townsend

**BUDGET MOYEN**

**Ajax Cafe** – *21 N. Water St., Port Hadlock (à 9 miles au sud de Port Townsend) - ✆ 360 385 3450 - www.ajaxcafe.com - dîner seult - plats 12/24 $.* Légèrement à l'écart, au pied d'une falaise sur le front de mer, ce bistrot est abrité dans un bâtiment des années 1880. L'Ajax propose une cuisine rustique et copieuse faite de produits locaux et de saison. Au menu : le demi-poulet de SpringRain Farm et ses pommes de terre rôties ou le ragoût des pêcheurs du Nord-Ouest. Le décor est décalé, avec ses verres et ses chaises dépareillés et ses chapeaux fantaisie pour les clients. Avec ses concerts le week-end, l'Ajax est un lieu idéal pour faire la fête.

**Sweet Laurette's** – *1029 Lawrence St. - ✆ 360 385 4886 - www.sweetlaurette.com - fermé lun.-mar. et merc. soir - plat 8/26 $.* Le charme de ce bistrot français, qui fut une ancienne pâtisserie, tient d'une part à son ambiance colorée, d'autre part à l'excellence de ses desserts. Le flétan braisé de la Neah Bay ou les moules à la moutarde de Dijon mêlent influences françaises et produits du Nord-Ouest.

### Sequim

**BUDGET MOYEN**

**Alder Wood Bistro** – *139 W. Alder St. - ✆ 360 683 4321 - www.alderwoodbistro.com - dîner seult - fermé dim. et lun. - plat 18,50/24 $.* Situé dans une petite bourgade aux racines ancrées dans la terre, ce petit bistrot met l'accent sur les produits régionaux. Viandes grillées sur planches et salades aux fromages et aux noix produits localement figurent à la carte de l'Alder Wood, où vous avez autant de chances de dîner avec les fermiers du coin qu'avec d'autres gourmets en visite.

# Chaîne des Cascades

★★

**Séparant le littoral humide des hauteurs plus sèches de l'est de l'État de Washington, l'épine dorsale déchiquetée de la chaîne des Cascades traverse l'État du nord au sud, du Canada à la rivière Columbia, pour se poursuivre dans l'Oregon. La chaîne compte plusieurs volcans, tels le mont Rainier (4 392 m) et le mont St Helens (2 549 m), dont l'éruption en 1980 a fasciné le monde entier. Ces montagnes célèbres et d'autres grands volcans situés dans le même État –, mont Adams (3 742 m), mont Baker (3 285 m) et Glacier Peak (3 214 m) –, existent depuis seulement un million d'années, alors que les Cascades ont commencé à se soulever il y a au moins 25 millions d'années.**

NOS ADRESSES PAGE 489

### S'INFORMER

**Washington Tourism Alliance** – *800 544 1800 - www.experiencewa.com.*

### SE REPÉRER

Carte de région ABC1-2-3 (p. 430-431) – *heure du Pacifique*. La chaîne volcanique des Cascades s'étire parallèlement à la côte ouest et culmine au mont Rainer (4 392 m). Le relief sépare nettement l'influence douce et humide de la côte ouest, dont les vallées couvertes de forêts pluviales tempérées sont dominées par les sapins Douglas et les pruches de l'Ouest, et le versant oriental des montagnes, où le climat continental est marqué par de forts écarts de températures journaliers et saisonniers et une végétation aride de pins ponderosa, pins tordus et melèzes.

### À NE PAS MANQUER

Le mont Rainier et le mont St Helens.

### ORGANISER SON TEMPS

Juillet est idéal pour découvrir les prairies alpines fleuries du mont Rainier, mais vous aurez plus de chances d'avoir un temps clair en septembre et d'ainsi profiter de la vue des monts Rainier et St Helens. L'été amenant souvent son lot de brouillard, choisissez plutôt l'entre-saison ou l'hiver.

### AVEC LES ENFANTS

Fort Vancouver National Site ; le parc animalier de Northwest Trek.

## Découvrir Carte de région

### LA PARTIE SUD DES CASCADES

**★★ Fort Vancouver National Site** A3

*À Vancouver (WA), 8 miles au nord de Portland (OR).*

*750 Anderson St. (donnant sur Mill Plain Blvd) - 360 992 1800 - www.nps.gov/fova - mars-oct. : 9h-17h, dim. 12h-17h ; nov.-fév. : 9h-16h, dim. 10h-16h - 3 $.*

Cette réserve englobe plusieurs sites historiques au bord de la Columbia. Entre 1825 et 1846, la Compagnie de la baie d'Hudson y a installé son quartier général et, en 1849, les États-Unis y ont établi leur premier poste militaire du Pacific Northwest.

Les visites commencent généralement au **O.O. Howard House Visitor Center★**, un bâtiment de style victorien de 1878.

Plus au nord, dans **Officers Row★**, les officiers occupaient 22 maisons de belle apparence construites au 19e s., dont **Marshall House★**, une maison Queen Anne de 1886 où logea le général Marshall, commandant des casernes de Vancouver de 1936 à 1938, devenu secrétaire d'État des États-Unis et prix Nobel de la paix.

Au nord d'Officers Row, dans **Fort Vancouver National Historic Site★★** *(☎ 360 816 6230 - www.nps.gov/fova)*, on peut visiter avec un guide les installations reconstituées de la Compagnie de la baie d'Hudson : palissade, entrepôts de fourrures, menuiserie, maison du chef d'agence. Le Visitor Center propose son musée et un programme audiovisuel.

## ★★★ Mount St Helens National Volcanic Monument B3

*À 63 miles au nord-est de Portland et 164 miles au sud de Seattle. Accès 48 miles à l'est de l'I-5 (sortie 49, à Castle Rock) par la Rte 504.*

**Bureau du parc** – *☎ 360 449 7800 - www.fs.usda.gov/mountsthelens. Entrée du parc : 8 $ du côté ouest, 5 $ du côté est ou sud.*

Un des volcans les plus célèbres du monde, le mont St Helens, a fait éruption en 1980 avec une violence comparable à celle de 500 bombes atomiques. Son flanc nord s'est pulvérisé et son altitude s'est réduite de 400 m. Aujourd'hui, la montagne éventrée, entourée d'une réserve de 445 km², est devenue un haut lieu touristique.

★★ **Mount St Helens Visitor Center** – *3029 Spirit Lake Hwy, à Castle Rock (sur la Rte 504, 5 miles à l'est de l'I-5) - ☎ 360 274 0962 - 9h-16h.* Le centre d'accueil projette un fascinant reportage tourné en direct, des diapositives et d'autres présentations passionnantes.

★★★ **Johnston Ridge Observatory** – *Rte 504 - ☎ 360 274 2140 - de mi-mai à oct. : 10h-18h.* En suivant la Spirit Memorial Highway sur 43 miles, on parvient à cet observatoire situé à 5 miles du cratère du volcan. Le site dévasté reste impressionnant. Des hectares d'arbres noircis, alternant avec de nouvelles plantations, comblent la zone où la forêt a été balayée par le souffle de l'éruption. D'autres centres éducatifs montrent différents aspects de la destruction et de la régénération du site.

## ★★★ Mount Rainier National Park B2

*À environ 70 miles au sud-est de Tacoma. Accès par les Rte 410 et Rte 706. L'entrée se fait le plus souvent au sud-ouest, par Nisqually Entrance, sur la Rte 706 qui reste ouverte toute l'année (les autres routes sont fermées de fin oct. à fin mai, suivant l'enneigement).*

### L'ÉRUPTION DU MONT ST HELENS

St Helens, le benjamin des grands volcans de la chaîne des Cascades (40 000 ans), était appelé par les anciens Amérindiens la « montagne de feu ». En sommeil pendant presque tout le 20e s., le mont conique se réveilla lentement au printemps 1980, donnant pendant plusieurs semaines des signaux d'alarme sous forme de grondements, secousses et sifflements : l'évacuation des habitants pouvait avoir lieu ; journalistes et scientifiques accoururent. L'éruption brutale du 18 mai projeta une colonne de cendres à 25 km dans l'atmosphère. Elle déversa des tonnes de roches et de pierres ponces brûlantes sur la campagne avoisinante, anéantissant 650 km² de forêts. Elle provoqua de graves inondations et tua 57 personnes. Après l'éruption, le volcan, qui culminait auparavant à 2 950 m, n'atteignait plus que 2 549 m. Le paysage fut bouleversé à jamais.

*www.nps.gov/mora et www.visitrainier.com - 15 $. Le parc dispose de trois centres d'accueil :* **Longmire Information Center** *(✆ 360 569 6575 - été : 9h-17h ; hiver : 9h-16h30),* **Jackson Memorial Visitor Center** *(à Paradise - ✆ 360 569 6571 - été : 10h-19h ; hiver : 10h-17h)* et **Sunrise Visitor Center** *(✆ 360 663 2425 - juil. à déb. sept. : 10-18h).*

Plus haut volcan de la chaîne des Cascades et cinquième sommet des États-Unis hors Alaska, le mont Rainier forme un arrière-plan majestueux à la mégapole du Puget Sound. Îlot arctique dans une zone tempérée, son sommet est couvert de plus de 88 km² de glace et de neige. La fonte de ses 25 glaciers sillonne le terrain de torrents et ruisseaux rapides, et les évents volcaniques ont créé un labyrinthe de grottes de glace. La dernière grande éruption a eu lieu il y a 2 000 ans, mais les scientifiques n'excluent pas le réveil fracassant du volcan dans un proche avenir.

À l'orée du parc, près de l'Alder Lake, le **Mt Rainier Scenic Railroad Depot** *(54124 Rte 706, Elbe - ✆ 360 569 7959 - www.mrsr.org - juin-oct. : dép. sam.-dim. à 10h, 12h45 et 15h30 - durée 2h - 31 $)* propose une balade à bord d'un train tiré par une locomotive à vapeur *vintage* qui traverse les forêts au pied du mont Rainier.

En empruntant la route menant à l'entrée du parc (Nisqually Entrance), vous croisez un étonnant champ de sculptures en plein air, **Recycled Spirits of Iron**, une collection imaginée par l'artiste Dan Klennert *(www.danielklennert.com).*

La **Nisqually-Paradise Road** (Rte 706) pénètre dans le parc à son extrémité sud-ouest. Au village de Longmire, à côté de l'hôtel National Park Inn, le **Trail of the Shadows** *(boucle de 0,75 mile - 30mn)* constitue une randonnée facile et agréable à travers bois de cèdres rouges et prairies parcourues de sources chaudes. La Route 706 serpente ensuite le long de torrents, de chutes d'eau et de points de vue grandioses jusqu'aux prairies de **Paradise★★★**.

Le **Henry M. Jackson Memorial Visitor Center** et un observatoire situé à 1 646 m présentent la faune, la flore et les caractéristiques géologiques du parc. On peut choisir le chemin facile **Nisqually Vista Trail** *(1,2 mile)* ou préférer le **Skyline Trail** *(5 miles)*, plus difficile.

Du côté est du parc, à 1 951 m, **Sunrise★★★** *(à 14 miles de l'entrée de White River, Rte 410)* est le point le plus élevé de la route. On y jouit d'un panorama superbe sur le mont Rainier (à l'ouest), Sunrise Lake (à l'est) et le cône de Mount Adams (au sud).

## À L'ASSAUT DU MONT RAINIER

Les Amérindiens qui vivaient dans les plaines environnantes l'appelaient Tahoma (la montagne qui est Dieu). Depuis sa première ascension par Hazard Stevens et P. B. Van Trump en 1870, l'imposant mont Rainier attire de plus en plus de montagnards. Chaque année, ils sont près de 10 000 à tenter d'atteindre le sommet en cratère du stratovolcan (4 392 m), mais seule la moitié parvient à franchir ses pentes abruptes et enneigées, ses glaciers, séracs et crevasses. Au départ de Paradise, l'ascension *(3 000 m de dénivelé)* exige un permis *(45 $)* et, bien entendu, une parfaite préparation physique, de bonnes connaissances techniques et un équipement adapté. Elle prend 3 jours, avec 2 nuits au camp de base de Muir, à 3 000 m d'altitude. Plusieurs compagnies proposent des services de guides alpins, notamment **Alpine Ascents International** *(✆ 206 378 1927 - www.alpineascents.com)* ou **International Mountain Guides** *(✆ 360 569 2609 - www.mountainguides.com).* Des informations régulièrement mises à jour figurent sur *www.mountrainierclimbing.blogspot.com.*

Dans North Cascades National Park.
L. Decoudin/MICHELIN

## ★★ Northwest Trek Wildlife Park B2

*Sur la Rte 161, à 6 miles au nord d'Eatonville et 30 miles à l'ouest du parc du mont Rainier.*

*11610 Trek Drive E. - 360 832 6117 - www.nwtrek.org - juil.-août : 9h30-18h ; de mi-mars à juin et sept. : 9h30-16h (17h le w.-end) ; d'oct. à mi.-mars : vend.-dim. 9h30-15h - 19,75 $.*

Ce parc sauvage de 257 ha protège la faune de la région du Pacific Northwest. Des circuits en tramway *(50mn)* permettent aux visiteurs de voir, entre autres, grizzlis, ours noirs, caribous, wapitis, orignals, bisons, mouflons *bighorns*, hérons bleus et dindons sauvages. On peut aussi traverser à pied les habitats naturels et suivre des sentiers sur plusieurs kilomètres. L'observation des animaux est plutôt réjouissante, tout en évitant l'inconvénient des cages de zoo. Un centre de découverte est destiné aux enfants. Un grand parcours de tyrolienne *(zipeline)* fonctionne en été *(20 à 60 $ selon les circuits)*. De la restauration est proposée sur place, mais mieux vaut apporter son pique-nique.

### LA PARTIE NORD DES CASCADES

## ★★ North Cascades National Park B1

*À 120 miles au nord-est de Seattle. Accès principal à 45 miles à l'est de l'I-5 (sortie 230, à Burlington) par la Rte 20, ou à partir de Mount Baker, 55 miles à l'est de Bellingham par la Rte 542.*

**North Cascades Visitor Center** – *Rte 20 (1 mile à l'ouest de Newhalem) - 206 386 4495 - www.nps.gov/noca - juil.-août : 9h-18h ; mai-juin et sept.-oct. : 9h-17h.* Le centre d'accueil propose des films, des expositions sur la faune et la flore et délivre des renseignements sur la pêche, les balades à pied et les grandes randonnées ainsi que les hébergements possibles. Un court chemin de planches, situé derrière le bâtiment, aboutit à un belvédère d'où l'on peut admirer, au nord, la cime du Pinnacle Peak (2 074 m) dans le Picket Range.

## UN PEU D'HISTOIRE

Les Amérindiens comme les pionniers se sont heurtés aux Cascades, obstacle rendant difficiles les déplacements est-ouest. Ce n'est qu'en 1972 que le grand axe de la North Cascades Highway (Route 20) traversa ces terres accidentées, juste au sud de la frontière avec le Canada. Une mosaïque de parcs nationaux et de forêts recouvre la plus grande partie de ces montagnes, contribuant à protéger une flore et une faune très riches, et offrant une multitude d'activités de plein air. Des milliers de kilomètres de sentiers de randonnée serpentent à travers les prairies, cours d'eau et bois d'altitude, passant devant d'anciens camps de mineurs et de très beaux lacs alpins, pour parvenir à des points de vue spectaculaires. Les habitants de la région du Puget Sound se laissent souvent attirer par ces montagnes, qui conservent toute leur majesté. Leurs hauteurs glacées et leurs vallées perdues régénèrent tous ceux qui viennent s'y ressourcer.

Forêts anciennes, cascades cachées, lacs miroitant comme des pierres précieuses, prairies alpines et pics glaciaires de 2 000 m à 2 800 m, sans compter les 300 glaciers représentant la moitié des mers de glace des États-Unis hors Alaska, tels sont les attraits de ce parc de 2 770 km², peuplé d'espèces menacées comme les grizzlis et les pumas. En 1988, le Congrès américain a classé 93 % du domaine du parc en réserve sauvage, meilleur niveau de protection fédérale. Si vous disposez de suffisamment de temps, l'idéal est de découvrir le parc à pied. Les plus pressés se contenteront d'arpenter la spectaculaire **Highway 20★★**, qui traverse sa partie nord d'ouest en est et s'arrêteront aux nombreux points de vue de part et d'autre de la route.

La **Pacific Crest National Scenic Trail**, qui s'étire de la frontière mexicaine à la frontière canadienne (4 200 km), traverse une partie du parc.

### ★ Ross Lake National Recreation Area B1

*À 18 miles à l'est de Newhalem et 77 miles de l'I-5 (sortie 230, à Burlington) par la Rte 20.*

*360 856 5700 - www.nps.gov/noca.*

Bordant de part et d'autre la Route 20 qui partage en deux le North Cascades National Park, puis formant un angle vers le nord, cette réserve naturelle de 474 km² englobe trois barrages, trois lacs et deux petites villes. Entre 1924 et 1939, la compagnie d'électricité Seattle City Light a construit des barrages sur le cours supérieur de la Skagit ; le plus grand, **Ross Dam**, est haut de 164 m et large de 396 m. Depuis le milieu du 20e s., la compagnie organise des visites guidées appréciées du public, expliquant la raison d'être, la construction et le fonctionnement des barrages. Après un film d'introduction, les visiteurs découvrent la centrale hydroélectrique, se promènent en bateau et font un tour dans un train à crémaillère, installé dans les années 1920 pour faire gravir aux ouvriers la pente à 47 % de Sourdough Mountain, 174 m plus haut. Des sentiers pédestres sillonnent l'arrière-pays de **Ross Lake**, le plus grand des trois lacs artificiels.

### ★ Winthrop C1

*À 71 miles à l'est de Newhalem par la Rte 20.*

*509 996 2125 - www.winthropwashington.com.*

À moins de 48 miles au sud de la frontière canadienne, au cœur de la Methow Valley, cette ville dans le plus pur style Far West est une halte essentielle pour ceux qui empruntent la fameuse Cascade Loop. Ses trottoirs en bois et ses bâtiments de l'époque de l'âge d'or minier (fin du 18e s.), parmi lesquels des cabanes en rondins ayant servi aux premiers colons, une imprimerie, des saloons et des hôtels, attirent les visiteurs. Au **Sheri's Sweet Shoppe** la crème glacée est faite maison et la boulangerie **Rocking Horse Bakery** n'utilise que des céréales locales pour faire son pain.

Winthrop séduit également les amateurs de loisirs de plein air : baignade au **Lake Pearrygin** tout proche ou dans la Methow River, VTT sur un réseau étendu de sentiers ou ski de fond sur plus de 100 miles de piste.

**Shafer Museum** – *285 Castle Rd - ✆ 509 996 2712 - gratuit, mais donation appréciée (2 $).* De l'exploitation de l'or dans la Methow Valley à partir de 1890 aux travaux agricoles qui rythmaient la vie de la région au 20e s., ce musée offre une plongée intéressante à travers le quotidien des habitants de Winthrop. L'ensemble est remarquablement reconstitué : bâtiments agricoles, habitations, école publique, saloon avec objets de la vie quotidienne d'origine.

### ★★ Lake Chelan C2

*Accessible en bateau ou petit avion à partir de Chelan, à 61 miles au sud de Winthrop par la Rte 153.*

*✆ 509 682 3503 - www.lakechelan.com.*

Ce lac étroit qui s'étire sur 55 miles occupe une auge creusée par les glaciers, du côté peu arrosé des Cascades. Son extrémité inférieure est entourée de collines arides parsemées de pommeraies et d'exploitations viticoles ; c'est l'une des aires de loisirs favorites de l'État, avec ses eaux chaudes, ses plages de sable fin et ses stations touristiques. La partie supérieure du lac serpente entre des cimes tourmentées qui culminent à 2 440 m. Voisine du North Cascades National Park, la zone de loisirs est centrée autour du charmant village tranquille de **Stehekin**. De l'extrémité du lac, des circuits commentés en navette suivent la route en gravillons **Stehekin Valley Road**, le long de la rivière en direction du nord.

### Wenatchee C2

*À 39 miles au sud-ouest de Chelan par l'US-97 et 148 miles à l'est de Seattle par l'I-90.*

**Chamber of Commerce** – *1 S. Wenatchee Ave. - ✆ 509 662 2116 - www.wenatchee.org - lun.-vend. 8h30-17h, sam. 11h-17h, dim. 12h-13h.*

Entourée de vergers, Wenatchee est nichée au creux d'une vallée au confluent de la Wenatchee et du fleuve Columbia.

**Washington Apple Commission Visitor Center** – *2900 Euclid Ave. - ✆ 509 663 9600 - www.bestapples.com.* L' État de Washington est le premier producteur de pommes de la nation et Wenatchee est la « capitale de la pomme du Washington ». Le centre propose ici une exposition compacte sur le sujet.

**Wenatchee Valley Museum and Cultural Center** – *127 S. Mission St. - ✆ 509 888 6240 - www.wvmcc.org - mar.-sam. 10h-16h - 5 $.* Ce musée propose une exposition sur l'histoire locale de la production de pommes (et la fameuse élection de Miss Apple, qui déchaîne les passions adolescentes !), de même que sur les peuples natifs du plateau de Columbia et du peuple Clovis, présent dans la région il y a 11 000 ans (un site Clovis a été découvert à Wenatchee en 1987). Ne manquez pas, près de l'entrée, le remarquable orgue (1919) utilisé à l'époque au Liberty Theater, pour produire les sons et rythmes des films muets et des pièces de théâtre alors projetés. Une salle se penche sur un fait historique qui fit à l'époque la renommée de la petite ville : le 5 octobre 1931, l'avion de

Lake Chelan.
*Danita Delimont Stock/Danita Delimont Agency/age fotostock*

Clyde Pangborn et de son copilote Hugh Herndon, atterrit dans les collines près de Wenatchee, mettant fin au premier vol sans escale au-dessus de l'océan Pacifique entre Misawa, au Japon, et Wenatchee (41h).

S'il vous reste du temps, vous pouvez visiter le **Pybus Market** *(3 N. Worthen St. - tlj jusqu'à 21h, 22h le w.-end)*, un ancien entrepôt industriel magnifiquement réhabilité qui dissimule sous son imposante structure métallique des stands de petits producteurs locaux (fruits, légumes, viandes, vins) et des étals gourmands (boulangeries, bistrots, etc.)

Le sentier pavé d'**Apple Valley Recreation Loop Trail** traverse les deux rives du fleuve Columbia et emprunte des ponts au nord et au sud de la ville pour former une boucle qui passe par plusieurs parcs le long du fleuve.

Tout près, les **Ohme Gardens** *(3327 Ohme Rd - ✆ 509 662 5785 - www.ohmegardens.com - 9h-18h (19h en été) - 7 $)* reproduisent l'environnement alpin.

### ★ Leavenworth C2

*À 22,5 miles au nord-ouest de Wenatchee par l'US-2 N.W.*

**Visitor Center** – *940 US-2 - ✆ 509 548 5807 - www.leavenworth.org.*

Au cœur des Cascades, cette ville de montagne au style bavarois est très prisée des touristes. Et pour cause ! Située au sein d'une véritable forteresse naturelle, traversée par une rivière, Leavenworth offre toute l'année d'infinies possibilités de loisirs : randonnée, rafting, ski, mais aussi nombreux festivals, concerts et autres pièces de théâtre organisés en ville. Les pittoresques rues fleuries sont jalonnées de boutiques, cafés et bars à bière au style bavarois. Étonnant !

Avant les années 1960, cette paisible bourgade vivait de l'industrie du bois, mais lorsque celle-ci périclita, un groupe d'habitants eut l'audacieuse idée de lui offrir un nouveau visage afin de la transformer en véritable attraction touristique, à l'image de la ville de Solvgang, en Californie, fondée en 1911 par des éducateurs danois et qui adopta complètement le style du pays d'origine de ses fondateurs.

## NOS ADRESSES DANS LES CASCADES

### TRANSPORTS

#### En avion

Le **Sea-Tac International Airport** (SEA) *(℘ 206 787 5388 - www.portseattle.org)* est le principal aéroport pour se rendre au mont Rainier, tandis que le **Portland International Airport** (PDX) *(℘ 503 460 4040 - www.flypdx.com)* est l'aéroport le plus près du mont St Helens, de Vancouver et de la péninsule de Long Beach.

#### En bus

Les bus **Greyhound** *(℘ 214 849 8966 - www.greyhound.com)*, au départ de Seattle et Portland, desservent régulièrement certaines localités à travers tout l'ouest de Washington.
Les bus **Pacific Transit System** *(℘ 360 875 9418 - www.pacifictransit.org)* desservent les localités de Long Beach et les autres villes du sud-ouest de Washington.

#### En train

**Amtrak** *(℘ 800 872 7245 - www.amtrak.com)* dessert quotidiennement les villes de Seattle, Portland et Vancouver.

### HÉBERGEMENT/RESTAURATION

#### Lake Chelan

BUDGET MOYEN

**Riverwalk Inn** – *204 E. Wapato Ave., Chelan - ℘ 509 682 2627 - www.riverwalkinnchelan.com - 12 ch. 99/189 $.* Un moyen économique de profiter des beautés du Lake Chelan, situé à deux pas. Ce petit motel dispose de chambres modestes, au confort minimum mais à la propreté impeccable. Location de vélos, nombreuse documentation et agréable café pour le petit-déjeuner. Prix en baisse au printemps et en automne *(59/99 $)*, ainsi qu'en hiver *(49/79 $)*.

**Campbell's Resort** – *104 W. Woodin Ave., Chelan - ℘ 509 682 2561 et 800 553 8225 - www.campbellsresort.com - 🏊 - 170 ch. 130/210 $.* Depuis 1901, la famille Campbell tient ce grand complexe qui déploie plusieurs bâtiments au bord du lac. Aujourd'hui, les frères Eric et Tom perpétuent la tradition et s'attachent à offrir à leurs visiteurs les meilleures conditions de séjour. Spacieuses et confortables, les chambres possèdent un balcon avec vue sur le lac. Piscines, Jacuzzi, plage privée, location de kayaks. Deux bars-restaurants – **Campbell's Bistro** et **Veranda** – pour goûter une honnête cuisine américaine et apprécier les productions des vignobles voisins.

#### Leavenworth

POUR SE FAIRE PLAISIR

**Sleeping Lady** – *7375 Icicle Rd - ℘ 509 548 6344 ou 800 574 2123 - www.sleepinglady.com - 58 ch. 274 $ en demi-pension avec libre accès au Spa.* Entourée de pins, près de Icicle Creek, cette station de montagne est à quelques minutes à peine de superbes chemins de randonnée à travers les Cascades. En hiver, les visiteurs y pratiquent le ski nordique, au printemps et en été la pêche à la mouche, le VTT et l'équitation. Les chambres à l'ameublement simple sont garnies de confortables couettes. Le Aspen Leaf Day Spa invite à se relaxer avec sauna, bains à remous, massages, yoga et divers soins et traitements. Le **Kingfisher Restaurant** prépare des plats de saison et les produits viennent du jardin du chef, que l'on peut visiter.

## Mount Rainier

### BUDGET MOYEN

**Hobo Inn** – *54106 Rte 706, Elbe - ✆ 888 569 2500 - www.rrdiner.com - 6 wagons 115/125 $* ☕. Un endroit original pour passer la nuit. Devant le Mount Rainier Scenic Railroad Depot, à 14 miles de l'entrée du parc, ce motel propose des cabines dans d'anciens wagons colorés. Les chambres, assez petites, n'ont ni télévision, ni téléphone, ni accès Internet, mais elles sont climatisées, assez confortables et disposent d'une salle d'eau. L'établissement comprend aussi un wagon-restaurant où l'on savoure de bons hamburgers et des pizzas.

**National Park Inn** – *55210 238th Ave. E., Ashford - ✆ 360 569 2275 - www.mtrainierguestservices.com - 25 ch. 122/214 $*. Dans le village de Longmire, l'auberge occupe un bâtiment en bois de 1911. Le salon est réchauffé par une grande cheminée rustique et l'ambiance se révèle assez intime. Les chambres, propres mais basiques, n'ont pas de télévision, de téléphone ni d'accès internet. Les moins chères partagent une salle de bains commune. Agréable porche pour profiter du soleil couchant. Le restaurant *(plat 10/26 $)* sert une cuisine américaine correcte, mais souffre d'un décor un peu terne et d'un manque d'éclairage.

**Paradise Inn** – *98368 Paradise-Longmire Rd, Ashford - ✆ 360 569 2275 - www.mtrainierguestservices.com - ouv. de mi-mai à déb. oct. - 121 ch. 114/211 $*. Au cœur du parc, construit en 1916 et classé au registre des bâtiments historiques, ce magnifique hôtel en rocs et rondins de cèdre d'Alaska arbore un hall impressionnant avec une cheminée en pierre massive. De la terrasse, on profite d'un magnifique panorama sur les montagnes enneigées et les prairies en fleurs, avec pour seul regret la foule un peu trop dense qui vous entoure. Les chambres du bâtiment principal partagent des salles de bains communes, tandis que celles de l'annexe, plus chères, disposent de salles de bains privées. La **Dining Room** *(plat 14/32 $)* sert midi et soir une excellente cuisine incluant saumon sauvage grillé servi sur planche de cèdre ou des boulettes de viande de bison sauce bourbon.

**Wellspring Spa** – *54922 Kernahan Rd E., Ashford - ✆ 360 569 2514 - www.wellspringspa.com - 25 ch. 195 $*. Disséminés en pleine nature, les vastes cabanons en rondins et en duplex ont un charme fou et invitent à de douces robinsonnades au fond des bois, blotti dans un vaste lit douillet face au feu qui crépite dans la cheminée, à paresser dans le Jacuzzi ou au fond du hamac. Une cuisine équipée permet de préparer ses repas et, dans le jardin, un Spa avec sauna et bain chaud en cèdre invite à se ressourcer. Une adresse de charme dans un cadre enchanteur.

**Copper Creek Inn** – *35707 Rte 706, Ashford - ✆ 360 569 2799 (hôtel) et 2326 (restaurant) - www.coppercreekinn.com - 16 cabanes. 195 $*. À 2 miles à l'ouest de Nisqually Entrance, l'auberge essaime dans la forêt ses charmants cottages avec cheminée, qui peuvent accueillir de 2 à 12 personnes et disposent d'une télévision, du wifi, d'un bain à remous extérieur et d'une kitchenette. Dans un décor rustique où se détache une fresque murale du mont Rainier, le restaurant de l'auberge *(plat 7/30 $)*, très animé le soir, sert de bons petits plats (truite, saumon, steak d'Angus, poulet citron, pâtes et salades composées) et de délicieuses tartes aux mûres.

### Vancouver

#### BUDGET MOYEN

**Heathman Lodge** – *7801 N.E. Greenwood Dr. - ✆ 360 254 3100 - www.heathmanlodge.com - 🏊 - 197 ch. 139/169 $.* Très bel exemple de l'architecture rustique du Nord-Ouest américain, ce *lodge* en bois blond et basalte noir, décoré de nombreux tissages, évoque un refuge de montagne tout en bénéficiant d'un grand confort (piscine, Spa, salle de fitness, *business-center*, wifi haut débit). Les chambres, dôtées d'un coin salon, affichent des dimensions spacieuses et sont bien équipées (réfrigérateur, cafetière et four micro-ondes). Le restaurant **Hudson Bar & Grill** *(plat 14/31 $)*, géré par le chef Ray Delgado, réputé comme la meilleure adresse à Vancouver, dispose d'un cadre agréable avec une grande cheminée en ardoises. Le pain et les pâtisseries sont maison, tandis que les plats de saison mettent à l'honneur les produits locaux tel le saumon royal de la Columbia. Seule ombre au tableau, le paysage alentour, mélange peu glamour de parkings et de centres commerciaux.

### Wenatchee

#### BUDGET MOYEN

**Pybus Bistro** – *3 N. Worthen. - ✆ 509 888 7007 - fermé dim. soir et lun. - plat 16/18 $.* Au sein du Pybus Market *(voir p. 488)*, ce bistrot tenu par un jeune couple très sympathique propose une cuisine de saison gourmande, élaborée à partir de produits frais bien sélectionnés. Pâtes maison et viandes grillées ou fumées sont relevées par de bonnes sauces et accompagnées de légumes frits ou croquants. Carte de vins locaux.

### Winthrop

#### BUDGET MOYEN

**Rio Vista** – *285 Riverside Ave. - ✆ 509 996 3535 - www.hotelriovista.com - 29 ch. 120/155 $.* Cet établissement familial, en plein cœur de la petite ville, adopte un style « western » à l'extérieur et fait preuve de sobriété dans ses chambres. Superficie raisonnable, literie confortable, mobilier en bois et terrasse privative donnant sur la rivière. Le tout est très bien entretenu. Et le petit plus : le Jacuzzi !

#### POUR SE FAIRE PLAISIR

**Sun Mountain Lodge** – *604 Patterson Lake Rd - ✆ 509 996 2211 ou 800 572 0493 - www.sunmountainlodge.com - 96 ch., 16 chalets 265/340 $.* Niché en haut d'une montagne surplombant la Methow Valley, cet hôtel possède nombre d'objets d'art et d'artisanat qui sont exposés. Bâti dans le style chalet typique des parcs nationaux, le lieu possède poutres apparentes et gigantesques fenêtres. Les chambres style « western » disposent de solides meubles en bois d'érable et de cerisier. Les chalets au bord du lac sont très prisés par les familles. L'hôtel est réputé pour ses pistes de ski nordique en hiver.

# Est de Washington

**Les vastes étendues arides et tourmentées de l'est de l'État de Washington courent des contreforts des Cascades jusqu'à la frontière de l'Idaho, et du nord de Walla Walla jusqu'aux hautes terres d'Okanogan. Les rivières coupent de profonds canyons sinueux dans le sol desséché, ponctué çà et là, grâce à l'irrigation, de vergers et de vignobles. Au fil des siècles, par vagues successives, Indiens des Plateaux, explorateurs, propriétaires de ranches et fermiers sont passés sur ces terres, laissant tous leurs empreintes. Les visiteurs explorant ces paysages désolés découvriront une diversité séduisante d'espaces naturels, de parcs, musées et sites historiques.**

NOS ADRESSES PAGE 497

### S'INFORMER

**Washington Tourism Alliance** – *800 544 1800 - www.experiencewa.com.*

### SE REPÉRER

Carte de région BCD1-2-3 (p. 430-431) – *heure du Pacifique.* À l'est de la chaîne des Cascades, la partie orientale de l'État de Washington est traversée par l'I-90. La principale ville de la région est Spokane.

### À NE PAS MANQUER

Les exploitations viticoles des régions de Yakima et de Walla Walla.

### ORGANISER SON TEMPS

La fin du printemps et le début de l'été sont les meilleures périodes pour visiter la région. Au printemps, les vergers sont en fleurs, le soleil est présent et les températures sont douces. Dès la fin de l'été et durant l'automne, on peut se procurer pêches, pommes et poires aux petits stands qui jalonnent les routes. En juillet, la température moyenne est de 28 °C et il n'est pas rare qu'elle atteigne les 32 °C.

### AVEC LES ENFANTS

Yakama Nation Museum and Cultural Center.

## Découvrir Carte de région

### ★ Spokane D2

*À 276 miles à l'est de Seattle par l'I-90.*

**Visitor Center** – *201 W. Main St. - 509 624 1341 - www.visitspokane.com - 8h30-17h30, w.-end 9h-18h.*

Couvrant les pentes boisées de la rivière Spokane près de la frontière avec l'Idaho, la deuxième grande ville de l'État de Washington (210 721 habitants) était dans les années 1880 un centre de transport et de commerce. Des dizaines de bâtiments historiques forment le cœur de la ville, où les chutes spectaculaires de la Spokane cascadent du haut de falaises de basalte. Manoirs victoriens bien entretenus et maisons de style Craftsman bordent ses escarpements boisés.

★ **Northwest Museum of Arts and Culture** – *2316 W. 1st Ave. - 509 456 3931 - www.northwestmuseum.org - merc.-dim. 10h-17h - 10 $.* Les objets présentés dans ce musée donnent un aperçu rapide du passé de Spokane et de l'est de

Palouse Falls.
A. Majchrowicz/age fotostock

l'État de Washington, de la préhistoire à nos jours. La collection permanente inclut d'excellents artistes régionaux tels Patrick Siler ou Gaylen Hansen.

★★ **Riverfront Park** – *Spokane Falls Blvd (entre Post St. et Washington St.) - ☏ 509 625 6601 - www.spokaneriverfrontpark.com.* Ce remarquable parc a été aménagé sur les deux rives de la Spokane pour l'Exposition universelle de 1974. Il offre ses pelouses aux ondulations douces, ombragées de pins ponderosa, des allées paysagères, un **manège★** de 1909 superbement restauré, un parcours en gondole jusqu'au pied de la cascade Lower Spokane Falls, un petit parc d'attractions et une salle IMAX à écran géant.

★ **Manito Park** – *Grand Blvd et 18th Ave. - ☏ 509 625 6200 - www.spokaneparks.org.* À un peu plus de 2 miles au sud du centre-ville, ce très joli parc rassemble un agréable jardin japonais, une immense roseraie, un jardin de vivaces et un jardin de style Renaissance.

## ★ The Palouse D2

▶ *À 65 miles au sud de Spokane par l'US-195 et la Rte 27.*

Au sud de Spokane, les champs battus par les vents de la région de Palouse (issu du français « pelouse ») font penser aux étendues marines. Ceux-ci sont vert émeraude de fin mars à juin et se parent d'or en juillet lorsque les blés et le carthame sont mûrs. Les routes de campagne serpentent à travers de superbes paysages. Les petites villes de Dayton et de Pomeroy comptent parmi celles qui offrent les plus jolies vues.

À la sortie de l'US-12, à 70 miles au nord de Walla Walla, les **Palouse Falls★** plongent d'une saillie en granite de 54 m de haut pour s'écraser au fond d'un profond gouffre. Les chutes et le canyon sont le résultat des inondations du lac Missoula, qui ont périodiquement envahi le plateau de Columbia durant le Pléistocène, créant ainsi le paysage torturé des Channeled Scablands.



## ★ Steptoe Butte D2

▶ *À 24 miles au nord-ouest de Palouse par la Rte 27.*

*www.parks.wa.gov. - ouv. tte l'année de 6h à la tombée de la nuit.*

Une petite route grimpe en 10mn au sommet de ce cone solitaire, amas de roche quartzite vieille de 400 millions d'années, d'où s'offre une **vue★★** panoramique à 360° sur la région de Palouse, à cheval entre Washington et Idaho. Culminant à 300 m au-dessus de la campagne environnante, cette butte est le point le plus élevé à des miles à la ronde. Par beau temps, la vue porte jusqu'à la chaîne des Cascades à l'ouest, aux Rocheuses de l'Idaho à l'est et aux Blue Mountains de l'Oregon au sud.

### ★ Grand Coulee Dam C2

*À 78 miles à l'ouest de Spokane par l'US-2 et la Rte 155.*

**Visitor Center** – *509 633 9265 - www.usbr.gov/pn/grandcoulee - visite guidée (50mn) gratuite de l'intérieur du barrage.*

Reliant les parois d'un canyon aride, une énorme muraille incurvée de béton, haute de 55 étages, barre la Columbia sur 1 mile. Construit par le Civilian Conservation Corps dans les années 1930, le barrage alimente une puissante centrale hydroélectrique et permet d'irriguer des centaines de milliers d'hectares. Son réservoir long de 243 km est entouré par la **Lake Roosevelt National Recreation Area★** *(1008 Crest Dr., Coulee Dam - 509 633 9441 - www.nps.gov/laro).*

### ★ Dry Falls C2

*Sur la Rte 17, à 37 miles au sud de Grand Coulee Dam par la Rte 155 et 16 miles au nord de Soap Lake.*

**Sun Lakes-Dry Falls Park Visitor Center** – *34875 Park Lake Rd N.E., Coulee City - 509 632 5583 - www.parks.wa.gov.*

Peu d'endroits permettent comme Dry Falls de découvrir de façon si mémorable et directe les forces géologiques. Les « chutes » sont en vérité un gouffre en forme de bol de quelque 122 m de profondeur, creusé dans le lit volcanique du désert du bassin de la Columbia. Il y a des milliers d'années, les formidables inondations de l'âge de glace ont façonné ce paysage : les eaux du lac préhistorique Missoula perçaient en effet périodiquement la glace pour déverser des milliards de litres d'eau à l'ouest, dans le Pacifique, creusant en ce faisant le paysage du bassin de la Columbia.

### ★ Yakima Valley C3

*À 141 miles au sud-est de Seattle par l'I-90 et l'I-82 et à 107 miles au sud de Wenatchee, en passant par Ellensburg.*

*509 575 3010 - www.visityakima.com.*

La verdoyante vallée de la rivière Yakima dessine un arc de près de 100 miles vers le sud, depuis Ellensburg jusqu'aux Horse Heaven Hills. Colonisée dans les années 1860 par des éleveurs de bétail, la vallée est devenue l'une des régions de cultures fruitières les plus riches des États-Unis : pomme, poire d'hiver, cerise, raisin… Cette région viticole à la grande diversité est la plus vieille appellation de l'État. On trouve plus de 100 exploitations à travers la vallée.

**Yakima**, centre commerçant de 93 000 habitants, offre des promenades agréables le long des berges verdoyantes de la rivière, et deux musées intéressants :

**Yakima Valley Museum** – *2105 Tieton Dr. - 509 248 0747 - www.yakimavalleymuseum.org - lun.-sam. 10h-17h - 5 $.* Il présente l'histoire de la région et celle de célébrités locales : le fils du pays devenu juge de la Cour suprême, Justice William O. Douglas (1898-1980), les jumeaux Phil et Steve Mahre (1957-), champions du monde de ski.

**Yakima Valley Trolleys** – *306 W. Pine St. - ✆ 509 575 1700 - www.yakimavalleytrolleys.org - de fin mai à sept. : w.-end 10h-15h - 10 $.* Il conserve de vieux tramways, qui parcourent toujours la ville et la campagne avoisinante (2h).

★ **Yakama Nation Museum and Cultural Center** – *100 Spilyiy Loop (à la sortie de l'US-97), Toppenish - ✆ 509 865 2800 - www.yakamamuseum.com - 8h-17h - 6 $.* Au sud de Yakima, cet excellent musée présente au moyen de dioramas, de peintures et de pétroglyphes l'histoire de la tribu des Yakamas et de leur lutte pour survivre.

La ville toute proche de Toppenish est réputée pour ses 70 **peintures murales★** racontant l'histoire de la localité.

## Hanford Reach National Monument C2

*À 51 miles à l'est de Yakima par la Rte 24.*

*✆ 509 546 8300 - www.fws.gov/hanfordreach - ouv. de l'aube au crépuscule.*

Le dernier tronçon sauvage du fleuve Columbia sinue à travers une steppe parsemée d'armoises et d'arbustes entre Richland et Wenatchee. Des pontons de mise à l'eau pour les bateaux sont les seules traces humaines au sein de ce paradis de la vie sauvage peuplé de cerfs, de wapitis et d'oiseaux, que l'on peut facilement observer en suivant les 51 miles du fleuve. Les visiteurs croisent également en chemin quelques vestiges de l'histoire récente, les bâtiments hérités du projet Manhattan de la Seconde Guerre mondiale, qui permit de créer la bombe atomique. Des balades en **kayak** sont organisées dans la réserve par la compagnie Columbia Kayak Adventures *(✆ 509 947 5901 - www.columbiakayakadventures.com - 125 $ la journée).*

## Tri-Cities Area C3

*À 77 miles au sud-est de Yakima par l'I-82.*

*7130 W. Grandridge Blvd, Kennewick - ✆ 509 735 8486 - www.visittri-cities.com.*

Regroupant les communes voisines de **Richland**, **Pasco** et **Kennewick**, au point de confluence des rivières Yakima, Columbia et Snake, ce pays reculé s'est soudain réveillé en 1942, en devenant le grand site du **Manhattan Project** : le plutonium produit au Hanford Site, au nord de Richland, a servi pour la bombe atomique lâchée sur Nagasaki en 1945. La production s'est poursuivie jusqu'en 1988 ; aujourd'hui, le traitement des déchets toxiques devrait en principe injecter plus d'argent dans l'économie locale que ne l'a fait la production du plutonium. Devenue un centre d'industries technologiques, la conurbation de Tri-Cities est l'une des plus grandes agglomérations de l'État de Washington.

**The REACH** – *1943 Columbia Park Trail, Richland - ✆ 509 943 9000 - www.visitthereach.org - mar.-sam. 9h-17h, dim. 12h-17h - 8 $.* Ses expositions illustrent l'histoire du site de Hanford avec des photographies et des maquettes interactives.

★ **Columbia River Journeys** – *Columbia Park Marina, 1229 Columbia Dr. S.E., Richland - ✆ 509 943 0231 - www.columbiariverjourneys.com.* Excursions d'une demi-journée en jet-boat à travers une partie du site (*90 $*). Interdit au public depuis la Seconde Guerre mondiale, le domaine désertique de Hanford est demeuré sauvage, pratiquement dépourvu de routes, et riche en faune et en flore.

## ★★ Walla Walla D3

*À 48 miles à l'est de Pasco et 157 miles au sud-ouest de Spokane par l'US-12.*

**Visitor Information** – *26 E. Main St. - ✆ 509 529 4718 - www.wallawalla.org - été : 10h-16h ; hiver : lun.-vend. 10h-16h.*

Centre agricole et universitaire plein de charme au pied des Blue Mountains, Walla Walla (31 825 habitants) est l'épicentre de l'industrie viticole très renommée de l'État et possède de nombreux hôtels de luxe, parmi lesquels le **Marcus Whitman Hotel** (1920), entièrement rénové. On y trouve de nombreux restaurants réputés et quantité de salles de dégustation, où l'on peut tester les différents crus des producteurs régionaux. Parmi celles-ci, **Seven Hills Winery** *(212 3rd Ave. - ✆ 509 529 7198 - www.sevenhillswinery.com - lun.-sam. 10h-17h, dim. 10h-14h)*, un viticulteur établi de longue date dans la vallée, qui élabore de bons assemblages de style bordelais ; **Canoe Ridge** *(1102 W. Cherry St. - ✆ 509 525 1843 - www.canoeridgevineyard.com - jeu.-lun. 11h-17h)*, qui produit des merlots, cabernets et chardonnays plusieurs fois primés ; **Maison Bleue** *(20 N. 2nd Ave. - ✆ 509 525 9084 - www.mbwinery.com - mar.-dim. 11h-17h)*, petit producteur spécialisé dans les vins de type côtes-du-rhône.

★ **Whitman Mission National Historic Site** – *À 9 miles à l'ouest de Walla Walla sur la Rte 12 - ✆ 509 522 6360 - www.nps.gov/whmi - 8h-16h30 - gratuit.* Ce parc préserve le site d'une mission presbytérienne implantée en 1836 pour évangéliser les Indiens Cayuses. En 1847, les missionnaires Marcus et Narcissa Whitman y ont été massacrés par les Indiens avec onze de leurs assistants.

## ★ Maryhill Museum B3

*À Goldendale, 139 miles à l'ouest de Walla Walla et 104 miles à l'est de Portland par l'I-84 puis la Rte 14.*

*35 Maryhill Museum Dr. (2 miles à l'ouest de l'US-97) - ✆ 509 773 3733 - www.maryhillmuseum.org - de mi-mars à mi-nov. : 10h-17h - 9 $.*

Les habitants de la région se demandèrent ce que diable pouvait bien être cette maison lorsqu'ils découvrirent, en 1926, ce que le magnat de Seattle Sam Hill avait érigé là. Il en résulte une expression intraduisible : « What in Sam Hill is that ? » La demeure Beaux-Arts du baron est située sur une falaise surplombant le fleuve Columbia. L'intention de Hill était d'y attirer les voyageurs pour leur faire découvrir son éclectique collection d'objets d'art. Ouvert au public en 1940, le musée possède des sculptures de Rodin, du verre Art nouveau, des objets amérindiens et bien d'autres trésors. Tout près, une reproduction de Stonehenge se dresse au milieu d'un paysage aride.

### LE WASHINGTON VITICOLE TALONNE LA CALIFORNIE

À l'est de la chaînes des Cascades, à une latitude similaire à celle de la région de Bordeaux et de la Bourgogne, des vallées arides et gorgées de soleil forment un micro-climat idéal pour le raisin. Avec plus de 750 exploitations viticoles, l'industrie du vin du Washington est la seconde du pays en volume derrière celle de la Californie. L'est de l'État abrite à lui seul 12 des 13 AVAs (American Viticultural Area, régions viticoles américaines). La plus grande concentration d'exploitations viticoles se trouve dans et autour de Walla Walla, qui en comprend une centaine. La vallée de Yakima abrite plus de 60 exploitations. La nouvelle AVA du Lake Chelan est l'une des plus belles, avec ses coteaux plantés de vignes surplombant les eaux du lac. Le terroir sec et rocailleux de l'est de l'État de Washington est bien adapté pour des cépages comme le merlot, le chardonnay, le cabernet sauvignon, le riesling, le pinot noir et le chenin, tandis que la syrah s'affirme autour du Lake Chelan. Dans cet eldorado viticole, les nouvelles exploitations ne cessent d'éclore au fin des ans, produisant des vins d'excellente qualité dans leur ensemble, riches en saveurs fruitées, à la texture onctueuse et caressante comme du velours, et pour la plupart à des prix très abordables. Pour plus d'informations : www.washingtonwine.org.

## NOS ADRESSES DANS L'EST DE WASHINGTON

### TRANSPORTS

#### En avion

Le **Spokane International Airport** *(℘ 509 455 6429 - www.spokaneairports.net)*, situé à 8 miles à l'ouest de la ville, sert de plaque tournante au trafic régional. On y trouve les principaux loueurs de voiture. Comptez 25 $ en taxi pour le centre, ou 1,50 $ avec le bus n° 60.

#### En train

Spokane est située sur la ligne Empire Builder, qui relie Portland et Seattle à Chicago. La gare **Amtrak** *(221 W. 1st Ave. - ℘ 800 872 7245 - www.amtrak.com)* abrite aussi le terminal routier.

#### En bus

**Greyhound** *(℘ 800 231 2222 - www.greyhound.com)* assure des liaisons régulières vers Seattle, Portland, Ellensburg, Cœur d'Alene, Wenatchee et Walla Walla.

### HÉBERGEMENT

#### Columbia Valley

UNE FOLIE

**Cave B Inn & Spa** – *344 Silica Rd N.W., Quincy - ℘ 509 785 2283 ou 888 785 2283 - www.cavebinn.com -* 🏊 *- 55 ch. 229/409 $.* Entourée de vignes, sur un plateau qui surplombe le fleuve Columbia, cette élégante auberge est fière des vues qu'elle offre sur la gorge accidentée en contrebas. Les *cliffehouses*, à l'architecture étonnante, sont dans les tons dorés et possèdent cheminées et hauts plafonds. On peut également prendre une chambre à l'auberge, dans la « Caverne », ou encore s'offrir une yourte. Les plus : les vignes, la piscine, le Spa et le Tendrils Restaurant (pâtes faites maison et bœuf produit localement).

#### Spokane

BUDGET MOYEN

**The Davenport Hotel** – *10 S. Post St. - ℘ 509 455 8888 ou 800 899 1482 - www.davenporthotelcollection.com - 612 ch. 155/165 $, suites 255/275 $.* Véritable bijou du style Mission Revival, inspiré des missions espagnoles de Californie, ce monstre sacré de l'hôtellerie (1914), avec sa salle de bal et son *lobby* débordant de marbres, dorures, vitraux, fresques et boiseries, a accueilli une foule d'hôtes prestigieux. Classé monument historique, il a pourtant bien failli être démoli avant d'être restauré de fond en comble en 2012. Les chambres garnies d'un mobilier en mahogany sont spacieuses et jouissent d'une literie de qualité, à un prix très raisonnable. Le restaurant **Palm Court Grill** sert de bons plats de viandes et poissons. Spa, salle de fitness, piscine, navette pour l'aéroport, voiturier.

L'hôtel **Lusso** adjacent fait partie du groupe et propose des chambres agréables un peu moins chères *(110/120 $)*.

#### Walla Walla

BUDGET MOYEN

**Marcus Whitman Hotel** – *6 W. Rose St. - ℘ 509 525 2200 - www.marcuswhitmanhotel.com - 127 ch. 168/189 $* ☕. Depuis 1928, cet établissement historique s'est bien sûr modernisé, mais il conserve une grande part de son charme d'époque, au moins dans la partie ancienne. Chambres douillettes à la propreté immaculée. Le restaurant **Marc**, plusieurs fois distingué, sert une cuisine américaine moderne et raffinée. Dans le hall de l'hôtel, on ne trouve pas moins de six salles de dégustation de vins, et un *happy-hour* en fin de journée est inclus dans le prix.

## RESTAURATION

### Spokane

#### BUDGET MOYEN

**Wild Sage Bistro** – *916 W. 2nd Ave. - ✆ 509 456 7575 - www.wildsagebistro.com - dîner seult - plat 15/28 $.* Installé dans un bâtiment sans prétention, le Wild Sage sert parmi les meilleurs plats bistrot de la région de Spokane. Son menu de saison comprend le Wild Sage hamburger, avec son bœuf de Kobe et ses frites coupées à la main, ou encore les pâtes et leurs crevettes au curry et à la noix de coco. Pains et desserts faits maison.

**Mizuna** – *214 N. Howard St. - ✆ 509 747 2004 - www.mizuna.com - fermé dim. midi - plat 11/34 $.* Dans l'agréable patio ou la grande salle de ce bâtiment en brique, on déguste de bons plats bios, végétariens ou non, à la fraîcheur et aux cuissons impeccables et agrémentés de bons vins.

#### POUR SE FAIRE PLAISIR

**Milford's Fish House** – *719 N. Monroe St. - ✆ 509 326 7251 - www.milfordsfishhouse.com - dîner seult - fermé lun. - plats 25/42 $.* Murs en brique et garniture en laiton, et ce qui semble être une forêt entière de bois d'acajou confèrent un air début du 20e s. au Milford's, l'un des restaurants de fruits de mer les plus populaires de la région. Vaste sélection de produits venant du Maine, du Brésil, d'Hawaii et de bien d'autres lieux. Le restaurant est renommé pour ses épaisses tranches de calamars sautées à la poêle. On y déguste également du bœuf et de l'agneau du Nord-Ouest.

### Walla Walla

#### PREMIER PRIX

**Olive Marketplace & Cafe** – *21 E. Main St. - ✆ 509 526 0200 - www.olivemarketplaceandcafe.com - plat 8/15 $.* Une ambiance agréable règne dans ce lieu à l'heure du déjeuner. Idéal pour déguster une saine salade composée, un sandwich ou une pizza.

#### POUR SE FAIRE PLAISIR

**Whitehouse-Crawford Restaurant** – *55 W. Cherry St. - ✆ 509 525 2222 - www.whitehousecrawford.com - dîner seult - fermé mar. - plat 16/39 $.* Cette ancienne fabrique de meubles avec ses murs en brique, ses hauts plafonds et ses poutres apparentes forme un décor exceptionnel pour des repas qui ne le sont pas moins. Tous les produits et les vins sont locaux. Situé au cœur des terres viticoles, ce restaurant a en effet attiré l'attention grâce à ses plats copieux, de saison, tel le canard rôti aux épices et sa *mostarda* aux myrtilles ou les desserts maison.

Les champs de blé vus de Steptoe Butte, Palouse.
*Image Source/hemis.fr*

# Alaska 8



Dans le glacier Mendenhall.

*Alaska Stock/hemis.fr*

# ALASKA

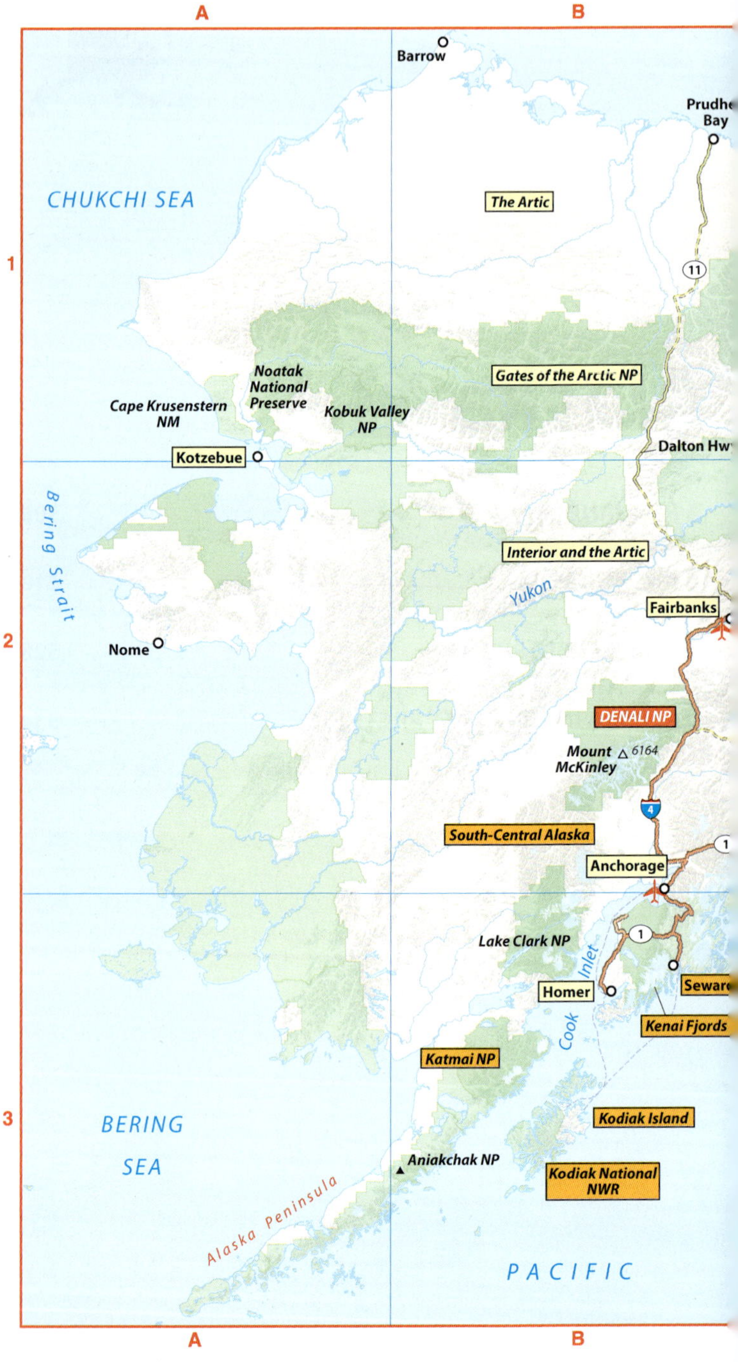
A
B
1
2
3
Barrow
Prudhoe
Bay
CHUKCHI SEA
The Artic
11
Gates of the Arctic NP
Noatak
National
Preserve
Cape Krusenstern
NM
Kobuk Valley
NP
Kotzebue
Dalton Hwy
Bering Strait
Interior and the Artic
Yukon
Fairbanks
Nome
DENALI NP
Mount
McKinley
6164
4
South-Central Alaska
1
Anchorage
1
Lake Clark NP
Cook Inlet
Homer
Seward
Kenai Fjords
Katmai NP
Kodiak Island
BERING
SEA
Aniakchak NP
Kodiak National
NWR
Alaska Peninsula
PACIFIC
A
B

C
D
ALASKA
GLACIER BAY NP ★★★ Vaut le voyage
Katmai NP ★★ Mérite un détour
Fairbanks ★ Intéressant
Barrow À voir
0 200 km
0 100 mi
BEAUFORT SEA
1
CANADA
2
Wrangell-St. Elias NP
Whitehorse
Mount St. Elias
5489
rince William Sound
Skagway
MENDENHALL GLACIER
GULF OF ALASKA
GLACIER BAY NP
Juneau
Admiralty Island NM
3
Alexander Archipelago
Sitka
Sitka NHP
The Panhandle
N
Ketchikan
OCEAN
Prince Rupert
C
D

## NOS ADRESSES EN ALASKA

### INFORMATIONS TOURISTIQUES

Pour un complément d'informations sur les hébergements, les sites et les visites, les tours-opérateurs et les manifestations saisonnières, ou pour obtenir le guide *Official State of Alaska Vacation Planner* :
**Alaska Travel Industry Association** – *✆ 929 2200 - www.travelalaska.com.*

### CLIMAT

Ceux qui n'y vivent pas considèrent souvent l'Alaska comme une région pluvieuse et enneigée, mais en réalité il y fait bon de mai à septembre (excepté dans l'Arctique) et il peut même faire très chaud à l'intérieur des terres durant l'été. La température la plus élevée jamais enregistrée est de 38 °C à Fort Yukon. Durant le mois de juillet, il fait en moyenne 23 °C à Fairbanks, 18 °C à Anchorage et légèrement moins à Juneau. En revanche, les nuits sont toujours fraîches et l'on peut s'attendre à des averses toute l'année. Même lorsqu'il n'est pas nécessaire de porter un manteau pour se tenir chaud, il est conseillé d'en avoir un pour se protéger des insectes (ce cliché-là est bien réel).

### DÉCALAGE HORAIRE

L'Alaska a son propre fuseau horaire : GMT -9, soit 1h de moins que l'heure du Pacifique. Les îles Aléoutiennes de l'Ouest sont à l'heure d'Hawaii, soit 2h de moins que l'heure du Pacifique.

### ARRIVER/PARTIR

#### En avion

Les principaux aéroports d'Alaska desservis à partir du continent américain sont **Anchorage International Airport** (ANC) *(✆ 907 266 2526 - www.anchorageairport.com),* **Fairbanks International Airport** (FAI) *(✆ 907 474 2500 - www.dot.state.ak.us/faiiap)* et **Juneau International Airport** (JNU) *(✆ 907 789 7821 - www.juneau.org/airport).*
**Alaska Airlines** *(✆ 800 252 7522 - www.alaskaair.com)* assure la plupart des liaisons aériennes extérieures et intérieures. Elle propose de nombreux vols quotidiens **depuis Seattle**.
Parmi les autres compagnies locales proposant des vols intérieurs, on peut citer **ERA Aviation** *(✆ 907 266 8394 ou 800 866 8394 - www.flyera.com)* et **Peninsula Airways** *(✆ 907 771 2640 ou 800 448 4226 - www.penair.com).*

### TRANSPORTS

#### En bus

**Alaska Railroad Corp.** *(✆ 907 265 2494 ou 800 544 0552 - www.alaskarailroad.com)* relie Seward, Anchorage, Denali National Park et Fairbanks.
**Alaska Direct Bus Lines** *(✆ 907 277 6652 ou 800 770 6652 - www.alaskadirectbusline.com)* organise un service de bus reliant Anchorage, Fairbanks et Whitehorse (au Yukon, Canada).
Des tours-opérateurs indépendants assurent par ailleurs des trajets en autocar en Alaska.

#### En bateau

**Depuis Seattle**, il existe de nombreuses croisières permettant de rejoindre l'Alaska, notamment avec **dreamlines.fr** *(✆ 01 70 71 27 05 - www.dreamlines.fr/croisieres-au-depart-de-seattle).*
**Alaska Marine Highway System** *(voir p. 511)* assure des

lignes régulières de ferry reliant Bellingham (WA) à Juneau et à d'autres ports d'Alaska. Il est nécessaire de réserver.

## VISITES

### Circuits accompagnés

**Gray Line** *(✆ 888 452 1737 - www.graylinealaska.com).*

### Circuits à bicyclette

**Alaskan Bicycle Adventures** *(✆ 907 245 2175 - www.alaskabike.com).*

### Excursions multisports

**REI Adventures** *(✆ 253 437 1100 - www.rei.com/travel).*

### Tourisme d'aventure

**Alaska Travel Adventures** *(✆ 907 789 0052 - www.alaskaadventures.com)* ; **Alaska Wildland Adventures** *(✆ 907 783 2928 - www.alaskawildland.com)* ; **Talkeetna Air Taxi** *(✆ 733 2218 - www.talkeetnaair.com).*

Pour obtenir une liste des opérateurs de tourisme écologique et pour un complément d'information sur le tourisme d'aventure, adressez-vous à l'**Alaska Wilderness Recreation & Tourism Association** *(✆ 907 258 3171 - www.awrta.org)* ou l'**Alaska Public Lands information Center** *(✆ 907 271 2737 - www.alaskacenters.gov).*

## HÉBERGEMENT

On trouve de nombreux *lodges* à l'intérieur et autour des parcs nationaux, et dans leurs villes d'accès. Contactez **Alaska Tour and Travel** *(✆ 907 245 0200 - www.alaskatravel.com).*

Pour les réservations de B&B, adressez-vous à **Alaska Private Lodgings** *(✆ 907 235 2148 - www.alaskabandb.com).*

Pour obtenir une liste des terrains de camping publics ainsi que des cartes, rens. à l'**Alaska Travel Industry Association** *(ci-contre).*

Les motels situés au bord des autoroutes offrent généralement des services de restauration, de carburant et de réparation des véhicules. Téléphonez pour vérifier la disponibilité, en particulier d'octobre à mi-mai.

Les curiosités et les services sont répertoriés dans *Alaska Milepost*, disponible en librairie ou directement auprès de **The Milepost** *(✆ 907 272 6007 - www.milepost.com).*

Dans un État où il n'y a que peu de routes, où les paysages sont magnifiques, où les loisirs de plein air et la nature sont si importants, les chalets dans les lieux reculés jouent un rôle clé pour le voyageur. On se rend en hydravion ou en bateau dans ces avant-postes, qui vont du chalet luxueux offrant tous les services à la cabane rustique isolée sur des côtes lointaines. Désireux de conserver leur environnement et d'en tirer le meilleur parti, nombreux sont ceux qui en Alaska sont des pionniers de l'autosuffisance et de la gestion durable. L'**Alaska Wildland Adventures**, par exemple, a récemment fait installer une petite centrale hydroélectrique à Kenai Backcountry Lodge pour minimiser l'usage de fuel *(www.alaskawildland.com)*. Parmi les centaines de boutiques et de chalets reculés, plus de 300 appartiennent à l'**Alaska Wilderness Recreation & Tourism Association** *(✆ 907 258 3171 - www.visitwildalaska.com)*, qui met l'accent sur l'économie durable, le tourisme responsable et les bienfaits pour l'économie locale.

# Panhandle

★★

**Mosaïque de terre et d'eau, les 540 miles du Panhandle s'étendent du parc de Misty Fiords au glacier de Malaspina, entre le Canada et le golfe d'Alaska, formant sous la masse principale de l'Alaska comme un doigt en direction des 48 États plus au sud. Cette région n'englobe que 6 % des terres d'Alaska, mais son littoral totalise 16 000 km, avec sa côte très découpée et le millier d'îles de l'archipel Alexander. Le paysage est marqué par toutes ces îles, mais aussi par la chaîne de montagnes côtières la plus élevée du monde, avec des crêtes dépassant 4 500 m. Les glaciers descendent des hauteurs jusqu'à des fjords profonds, où les phoques se prélassent sur les glaces flottantes et les oiseaux marins nichent sur des îles granitiques. Cette région est l'une des plus arrosées de l'État, ce qui, ajouté à l'influence tempérée de la mer, l'a couverte d'un luxuriant tapis forestier de sapins du Canada. La forêt nationale de Tongass, la plus étendue des États-Unis, englobe plus de 75 % des terres du Panhandle.**

## NOS ADRESSES PAGE 515

### S'INFORMER

**Southeast Alaska Tourism Council** – *907 5864777 - www.alaskasinsidepassage.com.*

### SE REPÉRER

Carte de région CD3 (p. 502-503) – *heure de l'Alaska.* L'Alaska du Sud-Est, surnommée Panhandle (queue de poêle), désigne la bande de fjords, d'îles et de montagnes qui s'étire sur plus de 960 km le long du golfe de l'Alaska, à l'ouest du territoire canadien de la Colombie-Britannique. L'essentiel de la population se concentre à Juneau, la capitale de l'Alaska. Les seules routes dans la région rejoignent Skagway et Haines en partant de la ville canadienne de Yukon.

### À NE PAS MANQUER

Glacier Bay ; Sitka.

### ORGANISER SON TEMPS

Les croisières font généralement une halte d'une journée à Juneau, Ketchikan, Skagway et Sitka. Les activités organisées par les offices de tourisme locaux peuvent être plus abordables.

## Découvrir Carte de région

### Ketchikan D3

*À 285 miles au sud de Juneau.*

**Ketchikan Visitors Bureau** – *50 Front St. - 907 225 6166 ou 800 770 3300 - www.visit-ketchikan.com.*

La plus au sud des villes de l'Alaska (8 214 hab.), et l'une des plus arrosées, Ketchikan se considère comme la capitale mondiale du saumon. Plus proche de Seattle (646 miles) que d'Anchorage (901 miles), Ketchikan avait la réputation d'être la ville « vers laquelle poissons et pêcheurs remontaient le courant pour se multiplier ». La majorité des visiteurs arrivent et partent de Ketchikan à bord de bateaux de croisières ou de bateaux privés, ou encore en hydravion.

Prince William Sound.
Alaska Stock/hemis.fr

Le quartier ancien, **Creek Street Historic District**, conserve un trottoir en bois qui délimitait jusqu'en 1954 le quartier chaud le plus célèbre de tout l'Alaska.
Plusieurs sites touristiques honorent la culture des Indiens Tlingits, Haidas et Tsimshians.

★★ **Totem Heritage Center** – *601 Deermount St. - ✆ 907 225 5900 - www.city.ketchikan.ak.us - mai-sept. : 8h-17h ; oct.-avr. : lun-jeu. 13h-17h - 5 $.* Ici sont exposées près de trois dizaines de mâts totémiques venant de villages abandonnés au 19e s.

★ **Saxman Native Village** – *S. Stedman St., Saxman (à 3 miles au sud par S. Tongass Hwy) - ✆ 907 225 4846 - www.capefoxtours.com - mai-sept. : visite guidée par les agences de croisières (env. 45 $) ; visite en individuel sans les danses et démonstrations (5 $).* Habité par 285 Indiens Tlingits, ce village regroupe une maison tribale, une école, un atelier de découpe du saumon et un parc où se dressent 28 mâts totémiques. Les visiteurs en groupe peuvent observer les maîtres trancheurs et leurs apprentis à l'œuvre, et assister à des spectacles de danses indiennes dans la maison tribale.

★ **Totem Bight State Historical Park** – *9883 N. Tongass Hwy (à 10 miles au nord) - ✆ 907 247 8574 - www.dnr.alaska.gov/parks/units/totembgh.htm.* Créé en 1938 pour conserver des sculptures amérindiennes, le parc abrite une réplique de maison clanique ainsi que 14 totems. Remarquables, les piliers de la grande maison comportent le visage d'un chef de clan coiffé d'un chapeau fait de racines d'épicéa et prêt pour un *potlatch*.

★ **Potlatch Totem Park** – *9809 Totem Bight Rd (à 10 miles au nord de Ketchikan) - ✆ 907 225 4445 - www.potlatchpark.com - 7h-16h - gratuit ; visite guidée env. 35 $.* Relativement récent (2008), ce parc vous fera découvrir cinq maisons de clans et leurs poteaux totémiques, un atelier de sculpture et un petit musée conservant des voitures anciennes et armes à feu. La plupart des totems ont été réalisés par la sculptrice locale Brita Alander, une véritable étoile montante parmi les artistes amérindiens.

## L'Alaska, la dernière frontière

Région où tout est démesuré, l'Alaska s'étend sur une superficie double de celle du Texas, le plus grand des autres États américains, équivalente à trois fois la France. On y trouve les 16 plus hauts sommets des États-Unis – dont le mont Mc Kinley, le toit de l'Amérique du Nord (6 195 m) –, et des parcs nationaux plus vastes et une faune plus riche que dans n'importe quel autre État. Ce vaste promontoire à l'extrémité nord-ouest du continent américain, appelé en aléoute « le grand pays », fait 3 780 km de la frontière canadienne à la pointe ouest des Aléoutiennes, dans l'océan Pacifique. L'Alaska n'est séparé de la Sibérie que par un bras de mer de 82 km. Il se trouve en revanche à 800 km au nord-ouest de l'État de Washington, celui dont il est le plus proche. Avec seulement 627 000 habitants pour 1 500 000 km², c'est un des moins peuplés des États, et celui qui a la plus faible densité de population.

### Quand l'Alaska était russe...

Il y a entre 15 000 et 30 000 ans, des groupes de nomades venus d'Asie ont traversé une bande de terre reliant l'Asie à l'Amérique : l'Alaska a servi de porte d'accès à ce nouveau monde. Quand les Européens arrivèrent au 18e s., les tribus locales étaient installées depuis longtemps le long du littoral et à l'intérieur des terres. Motivés par les prix fabuleux qu'atteignait la fourrure de la loutre de mer, les Russes établirent un empire commercial qui, au début du 19e s., comprenait une quarantaine de forts répartis de la Sibérie à la Californie. Après qu'une chasse excessive eut décimé la population des loutres de mer, les Russes se retirèrent. En 1867, ils cédèrent le vaste territoire de l'Alaska aux États-Unis pour 7,2 millions de dollars. L'Alaska entra finalement dans l'Union en tant que 49e État des États-Unis le 3 janvier 1959.

### La fièvre de l'or

Dans les 48 États plus au Sud, beaucoup d'Américains considéraient cette région comme un désert glacé ; mais la découverte de l'or accrut le nombre des implantations, avec la ruée des prospecteurs vers Juneau (1880), Skagway (1897-1898), Nome (1899) et, enfin, la région de Fairbanks (1902). La légendaire ruée vers l'or du Klondike attira de nombreux aventuriers, dont le plus fameux fut sans doute Jack London. À défaut de richesse, l'auteur de *L'Appel de la forêt* trouva en Alaska de quoi inspirer son œuvre littéraire.

### TOURISME FLOTTANT

Un segment du marché du tourisme domine les autres. En effet, sur les 1,8 million de visiteurs qui se rendent chaque année dans l'Alaska, un peu plus de la moitié (1 million) sont en **croisière**. La majorité des navires qui les transportent passe par Juneau, Ketchikan et Sitka qui sont toutes équipées pour accueillir les immenses navires et leur milliers de voyageurs. La plupart d'entre eux partent de Seattle ou de Vancouver. Si les descriptions des villes et de leurs attractions contenues dans ce guide sont à destination de tout type de voyageur, on gardera cependant à l'esprit que de fin mai à fin septembre, ces lieux peuvent être envahis en milieu de matinée par des centaines de visiteurs fraîchement débarqués et emmenés par bus entiers. Visitez si possible des lieux comme le glacier Mendenhall avant 10h. Le reste de l'année, l'Alaska du Sud-Est est un lieu calme, à la beauté sauvage, et battu par les pluies.

La Seconde Guerre mondiale provoqua un afflux de population, avec l'établissement d'installations militaires et d'un réseau de communications et de transports. On construisit alors la célèbre Alaska Highway, grand axe qui relie Fairbanks au territoire canadien du Yukon, en traversant sur plus de 2 400 km un terrain désert très accidenté.

## Un territoire à protéger

L'économie de l'Alaska est basée principalement sur la pêche, l'exploitation du bois, des matières premières et des hydrocarbures, activités qui débouchent sur la transformation du bois et sur les industries agro alimentaires liées aux produits de la mer. Plusieurs bases militaires sont aussi implantées dans cet État, soulignant ainsi ses richesses et son importance stratégique. Son développement se trouve aussi confronté aux problèmes posés par l'exploitation des gisements de pétrole et aux conflits de droits de propriété, où s'enchevêtrent revendications des autochtones, intérêts des promoteurs et principes des défenseurs de l'environnement. Pour ces derniers, l'Alaska représente le dernier espoir de conserver des terres vierges. C'est d'ailleurs cette qualité même qui attire un flot permanent de visiteurs. Plus d'un quart de l'Alaska est protégé dans le cadre de parcs, de réserves ou d'étendues sauvages ; chaînes côtières spectaculaires aux fjords constellés d'îles ; toundra balayée par le vent ; forêt boréale peuplée d'ours ; les possibilités d'aventure en plein air sont infinies.

## LA SIGNIFICATION DES TOTEMS

Instantanément reconnus comme les symboles de la culture indigène d'Amérique du Nord, les totems sculptés à la main érigés jadis dans les villages amérindiens le long de la côte étaient des œuvres d'art à la fonction à la fois spirituelle et pratique. Leurs motifs honoraient les esprits de la nature sur lesquels les Indiens comptaient, comme le Corbeau, le Saumon, la Baleine et l'Ours. Les totems comportaient également les filiations claniques et portaient divers messages à caractère social, tel le célèbre totem Seward Shame Pole (« totem de la honte de Seward »), qui raille l'impolitesse de William Seward. Presque toujours sculptés dans du bois de cèdre de l'Ouest ou de cyprès de Nutka, un bois résistant au pourrissement, les totems pouvaient nécessiter de deux mois à plusieurs années de travail. L'élévation d'un totem était et reste encore l'occasion d'une cérémonie de grande importance. Celle-ci est suivie d'un *potlatch* et d'une fête, comme ce fut le cas lorsque le Centennial Pole (« totem centenaire ») fut élevé au parc national historique de Sitka, en 2010.

Durant le 19e s. et le début du 20e s., un grand nombre de totems à valeur historique ont été amassés par les collectionneurs à travers tout le Nord-Ouest Pacifique, souvent illégalement ou de façon contraire à la morale. Beaucoup finirent leur course dans des musées à l'autre bout du monde, en Europe et en Asie, où ils étaient mal exposés pour deux raisons. D'une part, ceux-ci sont des objets semi-sacrés pour les villageois et les clans qui les érigeaient, d'autre part, ils sont censés se désagréger avec le temps et retourner à la nature dont ils proviennent. Les totems sculptés par les jeunes générations perpétuent ce cycle de vie.

Le plus grand totem du monde, à Alert Bay, en Colombie-Britannique, mesure plus de 53 m de haut. Mais il n'y pas que la taille à prendre en compte lorsqu'on admire ces merveilles : ils racontent en effet l'histoire d'une culture riche et très vivante à travers les formes et les couleur données au bois.

## UN PEU D'HISTOIRE

Durant plusieurs millénaires, les Indiens **Tlingits** (klinkit) creusèrent le tronc des cèdres pour en faire des canoës. Ils tiraient facilement leurs ressources de la mer et échangeaient avec les Indiens Athabascans de l'intérieur, fourrures de loutres et saumon séché contre cuivre et peaux de caribous. Lorsque les Russes arrivèrent dans la région à la fin du 18e s., ils y trouvèrent des millions de mammifères marins dont les fourrures se vendaient à prix d'or en Europe et en Chine. La capitale russe de ce nouveau monde, Sitka, qui ressemblait à une cité européenne, resta pendant un temps la plus grande ville de la côte ouest d'Amérique du Nord, jusqu'à ce que la raréfaction des loutres de mer incite les Russes à abandonner les lieux au milieu du 19e s.

De nos jours, ferries et navires de croisière empruntent le passage intérieur (Inside Passage) protégé par les îles pour se rendre de Ketchikan à Skagway. La pêche reste la principale industrie dans la plus grande partie du Panhandle, mais l'économie s'appuie aussi sur le tourisme et l'exploitation forestière. Près de la moitié de la forêt ancestrale de Tongass avait déjà été abattue avant que la réglementation introduite dans les années 1990 ne la protège. Le débat se poursuit sur la répartition entre exploitation, conservation et loisirs.

**Southeast Alaska Discovery Center** – *50 Main St. - ✆ 907 228 6220 - www.alaskacenters.gov - mai-sept. : 8h-17h (16h le w.-end) ; oct.-avr. : mar., vend., sam. 10h-16h - 5 $.* Cette succursale des Alaska's Public Lands Information Centers, gérée par la Tongass National Forest, présente des expositions sur les paysages uniques de cette partie de l'État. C'est également l'office de tourisme du **Misty Fiords National Monument★** *(à 40 miles à l'est de Ketchikan - accès uniquement en bateau ou en hydravion. Bureau du parc : 3031 Tongass Ave., Ketchikan - ✆ 907 225 2148 - www.gorp.com).* Ce parc, d'une beauté à couper le souffle, englobe 9 200 km² de montagnes couvertes d'une épaisse forêt, de fjords bordés de falaises de granit hautes de 900 m, et d'îles voilées de brume abritant une faune et une flore particulièrement riches. Ses nombreuses merveilles s'offrent à ceux qui abordent son rivage et pénètrent dans ses forêts touffues : chutes d'eau cachées, baleines soufflant leur jet d'eau, glaciers bleutés tombant dans la mer, nids du très rare pygargue à tête blanche (« aigle chauve ») en haut des sapins.

**Tongass National Forest** – *www.fs.usda.gov/tongass. Pour toute information concernant les guides, l'équipement ou les transports, consultez le Southeast Alaska Discovery Center ci-dessus.* Ketchikan se trouve au cœur de Tongass, la plus grande forêt nationale américaine, qui s'étend sur près de 70 000 km². La ville sert de point d'entrée pour visiter la forêt. Cet empire de bois et d'eau compte d'innombrables îles, bras de mer, lacs et cours d'eau. Les vieux épicéas de Sitka peuvent y dépasser 60 m de hauteur et l'être humain n'est ici qu'un visiteur : les lieux appartiennent en effet aux ours qui y chassent et y pêchent. La forêt nationale entretient plus d'une centaine de chalets et de refuges pour les randonneurs, qui se rendent ici par bateau et par hydravion.

### ★★ Sitka CD3

*À 136 miles au sud-ouest de Juneau.*

**Sitka Visitors Bureau** – *303 Lincoln St. - ✆ 907 747 5940 - www.sitka.com.*

Adossée aux montagnes et bordée d'une poignée d'îles, cette ville au passé très riche, l'une des plus charmantes d'Alaska, bénéficie de sa situation abritée sur la côte occidentale de Baranof Island. Les Indiens tlingits avaient préservé leur culture pendant six millénaires lorsque l'arrivée en 1799 des négociants russes transforma leur mode de vie traditionnel. Sous la conduite d'Alexandre Baranof, les Russes établirent la redoute Arkhangelsk Mikhailovsk, et demandèrent aux autochtones de participer au commerce des fourrures. En 1802, la méfiance des Tlingits se transforma en violence. Ils attaquèrent la redoute et massacrèrent presque tous ses occupants. Les Russes ne se laissèrent pourtant pas décourager. Ils revinrent en force deux ans plus tard, soumirent les Tlingits et substituèrent leurs habitations fortifiées aux maisons tribales.

Lorsque l'Alaska passa aux mains des États-Unis, en 1867, Sitka devint la capitale du nouveau territoire. Supplantée par Juneau en 1906, Sitka évolua en paisible bourgade de pêcheurs. Avec sa population de 9 020 habitants, Sitka conserve tout le charme ancien d'un village de bord de mer.

★★ **St Michael's Cathedral** – *au croisement de Lincoln St. et Cathedral Way - ✆ 907 747 8120.* Le passé russe de la ville est symbolisé par sa cathédrale qui domine le centre-ville ; elle a été reconstruite en 1976 sur le site d'une église du 19e s., détruite par un incendie. Les paroissiens ont sauvé des flammes une remarquable collection d'**icônes en or★★** exposée dans la nouvelle église. Les **New Archangel Dancers**, troupe entièrement féminine, ravissent les visiteurs tout en préservant l'héritage russe de la ville *(✆907 747 5516 - www.newarchangeldancers.com).*

★ **Sheldon Jackson Museum** – *104 College Dr. - ✆ 907 747 8981 - www.museums.alaska.gov - été : 9h-17h ; hiver : mar.-sam. 10h-16h - 5 $.* Le plus ancien musée d'Alaska, joyau de l'artisanat local, se trouve sur le campus du petit Sheldon Jackson College, où l'écrivain James Michener séjourna entre 1984 et 1986 pour effectuer des recherches sur son roman épique *Alaska*. Les quatre principales populations indiennes – Athabascan, Tlingit, Aléoute, Esquimau –, y sont représentées. Paniers en bois recourbé, outils en ivoire, tambours peints et autres objets mêlant art et artisanat démontrent leur adaptation remarquable à un environnement difficile.

## L'ALASKA EN SEA BUS

L'Alaska du Sud-Est, avec son chapelet d'îles, n'est pas fait pour la voiture. On doit prendre l'avion et le bateau. Prendre le bateau, lorsqu'on en a le temps, n'est pas seulement la solution la plus économique, c'est aussi une expérience inoubliable.

L'**Alaska Marine Highway System** *(✆ 907 272 7116 ou 800 642 0066 - www.alaska.gov/ferry)* est ici la version maritime de la route. Les ferries, utilisés par les habitants et les visiteurs, desservent quatorze villes du Panhandle ; on en trouve aussi dans le Centre-Sud de l'Alaska et les Aléoutiennes. De plus, une ligne relie Bellingham, dans l'État de Washington *(voir p. 466)*, aux principales escales de l'Inside Passage, 995 miles navigables entre le Puget Sound et Skagway. Le voyage est moins coûteux qu'avec les navires de croisière plus luxueux. En été, on trouve souvent à bord un naturaliste qui commente la faune et les oiseaux marins. Il y a des cabines confortables pour la nuit, mais il faut réserver plusieurs mois à l'avance pour s'assurer en été d'une cabine ou du transport d'une voiture. Les escales sont généralement assez brèves ; les touristes désireux de visiter les ports à loisir devront payer un peu plus cher en prenant des billets successifs. Beaucoup de voyageurs emportent avec eux un kayak ou un vélo, s'offrant pour un prix modique une aventure supplémentaire.

**Sitka Sound Science Center** – *834 Lincoln St.- ✆ 907 747 8878 - www.sitkascience.org - mar. et jeu. 9h-16h, sam. 10h-13h - 5 $.* Bien qu'initialement destiné à la recherche, ce centre possède un **aquarium** dont les bassins d'exposition et les bassins tactiles vous feront découvrir les espèces marines du détroit de Sitka, des petits bivalves aux orques (ces derniers à travers l'installation récente d'un squelette complet). Le « Mur d'eau » de 3 000 litres est l'attraction principale. Il est également possible de visiter l'écloserie qui fait partie du centre.

★★ **Sitka National Historical Park** – *106 Metlakatla St. - ✆ 907 747 0110 - www.nps.gov/sitk.* Ce parc de 43 ha comporte deux sections. Les expositions du **Visitor Center** *(été : 8h-17h ; hiver : 9h-15h)*, situé à l'embouchure de l'Indian River, présentent le conflit de cultures provoqué par l'arrivée des Européens au Nouveau Monde. À côté, **Fort Site** rappelle la bataille de Sitka, livrée en 1804. Un **sentier** en boucle *(1 mile)* traverse une forêt d'épicéas pour rejoindre une clairière où s'élevait un fort tlingit. Après avoir subi pendant six jours le bombardement des navires russes, les Indiens quittèrent discrètement les lieux. Lorsque les Russes entrèrent dans le fort, ils ne furent accueillis que par les croassements des corbeaux. Le long de la piste nichée au cœur de la forêt se trouve l'une des plus belles **collections de totems**★★★ des États-Unis.

Près du centre-ville, le long bâtiment ocre de **Russian Bishop's House**★★ *(Monastery St. et Lincoln St.)* a été édifié en 1843 par des charpentiers de marine finlandais. Le rez-de-chaussée présente l'histoire de la colonisation russe. La visite guidée *(mai-sept. : 9h-17h - durée 30mn - 4 $)* des appartements de l'évêque, à l'étage, illustre son mode de vie à l'époque.

★★ **Alaska Raptor Center** – *1000 Raptor Way (par Sawmill Creek Rd, à 0,5 mile à l'est de Sitka) - ✆ 907 747 8662 - www.alaskaraptor.org - mai-sept. : 8h-16h - 12 $.* Ce centre de réhabilitation et de recherche est consacré aux oiseaux de proie tels que le pygargue à tête blanche. On y apprend beaucoup sur ces espèces, que l'on voit de près.

**Fortress of the Bear** – *4639 Sawmill Creek Rd (à 5 miles à l'ouest de Sitka) - ✆ 907 747 3032 - www.fortressofthebear.org - mai-sept. : 10h-18h ; oct.-avr. : sam.-dim. 10h-16h - 12 $.* Ouvert en 2009, cette nouvelle structure aspire à devenir un centre de soins pour animaux à l'instar du Raptor Center, en l'occurence les ours qui n'ont plus la capacité à vivre dans la nature. Sa population est surtout constituée de petits ours bruns, mais le centre peut accueillir des ours noirs à l'occasion. Les visiteurs pourront s'informer sur ces espèces et les observer.

## DIAMANTS ILLUSOIRES

Lors d'une première visite à Ketchikan, Juneau et, dans une moindre mesure, à Sitka et d'autres villes du Sud-Est, on peut être surpris par le nombre de bijouteries qui bordent les rues principales. Y aurait-il une industrie locale de la gemme ? Pas vraiment. En réalité, il n'y pratiquement aucune production de gemmes en Alaska et les mines d'or sont essentiellement à l'intérieur, dans l'ouest de l'État. L'abondance de bijouteries est plutôt liée aux milliers de touristes prêts à consommer, débarqués par bateau tous les jours pendant quatre mois d'été. Pratiquement aucune de ces boutiques n'est ouverte l'hiver, elles emploient très peu de main-d'œuvre locale et les produits vendus viennent d'Afrique, d'Amérique du Sud ou d'Asie. En d'autres termes, le bénéfice pour l'économie locale est modeste. Les visiteurs respectueux du Sud-Est de l'Alaska voulant acquérir un souvenir de leur voyage choisiront donc plutôt l'un des authentiques produits de la région, tels que le saumon fumé, l'artisanat en bois ou les œuvres d'art amérindien.

### ★ Admiralty Island National Monument D3

*Bureau du parc : 8465 Old Dairy Rd, Juneau - ✆ 907 586 875190 - www.fs.usda.gov/tongass.*

Cette île vierge de 4 400 km² est célèbre pour ses ours bruns. Environ 1 500 d'entre eux vivent dans les forêts touffues, les montagnes et sur les plages rocheuses, se nourrissant du saumon des torrents et des baies sauvages des hautes prairies. Les premiers occupants, voyant tant d'ours bien nourris, avaient nommé cet endroit Kootznoowoo (forteresse des ours).

Les visiteurs munis d'une autorisation pourront se rendre dans **Pack Creek Bear Preserve**, sur le littoral nord-est.

### ★ Juneau D3

*À 650 miles au sud-est d'Anchorage.*

**Juneau Visitors Bureau** – *800 Glacier Ave. - ✆ 907 586 2201 - www.traveljuneau.com.*

Occupant une mince bande de terre entre Gastineau Channel et de hautes montagnes, la capitale de l'État (32 660 habitants) n'est accessible que par bateau ou par avion. Juneau est la ville la plus séduisante d'Alaska ; ses rues étroites montant du front de mer en courbes gracieuses lui confèrent l'apparence et l'ambiance d'une cité européenne un peu surannée.

En 1880, la découverte d'or fit naître la ville qui deviendra en 1906 la capitale de l'État. Pendant la Seconde Guerre mondiale, les mineurs travaillant sans relâche ont extrait 88 millions de tonnes de roche du mont Roberts, et foré un si grand nombre de passages dans la montagne que la ville possède plus de tunnels que de routes.

Bien que Juneau soit dix fois moins peuplée qu'Anchorage, les électeurs ont rejeté en 1982 la proposition de changer de capitale. La présence des décideurs de l'État ainsi que, l'été, l'arrivée des navires de croisière chargés de touristes, continuent d'assurer à la ville de solides revenus.

Près du débarcadère, le **Mount Roberts Tramway**★★ *(490 S. Franklin St. - ✆ 907 463 3412 - www.mountrobertstramway.com - mai-sept. : 8h-21h - 33 $)* grimpe 573 m pour offrir de splendides vues sur la ville et le port.

Une petite promenade depuis People's Wharf, en traversant le cœur du quartier historique par Franklin Street et Main Street, mène à l'**Alaska State Capitol** *(4th St. et Main St. - ✆ 907 465 2479)*, orné de marbre extrait de l'île Prince of Wales, dans le sud du Panhandle.

★★ **Alaska State Museum** – *395 Whittier St. - ✆ 907 465 2901 - www.museums.alaska.gov - fermé pour travaux, le musée rouvrira ses portes en mai 2016.* Le musée historique et culturel le plus intéressant de l'État rassemble plus de 35 000 objets d'artisanat et d'art. Fondé en 1900, soit 33 ans après l'achat de l'Alaska à la Russie, il comprend en particulier une riche collection d'œuvres liées aux peuples autochtones d'Alaska : Tlingit, Haida et Tsimshian de la côte Nord-Ouest, Inuits Inupiaq et Yup'ik, Athabascan et Aléoutes. Les salles de la section **Alaska's Native Cultures** présentent ainsi des masques de cérémonie, bijoux, totems, peintures sur bois, objets chamaniques, vêtements, tissages et kayaks en peau de phoque. Un nid d'aigle est le point fort de la section d'histoire naturelle, alors qu'à l'étage, la **State History Gallery** retrace les événements marquants de l'histoire locale.

Attendu pour 2016, le futur **State Library, Archives and Museum** réunira sous un même toit le musée, les archives et la bibliothèque historique d'Alaska, ainsi qu'un auditorium, une boutique et une cafétéria.

### ★★★ Mendenhall Glacier D3

*Mendenhall Loop Rd (à 13 miles au nord-ouest de Juneau par Egan Dr.).*
*907 789 0097 - www.fs.usda.gov/tongass. Visitor Center (été : 8h-19h30 ; hiver : vend.-dim. 10h-16h - fermé en avr.).*

Merveille naturelle d'accès facile, les 19 km de ce glacier large de 2,5 km relient le champ de glace de Juneau au lac Mendenhall. Un sentier de 0,3 mile mène au rivage. **East Glacier Loop** *(3,5 miles)* conduit les randonneurs au bord même du glacier, qui avance de 60 cm par jour, mais perd environ 7 m par an à cause du réchauffement climatique.

### ★★★ Glacier Bay National Park C3

*À Gustavus, 65 miles à l'ouest de Juneau.*
*907 697 2230 - www.nps.gov/glba.*

À l'extrémité nord du Panhandle, les 11 000 km² de Glacier Bay offrent la quintessence de l'Alaska sauvage : des vues extraordinaires de montagnes couvertes de glace, une richesse et une variété incomparables de faune terrestre et marine, et des étendues vierges à perte de vue. Aucune route ne traverse ce sanctuaire habité par les ours et les baleines et soumis aux forces indomptées de la nature, classé Réserve internationale de la biosphère en 1986 et site du Patrimoine mondial en 1992.

Quand l'explorateur George Vancouver croisa au large en 1794, il n'aperçut qu'une côte de glace. Le premier à étudier la région à fond et à la faire connaître au reste du monde fut le naturaliste **John Muir**. Après l'avoir parcouru en 1879, il décrivit avec lyrisme « les champs de glace d'une blancheur intense s'étendant à perte de vue », enthousiasmant les visiteurs potentiels. Mais il était difficile de se rendre dans ces lieux isolés avant que, dans les années 1970, les bateaux de croisière du Inside Passage n'incluent la baie dans leurs escales. De nos jours, les fjords s'enfoncent d'une centaine de kilomètres vers l'intérieur, jusqu'au point où les glaces remodèlent sans cesse le paysage.

Souvenir inoubliable, des **croisières★★** d'une journée quittent tous les matins Bartlett Cove. Le bateau vous emmène à proximité des glaciers en offrant tout le confort à bord, baies d'observation et ponts ouverts. Sur les ponts inférieurs, un naturaliste signale les jeux des loutres de mer, les plongeons des baleines à bosse, et le ballet des orques ondulant à l'unisson comme autant de vagues blanc et noir. Les circuits font escale à **Marble Island★★**, où des milliers de mouettes tridactyles, macareux, cormorans et guillemots vaquent bruyamment à leurs affaires, tandis que les lions de mer grognent et se bousculent pour s'assurer les meilleures places au soleil. Au bout de la baie, de monstrueux blocs de glace se détachent avec fracas des parois hautes de 60 m des glaciers.

### ★ Skagway CD3

*À 80 miles au nord de Juneau.*

**Skagway Visitors Bureau** – *245 Broadway - 907 983 2854 - www.skagway.com.*

Terminus nord de l'Inside Passage, Skagway, au départ des 33 miles de la difficile **Chilkoot Trail**, fut la ville-frontière de la ruée vers l'or du Yukon, en 1897-1898. Pour éviter qu'ils ne périssent dans la nature sauvage, une loi obligeait les prospecteurs à emporter une tonne de provisions de l'autre côté du col, ce qui supposait 40 ascensions harassantes. Nombre d'entre eux se laissaient séduire par les dancings et les prostituées de Skagway, et se faisaient dépouiller par ses malfrats.

★ **Klondike Gold Rush National Historical Park** – *2nd Ave. et Broadway - ✆ 907 983 9200 - www.nps.gov/klgo.* Ce parc entretient les vestiges du **Chilkoot Trail**, devenu une petite route touristique, et de la plus grande partie du vieux quartier de Skagway, avec ses façades de bâtiments en trompe-l'œil et ses trottoirs en bois. Maisons closes et tripots ont été transformés en boutiques de souvenirs et petits restaurants. À proximité du Visitor Center, le **musée du parc★** *(été : 8h-18h ; hiver : lun.-vend. 8h-17h - gratuit)* vous fera découvrir des objets d'époque allant de poêles en or à des journaux. Plus haut sur la rue, au croisement de 3rd Street et de Broadway, le **Mascot Saloon★** *(mai-sept. : 8h-18h)* est une taverne historique où photographies et petites installations retracent le mode de vie des habitants il y a cent ans.

★★ **White Pass & Yukon Route Railway** – *231 2nd Ave. et Spring St. - ✆ 800 343 7373 - www.wpyr.com - liaisons quotidiennes de mai à sept., horaires variables à partir de 113 $ le trajet.* Les 41 miles du chemin de fer à voie étroite fait aujourd'hui l'admiration des touristes. Achevée en 1900 pour permettre l'accès aux mines d'or, la ligne relie Skagway à Whitehorse, dans le Yukon canadien. Elle suit une route parfois difficile, aux paysages magnifiques. La majorité des visiteurs monte au matin à bord des wagons d'époque restaurés pour une excursion d'une demi-journée au sommet de White Pass. Pour atteindre le col, le train s'élève de près de mille mètres sur 32 km et en traversant un nombre considérables de ponts.

## NOS ADRESSES DANS LE PANHANDLE

### HÉBERGEMENT

#### Glacier Bay National Park

POUR SE FAIRE PLAISIR

**Gustavus Inn** – *1 Gustavus Rd, Gustavus - ✆ 907 697 2254 ou 800 649 5220 - www.gustavusinn.com - fermé durant l'hiver - 9 ch. 225 $/pers. en pension compète.* Située au milieu de prairies fleuries et bordées de bois, cette petite auberge au toit rouge possède une atmosphère toute scandinave unique en Alaska. Ancienne demeure familiale bâtie en 1928, le lieu possède une salle avec cheminée et une bibliothèque. Ses chambres rustiques et confortables (deux partagent une salle d'eau) sont garnies de meubles en rotin et de couettes fleuries. Les repas font la part belle aux fruits de mer. Un service de navette est disponible pour se rendre à l'aéroport, à l'office de tourisme du parc national et ailleurs. L'auberge organise des excursions en kayak, des survols de la région en avion, ainsi que des parties de pêche.

UNE FOLIE

**Glacier Bay Country Inn** – *35 Tong Rd, Gustavus - ✆ 907 697 2288 - www.glacierbayalaska.com - ouv. de mi-mai à mi-sept. - 5 ch. et 5 chalets - forfait 1 nuit avec croisière 433/478 $/pers. ; forfait pêche 3 j./3 n. 1995 $/pers., pension complète et activités incluses.* On vient ici pour la solitude qu'offre cette vaste auberge à l'architecture tortueuse perdue au milieu de prairies parsemées de fleurs sauvages. Les hôtes peuvent pratiquer la pêche à la mouche et observer les baleines.

#### Juneau

BUDGET MOYEN

**Goldbelt Hotel** – *51 Egan Dr. - ✆ 907 586 6900 ou 888 478 6909 - www.goldbelttours.com - 106 ch. 189/209 $.* Propriété gérée par la Tlingit Native Corporation, cet hôtel de sept étages en plein centre-ville fait face au front de mer, ce qui le place idéalement pour profiter des différentes vues sur la ville. Les chambres sont fonctionnelles et propres. Navette gratuite pour se rendre à l'aéroport. Le **Zen Restaurant** propose des plats de fruits de mer inspirés de la cuisine asiatique et les produits sont issus des eaux de la région. Laissez-vous tenter par le flétan au gingembre ou encore le charbonnier sauté.

#### POUR SE FAIRE PLAISIR

**Alaska's Capital Inn** – *113 W. 5th St. - ✆ 907 588 6507 - www.alaskacapitalinn.com - 7 ch. 259/339 $ ☕ (séjour 2 nuits min. en été).* Ce B&B occupe une belle demeure de style édouardien bâtie en 1906 en haut de la colline qui surplombe Juneau. Les parties communes et les chambres sont meublées d'objets d'époque tels que poêles à bois et sommiers à l'ancienne ou dessus-de-lit en patchwork faits main. Petit-déjeuner copieux avec crêpes au levain.

#### UNE FOLIE

**Pearson's Pond Luxury Inn** – *4541 Sawa Circle - ✆ 907 789 3772 - www.pearsonspond.com - 7 ch. 229/499 $.* Il y a bien un étang sur les terres boisées de cette luxueuse petite auberge située aux portes de Juneau, mais on ne s'y rend pas pour méditer. En effet, les hôtes viennent ici pour se marier, célébrer des anniversaires ou visiter le glacier Mendenhall. Les chambres, spacieuses, déclinent les tons de la nature : bois chaud, vert forêt, sable et sauge. Jacuzzis sur la terrasse, Spa et centre de remise en forme. Il est possible de louer de l'équipement pour les activités de plein air comme le trekking sur le glacier.

### Sitka

#### BUDGET MOYEN

**Otter's Cove B&B** – *3211 Halibut Point Rd - ✆ 907 747 4529 - www.ottercovebandb.com - 3 ch. 169/195 $ ☕.* Situé à 5 km au nord du centre-ville, cet agréable B&B surplombe le détroit de Sitka et permet d'en observer la faune : loutres, baleines à bosse, pygargues à tête blanche et bien plus. Le mobilier des chambres est simple et dans les tons clairs. Deux d'entre elles possèdent de l'espace pour ajouter des lits supplémentaires et accueillir des familles. Le Jacuzzi, en extérieur, est appréciable.

**Shee Atika Totem Square Inn** – *201 Katlian St. - ✆ 907 747 3693 ou 866 300 1353 - www.totemsquarehotel.com - 68 ch. 175/205 $.* Situé sur le front de mer, en plein centre-ville, cet hôtel d'affaires appartient à la Native Corporation locale qui l'exploite. Les principaux sites de Sitka et le parc national sont tous à une courte distance à pied. Les chambres sont bien entretenues et propres. Le wifi est disponible dans tout l'établissement. Centre d'affaires, centre de remise en forme et navette pour se rendre à l'aéroport. Sur place, le **Dock Shack Café** propose des recettes de fruits de mer préparées avec le plus grand savoir-faire.

## RESTAURATION

### Juneau

#### PREMIER PRIX

**Heritage Coffee** – *174 S. Franklin St. - ✆ 907 586 1087 - www.heritagecoffee.com - plat 4/9 $.* Le premier artisan torréfacteur de l'Alaska a débuté son activité dans les années 1970. Aujourd'hui, on trouve ses produits dans tout l'Alaska du Sud-Est. Les cafés tenus par cette société proposent viennoiseries fraîchement sorties du four, mais aussi quiches, soupes, salades et sandwichs au déjeuner. Tout y est préparé avec du pain artisanal et des produits locaux quand c'est possible. Les autres cafés de la marque se trouvent au 216 2nd St., dans le centre commercial Safeway et au Visitor Center du glacier Mendenhall.

**Silverbow Inn** – *120 2nd St. - ✆ 907 586 4146 - www.silverbowinn.com - plat 3/12 $.* Bien qu'on y serve toutes sortes de viennoiseries, sandwichs, salades et soupes, c'est pour ses *bagels* que cette vénérable institution à proximité du capitole est connue. Ceux-ci sont préparés sur place depuis 1997, année où les propriétaires ont repris une boulangerie qui avait ouvert ses portes en 1898. Tous les mets y sont copieux et savoureux, mais c'est sans doute le *bagel* à la cannelle qui remporte l'adhésion populaire. L'auberge adjacente propose des chambres *(209/229 $ ☕)* dans un bâtiment historique.

#### BUDGET MOYEN

**Twisted Fish** – *550 S. Franklin St. - ✆ 907 463 5033 - www.twistedfish.hangaronthewharf.com - plat 9/45 $.* Les grandes fenêtres et le décor de bois clair donnent à ce restaurant de fruits de mer situé près du téléphérique de Mount Roberts Tramway quelque chose d'aéré. Au menu, très étoffé, figurent de nombreuses préparations de saumon, flétan, cabillaud et charbonnier, allant du simple *fish & chips* au filet grillé. Hamburgers et pizzas sont également proposés.

#### UNE FOLIE

**Taku Glacier Lodge** – *Taku Inlet (accès par hydravion depuis Juneau uniquement) - ✆ 907 586 6275 - www.wingsairways.com - 290 $ (voyage + dîner).* Une grande part de l'attrait de ce haut lieu de la région de Juneau tient au fait que l'on ne peut s'y rendre qu'en hydravion et que le voyage dévoile de magnifiques paysages. Une fois sur place, c'est un dîner typique de l'Alaska qui attend les hôtes : saumon frais cuit sur planche en bois d'aulne et accompagnement traditionnel de haricots blancs à la sauce tomate, pain au levain, salade de chou et biscuits. Tout est fait maison. Les glaçons servis avec les boissons sont directement prélevés sur le glacier Taku, qui se trouve de l'autre côté de la baie.

### Ketchikan

#### BUDGET MOYEN

**Bar Harbor Restaurant** – *2813 Tongass Ave. - ✆ 907 225 2813 - www.barharborrestaurantketchikan.com - dîner seult - plat 14/34 $.* Avec son agréable terrasse chauffée devant le port, ce petit restaurant élégant remporte bien des suffrages. La carte, souvent renouvelée, décline viandes, pâtes et surtout poissons et fruits de mer, tels que *tacos* de flétan, saumon poêlé et chaudrée de palourdes. Excellents vins.

### Sitka

#### BUDGET MOYEN

**Ludvig's Bistro** – *256 Katlian St. - ✆ 907 966 3663 - www.ludvigsbistro.com - Ouverture limitée durant l'hiver : se rens. - plat 16/32 $.* Fondé par deux habitants désireux d'améliorer la gastronomie en ville, le Ludvig's apporte une touche distinctement méditerranéenne à son menu essentiellement composé de fruits de mer. Les pains et les desserts sont faits maison. Laissez-vous tenter par la paella de poissons et crustacés locaux, la chaudrée de palourdes épicée à l'espagnole et le *fish & chips* à la perche de mer (le vivaneau local).

# Anchorage

★

300 950 habitants

**Occupant la seule étendue plate entre les bras du Cook Inlet et les sommets aigus du Chugach Range, la plus grande ville d'Alaska abrite près de la moitié de la population. La proximité de la mer la fait bénéficier d'un climat plus tempéré que dans le reste de l'État. Centre régional du commerce et de la culture, la cité est accueillante pour les visiteurs qui se pressent l'été vers les grands espaces sauvages.**

NOS ADRESSES PAGE 523

### S'INFORMER

**Visitor Center** – *524 W. 4th Ave. - ✆ 907 276 4118 - www.anchorage.net - juin-août : 8h-19h ; mai et sept. : 8h-18h ; oct.-avr. : 9h-16h.*

### SE REPÉRER

Carte de région B2 (p. 502-503) – *heure de l'Alaska*. Dans le sud de la partie centrale de l'Alaska, cette ville côtière sert de plaque tournante aux transports régionaux. Elle abrite le port principal d'Alaska et un aéroport international important, au 4e rang mondial pour le trafic marchand.

### À NE PAS MANQUER

L'Anchorage Museum ; le trafic des hydravions sur le lac Hood.

### ORGANISER SON TEMPS

Les fortes chutes de neige sont rares et le soleil brille souvent en mars et en avril, qui peuvent être les meilleurs mois pour visiter la région.

## Découvrir Plans I et II

### ★★★ Anchorage Museum II D1

*121 W. 7th St. et 625 C St. - ✆ 907 929 9200 - www.anchoragemuseum.org - mai-sept. : 9h-18h ; oct.-avr. : mar.-sam. 10h-16h, dim. 12h-16h - 15 $.*

Occupant presque tout un pâté de maisons et agrandi en 2010, ce musée voué à la culture de l'Alaska présente en détail l'histoire, l'ethnographie et l'art de la région.

La **collection d'art** du rez-de-chaussée est consacrée aux peuples et paysages du Grand Nord. On y voit plusieurs **toiles**★ remarquables de Sydney Laurence (1865-1940), le grand peintre du pays. À l'étage, l'**Alaska Gallery** regroupe des milliers d'objets d'intérêt historique, exposant le mode de vie d'origine des Indiens, des Aléoutes et des Esquimaux jusqu'à leurs premiers contacts avec les Européens. Un diorama très intéressant, grandeur nature, montre avec beaucoup d'authenticité une maison aléoute du 18e s., armature d'os de baleine revêtue de mottes d'herbe. De fascinantes vidéos mettent en scène les traditions et la vie moderne des nombreux Amérindiens de l'Alaska. L'exposition illustre le lien étroit qui unit les indigènes de l'Alaska et leurs cousins de Sibérie. La galerie **Smithsonian Arctic Studies Center gallery**★★★ vous fera découvrir 600 objets rares, dont un casque de guerre tlingit du 19e s. et une tunique athapascane. Des écrans digitaux interactifs renseignent sur

Anchorage Museum.
*Alaska Stock/hemis.fr*

**LES COURSES DE CHIENS DE TRAÎNEAU**

Pour beaucoup, l'image qui résume l'Alaska est un équipage de chiens huskies lancé dans la toundra glacée. Point de départ de l'éprouvante **Iditarod** de 1 688 km, la « dernière grande course sur terre », Anchorage participe pleinement à cette vision. Les chiens de traîneau rappellent que cette cité moderne n'est pas si éloignée d'un monde sauvage et primitif. Il y a plus de quatre mille ans, les Esquimaux et les Indiens nomades se sont assuré le concours des chiens malamutes indigènes pour tirer leurs chargements et les conduire dans leurs territoires de chasse et de pêche. Leur énergie, leur résistance et leur sens de l'orientation les ont rendus irremplaçables aux explorateurs. Dans son roman de 1903 devenu un classique, *L'Appel de la forêt*, Jack London montre des chercheurs d'or qui font tirer par les chiens leur équipement et leurs provisions. Avec l'introduction du transport aérien dans les années 1920, la pratique des chiens de traîneau a presque disparu, sauf dans l'intérieur où les *mushers* (meneurs) en ont perpétué l'usage.

En 1967, pour la célébration du centenaire de l'Alaska, on a créé une course de chiens de traîneau en souvenir de l'**Iditarod Trail**, piste tracée en 1910 à l'occasion de la ruée vers l'or pour transporter le courrier de Seward à Nome, puis rouverte en 1925 pour convoyer le sérum contre la diphtérie. Partant le premier samedi de mars, l'**Iditarod** traverse la toundra balayée par les vents, des fleuves gelés et des chaînes de montagnes glacées jusqu'à Nome, sur la mer de Béring. Les vainqueurs couvrent la distance en moins de dix jours. L'amélioration du matériel et de la piste, la sélection et le dressage des chiens ont permis de réduire de moitié le temps que prenait la course en 1973. Les premiers arrivés gagnent une bourse de 68 500 dollars (sur un total de prix de 600 000 dollars), un 4 x 4, et l'admiration des amateurs de courses de chiens de traîneau du monde entier.

ANCHORAGE
plan I
0 1 mi
0 1 km
A
B
FAIRBANKS
FAIRBANKS, WASILLA
SOLDOTNA
1
2
3
voir plan II
E 3rd Ave
E 5th Ave
E 9th Ave
ANCHORAGE MUSEUM
L St
W 15th Ave
E 15th Ave
Chester Creek
A C
Fireweed Ln
Knik Arm
Westchester Lagoon
Minnesota Dr.
W Northern Lights Blvd
E Northern Lights Blvd
E 32th Ave
Wisconsin St
Arctic Rd
W 36th Ave
E 36th Ave
Lake Otis Pkwy
Alaska Aviation Heritage Museum
Lac Hood
Spenard Rd
Old Seward Hwy
E Tudor Rd.
TED STEVENS ANCHORAGE INTERNATIONAL AIRPORT
International
Airport Blvd
C St
E Dowling Rd.
E 68th Ave
Raspberry Rd.
Sand Lake Rd.
Strawberry Rd.
N
Alaska Native Heritage Center
voir plan I
Alaska Aviation Heritage Museum
Muldoon Rd
Minnesota Dr.
O'Malley Rd
SE LOGER
Alyeska Hotel 6
Millennium Alaskan Hotel 8
SE RESTAURER
Kincaid Grill 9
Lucky Wishbone 2
Moose's Tooth Pub & Pizzeria 4
Seven Glaciers Restaurant 13
Southside Bistro 11
Turnagain Arm
Crow Creek Mine
Girdwood
Alyeska Resort Aerial Tram
Alaska Wildlife Conservation Center
Portage Glacier
0 10 mi
0 10 km

SE LOGER

- Alaska Backpackers Inn........ 1
- Copper Whale Inn........ 3
- Historic Anchorage Hotel........ 5
- Hotel Captain Cook........ 7
- Inlet Tower Hotel........ 4
- The Oscar Gill House........ 2

SE RESTAURER

- Fire Island Rustic Bakeshop........ 1
- Ginger........ 6
- Glacier Brewhouse........ 7
- Marx Brothers Café........ 12
- Middle Way Café........ 3
- Orso........ 8
- Simon & Seafort's........ 10
- Snow City Café........ 5

### UN PEU D'HISTOIRE

Campement de pionniers et d'ouvriers du chemin de fer en 1914, Anchorage devint par la suite une ville frontière. Avec l'édification de Fort Richardson et l'installation d'une base aérienne à Elmendorf, sa population passa le cap des 30 000 habitants à la fin des années 1940. Le choix d'Anchorage comme quartier général stratégique pendant la guerre froide développa la nouvelle cité, mais créa des problèmes : insuffisance de logements, alcool, drogue et prostitution, circulation encombrée. En 1964, le tremblement de terre du Vendredi saint secoua Anchorage jusque dans ses fondations. Mais la reconstruction entreprise après le désastre servit d'aiguillon économique, et le paysage de la ville retrouva un dynamisme nouveau. La découverte en 1968 des riches gisements de pétrole de Prudhoe Bay, dans le nord de l'Alaska, lui donna un nouveau coup de fouet. Anchorage offre de bons restaurants, des galeries élégantes, de superbes parcs paysagers et une vie culturelle animée.

chacune des œuvres, son histoire et sa signification. Le musée présente aussi d'excellentes expositions temporaires. Il renferme par ailleurs une **Children's Gallery** pour les enfants. Son centre d'études arctiques est un département de la Smithsonian Institution.

### ★★ Alaska Native Heritage Center | A3

*8800 Heritage Center Dr. (à 7 miles à l'est du centre-ville par Glenn Hwy, sortie North Muldoon Rd) - ✆ 907 330 8000 - www.alaskanative.net - de mi-mai à déb. sept. : 9h-17h - 24,95 $*

Durant l'été, une navette gratuite transporte les visiteurs de divers lieux en ville, notamment depuis l'Anchorage Museum, jusqu'au centre. Peupliers d'Amérique et bouleaux bruissent dans la brise sur ce site bucolique de plus de 10 ha au bord d'un petit lac pittoresque. Le centre vous fera découvrir les onze groupes culturels indigènes de l'Alaska, des fameux Inuits aux méconnus Yupik du Pacifique, à travers des récits de contes et légendes, des chants, danses, démonstrations artistiques et ludiques, projection de films, etc.

### ★ Alaska Aviation Heritage Museum | A3

*4721 Aircraft Dr., Lake Hood Air Harbor (rive sud, à 6 miles au sud d'Anchorage) - ✆ 907 248 5325 - www.alaskaairmuseum.org - mai-sept. : 9h-17h ; oct.-avr. : merc.-sam. 9h-17h, dim. 12h-17h - 15 $.*

Le vacarme des hydravions qui décollent et se posent sur le lac au rythme record de 85 000 opérations par an ajoute une réalité sonore à cet impressionnant musée encyclopédique. Il est en effet consacré à l'histoire de l'aviation dans un État qui dépend des liaisons aériennes pour l'accès au *bush*, les terres sauvages. On peut voir exposés à l'intérieur et à l'extérieur quelque 25 anciens **bush planes**, qui desservaient ces territoires, un atelier de restauration des appareils, de nombreuses photographies et une salle de projection.

## À proximité Plan de ville

### ★ Girdwood Area | B3

▶ *À 37 miles au sud-est d'Anchorage par Seward Hwy (Rte 1).*

À partir d'Anchorage, la route secondaire pittoresque Seward Highway longe le charmant bras de mer **Turnagain Arm**. Au printemps, la marée présente une amplitude de 11,50 m, deuxième rang en Amérique du Nord. Les bélougas y font parfois surface pour souffler des jets d'eau et jaillir au-dessus des flots. La route traverse ensuite **Chugach National Forest** jusqu'à la péninsule de Kenai *(voir p. 529)*.

À moins d'une heure de la ville, l'**Alyeska Resort Aerial Tram**★★ *(Alyeska Hwy, 3 miles à l'est de Girdwood - ✆ 907 754 2111 - www.alyeskaresort.com - 25 $)* emmène rapidement les visiteurs à 700 m au-dessus de la vallée jusqu'au sommet du meilleur domaine skiable d'Alaska, agrémenté de **vues**★★ splendides sur Turnagain Arm et les cimes coiffées de glace.

Tout près, **Crow Creek Mine** *(Crow Creek Rd, 2 miles à l'est de Girdwood - ✆ 907 229 3105 - www.crowcreekmine.com - été : 9h-18h ; hiver : vend.-dim. 10h-17h - 10 $, orpaillage 15 $)* conserve un groupe de bâtiments marqués par les intempéries, datant de la ruée vers l'or au début du 20e s. Les visiteurs peuvent s'amuser à la bâtée à la recherche d'or.

### ★ Alaska Wildlife Conservation Center | B3

*Mile 79, Seward Highway - ✆ 907 783 2025 - www.alaskawildlife.org - mai-sept. : 8h-20h ; oct.-avr. : 8h-17h - 12,50 $.* Ce centre offre une chance de voir de près ours, orignaux, caribous, bœufs musqués, bisons des bois et bien plus encore grâce à ses immenses enclos naturels.

### ★ Portage Glacier | B3

*Visitor Center au Mile 1, Portage Glacier Rd - ✆ 907 783 2326 - www.fs.fed.us/r10/chugach - de mi-mai à mi-sept. : 9h-18h - 5 $.*

Le centre d'accueil propose un bref exposé expliquant la géologie glaciaire. Une **excursion en bateau** *(✆ 800 544 2206 - www.portageglaciercruises.com - de mi-mai à mi-sept. : 5 dép./j. - 34 $)* permet de traverser le lac pour aller voir le glacier Portage qui, sous l'effet du changement climatique, s'est retiré au fond de la vallée.

## NOS ADRESSES À ANCHORAGE

**ARRIVER/PARTIR**

### En avion

L'**aéroport international Ted Stevens d'Anchorage** (ANC) *(✆ 907 266 2526 - www.anchorageairport.com)* se trouve à environ 6 miles au sud-ouest du centre-ville.

**Alaska Airlines** *(✆ 800 252 7522 - www.alaskaair.com)* propose des vols presque toutes les heures entre Anchorage et Seattle, un vol quotidien vers Portland et des vols en saison vers Los Angeles, Denver et Chicago.

Les autres compagnies aériennes desservant Anchorage sont Frontier, United, JetBlue, Delta, US Airways, American.

De l'Europe, des vols sont proposés par **Icelandair** *(www.icelandair.fr)* via Reykjavik.

Les compagnies pour voyager à l'intérieur de l'État sont **ERA Aviation** *(✆ 907 266 8394 ou 800 866 8394 - www.flyera.com)* et **Pen Airways** *(✆ 907 771 2640 - www.penair.com)*. Toutes deux assurent des liaisons entre Anchorage et Homer, Valdez et Kodiak, etc.

### En ferry

Les ferries de l'**Alaska Marine Highway System** partent de Bellingham, dans l'État de Washington, longent les côtes de Colombie-Britannique et du sud de l'Alaska et desservent Seward et Whittier, les ports d'escale les plus proches d'Anchorage.

### En voiture

Il est possible de se rendre à Anchorage en traversant le Canada *via* l'Alaska Highway jusqu'à Tok Junction, puis en se dirigeant vers le sud sur la Glenn Highway (Route 1). La distance à parcourir est de 1 575 miles/2 535 km (5 jours) en partant de Dawson Creek en Colombie-Britannique et d'un peu plus de 1 865 miles/3 000 km (7 jours) en partant de Seattle et en empruntant la Cassiar Highway à travers la Colombie-Britannique.

## TRANSPORTS

### En bus

L'**Alaska Direct Bus Line** (*✆ 907 277 6652 ou 800 770 6652 - www.alaskadirectbusline.com)* fait la liaison entre Anchorage, Fairbanks et Whitehorse (dans le territoire du Yukon).

En été, **Alaska/Yukon Trails** (*✆ 907 888 5659 - www.alaskashuttle.com)* effectue des trajets quotidiens entre Anchorage, Fairbanks, Denali et Talkeetna.

D'Anchorage, **Seward Bus Lines** (*✆ 907 563 0800 - www.sewardbuslines.net)* dessert Seward et la péninsule de Kenai.

Certaines attractions à la périphérie de la ville, comme l'Alaska Native Heritage Center, proposent des navettes gratuites en été.

### En train

Les trains de l'**Alaska Railroad** (*✆ 907 265 2494 ou 800 544 0552 - www.alaskarailroad.com)* font la liaison entre Anchorage, Seward, le parc national de Denali et Fairbanks.

### En voiture

Les principales sociétés de **location de véhicules** sont présentes à l'aéroport. Les routes principales étant constamment dégagées par les équipes d'entretien, la voiture est un bon moyen de transport pour visiter la région, même durant l'hiver.

## HÉBERGEMENT

### PREMIER PRIX

**Alaska Backpackers Inn** II D1 – *409 Eagle St. - ✆ 907 277 2770 - alaskabackpackers.com - 24 ch. 60/80 $, dortoirs 25 $/pers.* Réparti dans plusieurs bâtiments à la pointe est du centre-ville, cet hôtel propose des options allant du dortoir commun à la chambre familiale avec salle d'eau privée. La laverie, l'accès à Internet, la possibilité de stocker ses bagages et celle de cuisiner rendent l'adresse intéressante pour les petits budgets, mais la propreté et l'insonorisation laissent franchement à désirer.

**The Oscar Gill House** II C1 – *1344 W. 10th Ave. - ✆ 907 279 1344 - www.oscargill.com - 3 ch. 80/105 $* ☕. Cette maison de pionnier de 1913 était sur le point d'être détruite quand Mark et Susan Lutz décidèrent de l'acquérir et de la déplacer dans un pâté de maisons faisant face à Delaney Park Strip. Deux des trois chambres partagent une salle d'eau.

### BUDGET MOYEN

**Inlet Tower Hotel** II C1 – *1200 L St. - ✆ 907 276 0110 ou 800 544 0786 - www.inlettower.com - 180 ch. 161/215 $.* Surplombant un quartier résidentiel bordant Chester Creek, cet hôtel plutôt orienté « affaires » propose suites et grandes chambres à des prix relativement modestes. La majorité offre des vues imprenables sur le golfe de Cook ou sur les montagnes Chugach. Elles sont décorées dans les tons rouge et rouille et leur mobilier est fait de bois clair.

**Copper Whale Inn** II C1 – *440 L St. - ✆ 907 258 7999 ou 866 258 7999 - www.copperwhale.com - 14 ch. 199/229 $* ☕. Perchée en haut de la falaise, à la pointe ouest du centre-ville, cette petite auberge entourée d'un jardinet abrite des chambres spacieuses décorées dans les tons corail et cuivre. Le petit-déjeuner, continental, offre l'occasion d'écouter les excellents conseils des propriétaires. La vue du golfe de Cook à partir de la salle à manger est superbe.

### POUR SE FAIRE PLAISIR

**Historic Anchorage Hotel** II C1 – *330 E St. - ✆ 907 272 4553 ou 800 544 0988 - www.historicanchoragehotel.com - 26 ch. 229/279 $*. L'unique hôtel historique du centre-ville se trouve sur la colline qui surplombe Ship Creek, à proximité de tous les sites touristiques. Ouvert en 1916, à une époque où l'essentiel d'Anchorage n'était encore que des tentes, il a été restauré en 1989 et possède un mobilier d'époque avec brocarts, tapis à motifs et tables édouardiennes.

**Hotel Alyeska** I B3 – *1000 Arlberg Ave., Girdwood - ✆ 907 754 2111 ou 800 880 3880 - www.alyeskaresort.com - 304 ch. 249/319 $*. Bien que l'immense bâtiment qui surplombe la forêt alentour semble à première vue démesuré, ses dimensions sont à l'échelle de la montagne sur laquelle il est construit. Les chambres sont chaleureuses, calmes et spacieuses, et toutes offrent des vues magnifiques. Quelques pas suffisent pour rejoindre les pistes de ski, le téléphérique se trouvant au pied de l'hôtel.

### UNE FOLIE

**Hotel Captain Cook** II C1 – *939 W. 5th Ave. - ✆ 907 276 6000 - www.captaincook.com - 546 ch. 290/350 $*. Offrant de spectaculaires vues sur le golfe de Cook et les montagnes Chugach, ce gratte-ciel souvent considéré comme le meilleur établissement d'Anchorage fut le premier hôtel de luxe de l'Alaska. Ses trois tours couleur étain qui réfléchissent la lumière occupent à elles seules tout un pâté de maisons. Les chambres y sont pratiques, décorées dans des tons neutres, et nombre d'entre elles (sur la façade nord et ouest) jouissent d'une vue sur Denali par temps clair. Le **Crow's Nest** *(plat 36/72 $)*, au 20e étage, propose des plats de fruits de mer frais.

**Millennium Alaskan Hotel** I A2 – *4800 Spenard Rd - ✆ 907 243 2300 ou 866 866 8086 - www.millenniumhotels.com - 248 ch. 309/389 $*. Point de départ de l'Iditarod Trail *(voir encadré p. 519)*, cet hôtel est le plus proche de l'aéroport international d'Anchorage. Il se trouve en effet sur un bras du lac Hood, qui sert de base aux hydravions. Il est d'ailleurs possible de réserver un vol et de décoller du dock de l'hôtel. Plus grandes que dans un hôtel standard, les chambres sont décorées dans les tons verts. Les amoureux du calme apprécieront le quartier résidentiel alentour.

## RESTAURATION

### PREMIER PRIX

**Fire Island Rustic Bake Shop** II C2 – *1343 G St. - ✆ 907 569 0001 - www.fireislandbread.com - merc.-dim. 7h-18h - fermé lun. et mar.* Dans une petite maison historique au sud du centre-ville, la meilleure pâtisserie artisanale d'Anchorage fait dans les spécialités et les pains européens. Ces derniers sont transformés en copieux sandwichs. Croissants, muffins et scones au menu le matin. Trois sandwichs sont proposés chaque jour au déjeuner.

**Lucky Wishbone** I B1 – *1033 E. 5th Ave. - ✆ 907 272 3454 - www.luckywishbone.com - fermé dim. - plats 3/18 $.* Il peut sembler surprenant de trouver à Anchorage un lieu connu comme un véritable temple du poulet frit, mais cela s'explique par la présence d'une grande base militaire à proximité. Lucky Wishbone propose un poulet frit à la fine panelure croustillante. Les *milkshakes* sont très prisés.

**Middle Way Café** II C2 – *1300 W. Northern Lights Blvd - ✆ 907 272 6433 - www.middlewaycafe.com - lun.-vend. 7h-18h, w.-end 8h-18h - plats 8/13 $.* Situé dans le centre commercial à côté de la plus grande et de la meilleure librairie d'Anchorage, le Middle Way propose une cuisine simple préparée avec savoir-faire. Les soupes maison sont composées d'ingrédients issus de l'Alaska et le pain des sandwichs est fait maison. Les habitants s'y pressent à l'heure du déjeuner.

**Moose's Tooth Pub & Pizzeria** I B1 – *3300 Old Seward Hwy - ✆ 907 258 2537 - www.moosestooth.net - plat 8/29 $.* Les files d'attente sont longues devant le restaurant de cette micro-brasserie incroyablement populaire du centre-ville. Le « Tooth » ne prend pas de réservation et l'on doit parfois patienter une heure pour une table. On y vient pour les pizzas, dont beaucoup s'accordent à dire que ce sont les meilleures de l'Alaska. Elles incorporent des ingrédients originaux comme le *chipotle*. « L'Avalanche » comprend pepperoni, poulet noirci et pas moins de trois fromages.

**Snow City Café** II C1 – *1034 W. 4th Ave. - ✆ 907 272 2489 - www.snowcitycafe.com - plat 9/15 $.* Bien qu'il y ait un service matin, midi et soir, c'est pour le qu'on se presse dans cet établissement en bordure du centre-ville. Le plat le plus populaire est de loin le « Crabby », une riche omelette de crabe des neiges accompagnée de galettes de pommes de terre (au menu dès que des pommes de terre de l'Alaska sont disponibles). Les œufs Bénédicte ou brouillés s'accompagnent de cakes de saumon. Le « Tundra Scramble » est servi avec de la saucisse de caribou et des champignons.

### BUDGET MOYEN

**Ginger** II D1 – *425 W. 5th Ave. - ✆ 907 929 3680 - www.gingeralaska.com - plat 16/31 $.* Bien que les influences asiatiques soient sensibles, le menu de ce bistrot du centre est suffisamment étendu pour inclure des touches de cuisine continentale et des Caraïbes. On y sert un *jambalaya* aux crevettes, aux noix de Saint-Jacques et à la saucisse *linguiça*, accompagné de poivrons dans une sauce rouge, ou des pointes de filet de bœuf dans un curry de noix de coco. Peu connu des touristes, il dispose souvent de tables libres.

**Glacier Brewhouse** II C1 – *737 W. 5th Ave. - ✆ 907 274 2739 - www.glacierbrewhouse.com - plat 13/31 $. Réservation conseillée.* Cet établissement animé est bâti autour d'une brasserie et pas moins de sept bières sont disponibles à la pression. Les plats, savoureux, sont préparés avec un grand savoir-faire. Une rôtissoire nourrie au bois d'aulne grille poulet, bœuf et porc, tandis que les poissons sont servis sous des formes originales comme le flétan et sa croûte d'herbes et de miettes de drêche.

**Orso** II C1 – *737 W. 5th Ave. - ✆ 907 222 3232 - www.orsoalaska.com - plat 11/40 $.* Cet établissement très populaire du centre-ville propose un menu aux influences méditerranéennes marquées. Y figurent steaks, hamburgers, plats de pâtes et salades, mais aussi toutes sortes de poissons : saumon, flétan, sole, perche de mer, thon jaune, crabe royal et bien plus. Tous sont pêchés en Alaska. La spécialité est un plat de saumon cuit sur planche de cèdre à la manière traditionnelle des Amérindiens côtiers.

### POUR SE FAIRE PLAISIR

**Kincaid Grill** I A2 – *6700 Jewel Lake Rd - ☏ 907 243 0507 - www.kincaidgrill.com - dîner seult - fermé dim. et lun. - plat 11/34 $.* Le chef Al Levinsohn est l'un des pionniers de la cuisine régionale de l'Alaska. Son restaurant est situé dans un centre commercial du sud d'Anchorage qui ne paye pas de mine, de sorte qu'il n'est pas envahi par les hordes de touristes. Des touches méditerranéennes mâtinent ses plats gourmets : les noix de Saint-Jacques de Kodiak sont servies avec haricots verts et tapenade d'olives, tandis que le crabe royal sert d'ingrédient principal à la bouillabaisse.

**Simon & Seafort's** II C1 – *420 L St. - ☏ 907 274 3502 - www.simonandseaforts.com - plat 17/42 $.* Les fruits de mer sont la raison d'être de cet établissement apprécié des hommes d'affaires. Situé dans la partie ouest du centre-ville, on peut y admirer le golfe de Cook et le mont Susitna à l'horizon. Les plats sont des classiques : *fish & chips*, steaks, *tacos* au poisson, *cioppino*, palourdes, crabe à la vapeur et viandes fumées au bois de pommier. Tous sont préparés avec un grand savoir-faire.

**Southside Bistro** I A3 – *1320 Huffman Park Dr. - ☏ 907 348 0088 - www.southsidebistro.com - plat 14/38 $.* Ce restaurant fréquenté par les résidents d'Anchorage s'abrite au sein d'un centre commercial peu engageant. À son menu éclectique figurent un canard à la manière scandinave ou de la hampe frottée au piment, mais on vient essentiellement pour les plats de fruits de mer du jour tel que le flétan à la poêle avec ses champignons et son miso.

**Marx Brothers Café** II C1 – *627 W. 3rd Ave. - ☏ 907 278 2133 - www.marxcafe.com - fermé dim. et lun. - plat 38 $.* Ce restaurant abrité au sein d'une demeure historique possède une vue sur Ship Creek. Il fut l'un des premiers, dans les années 1970, à introduire une cuisine gourmette à Anchorage. L'éclairage au feu de cheminée lui donne une atmosphère conviviale. Le menu sophistiqué fait la part belle aux fruits de mer : flétan aux noix de Macadamia, saumon grillé au beurre de pêche, noix de Saint-Jacques et crevettes farcies à l'ail. Le restaurant gère aussi le **Muse Café** du musée d'Anchorage, où l'on sert d'exceptionnels hamburgers de flétan et des frites de patates douces.

### UNE FOLIE

**Seven Glaciers Restaurant** I B3 – *Alyeska Resort, Girdwood - ☏ 907 754 2237 - www.alyeskaresort.com - ouv. le soir en été et le w.-end en hiver - plat 36/59 $.* Ce remarquable restaurant est considéré par beaucoup comme le meilleur de l'État. Situé à l'extrémité du téléphérique d'Alyeska, il occupe un site magnifique : on a vue sur le bras de mer de Turnagain Arm et sur les montagnes Kenai. Plats typiques de l'Alaska tels que croquettes de crabe et bisque de noix de Saint-Jacques, saumon et flétan, ou wapiti et bison élevés dans la région. L'accès en téléphérique est offert aux clients.

# Alaska Centre-Sud

★★

**Au sud de l'Alaska Range, le terrain s'adoucit en vallées fertiles et pentes douces recouvertes de forêts, puis fait soudain place à une nouvelle cordillère de pics couronnés de glaciers le long du golfe d'Alaska. La terre, la mer et le ciel se mêlent de manière grandiose dans cette région différente des autres, où les chèvres de montagne escaladent les falaises abruptes en vue des baleines venues souffler en surface, et où les villages de pêcheurs vivent de la présence de dizaines de millions de saumons.**

NOS ADRESSES PAGE 532

### S'INFORMER

*907 262 5229 - www.kenaipeninsula.org.*

### SE REPÉRER

Carte de région BC2-3 (p. 502-503) – *heure de l'Alaska*. Délimitée par l'arc de la chaîne montagneuse d'Alaska, la région Centre-Sud (South-Central) est en majeure partie accessible par la Route 1, ou Seward Highway, qui part du sud d'Anchorage. Il faut 4h de route pour rejoindre Homer et 6h dans l'autre direction pour se rendre à Valdez, à la pointe nord de la baie de Prince-William.

### À NE PAS MANQUER

Homer, un sanctuaire pour les artistes et les esprits libres et le Kenai Fjords National Park.

## Découvrir Carte de région

### ★★ Seward B3

*À 130 miles au sud d'Anchorage par la Seward Hwy.*

**Seward Visitors Bureau** – *2001 Seward Hwy - 907 224 8051 - www.seward.com.*

Petite ville dynamique composée de bungalows en planches recouverts d'enduit de couleur vive, Seward (2 754 habitants) s'étend au pied des montagnes, au fond de **Resurrection Bay**. En 1902, le choix de Seward comme terminus nord du chemin de fer de l'Alaska lui vaut le nom de « porte de l'Alaska ». C'est encore un centre ferroviaire et un port pour les navires de croisière. On peut faire des emplettes et se restaurer dans le petit port pittoresque, **Small Boat Harbor**, voir les pêcheurs rentrer avec la prise du jour, et découvrir en bateau la faune de la baie.

★★★ **Alaska SeaLife Center** – *301 Railway Ave. - 907 224 6300/7908 - www.alaskasealife.org - été : 9h-21h ; hiver : 10h-17h - 20 $.* Ce complexe moderne de recherche marine, de réhabilitation et de formation, a été fondé grâce au règlement des dommages de la marée noire de 1989 de l'*Exxon Valdez*. Il propose deux niveaux consacrés aux animaux marins et aux projets scientifiques en cours pour protéger les écosystèmes locaux. Des plates-formes au-dessus et au-dessous de la surface des bassins permettent d'observer lions de mer, phoques et loutres de mer. Les oiseaux marins disposent de falaises et d'un bassin orné de rochers.

Homer, le port.
*Morales/age fotostock*

## ★★ Kenai Fjords National Park B3

*✆ 907 422 0500 - www.nps.gov/kefj. Visitor Center : Small Boat Harbor, 4th Ave., à Seward (juin-août : 8h30-19h ; de mi-mai à fin mai et de déb. sept. à mi-sept. : 9h-17h).*

Dans le sud-est de la péninsule de Kenai, ce parc demeuré sauvage offre un sanctuaire de 2 700 km² à des milliers de mammifères et d'oiseaux marins. Les précipitations annuelles, plus de 9 m de neige, régénèrent les 800 km² du champ de glace de Harding, qui alimente trente glaciers. Huit d'entre eux descendent jusqu'à la mer, où ils engendrent des icebergs d'une telle dimension que les explosions s'entendent à 30 km.

Les **croisières★** proposées par Major Marine Tours *(✆ 800 764 7300 - www.majormarine.com)* ou Kenai Fjords Tours *(✆877 777 4051 - www.kenaifjords.com)*, pour Resurrection Bay (2h30) ou le long du littoral jusqu'à Harris Bay et Northwestern Glacier (9h30), permettent d'admirer la faune, guillemots et macareux, loutres de mer et baleines à bosse.

Au nord du parc, la région d'**Exit Glacier★** *(Exit Glacier Rd, à 9 miles à l'ouest de Seward Hwy ; seuls les quatre premiers miles sont goudronnés)* est équipée d'un réseau de sentiers qui mènent au bord du glacier de 5 km sur 800 m. Le **Glacier Access Trail** *(1 mile)* conduit facilement à un beau point de vue. Un autre chemin plus difficile, **Harding Icefield Trail★** *(3,5 miles aller)* monte de plus de 900 m pour offrir un panorama spectaculaire sur l'immense mer de glace, d'où surgissent des pics solitaires, appelés *nunataks*.

## ★ Homer B3

*À 225 miles au sud-ouest d'Anchorage par la Sterling Hwy.*

**Chamber of Commerce** – *201 Sterling Hwy - ✆ 907 235 7740 - www.homeralaska.org.*

Gardant l'entrée de Kachemak Bay, dans la partie inférieure de la péninsule de Kenai, la ville d'Homer (5 310 habitants) a été surnommée « la fin du voyage », **The End of the Road**, par l'humoriste Tom Bodett, un de ses

**UN PEU D'HISTOIRE**
Les ports libres de glaces de Valdez, Cordova, Seward, Homer et Kenai sont d'anciens ports de ravitaillement pour l'exploitation du cuivre, du charbon et de l'or. Le chemin de fer Seward-Anchorage remonte aux années 1910, mais c'est dans les années 1950 que la route franchit les 360 km entre Anchorage et Homer. Au sud d'Anchorage s'étend la Kenai Peninsula, dont les montagnes aux arêtes aiguisées semblent jaillir directement de la mer. Les nuages s'amoncellent souvent au contact de l'air marin, amenant en été des pluies fines et fréquentes. La région s'est remise de la grande marée noire causée en 1989 par l'*Exxon Valdez*, qui a pollué la côte sur plus de 2 400 km, de Prince William Sound à Kodiak Island.

résidents. Encadrée par le merveilleux bras de mer **Cook Inlet** et la ligne déchiquetée des Kenai Mountains, la ville séduit depuis des années artistes, retraités, pêcheurs et, plus récemment, les touristes.

**Homer Spit**, qui s'avance dans la mer sur 4,5 miles, est un centre pour la pêche tant industrielle que sportive ; la principale prise est le flétan.

★ **Pratt Museum** – *3779 Bartlett St. - ✆ 907 235 8635 - www.prattmuseum.org - de mi-mai à mi-sept. : 10h-18h ; le reste de l'année : mar.-dim. 12h-17h - fermé en janv. - 8 $.* Les collections de tout premier ordre sur l'art et la nature de la région illustrent l'impact révoltant de la marée noire de l'*Exxon Valdez*. On voit une intéressante présentation des insectes qui s'attaquent à l'épicéa. Grâce à une caméra télécommandée, on observe les oiseaux qui nichent sur Gull Island toute proche.

★★ **Halibut Cove** – *prenez le Danny J. ferry à Homer Spit Marina (trajet 4h30) - ✆ 907 226 2424 - www.halibut-cove-alaska.com.* Un petit ferry de 32 passagers vous conduit à cette belle plage tranquille, avec sa lagune bordée de maisons sur pilotis, sa promenade en planches et ses galeries d'art. Des randonnées guidées, des parties de pêche et des excursions en kayak sur le glacier sont organisées par les divers hôtels.

### ★★ Prince William Sound BC3

*À 299 miles à l'est d'Anchorage par Seward Hwy et Richardson Hwy.*

**Valdez Visitor's Center** – *104 Chenega St. - ✆ 907 835 4636 - www.valdezalaska.org.*

Protégé par les monts Chugach au nord et la péninsule de Kenai à l'ouest, le détroit du Prince William offre sur 39 000 km² un paysage maritime serein, que l'on peut sillonner en kayak ou en bateau pour observer la faune marine. Une seule route relie le Sound à l'Intérieur, la pittoresque **Richardson Highway** qui mène à Valdez, terminus du Trans-Alaska Pipeline, où les tankers géants chargent le pétrole brut. On peut visiter gratuitement **Alyeska Pipeline Terminal** *(Dayville Rd, à 21 km à l'est de Valdez - ✆ 907 835 2686).* Détruite par le raz-de-marée de 1964, Valdez a été reconstruite en un lieu plus sûr.

### ★ Wrangell-St Elias National Park C2

*✆ 907 822 5234 - www.nps.gov/wrst.*

*Bureau : Mile 105,5, sur Old Richardson Hwy (Rte 4), à Copper Center, 10 miles au sud de Glenallen - avr.-oct. : 9h-18h.*

Ce splendide parc de glaciers, torrents et sommets majestueux couronnés de neige, est avec 53 000 km² le plus grand parc national des États-Unis, plus grand que la Suisse. Son point culminant, **Mount St Elias**, est le deuxième sommet des États-Unis (5 489 m). Le parc englobe neuf des seize plus hautes montagnes du pays. Avec le parc national de Glacier Bay et le complexe Kluane/Tatshenshini au Canada, il fait partie du plus grand complexe classé au patrimoine mondial de l'UNESCO et il abrite en son sein la plus grande banquise d'Amérique du Nord.

## À proximité Carte de région

### Lake Clark National Park and Preserve B3

*Accès en hydravion d'Anchorage, Kenai ou Homer.*
*Bureau : 4230 University Dr. (suite 311), Anchorage - 907 271 3751.*
*Sur place : à Port Alsworth - 907 781 2218 - www.nps.gov/lacl.*
Ce royaume de volcans, de hautes terres glacées et de lacs bleu cobalt pourrait être la retraite idéale en Alaska. La diversité stupéfiante des paysages comprend des marais côtiers, une toundra alpine peuplée d'ours, et **Lake Clark**, long de 50 miles, qui abrite des multitudes de saumons rouges sockeye.

### ★★ Katmai National Park B3

*À 290 miles au sud-ouest d'Anchorage Accès en hydravion ou par bateau.*
*Bureaux à King Salmon - 907 246 3305 - www.nps.gov/ katm.*
À l'extrémité de la péninsule d'Alaska, Katmai englobe un immense territoire (16 000 km²) à la faune et au passé géologique très riches. En 1912, l'éruption du Novarupta (823 m) a fait frémir pendant cinq jours une bonne partie de l'hémisphère Nord et a répandu ses cendres jusqu'au Texas. Le mont Katmai voisin s'est effondré dans un abîme. La lave en fusion a recouvert une vallée, tandis que vapeur et gaz surgissaient de milliers de fissures. Une équipe de la National Geographic Society a baptisé cette région de 100 km² **Valley of Ten Thousand Smokes★** (la vallée des dix mille fumerolles). Vingt ans plus tard, les émanations de gaz ont progressivement cessé, bien que l'on aperçoive encore parfois quelques bouffées. Le parc entoure encore quatorze volcans en sommeil mais toujours actifs.

Katmai est célèbre pour sa population de plus de 2 000 **ours bruns d'Alaska**. Des plates-formes à **Brooks Camp** et au **McNeil River State Game Sanctuary★** permettent de les observer de près. McNeil rassemble la plus grande quantité d'ours bruns du monde : on peut en voir jusqu'à soixante pêcher dans les chutes. Le nombre des visiteurs est limité par tirage au sort *(www.adfg.state.ak.us)*.

Le **Brooks River National Historical Landmark** conserve 900 habitations préhistoriques et constitue la plus grande concentration d'habitats humains primitifs en Amérique du Nord.

### Aniakchak National Monument B3

*À 450 miles au sud-ouest d'Anchorage. Accès en hydravion ou par bateau.*
*Bureau à King Salmon - 907 246 3305 - www.nps.gov/ania.*
Au sud de Katmai, ces terres à l'aspect lunaire entourent un volcan actif et une immense caldeira, large de 10 km et profonde de 600 m. Ce parc que l'on atteint en avion depuis Anchorage en trois étapes, est souvent sujet au mauvais temps ; les visiteurs doivent attendre l'accalmie avant de se poser sur le lac ou sur la caldeira. Il n'y a pas d'équipements pour les touristes, mais les adeptes du kayak ou du rafting peuvent descendre un cours d'eau sur 51 km depuis Surprise Lake jusqu'à Aniakchak Bay.

### ★★ Kodiak Island B3

*À 404 miles au sud-ouest d'Anchorage. Plusieurs vols par jour au départ d'Anchorage. Accès possible en ferry depuis Homer.* **Visitor Center** – *100 Marine Way, Kodiak - ✆ 907 486 4782 - www.kodiak.org.*

La pittoresque « île d'émeraude » de l'Alaska est une vaste terre sauvage de de plus de 6 700 km² qui englobe le **Kodiak National Wildlife Refuge★★** *(www.fws.gov/refuge/kodiak)*. Ce dernier est le foyer de quelque 3 000 ours kodiak, la plus grande sous-espèce d'ours bruns et le plus grand carnivore terrien du monde.

La **cathédrale russe Holy Resurrection** témoigne de la longue histoire de la ville : Kodiak fut en effet la capitale de l'Amérique russe à partir de 1792 et jusqu'à ce qu'elle soit supplantée par Sitka en 1808.

Les 6 500 résidents qui vivent dans le nord de l'île se sont donné pour objectif de devenir l'une des communautés du pays à l'économie durable la plus développée. Six gigantesques éoliennes perchées sur une crête surplombant la ville fournissent ainsi une grande portion de l'énergie utilisée par la ville. Les sociétés d'hydravions proposent des excursions au pays des ours et un tour en voiture sur le modeste réseau routier est l'occasion d'un festin pour les yeux.

## NOS ADRESSES DANS LE CENTRE-SUD

### HÉBERGEMENT

#### Fox island (Kenai)

UNE FOLIE

**Kenai Fjords Wilderness Lodge** – *Fox Island - ✆ 877 777 4053 - www.kenaifjordslodge.com - fermé en hiver - 8 ch. 489/609 $ en pension complète, croisière incluse.* C'est uniquement par bateau (et occasionnellement en hydravion) que l'on accède à cet hôtel reculé à environ 10 miles au sud de Seward, sur l'île Fox. Les hôtes sont hébergés dans des chalets rénovés avec salon, salle d'eau privée, et vue sur l'eau et les montagnes Kenai.

#### Kodiak

BUDGET MOYEN

**A Channel View B&B** – *1010 Stellar Way - ✆ 907 486 2470 - www.kodiakchannelview.com - 4 ch. 159/169 $ ☕ - 2 nuits min.* Appartenant à un Alaskien de cinquième génération, dont les origines remontent à la période de la colonie russe, cette petite auberge est perchée sur la falaise qui surplombe le chenal à l'est du centre-ville. On y profite de vues magnifiques sur l'eau, les bateaux et la nature. Deux des unités sont de spacieuses et confortables suites avec salon, petite cuisine, salle d'eau privée et grande pièce pour se détendre.

#### Seward

POUR SE FAIRE PLAISIR

**Seward Windsong Lodge** – *Mile 0,5 Exit Glacier Rd, Seward - ✆ 907 224 7116 - www.sewardwindsong.com - fermé en hiver - 180 ch. 259/309 $.* Située à proximité du glacier Exit, aux portes de Seward, cette grande station est un véritable centre pour les activités telles que les randonnées sur le glacier, la pêche au saumon et les croisières. Les chambres sont fonctionnelles et ont été rénovées. Son restaurant, le **Resurrection Roadhouse**, est un leader de la gastronomie régionale de l'Alaska, avec des plats tels que le flétan en croûte de semoule ou le saumon et son confit de pommes de terre.

## Sterling (Kenai)

**UNE FOLIE**

**Great Alaska Adventure Lodge** – *33881 Sterling Hwy - ✆ 907 262 4515 - www.greatalaska.com - fermé de mi-sept. à mi-avr. - 22 ch. 3 695 $/pers. le forfait 3 j./2 n. en pension complète.* Cet hôtel tout en bois donne directement sur le refuge faunique national de Kenai. Parmi les activités proposées avec le séjour : canoë, kayak, randonnée, nuits à la belle étoile et observation des ours.

## Talkeetna

**PREMIER PRIX**

**Talkeetna Roadhouse** – *N. Main St. et C St. - ✆ 907 733 1351 - www.talkeetnaroadhouse.com - 7 ch. et 1 chalet 70/147 $.* Cet hôtel réputé de Talkeetna offre trois options : les chambres avec salles d'eau communes de l'auberge, les chalets situés derrière l'auberge et, enfin, le chalet de pionnier (WC à l'extérieur) un peu plus bas sur la route. L'auberge, bâtie en 1917, est à la fois un hôtel, un restaurant et un lieu de rassemblement pour les aventuriers de tout poil qui s'y retrouvent dans une ambiance conviviale. Les roulés à la cannelle de sa boulangerie sont réputés.

**UNE FOLIE**

**Talkeetna Alaskan Lodge** – *23601 Talkeetna Spur Rd - ✆ 907 733 9500 ou 877 777 4067 - www.talkeetnalodge.com - fermé en hiver - 212 ch. 285/569 $.* Perché en haut d'une petite falaise surplombant Talkeetna, ce bel hôtel en bois et pierre jouit par temps clair de vues splendides sur Denali. Bordée de peupliers, la rivière Susitna occupe le premier plan, ce qui fait de la grande véranda de l'hôtel un lieu où il est divin de s'asseoir un moment pour méditer sur les merveilles de l'Alaska. La variété est de mise ici, avec pas moins de six catégories de chambres, des petites chambres d'hôtel fonctionnelles aux grandes suites avec salon.

### RESTAURATION

## Kodiak

**PREMIER PRIX**

**Mill Bay Coffee** – *3833 Rezanoff Dr. E. - ✆ 907 486 4411 - www.millbaycoffee.com.* On trouve chez le torréfacteur local de l'île Kodiak une belle sélection de pâtisseries et de viennoiseries pour le petit-déjeuner : gros muffins, scones ou croissants feront un en-cas idéal par matin froid. Pains plats et sandwichs sont au menu le midi.

**BUDGET MOYEN**

**Old Powerhouse** – *516 Marine Way E. - ✆ 907 481 1088 - fermé dim. - plat 11/27 $.* Cet hôtel du front de mer est une ancienne centrale électrique. La vue, avec le ballet incessant des bateaux, y est toujours saisissante. Le menu fait la part belle aux spécialités asiatiques, proposant *sushis, sashimis, tempuras* et un saumon mouillé de beurre de *miso* préparés avec des produits locaux. La salade d'algues croquante est une spécialité qui ne manquera pas d'étonner ceux qui n'y ont jamais goûté.

# Alaska intérieur et arctique

★

**Grande plaine aux ondulations douces entre les chaînes Alaska et Brooks, l'Intérieur n'a guère changé depuis des millénaires. La taïga, forêt d'épicéas, d'aulnes et de saules, nourrit une faune allant de l'ours et de l'orignal au lièvre américain et au lynx. Des millions d'oiseaux migrateurs traversent la région pour répondre à l'appel du Nord. La population s'est brusquement accrue pendant la ruée vers l'or des années 1890, quand des milliers de prospecteurs ont fait route vers la rivière Klondike au Canada en suivant le couloir formé par le Yukon. Les plus courageux sont restés, les camps en cabanes de rondins se transformant en quelques petites villes clairsemées. L'une d'elles, Fairbanks, abrite maintenant l'université de l'Alaska. Partout ailleurs, la région, inaccessible par la route, est restée pratiquement inexploitée. Une autoroute goudronnée conduit cependant au paradis des amoureux de nature sauvage, Denali National Park.**

**Au nord de l'Intérieur commence l'immense territoire hostile de l'Arctique qui occupe près d'un tiers de l'Alaska, mais compte peu d'habitants. Sur ces terres impitoyables, le soleil ne se couche jamais pendant l'été et ne se lève jamais pendant l'hiver. Une grosse chaîne de montagnes, en grande partie inexplorée, décrit un arc dans la partie médiane, des déserts glacés parsèment l'intérieur et des rivières étincelantes tracent des sillons sinueux dans la toundra. Une explosion de vie marque la brève période d'été : les fleurs s'épanouissent dans le vent glacé et les troupeaux de caribous galopent vers le Grand Nord pour mettre bas.**

## NOS ADRESSES PAGE 540

### S'INFORMER

*907 457 3282 - www.travelalaska.com.*

**Morris Thompson Center** – *101 Dunkel St., Fairbanks - 907 459 3700 - www.explorefairbanks.com - été : 8h-21h ; hiver : 8h-17h.*

### SE REPÉRER

Carte de région AB1-2 (p. 502-503) – *heure de l'Alaska*. En partant de Fairbanks, le cœur du réseau intérieur de l'Alaska, il faut compter 8h de route pour rejoindre Anchorage. Prévoyez 18h pour vous rendre à Prudhoe Bay *via* la Dalton Highway, et environ 3 jours pour rejoindre Fort St John, au Canada, en empruntant l'Alaska Highway.

### À NE PAS MANQUER

Le Museum of the North à Fairbanks ; observer la flore et la faune sauvage du Denali National Park ; survoler en avion le parc Gates of the Arctic.

### ORGANISER SON TEMPS

Le ciel est souvent dégagé en mars-avril et les températures modérées rendent cette période idéale pour les touristes désireux d'observer les aurores boréales. Les jours commencent à rallonger en avril et le temps se réchauffe début mai. Dès juin, il fait jour presque constamment et la température peut s'élever à 21 °C. Les bateaux de croisière et les bus affluent à cette période. La température reste chaude jusque fin août, époque où les flots de touristes commencent à disparaître. Septembre reste une période très ensoleillée, durant laquelle la température s'élève à 15 °C. La neige tombe dès octobre et la température chute alors rapidement.

**AVEC LES ENFANTS**
Pioneer Park et Riverboat Discovery, à Fairbanks.

## Découvrir Carte de région

### ALASKA INTÉRIEUR

★ **Fairbanks** B2

*Au croisement de l'Alaska Hwy (Rte 2) et de la George Parks Hwy (Rte 3), à 358 miles au nord d'Anchorage.*

**Convention & Visitors Bureau** – *907 456 5774 - www.explorefairbanks.com.*

Au milieu de collines aux pentes douces, le long des rives de la Chena River, la deuxième ville de l'Alaska (32 324 habitants) est une plaque tournante desservant l'Intérieur. À son origine, en 1901, simple base de ravitaillement des chercheurs d'or, la ville se développa avec les installations militaires pendant la Seconde Guerre mondiale et la construction du Trans-Alaska Pipeline dans les années 1970. Ses habitants, qui ont une réputation d'excentricité, savent bien s'adapter à la rigueur de l'hiver embelli par les aurores boréales, et savourer les jours sans fin de l'été en faisant bon accueil aux visiteurs.

★★ **Morris Thompson Cultural and Visitors Center** – *101 Dunkel St. - 907 459 3700 - www.morristhompsoncenter.org.* Le centre culturel de la ville possède une petite mais très informative galerie sur le mode de vie traditionnel des autochtones, des pionniers et des habitants actuels du Nord.

★★ **Creamer's Field** – *1300 College Rd - 907 459 7307 - www.creamersfield.org - se rens. pour les horaires.* Cette ancienne exploitation laitière transformée en réserve naturelle permet de pratiquer la randonnée et d'observer les oiseaux.

★ **Pioneer Park** – *2300 Airport Way et Peger Rd - 907 459 1087 - www.co.fairbanks.ak.us/pioneerpark - de l'aube au crépuscule. Boutique ouv. de fin mai à déb. sept. : 12h-20h - gratuit.* Parmi les trésors de ce parc à thème historique de 18 ha figure le bateau à aubes **S.S. Nenana**, aujourd'hui patrimoine historique, qui faisait la navette sur le Yukon entre 1933 et 1952. On trouve également le luxueux wagon qui conduisit le président Harding dans l'Intérieur dans les années 1920, ainsi que des maisons en bois qui bordaient une rue de Fairbanks au début du 20e s. Le **Pioneer Air Museum** *(3 $)* abrite de vieux avions et des expositions sur l'aviation en Alsaka, tandis que le spectacle du **Big Stampede** *(4 $)* vous fera découvrir de façon amusante la vie des pionniers. Au **40 Below Fairbanks** *(8 $)*, on pourra pénétrer dans une salle réfrigérée pour se donner un aperçu du froid qui règne au cœur de l'hiver. L'**Iron Horse Train** *(2$)* est un chemin de fer à voie étroite qui fait le tour du parc. Côté restauration, l'immense **Salmon Bake** propose un buffet à volonté *(35 $)* où l'on vient déguster saumon de l'Alaska et autres spécialités.

★ **Riverboat Discovery** – *Steamboat Landing, 1975 Discovery Rd - 907 479 6673 - www.riverboatdiscovery.com - de mi-mai à mi-sept. : à 9h et 14h - 60 $ (enf. 40 $).* Une croisière de 20 miles (3h) descend les rivières Chena et Tenana, animées par des démonstrations de *bush planes* et d'attelages de chiens de traîneau, le spectacle d'un camp de pêcheurs indiens et la visite d'un village athabascan reconstitué.

★★★ **Museum of the North** – *907 Yukon Dr. (à l'extrémité ouest du campus de l'University of Alaska) - ✆ 907 474 7505 - www.uaf.edu/museum - de mi-mai à mi-sept. : 9h-19h ; le reste de l'année : lun.-sam. 9h-17h - 10 $.* L'exceptionnelle collection d'œuvres d'art alaskien et d'objets indigènes que possède cette institution située sur une crête surplombant Fairbanks est de rang mondial. La **Rose Berry Alaska Art Gallery★★★**, qui abrite de nombreuses œuvres inestimables telles que l'Okvik Madonna, une sculpture en ivoire vieille de 2 000 ans, possède une collection unique dans l'État. La **Gallery of Alaska★** vous fera découvrir l'histoire, l'environnement et les paysages de l'Alaska.

★ **Large Animal Research Station** – *2220 Yankovich Rd (au nord du campus de l'University of Alaska) - ✆ 907 474 5724 - www.lars.uaf.edu - visite guidée seult (1h), de fin mai à déb. sept. : mar.-sam. 10h, 12h et 14h - 10 $.* On peut observer bœufs musqués et caribous durant l'été au centre de recherche sur les grands animaux. Des navettes (*✆ 907 474 7433)* passent à la demande prendre les visiteurs devant l'entrée du Museum of the North.

### ★★★ Denali National Park and Preserve B2

▶ *George Parks Hwy (Rte 3), Denali Park, à 125 miles au sud de Fairbanks et à 240 miles au nord d'Anchorage. Le train Denali Star entre Anchorage et Fairbanks fait halte à Denali. Le parc est ouvert toute l'année, mais la route qui le traverse n'est accessible aux voitures que de mi-avr. (mi-mai pour sa totalité) à fin sept. ou déb. oct. À partir du Mile 15, la route n'est plus goudronnée. L'accès au-delà est réservé aux bus du concessionnaire* **Aramak** *(✆ 800 622 7275 - www.reservedenali.com) qui font la navette (27/51 $) ou des tours guidés à travers le parc (70/165 $) de mi-mai à début sept.*

*✆ 907 683 9532 - www.nps.gov/dena - 10 $ par véhicule. Visitor Center au Mile 1,5 (sur la route à l'entrée du parc) : 8h-18h en été.*

Occupant une superficie de 24 000 km², Denali montre une vision incomparable de la chaîne sauvage **Alaska Range**, avec le plus haut sommet d'Amérique du Nord, le **mont McKinley** (6 194 m). Ce monde primitif grandiose voit se succéder forêt d'épicéas et toundra herbeuse, surmontées d'austères pics de granit revêtus de neige et de glace. Les glaciers ont érodé des cirques et ciselé des arêtes et des gorges profondes, créant un paysage olympien qui semble souvent flotter au-dessus des nuages.

Le parc, qui abrite une extraordinaire diversité animale, a été classé réserve naturelle en 1917. On trouve à Denali 37 espèces de mammifères et 157 espèces d'oiseaux. Les élans du Canada préfèrent les zones marécageuses de transition

### CUISINE RÉGIONALE DE L'ALASKA

Longtemps limités au crabe, au saumon et au flétan, les grands chefs alaskiens sont aujourd'hui en train d'élaborer une cuisine régionale créative et originale qui incorpore de nombreux autres fruits de mer – crevettes d'Alaska, charbonniers, huîtres –, ainsi que viande de bison, myrtilles, caribous et produits du jardin étiquetés sous la marque « Alaska Grown » (produit en Alaska). Parmi les meilleurs représentants de cette mouvance, citons le Resurrection Roadhouse à Seward, le Marx Brothers Café, le Seven Glaciers Restaurant, l'Orso, le Kincaid Grill et le Snow City Café à Anchorage, le Ludvig's Bistro à Sitka, le The Rookery à Juneau. En outre, le Heritage Coffee à Juneau, les Kaladi Brothers à Anchorage et l'Alaska Coffee à Fairbanks fournissent à travers tout l'État un excellent café torréfié localement. Pour plus d'informations sur la marque « Alaska Grown », un programme d'État, consultez le site *www.dnr.alaska.gov*.

Gates of the Arctic National Park.
*Alaska Stock/hemis.fr*

entre forêt et toundra, alors que les loups et les grizzlis parcourent tout le parc. De petits troupeaux de caribous paissent l'herbe de la toundra ; des mouflons de Dall sont éparpillés sur les hautes terres.

Depuis la première ascension réussie en 1913, plus de 10 000 personnes ont atteint le sommet de la montagne que les Indiens Athabascans appellent « La Très Haute ». Au moins 88 alpinistes ont trouvé la mort dans l'ascension. Sa circonférence énorme fait du McKinley la montagne la plus imposante du monde. S'élevant de 5 500 m au-dessus de **Wonder Lake**, sa « partie émergée » paraît 2 000 m plus haute que celle de l'Everest.

La plupart des visiteurs risquent d'avoir du mal à apercevoir le sommet, souvent caché derrière les nuages. Mieux vaut s'y rendre tôt le matin. Des circuits en autocar amènent au cœur du parc, à travers la taïga (boisée) et la toundra (dénudée), et permettent de photographier à loisir la faune et la flore. Quelques rares sentiers traversent ces étendues sauvages ; le long des bancs de sable des rivières et des crêtes, les randonneurs font le plein de solitude.

## ★ ALASKA ARCTIQUE

S'étendant sur 683,5 miles (1 100 km) du Canada à la mer de Chukchi, la région de l'Arctique est limitée par la mer glacée de Beaufort, au nord, et le Yukon, au sud. L'élément marquant du paysage, un peu plus au nord que le cercle polaire, est l'ancienne chaîne **Brooks Range**, dont les aiguilles acérées, hautes de 2 700 m, se succèdent à l'infini d'est en ouest. On y accède surtout en avion.

La **Dalton Highway** entre Fairbanks la Prudhoe Bay *(www.prudhoebay.com)* est l'une des deux seules routes du nord de l'Amérique qui traverse le cercle Arctique. Emprunter la Dalton est l'une des dernières authentiques façons de découvrir la nature en partant à l'aventure sur la route. Le périple prend 17 heures et exige endurance et bonne préparation : en effet, peu de structures sont présentes sur la route pour accueillir les visiteurs. Il est possible de visiter les champs de pétrole durant les heures prévues à cet effet.

## FAUNE DE L'ARCTIQUE

Le mammouth laineux et le tigre à dents de sabre ont disparu depuis longtemps, mais les vastes étendues polaires, dépourvues de routes, préservent une faune qui n'a guère changé depuis la fin des périodes glaciaires. Parmi les gros mammifères, l'**ours polaire** est l'un des plus difficiles à apercevoir. Vivant sur la banquise, ce prédateur rare et féroce chasse le morse, le phoque et la baleine, attendant parfois des heures que sa proie vienne respirer à la surface et bondissant sur elle avec l'agilité d'un chat. À la différence de leurs cousins polaires, les **grizzlis** ne sont pas uniquement carnivores. On les voit souvent se nourrir de myrtilles près d'Antigun Pass sur Dalton Highway. Pas tout à fait aussi gros que les ours bruns de la côte sud de l'Alaska, les grizzlis de l'Arctique peuvent pourtant peser plus de 400 kg et vivre une trentaine d'années. Les plus gros ours polaires pèsent environ 550 kg ; les ours bruns d'Alaska peuvent atteindre 650 kg. Réintroduit en Alaska en provenance du Groenland en 1935, atteignant aujourd'hui les 2 300 spécimens dans l'État, le **bœuf musqué** est particulièrement bien adapté au froid intense. Sa couche de graisse sous sa peau épaisse, son duvet fourni et son poil soyeux long de 40 à 50 cm lui permettent de supporter jusqu'à – 60 °C. Sa laine, appelée *qiviut*, est appréciée pour sa douceur et sa chaleur. Son plus grand ennemi est le **loup** qui chasse en meute sur la toundra sèche de type alpin. Lorsqu'il est attaqué, le troupeau de bœufs musqués forme un cercle de défense (comme les chariots des pionniers), leurs têtes hirsutes défiant l'assaillant. Un autre magnifique animal, le **caribou**, migre vers la toundra arctique en été, traversant les bancs de sable des rivières et passant les cols des montagnes. Chaque troupeau peut regrouper des milliers de bêtes. Du point de vue zoologique la même espèce que le renne de Scandinavie, les caribous les mieux connus de l'Alaska appartiennent au troupeau de la rivière Porcupine *(Rangifer tarandus granti)*. Plus de 120 000 de ces animaux migrent chaque année du nord du Canada pour se rendre au refuge faunique national Arctic. Leur sort est l'une des principales considérations prises en compte lorsque sont examinées des propositions de forage pétrolier dans le refuge.

### ★ Gates of the Arctic National Park B1

*À 250/300 miles au nord de Fairbanks, à l'ouest de la Dalton Hwy. Accès uniquement en bush plane ou en randonnée depuis Bettles, Anaktuvuk Pass ou Coldfoot.*
*Bureau central : 4175 Geist Rd, Fairbanks - ✆ 907 457 5752. Bureau du site : Bettles, à 180 miles au nord-ouest de Fairbanks - ✆ 907 692 5494 - www.nps.gov/gaar.*

Les pilotes des *bush planes* amènent les visiteurs jusqu'à ce parc national tentaculaire de 33 000 km². Les amateurs de randonnée ou de canoë ne trouveront dans Brooks Range ni sentiers balisés, ni équipements, ni bureau d'information, et seront livrés à leurs propres ressources. On peut cependant s'inscrire (très en avance), pour tenter l'aventure accompagné d'un guide : commencez par visiter le village esquimau inupiat de **Anaktuvuk Pass** ou le comptoir commercial de **Bettles**, vieux d'un siècle.

### Prudhoe Bay B1

*À 500 miles au nord de Fairbanks. Accès par la route ou en avion.*
*✆ 907 659 2368 - www.prudhoebay.com.*

Les visites accompagnées des installations pétrolières et gazières permettent de découvrir au bord de l'océan Arctique les puits, les installations de forage, les logements, la station de pompage n° 1 au départ des 1 300 km du pipeline Trans-Alaska, ainsi qu'une grande variété de la faune et de la flore de la toundra polaire *(excursions au dép. de Fairbanks - comptez 369/419 $ la demi-journée en été, 300 $ la journée en hiver, tranferts inclus).*

### Barrow B1

*À 500 miles au nord-nord-ouest de Fairbanks. Accès en avion uniquement.*

*907 852 5211 - www.cityofbarrow.org.*

Cette communauté d'Inupiats de 4 373 habitants, implantation la plus au nord de l'hémisphère occidental, s'accroche à une toundra dénudée au bord des glaces de l'océan. Elle s'est modernisée, mais les habitants continuent comme autrefois à chasser la baleine et utiliser les chiens de traîneau. Les Inupiats vivent sous ce rude climat depuis 1 500 ans ; sur un escarpement près du centre, les archéologues ont mis au jour un village ancien.

### ★ Kotzebue A1

*À 450 miles au nord-ouest de Fairbanks. Accès en avion uniquement.*

*907 442 3301 - www.cityofkotzebue.com.*

Avec près de 3 272 habitants, dont plus de 70 % de natifs d'Alaska, Kotzebue est un véritable musée vivant, montrant comment les Esquimaux ont vécu dans cet environnement impitoyable pendant des millénaires.

Le **Northwest Arctic Heritage Center★** *(907 442 3890 - www.nps.gov/kova)* vous fera découvrir de quelle manière l'homme a survécu pendant des millénaires dans cet environnement si inhospitalier. C'est également le siège de trois grands parcs nationaux :

La **Noatak National Preserve** *(www.nps.gov/noat)* entoure le plus grand bassin de rivière sauvage des États-Unis ; l'Unesco a inscrit la rivière Noatak (684 km) comme Réserve mondiale de la biosphère.

À la lointaine extrémité ouest de la chaîne Brooks, le **Kobuk Valley National Park** *(www.nps.gov/kova)* se caractérise par des blocs de glace de 30 m de haut (plus grand champ arctique d'icebergs mouvants du monde), des cours d'eau cristalline et une flore primitive.

De l'autre côté du bras de mer de Hotham, le **Cape Krusenstern National Monument** *(www.nps.gov/cakr)* offre des paysages côtiers à la beauté rude, soulignés par des montagnes qui inspirèrent plus de 6 000 ans d'artisanat esquimau.

### Nome A2

*À 525 miles à l'ouest de Fairbanks. Accès en avion uniquement.*

*907 443 6624 - www.nomealaska.org.*

Lorsqu'on a découvert de l'or ici en 1898, la population de Nome est passée en flèche à 20 000 habitants. Cette période turbulente de la Frontière appartient au passé et la petite ville de 3 797 personnes est maintenant le centre du commerce pour la constellation des villages esquimaux de l'Alaska du Nord-Ouest. Nome est surtout connu pour être le point d'arrivée, en mars, de l'**Iditarod**, grande course annuelle de chiens de traîneau *(voir p. 519).*

**Bering Land Bridge National Preserve** – *Visitor center : 240 Front St. - 907 443 2522 - www.nps.gov/bela.* Sources chaudes, volcans éteints, magnifiques lacs transparents et sites de campements préhistoriques parsèment la péninsule par laquelle les nomades venus de Sibérie sont arrivés en Alaska, découvrant un gibier abondant, mais pas âme qui vive.

## NOS ADRESSES DANS L'ALASKA INTÉRIEUR ET ARCTIQUE

### ARRIVER/PARTIR

#### En avion

**Fairbanks International Airport** (FAI) *(℘ 907 474 2500 - dot.alaska.gov/faiiap).*
**Alaska Airlines** *(℘ 800 252 7522 - www.alaskaair.com)* propose des liaisons quotidiennes entre Anchorage, Fairbanks et Seattle. Il est également possible de se rendre en jet à Prudhoe Bay et à Barrow.
Parmi les compagnies aériennes de l'État, **ERA Aviation** *(℘ 907 266 8394 ou 800 866 8394 - www.flyera.com)* propose un service au départ et en direction d'Anchorage. Des compagnies de plus petite taille desservent l'Intérieur, la plupart des communautés de cette région n'étant pas accessibles par la route. Durant l'été, les voyageurs européens peuvent se rendre à Fairbanks *via* Francfort grâce au vol hebdomadaire proposé par **Condor Airways**, une filiale du Thomas Cook Group *(www.condor.com).* Durant l'hiver, **Japan Airlines** propose des vols au départ de Tokyo pour aller observer les aurores boréales *(www.jal.com).*

#### En train

L'**Alaska Railroad** *(℘ 907 265 2494 ou 800 544 0552 - www.alaskarailroad.com)* relie Anchorage, Talkeetna, Denali National Park et Fairbanks. Train quotidien durant l'été.

#### En bus

Un service entre Anchorage, Fairbanks et Whitehorse (Yukon) est fourni par l'**Alaska Direct Bus Line** *(℘ 907 277 6652 ou 800 770 6652 - www.alaskadirectbusline.com).*

#### En voiture

Les principales sociétés de location de véhicules se trouvent à l'aéroport international de Fairbanks. Les voyageurs aventuriers qui souhaiteraient emprunter la **Dalton Highway** devront en revanche louer un véhicule spécialement équipé auprès d'une des agences locales, dont la liste est disponible au Morris Thompson Visitor Center de Fairbanks.

### HÉBERGEMENT

#### Denali National Park

UNE FOLIE

**Kantishna Roadhouse** – *Kantishna - ℘ 907 374 3041 - www.kantishnaroadhouse.com - ouv. de juin à mi-sept. - 32 ch. et chalets 495 $/pers. en pension complète - 2 nuits min.* Situé le long de Moose Creek, au bout de la Denali Park Road, cet hôtel propose confort et conseils d'expert sur les aventures à vivre dans le parc. Le forfait comprend des activités (balades guidées, VTT, équipement de pêche) et le transfert en bus depuis l'entrée du parc.

#### Fairbanks

POUR SE FAIRE PLAISIR

**River's Edge Resort** – *167 S. Franklin St. - ℘ 907 474 0286 - www.riversedge.net - ouv. de mai à sept. - 86 cottages 209/230 $.*
Situé sur les rives de la rivière Chena, ce charmant hôtel propose des suites tout confort à l'intérieur de l'hôtel et des cottages avec patios privés dans un décor bucolique. On y pratique le canoë et la pêche. Un service de navette gratuit permet de se rendre à l'aéroport, à la gare et sur les sites touristiques locaux. Adjacent

à l'établissement, le **Chena's Alaskan Grill** (*✆ 907 474 3644 - plat 18/35 $*) possède une superbe terrasse avec vue sur la rivière et propose une cuisine qui fait la part belle aux fruits de mer.

**A Taste of Alaska Lodge** – *551 Eberhardt Rd - ✆ 907 488 7855 - www.atasteofalaska.com - 10 ch. 185/245 $.* À cheval sur une petite crête à l'extérieur de Fairbanks, ce vaste complexe a des allures de musée avec ses distributeurs de savon datant des années 1950 et ses collections uniques d'objets divers, affiches, livres et autres bizarreries. L'endroit est idéal pour observer les aurores boréales en hiver. De vastes prairies s'étendent sur plus de 110 ha, offrant ainsi une vue dégagée du ciel, les lumières de la ville n'arrivant pas jusque là. Le restaurant fait honneur à la gastronomie régionale. Les chambres, au décor éclectique, sont confortables et les tarifs restent les mêmes tout au long de l'année.

**Pike's Waterfront Lodge** – *1850 Hoselton Dr. - ✆ 907 456 4500 ou 877 774 2400 - www.pikeslodge.com - 208 ch. 235/279 $.* Lumineux, chaleureux et accueillant, ce complexe hôtelier en bois se trouve au bord de la rivière Chena, non loin de l'aéroport. Aussi bien adapté aux voyages d'affaires qu'au tourisme, on y propose des chambres dans de nombreuses configurations, de la chambre standard aux « chambres royales », garnies de dessus-de-lit en brocart et de meubles néo-victoriens. Le wifi est disponible dans tout le complexe. Le Pike est un leader en matière d'écologie. On y a remplacé le plastique par des matières biodégradables, son café fait don de son huile de cuisson pour qu'elle soit transformée en biocarburant et on y recycle systématiquement tout ce qui est en papier.

## RESTAURATION

### Barrow

**PREMIER PRIX**

**Pepe's North of the Border** – *1204 Agvik St. - ✆ 907 852 8200 - plat 10/16 $.* La réputation de ce restaurant mexicain tient essentiellement au fait qu'il se trouve dans la ville la plus au nord de tous les États-Unis, à 300 miles au-delà du cercle arctique, ce qui rend le service de *tacos* dans la toundra quelque peu décalé. Ceci étant dit, la cuisine qui y est servie est plus qu'à la hauteur étant donné les difficultés logistiques auxquelles l'établissement se heurte. En effet, hormis quelques ingrédients de base pour le *fish & chips*, absolument tout doit être importé depuis les États-Unis. Si Pepe propose *nachos*, *enchiladas*, *tacos* et autres plats mexicains, on y sert aussi des hamburgers. L'équipe est réputée pour son humour caustique.

### Fairbanks

**PREMIER PRIX**

**LuLu's Bakery** – *275 Riverstone - ✆ 907 374 3804 - ouv. en journée seult - fermé lun.* On sert de délicieux pains et pâtisseries faits main dans cette agréable boulangerie proche du campus universitaire. À chaque jour est dédié son pain (pain au levain le mardi, par exemple) et les pâtisseries préparées le matin incorporent des fruits locaux comme les myrtilles et les framboises lorsque ceux-ci sont disponibles. Les sandwichs sont servis dès le matin et confectionnés avec du pain d'inspiration européenne tel que le pain complet au levain.

**Alaska Coffee** – *4001 Geist Rd - ☏ 907 457 5282 - www.alaskacoffeeroasting.com - plat 7/14 $.* Le torréfacteur local de Fairbanks est également une magnifique boulangerie et le lieu où l'on sert les meilleures pizzas de la ville (qu'on appelle ici des « pains plats »). La Salinas est garnie de poivrons rouges grillés, d'ail et de *provolone*, l'Alsace de jambon de la Forêt Noire et d'emmental. Les quiches sont également délicieuses. La tarte au citron vert y est très prisée. Pour les vrais globe-trotters, un autre établissement de la marque se trouve à Miami, en Floride.

### BUDGET MOYEN

**Silver Gulch Brewery** – *2195 Old Steese Hwy - ☏ 907 452 2739 - www.silvergulch.com - fermé pour le déj. en semaine - plat 8/23 $.* « La brasserie d'Amérique la plus au nord », comme on aime à se vanter ici, se trouve au sein d'un grand bâtiment au nord de Fairbanks, dans le quartier minier historique de Fox. Outre les bières de la brasserie figurent au menu hamburgers, pizzas, *fish & chips* et plats de pâtes. L'une des spécialités est la côte de porc glacée aux myrtilles. Au dessert, laissez-vous tenter par le pouding au pain ou le gâteau au chocolat à la bière brune Silver Gulch.

**Gambardella's** – *706 2nd Ave. - ☏ 907 457 4992 - www.gambardellas.com - plat 9/28 $.* Depuis longtemps très prisé par les habitants, ce bon restaurant italien est abrité au sein d'un exceptionnel bâtiment historique du centre-ville. Le décor éclectique a pour thème le raisin de cuve. Le menu y est résolument italien avec ses fameuses lasagnes à dix couches qui incorporent des saucisses faites maison, ou sa bavette farcie au *prosciutto*, aux tomates séchées, au basilic et aux épinards. Le saumon fait tout de même une apparition avec la salade César au saumon rouge noirci.

**Pumphouse** – *796 Chena Pump Rd - ☏ 907 479 8452 - www.pumphouse.com - dîner seult - fermé lun. en hiver - plat 18/46 $.* Situé au bord de la rivière Chena, ce restaurant très prisé est aménagé dans une ancienne station de pompage qui fournissait de l'eau sous pression aux opérations minières. Ainsi, les lampadaires qui éclairent sa terrasse sont-ils fabriqués à partir d'anciens embouts de tuyau. Lorsque le temps y est propice, cette terrasse est sans nul doute l'endroit où dîner le plus agréable de la ville. Le menu passe par les inévitables crabe et saumon jusqu'à des choses plus originales comme le filet de caribou, dont la forte saveur est mémorable. En entrée, la spécialité locale est le ceviche de filets de flétan, une variation surprenante d'un plat bien connu des Alaskiens.

### POUR SE FAIRE PLAISIR

**Lavelle's Bistro** – *575 1st Ave. - ☏ 907 450 0555 - www.lavellesbistro.com - dîner seult - plat 29/38 $.* Exemple le plus proche de Fairbanks de restaurant emmené par son chef-artisan, cet établissement perpétuellement bondé est décoré de nombreux miroirs et bruisse de conversations. Le saumon en croûte de pommes de terre est la vedette parmi les fruits de mer et le pain de viande au fumet si reconnaissable incorpore plus d'une vingtaine d'ingrédients. La somptueuse cave à vins est la plus grande de l'Alaska.

Crevasse dans le glacier Mendenhall.
*Alaska Stock/hemis.fr*

## Parce que le monde est mobile, **Michelin** améliore notre mobilité.

### PAR TOUS LES MOYENS ET SUR TOUTES LES ROUTES.

**Depuis l'avènement de l'entreprise** – il y a plus d'un siècle ! – Michelin n'a eu qu'un objectif : aider l'homme à toujours mieux avancer. Un défi technologique, d'abord, avec des pneumatiques toujours plus performants, mais aussi un engagement constant vis-à-vis du voyageur, pour l'aider à se déplacer dans les meilleures conditions. Voilà pourquoi Michelin développe, en parallèle, toute une collection de produits et de services : cartes, atlas, guides de voyage, accessoires automobiles, mais aussi applications mobiles, itinéraires et assistance en ligne : Michelin met tout en œuvre pour que bouger soit un plaisir !

## Michelin Apps

Parce que le confort et la sécurité sont des notions essentielles, pour vous comme pour nous, Michelin a créé un bouquet de 6 applications mobiles gratuites. Un équipement complet pour que la route soit un plaisir !

→ *MICHELIN MyCar • Pour obtenir le meilleur de vos pneus, des services et des infos pour préparer sereinement vos trajets.*

→ *MICHELIN Navigation • Une nouvelle approche de la navigation : le trafic en temps réel avec une nouvelle fonctionnalité de guidage connecté.*

→ *ViaMICHELIN • Calcul d'itinéraires et données cartographiques : un incontournable pour se déplacer sans perdre de temps.*

→ *MICHELIN Restaurants • Parce que la route doit être un plaisir, retrouvez un très large choix de restaurants, en France et en Allemagne, dont la sélection complète du guide MICHELIN.*

→ *MICHELIN Hôtels • Pour réserver votre chambre d'hôtel au meilleur tarif, partout dans le monde !*

→ *MICHELIN Voyage • 85 pays et 30 000 sites touristiques sélectionnés par le Guide Vert Michelin et un outil pour réaliser votre propre carnet de route.*

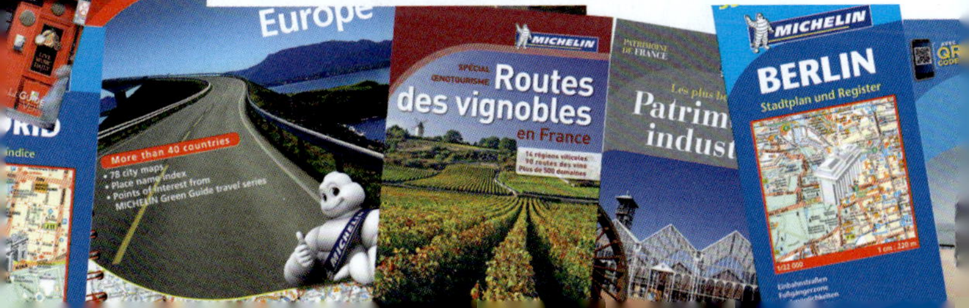

# Un pneu
## → c'est quoi ?

**Rond, noir,** à la fois souple et solide, le pneumatique est à la roue ce que le pied est à la course. Mais de quoi est-il fait ? Avant tout de gomme, mais aussi de divers matériaux textiles et / ou métalliques... et d'air ! Ce sont les savants assemblages de tous ces composants qui assurent aux pneumatiques leurs qualités : adhérence à la route, amortissement des chocs, en deux mots : confort et sécurité du voyageur.

**1 BANDE DE ROULEMENT**
*Une épaisse couche de gomme assure le contact avec le sol. Elle doit évacuer l'eau et durer très longtemps.*

**2 ARMATURE DE SOMMET**
*Cette double ou triple ceinture armée est à la fois souple verticalement et très rigide transversalement. Elle procure la puissance de guidage.*

**3 FLANCS**
*Ils recouvrent et protègent la carcasse textile dont le rôle est de relier la bande de roulement du pneu à la jante.*

**4 TALONS D'ACCROCHAGE À LA JANTE**
*Grâce aux tringles internes, ils serrent solidement le pneu à la jante pour les rendre solidaires.*

**5 GOMME INTÉRIEURE D'ÉTANCHÉITÉ**
*Elle procure au pneu l'étanchéité qui maintient le gonflage à la bonne pression.*

# Michelin
## → *l'innovation en mouvement*

**Créé et breveté** par Michelin en 1946, le pneu radial ceinturé a révolutionné le monde du pneumatique. Mais Michelin ne s'est pas arrêté là : au fil des ans, d'autres solutions nouvelles et originales ont vu le jour, confirmant Michelin dans sa position de leader en matière de recherche et d'innovations, pour répondre sans cesse aux exigences des nouvelles technologies des véhicules.

## → *la juste pression !*

**L'une des priorités de Michelin,** c'est une mobilité plus sûre. En bref, innover pour avancer mieux. C'est tout l'enjeu des chercheurs, qui travaillent à mettre au point des pneumatiques capables de "freiner plus court" et d'offrir la meilleure adhérence possible à la route. Aussi, pour accompagner les automobilistes, Michelin organise, partout dans le monde, des campagnes de sensibilisation à la sécurité routière : les opérations "Faites le plein d'air" rappellent à tous que la juste pression des pneumatiques est un facteur essentiel de sécurité.

# La mobilité durable

## → *c'est une mobilité propre... et pour tous*

**La mobilité durable** c'est permettre aux hommes de se déplacer d'une façon plus propre, plus sûre, plus économique et plus accessible à tous, quel que soit le lieu où ils vivent.

Tous les jours, les 113 000 collaborateurs que Michelin compte dans le monde innovent :

• en créant des pneus et des services qui répondent aux nouveaux besoins de la société,

• en sensibilisant les jeunes à la sécurité routière,

• en inventant de nouvelles solutions de transport qui consomment moins d'énergie et émettent moins de $CO^2$.

## → *Michelin Challenge Bibendum*

**La mobilité durable,** c'est permettre la pérennité du transport des biens et des personnes, afin d'assurer un développement économique, social et sociétal responsable. Face à la raréfaction des matières premières et au réchauffement climatique, Michelin s'engage pour le respect de l'environnement et de la santé publique. De manière régulière, Michelin organise ainsi le Michelin Challenge Bibendum, le seul événement mondial axé sur la **mobilité routière durable.**

MICHELIN CHALLENGE BIBENDUM

# Notes

# Notes

# INDEX GÉNÉRAL

**Denver** : villes, curiosités et régions touristiques.
**Roosevelt, Théodore** : noms historiques ou termes faisant l'objet d'une explication.
**Les sites isolés** (châteaux, abbayes, grottes…) sont répertoriés à leur propre nom.
Nous indiquons par son numéro, entre parenthèses, l'État auquel appartient chaque ville ou site. Pour rappel :
**AK** : Alaska ; **CO** : Colorado ; **ND** : Dakota du Nord ; **SD** : Dakota du Sud ; **ID** : Idaho ; **MT** : Montana ; **NE** : Nebraska ; **OR** : Oregon ; **UT** : Utah ; **WA** : Washington ; **WY** : Wyoming.

## A



## B

## Y-Z

## CARTE GÉNÉRALE



## CARTES DES RÉGIONS



## PLANS DE VILLE



## CARTES DES CIRCUITS

# LÉGENDE DES CARTES ET PLANS

## Curiosités et repères

- Itinéraire décrit, départ de la visite
- Église
- Mosquée
- Synagogue
- Monastère - Phare
- Fontaine
- Point de vue
- Château - Ruine ou site archéologique
- Barrage - Grotte
- Monument mégalithique
- Tour génoise - Moulin
- Temple - Vestiges gréco-romains
- Temple : bouddhique - hindou
- Autre lieu d'intérêt, sommet
- Distillerie
- Palais, villa, habitation
- Cimetière : chrétien - musulman - israélite
- Oliveraie - Orangeraie
- Mangrove
- Auberge de jeunesse
- Gravure rupestre
- Pierre runique
- Église en bois
- Église en bois debout
- Parc ou réserve national
- Bastide

## Sports et loisirs

- Piscine : de plein air - couverte
- Plage - Stade
- Port de plaisance - Voile
- Plongée - Surf
- Refuge - Promenade à pied
- Randonnée équestre
- Golf - Base de loisirs
- Parc d'attractions
- Parc animalier, zoo
- Parc floral, arboretum
- Parc ornithologique, réserve d'oiseaux
- Planche à voile, kitesurf
- Pêche en mer ou sportive
- Canyoning, rafting
- Aire de camping - Auberge
- Arènes
- Base de loisirs, base nautique ou canoë-kayak
- Canoë-kayak
- Promenade en bateau

## Informations pratiques

- Information touristique
- Parking - Parking - relais
- Gare : ferroviaire - routière
- Voie ferrée
- 1 Ligne de tramway
- Départ de fiacre
- Métro - RER
- Station de métro (Calgary, ...) (Montréal)
- Téléphérique, télécabine
- Funiculaire, voie à crémaillère
- Chemin de fer touristique
- Transport de voitures et passagers
- Transport de passagers
- File d'attente
- Observatoire
- Station-service - Magasin
- Poste - Téléphone
- Internet
- H H B Hôtel de ville - Banque, bureau de change
- J J POL Palais de justice - Police
- GNR Gendarmerie
- T T U U M Théâtre - Université - Musée
- Musée de plein air
- Hôpital
- Marché couvert
- Aéroport
- Parador, Pousada (Établissement hôtelier géré par l'État)
- A Chambre d'agriculture
- D Conseil provincial
- G Gouvernement du district, Délégation du Gouvernement Police cantonale
- L Gouvernement provincial (Landhaus)
- P Chef-lieu de province
- Station thermale
- Source thermale

## Axes routiers, voirie

- Autoroute ou assimilée
- 1 1 Échangeur : complet - partiel
- Route
- Rue piétonne
- Escalier - Sentier, piste

## Topographie, limites

- Volcan actif - Récif corallien
- Marais - Désert
- Frontière - Parc naturel

# Comprendre les symboles utilisés dans le guide

## LES ÉTOILES

★★★ **Vaut le voyage** ★★ **Mérite un détour** ★ **Intéressant**

## HÔTELS ET RESTAURANTS

| | | | |
|---|---|---|---|
| *9 ch.* | Nombre de chambres | | Piscine |
| 7,5 € | Prix du petit-déjeuner en sus | CC | Paiement par cartes de crédit |
| 50 € | Prix de la chambre double, petit-déjeuner compris | | Carte de crédit non acceptée |
| bc | Menu boisson comprise | P | Parking réservé à la clientèle |
| | Air conditionné dans les chambres | Tram | Station de tramway la plus proche |
| | Restaurant dans l'hôtel | M | Station de métro la plus proche |
| | Établissement servant de l'alcool (à l'étranger) | | |

## SYMBOLES DANS LE TEXTE

| | | | |
|---|---|---|---|
| | À faire en famille | | Randonnée à vélo |
| | Pour aller au-delà | | Facilité d'accès pour les handicapés |
| | Promenade à pied | A2 B | Repère sur le plan |

**Note au lecteur**

Michelin a apporté le plus grand soin à la rédaction de ce guide et à sa vérification. Toutefois, les informations pratiques (formalités administratives, prix, adresses, numéros de téléphone, adresses Internet, etc.) doivent être considérées comme des indications du fait de l'évolution constante de ces données.

Il n'est pas totalement exclu que certaines d'entre elles ne soient plus, à la date de parution du guide, tout à fait exactes ou exhaustives. N'hésitez pas à nous signaler toute omission ou inexactitude que vous pourriez constater, ainsi qu'à nous faire part de vos avis et suggestions sur les adresses contenues dans ce guide.

Avant d'entamer toute démarche, formalités administratives ou douanières notamment, vous êtes invité à vous renseigner auprès des organismes officiels. Ces informations ne sauraient, de ce fait, engager notre responsabilité.

**Collection Le Guide Vert sous la responsabilité de Philippe Orain**

**Édition**
Luc Decoudin, Sandrine Favre

**Rédaction**
Jérôme Saglio, Luc Decoudin

**Cartographie**
Denis Rasse, Thierry Lemasson, Peter Wrenn, Mihaita Cristian Constantin, Maria-Mirabela Dumbraveanu, Philippe Cochard

**Relecture**
Capucine Jahan

**Remerciements**
Didier Broussard, Maria Gaspar, Marie Simonet, Pascal Grougon, Hervé Dubois, María Gutiérrez Alonso
Olivier Barthez (Duxin), Marina Dupuy-Wedd, Laura Guarneri, Caroline Cannesson, Céline Mahéo (Express Conseil), Laura Guimond (Travel Portland), Petra Hackworth (Travel Oregon), Brad Jones (Visit Seattle, Tourism Director), Barbara Marrett (Communications Manager, San Juan Islands Visitors Bureau), Jean-Marie Douau (Americana French Gateway), Elke Opsahl (Salt Lake Convention & Visitors Bureau), Nancy Wilson (Wilson Ranch), Deborah Park (Visit Denver), Gaylene Ore (Grand Lake), Nikki Inglis (Steamboat Springs), Elodie Angibaud (Voyageurs du Monde), Lesha Coltharp (Uintah County Travel & Tourism)

**Conception graphique**
Christelle Le Déan

**Régie publicitaire et partenariats**
business-solutions@tp.michelin.com
*Le contenu des pages de publicité insérées dans ce guide n'engage que la responsabilité des annonceurs.*

**QR Codes**
QR Code est une marque déposée de Denso Wave Incorporated.

**Contacts**
Michelin
Guides Touristiques
27 cours de l'Île Seguin, 92100 Boulogne Billancourt
Service consommateurs : tourisme@tp.michelin.com
Boutique en ligne : www.michelin-boutique.com

**Écrivez-nous**

**Parution 2015**

*Michelin Travel Partner*
Société par actions simplifiées au capital de 11 288 880 EUR
27 Cours de l'Ile Seguin - 92100 Boulogne-Billancourt (France)
R.C.S. Nanterre 433 677 721


Dépôt légal : 03 2015 – ISSN 0293-9436
Compograveur : Nord Compo, Villeneuve-d'Ascq
Imprimeur : Geers Offset, Gent (Belgique)
Imprimé en Belgique : 03 2015

Usine certifiée 14001
Sur du papier issu de forêts gérées durablement (100 % PEFC)